"十二五"普通高等教育本科国家级规划教材

法学阶梯
INSTITUTIONES | 普通高等教育法学精品教材

| 第五版 |

侵权责任法

TORT LIABILITY LAW

杨立新 著

法律出版社
LAW PRESS·CHINA
——北京——

图书在版编目（CIP）数据

侵权责任法 / 杨立新著. -- 5 版. -- 北京：法律出版社, 2025. -- ISBN 978 - 7 - 5244 - 0144 - 5

Ⅰ. D923.74

中国国家版本馆 CIP 数据核字第 2025S84B86 号

侵权责任法（第五版）
QINQUAN ZERENFA
(DI - WU BAN)

杨立新 著

责任编辑 陈 慧
装帧设计 鲍龙卉

出版发行 法律出版社	开本 787 毫米×1092 毫米 1/16
编辑统筹 法律教育出版分社	印张 26　字数 600 千
责任校对 裴 黎	版本 2025 年 6 月第 5 版
责任印制 刘晓伟	印次 2025 年 6 月第 1 次印刷
经　　销 新华书店	印刷 三河市龙大印装有限公司

地址：北京市丰台区莲花池西里 7 号(100073)
网址：www.lawpress.com.cn　　　　　　销售电话：010 - 83938349
投稿邮箱：info@lawpress.com.cn　　　　客服电话：010 - 83938350
举报盗版邮箱：jbwq@lawpress.com.cn　　咨询电话：010 - 63939796

版权所有·侵权必究

书号：ISBN 978 - 7 - 5244 - 0144 - 5　　　　　定价：62.00 元

凡购买本社图书，如有印装错误，我社负责退换。电话：010 - 83938349

作 者 简 介

现任
教育部人文社会科学重点研究基地中国人民大学民商事法律科学研究中心研究员
中国人民大学法学院教授、博士生导师
东亚侵权法学会理事长
全国人大常委会法制工作委员会立法专家委员会立法专家
最高人民检察院专家咨询委员会专家咨询委员
最高人民法院案例指导工作专家委员会委员
国家卫生和计划生育委员会公共政策专家咨询委员会专家委员
中央"五五"普法国家中高级干部学法讲师团成员

曾任
最高人民检察院检察委员会委员、民事行政检察厅厅长
最高人民法院民事审判庭审判员、审判组长
吉林省通化市中级人民法院常务副院长
烟台大学法学院副教授
中国法学会民法学研究会副会长
世界侵权法学会主席

荣誉
国务院政府特殊津贴
北京市师德标兵
吉林省劳动模范
吉林省振兴中华一等功荣立者
《民法》获全国首届教材建设优秀教材一等奖
《中国侵权责任法研究》(一至四卷)获钱端升法学研究成果特等奖
《民事行政诉讼检察监督与司法公正》获全国检察机关金鼎论文一等奖
《个人信息处理者侵害个人信息权益的民事责任》获最高人民法院全国应用法学论文成果奖
《从民法通则到民法总则:中国当代民法的历史性跨越》获天津市社会科学研究一等奖

第五版修订说明

本书2020年修订第四版时,《民法典》刚刚通过但尚未施行,原来的侵权责任法司法解释尚未修改,新的侵权责任法司法解释亦未颁布,因而内容不够完善。

2020年12月,最高人民法院清理了原有的民法相关司法解释,之后又制定了《关于审理生态环境侵权责任纠纷案件适用法律若干问题的解释》《关于生态环境侵权民事诉讼证据的若干规定》《关于适用〈中华人民共和国民法典〉侵权责任编的解释(一)》等,其他新颁布的司法解释也有能够适用于侵权责任法的规定,例如《关于适用〈中华人民共和国民法典〉合同编通则若干问题的解释》关于公序良俗的解释,对适用我国侵权责任法有重要价值。这些新的侵权责任法司法解释丰富了我国侵权责任法的内容,增加了我国侵权责任法的实践性。

因此,为了更好地贯彻和体现习近平法治思想和党的二十大精神,在《关于适用〈中华人民共和国民法典〉侵权责任编的解释(一)》颁布之后,笔者对本书进行了全面修订。

在这次修订中,首先,增加了《关于适用〈中华人民共和国民法典〉侵权责任编的解释(一)》等新出台的侵权责任法司法解释的内容;其次,对书中使用的原侵权责任法司法解释的内容,按照新的司法解释进行修订;最后,对全书的内容进行了全面修订。因此,本书第五版全面展现了我国侵权责任法样貌。

侵权责任法既是《民法典》债法的组成部分,又是民事权利的保护法;既是法理密集的民法部门法,又是实践性极强的民法应用学科。所以,侵权责任法是法律院校民法诸门课程中的重要课程之一,应当重点讲授和学习。本书初版于2010年《侵权责任法》通过之时,遵循《侵权责任法》的体例和内容编写,至今已经15年有余;《民法典》颁布后,及时修订出版了第四版,在教学实践中广受师生欢迎。其原因就在于本书的内容紧贴《民法典》立法,侵权责任法的理论与实践紧密结合。

本书第五版将延续上述优势,进一步精准体现《民法典》侵权责任编的立法精神,紧密结合侵权责任法的司法解释和司法实践经验,希望能够成为法律院校师生学习侵权责任法的适宜教材,也能成为法官、律师、检察官等法律实务工作者的办案参考书和侵权责任法爱好者的必备读物。

感谢出版社编辑的辛勤工作,使本书能够以新的面貌成为法学教材中的精品教材!致谢读者对本书和笔者长期的厚爱和支持!

书中难免存在讹误,也有自己的管窥之见,欢迎读者指正。

杨立新
2025年3月

第四版修订说明

2020年5月28日第十三届全国人民代表大会第三次会议审议通过《民法典》，在《侵权责任法》的基础上，形成了该法典的第七编侵权责任，使我国的侵权责任法有了新的面貌，成为我国当代民法典的重要组成部分。

《民法典》侵权责任编在《侵权责任法》的基础上进行了较大修改，主要的变化是：第一，由于《侵权责任法》规定的一些基本规则和免责事由等被吸收在总则编，使侵权责任编的一般性规则有所减少，第一章是一般规定，第二章是损害赔偿。第二，按照《民法典》总则编的规定，将侵权责任回归债法，属于侵权之债，但仍然放在法典的最后一编，其地位还是权利保护法。第三，有关侵权责任的一般规则有所调整，例如，增加免责事由并规定在第一章，第二章则突出损害赔偿的地位和侵权损害赔偿之债的性质。第四，扩大精神损害赔偿和惩罚性赔偿的适用范围。第五，有关特殊侵权责任类型的规则有较大变化，更加体现了保护民事主体权益的要求。这些变动都进一步强化了侵权责任的保护民事主体民事权益的职能，加大了制裁侵权行为的力度，有利于维护市民社会的秩序。

依据《民法典》的上述变化，本书进行了全面调整。总体结构上减少了一章，与《民法典》侵权责任编保持一致；具体内容尽量将《民法典》侵权责任编规定的规则全面体现出来，进行具体说明，有利于全面理解《民法典》侵权责任编规定的侵权责任规则。另外，本书还增加了对《民法典》规定的侵权责任新规则的说明，删除了一些已经不属于《民法典》侵权责任编的内容。

《民法典》刚刚公布，对其侵权责任编的学习和研究才刚刚开始。笔者虽然参加了《民法典》的立法，对其中的规则变化有所了解，但是，也仍然在研究和理解之中，对博大精深的《民法典》的解读，只能是略知一二。本书有解说不当之处，敬请批评指正。

杨立新
2020年6月

第三版修订说明

本书自2011年初版,已经七年了,其中的2015年修订版是第二版。在此基础上,作者对本书进一步修订,形成现在的第三版。

本书的这次修订,主要是基于三个方面的原因:第一,《民法总则》于2017年3月15日通过并予以公布,已于2017年10月1日正式实施,本书中涉及侵权责任法的有关部分,应当依照《民法总则》的规定进行修订;第二,最高人民法院公布实施了《医疗损害责任解释》,可作增补;第三,对于侵权责任法的理论,最近两年作者有一些新的研究成果,应当反映在本书中。按照这样的想法,作者对本书进行了修订。

本次修订的主要内容是:

1. 对原版中有关侵权责任形态的说明进行了整合,形成了比较简洁、完整的侵权责任形态表述,内容更加准确。

2. 在第二章中新增加一节,即"多数人侵权行为与责任"。这一部分是对我国《侵权责任法》立法以及侵权责任法理论的进一步概括和总结,形成了共同侵权行为与连带责任、分别侵权行为与按份责任、竞合侵权行为与不真正连带责任多数人侵权行为与责任的理论体系,并进行了全面的说明。

3. 新增加了侵权责任并合的内容,与原版的侵权责任竞合与侵权责任聚合合并在一起,形成了新的"侵权责任竞合、聚合和并合"一节,进行了全面的说明。

4. 对于侵权责任的诉讼时效,依照《民法总则》第九章关于诉讼时效的规定,进行了全面修改。

5. 对最高人民法院公布实施的《医疗损害责任解释》规定的医疗损害责任新规则进行了全面解读。

6. 对在世界范围内兴起的自动驾驶汽车交通事故责任规则的研究热潮作出反应,提出了自动驾驶汽车交通事故责任规则的设计方案。

7. 在其他侵权责任类型中,按照《民法总则》第111条的规定,对侵害个人信息权的内容做了补充说明。

8. 对于其他立法和司法解释中规定的新问题,以及原版中存在的不准确等问题,也进行了修改。

立法机关编纂中国民法典的工作正在进行中,其中包括对侵权责任法进行修订,将其编为民法典分则的侵权责任编。当2020年民法典全部编纂完成时,作者将再对本书进行全面修订。

杨立新
2018年1月1日

修 订 说 明

本书自 2011 年初版以来,已经三年多了,其间多次重印,发行量较大。这说明本书受到法学院校师生的欢迎,也受到法学理论界和实务界的认可。为此作者感到欣慰,衷心感谢各位读者的支持和厚爱。

基于以下三个原因,笔者想对本书进行修订:第一,本书初版以来,笔者对《侵权责任法》的研究有了新的进展,对一些新问题有了新看法,提出了一些新意见,应当将其纳入本书之中;第二,近年来,最高人民法院针对《侵权责任法》的适用,出台了新的司法解释,还有一些新的司法解释正在起草过程中,本书应当吸收这些新的法律适用意见,为读者提供最新的信息资料;第三,对本书初版时的文字应当进行全面校改。故作者用了较长时间,对本书进行了全面修订。

修订的主要问题是:

1. 反映最新立法内容。在此期间,立法机关涉及侵权责任法的立法,一是全国人大常委会颁布了《关于加强网络信息保护的决定》;二是修正了《消费者权益保护法》,其中关于个人信息保护及侵害个人信息侵权责任、虚假广告责任以及惩罚性赔偿等的规定,都是重要的侵权责任特别法。本书对这些新的侵权行为的法律适用,提出了具体意见。

2. 增加新的侵权法理论观点。在最近几年的研究中,作者集中进行了对多数人侵权行为和责任的研究,提出了分别侵权行为、竞合侵权行为和第三人侵权行为的概念,与共同侵权行为一起构成了多数人侵权行为的形态体系;每一种侵权行为形态分别与连带责任、按份责任、不真正连带责任以及第三人责任相对应,构成了严密的多数人侵权行为与责任的逻辑体系。作者把这些观点以及其他一些新的看法如医疗管理损害责任等,都吸纳在本书之中。

3. 吸纳司法解释的最新意见。本书初版后,最高人民法院出台了道路交通事故法律适用的司法解释,内容比较丰富。对此,本书在机动车交通事故责任一章增加一节,专门进行了介绍。关于医疗损害责任法律适用、环境污染和生态破坏责任法律适用、网络侵权责任法律适用等司法解释,最高人民法院正在紧锣密鼓地制定,已经有了比较成熟的草案。修订中,作者将这些司法解释草案中的主要问题写进了书稿之中,及时反映司法实践的法律适用意见。

4. 对本书的文字进行全面校正。在修订中,作者对本书书稿逐字逐句地进行校正,一一纠正初版中存在的标点、句法、错别字等问题,提高了书稿的表达质量,使之能够准确解释法律和表达作者的学术观点。

尽管如此,本书第二版的书稿难免还会存在差错,敬请读者指正。

杨立新
2014 年 7 月

编写说明

《侵权责任法》公布实施以来,出版了诸多侵权责任法教材,我也写了两部相关教材。这些教材基本上都是依照侵权法的理论体系和教学需要编写的,很少考虑《侵权责任法》的立法体系和体例。事实上,讲授一门法律理论与实践相结合的课程更需要紧贴立法,依照立法的体系和体例进行完整阐释。在教学中研究立法,紧贴实践来阐释这门法律的法理,使学生能够紧密结合立法、司法实践掌握法学理论,熟练地掌握法律条文的规定,明确法律条文的法理基础,并且结合实践掌握运用的技能学以致用。因此,当法律出版社教育分社的编辑建议我编写一部侵权责任法教材的时候,我虽然犹豫再三,但最终答应下来,并且完成了编写任务。

这部侵权责任法教材是完全按照《侵权责任法》的立法体例编写的,章节与立法相同。对于需要在《侵权责任法》的规定之外说明的侵权法学理论中的一些问题,以及《侵权责任法》本身没有明确规定的问题,用两个办法处理:一是关于侵权责任法的基础知识和历史发展部分,编在本书绪论中;二是关于侵权责任类型问题,《侵权责任法》没有明确规定的一般侵权责任类型以及司法解释中规定的一些特殊侵权责任类型,编在本书第十二章附则之中,是在阐释《侵权责任法》规定的侵权责任类型之后进行的,也算顺理成章;《民法通则》规定的诉讼时效制度放在第三章免责事由之后。这样处理,既没有打乱《侵权责任法》的完整体系,又对教学中应当让学生掌握的知识作出说明。特别是《侵权责任法》第十二章附则部分内容偏少,加上这些内容之后就会比较充实。在案例配置上,原则上每一节有一个典型案例,但第五章至第十一章的内容比较单一,因而一章配置一个典型案例。

用这种方法编写教材,有一个问题比较明显,就是各章的篇幅差别很大。这样编写在文字表述上没有大的问题,但在教学中可能会感到不易掌握授课节奏,尤其是每一节课的时间、内容分布。不过,我在过去一年的教学中,基本上都是按照这个体例和体系讲授的,顺着《侵权责任法》的条文往下讲,学生接受的效果会更好一些。只要教师能够把握节奏,把授课内容分配好,教学效果会比完全按照理论体系授课好。

《侵权责任法》是一部保护人民权利的法律,在立法上突破了大陆法系立法常规,融合了大陆法系和英美法系侵权法的优势,独具特色;在立法之初和立法完成之后受到各国民法学界的关注。侵权责任法理论博大精深,需要继续深入研究。尽管我已经对侵权法理论和实践研究了三十余年,也完整地参加了《侵权责任法》立法的全过程,知道每一个条文起草的详细过程;但要全面、完整地掌握和理解《侵权责任法》的精髓,仍然需要努力。在编写本教材的过程中,我总结了以前侵权责任法著述的经验,紧密结合实际教学效果,把理论和实践结合起来,希望能够准确阐释法律规定的规则,完整阐释侵权法的理论学说,结合司法实践作到有所突破。欢迎法学院的各位教师和学生批评指正。

杨立新

2011 年 2 月

司法解释缩略语表

全　称	简　称
最高人民法院《关于适用〈中华人民共和国民法典〉侵权责任编的解释（一）》（2024年公布）	《侵权责任编解释（一）》
最高人民法院《关于审理食品药品惩罚性赔偿纠纷案件适用法律若干问题的解释》（2024年公布）	《食品药品惩罚性赔偿解释》
最高人民法院《关于审理食品药品惩罚性赔偿纠纷案件适用法律若干问题的解释》（2024年公布）	《食品药品赔偿解释》
最高人民法院《关于适用〈中华人民共和国民法典〉合同编通则若干问题的解释》（2023年公布）	《合同编通则解释》
最高人民法院《关于审理生态环境侵权责任纠纷案件适用法律若干问题的解释》（2023年公布）	《生态环境侵权责任解释》
最高人民法院《关于审理生态环境侵权纠纷案件适用惩罚性赔偿的解释》（2022年公布）	《生态环境侵权赔偿解释》
最高人民法院《关于办理人身安全保护令案件适用法律若干问题的规定》（2022年公布）	《人身安全保护令解释》
最高人民法院《关于适用〈中华人民共和国民事诉讼法〉的解释》（2022年修正）	《民事诉讼法解释》
最高人民法院《关于审理人身损害赔偿案件适用法律若干问题的解释》（2022年修正）	《人身损害赔偿解释》
最高人民法院《关于审理侵害知识产权民事案件适用惩罚性赔偿的解释》（2021年公布）	《知识产权赔偿解释》
最高人民法院关于审理食品药品纠纷案件适用法律若干问题的规定（2021年修正）	《食品药品纠纷案件解释》
最高人民法院《关于审理铁路运输人身损害赔偿纠纷案件适用法律若干问题的解释》（2021年修正）	《铁路运输人身损害赔偿解释》
最高人民法院《关于审理民事案件适用诉讼时效制度若干问题的规定》（2020年修正）	《适用诉讼时效规定》
最高人民法院《关于确定民事侵权精神损害赔偿责任若干问题的解释》（2020年修正）	《精神损害赔偿解释》

全 称	简 称
最高人民法院《关于审理买卖合同纠纷案件适用法律问题的解释》(2020年修正)	《买卖合同解释》
最高人民法院《关于审理利用信息网络侵害人身权益民事纠纷案件适用法律若干问题的规定》(2020年修正)	《利用信息网络侵害人身权益规定》
最高人民法院《关于审理道路交通事故损害赔偿案件适用法律若干问题的解释》(2020年修正)	《道路交通事故赔偿解释》
最高人民法院《关于审理医疗损害责任纠纷案件适用法律若干问题的解释》(2020年修正)	《医疗损害责任解释》

目 录

绪论 侵权责任法及其发展历史 ……………………………………（1）
　第一节　侵权责任法概述 …………………………………………（1）
　第二节　侵权责任法的发展历史 …………………………………（12）
　第三节　中国当代侵权责任法性质的转变 ………………………（25）

第一章　一般规定 …………………………………………………（30）
　第一节　侵权责任的调整功能和保护范围 ………………………（30）
　第二节　侵权行为与侵权行为一般条款 …………………………（33）
　第三节　侵权责任归责原则 ………………………………………（48）
　第四节　侵权责任构成要件 ………………………………………（62）
　第五节　侵权责任形态 ……………………………………………（81）
　第六节　多数人侵权行为与责任 …………………………………（95）
　第七节　侵权责任竞合、聚合与并合 ……………………………（111）
　第八节　免责事由 …………………………………………………（121）

第二章　损害赔偿 …………………………………………………（136）
　第一节　侵权损害赔偿请求权 ……………………………………（136）
　第二节　侵权责任方式 ……………………………………………（141）
　第三节　侵权损害赔偿方法 ………………………………………（144）
　第四节　有关侵权损害赔偿责任的特别规则 ……………………（169）
　第五节　侵权诉讼时效 ……………………………………………（173）

第三章　关于责任主体的特殊规定 ………………………………（177）
　第一节　监护人责任 ………………………………………………（177）
　第二节　暂时丧失心智损害责任 …………………………………（183）
　第三节　用人者责任 ………………………………………………（185）
　第四节　网络侵权责任 ……………………………………………（197）
　第五节　违反安全保障义务的侵权责任 …………………………（204）
　第六节　学生伤害事故责任 ………………………………………（211）

第四章　产品责任 (217)
第一节　产品责任概述 (217)
第二节　产品责任的构成与责任承担 (219)
第三节　关于产品责任的特别规定 (224)

第五章　机动车交通事故责任 (230)
第一节　机动车交通事故责任基本规则 (230)
第二节　特殊责任主体 (235)
第三节　其他机动车交通事故的责任负担 (243)
第四节　自动驾驶汽车交通事故责任规则 (250)

第六章　医疗损害责任 (257)
第一节　我国现行医疗损害责任制度概述 (257)
第二节　医疗损害责任的概念和类型 (259)
第三节　医疗过失的证明及举证责任 (269)
第四节　医疗机构的免责事由和对患者与医疗机构的特别保护 (275)
第五节　《医疗损害责任解释》规定的医疗损害责任规则 (277)

第七章　环境污染和生态破坏责任 (290)
第一节　环境污染和生态破坏责任概述 (290)
第二节　环境污染和生态破坏责任的因果关系推定 (296)
第三节　环境污染和生态破坏责任的特殊责任形态 (300)
第四节　生态环境侵权的损害赔偿责任原则 (306)

第八章　高度危险责任 (309)
第一节　高度危险责任概述 (309)
第二节　具体的高度危险责任 (313)
第三节　无过错责任的限额赔偿 (320)

第九章　饲养动物损害责任 (324)
第一节　饲养动物损害责任概述 (324)
第二节　具体的饲养动物损害责任 (330)
第三节　第三人过错造成饲养动物损害责任 (333)

第十章　建筑物和物件损害责任 (335)
第一节　建筑物和物件损害责任概述 (335)
第二节　具体的建筑物和物件损害责任 (339)

第十一章　其他侵权责任类型 ……………………………………………… (356)
　第一节　《民法典》没有直接规定的一般侵权责任类型 …………………… (356)
　第二节　司法解释规定的特殊侵权责任 ……………………………………… (387)

绪论　侵权责任法及其发展历史

> **本章要点**
>
> 在研究侵权责任法的具体内容之前,绪论部分着重介绍侵权责任法的概念、特征、功能、渊源、结构以及侵权责任法在我国民法中的地位,侵权特别法和侵权法司法解释,侵权责任法与其他法律的联系与区别,中国古代侵权法的发展阶段、基本责任制度和近代侵权法的发展脉络,国外侵权法在习惯法、古代成文法和现代法三个时期的发展线索和主要制度。
>
> 侵权责任法　　法律地位　　调整功能　　立法目的　　渊源
> 普通法　　　　特别法　　　司法解释　　中国古代侵权法
> 中国近代侵权法　古代习惯法　古代成文法　现代法

第一节　侵权责任法概述

> **典型案例**
>
> 某日,贾某与家人及邻居在北京市某餐厅聚餐,餐厅所使用的卡式炉燃烧气是北京某气雾剂公司生产的"白旋风"牌边炉石油气,炉具是另一座城市厨房配套设备用具厂生产的"众乐"牌卡式炉。用完第一罐气后该餐厅换置了第二罐气,又用了10分钟,卡式炉燃气罐发生爆炸,致使贾某面部、双手烧伤。贾某被送往医院治疗,诊断为深二度烧伤,烧伤面积为8%,面部结下严重瘢痕。卡式炉燃气罐爆炸的原因是这种燃气罐不具备盛装上述石油气的能力,而卡式炉仓内漏气也是事故发生的重要诱因。据此,法院判决气雾剂公司和厨房配套设备用具厂共同承担侵权责任,除判决二者承担其他赔偿责任之外,还依据《消费者权益保护法》的规定,判决二者承担精神损害抚慰金性质的残疾赔偿金。

一、侵权责任法的概念、特征与地位

（一）侵权责任法的概念与特征

1.侵权责任法的概念

侵权责任法,是指有关侵权行为的定义和种类以及对侵权行为如何制裁、对侵权损害

后果如何补救的民事法律规范的总称。[1]

狭义的侵权责任法原来是指《侵权责任法》,在《民法典》通过实施之后,是指《民法典》的第七编,即侵权责任编。广义的侵权责任法是指《民法典》侵权责任编以及其他法律规定的侵权特别法。

2. 侵权责任法的特征

侵权责任法在民法中具有相对独立的法律地位,有其独特的逻辑体系和完整的结构。与《民法典》的物权编、合同编、人格权编、婚姻家庭编以及继承编相比,侵权责任法具有如下特征:

(1)侵权责任法的条文具有高度概括性。侵权责任法的内容极其广泛,涉及范围特别宽,但是,从各国的民事立法来看,侵权责任法的内容都非常简洁、概括。

对于内容极其广泛的法律规范,却能用极其简要的法律条文加以规定,不能不说侵权责任法的条文极具概括性。假如没有侵权行为一般条款,侵权责任法绝不会这样简洁(见表0-1)。例如,《法国民法典》第1382条、《德国民法典》第823条、《日本民法典》第709条和我国《民法典》第1165条第1款,都极具概括性。正如法国学者泰尔瑞伯尔(Tarriple)所说的那样,"这一条款广泛地包括了所有类型的损害,并要求对损害作出赔偿,赔偿的数额要与受损害的程度相一致。从杀人到轻微伤人,从烧毁大厦到拆除一间价值甚微的板棚……对任何损害都适用同一标准"。[2]

表0-1 各国民法中侵权法条文占比

法典	条文总数/条	侵权法条文数/条	占比/%
《法国民法典》	2283	5	0.22
《德国民法典》	2385	31	1.30
《日本民法典》	1044	16	1.53
《意大利民法典》	2969	17	0.57
《埃塞俄比亚民法典》	3367	136	4.04
《中华人民共和国民法典》	1260	95	7.54

(2)侵权责任法的内容极具复杂性。侵权责任法是非常复杂的法律。一方面,侵权行为不仅发生在财产关系和人身关系的领域,而且广泛地发生在其他各种领域之中,例如,劳动关系、环境保护关系等。举凡有人类生活和活动的场合,就有侵权行为发生的可能。另一方面,在现代社会当中,大量的法律关系发生竞合。例如,侵权行为与犯罪行为、侵权行为与行政违法行为之间竞合的现象频发,许多犯罪行为可以同时构成侵权行为,多数违反行政管理规范的行政违法行为也都构成侵权行为,其中所有的违反治安管理规范造成损害的行政违法行为都构成侵权行为。此外,侵权责任法的渊源也极其复杂,法律规范的内容、层次、等级各不相同。

---

[1] 王利明、杨立新编著:《侵权行为法》,法律出版社1996年版,第11页。
[2] 《国际比较法百科全书·侵权行为》,纽约海洋出版公司1975年版,第13页。

(3)侵权责任法的内容和体系相当完备。尽管侵权法的内容十分概括,又十分复杂,但它却有完备的立法体系和完善的理论系统,这是由侵权责任法的发展历史所决定的。侵权责任法在罗马法时期就有了较为完整的立法体系和较为完善的理论系统,经过了一千多年的不断完善和发展,日臻成熟。侵权法的完整性和完善性表现于:在立法上,侵权责任法的条文虽然不多,但其逻辑严谨,内容完备;短短的篇幅概括了侵权行为的一般概念、种类、归责原则、制裁手段和救济方法等所有的内容,使侵权责任法成为一部立法精练、内容广泛、体系完整的法律。在理论上,侵权法学也是具有完备体系的法学理论系统,其理论体系的厚度并不亚于刑法理论。在国外,侵权法学专著数量众多;在我国,侵权责任法学专著也不断问世,侵权法学的研究已经达到了相当深入的程度。

(4)侵权责任法是具有强制性的法律。侵权责任法以保护民事主体的民事权利为主要调整目标。它的主要功能不在于对民事权利的确认,而在于对民事权利的保护。在这一点上,侵权责任法与其他民法部门法有明显的区别。物权法和合同法虽然也有关于权利受到侵害的救济手段的规定,但是这两种法律的基本功能却在于授权,确认民事主体享有什么样的物权和合同权利。继承法则规定继承的权利及其实现的方法和程序。至于人格权法,则完全是授权,而将人格权利的保护问题交由侵权责任法去完成。上述民法部门法的基本内容是任意性规范,而不是强制性规范。而侵权责任法主要着眼于对侵权行为的制裁和对侵权行为受害人的法律保护,这种制裁和保护都是与侵权人实施侵权行为的初衷相违背的,与其意愿和目的完全相反。因而,侵权责任法的规范绝大多数是强行性法律规范,而不是任意性法律规范,不允许当事人对侵权行为的归责原则、责任构成、举证责任等强行规定协议改变,也不允许行为人将自己应当承担的侵权责任转嫁给他人,更不允许侵权人拒绝承担侵权责任。

侵权责任法也有一些规范具有任意性,例如,权利人可以处分自己享有的赔偿权利,可以与对方当事人协商解决侵权赔偿纠纷,等等。这是因为侵权行为仍然是债的发生根据之一,侵权行为产生的赔偿请求权仍然具有债权的性质。但这些都不能否定侵权责任法强制性规范的基本特点。

(二)侵权责任法在民法中的相对独立地位

侵权责任法究竟是一种什么样的法律,不同的法律传统有不同的理解。

1. 两大法系的基本做法

大陆法系各个国家或地区都把侵权法作为债法的具体内容,把侵权法放在债法之中,作为债法的一个组成部分。《法国民法典》虽然将侵权法放在一个独立的编中,但其标题是"非经约定而发生的债",认其为债的性质。《德国民法典》则将侵权法放在债法的第七章"各个债的关系"中,作为最后一种债的关系即侵权行为之债加以规定。《日本民法典》突出侵权法的地位,将侵权法与契约之债、不当得利之债和无因管理之债并列,认其为侵权行为之债。《意大利民法典》的做法则与《日本民法典》基本相同。《俄罗斯联邦民法典》将侵权行为的后果作为债的一种形式,规定在债编之中,为"因损害所发生的债"。

这些做法的原因在于侵权行为所产生的权利义务与合同所产生的权利义务本质相同,同属于债权法,称为侵权行为之债。侵权行为之债与合同之债的区别在于前者为法定之债,后者为任意之债;但两者权利本质相同,均属于相对权和请求权,具有共同的本质和效力,其转移、变更、清偿、消灭,以及可分债权与不可分债权、种类债权与特定债权、选择债权债务与单独债权债务等,均适用同样的规则,即债权总则的规定。[3] 这样做的好处是根据侵权法的债的本质,将其归入债法的体系之中,使其接受债法总则的约束。

英美法系的基本特点是非法典化的判例法,没有成文的民法典;但是在其基本法律体系中,侵权法是相对独立的民法部门,与财产法、合同法等民法部门法的地位是平等的。同时,英美法系的民法没有债法的总的概念,因此不考虑侵权法与债法的协调问题,也没有必要与合同法进行平衡,侵权法有相对独立的地位。英美法系的侵权法与大陆法系的侵权法,就相似的侵权行为事实可能有近似的判定结果,但就侵权行为诉讼的方式、形式、法律理由等而言,两种法系显著不同。[4] 英美法系的做法,使侵权法在民法体系中的地位大大提高,更有助于凸显侵权法在调整民事法律关系中的作用,更好地实现侵权法的职能。

2. 两大法系的融合和我国的研究成果

随着历史的发展,世界上的两大法系无论是在立法形式上还是在法学理论上,都在相互融合、渗透,相互之间越来越借鉴对方的优点和长处,以补充、完善自己,这使两大法系之间的界限越来越模糊。在英美法系,侵权法的成文法倾向越来越明显,制定了一些成文的单行侵权法,一直延续下来的判例法习惯有所改变。在大陆法系,除中国外,虽然还没有一个国家制定过单行侵权法,但是制定单行侵权特别法的越来越多;尤其是在理论上,已经打破了侵权法是债法的组成部分的传统观念,越来越倾向于把侵权法作为民法的一个相对独立的法律部门来看待。在我国,立法者在制定《民法通则》的时候,就把有关侵权行为的规定从债权中拿出来,放在"民事责任"中作单独规定,使侵权责任法的相对独立地位有了进一步的增强;在理论上,越来越多的学者把侵权责任法作为一个相对独立的民法部门法来研究,"侵权责任法学"的主张已经得到普遍承认;我国立法机关曾经专门制定《侵权责任法》,在编纂民法典时将其纳入了《民法典》中,作为独立的一编。

3. 我国《民法典》侵权责任编的立法思想

按照大陆法系的做法,将侵权责任法置于债法之中是符合侵权行为所产生的权利义务的本质的,那就是侵权行为所产生的权利义务关系就是债权债务关系,适用债权法的相关规则。但是20世纪以来,侵权责任法发展十分迅猛,其内容不断扩张,尤其是在具体的侵权行为类型上不断发展变化,成为现代社会调整利益关系、保护人的权利的重要法律部门。在这样的情况下,侵权责任法试图冲破债法的局限,寻求自己在民法体系中的相对独立地位,以更好地发挥其职能与作用。

相比较而言,英美法系赋予侵权责任法相对独立地位的做法,具有更重要的借鉴意义。首先,赋予侵权责任法以民法体系中的相对独立地位,就使侵权责任法打破了债法的限制,在债法原则的指导下,突出自己的特点,发挥自己独特的调整作用。其次,给予侵权责任法以相对独立的地位,就使侵权责任法的发展具有了伸展、扩充的空间;不受侵权行为是"债

---

[3] 《中华人民共和国民法典大纲(草案)》,载梁慧星主编:《民商法论丛》第13卷,法律出版社2000年版,第822页。

[4] 徐爱国编著:《英美侵权行为法》,法律出版社1999年版,第9页。

的发生根据""债的一种具体形式""具体债的关系"的束缚,可以按照自己本身的发展规律充分发展。最后,也是最重要的,给予侵权责任法以相对独立地位,就是给侵权责任法在民法体系中以独立表演的舞台;这使侵权责任法在调整社会经济利益、调整社会关系、保护人的权利方面更能够发挥其职能。

《民法典》正是基于这样的考虑,将侵权责任规定为单独的一编,同时又承认侵权责任是债的一种类型,兼顾了两大法系对侵权责任法的定位。

二、侵权责任法与其他法律的联系和区别

（一）侵权责任法与刑法

刑法和侵权责任法一样,都是保护自然人、法人和非法人组织合法权益、维护社会公平和正义、保障社会经济和生活秩序的重要法律形式。

1. 侵权责任法与刑法的联系

侵权责任法和刑法是联系相当紧密的两部法律。首先,大部分的犯罪行为与侵权行为相联系,有些犯罪行为就是侵权行为进一步发展的结果。在刑法中规定的侵害财产权利、人身权利的犯罪,其实就是侵权行为的进一步发展。当侵权行为还没有具备犯罪所要达到的社会危害性的程度时,它就是侵权行为,需要以民事法律制裁手段予以制裁。当侵权行为进一步发展,达到了一定的社会危害性的时候,侵权行为就转化为犯罪行为,就应当接受刑法的制裁。例如,故意侵害健康权,如果造成轻微伤,则为侵权行为;如果造成轻伤害,则构成犯罪。过失侵害健康权造成轻伤害,则为侵权行为;造成重伤害,则构成犯罪。其次,很多犯罪行为需要侵权责任法的救济手段进行救济。在侵害财产权和人身权的犯罪中,因犯罪行为给被害人造成财产损失的,要以刑事附带民事的制裁手段救济被害人的损失,使被害人受到损害的权利得以恢复,同时也对罪犯予以必要的财产惩罚。

2. 侵权责任法与刑法的区别

侵权责任法和刑法相比较,有如下区别:

(1)在法律体系中的地位不同。在英美法系,侵权法为独立的法律;在大陆法系,侵权法为民法的组成部分。在我国,侵权责任法也不是独立的法律部门,只是民法的一个重要组成部分。而刑法却是一个独立的法律部门,是国家的基本法。因此,侵权责任法和刑法在法律地位上是不同的。

(2)调整对象不同。侵权责任法是规定侵权行为及其民事责任的法律,调整的是因侵权行为产生的损害赔偿责任的关系,这些法律关系均为民事法律关系。而刑法作为规定犯罪和刑罚的法律,主要调整犯罪与刑罚的关系。只有那些触犯刑律,具备了刑法规定的犯罪要件的行为,才受刑法调整。而对于尚未构成犯罪、造成他人损害的不法行为,由侵权责任法调整。

(3)适用的目的不同。侵权责任法适用的目的主要是补偿受害人因侵权行为所受的损害,通过赔偿的办法使已经受到侵害的财产关系和人身关系得到恢复和补救。侵权责任法也具有教育不法行为人、预防违法行为的目的。刑法规定的刑罚方法,在适用中的主要目的是惩罚犯罪行为人,教育和警诫犯罪行为人和社会上可能犯罪的人,达到预防犯罪的目的。补偿和惩罚,是两种法律适用目的的显著区别。

(4)法律性质不同。侵权责任法所规定的侵权责任,在适用上具有一定程度的任意性,即受害人有权决定是否要求行为人赔偿,就赔偿问题可由当事人协商,受害人可以要求行为人仅负部分赔偿责任。刑法是国家的强制法,体现了刑罚的强制性。除少数自诉案件以外,刑事责任不得由受害人自由免除,刑事责任的承担与否也不能由受害人决定。

(二)侵权责任法与行政法

行政法是规定国家行政机构的组织及其管理活动的法律规范的总和,侵权责任法以调整侵害民事权益产生的民事关系为任务,二者既有密切联系,又有显著区别。

1. 侵权责任法与行政法的联系

侵权责任法与行政法之间的密切联系主要表现在以下方面:

(1)有些侵权行为本身就是行政违法行为,构成民事责任和行政责任的竞合。例如,在公共场所侵害自然人的健康权、身体权,尚未造成严重后果的,既是侵权行为,又是行政违法行为;既应当承担行政责任,如接受治安管理处罚,又应当赔偿受害人的财产损失。

(2)国家赔偿责任既是《民法典》规定的侵权责任,又是行政法规定的责任;既是行政法执法过程中发生的侵权行为,也是在公法领域中发生的私法行为。这种侵权行为兼具侵权行为和违法行政行为两种性质,应接受两种法律的调整。

2. 侵权责任法与行政法的区别

侵权责任法与行政法的区别主要表现在以下方面:

(1)行政法是独立的法律部门,具有独立的法律地位,与刑法、民法处于相同的地位。而侵权责任法只是民法的组成部分,没有独立的法律地位。

(2)行政法调整的是国家的行政管理行为而发生的行政关系,调整的是纵向的关系。侵权责任法调整的是平等主体之间侵害民事权益产生的民事关系,调整的是横向的关系。

(3)行政法确定的行政责任是惩罚性的责任,行为人承担的责任是对国家承担的责任,如罚款,应当上缴国家而不能归个人所有。侵权责任法规定的民事责任性质具有补偿性,补偿的是受害人的损失,赔偿金归属于受害人。

(三)侵权责任法与合同法

1. 侵权责任法与合同法的联系

侵权责任法与合同法是联系最密切的法律。首先,侵权责任法和合同法都是民法的组成部分,担负的都是保护自然人、法人和非法人组织的合法权益,赔偿受害人的损失,恢复被侵害的权利人的民事权利等任务;其次,合同行为和侵权行为都是债的发生根据,对合同行为和侵权行为要适用民法关于债的一般规定;再次,合同责任和侵权责任同为民事责任,在责任要件、免责条件、责任形式等方面具有民事责任的共同特点;最后,由于责任竞合的不断发展,侵权责任法和合同法已具有相互渗透与融合的趋势。

2. 侵权责任法与合同法的区别

侵权行为和合同都是发生债的原因,但却是《民法典》相互独立的两编,各自具有相对独立的地位,侵权责任和合同责任也是不同的责任,其性质和界限不能混淆。侵权责任法和合同法的主要区别表现在以下几个方面:

(1)法律规范的性质不同。合同法的规范大多是任意性规范,它充分尊重当事人的意志,鼓励当事人在法定的范围内自由行为。只要当事人所缔结的合同不违反法律的强制性规定,法律就承认其效力。只有在当事人违反合同的约定时,对于如何制裁违约行为才由强制性的规范调整,但仍可由当事人进行协商。侵权行为是侵害他人人身和财产权益的行为,是法律所禁止的行为。侵权行为虽可产生债的关系,但此种债的关系与合同当事人自愿设立的合同之债的关系完全不同。侵权责任法所规定的侵权责任,虽然受害人一方可以自由处分,但是侵权责任法律规范的性质是强行法规范,行为人对受害人负有的赔偿责任既是对受害人负责,也是对国家所负有的责任,行为人是否承担责任和在多大范围内承担此种责任,不以行为人的意志为转移。

(2)保护的权益范围不同。侵权责任法和合同法都以损害赔偿为其主要责任方式,以达到补救受害人损失的目的。但在运用损害赔偿责任时,两种法律所保护的具体的权益范围不同。合同法保护的是相对权,是合同当事人依据合同所产生的权利;而侵权责任法保护的主要是绝对权(也包括相对权),是民事主体的人身权和财产权。由于侵权责任法和合同法所保护的权益范围不同,因而它们在民法中所担负的任务和职能并不相同。

(3)规范的内容不同。由于侵权责任法调整的是因侵权行为产生的责任关系,合同法调整的是交易关系,因而它们在责任的归责原则、构成要件、责任主体、举证责任、责任方式、诉讼时效、免责条件等方面的规定上有所区别。

三、侵权责任法的渊源

(一)宪法渊源

侵权责任法的渊源,是指侵权责任法律规范借以表现的形式,它主要表现在各国家机关在其权限范围内制定的各种法律文件之中。

宪法渊源是侵权责任法的最高指导原则。宪法是国家的根本大法,具有最高的法律效力。《宪法》中关于财产所有制和所有权的规定,关于保护公民的人身权和财产权的规定,都是我国侵权责任法的渊源。侵权责任法的一切原则、规则都是依据宪法的原则制定的,任何条文都不得违反宪法的原则。例如,《宪法》规定人格尊严是人的基本权利,保护人格尊严是宪法原则。在司法实践中,则将人格尊严作为一般人格权,适用《民法典》的规定加以保护。

在司法实践中,最高人民法院曾经两次引用宪法以明确侵权责任法的适用问题。第一次是关于对工伤事故事先免责条款的效力问题的司法解释,第二次是关于侵害受教育权是否可以请求损害赔偿的司法解释。这两个司法解释都说明了宪法是侵权责任法的最高法律渊源。

(二)民法渊源

民法渊源是侵权责任法的主要渊源,这是大陆法系的传统做法。在我国,《民法典》总则编关于侵权责任之债、民事责任和诉讼时效等相关规定,以及《民法典》侵权责任编的规定,是我国侵权法的主要渊源。

侵权责任法是民事权利保护法,是人民性和科学性并举、着重解决民事主体民事权利保护问题的法律,是侵权责任基本法。它作为我国民法的重要组成部分,在社会中将发挥越来越重要的作用,成为中国民事主体的民事权利保护法,发挥其应有的法律调整功能。

(三)其他法律法规渊源

侵权责任法的其他法律渊源是指单行民事、经济、行政法律和法规中有关侵权行为的法律规范。在这些法律渊源中,一是单行法律,如《国家赔偿法》是我国专门规定国家机关侵权的行政赔偿和司法赔偿责任的单行法律;二是其他法律,国家制定的大量的单行民事、经济、行政法律和法规中也都有关于侵权行为的规定,如《残疾人保障法》《未成年人保护法》《妇女权益保障法》《消费者权益保护法》《反不正当竞争法》《产品质量法》《道路交通安全法》等,都规定了大量的侵权责任法规范;三是单行侵权法规,如《工伤保险条例》就是对特别侵权行为制定的单行侵权法规;四是其他法规中的侵权责任法规范,在国务院制定的行政法规中,这样的侵权责任法规范大量存在。这些其他法律法规中关于侵权行为的规定,丰富了我国侵权责任法的具体内容,并成为我国侵权责任法的重要组成部分。

(四)司法解释渊源

最高司法机关关于处理侵权案件的指导性文件以及对侵权案件如何适用法律所做的解释、批复、答复等,也是侵权责任法的渊源。一是对侵权责任法的规范性解释,如《精神损害赔偿解释》《人身损害赔偿解释》等;二是批复性解释,是最高人民法院对于具体案件或者具体问题所做的司法解释。这种司法解释更具灵活性、实用性和指导性,是侵权责任法的重要组成部分。《民法典》实施后,《侵权责任编解释(一)》《食品药品惩罚性赔偿解释》《生态环境侵权责任解释》《人身安全保护令解释》等新的司法解释颁布实施,对适用《民法典》侵权责任编的规定具有重要意义。

(五)行政规章和地方法规渊源

国务院各委、部、局、署、办发布的行政规章中关于侵权行为的规范,地方各级人民代表大会、地方各级人民政府、民族自治地区的自治机关在宪法、法律规定的权限内制定的决议、命令、地方性法规、自治条例、单行条例中有关侵权行为的规定,也是侵权责任法渊源。如教育部制定的《学生伤害事故处理办法》等,也属于侵权责任法的组成部分。

四、侵权责任法的结构

(一)狭义侵权法的总则和分则结构

研究侵权责任法的结构是研究侵权责任法由哪几个部分构成的。它与侵权责任法的渊源既相联系,又有区别。侵权责任法渊源研究的是它的外在表现形式,侵权责任法的结构研究的是它的内在组成部分。

1. 总则性规定和分则性规定的区别

我国《民法典》侵权责任编在结构体例上,大体上为总则、分则结构。总则采用大陆法系侵权法的一般性规定,分则采用英美侵权法的类型化规定。《民法典》侵权责任编共有十章,分成总则性规定和分则性规定两部分:第一部分为第一章到第二章,是总则部分,规定了侵权责任的一般规定和损害赔偿;第二部分即从第三章至第十章,属于分则性规定,第三章是关于责任主体的特殊规定,第四章到第十章规定的是特殊侵权责任类型,相当于一个不完整的侵权法分则。

《民法典》侵权责任编的这种结构安排,既借鉴了大陆法系侵权法的立法结构,又借鉴了英美法系侵权法的立法结构,是两大法系侵权法立法结构的融合。这两个部分结合起来,就构成了侵权责任法的完整体系,适用方法非常明确,也很容易掌握。

2. 区分总则性规定和分则性规定的意义

区分《民法典》的总则性规定和分则性规定的意义在于法律适用方法不同:总则性规定,在所有的侵权责任纠纷案件中都要适用;分则性规定,则应当根据侵权责任类型选择适用,适用方法属于"对号入座"。适用时,一般侵权责任适用总则性规定,分则作出特殊规定的,适用分则的特殊规定;特殊侵权责任适用分则规定,同时适用总则的相应规定。

(二)广义侵权法的普通法和特别法结构

我国广义侵权责任法的结构是由侵权普通法和侵权特别法两个部分组成的。[5]

我国的侵权普通法是指我国《民法典》。侵权特别法是指我国《民法典》以外的法律规定的侵权法律规范的总和,包括侵权责任单行法和其他法律中的侵权责任法律规范。

1. 侵权普通法与侵权特别法的区别

侵权普通法与侵权特别法二者之间是一般和特殊的关系,其区别表现为:

(1)适用范围的区别。《民法典》侵权责任编是侵权普通法,它的适用范围是普遍的,即适用于一切侵权行为。大量的侵权特别法的规定则仅适用于特定领域和特定事项。例如,《国家赔偿法》只适用于国家赔偿领域,《道路交通安全法》只适用于道路交通事故的赔偿。

(2)对人效力的区别。对于一切侵权人普遍适用的侵权责任法,是侵权普通法;而仅适用于特定的侵权人的规定属于侵权特别法。例如,《民法典》侵权责任编的规定对一切侵权人都发生效力;而《邮政法》专门规定了邮政侵权损害赔偿责任,仅适用于在邮政企业范围内发生的邮政企业或邮政工作人员,因从事邮政业务而致受害人损害的情况,因而属于侵权特别法。

(3)具体内容的区别。《民法典》侵权责任编的内容是普遍适用的,包括侵权责任的归责原则、责任构成、损害赔偿方法等。而侵权特别法所规定的侵权行为,在具体内容上总是有所区别。可见,侵权普通法和侵权特别法的区别主要体现在具体内容上,而不在表现形式上。

2. 区别侵权普通法和侵权特别法的意义

普通法和特别法只是一个相对的概念。某一法律规范相对于此一法律规范是普通法,相对于另一法律规范则是特别法。例如,《环境保护法》关于环境污染和生态破坏侵权责任的规定,相对于《民法典》侵权责任编的规定是特别法,而相对于《海洋环境保护法》关于海洋环境污染和生态破坏侵权责任以及其他单行环境保护法,则是普通法。

区分侵权普通法和侵权特别法的主要意义在于:根据特别法应优先于普通法适用的规

---

[5] 关于侵权特别法的有关问题,参见杨立新:《侵权特别法通论》,吉林人民出版社1990年版。

则,在适用侵权责任法时,侵权特别法应优先于侵权普通法而适用;只有在不存在或不能适用侵权特别法时,才适用侵权普通法。

五、侵权法司法解释

(一)侵权法司法解释的基本概况

1. 侵权责任法司法解释的意义

在司法实践中,最高人民法院对于侵权责任法的适用作了大量的司法解释。这些司法解释针对侵权案件审判实务中的具体问题,依照侵权责任法的立法条文和基本原则,对侵权责任法如何适用作了具体解释,解决了大量的实际问题,推动了侵权责任法理论研究和司法实务的发展与进步。一些重要的司法解释在侵权责任法的发展中具有历史意义。

侵权法司法解释属于法律解释的范畴,与侵权法的适用紧密相关。法律解释包括立法解释、司法解释和学理解释,侵权法司法解释构成法律解释中司法解释的一个环节,仅仅是对侵权责任法适用的司法解释。侵权法司法解释作为侵权法适用的具有法律效力的司法解释,对于侵权法的适用和发展具有重要作用,成为我国法官法的重要组成部分。

2. 我国侵权法司法解释的特征

我国的侵权法司法解释是最高人民法院依据法律赋予它的司法解释权,对侵权法的适用所作的解释,具有以下特征:

(1)侵权法司法解释是有效解释。司法解释是最高司法机关对法律的适用作出的正式解释,在司法实践中具有法律效力。侵权法司法解释是这种正式的有效解释,是侵权责任法的渊源之一,是正确适用侵权法的重要保障,对侵权法司法实务具有拘束力。

(2)侵权法司法解释只适用于侵权案件。侵权法司法解释只是民法司法解释系统中的一个分支,只负责对侵权法的适用进行解释,适用范围是有限制的,只适用于侵权案件,只对这部分案件的审判具有拘束力。

(3)侵权法司法解释的效力低于侵权责任法。侵权法司法解释是根据侵权责任法的内容和基本精神作出的。尽管它是有效解释,但它的效力既不能超过也不能等同于侵权责任法。这些司法解释只要不与侵权法的基本原则相冲突,实务就应当遵循。

(4)侵权法司法解释只能由最高人民法院作出。近年来,各级人民法院对侵权法司法实务的研究很重视,不断进行调查研究、总结经验;一些高级人民法院陆续制定了一些如何适用侵权法的指导意见,对该辖区的侵权案件审判实务有一定的指导性。但这些意见只是侵权案件审判经验的规范性总结,既不是司法解释,又不具有参照适用的效力,只能作为办案的参考意见。

3. 侵权责任法司法解释的形式

侵权法司法解释的形式分为两种:

(1)规范性侵权法司法解释。规范性侵权法司法解释是最高人民法院针对侵权法适用中的概括性问题作出的,以规范性的条文形式表现出来的司法解释。这种侵权法司法解释的特点是形式规范、条文简洁、内容概括,是效力最高的司法解释,在侵权法司法实务中具有普遍适用的效力。例如,《侵权责任编解释(一)》《精神损害赔偿解释》《人身损害赔偿解释》《生态环境侵权责任解释》《生态环境侵权赔偿解释》等,都是这样的规范性司法解释。

(2)批复性侵权法司法解释。这种司法解释是最高人民法院针对侵权法适用中的具体问题,以批复、复函的形式作出的司法解释,解决的是侵权法在适用中的具体问题或具体案件适用侵权法的问题,特点是内容具体、针对性强、形式灵活,但效力不及规范性司法解释的效力强,仅对个案的处理有拘束力,对类似问题具有参照效力。

侵权法司法解释的上述分类,不仅以其外在表现形式作为划分标准,其产生的过程、针对的问题以及效力亦有区别。规范性侵权法司法解释的产生是经过反复调查研究,概括出具有普遍性的问题,再对这些具有普遍性的问题依据侵权法的规定和原则进行规范性的解释。批复性侵权法司法解释源于地方人民法院对适用侵权法的不同理解或疑难问题向最高人民法院的请示,最高人民法院针对这些问题作出批复或复函。正因如此,规范性解释和批复性解释都具有不同的适用对象和效力。这两种司法解释相辅相成,构成完整的侵权法司法解释体系。

(二)侵权责任法司法解释的作用

侵权法司法解释是侵权责任法的法官法,其作用与侵权法的作用是一致的。侵权法司法解释的作用是:

第一,补充侵权法立法的不足。我国的侵权法作为民法的组成部分,存在立法不足的问题。在司法实务中,不断发现侵权法立法不足,理论研究中发现的问题也不断地反映到司法实务中。侵权法司法解释抓住这些问题作出如何适用法律的规定,丰富了侵权法的内涵,补充了立法的漏洞,完善了侵权法的体系。主要表现在:其一,通过司法解释确立侵权法没有规定的新规则。例如,《民法典》侵权责任编没有规定诱使被监护人脱离监护的损害赔偿责任。《精神损害赔偿解释》第2条对此作了简要的规定;《侵权责任编解释(一)》第1~3条详细规定了诱使被监护人脱离监护的损害赔偿责任,特别规定监护人可以请求赔偿为恢复监护状态而支出的合理费用,即寻亲费用赔偿。其二,通过司法解释填补侵权法的立法漏洞。立法漏洞又称法律漏洞,系指关于某一个法律问题,法律依其内在目的及规范计划,应有所规定而未设规定。[6] 修补的方法是类推适用法律。例如,工作人员执行工作任务造成他人损害的行为构成犯罪,是否可以免除用人单位的责任,规定不明确,《侵权责任编解释(一)》第17条对此作出规定,确认工作人员承担刑事责任不影响用人单位依法承担民事责任。

第二,对适用侵权责任法的意见分歧明确立场。侵权法司法解释的一个重要作用就是明确适用中的意见分歧,作出肯定哪种主张、否定哪种主张的解释,并在实务中执行该解释;纠正某种对侵权责任法适用的错误认识,肯定争论中的一种意见,提出一种新的适用法律的办法。例如,《民法典》第1202条和第1203条规定的"损害"是否包含产品自损,理论和实务对其理解不一致。《侵权责任编解释(一)》第19条中明确规定,"缺陷产品本身损害以及其他财产损害"都是产品责任的损害,可以一并起诉请求赔偿。

第三,将侵权责任法不确定的问题具体化。规范性概念和概括条款在侵权法中大量存在。法律的规范概念及概括条款的主要功能之一,在于使法院能考虑社会经济发展及伦理

---

[6] 王泽鉴:《基础理论》,台北,三民书局1983年版,第164页。

道德价值的变迁,而适用法律,使法律能与时俱进,实现其规范功能。[7] 但这些规范性概念和概括条款如不具体化,实务中便无法适用。因此,将侵权法不确定的问题即规范性概念和概括条款实现具体化,也是侵权法司法解释的基本作用之一。例如,侵权赔偿方法的具体化是侵权法司法解释的重要内容之一,《生态环境侵权责任解释》对生态环境侵权责任类型的法律适用作了具体规定,等等。

第四,采纳侵权责任法的科学理论作为司法解释的基础。侵权法学理论是侵权法立法及司法的理论基础,侵权法学理论的深入发展,必定推动侵权法立法和司法的不断进步。侵权法司法解释采用科学的侵权法理论,将理论与实际紧密结合起来,正是侵权法司法实务不断进步的因素之一;同时又可以推动立法进步,促进侵权法学研究不断发展,形成良性循环。

(三)侵权责任法司法解释的适用

侵权法司法解释适用效力的原则是:规范性司法解释具有普遍适用效力,批复性司法解释原则上具有参照适用的效力。

侵权责任法司法解释应当适用于侵权行为案件的审理中,一经适用应当在判决、裁定中直接援引,作为判决、裁定的法律依据;所应区别的是司法解释与法律本身的地位和效力,不能将二者混同起来。

第二节 侵权责任法的发展历史

| 典型案例 |

1982年加利福尼亚州上诉法院改判了辛德尔诉阿伯特化学厂一案。辛德尔是个乳腺癌患者。在她出生前,其母亲服用了当时广为使用的防止流产的乙烯雌粉。后来研究证明,服用乙烯雌粉与患乳腺癌有很大关系,辛德尔就是此药的受害者。当时,生产此药的共有5家化学工厂,她没有办法证明她的母亲究竟服用哪家化学厂生产的药品。辛德尔提起损害赔偿之诉后,初审法院不予受理,上诉法院则判决当时生产此种药品的5家化学工厂对原告的损害负连带赔偿责任。理由是数个工厂制造同一种产品,该产品中的一个产品致人损害,不能确认是哪一个工厂制造的产品造成该损害,该数个工厂为共同危险行为人,承担连带责任。加利福尼亚州最高法院废弃这个判决,改判各个被告按照市场份额承担按份责任。

---

[7] 王泽鉴:《基础理论》,台北,三民书局1983年版,第159页。

一、中国古代侵权法

（一）中国古代侵权法的发展阶段

中国古代侵权法的发展历史可以划分为以下三个阶段：

1. 唐代以前的侵权法

中国古代侵权法发展的第一阶段是唐代以前的侵权法，以秦代的侵权法作为标志。秦代继承了中国奴隶制社会侵权行为立法的遗产，吸收了战国时期封建社会初期侵权行为立法的思想和实践经验，创立了比较完备的中华法系的侵权法体系。

2. 唐代侵权法

中国古代侵权法发展的第二阶段是唐代的侵权法律制度。《唐律》中所包括的侵权法规范，也达到了相当高的水平。《唐律》中的财物损害备偿制度、畜产损害的偿所减价制度、过失杀伤人的赎铜入伤杀人之家制度和保辜制度，具有相当的概括性和科学性。

3. 宋代至清代的侵权法

中国古代侵权法发展的第三阶段是宋代至清代的侵权法，以清代的侵权法作为标志。这一阶段的侵权法向着日益完善的方向发展，至清代已经达到了中华法系侵权法发展的顶峰。清代的侵权法立法已经接受了当时外国侵权法先进的立法思想，为新的侵权法的出台奠定了基础。

（二）中国古代侵权法的基本责任制度

中国古代侵权法共有三大类十五种基本责任制度，主要内容如下：

1. 侵害人身的损害赔偿

（1）赎铜入杀伤之家。赎铜制是我国古代的刑罚制度，为赎刑，比较复杂。唐代的赎刑分为四种：一是"疑罪从赎"，有犯罪嫌疑而又无确凿证据证明的，赎之；二是"赎官"，这是给贵族、官僚及其家属的一种特权，凡有品级的官员以及他们的某些亲属犯了流罪以下的罪，都可以赎之；三是出于对某些罪犯的"矜恤"照顾，如老、幼、残疾、妇女等罪犯，各依其所犯之罪适用赎刑；四是赎铜入伤杀之家。前三种，赎铜归国库所有；第四种，赎铜入被害人之家，以补偿被害人因其伤、残、死而给其家造成的损失。这是比较典型的人身损害赔偿制度。《清律》的赎刑分为三种，即纳赎、收赎、赎罪。在一般情况下，赎金收归国有，但也有若干条文规定将赎金给受害人及其家属以为赔偿，称为"收赎给主"，与上例相同，这也是一种人身损害赔偿制度。

（2）断付财产养赡。养赡制度是一种人身损害赔偿制度，主要适用于残酷的恶性杀人、重伤等情况，责令侵权人将其财产给付被害人或被害人之家，用以赡养被害人或被害人的家属。中国古代只有明、清两代有养赡制度，元代以前的律典中没有规定这种制度。养赡共分三种：其一，断付财产给付死者之家。这是对最为残酷的侵害自然人生命权的侵权行为的民事制裁措施。《明律》规定两种，一是杀一家三人，二是采生折割人；《清律》规定两种，一是采生折割人，二是干名犯义致死。其二，断付财产一半，这是对于严重的致人重伤、诬告致死等次一等犯罪的附带民事制裁措施。其三，定额养赡，与以上两种不同，是确定一个固定的数额给付被害人养赡。

断付财产养赡作为一种人身损害赔偿制度,其赔偿范围的确定取决于两个条件:一是侵害客体是生命权,还是健康权;二是侵权人(罪犯)财产的多少。其中后一个是主要标准。这样一来,赔偿范围不是由损失的大小作为确定的标准,无论什么情况都是固定的赔偿数额,故这种赔偿不够合理、不够科学。

(3)追埋葬银。追埋葬银是一种人身损害赔偿制度,适用范围绝大多数是过失杀人,只有杀死奴婢时不考虑是否为过失所为。其赔偿数额是固定的,元代为银五十两,明代、清代为银十两。元代赔偿烧埋银的,包括良人斗殴杀死奴婢、共戏致死和错医致死。

(4)保辜。中国古代律典中的保辜制是一种最具有特色的人身损害赔偿制度,其本意是一种刑事法律规范。保辜制的立法意旨是:殴人致伤,区分不同情况,立一辜限,限内由侵害人即罪犯支付医疗费用治疗,辜限内受害人被治好,可以减轻处罚;辜限内医治无效,致死、致残,各依律科断刑罚。由于是要加害人出钱医治伤害,因而保辜制又是一种财产责任,是一种特殊的人身损害赔偿责任。保辜制保人之伤正所以保己之罪,就可以调动加害人医治伤害的积极性,因而对受害人有利,使受害人的伤害得到及时平复,是一种有效的侵权责任制度。

2. 侵害财产的损害赔偿

(1)备偿。备偿是中国古代侵权法的主要赔偿制度。备偿就是全部赔偿、如数赔偿的意思,与今天的"全部赔偿原则"相当。备偿只见于《唐律》和《宋刑统》。《秦律》中的赔、偿、负之如故,元、明、清律典中的赔偿、追赔、验数追赔也都是备偿的意思,只是提法不同而已。《唐律》中的备所毁也是备偿的意思。备偿是中国古代侵权法最基本、最重要的财产赔偿制度,贯穿于秦至清各朝代的侵权立法。备偿制度的适用范围是大多数的侵害财产权的场合,但不包括杀伤马、牛等畜产,以及主观恶性严重的侵害财产权、私借官物、玩忽职守造成的损失。

(2)偿所减价。偿所减价是原物受损以后,以其实际减少的价值作为赔偿的标的赔偿实际损失。按照常理,这样的原则应当适用于一切受损后仍有残存价值的财产损害,但中国古代侵权法的偿所减价只适用于牛、马等畜产遭受损害的场合,不适用于其他财产的损害。究其偿所减价的缘由,概因畜产杀死后的肉、皮、骨的价值很大,受伤后又可医愈,因而偿减价是十分合理的。赔偿限于所减价,完全体现了赔偿损失时,应当扣除因损害所获得的新生利益的损益相抵原则,与备偿制度的基本精神是完全一致的,只是备偿适用于一般动产的损害赔偿,而偿所减价适用于特殊动产即畜产的损害赔偿。

(3)偿减价之半。《唐律》和《宋刑统》出现了偿减价之半的规定,在其他朝代的律令中,尚未发现这种规定。偿减价之半,其原因是考虑畜产自相杀伤,与饲养人、管理人的过错无关,因而对于损失由双方当事人分担。

(4)倍备。倍备制度只是唐、宋两代出现的侵权法律制度,其他朝代没有明确规定。但《汉律》中的"加责入官"、《明会典》中的"倍追钞贯"制度,都与倍备制度相似。倍备就是在原全部赔偿的基础上再加一倍赔偿,也就是惩罚性赔偿制度。《宋刑统》同样规定了这一制度,但在实践中发现了它的不合理性,已经明令不再施行,这是符合侵权损害赔偿的补偿性原则的。元、明、清没有设"盗者倍备"的规定。

(5)折抵赔偿。折抵赔偿是明代才出现的赔偿责任形式,《清律》对此也有规定。放火烧人财产应当折剉赔偿,赔偿标准是放火人的家产,这不是家庭共有财产中自己应有的份额,而是家产全部;家产罄尽和赤贫者,没有办法去"尽",只能免追或止科其罪。折为折断、分开,剉为折伤,拆碎;折剉意为分开几份,是将犯人的全部财产折为银数,再按所烧的受害人数额(以家为单位)分为几份,其中不分官、民,"品搭均偿",结果是该还官的还官,该给主的给主。

(6)追雇赁钱。追雇赁钱入官针对的是侵害官家财物使用权的行为。例如,宋代的"使所监临,计庸赁坐赃论",即是擅自使用所监临之物。明代,私借官车船、私借官畜产、私役铺兵、私借役马,均追雇赁钱入官。这些行为侵害的都是官府对官物的使用权。

(7)着落均赔还官。着落即应收与实收之间的差额。着落均赔还官,是因其掌管的工作,由于过失而造成官府在财产收入上的损失,应由造成着落之人赔偿损失。这是一种财物损害赔偿,义务主体应是掌管一定的为官府收入进项之责的官员,其赔偿的是应收与实收之间的差额,是财产赔偿制度。

(8)还官、主。这是中国古代侵权法的一种最常见、使用最广泛的财产损害赔偿制度,与现代的返还原物近似。以各朝代均有规定的"赃物见在者,还官、给主"为例,其赃物转卖后,持有赃款者,仍为见在,亦要依例追征,还官给主,这就不是严格意义上的返还原物了。另外,返还的不仅是原物,原物的花利等孳息亦应还主,包括间接损失亦应返还。从秦至清,这一制度贯穿始终,也证明了这一制度的深厚社会基础。

3. 其他形式的侵权责任

(1)复旧(复故)。复旧或者复故,是恢复原状。唐、宋、明、清的律典都有这样的规定,而且适用的范围都相同,即适用于侵占巷街阡陌。这是一种对类似于侵害相邻权行为的民事制裁手段。侵占巷街阡陌,占用了公用的通道,妨碍了他人的使用权,应当承担恢复原状的责任。

(2)修立。修立是一种特殊的恢复原状的民事责任形式,适用于毁坏建筑物之类的场合,是一种财产损害的恢复原状。宋、清两代设有这种民事责任。修立表面上看是恢复原状,好像不是损害赔偿形式,而是非财产责任形式,但由于修立的费用由侵权人承担,因而其仍具有财产损害赔偿的功能。

(3)责寻(求访)。责寻是一种纯粹的非财产性质的民事责任形式。《宋刑统》《明会典》《清律》都各只规定了一条,适用对象为财物丢失,责令侵权人寻找,找到者免罪,找不到者赔偿,适用范围很宽。

(三)中国古代侵权法的先进制度

中国古代侵权法的一些具体制度,在世界侵权法的历史发展中具有先进意义。这是我国古代侵权法的精华之所在。

1. 损益相抵原则

损益相抵的原则是近现代侵权法和合同法的制度。尽管有些学者著述称,在罗马法中就有损益相抵的规定,但是,并没有确实的证据。至19世纪德国普通法时期才有损益相抵的规定。我国古代法律早就有损益相抵规定,且规定得更为明确。

《唐律》《宋刑统》《明会典》《清律》都规定了"偿所减价"制度,是指原物受损之后,以其物的全价扣除所残存价值之差额作为赔偿数额,适用的范围是牛马等畜产遭受损害的赔偿。例如,《唐律》"故杀官私马牛"条规定:"诸故杀官私马牛者,徒一年半。赃重及杀余畜产,若伤者,计减价,准盗论,各偿所减价;价不减者,笞三十,其误杀伤者,不坐,但偿其减价。"其疏议曰:"'减价',谓畜产值绢十匹,杀讫,唯值两匹,即减八匹价;或伤止值九匹,是减一匹价。杀减八匹偿八匹,伤减一匹偿一匹类。'价不减者',谓原值绢十匹,虽有杀伤,评价不减,仍值十匹,止得笞三十罪,无所赔偿。"畜产原价为十匹,杀害损失为十匹;但畜产杀之所得皮、肉、骨,对所有人而言,为因侵权行为所得新生利益,偿所减价,就是赔偿损失额扣除被侵权人所受利益后的差额,此正符合损益相抵的基本原理。畜产杀伤之价不减者,如猪育肥而杀之,价不减,损失与利益等同,则"无所赔偿"[8]。这种"偿所减价"制度所体现的就是损益相抵原则。可以相信,关于损益相抵的赔偿原则,中国古代侵权法的这一制度早于世界各国的立法,具有世界领先水平。

2. 相当因果关系

相当因果关系又称为适当条件说,是确定违法行为与损害事实之间是否有因果关系的理论,首先由德国生理学家克利斯在1888年发表的《论客观可能性的概念》中提出,创设了相当因果关系学说。[9] 该学说认为,造成损害的所有条件都具有同等价值,由于缺少任何一个条件,损害都不会发生,因此各种条件都是法律上的原因。[10] 适当条件即为发生该结果所不可缺之条件,不独于特定情形偶然的引起损害,而且是一般发生同种结果之有利条件。如果某项事实仅于现实情形下发生该项结果,还不足以判断有因果关系,必须在通常情形下,依社会一般见解亦认为有发生该项结果之可能性,始得认为有因果关系。例如,因伤后受风以致死亡,则在通常情形下依一般社会经验认为有此可能性,因此应认为其伤害与死亡之间有因果关系。[11]

《清律》"保辜"条规定:"凡保辜者,(先验伤之轻重,或手足,或他物,或金刃,各明白立限)责令犯人(保辜)医治。辜限内,皆须因(原殴之)伤死者,(如打人头伤,风从头疮而入,因风致死之类)以斗殴杀人论。(后)其在辜限外,及虽在辜限内,(原殴之)伤已平复,官司文案明白,(被殴之人)别因他故死者,(谓打人头伤,不因头疮得风,别因他病而死者是为他故。)各从本殴伤法。(不在抵命之律)若折伤以上,辜内治乎缓者,备减二等。(下手理直,减殴伤二等。如辜限内平复,又得减二等。此所谓犯罪得累减也)辜内虽平复,而成残疾、笃疾,及辜限满日不平复(而死)者,各依律全科。"其中,"打人头伤,风从头伤而入,因风致死"者,即为有相当因果关系。"别因他故死者,打人头伤,不因头伤得风,别因他病而死者",不认为有因果关系,只按殴伤治罪。这是典型的相当因果关系规则。可见,中国古代对相当因果关系的应用远比外国早。

3. 对间接损失的赔偿

中国古代侵权法对于财物损害事实还区分直接损失和间接损失,并以明文规定间接损失应当赔偿。在古代律令条文中,多次出现"花利归官、主"和"苗子归官、主"等内容,这些

---

[8] 杨立新:《民法判解研究与适用》,中国检察出版社1994年版,第26页。
[9] 李光灿、张文、龚明礼:《刑法因果关系论》,北京大学出版社1986年版,第45页。
[10] 王利明:《侵权行为法归责原则研究》,中国政法大学出版社1992年版,第379页。
[11] 史尚宽:《债法总论》,台北,荣泰印书馆1978年版,第161页。

都是物的孳息,都属于间接损失。

二、中国现代侵权法

中国现代侵权法主要是清朝末期的统治者变律为法和中华民国制定民法的这一时期对侵权法所进行的一系列的立法活动。中国现代历史上先后出现了三部民法(包括草案):《大清民律草案》《民国民律草案》《中华民国民法》。

(一)《大清民律草案》对侵权行为的规定

《大清民律草案》关于侵权法的规定,既借鉴了《日本民法典》《德国民法典》《法国民法典》等域外民事立法的精华,又保留了一定的中国特色。

《大清民律草案》将侵权法规定在第二编"债权"之中,第八章专设"侵权行为"一章,从第945条至第977条共33条。这种体例显然借鉴于《日本民法典》。具体编排上分成4部分:第一部分是原则规定,从第945条至第947条共3条;第二部分是特殊侵权行为,从第948条至第956条共9条;第三部分规定侵权损害赔偿的具体方法,从第957条至第975条共19条;第四部分规定的是侵权损害赔偿的诉讼时效,从第976条至第977条共2条。

《大清民律草案》对于侵权行为的规定基本上是完备的。

第一部分首先规定侵权行为一般条款,肯定过错责任原则,即"因故意或过失侵他人之权利而不法者,于因侵害而生损害负赔偿之义务"(第945条)。中国古代侵权法没有规定过错责任原则,《大清民律草案》在中国历史上第一次确立了侵权行为一般条款和过错责任原则的法律地位,这是一个创举。

第二部分规定了7种特殊侵权行为:(1)官吏、公吏以及其他依法令从事公务的职员致害他人的侵权责任;(2)共同侵权行为,既规定了共同侵权行为的赔偿责任,又规定了共同危险行为;[12](3)法定监督人的赔偿责任,规定法定监督人对于未成年人和精神身体之状况需人监督者加损害于第三人时,法定监督人负赔偿之责(第951条);(4)雇主的致害责任,适用过错推定责任(第952条);(5)定作人指示过失的致害责任;(6)动物占有人对动物致人损害的赔偿责任,规定的责任是推定过错责任,而不是无过错责任原则(第954条);(7)瑕疵工作物致人损害的赔偿责任(第955~956条)。对特殊侵权行为规定适用过错推定原则,没有规定无过错责任原则。

第三部分规定了主要的侵权损害赔偿的具体方法。

第四部分规定了侵权损害赔偿请求权的诉讼时效:(1)侵权损害赔偿请求权的一般诉讼时效为3年,最长时效为20年。(2)侵权损害赔偿请求权的诉讼时效完成后,加害人仍应依不当得利之规定归还其所受之利益。这种规定的立意在于防止加害人侵占受害人的财产,因诉讼时效的完成而不能追偿。(3)侵权人依侵权行为从受害人处取得债权者,受害人的废止债权请求权虽因时效而消灭,仍得拒绝履行,这对于保护受害人的利益也是有利的。

---

[12] 关于共同侵权行为的规定放在特殊侵权行为中是不适当的,以后的两部民法改变了这种做法。

(二)《民国民律草案》对侵权行为的规定

《民国民律草案》仍将侵权法置于第二编"债编",但在体例上有所变化,不是将侵权法作为一章单独编制,而是放在债编第一章"通则"第一节"债之发生"中的第 2 款"侵权行为"。在这 1 款中,从第 246 条至第 272 条共 27 条,比《大清民律草案》相应的条文少 6 条。内容仍分为 4 个部分:第一部分从第 246 条至第 248 条,对侵权行为作出一般规定,共 3 条;第二部分从第 249 条至第 259 条,是对特殊侵权行为作出的规定,共 11 条;第三部分从第 260 条至第 270 条,规定的是侵权损害赔偿的具体办法,共 11 条;第 271 条和第 272 条为第四部分,规定了侵权行为的诉讼时效。

第一部分 3 个条文,前两个条文规定了侵权法的侵权行为一般条款和过错责任原则。

第二部分 11 个条文,规定了 6 种特殊侵权行为:(1)官吏及其他公务员的侵权责任(第 249~250 条);(2)法定监督人的侵权责任(第 251 条);(3)被使用人于执行事业不法侵害他人权利时其使用主的赔偿责任(第 252~253 条);(4)定作人指示过失的侵权责任(第 254 条);(5)动物加害他人的侵权责任(第 255 条);(6)土地工作物设置或保存瑕疵的致害责任(第 256~257 条)。

第三部分规定的是损害赔偿的原则和方法:(1)侵害生命权的损害赔偿方法(第 260 条);(2)侵权行为的与有过失的赔偿方法(第 261 条);(3)对侵害生命、身体、自由时,对第三人应给付家事上或职业之劳务时的赔偿方法(第 262 条);(4)对致残者的定期金赔偿(第 263~265 条);(5)侵害他人生命、身体、名誉、自由的精神损害赔偿方法,即慰抚金赔偿(第 266~267 条);(6)对于财产的损害赔偿方法(第 268~270 条),其中第 270 条规定的"赔偿其物因毁损所减少之价额"为损益相抵规则,与中国古代侵权法中的偿所减价的制度相似。

第四部分规定了侵权行为的诉讼时效制度,一般时效为 3 年,最长时效为 20 年。

(三)《中华民国民法》对侵权行为的规定

1930 年完成的《中华民国民法》,其侵权法体例沿用了《民国民律草案》的做法,但在具体编排上有所变化,将侵权法的债编第一章第一节第 2 款的位置变为第 5 款。从第 184 条至第 198 条,共 15 条。从内容上看,《中华民国民法》与《民国民律草案》关于侵权行为的规定变化并不大,但在条文上尽量缩减,大量的条文被合并为一条,文字也尽可能地精练、准确。《中华民国民法》的上述条文共分 4 个部分。

第一部分规定了侵权行为一般条款,规定了侵权行为的过错责任原则,规定于该法的第 184 条。

第二部分规定了特殊侵权行为,在理论上称为间接侵权责任,即为他人的侵权行为和自己管领的物件所造成的损害所负的赔偿责任。特殊侵权行为从第 186 条至第 191 条,共 6 条。这些条文规定的特殊侵权行为是:(1)公务员的侵权行为责任(第 186 条);(2)法定代理人的侵权责任(第 187 条);(3)雇主的责任(第 188 条);(4)定作人指示过失致人损害的责任(第 189 条);(5)动物致害责任(第 190 条);(6)工作物致人损害时其所有人的赔偿责任(第 191 条)。

第三部分规定的是损害赔偿方法,从第 192 条至第 196 条,共 5 条。(1)第 192 条规定侵害生命权的损害赔偿方法,请求赔偿的权利主体是为死者支出殡葬费之人;对于侵权行为的间接受害人的扶养损害亦应予以赔偿。(2)第 193 条规定侵害身体权、健康权的损害赔偿方法,赔偿的是所造成的财产损失,经当事人的声请,法院可以判决给付定期金。(3)第194 条规定了对于被侵害生命权的被害人的亲属,虽非造成其财产上的损害,但其可以请求赔偿慰抚金。(4)第 195 条规定的是侵害身体权、健康权、名誉权、自由造成人格利益损害的慰抚金赔偿,对于侵害名誉权的,还可以请求恢复名誉的适当处分。(5)第 196 条规定的是财物损害的赔偿方法,其中关于赔偿减价的规定,含有损益相抵的意义。

第四部分规定了侵权行为的诉讼时效以及相关的问题。一般时效为 2 年,最长时效为 10 年。在超过诉讼时效后,对于加害人因侵权行为而受有利益、致受害人受有损失者,受害人仍有权依不当得利的规定,请求加害人返还其所受利益(第 197 条)。对于因侵权行为而使加害人对受害人取得债权,例如,加害人因诈欺而对受害人为债务约束的,受害人享有债权废止请求权,在该权利已过诉讼时效后,受害人仍得拒绝履行(第 198 条)。

三、国外侵权法的发展历史

在国外,侵权法具有久远的历史源流,可以划分为三个历史时期。

(一)习惯法时期

在远古社会,侵权法作为保障社会成员的财产和人身权利的法律,曾经是"法律程序的原始形态"。[13] 最早的侵权法以受害人及其血亲对加害人进行同态复仇的方式来解决侵权纠纷,习惯法表现为私人复仇制度,使命是解决部族成员之间的矛盾和冲突。

在人类社会初期,对个人所加的侵害行为,只是引起受害人及其血亲的复仇。复仇是指习惯法时期,当个人遭受他人侵害时所采用的一种救济方式,是以私人的力量自力救济,以排除他人的侵害,由此以维持社会秩序。

复仇制度分为两种:一种复仇是对外的血族复仇,这是基于"血族连带责任"的观念,其表现是被害人的血族对杀人者的血族采用集团方式举行血斗。例如,在美洲的易洛魁人氏族的习惯中,如果一个氏族成员被外族人杀害了,被害者的氏族就指定一个或几个复仇者去寻找行凶者把他杀死。在古希腊氏族的习惯中,规定氏族内部成员在受到侵害时,其他成员负有提供帮助、保护和支援的相互义务;胞族在其成员被害时有追究的权利和义务。根据日耳曼习惯法,复仇是基于侵害而产生的被害人及其男性血族的权利,而加害人的亲属只要不自动将他逐出,就要对其承担防卫和保护的义务。复仇并不仅限于以仇人为对象将仇人杀死,将他的族中的任何一个人杀死都是一样的。不但是氏族,就是"胞族也有血族复仇的义务"。[14] 这是习惯或者习惯法保护血亲复仇的权利和义务。血亲复仇制度规定,复仇必须公开进行,或者以某种方式使人明白为何实施复仇,秘密进行是不允许的。有的还规定,复仇者在杀人之后,必须将杀人凶器留置死者身上,以证明复仇者的行为。对外的血亲复仇规则有助于维系氏族内部的团结,但这种残酷的报复方法并不利于社会的安定和

---

[13] 王利明主编:《民法·侵权行为法》,中国人民大学出版社 1993 年版,第 59 页。
[14] 《马克思恩格斯选集》(第 4 卷),人民出版社 1995 年版,第 99 页。

经济的发展。[15] 另一种复仇是对内的个人复仇，一般采用宗教方式，对被报复者宣布剥夺其一切权利，视同禽兽，人人得而诛之。这种复仇不同于氏族的同态复仇，只能对侵害人的本人实行。复仇的方式也包括同态复仇，即所谓的"以牙还牙、以眼还眼"。

同态复仇制度是人类野蛮时期对于权利被他人侵害的一种残酷的救济方法。这种方法体现了当时文明的发展程度，与当时的社会发展相一致。随着社会的发展和文明的进步，同态复仇制度被新的侵权制度所代替了。

在古代习惯法的后期，逐渐产生了一种用损害赔偿代替同态复仇的变通办法。受害者一方有权自由选择，或者放弃复仇的权利而接受赔偿，或者拒绝接受赔偿而坚持实行复仇。最初，损害赔偿是由加害人向受害人或者受害人的血族支付若干匹马或其他牲畜。赔偿的数额不是由法律规定，而是由当事者双方协商确定。这是侵权损害赔偿的最初阶段。这种赔偿形式减少了不必要的人身损害，有利于社会安定和经济发展，反映了时代的进步。但是，这个阶段的侵权损害赔偿并不是真正为了填补受害人的损失，而是加害人对于受害人放弃复仇权利所给予的报偿。这无疑是个很大的进步，奠定了侵权损害赔偿制度的基础。同时，对于侵权行为从自力救济向公力救济转化，损害赔偿实际上是一种赎金，是强制性的赎罪金。这一时期通常被称为自由赔偿时期。

随后开始了强制赔偿时期。初期除对于杀人等重大侵权行为，复仇人可以选择赔偿或者复仇外，对于其他轻微侵害均强制以赔偿代替，不得复仇。后来则禁止复仇，实行强制赔偿，并依被害的种类、程度等情节规定赔偿金额。

（二）古代成文法时期

在古代成文法时期，侵权法并没有单行的成文法，而是散见于各国的一般成文法典之中。这时候的法律，也不区分刑法和民法、公法和私法。在这个时期，法律禁止私人复仇，赋予受害人及其家属要求损害赔偿的请求权。法律规定一些最重要的侵权行为，并规定损害赔偿的金额和计算标准。这些法律规范担负着保护个人人身权利和财产权利，维护社会秩序的重要任务，侵权行为的自力救济已经被公力救济所彻底代替，表现为国家对侵权行为实行强制干预，废止私人复仇制度，确立侵权行为的损害赔偿制度。

在起初的古代成文法中，对于侵犯财产权利造成的损害确定以财产的方法赔偿。例如，《汉谟拉比法典》规定了因疏忽而致他人田地被水淹没，践踏他人庄稼，偷砍他人树木，各应赔偿若干粮食或银子。《亚奎利亚法》规定了侵权行为赔偿责任的计算标准：杀他人四足家畜者，以该家畜最后一年内的最高价格为赔偿标准；毁损则以该物最初30日内之最高价格为赔偿标准。《苏美尔法典》规定："倘牛伤害栏中之牛，则应以牛还牛。"[16] 这里不但有财产损失以财产方法补偿的意思，即损害投役，还有动物致人损害由动物的主人赔偿的意思。

对于人身权利的损害，一方面规定可以用财产的方法赔偿，另一方面还规定可以用同态复仇的方式进行。例如，《汉谟拉比法典》第206条规定："倘自由民在争执中殴打自由民

---

[15] 王利明主编：《民法·侵权行为法》，中国人民大学出版社1993年版，第59页。
[16] 《外国法制史资料选编》（上册），北京大学出版社1982年版，第2页。

而使之受伤，则此自由民应发誓云：'吾非故意致之'，并赔偿医药费。"第 207 条规定："倘此人因被殴而死，则彼应宣誓，如（死者）为自由民之子，则应赔银二分之一明那。"[17]一明那约半公斤。过失致自由民死亡，赔银四分之一公斤；殴打致伤自由民，赔偿医药费。但是，同一法典还在许多条款中有同态复仇的规定。如第 196 条规定："倘自由民损毁任何自由民之子眼，则应毁其眼。"[18]古罗马的《十二铜表法》也同样存在这种矛盾的情况。例如，该法第八表中，多数条文规定了用财产赔偿损失的方法，但在第 2 条中又规定："毁伤他人肢体而不能和解的，他人亦得依同态复仇而毁其肢体。"这种矛盾性的规定，反映了新旧法律规范的矛盾。由于当时的成文法既是以前的习惯法的记录，又是新的生产力的代表者的某些意志的表现，因此产生了新旧规范不协调，法规有时相互矛盾的现象，这使当时的成文法成为一个习惯与新法、古老法制原则与法律进化趋向的混杂物。既反映了当时法律观念的原始性，又预示了立法中等级斗争的继续性。

在罗马，直到最高裁判官法才确定对人身伤害也一律实行金钱赔偿制度。最高裁判官即罗马的行政长官，又叫大法官，主要职责是管理诉讼、领导国家司法活动和罗马的行省，始设于公元前 366 年。最初为 1 人，至公元 1 世纪中叶增至 16 人之多。所有的最高裁判官在就职时都要发布书面的特殊公告或命令，提出自己任期内的施政方针和审理案件拟取的原则措施，然后即付诸司法实践。由于他们处于领导司法的地位上，能够把自己指导办案的原则变为现实，所以他们的告示在实际上能真正起到法律的作用，故一般称为最高裁判官法或大法官法。大法官法确认赔偿金额由法官依据被害人的身份、地位、伤害的部位及侵权行为发生的场所来计算并加以确定。至查士丁尼帝制定罗马法典时，把债的发生主要分为两种：一是由双方当事人签订契约所生之债；二是侵权损害赔偿之债。前者称为契约之债；后者称为私犯，将各种具体的侵权行为依其性质分为"私犯"和"准私犯"，并相应规定在法典的债务法部分。私犯是指对他人财产或人身造成损害的行为，是与犯罪行为相对的概念。《法学阶梯》规定，私犯包括对身私犯、对物私犯、窃盗和强盗。当时的偷窃和强盗都还属于侵权行为，还未被列入刑事犯罪。准私犯是指类似私犯而未被列入私犯的侵权行为，是与私犯相似的适用特别规则的私犯。它包括：(1)承审官（法官）加于人之损害；(2)自屋内向外投掷物体对他人之损害；(3)于大路旁堆放或在阳台、屋檐处悬挂物体对他人之损害；(4)奴隶对他人之损害；(5)牲畜咬伤他人之损害；(6)船舶、旅店和马厩的服务人员对旅客的损害等。同时，罗马法还规定了赔偿金额和计算标准，并开始产生过错责任原则。

罗马法中还有对人格权保护的规定。《十二铜表法》第八表"私犯"第 1 条规定："以文字诽谤他人，或公然歌唱侮辱他人的歌词的，处死刑。"这一规定很可能是最早的名誉权保护的成文法规范。这种对人格权保护的规定对于后来的人身非财产权无形损害赔偿的确立，显然是有影响的。

可见，罗马法适应自然经济条件下的简单的商品经济发展需要，确立了私权本位主义和较完备的私权体系，对侵权行为作了详细规定，尤其是罗马法实行过错责任原则，对后世

---

[17]《外国法制史资料选编》（上册），北京大学出版社 1982 年版，第 2 页。
[18]《外国法制史资料选编》（上册），北京大学出版社 1982 年版，第 2 页。

的侵权法立法起了重要的影响。但是，由于罗马法采取"程式诉讼制度"，对不同具体案件适用不同的具体诉讼程序，因而过错责任原则尚未成为一般原则。此外，罗马法关于侵权行为的规定在法典中的编排位置，关于侵权行为的分类及损害赔偿责任原则等方面，对现代侵权法的理论和立法都有重大的影响。

在罗马法以后的日耳曼法时期，罗马法确立的过错责任原则被"事实制裁个人"的加害原则所代替。该原则在赔偿上实行不同标准，例如，杀害一个奴隶赔偿25索里达，杀死一个官员却要赔偿1300个索里达。在以后的萨利克法中，进一步贯彻了野蛮和粗陋的结果责任。[19]侵权法在公元5世纪以后是在退步之中，直至12世纪的寺院法才有所进步，开始涉猎侵权行为归责的过错问题，罗马法的复兴也在法国兴起。罗马法的完备的债法制度，对法国的侵权法产生了重大的影响，很多法学家主张应把过失作为侵权责任的归责基础。13世纪，英国主要采取令状制度，在根据国王的令状提起诉讼的过程中，出现了"直接侵害诉讼"的形式，在对以暴力和直接侵害方式对人身、动产和不动产进行侵害的行为予以刑罚时，对受害人给予附带的损害赔偿；13世纪后期产生了"间接侵害诉讼"，这是一种对非暴力的间接侵害的诉讼形式，是对直接侵害诉讼的一种补充。这一切为现代侵权法的诞生做好了准备，奠定了基础。

(三)现代法时期

1. 大陆法系

进入现代社会以来，侵权法有了重大发展，尤其是在第二次世界大战以后，各国都十分重视对人的权利的保护，侵权法发展突飞猛进，成为民法体系中最重要的部门之一。

1804年，法国制定了《法国民法典》，开始了民法法典化的进程。《法国民法典》承袭了罗马法传统，把侵权行为作为"非合意而生之债"，列入第三卷"取得财产的各种方法"中，并用"侵权行为"和"准侵权行为"代替罗马法中的"私犯"和"准私犯"概念，规定了侵权行为一般条款和替代责任的准侵权行为规定。它在"侵权行为和准侵权行为"一节中设立了5个条文，虽然规定过于简略，但它在试图打破罗马法及其他古老法典对各种侵权行为分别规定的体例，制定了一个适用于一般侵权行为的原则条文，即第1382条规定："任何行为使他人受损害时，因自己的过失而致使损害发生之人，对该他人负赔偿的责任。"这一规定是人类历史上第一个侵权行为一般条款，在侵权法的发展中具有划时代的意义。该法典的起草人塔里伯曾经说过："这一条款广泛包括了所有类型的损害，并要求对损害作出赔偿。""损害如果产生要求赔偿的权利，那么此种损害定是过错和不谨慎的结果。"[20]为了补充过错责任原则的不足，《法国民法典》第1384条还规定了过错推定原则，规定了任何人对应由他负责的他人的侵权行为应该负责赔偿的情形。其余条文规定了属于准侵权行为的责任，即动物所有人的责任及建筑物所有人的责任。

1900年《德国民法典》关于侵权行为的规定比《法国民法典》详细得多。它用31个条文详细规定了一般侵权行为的原则、特殊侵权行为责任、监护人责任、共同侵权行为责任、

---

[19] 王利明主编：《民法·侵权行为法》，中国人民大学出版社1993年版，第63页。
[20] 《国际比较法百科全书·侵权行为》，纽约海洋出版公司1975年版，第45页。

损害赔偿范围、请求权时效等一整套完善的侵权法制度。《德国民法典》第823条第1款制定了一条比《法国民法典》更为概括的侵权行为的原则："因故意或过失不法侵害他人的生命、身体、健康、自由、所有权或其他权利者，负向他人赔偿因此所生损害的义务。"这一条文将过错和不法作为两个概念加以区别，完整地表述了侵权行为的构成，对于整个侵权法的建设具有重大意义。对于过错的概念，该法确定"有限多重原则"，将违反保护他人的法律和违背善良风俗加损害于他人的行为，视为具有过错的违法性行为。这些规定对其他国家的侵权法产生了重大影响，很多条文均为其他民法典所仿效。

2. 英美法系

英美法系的侵权法在非法典化的道路上向前发展。1852年英国颁布了《普通法诉讼程序条例》，废除了诉讼形式，在直接侵害和间接侵害的基础上，产生了一系列新的侵权行为，采取"无限多重原则"，使英国侵权法成为由各种具体侵权行为责任的规定和大量具体侵权诉讼的法院判例构成的法律汇编。它没有一般侵权行为责任的法律原则，每一种侵权行为都有自己的特殊历史和特殊规则。它也没有恰当的分类，普通的法律教科书把侵权行为分为七种：一是对人身安全和自由的侵权行为；二是对于个人名誉的侵权行为；三是对于财产的侵权行为；四是干涉家庭关系、合同关系和商业关系的侵权行为；五是欺骗行为；六是过失行为；七是法律程序的滥用。由于没有规范的法典和对侵权行为的科学分类，无论是对司法机关的审判工作还是对法学家的研究工作，都造成很大的困难。

在美国，侵权法规定每个人都为他的侵权性的行为负责，儿童们也在限定形式下负责（双亲只在他们作为儿童的代理人或违反他们的监督义务时才负责）。但国家不负责，除非法律明文规定已取消国家的豁免权。[21] 通过判例法，确立了侵权法的过失责任和严格责任，使"每个人都被保护，不受侵权性行为之害，包括胎儿在内"。[22] 严格责任是不问过错的归责原则，而根据损害事实，不经过错举证就可以给予赔偿，主要适用于产品责任，但也推广到其他类似的侵权责任，如危险物和危险活动责任，使受害人处于一个较为优越的地位，因为他将有权因他的实际损失立即受到补偿而不用冗长的诉讼或困难的过错举证。美国侵权法在产品责任、隐私权保护等方面，都创造了对各国侵权法极具借鉴意义的规则，在当代侵权法体系中具有重要地位。

3. 其他国家的发展

1922年，以苏俄司法委员库尔斯基为首的委员会起草了《苏俄民法典》，对侵权行为作了重要规定。1961年又制定了《苏联和加盟共和国民事立法纲要》，对苏联民事立法中的侵权法也作了原则规定。苏联的侵权法对原东欧国家的侵权法产生了重要影响。在20世纪70年代前后，东欧国家的侵权法大多进行了大规模的修改，采纳了有关侵权行为的先进立法。

在20世纪60年代，《埃塞俄比亚民法典》诞生，为侵权法的现代化提出了一个新的思路，其将大陆法系的侵权行为一般化的立法方法与英美法系侵权行为类型化的立法方法加以结合，建立了侵权法立法的新模式。该法典在侵权行为一般条款中概括了全部侵权行

---

[21] [美]彼得·哈伊：《美国法律概论》，沈宗灵译，北京大学出版社1983年版，第91页。
[22] [美]彼得·哈伊：《美国法律概论》，沈宗灵译，北京大学出版社1983年版，第91页。

为,在此一般条款之下,规定了各种不同的侵权行为类型,代表了侵权法立法的新方向。最新的侵权法是 2003 年制定的《乌克兰民法典》关于侵权行为的规定,不过远不如其"自然人的人身非财产权"即人格权编的价值。[23]

欧洲统一侵权法典草案的起草也采用了这样的方式。2016 年,东亚侵权法学会起草完成了《东亚侵权法示范法》[24],该示范法仍在不断完善中,对东亚各国的侵权法发展具有较大影响。

四、现代侵权法的主要发展方向

侵权法的产生和发展经历了长期的历史演进过程,到今天,它的地位越来越重要,责任范围越来越扩大,作用越来越广泛。一方面,20 世纪以来,大工业和现代科学技术的发展,在给人类文明产生巨大推动力的同时,也给人类的人身和财产安全带来了灾难和威胁;另一方面,两次世界大战带给人们的巨大灾难和痛苦,使人们对如何保护自己有了更深刻的认识。保护社会成员的安全,维护社会秩序的稳定和经济的发展,要求侵权法发挥越来越重要的作用。为了适应社会对侵权法职能的要求,侵权法发生了重大变化。现代侵权法的重大变化中最突出的表现是:

第一,侵权法的归责原则由单一化向多元化发展。《法国民法典》确立了侵权法的单一归责原则,即过错责任原则。《法国民法典》也规定了过错推定原则,但它是作为过错责任原则的组成部分存在的,并不是一个单独的归责原则。随着社会大工业的急剧发展,工业事故的发生极大地危害人的安全,因而无过错责任原则应运而生,使高度危险作业和产品侵权的受害人在加害人以无过错抗辩的时候,也能够依据无过错责任原则实现赔偿请求权,救济自己的损害。近几十年来,无过错责任原则的适用范围进一步扩大,更加有利于保护受害人的合法权益,实现对损害的救济。

第二,侵权法更加注重对人格权的保护。第二次世界大战以后,西方国家广泛兴起人权运动和民主运动,特别重视对人格权的保护,使侵权法的保护范围不断拓展,侵权法的职能作用越来越广泛。第二次世界大战以来,各国民事立法普遍扩展了人格权的范围,确认隐私权、人身自由权、信用权等新的人格权,特别是对于一般人格权的确认,使民事主体的一般人格利益受到广泛、周密的保护。侵权法确认对这些人格权的侵害行为为侵权行为,以损害赔偿的方法,对侵权行为人予以制裁,对受害人进行救济。这样就使侵权法从原来注重对财产权和生命健康权的保护,转向更加注重对人格权的保护。侵权法在对受害人的救济方法上,打破了财产赔偿的单一救济方法,确立了精神损害赔偿制度;对于人格利益的损害和对于精神痛苦的损害,可以请求精神损害赔偿和慰抚金赔偿。这是侵权法的重大发展。同时,侵权法在救济损害的方法中,也注意采用非财产的方法,增加排除妨害、恢复原状、恢复名誉等一系列救济方法,对人格权的保护更加周密和完备。

第三,侵权法的补偿功能逐渐强化。在侵权法归责原则多元化的进程中,侵权法的补

---

[23] 杨立新:《中乌民法典人格权立法的比较研究与借鉴》,载《扬州大学学报(人文社会科学版)》2024 年第 1 期;
杨立新:《乌克兰侵权法对我国侵权法适用的参考价值》,载《河北法学》2023 年第 4 期。

[24] 杨立新主编:《东亚侵权法示范法(中英日韩葡文对照)》,北京大学出版社 2016 年版。

偿职能得到了强化,使按照过错责任原则的要求原本不能得到赔偿的受害人,在适用无过错责任原则的情况下能够获得赔偿。侵权法进一步确立责任保险和损失分担制度,进一步强化了它的补偿职能。责任保险在19世纪初,还被认为是一种不道德的、企图逃避法律责任的行为。到了19世纪中期和后期,工业事故日益增多,责任保险开始成为解决受害雇工索赔和雇主赔偿矛盾的有效方法。在其后,危害更严重的航空器事故、核工业事故、汽车意外事故频仍,不用责任保险就难以保证受害人的损害得到补偿;因而责任保险被广泛使用,将赔偿责任由保险公司负责,实际上是将赔偿责任转嫁给众多的投保人身上。这样就使法院在确定赔偿时常常倾向于赔偿,而不考虑侵权法的一般规则。[25] 损失分担又称为损失转换,是指将损失加到许多人身上,由集体承担损失从而使受害人所受到的损失成为"微粒"。[26] 最典型的损失分担是通过价格机制,提高产品和服务的价格,将侵权行为的费用转嫁到消费者的身上,使生产者减轻负担。这样做的好处是能够保障受害人的损害得到及时而妥善的救济,但是这种分担风险的形式仍具有某些缺陷,因为一方面是广大的消费者为加害人负担了损失,另一方面则是责任承担的比例增长会促使利润率下降。[27] 责任保险和损失分担制度扩大了侵权法的补偿职能,但也冲击了侵权法的一般规则。对此,西方学者认为侵权法正处于危机之中,这样的观点并非没有道理。当前,既要坚持侵权法的一般规则,又要增强侵权法的补偿职能,这是侵权法建设的重要环节。

第三节 中国当代侵权责任法性质的转变

2020年5月28日,第十三届全国人民代表大会第三次会议审议通过《民法典》,其中第七编侵权责任编是当代最新的侵权责任法,与原《民法通则》中规定的侵权责任法以及原《侵权责任法》相比较,中国当代侵权责任法的性质发生了重大变化。

一、1986年开始的侵权责任法与债法分离的形成原因及存在的问题

《民法典》之所以对我国侵权责任法的性质进行重大变革,实现侵权责任法向债法的回归,原因是原《民法通则》和原《侵权责任法》确立的是一个无所不包的大侵权法,与传统侵权法有所不同。

在传统民法中,民事责任分散规定在《民法典》分则各编,如违约责任在债编规定,有关物权的责任规定在物权编中,亲属关系中的民事责任规定在亲属编中,侵权责任作为债的发生原因,也在债法中规定。制定《民法通则》时,立法者想要建立一个全面的民事责任制度,类似刑法规定刑事责任那样,统合民事责任制度,抽象出一般的民事责任规范,并将违

---

[25] 《国际比较法百科全书·侵权行为》,纽约海洋出版公司1975年版,第53页。
[26] 王利明主编:《民法·侵权行为法》,中国人民大学出版社1993年版,第67页。
[27] 《国际比较法百科全书·侵权行为》,纽约海洋出版公司1975年版,第9页。

约责任和侵权责任作为主要民事责任类型规定在《民法通则》中,形成了第106条关于"公民、法人违反合同或者不履行其他义务的,应当承担民事责任。公民、法人由于过错侵害国家的、集体的财产,侵害他人财产、人身的,应当承担民事责任。没有过错,但法律规定应当承担民事责任的,应当承担民事责任"的规定,并且由此引领了"民事责任"一章,形成了在世界成文法国家民法典中独特的民事责任制度,实现了民事责任与债的分离。[28] 这一立法的根据,来自《德意志民主共和国民法典》和《捷克斯洛伐克民法典》将致人损害的非合同之债与合同之债相分离,单独规定一编的做法,并认为这种解决办法具有很大的优势,突出了这种关系的法律调整的社会主义本质,[29] 因而将统一的民事责任制度立法作为中国民法的一大鲜明特色,既符合我国的现实情况,又代表和反映了民事责任制度发展的趋势,标志着有关民事责任的立法发展到一个新的阶段。[30]

30多年来,对我国《民法通则》这一特色,经过不断的理论研究和司法实践检验,态度逐渐由乐观转变为省思,并最终认定这是一个不适当的立法决策。

随着时间的推移和立法、司法以及民法理论研究的进步,学者普遍认为,在民法总则性质的法律中单独规定民事责任规则,是不符合民事立法规律的,《民法通则》集中规定民事责任规则不仅不是民事立法的创举,而且不是一个正确的做法。这已经被理论研究和立法、司法实践所证明,因为在这之后,《合同法》规定了合同责任,《物权法》规定了物权请求权,甚至连《侵权责任法》也规定了侵权责任,《民法通则》的民事责任制度形同虚设。

《侵权责任法》之所以被称为"大侵权法",主要表现在以下四个方面:一是法律地位高。在传统民法典中,侵权法历来是债法的组成部分,为侵权之债。《侵权责任法》参考英美侵权法的做法,使其在民法体系中相对独立,脱离债法而为独立的部门法,其法律地位显著提高。二是保护范围宽,传统侵权法对于侵权行为的界定显然没有这样宽,而原《侵权责任法》第2条不仅规定了"侵害民事权益,应当依照本法承担侵权责任"的一般性规则,而且还规定了18种受保护的民事权利,并非全面列举,还有对"等民事权益"保护的兜底条款。三是侵权责任方式众多,除传统侵权责任承担方式即损害赔偿外,第15条还规定了其他7种侵权责任承担方式,几乎对侵权责任方式无所不包。四是法律的调整力度大,这不仅表现在《民法通则》规定的侵权的民事责任中,更表现在《侵权责任法》规定的调整范围中,不仅保护民事权益,明确侵权责任,预防并制裁侵权行为,更要促进社会和谐稳定。正因如此,《侵权责任法》在当时普及的速度快,发挥的作用大,影响的范围广。

由于《民法通则》确定了大一统的民事责任制度且包括10种责任方式,继而在嗣后的立法中,侵权请求权与固有请求权的冲突不断发生,但一直没有得到解决。无论是物权请求权,还是侵权请求权,以及其他请求权,都适用统一的民事责任规则。

上述这些固有请求权与侵权请求权之间的重合与冲突,如果在《民法典》中继续保持,就会成为我国民法立法的一个解不开的结。

应当看到的是,作为民事权利类型的债权的请求权所对应的是给付债务,作为民事权

---

[28] 魏振瀛:《民事责任与债分离研究》,北京大学出版社2016年版,第32页。
[29] 王利明等编著:《民法新论》(下),中国政法大学出版社1988年版,第454页。
[30] 王利明等编著:《民法新论》(下),中国政法大学出版社1988年版,第455页。

利保护方法的固有请求权和侵权请求权对应的是民事责任。上述民事立法发生的立法冲突是在民事责任领域，但从另一个角度观察，则是发生了请求权的冲突，即固有请求权与侵权请求权的冲突。出现这些立法冲突的根本原因，是没有划清固有请求权与侵权请求权之间的界限，将两种不同的请求权混淆在一起。《民法通则》为了建立大一统的民事责任制度，模糊了固有请求权与侵权请求权之间的界限，致使我国民事立法的这个缺陷长期存在。

在违约责任等合同责任回归合同法之后，大一统的民事责任体系已经完全瓦解，侵权责任已经没有必要继续作为民事责任的一个体系存在。因此，侵权责任法回归侵权损害赔偿法即债法的体系，就成为理顺物权请求权、人格权请求权、身份权请求权、知识产权请求权等固有请求权与侵权请求权之间的关系并划清界限的关键。中国当代侵权责任法回归债法而成为侵权损害赔偿法，已经成为必然的趋势，《民法典》应当恢复侵权责任法的本来性质。

二、《民法典》实现侵权责任法向债法回归的方法

《民法典》实现侵权责任法向债法回归的基本方法如下。

（一）《民法典》总则编在债权中规定侵权责任之债

《民法典》也规定了"民事责任"一章，但是，却改变了原《民法通则》规定大一统民事责任的体例，只规定了民事责任的一般性规定。这个改变的基础在于，《民法典》第118条第2款作出了关于"债权是因合同、侵权行为、无因管理、不当得利以及法律的其他规定，权利人请求特定义务人为或者不为一定行为的权利"的规定；同时，还在第120条规定了"民事权益受到侵害的，被侵权人有权请求侵权人承担侵权责任"的内容，确定了我国侵权责任法向债法回归的方向。

（二）《民法典》侵权责任编全面实现侵权责任法向债法的回归

《民法典》侵权责任编为了落实总则编提出的侵权责任法向债法回归的规定，主要表现在以下三个方面。

1. 将承担侵权责任的基本方式确定为损害赔偿

为了彻底改革，自1986年以来我国民事立法围绕民事责任规定所发生的请求权冲突的问题，突出侵权责任法的损害赔偿法地位，使侵权责任法实现向债法的回归，侵权责任编明确地把第二章的标题由"责任承担"改为"损害赔偿"，将无所不包的侵权民事责任承担方式，改变为单一的损害赔偿方式。这样，就确定了侵权责任法对权利损害的基本救济手段是损害赔偿，因而，侵权责任法就具备了回归债法、成为侵权损害赔偿法的条件，与物权请求权、人格权请求权等划清了界限。

2. 将侵权责任归责原则调整范围局限于损害赔偿责任

原《侵权责任法》第6条和第7条规定侵权责任的过错责任原则、过错推定原则和无过错责任原则，在具体条文中都没有规定"损害"的内容，原因在于要迁就和涵盖损害赔偿以外的其他民事责任方式。

《民法典》第1165条第1款作出新规定："行为人因过错侵害他人民事权益造成损害

的,应当承担侵权责任。"第1166条规定:"行为人造成他人民事权益损害,不论行为人有无过错,法律规定应当承担侵权责任的,依照其规定。"这两个条文的显著变化,就是加上了"损害"二字。这两个条文所做的重要修改的法律价值是:第一,在过错责任原则和无过错责任原则中明确规定"损害",就使侵权责任法的主要救济手段回归损害赔偿,不包括诸如停止侵害等责任方式。换言之,过错责任原则、过错推定原则、无过错原则调整的是侵权损害赔偿责任。第二,归责原则的立法改变与侵权责任编第二章章名的改变相配合,就使侵权责任法回归债法,成为侵权损害赔偿法,告别了无所不包的大侵权法。第三,侵权责任编修改归责原则的规定后,第1167条对非损害赔偿责任方式作出特别规定,停止侵害、排除妨碍、消除危险等责任承担方式并不由上述归责原则调整。

3. 确定侵权责任构成须具备损害要件

《民法典》第1165条第1款和第1166条写进"损害"的内容,还有一个特别重要的意义,就是确定了侵权责任构成的损害事实要件。在侵权责任一般条款中规定了"损害"要件,就使损害要件与损害赔偿的后果相对应,构成逻辑关系的统一,符合债法的基本要求。这也顺应了民法学者和司法工作者的意愿,因为其实现了侵权责任法向债法的理性回归。

《民法典》侵权责任编的上述三个方面改变,都表达了侵权责任法向债法回归的意图,使中国当代侵权责任法的性质发生了根本性的变化,不仅确认了侵权法是侵权损害赔偿法,而且为解决侵权请求权与固有请求权的冲突奠定了稳固的基础。

(三)扩大保护范围和增加免责事由也是侵权法回归债法的要求

《民法典》侵权责任编除上述重大变革之外,还在以下两个方面有了重大改变:一是将规定侵权责任保护范围由"列举+兜底"方式改为概括方式,不再一一列举侵权责任保护的民事权利和利益的具体内容,使其包含了所有的民事权益;二是在侵权责任的免责事由方面的重大突破,第1176条规定了自甘风险,第1177条规定了自助行为。

《民法典》对侵权责任规则进行的上述修订,是对我国当代侵权责任法的法律地位和基本格局进行的重大改革,使我国侵权责任法从1986年以来脱离债法成为无所不包的大侵权法,再回归到侵权损害赔偿法的债法地位,进而厘清了侵权请求权与固有请求权之间的关系。

三、《民法典》对中国当代侵权责任法向债法回归的效果评估

《民法典》对我国当代侵权责任法进行了这样的重大变革之后将会出现什么样的效果,应当进行评估。

总体来说,侵权责任法回归债法的法律效果和社会效果都是好的。第一,侵权责任法回归债法,能够实现债法的统一,不再将侵权责任法孤立在债法之外。第二,侵权责任法回归债法成为侵权损害赔偿法,能够划清侵权请求权与固有请求权如物权请求权、人格权请求权、身份权请求权之间的界限,使不同的请求权各司其职,使侵权责任法限缩救济方法。第三,扩大侵权责任的保护范围,能够扩展损害赔偿责任保护的宽度。第四,能够全面发挥损害赔偿的功能,充分救济权利和法益的损害。

综上所述,自1986年《民法通则》颁布以来,历经30多年的司法实践和理论研究的检

验,确认了统一的民事责任体制存在的弊病,《民法典》在规定侵权行为发生侵权之债的基础上,对侵权责任规则进行了重大修订,打破了统一的民事责任制度,实现了侵权责任法向债法的全面回归,使侵权责任法成为侵权损害赔偿法,实现了侵权请求权与物权请求权、人格权请求权、身份权请求权等固有请求权的分离,构建了完整的民事权利保护的请求权体系。

―――― 本章思考题 ――――

1. 侵权责任法的概念是什么？侵权责任法有哪些功能？
2. 侵权责任法的法律渊源有哪些？
3. 侵权特别法的适用方法是什么？
4. 我国古代侵权法的发展主要可以分成哪几个阶段？
5. 我国现代侵权法的基本内容是什么？
6. 国外侵权法的历史发展分几个时期？
7. 《民法典》实现中国当代侵权责任法向债法的回归表现在哪些方面？

第一章 一般规定

本章要点

本章以《民法典》侵权责任编第一章为依据,主要介绍8个问题:(1)侵权责任的调整功能和保护范围;(2)侵权行为的概念及侵权行为一般条款;(3)侵权责任归责原则体系及具体的侵权责任归责原则;(4)侵权责任构成及其要件;(5)侵权责任形态;(6)多数人侵权行为与责任;(7)侵权损害赔偿请求权,侵权责任的竞合、聚合与并合;(8)侵权责任的免责事由。这些问题都是围绕侵权责任的一般规则展开的,全面介绍侵权责任的有关问题。

调整功能	保护范围	侵权行为	侵权行为一般条款
归责原则	构成要件	侵权责任形态	共同侵权行为
按份责任	不真正连带责任	侵权损害赔偿请求权	责任竞合
责任聚合	责任并合	免责事由	

第一节 侵权责任的调整功能和保护范围

典型案例

贵阳市某对夫妻生活近20年,育有一名16岁儿子。双方感情破裂离婚,但对抚育子女问题发生争议,最后查明该子不是男方的婚生子女。男方起诉女方,追究女方侵害其生育权的责任。女方对丈夫隐瞒与他人生育子女的客观事实,非侵害生育权的客观依据,而是造成男方因延误生育子女而身份利益受损,是侵害身份利益的侵权行为,属于侵权责任保护的范围。

《民法典》第1164条规定:"本编调整因侵害民事权益产生的民事关系。"这一条文包含两个重要的内容:一是侵权责任的调整功能,二是侵权责任的保护范围。

一、侵权责任的调整功能

《民法典》侵权责任编着重解决对民事权利的保护问题,属于民事权利保护法。
侵权责任的调整功能是:

第一,救济民事权利损害,保护民事主体的合法权益。民法是权利法,其全部内容都是在规定民事主体享有的民事权利,以及行使民事权利的基本规则。《民法典》侵权责任编的调整功能,就在于为民事主体的民事权利提供保障。当民事权利受到非法侵害时,《民法典》侵权责任编确认被侵权人一方取得侵权请求权,侵权人一方构成侵权责任;通过由侵权人承担侵权责任的方式,救济被侵权人的民事权利,使其恢复至没有受到损害时的状况,保护民事主体的民事权利。因此,侵权责任的最重要的调整功能就是保护民事主体的民事权利不受侵害及民事权利受到侵害时能够得到及时救济。

第二,确定侵权请求权的构成要件,明确侵权责任。侵权责任是保护民事权利、救济民事权利损害的基本方法,赋予受到侵害的民事权利主体以侵权请求权,使被侵权人可以请求侵害其民事权利的侵权人承担损害赔偿等侵权责任。其全部内容都是规定法律对侵权责任的要求,不仅要规定侵权责任的归责原则和一般构成要件,规定侵权责任方式、免责事由等侵权责任的一般要求;还要规定侵权责任的具体类型,规定特殊侵权责任的构成要求,因而侵权责任是通过确认侵权责任实现保护民事权利的目的。

第三,以财产性的民事责任惩罚侵权人,制裁侵权行为。大陆法系侵权法并不强调侵权责任的惩罚性,而强调其补偿性。其实,侵权责任的惩罚性主要表现在两个方面:一是强制侵权人承担财产性民事责任,补偿被侵权人的权利损害,使侵权人接受不得不支付财产的惩罚,特别是精神损害赔偿更具有惩罚作用;二是适当承认惩罚性赔偿金的做法,对于造成人身权受到损害的恶意侵权行为,确定有限度的惩罚性赔偿金,能够更好地发挥对侵权人的惩罚作用,制裁违法行为。

第四,预防侵权行为,促进社会和谐稳定。无论是对民事权利人的保护,还是对侵权行为的制裁或惩罚,侵权责任的调整的目的之一都是对侵权行为的预防。侵权责任的这种预防作用,类似刑法的一般预防,通过对侵权行为的制裁和对侵权人的财产惩罚,发挥调整功能,在社会中发挥一般警示作用,教育公众遵守民事法律、尊重民事权利、履行民事义务、不侵害他人的民事权利,进而规范市民社会秩序,使民事法律关系流转正常进行,促进社会和谐和稳定,保障人民安居乐业。

二、侵权责任的保护范围

《民法典》第1164条改变了原《侵权责任法》第2条第2款规定侵权责任保护范围的做法,不再列举具体的保护范围,采取概括的方法,规定所有的"民事权益"都是侵权责任的保护范围。这样,就将侵权责任保护范围界定在《民法典》总则编第五章规定的民事权益的界定上来,列举的人格权、身份权、物权、债权、知识产权、继承权、股权和其他投资性权利,以及第126条规定的"民事主体享有法律规定的其他民事权利和利益",都是侵权责任的保护范围。

(一)侵权责任法保护所有的实体民事权利

在民法领域,凡是《民法典》总则编第五章列举的实体民事权利,均在侵权责任的保护范围之内。具体的保护民事权利的范围是:(1)人格权,包括生命权、身体权、健康权、姓名权、名称权、肖像权、声音权、名誉权、信用权、荣誉权、隐私权、人身自由权、个人信息权等;

(2)身份权,包括配偶权、亲权、亲属权;(3)物权,包括所有权、用益物权和担保物权,也包括占有;(4)债权;(5)知识产权,包括著作权、专利权、商标专用权、发现权等;(6)继承权;(7)股权以及其他投资性权利;(8)其他法律规定保护的民事权利。

(二)《民法典》保护的合法民事利益

侵权责任保护的民事利益的范围,没有明确的规定,也没有明确的限制。确定的方法,一是凡是法律已经明文规定应当保护的合法利益,都是侵权责任保护的范围,如胎儿、死者的人格利益;二是故意违反善良风俗致人利益损害的行为,也是侵权责任的保护范围;三是利益受到的损害应当达到重大程度,轻微损害不应作为侵权责任的保护范围,以更好地对民事主体的行为自由予以保护。例如,造成口部健康损害影响亲吻,造成双上肢截肢影响"挠痒痒"的利益损害,均不是重大利益损害,不应以侵权责任予以保护,以健康权受到损害进行保护足矣。

侵权责任保护的民事利益范围为以下五种:

1. 其他人格利益

其他人格利益在学说上被称为一般人格利益,即具体人格权不能涵盖但应当依法予以保护的人格利益。任何人格利益,凡是没有明文规定,但确需依法进行保护的,都可以概括在这个概念里,作为侵权责任保护的范围。对此,《民法典》第990条第2款中规定的"自然人享有基于人身自由、人格尊严产生的其他人格利益",就是一般人格利益。

侵权责任保护的其他人格利益分为:第一,有一些在民法上没有规定,但在理论上认为具有具体人格权性质的人格权,可以概括在其他人格利益中。例如,休息权虽然是公法上的权利,但是,侵害休息权造成损害的,侵权责任予以保护。第二,没有具体人格权保护,但是涉及人格尊严的人格利益,需要作为其他人格利益的,侵权责任予以保护。

2. 死者人格利益

原《民法通则》没有规定保护死者人格利益,而死者的某些人格利益确有保护必要。在"荷花女"案件的审理中,最高人民法院作出司法解释,规定对死者的名誉应当进行法律保护,取得了很好的社会效果,发挥了重要作用。2001年有关精神损害赔偿的司法解释将死者名誉利益保护的经验予以扩展,对死者的姓名、肖像、名誉、荣誉、隐私以及遗体和遗骨等人格利益均予以保护,填补了立法缺陷,对于维护死者的人格利益、维护正常的人际关系都有重要意义。《民法典》第185条、第994条都对死者人格利益保护作出了规定。

侵权责任保护的死者人格利益范围,包括死者的姓名、肖像、名誉、荣誉、隐私以及遗体等。凡是侵害上述死者人格利益造成损害的,都应当认定为侵权行为,对死者的近亲属承担损害赔偿责任。

3. 胎儿人格利益

关于胎儿人格利益的法律保护,《民法典》颁布以前的法律和司法解释均无明确规定。在实践中已经出现过这样的案例。成都市贾某怀有4个多月身孕,在乘坐出租汽车时发生交通事故被撞伤,致右额粉碎性凹陷骨折及颅内血肿,为十级伤残。贾某起诉认为,自己为治疗伤害而服药,会对胎儿健康产生影响,要求对胎儿人格利益损害予以赔偿。法院判决认为胎儿伤害尚未确定,无法予以支持,待其出生、伤害确定后可以起诉。本案尽管没有确定的判决,但体现了保护胎儿人格利益的思想。《民法典》第16条规定了对胎儿民事利益保护的原则,其中的"等"字,就包含了胎儿的人身损害赔偿请求权,故胎儿人格利益是侵权责任的保护范围。罗马法认为,胎儿从实际的角度上讲不是人,但由于他是一个潜在的人;人们为保存并维护其自出生之时即归其所有的那些权利,而且为对其有利,其权利能力自受孕之时起产生,而不是从其出生之时起计算。在近代、现代的民事立法中,规定胎儿在其母体中受到侵权行为侵害的,自其出生时始享有损害赔偿请求权。

侵权责任保护胎儿人格利益的基本规则是:第一,胎儿在母体中受到身体损害或者健康损害,法律确认其产生损害赔偿请求权;第二,胎儿的损害赔偿请求权在胎儿出生之前是一种潜在的权利,应待其出生后依法行使;第三,初生儿具有民事权利能力而不具备民事行为能力,行使侵权损害赔偿请求权应由其亲权人作为法定代理人代为行使;第四,如果胎儿出生时为死体,胎儿不产生损害赔偿请求权,而由受害人即怀孕的母亲享有损害赔偿请求权。

4.其他身份利益

其他身份利益是亲属之间基于特定的亲属关系产生的,不能为身份权所概括的利益,属于人身利益的范畴。在实践中,将亲属之间的利益确定为身份利益,并且予以保护并非没有争议。但是,在事实上,除配偶权、亲权和亲属权所保护的身份利益之外,其他身份利益大量存在,经常受到侵权行为的侵害,《民法典》应当提供保护。本节典型案例中侵权人实施的侵权行为所侵害的,就是其他身份利益,而不是其他权利。

对上述利益损害界定为身份利益损害,符合《民法典》第1164条及第1165条第1款的规定,侵权责任保护的民事利益,应当包括身份利益。

5.其他财产利益

其他财产利益是物权、债权、知识产权等财产权所保护的财产利益之外的其他财产利益。在社会生活中,有很多财产利益损失不能概括在上述财产权利当中,而仅仅是财产利益的损失。例如,《国家赔偿法》第36条规定的侵犯公民、法人和非法人组织的财产权造成的损害,错误查封、扣押、冻结财产或在解除对财产的查封、扣押、冻结时所造成的财产损坏或者灭失,侵害的是权利人的物权;但在错误吊销许可证和执照、责令停产停业的,停产停业期间必要的经常性费用开支就是财产利益,既不是物权,也不是债权或者知识产权。同样,对于纯粹经济损失这种新型的侵权行为类型,其所侵害的也是财产利益而不是财产权利。

上述财产利益都应当得到侵权责任的保护,概括在《民法典》第1164条规定的"民事权益"中,作为侵权责任保护的民事利益。

第二节 侵权行为与侵权行为一般条款

| 典型案例 |

某镇治疗性病的医院骗财,影响很不好。某报社记者前去调查,采写文章进行批评,其

中写了一个患者,使用了化名,并予以注明。另一个镇与该化名同名的人也患此病,认为该文章侵害了其名誉权,向法院起诉,并与记者协商,让记者妥协,许诺给记者适当的经济利益。一审法院判决原告胜诉。二审法院判决驳回原告的诉讼请求。记者和报社起诉该原告恶意诉讼,追究其侵权责任。法院支持记者和报社的诉讼请求。

一、侵权行为的概念

(一)对侵权行为概念的界定

大陆法系把侵权行为作为债的发生根据,在学说上有颇为深入的研究;对侵权行为概念的揭示,具有成文法体系学说的特点,即从成文立法的规定出发,阐释侵权行为的概念。

德国学者认为,侵权行为实际上就是"在一定的条件下,一方当事人如果没有对对方的权利和利益予以必要的尊重,无论是故意的还是过失的,他将要承担责任"。[1] 在法国,大多数学者根据《法国民法典》第1382条规定,认为侵权行为就是一种损害赔偿的责任。[2] 日本学说认为:"由其行为引起对他人的损害,以致发生赔偿责任的场合,称其行为谓不法行为。"[3]

我国台湾地区的史尚宽先生认为:"侵权行为者,因故意或过失不法侵害他人之权利或故意以背于善良风俗之方法,加损害于他人之行为也。简言之,为侵害他人权利或利益之违法行为。"[4]刘清波先生对侵权行为所下的定义最为简洁,即"侵权行为者,因故意或过失侵害他人之权利,应负损害赔偿责任之谓也"。[5]

在英美法系,侵权法是一个独立的法律部门,学者对侵权行为概念的研究颇为深入、独到。英国学者约翰·福莱明认为:"侵权行为是一种民事过错,而不是违反合同,对这种过错,法院将在一种损害赔偿的诉讼形式中提供补救。"[6]英国的另一位学者P.H.温菲尔德认为:"侵权行为的责任系由违反法律事先规定的义务引起,此种义务针对一般公民而言,违反此种义务的补救方法,就是对未清偿的损害赔偿的诉讼。"[7]美国学者莫里斯指出:"如果简单地概括侵权行为,可以说它是私法上的过错。"[8]《牛津法律大辞典》认为,该术语表示可以引起民事诉讼的伤害或不法行为,侵权行为规则要求不得加害于他人的义务,以及加害了他人,则应对之进行补救或赔偿的义务,不是由当事人的协议而设定的,而是根据一般法律的实施产生的,与当事人的协议无关。[9]

上述诸多对侵权行为的定义,归纳起来分为四种不同的典型学说:一是"过错说",强调侵权行为是一种过错行为,如福莱明、莫里斯的定义;二是"违反法定义务说",将侵权行为

---

[1] [德]克雷斯蒂安·冯·巴尔:《欧洲比较侵权行为法》(上册),张新宝译,法律出版社2001年版,第6页。
[2] 《国际比较法百科全书·侵权行为》,纽约海洋出版公司1975年版,第77页。
[3] [日]我妻荣编:《新版新法律学辞典》,董璠舆译,中国政法大学出版社1991年版,第841页。
[4] 史尚宽:《债法总论》,台北,荣泰印书馆1978年版,第101页。
[5] 刘清波:《民法概论》,台北,开明书店1979年版,第225页。
[6] [英]约翰·福莱明:《侵权行为法》(第4版),牛津大学出版社1971年版,第1页。
[7] [英]温菲尔德、[英]约瑟威茨:《侵权法》,伦敦史威特和马克思尔出版公司1991年版,第7页。
[8] [美]莫里斯:《论侵权行为》,布鲁克林出版公司1953年版,第1页。
[9] [英]戴维·M.沃克编辑:《牛津法律大辞典》,北京社会与科技发展研究所译,光明日报出版社1988年版,第886页。

与违约行为相区别,确认侵权行为是违反法律事先规定的义务的行为,如温菲尔德的主张;三是"责任说",认为侵权行为就是应负损害赔偿责任的行为,如日本、法国学者的意见;四是"致人损害说",认为侵权行为是加损害于他人权利的行为,如史尚宽先生的主张。

在我国侵权法理论中,对侵权行为概念的研究不断深入。学者对于侵权行为的定义主要有:一是认为侵权行为是一种侵犯社会公共财产、侵犯他人财产和人身权利的不法行为,是指因作为或不作为而不法侵害他人财产权利和人身权利的行为;[10] 二是认为侵权行为是指行为人由于过错侵害他人的财产、人身,依法应承担民事责任的行为,以及法律特别规定应对受害人承担民事责任的其他致害行为;[11] 三是认为侵权行为就是指行为人由于过错侵害他人的财产和人身,依法应承担民事责任的行为,以及依法律特别规定应当承担民事责任的其他损害行为;[12] 四是认为侵权行为就是指行为人由于过错侵害他人的人身和财产并造成损害,违反法定义务,依法应当承担民事责任的行为。[13]

上述对于侵权行为概念的研究是相当深入的,比较准确地揭示了它的内涵,但仍有不尽如人意之处:一是有些定义过于简单,没有揭示出侵权行为的完整内涵;二是将侵害财产权列于侵害人身权之前,因而有重财产权保护而轻人身权保护的嫌疑;[14] 三是有的定义强调侵权行为以损害赔偿为主的法律后果不够;四是对于无过错责任原则的表述不够准确。

(二)侵权行为的概念和特征

侵权行为,是指行为人由于过错,或者在法律特别规定的场合不问过错,违反法律规定的义务,以作为或不作为的方式侵害他人人身权利和财产权利及利益,依法应当承担损害赔偿等法律后果的违法行为。

侵权行为的特征是:

第一,侵权行为是一种违法行为。违法性是侵权行为的基本性质,其依据在于:一是德国法系各国对侵权行为的称谓均含不法的含义。德国法的侵权行为直译应为不许行为,日本法则直接称为不法行为,瑞士法的德文标题直译为不许行为,法文标题则为不法行为。二是用过错、损害赔偿和作为与不作为等均难以涵盖侵权行为的全部内容,只有以违法行为才能为之。如过错不能涵盖无过错责任原则调整的侵权行为,损害赔偿不能涵括侵权行为的全部民事责任,作为与不作为更不能确定侵权行为的法律性质。

从违法行为这一性质出发考察,首先,侵权行为不是合法行为,而是一种违反法律规定的行为,侵权行为这一概念的本身就体现了法律的谴责;其次,侵权行为违反的法律是国家关于保护民事主体民事权益的保护性法律规范和禁止侵害民事主体民事权利的禁止性法律规范;最后,侵权行为违法的方式是违反法律事先规定的义务,包括作为义务和不作为义务。

第二,侵权行为是一种有过错的行为。侵权行为是具有过错的行为,只在法律有特别

---

[10] 杨立新、韩海东:《侵权损害赔偿》,吉林人民出版社1988年版,第3页。
[11] 佟柔主编:《中国民法》,法律出版社1990年版,第557页。
[12] 王利明主编:《民法·侵权行为法》,中国人民大学出版社1993年版,第12页。
[13] 王利明:《侵权行为概念之研究》,载《法学家》2003年第3期。
[14] 王泽鉴:《中共民法通则侵权责任的基本问题》,载《法学丛刊》第131期。

规定的情况下,才不要求侵权行为的构成须具备过错要件。除在法律特别规定的产品责任、环境污染和生态破坏责任、高度危险责任、饲养动物损害责任等特殊场合下的特殊侵权行为可以不具备过错这一主观要件以外,侵权行为都是含有行为人故意或过失的违法行为。

第三,侵权行为是包括作为和不作为两种方式的行为。首先,侵权行为必须是一种客观的行为,而不能是思想活动。其次,这种客观行为既可以是作为的方式,也可以是不作为的方式,其具体方式的形成根源,在于法律赋予行为人法定义务的性质。

第四,侵权行为是以承担损害赔偿为主要责任方式的行为。侵权行为是应当承担损害赔偿责任的行为,同时也包括应当承担其他民事责任的行为。侵权行为造成损害,必然引起损害赔偿法律关系,行为人承担的主要法律后果就是损害赔偿。《民法典》将基本的侵权责任方式规定为损害赔偿,突出了侵权损害赔偿在制裁侵权行为中的法律地位和作用。

(三)侵权行为的外延

法律概念的外延,是指一个法律概念所确指的对象的范围。侵权行为的外延,是指侵权行为这一法律概念所涵盖的范围。

在罗马法中,私犯的外延包括私犯和准私犯。在法国法中,侵权行为被高度概括,外延包括侵权行为和准侵权行为;前者是为自己的行为负责的侵权行为,后者是为他人的行为负责的行为和为自己管领下的物件造成的损害负责的侵权行为。自德国法以来,准私犯、准侵权行为这些概念所包含的内容,被称为特殊侵权行为。更重要的是,德国侵权法从违法性的角度,将侵权行为界定为违反法定义务的侵权行为,包括违反保护他人的法律的侵权行为以及故意违背善良风俗致人损害的侵权行为。在英美法中,则不从这些方面区分侵权行为的外延,而是采取界定侵权行为种类的方法界定侵权行为的范围。德国法区别受保护的利益,而异其主观的构成要件;英美法上的侵权行为依其所侵害的利益,而有不同的构成要件、救济方法和抗辩。[15]均据此确定了侵权行为的外延。

我国《民法典》侵权责任编对侵权行为概念的外延作了规定,即我国侵权行为包括下述四种:(1)第1179条规定的侵害生命权、身体权、健康权的侵权行为;(2)第1182条规定的侵害人身权益造成财产损失的侵权行为;(3)第1183条规定的侵害自然人人身权益造成严重精神损害的侵权行为;(4)第1184条规定的侵害他人财产的侵权行为。

上述对侵权行为的分类,只是从损害赔偿的角度进行的划分。另外,以侵权责任承担方式作为标准,可以分为一般侵权行为和特殊侵权行为;以适用侵权责任归责原则为标准,可以分为过错侵权行为、推定过错侵权行为和无过错侵权行为等。

二、侵权行为一般条款

(一)侵权行为一般条款和一般侵权行为

成文法国家的民事立法对侵权行为的规定,采用的是一般化方法进行的。立法多数在民法典的债法编中专门规定侵权法。在侵权法的内容中,首先就要规定侵权行为一般条

---

[15] 王泽鉴:《中共民法通则侵权责任的基本问题》,载《法学丛刊》第131期。

款,通过侵权行为一般条款来确定一般侵权行为。

侵权行为一般条款的典型表现,如《法国民法典》第1382条规定:"任何行为使他人受到损害时,因自己的过失行为而致行为发生之人对该他人负赔偿的责任。"[16]《德国民法典》第823条规定:"(1)因故意或者过失不法侵害他人生命、身体、健康、自由、所有权或者其他权利者,对他人因此而产生的损害负赔偿义务。(2)违反以保护他人为目的的法律者,负相同的义务。如果根据法律的内容并无过失也可能违反此种法律的,仅在有过失的情况下,始负赔偿义务。"《意大利民法典》第2043条规定:"任何故意或者过失给他人造成不法损害的行为,行为实施者要承担损害赔偿的责任。"《乌克兰民法典》第1166条规定:"以不法决定、行为或者不作为,致使自然人或法人的人身非财产权受到财产损害的,以及致使自然人或者法人的财产受到损害的,由致使损害的人全额赔偿。"

有的学者认为,侵权行为一般条款在成文法中居于核心地位,是作为一切侵权请求权之基础的法律规范。[17] 所有的基于侵权行为的请求权都要符合这一条文,该条文也就是一个国家民法典调整的侵权行为的全部请求权的法律基础。在这个条文之外,不存在另外任何侵权行为请求权的基础,这个条文一统天下。[18] 大陆法系的侵权法基本上都存在这样的侵权行为一般条款。也有的学者认为,将侵权行为一般条款理解为对所有侵权行为的全面概括,是将侵权行为一般条款作了过大解释,侵权行为一般条款就是规定一般侵权行为的条款。[19]

这两种意见的分歧在于,前者认为侵权行为一般条款规定的是全部的侵权行为、一切侵权行为,其公式为:

侵权行为一般条款 = 全部侵权行为

而后者认为,侵权行为一般条款不过是规定了一般侵权行为,概括的是大部分侵权行为,而另外的侵权行为则由特殊侵权行为的特别规范来补充,其公式为:

一般侵权行为(侵权行为一般条款) + 特殊侵权行为 = 全部侵权行为

前一种主张有一定道理,可以作为证明的是,《欧洲统一侵权行为法典》草案,就采用这种方法来规定侵权行为一般条款。其第1条规定:"(1)任何人遭受具有法律相关性的损害,有权依据本法之规定请求故意造成损害的人、因违反义务而造成损害的人或者对损害依法负有责任的其他人赔偿。(2)损害的发生处于紧急情势时,将遭受损害的人享有本法赋予的防止损害发生的权利。(3)为了本法的目的:具有法律相关性的损害指的是本法第二章所规定的具有法律相关性的损害,故意和违反义务的判定以本法第三章第一节,以及第四章所规定的特殊情形下所造成的具有法律相关性的损害为依据。(4)本条所指权利由本法其他条予以规定。"还可以证明的是《埃塞俄比亚民法典》第2027条的规定。这两种规定,显然是采纳了规定全部侵权行为请求权的主张。但是,绝大多数成文法国家侵权法采用的是后一种立法例。

---

[16] 《拿破仑法典》,李浩培、吴传颐、孙鸣岗译,商务印书馆1983年版,第189页。
[17] 张新宝:《侵权行为法的一般条款》,载《法学研究》2001年第4期。
[18] 张新宝:《侵权行为法的一般条款》,载《法学研究》2001年第4期。
[19] 杨立新:《论侵权行为一般化和类型化及其我国侵权行为法立法模式选择》,载《河南政法管理干部学院学报》2003年第1期。

各国侵权法对侵权行为一般条款的规定有两种:一种是规定侵权行为一般条款只调整一般侵权行为,这是大陆法系通常的做法,如法国等立法;另一种是规定侵权行为一般条款调整全部侵权行为,而不是仅仅规定一般侵权行为,这就是《埃塞俄比亚民法典》以及《欧洲统一侵权行为法典》草案的做法。

(二)大陆法系侵权行为一般化的发展过程

大陆法系侵权法采用一般化的立法模式,经历了渐进的发展过程,这个过程几乎贯穿大陆法系侵权法发展的整个过程,其大致分为五个阶段。

1. 古代法时期

在历史上,无论是两河流域的立法还是其他国家古老的立法,凡是关于侵权责任法律的规定都是具体规定,并没有对侵权行为作出一个概括的、一般化的条文。在4000多年以前的乌尔第三王朝的《乌尔纳姆法典》以及《苏美尔法典》中,关于侵权行为的规定都是极为具体的规定,如"殴打自由民之女,致堕其身内之物者,应赔偿银三分之一明那"。[20]

中国同样是这种情况。在中国的古代立法中,关于侵权行为的立法散见于古代律令的各个篇章,就不同的侵权行为作出不同的规定,直到《唐律》规定了侵害财产权的较为概括的条文,即"诸弃毁亡失及误毁官私器物者,各备偿"。这一条文具有较高的概括性,表明了我国古代侵权责任法发展的先进程度。[21] 但这并不是侵权行为一般条款,而仅仅是关于侵害财产权的侵权行为具有一定概括性的条文。

2. 罗马法时期

罗马法,尤其是后期的罗马法,对侵权行为的一般化进程起到了巨大的推动作用,开启了大陆法系侵权法一般化的历史进程。这就是罗马法关于私犯和准私犯的规定。

早期罗马法对侵权行为并没有作出私犯和准私犯的划分,采用的也是规定具体侵权行为的做法。查士丁尼制定罗马法典,将侵权行为分为私犯和准私犯,其中私犯是后来被概括为一般侵权行为的侵权行为。尽管罗马法在私犯和准私犯的界限上没有严格的区别,只是以后有新的违法行为产生,称之为准私犯;[22] 但凑巧的是这种私犯和准私犯的划分,恰好反映了私犯所涵盖的是现代意义上的一般侵权行为、准私犯所涵盖的是特殊侵权行为,以及这两种侵权行为类型的基本分野,因而罗马法为近代侵权法的一般化立法奠定了坚实基础。

3. 法国法时期

直至1804年《法国民法典》的诞生,人类社会才真正完成了侵权行为一般化的侵权法立法进程。这就是将侵权行为的基本内容进行了最为概括的、最为一般化的规定,在第1382条和第1383条两个关于一般侵权行为(只排除少数的准侵权行为)的条文中,概括了大部分侵权行为;任何行为侵害了他人的权利造成损害,只要符合这个侵权行为一般条款规定的要求,受害人就可以请求损害赔偿,以救济自己的损害,不必再去寻找有关具体侵权

---

[20] 杨立新:《侵权法论》,吉林人民出版社1998年版,第113页。
[21] 关于中国古代侵权责任法的概括性的说明,参见杨立新:《疑难民事纠纷司法对策》,吉林人民出版社1991年版,第207页。
[22] 周枏:《罗马法原论》,商务印书馆1994年版,第785页。

行为的法律规定,改变了只有按照具体条文规定才能请求损害赔偿的习惯做法。因此,《法国民法典》第1382条和第1383条才是真正的侵权行为一般条款,这就是将侵权行为作了最大限度概括的一般化条文。《法国民法典》关于侵权行为一般化的立法模式,开启了大陆法系侵权行为一般化立法的先河。从此,成文法国家制定民法典规定侵权行为法律规范,都是沿袭《法国民法典》的做法,对侵权行为作一般化规定。各国民法尽管在具体的写法上有所不同,但是基本做法并没有离开这个立法模式。

4. 德国法时期

德国制定民法典同样走的是侵权法一般化的道路,所不同的是在规定了侵权行为一般条款的同时,对特殊侵权行为作了较为具体的规定。《德国民法典》第823条规定:"(1)因故意或者过失不法侵害他人生命、身体、健康、自由、所有权或者其他权利者,对他人因此而产生的损害负赔偿义务。(2)违反以保护他人为目的的法律者,负相同的义务。如果根据法律的内容并无过失也可能违反此种法律的,仅在有过失的情况下,始负赔偿义务。"第826条规定:"以违背善良风俗方式故意对他人施加损害的人,对他人负有损害赔偿义务。"这种采用将各种诉因类型化的方法,将侵权行为概括为对权利的侵犯、违反保护性规定和违反善良风俗的一般条款,同样规定的是一般侵权行为。[23] 此外,《德国民法典》规定了特殊侵权行为,与这三种诉因的一般侵权行为,一起构建了德国民法关于所有侵权行为的法律规范。德国侵权法的基本特点仍然是坚持侵权行为一般化的立法模式,但对一般侵权行为的诉因类型作出了规定,这就是侵权行为违法性的三种基本类型,而不是像《法国民法典》那样仅仅规定了故意或者过失。

5. 当代法时期

当代法时期,是指《埃塞俄比亚民法典》和《欧洲统一侵权行为法典》草案规定侵权行为一般条款的做法。1960年制定的《埃塞俄比亚民法典》第2027条规定:第一,任何人应对因过犯给他人造成的损害承担责任,而不论他为自己设定的责任如何;第二,在法律有规定的情形,一个人应对因其从事的活动或所占有的物给他人造成的损害承担责任;第三,如果某人根据法律应对第三人负责,他应对该第三人因过犯或依法律规定发生的责任负责。尤其值得注意的是,该法典条文排列的顺序是把这一个条文放在侵权法最为显著的地位,即在全部侵权行为的五章规定之前,而不是放在这五章中的任何一章之中。这样的一般条款概括的显然是全部侵权行为。《欧洲统一侵权责任法典》草案也是采用这种方式规定侵权行为一般条款。

这种对侵权行为一般条款的规定就是侵权行为一般条款立法的最新发展,同时,侵权法既规定侵权行为一般条款,也规定侵权行为的具体类型。

(三)大陆法系侵权法规定侵权行为一般条款的意义

大陆法系成文法民法典的基本立法方式是具体化,对各种民事权利及其行使制定具体的规则,因而民法典才有几千个条文的庞大规模。其中只有侵权法采用一般化的立法方法。在成文法的民法典立法中规定侵权行为一般条款的意义在于以下方面:

---

[23] [德]克雷斯蒂安·冯·巴尔:《欧洲比较侵权行为法》(上册),张新宝译,法律出版社2001年版,第21页。

第一,简化立法,即尽量地用最简单的条文规定最丰富、最大量的侵权法的含量;而不在几千个条文的民法典中再构建一个复杂的侵权法,使民法典更为庞大、复杂。

第二,将侵权行为一般条款高度浓缩,使之成为一个弹性极大的、与时俱进的法律条文,能够包容任何符合这一条款要求的侵权行为;使这一条文成为一般侵权行为的高度概括,对具体的侵权行为不再一一作出具体规定。

第三,赋予法官概括的裁判准则,使法官在这一条文面前享有高度的自由裁量权,依据侵权行为一般条款对所有的一般侵权行为作出判决。法官在这样的条文下,可以对新型的侵权案件作出符合侵权行为一般条款的判决。

(四)我国侵权责任法的侵权行为一般条款

1. 原《侵权责任法》规定的侵权行为一般条款

世界各国和地区侵权法对侵权行为一般条款的规定有两种典型模式:一是法国、德国式;二是埃塞俄比亚式。前者为小的侵权行为一般条款,后者为大的侵权行为一般条款。

我国原《侵权责任法》规定侵权行为一般条款,采用的是大小搭配的双重模式:既有第2条第1款规定的大的侵权行为一般条款,又有第6条第1款规定的小的侵权行为一般条款,分别起到不同的作用。原《侵权责任法》第2条第1款作为侵权行为一般条款,借鉴的是埃塞俄比亚侵权法的侵权行为一般条款的立法模式。它的作用是将所有的侵权行为都概括在一起,无论进行何种程度的侵权行为类型规定,即使随着社会的发展出现新型的侵权行为,都能够被概括在这个条文之中。原《侵权责任法》第6条第1款规定的过错责任则是小的侵权行为一般条款,对于一般侵权行为,须依照过错责任的一般规定适用法律,确定一般侵权责任的请求权基础仍然是第6条第1款。两个一般条款相互搭配,各自起到不同的作用,构成了原《侵权责任法》的鲜明特点,有别于其他国家侵权法关于侵权行为一般条款的规定。[24]

这样的做法既有优势,也有弊病。优势如前所述;弊病在于大的一般条款基本上是闲置条款,很难发挥其调整功能。对这种侵权行为一般条款的立法模式进行改革,是确有必要的。

2.《民法典》规定的侵权行为一般条款

《民法典》规定侵权行为一般条款,改变了原《侵权责任法》的做法,只是在第1165条第1款规定了侵权行为一般条款。这是在原《侵权责任法》第6条第1款规定的基础上,增加了"损害"的侵权责任构成要件,形成的新的侵权行为一般条款,其作用是调整一般侵权行为的责任承担。

《民法典》采取这种方式规定侵权行为一般条款,回归大陆法系规定侵权行为一般条款的通常模式,是有道理的。第一,删除了原《侵权责任法》第2条第1款规定的闲置条款,节省立法资源;第二,集中精力规定调整一般侵权行为的一般条款,使其地位更加突出,作用更加明显,有助于理解和适用。

---

[24] 杨立新:《中国侵权责任法大小搭配的侵权责任一般条款》,载《法学杂志》2010年第3期。

3.侵权行为一般条款的实用价值

《民法典》第1165条第1款规定的侵权行为一般条款具有极大的概括性,将全部一般侵权行为都概括其中,法官可以发挥主观能动性,对任何具备侵权行为一般条款规定的构成要件的民事违法行为,都认定为侵权行为,对行为人予以侵权损害赔偿的制裁,对受害人受到损害进行救济。

(1)侵权行为一般条款具有高度概括性。其容量极大,把所有的一般侵权行为都概括其中。法官在审理侵权案件时,须准确掌握侵权行为一般条款的这一价值,充分发挥它"与时俱进"的特性,无论出现什么样的新型案件,都准确适用法律。

(2)侵权行为一般条款确定一般侵权行为的法律适用的基本规则。一般侵权行为就是适用过错责任原则的侵权行为,其责任构成要件就是侵权行为一般条款规定的要件,即违法行为、损害事实、因果关系和过错。只要一个行为具备这些要求,就应当认定其为一般侵权行为,适用侵权行为一般条款作出判决。

(3)侵权行为一般条款包含请求权的法律基础。只要不是《民法典》规定的特殊侵权责任,即侵权责任编第三章至第十章规定的侵权责任类型,就都适用《民法典》第1165条第1款的规定,将其作为请求权的法律基础,当事人可以依据该条款起诉,法官可以依据该条款确认侵权责任。

三、侵权行为与其他违法行为的联系与区别

违法行为在性质上各不相同,既有刑事违法行为,也有民事违法行为和行政违法行为。侵权行为的性质是民事违法行为,但它不是民事违法行为的全部,民事违法行为还包括违约行为等其他民事违法行为。

(一)侵权行为与犯罪行为

1.侵权行为与犯罪行为关系的发展

在历史上,侵权行为和犯罪行为是有密切联系的两种行为。在法律发展的最早时期,侵权行为与犯罪行为是不加区分的,一般都把这两种违法行为规定在一起。在法律的发展过程中,这两种行为逐渐区别开来。我国古代就是这样,律令把刑事犯罪和民事违法行为规定在一起。在国外,无论是《乌尔纳姆法典》,还是两河流域地区的法典,也都是将侵权行为和犯罪行为规定在一起的。到罗马法,开始将犯罪行为和侵权行为作初步的区别;但即使罗马法的私犯也都包括犯罪行为,并不都是侵权行为。国外在将法律区分为公法和私法之后,开始严格区分侵权行为和犯罪行为。在我国,则在清末变法时才开始区分公法和私法的性质,将侵权行为与犯罪行为严格区别开。

在当代,侵权行为是民事违法行为,犯罪行为是刑事违法行为,分别由民法和刑法来调整,无论性质还是构成都有严格区别。

2.侵权行为与犯罪行为的区别

侵权行为与犯罪行为有以下明显的区别:

(1)法律依据不同。犯罪行为是依照《刑法》的规定,应受刑罚处罚的行为。只有那些触犯刑律具备了刑法规定的犯罪构成的行为,才能认定为犯罪行为;离开《刑法》的规定,就

没有犯罪行为可言。侵权行为是《民法典》规定的违法行为,所违反的法律是民事法律,令侵权人承担民事责任的依据是民法而不是其他法律。

(2)侵害客体不同。犯罪行为侵害的客体既包括主体的人身权利和财产权利,还包括受我国法律保护的一定的社会关系,如政治的、军事的、经济的、文化的社会关系等,保护的客体极其广泛。侵权行为所侵害的客体主要就是两大类:一是人身权益;二是财产权益。其他社会关系不能成为侵权行为的客体。这样看来,犯罪行为的客体更为广泛,而侵权行为的客体比较狭窄。

(3)社会危害程度不同。犯罪行为必须是具有社会危害性的行为,即必须达到具有社会危害性的程度才能成为犯罪行为,不具有社会危害性的行为不能成为犯罪行为。侵权行为不必具有社会危害性,只要具备损害他人权利的违法性就可以构成。例如,《刑法》第275条规定的是故意毁坏财物罪,《民法典》第1184条规定的是侵害财产的侵权行为。这两种违法行为之间的最大区别就是社会危害程度不同。侵害公私财物达到具有一定的社会危害性的程度,就是刑事犯罪,依照《刑法》第275条治罪;造成一定的损害但还没有达到具有一定社会危害性的程度的,则只能作为侵权行为来处理。

(4)行为人的主观恶性不同。刑法和民法对犯罪行为与侵权行为的行为人的主观恶性要求是不一样的。刑法要求犯罪行为的行为人的主观恶性必须达到一定的程度,即主观恶性较大的危害社会的行为,才能认为是犯罪;没有达到这样的程度,就不能认为是犯罪行为。因此,刑事犯罪主要是故意犯罪,行为人对其行为仅具有过失者,只有在法律有明文规定的情况下才能认定为犯罪,否则不能作为犯罪处理。侵权行为绝大部分是过失行为,如果是故意,则须不具备较为严重的社会危害性。故意侵害公私财物,可能构成《刑法》第275条规定的故意毁坏财物罪;而过失侵害公私财物,则不能构成犯罪,只能构成侵权行为,依照《民法典》第1184条追究侵权责任。故意侵害他人的身体健康,造成轻伤的,构成故意伤害罪;过失致人轻伤害则不构成犯罪,只能构成侵权行为。

(5)法律对行为形态的要求不同。犯罪行为无论是既遂、未遂还是预备都可能构成;既遂当然构成犯罪,未遂在多数情况下也构成犯罪,在法律有规定的情况下,犯罪预备也作为犯罪处理。而侵权行为只能是既遂的行为,即造成损害结果的才能构成;无论是未遂还是预备,也无论情节多么严重,只要没有造成损害结果,就不能认其为构成侵权行为。

3. 侵权行为与犯罪行为的联系

虽然侵权行为与犯罪行为有如此的区别,但它们还有一定的联系。

(1)这两种行为都是违法行为,在违法性这一点上,是完全一致的。只不过犯罪行为违反的法律是刑事法律,而侵权行为违反的是民事法律。

(2)这两种行为都是应当受到法律制裁的行为。虽然制裁的责任方式不一样,一种是民事制裁,另一种是刑事制裁,但在应当接受法律制裁这一点上是一样的。

(3)在侵害人身权利和财产权利这一点上,侵权行为与犯罪行为是一样的。犯罪行为中有侵害人身权利的和侵害财产权利的,侵权行为则完全是侵害人身权益和财产权益,虽然在损害的后果和主观状态上,侵权行为与犯罪行为有区别,但是又有重合问题,即侵害人身权益和财产权益的行为在构成犯罪的时候无疑也构成了侵权行为。这就形成了侵权责任与刑事责任聚合。按照《刑法》第36条和《民法典》第187条的规定,既应当追究行为人的刑事责任,也应当追究行为人的民事责任。这是民事责任与刑事责任的目的不同使然。因为民事责任的目的在于对受害人损害的救济,而刑事责任的目的在于惩罚和预防。

(二)侵权行为与行政法的违法行为的联系与区别

侵权行为与行政法上的违法行为也是既相互联系又相互区别的两类违法行为。在研究侵权责任法的著作和文章中,人们比较注意的是犯罪行为与侵权行为、违约行为与侵权行为的区别;没有特别注意研究侵权行为与行政法上的违法行为的联系与区别。这两种违法行为也应当严格区分。

行政法上的违法行为是指行政法律关系当事人违反行政法律规范,侵害法律保护的行政关系而尚未构成犯罪的行为。[25] 行政违法行为包括两种,一是行政违法行为,二是违法行政行为。前者是指作为行政相对一方的自然人、法人或者非法人组织违反行政法律、法规规定的行政管理秩序,依法应当承担行政法律责任的行为;后者是行政主体或者公务员违法行使行政权力,依法应当承担行政法律责任的行为。这两种行政法上的违法行为既与侵权行为有密切的联系,又有重大的区别。

1. 侵权行为与行政违法行为的联系与区别

自然人、法人或者非法人组织违反行政法律、法规规定的行政管理秩序的行为,属于行政法调整的违法行为。行政管理主体对于违法行为人可以依法予以行政制裁,根据不同的具体行为予以不同的行政处罚。在这一点上,行政违法行为与侵权行为是不同的。但是,行政违法行为的行为人在实施行政违法行为的时候,如果侵害了其他自然人、法人或者非法人组织的民事权益造成损害,这种行为就同时又构成了侵权行为。侵权行为与行政违法行为的区别是:其一,侵权行为是民事法律规定的违法行为,行政违法行为是行政法律规定的违法行为;其二,侵权行为是应当承担民事法律责任的违法行为,行政违法行为是应当承担行政责任的违法行为;其三,侵权行为的法律后果主要是损害赔偿,行政违法行为的法律后果主要是行政处罚;其四,侵权行为的行为人承担的责任是向受害人承担的责任,即向受害人给付损害赔偿,行政违法行为的行为人承担的法律责任是向国家承担的责任。侵权行为与行政违法行为的联系是:在既违反行政管理秩序,又侵害了其他自然人、法人或者非法人组织的民事权利的行政违法行为中,这种违法行为既违反了行政法律,又违反了民事法律;既应当向国家承担行政处罚的责任,又应当向受害人承担损害赔偿的责任,构成民事责任和行政责任的聚合,行为人应当同时接受民事法律和行政法律的制裁,构成行政附带民事损害赔偿责任。

2. 侵权行为与违法行政行为的联系与区别

行政机关是行政管理的权力主体,有权对行政相对人实施行政管理行为。如果行政管理行为违反法律,则构成违法行政行为。从这个意义上说,违法行政行为与侵权行为是不同的。区别是:

(1)违法行政行为发生在行政管理领域之中,受行政法律调整,侵权行为发生在几乎整个社会领域,是民法所调整的违法行为。

---

[25] 罗豪才主编:《行政法学》,中国政法大学出版社1996年版,第319页。

(2)违法行政行为的行为主体只能是行政主管机关,不可能由其他主体构成,侵权行为的主体不受任何限制,几乎所有的公民、法人和非法人组织都可以成为侵权行为的行为人。

(3)违法行政行为所承担的法律责任是行政责任,主要形式是自行纠正、撤销、返还权益、恢复原状、责令履行职责,侵权行为的法律责任则主要是损害赔偿。

行政违法行为和侵权行为又有密切联系。当违法行政行为侵害了行政相对人的民事权利时,就构成行政侵权行为,成为侵权行为中的一种具体的特殊侵权行为,即《国家赔偿法》规定的特殊侵权行为。因此,当违法行政行为构成行政侵权行为时,违法的行政机关既要承担违法行政行为的行政责任,又要对受害人承担损害赔偿的侵权责任。这又构成行政附带民事损害赔偿责任的一种具体形式。

(三)侵权行为与违约行为的联系与区别

违约行为是指合同之债的一方当事人由于不履行或者不完全履行合同义务而产生的违法行为。侵权人不履行合同,就是违背自己在合同中承诺的合同义务,根本没有实施履行合同的行为;不完全履行也称为不适当履行,是侵权人虽然有履行合同义务的行为,但这种履行合同的行为不符合或者不完全符合合同和法律的要求。违约行为虽然违反的主要是自己与对方当事人约定的义务,但这种约定义务是依照法律设定的,法律对这种合同法律关系予以保护,因而法律所保护的合同权利和义务是具有强制性的。一方当事人违反合同义务,构成违约行为,也就是构成民事违法行为。在民法中,侵权行为与违约行为是两种最典型的民事违法行为,它们之间既相互联系,又相互区别。

1.侵权行为与违约行为的联系

(1)侵权行为与违约行为都是民事违法行为。侵权行为与违约行为都属于民法调整的范围,因而在构成上有一致之处,例如,这两种民事违法行为的构成都须具备过错、行为和因果关系的要件,其中行为的要件都必须违反民法规定。在有些情况下,违约行为和侵权行为其实就是一个行为,发生民事责任竞合。又如,购买的商品在使用中因商品缺陷而致消费者或者其他人以损害,出卖人既违反了买卖标的物的瑕疵担保责任,构成违约行为,同时也违反了保护他人的人身权利和财产权利的法定义务,构成侵权行为。在这种情况下,原本是将其作为违约行为来处理的,但是后来发现按照违约行为来处理,对于保护受害人的合法权益不利,因而将这种行为规定为侵权行为,责令商品的销售者或者生产者承担侵权责任,使受害人的合法权益能够得到更好保护。这证明了这两种民事违法行为之间的密切联系。

(2)侵权行为与违约行为都是要承担民事责任的违法行为。它们的法律后果都是承担民事责任,强制侵权人或者违约行为人承担民事责任,既制裁违法行为,也对受害人进行救济。与犯罪行为和行政违法行为的行为人承担刑事责任和行政责任着眼的是制裁和惩罚不同,侵权行为和违约行为都是民事违法行为,民事责任的基本着眼点在于救济受害人的损害,保障受害人权利的实现。

(3)侵权行为和违约行为承担的主要民事责任方式是一样的。侵权责任的主要方式是损害赔偿,辅助形式有返还财产、恢复原状等;违约责任的主要方式是继续履行和损害赔偿,如果只是合同不履行或者不完全履行,其民事责任方式应当是继续履行;如果违约行为造成了对方当事人的财产损失,则违约人应当承担损害赔偿的责任。在侵权行为和违约行为都造成了受害人的损失的情况下,这两种民事违法行为的法律后果都是损害赔偿。赔偿的一般原则和具体内容也基本一致。

2.侵权行为与违约行为的区别

侵权行为与违约行为毕竟不是同一种民事违法行为,它们之间存在明显区别(见表1-1)。

表1-1 侵权行为与违约行为的区别

要素	侵权行为	违约行为
行为产生的前提	加害人和受害人之间不具有相对的法律关系,只存在人身权法律关系和财产权法律关系,属于绝对权和对世权	当事人之间必须存在特定的权利义务关系,其性质是有效的合同法律关系,是相对权、对人权
行为所违反的义务性质	违反的是法定的义务,性质是不作为的义务,即法律保护民事主体的人身权利和财产权利,任何人都负有不得侵犯的不作为义务。在特定情况下,也包括违反法定的作为义务	违反的是约定的义务,主要不是基于法律的规定而是基于当事人之间的约定,基于当事人之间的一致意思表示而成立的义务。违约行为也包括违反法定义务,如法律规定缔约当事人之间的相互通知、相互保护义务等
行为的主体	主体是不特定的,不要求侵权人必须具备何种必要的条件,任何民事主体都可以成为侵权人	主体是特定的,行为人必须是合同关系中的当事人
行为侵害的对象	侵害的对象主要是绝对权,即人身权利和财产权利,包括第三人侵害债权	侵害的对象是合同债权,是相对权,只包括合同债权
承担法律责任的方式	损害赔偿既包括财产损害,也包括人身损害和精神损害,可以承担精神损害赔偿。有返还财产、恢复原状等形式	损害赔偿是赔偿因合同义务不履行而造成的财产损害,在加害给付情况下,会造成人身损害。继续履行、违约金等是主要责任方式

四、侵权行为形态

(一)侵权行为形态的概念和特征

1.侵权行为形态的概念

侵权行为形态,是指侵权行为的不同表现形式,是对各类具体侵权行为的抽象和概括。区分各类侵权行为形态,无论是在理论上还是在实践中,对于确定各种侵权行为应适用的归责原则、责任构成要件、赔偿形式、赔偿范围和免责条件等都具有重要意义。

侵权行为是一种非常复杂的民事违法行为,有多种多样的表现形式。这些纷繁复杂的侵权行为有一定的规律可循。侵权责任法学正是通过深入研究,寻找这样的规律,遵循一定的标准,将它们划分为不同的类型,找出各类侵权行为形态的规律和规则,提出各类侵权行为形态的解决办法。

研究侵权行为形态的意义在于揭示某一类侵权行为与其他不同类型的侵权行为形态的不同特性,揭示这一类侵权行为形态的共性,因而使对侵权行为的研究不断深化,使侵权责任法的研究不断地接近侵权行为的本质。对侵权行为形态的研究与对侵权行为的宏观研究不同，对侵权行为的宏观研究解决的是侵权行为的整体、共性、全部；与对具体侵权行为的研究也不同，具体侵权行为研究的是侵权行为的微观，是对具体侵权行为的揭示。对侵权行为形态的研究在侵权责任法学研究中具有承上启下的重要作用。

2. 侵权行为形态的特征

侵权行为形态具有客观性、法定性和交叉性的法律特征。[26]

（1）侵权行为形态的客观性。侵权行为形态是侵权行为本质的客观表现，是指侵权行为形态是客观存在的，是不同的侵权行为外在的表现形式。这种客观存在是不以人的意志为转移的，既不是人们对侵权行为的主观臆想、随意所为，更不是学者的任意推断，而是侵权行为实实在在的客观存在。人们对它们的概括只是对侵权行为形态客观形式的揭示。

侵权行为形态的客观存在并不是说它是无法推知、无法掌握的。恰恰相反，只要人们掌握了侵权行为形态客观存在的规律，就可以用准确的语言描述它。侵权责任法学就是研究、揭示侵权行为的内在规律，包括侵权行为形态的规律性，并运用这些规律创建侵权责任法，制裁侵权行为，达到保护自然人、法人等的合法权益，维护安定、公平的社会秩序的目的。

侵权行为形态的客观性要求对侵权行为的研究必须实事求是，尊重侵权行为的客观规律，对侵权行为形态的确认必须以客观的经济社会条件为根据，脱离一定社会的经济生活条件，随意把某种行为确认为侵权行为或者不承认某种侵权行为，都会失去客观的物质和精神基础，违背社会公平、正义的要求，不能发挥侵权责任法的功能。[27]

（2）侵权行为形态的法定性。侵权行为形态的法定性是指侵权行为形态是由法律规定的，进一步强调侵权行为形态的固定化程度。人们通过对侵权行为几千年的研究，已经基本掌握了侵权行为形态的客观存在，因而通过法律的形式将各种侵权行为形态固定下来。用法律固定下来的侵权行为形态已经不是侵权行为自然的客观形式，而是体现了人的意志，其中最重要的就是赋予它法律的强制性。人们对于侵权行为形态无论是认识还是不认识，都必须遵守它，不能根据自己的主观臆想"创设"侵权行为的形态。

（3）侵权行为形态的交叉性。侵权行为的各种形态并不是绝对的而是相对的，是依据不同标准作出的不同分类。因而，侵权行为的各种形态之间没有绝对严格的界限，没有不可逾越的障碍。各种侵权行为形态是互相交叉的。例如，一个积极的侵权行为，可能同时是共同侵权行为，又是特殊侵权行为，还可能是与有过失的形态。侵权行为形态的交叉说明了侵权行为形态的复杂性，从不同的角度出发，一个侵权行为有不同的表现形态。

（二）一般侵权行为和特殊侵权行为

根据侵权行为适用归责原则的不同，可以将侵权行为分为一般侵权行为和特殊侵权行为两种形态。

---

[26] 王利明主编：《民法·侵权行为法》，中国人民大学出版社1993年版，第238～240页。
[27] 王利明主编：《民法·侵权行为法》，中国人民大学出版社1993年版，第239页。

1. 一般侵权行为

一般侵权行为,是指侵权行为一般条款规定的侵权行为,即行为人基于自己的过错而实施的、适用过错责任原则和侵权责任的一般构成要件的侵权行为,侵权责任方式是自己责任。所以,一般侵权行为的责任主体也就是行为主体。一般侵权行为的行为人必须是具有民事行为能力的人,即具有能够辨认自己的行为目的、性质及其后果和能够支配、控制自己行为的自然人。一般侵权行为适用过错责任原则,不仅应以过错为责任的构成要件,而且应以过错为责任的最终构成要件。一般侵权行为适用统一的责任构成要件,这就是所有的一般侵权行为都必须具备违法行为、损害事实、因果关系和过错这四个要件,没有任何例外。在适用法律上,按照规定适用统一的赔偿标准。在免责事由上,也都按照法律的统一规定进行。不过,《民法典》侵权责任编对有些适用过错责任原则的侵权行为也在特殊侵权责任中作了具体规定,例如,网络用户和网络服务提供者侵权责任、教育机构对限制民事行为能力人在该机构受到侵害的侵权责任等,同样适用这样的规则。

2. 特殊侵权行为

特殊侵权行为,是指欠缺侵权责任的一般构成要件,并适用过错推定原则或者无过错责任原则的侵权行为,其侵权责任形态基本上是替代责任。

特殊侵权行为的特点:一是归责原则适用的特殊性。一般侵权责任适用过错责任原则,而特殊侵权行为则适用过错推定原则或者无过错责任原则,以保护受害人的合法权益。二是责任构成要件的特殊性。特殊侵权行为的成立与否不能按一般侵权行为的责任构成要件确定,它由法律根据具体情况规定。这些特殊要件不具有普遍性,每一种特殊侵权行为所要求的特别条件各有不同,不具备该特别条件就不能构成该特殊侵权责任。三是举证责任的特殊性。由于特殊侵权责任适用过错推定责任原则和无过错责任原则,实行举证责任倒置,其倒置证明的范围并不是全部侵权责任要件,违法行为、损害事实、因果关系的要件仍应由赔偿权利人证明;在适用过错推定原则推定过错时,加害人予以否认的,应举证证明自己无过错;在适用无过错责任原则时,加害人主张损害是由受害人或第三人的过错所致时,应当负责举证。加害人证明自己的主张成立的,才可以免责或者减轻责任。四是替代责任是其主要责任形态。例如,监护人责任、用人单位责任、定作人指示过失责任等,都是责任人为其管领下的行为人造成的损害负责赔偿。

(三)单独侵权行为和多数人侵权行为

根据侵权行为的行为主体数量的不同,可以将侵权行为分为单独侵权行为与多数人侵权行为两种形态。

1. 单独侵权行为

单独侵权行为,是指单独的一个主体实施的侵权行为。单独侵权行为是相对于多数人侵权行为而言,一个自然人或者一个法人实施的侵权行为,就是单独侵权行为。

2. 多数人侵权行为

多数人侵权行为,是指两个或两个以上的行为人,侵害他人合法民事权益,应当承担侵权责任的侵权行为。多数人侵权行为分为共同侵权行为、分别侵权行为和竞合侵权行为,分别承担连带责任、按份责任和不真正连带责任。

(四)积极侵权行为和消极侵权行为

根据侵权行为的行为方式不同,可以将侵权行为分为作为的侵权行为和不作为的侵权行为两种侵权行为形态,也称为积极侵权行为和消极侵权行为。

1. 积极侵权行为

积极侵权行为是以作为的方式实施的侵权行为,是行为人违反法律规定的不作为义务而作为,损害受害人的人身、财产权益的侵权行为。

在社会共同生活中,人们都处在民事法律关系之中,每一个自然人和法人都是人身权利和财产权利的主体,是自己所享有的权利的权利人,同时又都是其他权利人的义务人。对于自己所享有的权利,可以自由行使和处分。作为其他权利人的义务人,又都负有不可侵犯的义务。这种义务是法定义务,任何人都不得违反。在这种法定义务中,绝大多数内容是法律规定的不作为义务,即作为义务人,必须履行不得侵害权利人的权利的义务。违反这种义务,就构成作为的积极侵权行为。

积极侵权行为的特点是行为人主动实施违法行为,侵害对方当事人的人身权益和财产权益。在侵害财产权益的侵权行为中,侵占、毁坏他人的财产,阻碍财产所有权人依法行使权利等,都是积极侵权行为。在侵害人身权益侵权行为中,殴打他人,剥夺他人生命,伤害他人健康,侮辱他人名誉,非法限制他人的人身自由等,都是积极侵权行为。

2. 消极侵权行为

消极侵权行为是以不作为的方式实施的侵权行为。行为人违反法律规定的作为义务而不作为,致使受害人受到损害的,应当承担侵权责任。

确定消极侵权行为的前提是行为人负有特定的作为义务,这种特定的作为义务不是一般的道德义务,而是法律所要求的具体义务。法定作为义务的来源,一是来自法律的直接规定,二是来自业务上或职务上的要求,三是来自行为人先前的行为。

第三节 侵权责任归责原则

| 典型案例 |

某甲驾驶进口吉普车在从厦门到福州的高速公路上行驶,时速110公里。快到福州时,汽车的前右侧挡风玻璃突然爆裂,高压气流从裂口处冲至坐在副驾驶员座位上的某乙胸口,致其昏迷。立即停车后,某甲截住其他车辆将某乙送往医院抢救。某乙因抢救无效而死亡,死因为内脏爆震伤。交通管理部门勘查事故现场,在现场未发现任何外力致挡风玻璃爆裂的原因,初步鉴定意见为挡风玻璃因自身原因发生爆裂。经与该吉普车生产厂家的代表协商,厂家代表认为没有外力原因汽车挡风玻璃不会爆裂。因此,厂家拒绝承担责任,与某乙的近亲属发生争执。经协商双方签署协议,物证先由厂家代表保存,待双方共同委托鉴定机构进行玻璃质量鉴定。当晚,厂家代表将该挡风玻璃空运回国,经过厂家技术部

门鉴定,认为该挡风玻璃没有质量问题,遂回到中国后拒绝赔偿。原告起诉,认为被告违背协议自行进行鉴定,致使双方无法继续鉴定挡风玻璃质量问题,请求被告承担侵权责任。一审法院判决认为,原告在起诉和诉讼过程中,没有举出证据证明被告在该事故中有过错,因此无法认定被告的行为构成侵权行为,故判决驳回原告的诉讼请求。原告上诉,终审法院判决认为,本案的性质是产品侵权责任,应当适用无过错责任原则,原告不负有被告过错的举证责任,原审据此驳回原告的诉讼请求不当;本案的因果关系要件,由于被告破坏协议自行进行物证鉴定而无法确认,因而推定原告的死亡与被告的挡风玻璃缺陷有因果关系,被告没有举出证据证明自己的玻璃质量没有缺陷,与死者的死亡后果没有因果关系,因而因果关系推定成立,判决被告承担侵权责任。

一、侵权责任归责原则概述

(一)研究侵权责任归责原则的意义

侵权责任归责原则是侵权责任法的统帅和灵魂,是侵权责任法理论的核心。

侵权责任归责原则的重要意义在于:第一,在理论上,研究侵权责任法,首先必须研究归责原则,在此基础上,才能够进一步展开全面研究。没有搞清楚侵权责任归责原则,就没有掌握侵权责任法理论的钥匙,就不能打开侵权责任法理论的大门。第二,司法实务工作者正确处理侵权纠纷案件,首先也必须准确掌握侵权法的归责原则,不然就无法确认各类侵权损害赔偿责任的性质,无法给侵权纠纷案件予以定性,也就无法正确适用法律。第三,广大群众掌握侵权责任归责原则,有助于保护自己的合法权益,在受到损害时能够正确提出诉讼主张,保证及时得到赔偿,或者正确主张自己的行为自由,免负侵权责任。

归责原则除在理论研究上具有重要意义外,在司法实务中也是处理侵权纠纷的基本准则,对于依法确定侵权责任、充分发挥侵权法的法律调整功能更为重要。本节的典型案例特别具有说服力。

(二)归责原则的概念

1.归责的含义

归责,是指行为人因其行为和物件致他人损害的事实发生以后,应依何种根据使其负责。此种根据体现了法律的价值判断,即法律应以行为人的过错还是应以已发生的损害结果为价值判断标准,而使行为人承担侵权责任。

从侵权责任法的意义上研究归责概念,它包含以下三层意义:

(1)归责的根本含义是确定责任的归属。归责的根本含义是决定侵权行为所造成的损害赔偿责任的归属,即德国学者拉伦茨所说的负担行为之结果,或者称为决定何人对侵权行为的损害结果负担赔偿责任。侵权行为实施以后,对于损害结果总要有人来承担责任。这就是责任的归属问题。归责就是将侵权行为所造成的损害后果归于对此损害后果负有责任的人来承担。如果没有归责过程,侵权行为所造成的损害后果就没有人来承担,受害人的损害就没有办法得到救济,侵权人的民事违法行为就不能得到制裁。

(2)归责的核心是标准问题。归责的核心,是决定何人对侵权行为的结果负担责任时应依据何种标准,这种标准是某种特定的法律价值判断因素。归责必须有统一的标准和根据，使法律在侵权责任的归属问题上实现公平、正义的要求。侵权责任归属的标准和依据就是法律所确认的法律价值判断因素。这种法律价值判断因素有过错因素和损害结果的因素。侵权行为的归责就是针对侵权行为的不同情况，分别依据这样不同的法律价值判断因素，将赔偿责任归属于对损害应当承担责任的人。

(3) 归责与责任的区别。归责是一个过程，而责任则是归责的结果。如果将侵权行为的损害事实作为起点，将责任作为终点，归责就是连接这两个点的过程。责任是指行为违反法律，行为人所应承担的法律后果。当侵权行为发生以后，责任并非自然发生，必须有一个确定责任的过程。责任的成立与否，取决于行为人的行为及其后果是否符合责任构成要件，而归责只是为责任是否成立寻求根据，而并不以责任的成立为最终目的。[28]

2. 归责原则

归责原则是确定侵权人侵权损害赔偿责任的一般准则。它是在损害事实已经发生的情况下，为确定侵权人对自己的行为所造成的损害是否需要承担民事赔偿责任的基本规则。

(三) 归责原则体系

1. 侵权责任归责原则的发展

最早的侵权责任归责原则是加害原则，也叫作客观归责原则，即以损害的客观后果作为归责的标准。《法国民法典》确立了现代意义的过错责任原则，在侵权法的立法史上实现了革命性的变革。在科学技术巨大进步、生产力水平迅速提高、社会结构日益复杂的现代社会中，单一的归责原则不能解决日益复杂化的侵权责任问题，因而出现了无过错责任原则的归责原则。因此，侵权法的单一归责原则向多元化发展，逐渐形成了完整的归责原则体系。

2. 我国侵权责任归责原则体系的不同主张

我国侵权责任法究竟有几个归责原则，侵权法学界有不同的看法。

(1) 一元论观点。这种主张认为，侵权责任法只有一个归责原则，即过错责任原则；单一的过错责任原则体系，构造主观式的民事责任制度的和谐体系。[29]

(2) 二元论观点。这种主张认为，在相当的历史时期内，侵权责任法的归责原则将是二元制，即过失责任原则与无过错责任原则并存。而公平责任多半是赔偿标准问题而不是责任依据问题，所以它能否作为一种独立的归责原则还大有探讨余地。[30]

(3) 三元论—A 观点。这种主张认为，我国侵权责任存在三个归责原则：一般侵权损害适用过错责任原则，特殊侵权损害适用无过错责任原则，无行为能力的人致人损害而监护人不能赔偿的特别案件适用公平分担损失规则。[31] 过错责任原则有两种表现形式，即一般的过错责任原则和推定的过错责任原则。

(4) 三元论—B 观点。这种主张认为，侵权法归责原则为过错责任原则、过错推定原则

---

[28] 王利明：《侵权行为法归责原则研究》，中国政法大学出版社1992年版，第18页。
[29] 张佩霖：《也论侵权损害的归责原则——驳"无过失责任原则"》，载《政法论坛》1990年第2期。
[30] 米健：《现代侵权行为法归责原则探索》，载《法学研究》1985年第5期。
[31] 刘淑珍：《试论侵权损害的归责原则》，载《法学研究》1984年第4期。

和公平分担损失规则,无过错责任不是一种独立的归责原则。[32]

(5)三元论—C观点。这种主张认为,侵权责任归责原则体系是由过错责任原则、过错推定责任原则和无过错责任原则三个归责原则构成的,将过错推定责任原则作为一种单独的归责原则,不再把公平分担损失规则作为一种独立的归责原则,只是将其作为一种责任形式。[33]

(6)四元论观点。这种主张认为,侵权责任的归责原则是过错责任原则、过错推定责任、严格责任原则和公平分担损失规则。[34]

3. 主张"三元论—C观点"的理由

我国《民法典》第1165条和第1166条规定了侵权责任的归责原则体系,分别为过错责任原则、过错推定原则和无过错责任原则。因此,我国侵权责任归责原则体系是由这三个归责原则构成的。

(1)关于过错责任原则。过错责任原则是我国侵权责任法的基本归责原则,调整一般侵权行为的责任归属问题。对此学界没有任何不同意见。

(2)关于过错推定原则。从本质上说,过错推定原则也是过错责任原则,其价值判断标准和责任构成要件也都与过错责任原则的要求一致。主要区别是:第一,过错责任原则和过错推定原则的举证责任不同。过错责任原则的举证责任由原告承担,而过错推定原则在证明过错要件上实行举证责任倒置,原告不承担举证责任,而是被告承担举证责任。第二,过错责任和过错推定责任的调整范围完全不同。过错责任原则调整的侵权行为范围是一般侵权行为,而过错推定原则的适用范围不是一般侵权行为,而是部分特殊侵权行为。第三,过错责任原则与过错推定原则适用法律并不相同。依据过错责任原则处理侵权案件,适用《民法典》第1165条第1款规定,而审理过错推定责任的侵权案件适用《民法典》第1165条第2款规定以及关于特殊侵权责任的特别条款,并不适用一样的法律规定。第四,从历史的角度观察这两个归责原则也是不同的。在过错责任原则诞生之时,就分为两种不同形式,作出不同的规定,调整不同的侵权案件。这就是《法国民法典》第1382条和第1384条的区别。

过错推定原则与过错责任原则是有区别的。将过错推定原则独立起来,作为一个单独的归责原则,具有重要意义。对此,《民法典》第1165条第2款已经作了明确规定。

(3)关于无过错责任原则。无过错责任原则是一个独立的归责原则,它调整的范围也与过错责任原则、过错推定原则不同。无过错责任原则独立地调整着部分特殊侵权行为的责任归属,具有独立存在的价值。无过错责任原则不仅有《民法典》第1166条法律规定作为依据,同时它调整的范围也与过错责任原则、过错推定原则不同,它独立地调整高度危险责任等特殊侵权责任的归属。

(4)关于公平分担损失规则。公平分担损失规则不能作为一个独立的归责原则,理由是:

---

[32] 王利明:《侵权行为法归责原则研究》,中国政法大学出版社1992年版,第30页。
[33] 杨立新:《侵权法论》(第3版),人民法院出版社2005年版,第125~126页。
[34] 王利明:《侵权责任法研究》(上卷),中国人民大学出版社2010年版,第195页以下。

第一,《民法典》没有规定公平分担损失规则是一个归责原则。《民法典》第1186条是在"损害赔偿"一章规定公平分担损失规则,这个位置不是规定归责原则的位置。即使是在《民法通则》中公平分担损失规则也不是规定在民事责任归责原则的第106条及其前后,而是规定在第132条。这样的立法方法,证明了公平分担损失责任不是归责原则。[35]

第二,调整的范围过于狭小且不属于严格的侵权行为。公平分担损失规则在实际中适用范围不是典型的侵权行为,调整的是对于损害的发生加害人没有过错且受害人也没有过错的情形。其实这种情形并不是严格意义上的侵权行为,而仅仅是在侵权责任法中被视为侵权纠纷处理的一种特殊情况。

第三,在实践中双方都无过错的损害纠纷并非一律适用这个规则。《民法典》第1186条在规定公平分担损失规则中,特别加上了"依照法律的规定",更加说明公平分担损失规则不仅要符合该条规定的要件,而且还须有法律的专门规定。其实,在原来的司法实践中,也并不是所有的侵权纠纷案件,凡是双方当事人均无过错的,就一定要由公平分担损失规则调整,由双方当事人公平分担损失责任。例如,原告和被告系中学同学,某日利用午休时间与其他数名同学在学校操场上踢足球。原告作守门员,被告射门,足球经原告的手挡之后,打在原告左眼,造成伤害。原告以该射门同学和所在学校为共同被告起诉,请求人身损害赔偿。法院认定,足球运动具有群体性、对抗性及人身危险性,出现人身伤害事件属于正常现象,应在意料之中,参与者无一例外地处于潜在的危险之中,既是危险的潜在制造者,又是危险的潜在承担者。足球运动中出现的正当危险后果是被允许的,参与者有可能成为危险后果的实际承担者,而正当危险的制造者不应为此付出代价。被告的行为不违反运动规则,不存在过失,不属侵权行为。此外,学校对原告的伤害的发生没有过错。故驳回原告依照公平责任原则提起的分担损失的诉讼请求。这样的判决是正确的,它没有滥用公平分担损失规则。这也说明公平分担损失责任并不是一个归责原则。

二、过错责任原则

(一)过错责任原则的概念和沿革

1.过错责任原则的概念

过错责任原则是以过错作为价值判断标准,判断行为人对其造成的损害应否承担侵权责任的归责原则。一般侵权行为引起的损害赔偿案件,应当由主观上有过错的一方承担赔偿责任。主观上的过错是损害赔偿责任构成的基本要件之一,缺少这一要件,即使加害人的行为造成了损害事实,并且加害人行为与损害结果之间有因果关系,行为人也不承担赔偿责任。《民法典》第1165条第1款规定:"行为人因过错侵害他人民事权益造成损害的,应当承担侵权责任。"这规定的就是过错责任原则。

2.过错责任原则的历史沿革

在早期的成文法中,侵权责任采取加害原则,也叫结果责任原则,即行为人致他人损害,无论其有无过错,只要有损害结果的存在,就都应负赔偿责任。这一原则的不合理性,就在于对造成的损害不加区分,使正当行使权利造成他人损害的人也要承担侵权责任。不

---

[35] 王胜明主编:《中华人民共和国侵权责任法释义》,法律出版社2010年版,第115页。

过在这一时期,成文法也出现了故意和过失的概念。

在历史上出现过错责任原则萌芽是在罗马法时代。在《十二铜表法》有关私犯的条文中,就有多处使用了过失的概念。公元前 287 年的《阿奎利亚法》已经明确规定了过失责任的内容,为罗马法的过失责任奠定了基础。在此基础上,通过法学家的学术解释和裁判官的判例加以补充和诠释,《阿奎利亚法》形成了较为系统和完备的主观归责体系,并对后世侵权法的发展发挥了重大影响。到 12 世纪,罗马法学者正式提出了应把过失作为赔偿责任的标准,使过错责任原则真正开始萌芽。

过错责任原则作为一般的归责原则,最早出现在 1804 年的《法国民法典》中,1900 年实施的《德国民法典》也接受并采用了过错责任原则。在以后的时间里,各国民法都陆续确认了这一归责原则。

在英美法系,侵权法初期采取程式诉讼制度,对具体侵权行为的赔偿要进行具体的诉讼程序,没有过失的概念。在"直接侵害诉讼"中,过失不能成为承担责任的要素。在"间接侵害诉讼"中,则出现了欠缺注意的过失的含义。直至晚近,英美法系才在法院的判例中创设出来过失的概念,接受了过错责任原则。[36]

3. 侵权法确定过错责任原则的意义

侵权法采用过错责任原则的原因是:在资本主义自由竞争时期,民事主体需要保持行使权利的绝对性,不能受到任何限制;而行使权利就不可避免地会损害他人的利益,所以要用过错这个价值判断标准作为侵权损害责任构成的必要条件。实行过错责任原则,有利于生产力和社会的发展。而加害原则束缚了人们的手脚,使人们胆小怕事、畏首畏尾,不敢理直气壮地大胆行使权利,不敢搞改革创新活动,不利于社会的进步和发展。实行过错责任原则,只要行为人尽到"注意"义务,即使造成损害,也不必负责;因而鼓励资产阶级大胆地放手搞改革创新,推动了生产力的发展和社会的进步。

我国《民法典》把过错责任原则作为侵权责任的基本归责原则,其根本目的是保护民事主体的人身权利和财产权利不受侵犯,保护民事主体能够平等、自由地行使其权利。把过错责任原则作为侵权责任法的基本归责原则,是通过对因自己的过错而致他人合法权益以损害的不法行为人,强加包括赔偿损失在内的侵权责任,以保护自然人和法人的人身权利与财产权利,教育公民遵纪守法,预防和减少侵权行为的发生。

(二)过错责任原则的内涵和功能

1. 过错责任原则的内涵

在我国的侵权责任法中,过错责任原则的内涵有以下几个方面:

(1)过错责任原则的性质是主观归责原则。过错责任原则要求在确定侵权人的责任时,要依行为人的主观心态来确定,而不是依行为人的客观方面来确定。这样就使过错责任原则与加害责任以及其他客观责任区别开来,坚决地以行为人在主观上有无过错作为归责的绝对标准。行为人在主观上没有可非难性,就不用承担赔偿责任,除此没有其他标准。

(2)以过错作为侵权责任的必备的构成要件。构成法律责任,必须具备法律规定的一

---

[36] 王泽鉴:《侵权行为法》(第 1 册),台北,三民书局 1999 年版,第 13 页。

切要件。在过错责任原则适用的场合,行为人的过错是必备要件之一。如果行为人在主观上没有过错,就缺少必备的构成要件,就不能构成侵权责任。

(3)以过错为责任构成的最终要件。德国学者耶林指出:"使人负损害赔偿的,不是因为有损害,而是因为有过失,其道理就如同化学上之原则,使蜡烛燃烧的,不是光,而是氧,一般的浅显明白。"[37] 这一论述精彩地描述了过错要件在侵权责任构成中的最终决定地位。过错责任原则以过错作为法律价值判断标准,不仅要求将过错作为侵权责任构成的一般要件,而且要求将过错作为决定侵权责任构成与否的最终的、决定性的要件。只有这样,才能彻底贯彻无过失即无责任的精神。

2.过错责任原则的功能

(1)确定侵权责任,救济侵权损害。过错责任原则的基本功能在于将侵权责任归属于有过错的民事主体来承担。在侵权行为造成损害结果的情况下,谁有过错,就由谁来承担赔偿责任。以此作为法律价值判断标准,最公平、最符合正义观念。过错责任原则有很多功能,但是只有确定民事责任归属的功能才是它的基本功能。依此功能使受害人的损害得到赔偿,实现侵权责任法的救济损害、保护民事主体民事权利的目的。

(2)确定民事主体的行为准则。过错责任原则坚持以人的过错作为承担侵权责任的价值判断标准。法律这样规定,就使过错在实际上意味着行为人选择了一种与法律和道德要求不相容的行为,不仅要使行为人承担民事责任,而且还要受到法律谴责和道德非难。这样,就在社会生活中确定了人的行为标准。过错责任原则要求人们遵守行为准则,并且以道德作为人的行为的评断标准,要求行为人尽到对他人的谨慎和注意义务,竭力避免对他人造成损害;要求每一个人都要尊重他人的权利,遵守自己应尽的作为和不作为的义务,以保障社会正常的生活秩序,维护和谐、健康的生活环境。在行为人正常的自由行为的范围内,享有广泛的行为自由,保护人的创造性和积极精神,推动社会进步。

(3)纠正侵权行为,预防损害发生。过错责任原则的价值还在于通过惩戒有过错的行为人,指导人的正确行为,以预防侵权行为的发生。[38] 法律不能防止人们不出任何偏差,却能够阻止有偏差活动的继续;最轻微的责任也能够给侵权人某种有用的警告,使其意识到自己活动的危险。[39] 这正是过错责任原则的重要功能之一。

(三)过错责任原则的适用规则

在实践中适用过错责任原则,应当掌握下述规则:

1.适用范围

过错责任原则适用于一般侵权行为。确定的标准是,只有在法律有特别规定的情况下,才不适用过错责任原则,即特殊侵权行为不适用过错责任原则。过错推定原则和无过错责任原则都适用于特殊侵权行为。除此之外,《民法典》还在第1194条规定了网络用户、网络服务提供者损害责任,第1200条规定了教育机构对限制行为能力人在该机构受到损害

---

[37] 王泽鉴:《民法学说与判例研究》(第2册),中国政法大学出版社1998年版,第144~145页。
[38] 王利明:《侵权行为法归责原则研究》,中国政法大学出版社1992年版,第40页。
[39] 《国际比较法百科全书·侵权行为》,纽约海洋出版公司1995年版,第85页。

的责任,以及在"医疗损害责任"一章中规定适用过错责任原则,但是,这些具体规定在适用时,其请求权基础在于该条的特别规定,而不是《民法典》第1165条第1款关于过错责任原则的规定。

2. 责任构成要件

适用不同的归责原则,责任的构成要件各不相同。适用过错责任原则确定赔偿责任,构成要件是四个,即违法行为、损害事实、违法行为与损害事实之间的因果关系和过错。这四个要件缺一不可。

3. 证明责任

适用过错责任原则,按照"谁主张,谁举证"的民事诉讼原则,侵权责任构成四个要件的举证责任,全部由提出损害赔偿主张的受害人负担,加害人不承担举证责任。加害人只有在自己提出积极主张对抗受害人的侵权主张时,才承担举证责任。

4. 侵权责任形态

一般侵权行为责任通常是为自己的行为负责,不是为他人的行为负责或为自己管领的物件所致损害负责,因而行为人只对自己行为造成的损害承担责任。因此,适用过错责任原则的一般侵权行为的责任形态主要是自己责任,而不是替代责任。

(四)适用过错责任原则时过错对责任范围的影响

适用过错责任原则,应当把过错作为行为人承担赔偿责任的根据,而不是将其作为确定赔偿范围的根据。过错程度一般不是决定赔偿责任范围的根据,赔偿责任的大小决定于损害的大小,过错并不发生绝对的影响。在特殊情形下,应当区分以下情况确定:

1. 过错程度对侵权责任构成影响

在一般情况下,适用过错责任原则,只要行为人有过错,就构成侵权责任。但是在某些情况下,仅仅有一般的过错还不足以构成侵权责任。例如,在侵害债权的侵权责任构成中,要求只有故意实施侵害债权的行为,才能构成侵权责任。在侵害姓名权的场合,只有故意侵害他人姓名权,才能构成侵权责任。在某些过失案件中,应当区分重大过失和一般过失,例如,医生在紧急情况下抢救病人,对一般过失所致损害不负责任,但应对重大过失所致损害负赔偿责任。这些都说明,在某些情况下,过错程度有时候对侵权责任的构成也具有决定的作用。

2. 过错程度对侵权责任范围的影响

在某些情况下,过错程度对侵权损害赔偿责任的范围会发生影响:第一,在确定精神损害赔偿责任时,过错的轻重影响损害赔偿责任的大小。故意侵权,要承担较重的赔偿责任,过失侵权则承担较轻的赔偿责任。第二,在与有过失的情况下,双方当事人各有过错,加害人只对自己的过错负责,对因受害人的过错造成的损失不承担赔偿责任。受害人的过错程度与加害人的过错程度要进行过失比较,按照各自的过错责任比例确定责任,因而过错轻重也对赔偿责任的范围有所影响。第三,在共同侵权情况下,共同加害人对外共同承担连带责任,对内则按各自的过错比例分担责任。在确定共同加害人的内部责任份额时,过错程度的轻重对每一个人的责任范围有影响。第四,在典型分别侵权行为中确定按份责任,依据每个行为人过错程度的轻重确定责任范围,过错轻重对责任范围也有影响力。

三、过错推定原则

（一）过错推定原则的概念和沿革

1. 过错推定原则的概念

过错推定原则指在法律有特别规定的场合，从损害事实的本身推定加害人有过错，并据此确定造成他人损害的行为人承担赔偿责任的归责原则。《民法典》第1165条第2款规定："依照法律规定推定行为人有过错，其不能证明自己没有过错的，应当承担侵权责任。"这就是规定的过错推定原则。

推定，是指法律或法官从已知的事实推论未知事实而得出的结果，实际上是根据已知的事实对未知的事实进行推断和认定。过错推定也叫过失推定，是受害人在诉讼中，能够举证证明损害事实、违法行为和因果关系三个要件的情况下，就从损害事实的本身推定被告在致人损害的行为中有过错；如果加害人不能证明自己对损害的发生没有过错，就认为加害人有过错并承担侵权赔偿责任。

2. 过错推定原则的历史沿革

过错推定原则的发展历史可以上溯到罗马法时期。在古罗马法的根本训条"对偶然事件谁也不负责任""偶然事件应落在被击中者的身上"中，就已经包含过错推定的萌芽。[40] 罗马法当然没有过错推定的原则规定，但在罗马法的一些条文中，确实有过错推定的影子。

17世纪，法国法官多马特创造了过错推定理论。他在《自然秩序中的民主》一书中详细论述了代理人的责任、动物致害责任和建筑物致害责任，提出对这些责任都应当采取推定的方式来确定侵权责任。在他的理论影响下，《法国民法典》首先确认过错推定原则。在德国的普通法时代，德国法院在实务中就采取过错推定原则。在制定民法典时，立法者反对将无过错责任原则写进条文之中，将雇主责任、动物致人损害、地上工作物致害等责任都规定为适用过错推定原则。在同一时期，英国的判例法也已经形成了比较系统的过错推定制度，如事故损害，只须证明事故发生的原因是处于被告操纵之下，便足以推定被告的过失责任。在这个时期，1922年《苏俄民法典》第403条确认的就是过错推定原则，而不是一般的过错责任原则。即使现行《俄罗斯民法典》第1064条，确定的侵权行为一般条款适用的归责原则也还是过错推定原则。在当代，过错推定原则已被各国立法所确认，例如《乌克兰民法典》第1166条第2款。

（二）过错推定原则的意义和地位

1. 过错推定原则的意义

过错推定原则的意义在于使受害人处于有利的诉讼地位，切实保护受害人的合法权益，加重加害人的责任，有效地制裁民事违法行为，促进社会的安定团结。

适用过错推定原则，从损害事实中推定行为人有过错，就使受害人免除了过错要件的举证责任而处于有利的地位；而行为人则因担负这个举证责任而加重了责任，因而更有利于保护受害人的合法权益。正因为过错推定原则具有这些优越性，因此它才随着侵权责任

---

[40] 王卫国：《试论民事责任的过错推定》，载《法学研究》1982年第5期。

法理论的发展而发展,经久不衰、日臻完善,成为侵权法的归责原则之一。

2. 过错推定原则的地位

从严格的意义上讲,过错推定原则仍然是过错责任原则,责任构成还须具备过错责任的四个要件,只是在适用过错责任原则的情况下,受害人难以举出证据来证明加害人的过错。适用过错推定原则,受害人只要证明加害人不法行为所造成的损害事实,而加害人自己又不能证明自己没有过错,就可以从这些事实中推定加害人有过错。过错推定原则实行举证责任倒置,把举证责任强加给加害人,加害人须证明自己无过错。如果加害人证明不了自己无过错,则推定其有过错,因而承担侵权赔偿责任。尽管过错推定原则在这些方面与一般的过错责任原则有所区别,但其过错责任原则的本质并没有改变。

(三)过错推定原则的适用规则

1. 适用范围

过错推定原则适用范围是一部分特殊侵权行为。

按照《民法典》的规定,下述情况适用过错推定原则:第一,在关于责任主体的特殊规定中,监护人责任、受托监护人责任、用人单位的责任、劳务派遣责任、个人劳务责任、定作人指示过失责任、违反安全保障义务责任、无民事行为能力人在教育机构受到损害的责任,适用过错推定原则;[41]第二,在机动车交通事故责任中,机动车造成非机动车驾驶人或者行人人身损害的,适用过错推定原则;第三,在医疗损害责任中,医疗伦理损害责任适用过错推定原则;第四,在饲养动物损害责任中,动物园的动物造成损害的适用过错推定原则;第五,在建筑物和物件损害责任中,建筑物以及建筑物上的搁置物悬挂物致人损害,建筑物等倒塌、塌陷损害责任,堆放物致人损害,林木致人损害,障碍通行物损害责任以及地下工作物损害责任等,都适用过错推定原则。其他侵权责任不适用过错推定原则。

2. 责任构成要件

在适用过错推定原则确定侵权责任时,侵权责任构成与适用过错责任原则的要件没有原则变化,仍须具备损害事实、违法行为、因果关系和过错四个要件。

3. 证明责任

在过错推定原则适用的场合,举证责任有特殊规则。首先,原告起诉应当举证证明三个要件:一是违法行为,二是损害事实,三是因果关系,承担这三个要件的证明责任。其次,这三个要件的举证责任完成之后,法官直接推定被告有过错,不要求原告证明行为人在主观上存在过错,而是从损害事实的客观要件以及它与违法行为之间的因果关系中,推定行为人主观上有过错。再次,实行举证责任倒置,如果被告认为自己在主观上没有过错,则须自己举证,证明自己没有过错;证明成立的,推翻过错推定,否认行为人的侵权责任。最后,被告证明不足或者不能证明的,过错推定成立,行为人应当承担侵权责任。

---

[41] 在《民法典》侵权责任编第三章规定的侵权责任类型中,暂时丧失心智损害责任、网络侵权责任以及教育机构对限制民事行为能力的未成年学生受到损害的责任,都不适用过错推定原则;对于违反安全保障义务的侵权责任究竟适用过错责任原则还是适用过错推定原则,有不同看法,本书持肯定态度。

4.侵权责任形态

在适用过错推定原则的侵权行为中,行为人承担的责任形态基本上是替代责任,包括对人的替代责任和对物的替代责任。过错推定原则一般不适用于自己责任的侵权责任形态。

四、无过错责任原则

(一)无过错责任原则概念的界定

1.无过错责任原则的概念

无过错责任原则是指在法律有特别规定的情况下,以已经发生的损害结果为价值判断标准,由与该损害结果有因果关系的行为人,不问其有无过错,承担侵权赔偿责任的归责原则。《民法典》第1166条规定:"行为人造成他人民事权益损害,不论行为人有无过错,法律规定应当承担侵权责任的,依照其规定。"这是《民法典》对无过错责任原则的规定。[42]

有人主张将无过错责任原则叫作严格责任,认为无过错责任中的无过错的含义就是什么过错都不考虑,既不考虑行为人的过错,也不考虑受害人的过错,因此应当被叫作严格责任。[43] 这种意见是不正确的。无过错责任原则就是不问过错的归责原则,并非只有无过错的情况下才可以适用的归责原则。因此,不应当被叫作严格责任。

2.对无过错责任原则概念的认识

对于无过错责任原则的理解,应当集中在以下几个问题上统一认识:

(1)对于无过错责任原则的基本特征的认识。无过错责任原则的价值判断标准与其他归责原则有所不同,并依此与其他归责原则相区别。无过错责任原则的价值判断标准是已发生的损害结果,以及法律的特别规定。在这样的归责标准之下,确定责任的有无不是过错,而是损害事实;有损害则有责任,无损害则无责任。之所以如此,就是因为实行无过错责任原则的要旨,是在法律规定的特别场合加重行为人的赔偿责任,使受害人的损失更容易得到补偿。这是一个客观标准。

(2)对于无过错态度的认识。对于无过错责任原则中的"无过错"的认识,曾经有不同的意见:一是说"不以行为人的主观过错为责任要件的归责标准";二是说"无论有无过错";三是说"既不考虑加害人的过错,也不考虑受害人的过失"。在这三种主张中,前两种说法不存在错误,但没有准确地揭示无过错责任原则的本质特征,没有将无过错责任原则的归责价值判断标准完整地揭示出来。实际上,无过错责任原则的基本内涵是以损害结果来确定责任;在这样的前提下,才可以说无论有无过错或者不以行为人的主观过错为责任构成要件的归责标准。两者的关系,前者是本质,是中心;后者是附属,是前者的必然要求。

(3)对于确认无过错责任构成的决定要件的认识。在适用无过错责任原则的情况下,一方面由于决定责任构成的基本要件是谁造成了损害结果;另一方面由于主观过错不再是

---

[42] 原《民法通则》第106条第3款规定的无过错责任原则的内容是:"没有过错,但法律规定应当承担民事责任的,应当承担民事责任。"这个规定不准确,无过错责任原则不是没有过错才应当承担侵权责任的规则,而是不问过错的规则。《民法典》第1166条纠正了这个问题。

[43] 王利明:《〈侵权责任法〉的中国特色解读》,载《法学杂志》2010年第2期。

侵权责任的构成要件,因而决定责任构成的基本要件是因果关系。当损害结果和违法行为之间具有因果关系时,侵权责任即为构成。有因果关系者构成侵权责任,无因果关系者就不构成侵权责任。

(4)对于法律特别规定的认识。按照我国《民法典》第1166条的规定,只有在"法律规定应当承担侵权责任的"时候,才能适用无过错责任原则。没有法律特别规定,就不能适用无过错责任原则。

(二)无过错责任原则的历史沿革

无过错责任原则是伴随社会化大生产的迅速发展,尤其是大型危险性工业的兴起而产生和发展起来的。

在资本主义初期,侵权法实行的是过错责任原则。行为人对其造成的损害结果,只有在自己的主观上有过错的情况下才负侵权赔偿责任,无过错就无责任。在自由资本主义时期,资本主义生产迅猛发展,具有高度危险性的工业企业大规模兴建,随时都可能致人以损害。对于事故责任,开始也是实行过错责任原则,在事故造成的损害面前,受害人必须证明事故的责任者即工厂主在主观上有过错,才能获得赔偿。而在事故中,一方面,受害人举证证明责任者有过错极其困难;另一方面,加害人即事故的工厂主也会找出种种无过错的理由进行抗辩以免除责任。

在英美法上,曾经从过错责任原则中引申出"共同过失"原则,据此如果事故的发生表明工人是有过失的,即使工人能够证明工厂主有过失,但是由于双方互有过失,工厂主将不负赔偿责任。[44]"共同过失"原则拘泥于过错责任原则的后果,在事实上剥夺了工人的一切保护,不仅受害人无法证明工厂主造成工业事故的"过错",而且工厂主也会利用过错责任原则,借口"无过失"而拒绝赔偿受害人的损失,使工厂主几乎不可能败诉。

在这种情况下,侵权法一方面坚持实行过错责任原则;另一方面例外地就特殊损害事故承认无过错责任原则,在立法上出现了无过错责任原则的规定,即在特定的情况下致人损害的一方即使没有过错也应承担赔偿责任。

首先确认无过错责任原则的是普鲁士王国。它在1838年制定《铁路企业法》承认了这一原则;翌年,又制定《矿业法》,把这一原则从铁路企业扩大到矿产企业。在德国,1872年曾制定《国家责任法》,规定经营矿山、采石场及工厂者,对其雇用的监督者和工头的过失致劳工损害者,在一定范围内负损害赔偿责任,而不管雇主有无过失。严格地说,这种无过错责任并不彻底,因为还要受害人证明监督者和工头的过失。1884年,德国制定了《劳工伤害赔偿法》,规定了工业事故社会保险制度,真正确立了事故责任的无过错责任制度。法国在1898年制定了《劳工赔偿法》,规定了工业事故的无过错责任。英国政府在1880年制定了《雇主责任法》,多次修改《工厂法》,逐渐加重了雇主的责任;1897年制定《劳工补偿法》,规定在即使存在"共同过失"的情况下,即受害的雇员及其同伴或者第三人对损害的发生有过失,而雇主无过失,雇主仍应对雇员在受雇期间受的损害承担赔偿责任。在美国,也先后用特别立法或者判例等方法确认了无过错责任原则,使之成为一个通行的归责原则。

---

[44] 王利明:《侵权行为法归责原则研究》,中国政法大学出版社1992年版,第132~133页。

(三)我国侵权责任法确立无过错责任原则的目的

我国侵权责任法确立无过错责任原则的根本目的,在于切实保护人民群众的生命、财产安全,更好地保护民事主体的合法权益,促使从事高度危险作业的人,产品生产者和销售者,潜在的环境侵权人以及动物的饲养人、管理人等,对自己的工作高度负责,谨慎小心从事,不断改进技术安全措施,提高工作质量,尽力保障周围人员、环境的安全;一旦造成损害,能迅速、及时地查清事实,尽快赔偿受害人的人身损害和财产损失。适用这一原则的基本思想在于使无辜损害由国家和社会合理负担,保护受害人的利益。在侵权责任法司法实践中适用无过错责任原则,应当贯彻这样的立法意图,切实保护权利人的合法权益,维护社会的稳定和正常秩序。

(四)无过错责任原则的意义

适用无过错责任原则的意义,在于加重行为人的责任,使受害人的损害赔偿请求权更容易实现,受到损害的权利及时得到救济。在这一点上,可以在无过错责任原则与过错推定原则的比较中得到证实。

在适用过错推定原则的情况下,受害人可以不必举证证明加害人的主观过错,而是在损害事实中推定加害人的过错。这样受害人就免除了对于加害人过错的举证责任,转而由加害人承担自己举证证明自己无过错的责任,受害人的地位因此而比实行过错责任原则更优。在适用无过错责任原则的情况下,受害人当然更不用证实加害人的过错,且只有加害人证明损害是由受害人故意引起时,才免除责任。在这一点上,无过错责任原则与过错推定原则相比,在举证责任倒置的内容上大不一样:实行过错推定,举证责任在加害人,证明的内容是加害人自己没有过错;实行无过错责任原则,举证责任在加害人,证明的内容是损害系由受害人故意引起的。加害人证明自己无过错,在实践中尚属可能;加害人证明损害是由受害人的故意所引起实属不易。可见,无过错责任原则对于受害人来说,当然要比过错推定更为有利。应当注意的是,在实行无过错责任原则时,并不是所有的行为人都没有过错。在很多情况下,都可以证明或者从损害事实中推定出他们的故意或者过失。法律确认无过错责任原则是说明过错不是责任构成要件,行为人无论有无过错,都应当承担赔偿责任。这样就将行为人置于严格责任的监督之下,把受害人置于更为妥善的保护之中。

(五)无过错责任原则的适用规则

1. 适用范围

无过错责任原则适用于一部分特殊侵权行为。

《民法典》规定无过错责任原则的具体适用范围是:第一,产品责任,包括第1223条规定的医疗产品损害责任;第二,高度危险责任;第三,环境污染和生态破坏责任;第四,动物损害责任中的部分责任;第五,在司法实践中,对于工伤事故责任也适用无过错责任原则。依照《民法典》第1166条的规定,只有在有"法律规定"的时候,才能适用无过错责任原则。

2. 责任构成要件

适用无过错责任原则的侵权责任构成要件为三个,即违法行为、损害事实和因果关系。在适用无过错责任原则的情况下,由于一方面决定责任构成的基本要件是谁造成了损害结果,另一方面过错不再是侵权责任的构成要件,因而决定责任构成的基本要件是因果关系。当损害结果和违法行为之间有因果关系时,侵权责任即构成。

3. 证明责任

适用无过错责任原则的证明规则是:第一,被侵权人即原告应当举证证明违法行为、损害事实和因果关系三个要件。对此,侵权人不承担举证责任。第二,在被侵权人完成上述证明责任以后,如果侵权人主张不构成侵权责任或者免责,自己应当承担举证责任,实行举证责任倒置。被告要证明的不是自己无过错,而是被侵权人的故意是导致损害的原因,这也是无过错责任原则与推定过错原则的一个重要区别。第三,被告能够证明损害是由被侵权人的故意引起的,即免除赔偿责任。第四,侵权人对上述举证责任举证不足或者举证不能的,侵权责任即告成立,被告应承担侵权责任。

4. 侵权责任形态

适用无过错责任原则的侵权行为,其责任形态一般是替代责任,包括对人的替代责任和对物的替代责任。

(六)适用无过错责任原则时的侵权人过错

在适用无过错责任原则的侵权行为中,法律只是不问侵权人的过错。在现实中,大多数的无过错责任中的侵权人在行为时是有过错的,被侵权人可以提供证据加以证明。对此,可以实行以下规则:第一,侵权人的过错对于侵权责任的构成没有意义。因为凡是在无过错责任原则适用的场合,在确定构成侵权责任时都是不问过错的。即使侵权人有过错,被侵权人已经证明,在这一环节也不加考虑。第二,侵权人的过错对于侵权责任的赔偿范围具有较大的决定作用。如果侵权人确实没有过错,或者不能证明侵权人有过错,侵权人的赔偿责任按照法律的一般规定确定,侵权人承担限额赔偿责任。第三,如果侵权人对于损害的发生或者扩大具有过错,对于损害赔偿责任范围的确定,应当按照过错责任原则的要求进行,凡是与其过错行为有因果关系的损害结果都应当予以赔偿。例如,高度危险责任,法律规定为无过错责任,并且侵权人应当依照规定进行限额赔偿,但是如果被侵权人能够证明侵权人对损害的发生具有过错的,则侵权人应当全额赔偿。《民法典》第1244条规定:"承担高度危险责任,法律规定赔偿限额的,依照其规定,但是行为人有故意或者重大过失的除外。"这一规定体现了这样的精神,但是仍有不足之处:第一,未将过失概括在其中;第二,这样的规则不仅应当适用于高度危险责任,而且应当适用于所有适用无过错责任原则的侵权责任类型。

第四节 侵权责任构成要件

| 典型案例 |

周某和李某先后在一条街上相邻开了快餐店,周某经营有方,生意红火。李某则门庭冷落,不久改开花圈店,仍不景气。李某有气,将样品花圈放在与周某相邻的一侧,并没有逾界。周某为了不影响自己的生意,用薄席拦在自己方一侧,使来本店吃饭的客人看不到摆放的花圈。李某随即架高花圈,周某只得随之架高薄席。李某最后将样品花圈吊在屋檐上,使周某无法继续遮挡。周某因生意日渐萧条,起诉李某恶意摆放花圈,影响其正常经营,要求李某停止侵害,赔偿损失。李某摆设花圈是在自己经营的领域之中,并没有侵害他人的权利,但他故意以这种方式侵害周某的经营,构成违背善良风俗的违法行为。这一案件是妨害经营的典型侵权行为,也是一个故意以违背善良风俗的方式加害于他人具有违法性的侵权行为。

一、侵权责任构成要件的概念

(一)侵权责任构成与侵权责任构成要件

侵权责任构成,是指行为人具备哪些条件才因侵权行为承担民事责任。换言之,侵权责任构成是依据法律进行理性分析,确定侵权人所应承担的民事责任在一般情况下由哪些要素有机构成,并且以这种构成作为判断行为人实施的行为是否成立侵权责任的标准,在实践中予以适用。因此,侵权责任构成既是理论问题,又是实践问题,而且对于实践的指导意义更为重大。

侵权责任构成要件是与侵权责任构成密切相关的概念。它构成侵权人承担民事责任的具体必备条件,是侵权责任有机构成的基本要素。因而学者认为,它是侵权人承担侵权行为责任的条件,是判断侵权人是否应负侵权责任的根据。[45]

侵权责任构成与侵权责任构成要件这两个概念是一个事物的两个方面,前者是指这种责任须具备哪些要素或条件才能构成,后者是指构成这种责任的基本要素或具体条件。从这个角度上看,这两个概念紧密相连,是一个有机的整体。但是,从理论上和实践中来看,这两个概念的意义和作用并不相同。前者具有宏观的意义,研究的是责任构成的基本要求,是责任构成的结构;后者具有微观的意义,研究的是责任构成的具体内容,即构成责任的每一个要素的具体要求,或称具体条件的具体内容。这两个概念相辅相成,在理论上构筑侵权责任构成的完整体系,在实践中成为判断某一行为人是否应当承担侵权责任的尺度。

---

[45]《中国大百科全书·法学》,中国大百科全书出版社1984年版,第473页。

（二）侵权损害赔偿的责任构成

侵权责任构成及其要件究竟是指损害赔偿责任构成及其要件，还是一般的侵权责任构成及其要件，是一个重要问题。也就是说，在侵权责任构成中，究竟是研究侵权损害赔偿责任的构成，还是包括停止侵害、排除妨害、消除危险、赔礼道歉、消除影响、恢复名誉等其他侵权责任方式的构成？侵权责任法研究侵权责任构成要件是在研究侵权损害赔偿责任的构成要件，因此要求比较严格。在适用停止侵害、排除妨害、消除危险等责任方式时，并不需要这样严格的责任构成要件，只要具备了权利侵害的事实，就可以请求停止侵害、排除妨害、消除危险等，并非一定要造成损害才可以请求。这说明侵权责任中的损害赔偿责任是其中最基本的责任方式，而其他侵权责任方式并非要与侵权损害赔偿责任作同等要求。

应当明确，在这里研究的主要是侵权损害赔偿责任的构成要件，而不是其他侵权责任方式的构成要件。

（三）侵权责任构成要件的理论学说

1. 对侵权责任构成要件的不同观点

关于侵权责任构成的学说，在我国民法学界有不同主张。通说是"四要件说"，认为侵权责任构成须具备行为的违法性、违法行为人有过错、存在损害事实和违法行为与损害事实之间有因果关系这四个要件。在一般情况下，具备该四要件就构成一般侵权责任。[46] 这种学说最初借鉴了苏联民法理论，并结合我国的具体实践，为我国民法学界所公认，被广泛地应用于理论研究与实务中，也被最高司法机关的司法解释所采用，用以指导全国司法机关的审判实践。

不同的意见是侵权责任构成的"三要件说"。一些学者认为违法行为不足以作为侵权责任的构成要件，其主要根据：一是规定过错责任原则的条文中，未规定"不法"的字样；二是不法行为就是侵权行为的别称或同义语；三是违法性包含于过错之中；四是将不法与过错区分开来的初衷，在于运用不法概念便于确定人们的行为准则，实无必要，实益不大。[47]因而，该学说主张侵权责任构成只须具备损害事实、因果关系和过错的要件。[48]

2. 坚持侵权责任构成"四要件说"的必要性

在侵权责任法理论研究中，关于侵权责任构成要件的争论，焦点在于违法行为是否为侵权责任构成要件。对此，"四要件说"肯定之，"三要件说"否定之。

违法行为是侵权责任构成的必备要件，亦即侵权责任必须由违法行为、损害事实、因果关系和过错四个要件齐备方可构成，缺一不能构成侵权责任。其理由如下：

（1）违法行为是行为要素和违法性要素的结合。违法行为包括两个要素，一是行为，二是违法性。违法性和行为合二为一，成为侵权责任构成的客观要件之一，与损害事实和因果关系这两个客观要件，一起构成完整的侵权责任构成中客观要件的体系。作为侵权责任

---

[46] 中央政法干校民法教研室编著：《中华人民共和国民法基本问题》，法律出版社1958年版，第324、338页。
[47] 孔祥俊、杨丽：《侵权责任要件研究》（上），载《政法论坛》1993年第1期。
[48] 王利明主编：《民法·侵权行为法》，中国人民大学出版社1993年版，第五章。

构成客观要件的违法行为,其行为要素和违法性要素的作用各不相同。行为者,确定侵权行为外观表现形态;违法性者,确定该行为在客观上与法律规范之间的关系。如果侵权责任中没有行为的要件,则无法说明侵权行为的客观表现形式;没有违法性的要件,则无法确认侵权行为与法律之间的关系,因而使侵权责任无从认定。

(2)过错作为侵权责任构成的主观要件不能代替违法行为这一客观要件。过错是行为人的主观心理状态,体现了行为人主观上的应受非难性。由于民法上对判断过错主要采取客观标准的原因,以及行为本身就具有行为人的意志因素的原因,有的学者提出了客观过错的概念,使过错这一主观要件变成了客观要件,因而主张过错能够代替违法行为这一客观要件,认为违法行为应包含于过错之中。这种意见是不对的。主观和客观是哲学上的一对范畴,它们既相互区别又相互联系,既是对立的又是统一的。在一个具体的行为中,在一般情况下,既包括行为人的主观状态,也包括客观上的外在行为。这两种形态既有主观与客观表现形式的不同,又是相互联系,统一在一起的。在理论上,将行为人的主观心态与客观行为严格区分开,并不是要割裂二者间的内在联系,而是要确立主观心态和客观行为这两个不同的标准,检验行为人在其实施的致人损害的行为中是否具备这两个方面的要件。因而,主观过错和客观行为不仅是应当分开的,并且是能够分开作为两个不同的侵权责任构成要件的,过错仍然是人的观念形态,而不是客观行为的本身,是"行为人通过违背法律和道德行为表现出来的主观状态"。[49] 客观过错并不是指过错已经不再是行为人的主观状态,只是在确定行为人在主观上有无过错时,不以主观标准进行衡量,而是以客观标准衡量,违反一般注意义务的为主观上有过错。不过,侵权法并非完全以客观标准衡量过错的有无,主观标准仍有适用的必要。在行为人故意侵权时,当其行为完全表现出故意的心理状态时,则仍用主观标准,而非用客观标准。违反一般注意义务这一客观标准不是衡量一切过错的标准,而是衡量行为人主观上是否有过失的标准。既然客观过错只是对某些过错的判断方法的表述,而非过错已由主观心理状态的性质改变为客观的性质;那么也就改变不了过错为侵权责任构成主观要件的性质,因而过错也就不能替代违法行为这一客观要件。

(3)否认违法行为是侵权责任构成要件,则无法处理因果关系这一要件。侵权责任构成要件中的因果关系,是指违法行为与损害事实之间的因果关系,是这两个要件之间的引起与被引起的关系。如果否认违法行为为侵权责任构成要件,只能将因果关系表述为"我国的因果关系应为过错与损害之间的关系"。[50] 这种表述的结果把主观的思想或意志与客观的损害硬性联系在一起,如何能产生引起与被引起的客观因果联系?推论下去,势必得出由于加害人的思想就可以导致受害人权利损害的客观结果这样的结论。之所以产生这样的结论,就是因为在过错与损害之间,缺少了行为这样一个客观要件作为中介,因为只有行为才能造成损害,过错不能直接造成损害。它们之间的逻辑关系是:"过错→行为(违法性)→损害",在逻辑上无法得出"过错→损害"的结论。

综上所述,应当确认侵权责任构成应具备违法行为、损害事实、因果关系和过错这四个

---

[49] 王利明主编:《民法·侵权行为法》,中国人民大学出版社 1993 年版,第 154 页。
[50] 孔祥俊、杨丽:《侵权责任要件研究》(下),载《政法论坛》1993 年第 2 期。

要件,否认违法行为为侵权责任构成的客观要件的理由并不充分。

二、违法行为

(一)违法行为概述

1.违法行为的概念和结构

违法行为,是指自然人或者法人违反法律而实施的作为或不作为。

违法行为作为侵权责任构成的客观要件,包括行为和违法两个要素,这两个要素构成违法行为要件的完整结构。这一结构表明:侵权行为首先必须由行为来构成,而非由事件或思想等行为以外的事实构成,构成侵权责任的前提是必须有一定的行为;其次这种行为必须在客观上违反法律,具有违法性的特征。

2.行为

行为是人类或人类团体受其意志支配,并以其自身或者控制、管领物件或他人的动作、活动,表现于客观上的作为或不作为。应当说明的是:

(1)法人、非法人组织的行为并非只是法人、非法人组织的机关于其职务范围内所为的行为,这种界定范围过窄。法人、非法人组织是人类团体形式,其意志为法人、非法人组织机关的意志,其行为应是其自身的活动和控制管领的物件的活动。前者如生产、销售、管理等,后者如对厂房、机器、设备的管理、使用等。法人、非法人组织的上述行为也表现为作为和不作为两种形式。

(2)自然人、法人、非法人组织行为的基本形式是其自身的动作或活动。但其控制、管领的物件或他人的动作或活动,亦为自然人、法人、非法人组织行为的特殊形式,当由其控制、管领的物件或他人致人损害之时,亦构成侵权责任,为替代责任。责任人为控制、管领物件或他人的人,如建筑物以及其他设施或者建筑物倒塌、塌陷,或者其搁置物、悬挂物脱落、坠落致人损害,为物件致害的替代责任;无民事行为能力人或者限制行为能力人致人损害,由其监护人承担替代责任,为他人的行为致害的替代责任。在这些情况下,物件致害和无行为能力人、限制行为能力人致害,是其管理人、监护人的行为的延伸,亦为自然人和法人的行为。

3.违法性

违法的概念在界定上有肯定主义与否定主义之分。肯定主义肯定违法的内涵,如认为所谓违法指实质违法及形式违法,违反强制或禁止之规定者,为形式的违法;背于善良风俗或公共秩序者,为实质的违法。[51] 否定主义采用界定不违法的行为的方法来界定违法概念,如认为所谓不法指无阻却违法之事由。侵害权利虽常属不法,但有阻却违法事由存在时,则非不法。[52]

违法,是指行为在客观上与法律规定相悖,主要表现为违反法定义务、违反保护他人的法律和故意违背善良风俗致人损害。

(1)违反法定义务。违反法定义务表现为两种情形:第一,违反绝对权的不可侵义务。

---

[51] 史尚宽:《债法总论》,台北,荣泰印书馆1978年版,第120页。
[52] 何孝元:《损害赔偿之研究》,台北,商务印书馆1982年版,第99页。

这是自然人、法人作为他人享有的绝对权利的法定义务人时，负有法定的不得侵害该权利的法定义务。侵害该绝对权，即违反该法定的不可侵义务，具有违法性。第二，第三人违反对合法债权的不可侵义务，原本第三人对他人之间的债权并无特定的义务，但是负有不可侵义务。违背债权的不可侵义务，也构成违反法定义务的违法性。

(2)违反以保护他人为目的的法律。法律有时候直接规定对某种权利或者利益的特别保护，违反这种保护他人的法律也构成违法性。例如，法律规定特别保护的其他人格利益、死者的人格利益等，都是以保护他人为目的的法律，任何人都负有不可侵义务。我国《消费者权益保障法》第18条规定："经营者应当保证其提供的商品或者服务符合保障人身、财产安全的要求……"按照这一规定，经营者在提供商品或者服务时，对消费者的人身安全和财产安全负有保障义务，经营者疏于这种保护义务，就违反了以保护他人为目的的法律，构成违法性。

(3)故意违背善良风俗致人损害。当行为人故意以违背善良风俗为方法而加害他人时，构成违法。行为既不违反法定义务，亦不违反法律的禁止，但故意违背道德观念、善良风俗而直接或间接加害于他人，亦构成违法。

违法性分为形式违法性和实质违法性。上述前两种违法性都是在形式上即违反法律规定的，因此称为形式违法。后一种违法性即违背善良风俗的违法性，行为在形式上并不违法，但其在实质上违法，因而称为实质违法。

(二)违法行为的方式

违法行为依其方式，可分为作为和不作为。这两种行为方式均可构成侵权行为的客观表现方式。

区分行为的作为与不作为，应以法律规定的法定义务为标准。行为人违反法律规定的不作为义务而为之，为作为的违法行为。反之，行为人违反法律规定的作为义务而不履行，即为不作为的违法行为。

1. 作为

作为的违法行为是侵权行为的主要行为方式。人身权、财产权均为绝对权，其他任何人都负有不得侵害的法定义务；即使是债权，第三人也负有不可侵义务。行为人违反不可侵义务而侵害之，即为作为的侵权行为。如伤害他人健康，用语言诽谤他人，侵害他人财产所有权等，皆是。

2. 不作为

不作为的违法行为亦构成侵权行为的行为方式。确定不作为违法行为的前提是行为人负有特定的作为义务，这种特定的作为义务不是一般的道德义务，而是法律所要求的具体义务。例如，王某与一智力障碍妇女通奸，后欲断绝此关系，但该妇女仍与王某来往。王某在最后一次与其发生性行为时，将一块生石灰塞入该妇女阴道。该妇女的丈夫亦为智力障碍者，发现后将该妇女送给王某的母亲救治。王母为节省花费，找农村土医生治疗，结果致使该妇女阴道粘连，造成丧失性功能的严重后果。王某致该妇女伤害，其母有义务予以救治，但该种救治义务为道德义务，而非法定义务，因而王母的行为不构成不作为的违法行为。

特定的法定作为义务的来源包括以下三种：

(1)来自法律的直接规定。《民法典》婚姻家庭编规定,父母有管教未成年子女的义务,母亲对于哺乳期子女有抚养义务,亲属之间负有扶养义务等。违反上述法律规定的作为义务而不作为,即为不作为的违法行为。

(2)来自业务上或职务上的要求。修建地下工作物应负预防危险的作为义务,游泳场救护员负有抢救落水者的作为义务,消防队员应负扑救火灾的义务等,都是来自职业的或者业务上的要求,都是作为的义务。新闻出版单位对稿件陈述事实的真实性审查义务,也是来自业务上的作为义务。违反上述职务上或业务上的作为义务而不作为者,为不作为的侵权行为。

(3)来自行为人先前的行为。行为人先前的行为给他人带来某种危险,必须承担避免危险的作为义务。例如,一名成年人带领一名未成年人进行危险性活动,当出现危险时,成年人对未成年人负有救助义务。新闻出版单位发表、出版的作品构成侵权责任,其发表的行为造成他人损害,新闻出版单位须承担道歉、更正的作为义务。这些都是来自行为人的前一个行为而发生的作为义务。

(三)违法行为的形态

违法行为具体表现为三种不同的形态。

1. 自己的行为

自己的行为是直接行为,是一般侵权行为责任构成的违法行为形态。行为人自己实施行为,无论作为还是不作为,均构成一般侵权行为,责任形态是自己责任。侵害人格权、身份权以及财产权等,均可由这种行为形态构成。

2. 监护、管理下的人实施的行为

监护、管理下的人所实施的行为是间接行为,构成特殊侵权行为。这种间接行为的行为人承担的侵权责任为替代责任。未成年子女实施的侵权行为、工作人员因执行工作任务致人损害的行为,均为这种间接行为。这种行为渊源于罗马法的准私犯。[53]《法国民法典》第1384条规定:"任何人不仅对其自己的行为所造成的损害,而且对应由其负责的他人的行为或在其管理下的物件所造成的损害,均应负赔偿的责任。"其中应由其负责的他人的行为即为此种间接行为。

3. 管理物件的不当行为

任何人对于自己管理、控制的物件应妥善处置。管理不当致使物件损害他人,虽非自己的直接行为却为间接行为。这种间接行为亦构成特殊侵权责任,行为人应为自己的物件管理不当的行为承担赔偿责任。这种间接行为亦产生于罗马法准私犯制度,《法国民法典》第1384条关于任何人"在其管理下的物件所造成的损害"应负赔偿责任的规定,以及第1385条动物致害和第1386条建筑物致人损害均为这种间接行为。

上述三种违法行为的形态分为直接行为和间接行为,前一种是直接行为,后两种是间接行为。《民法典》第1194条、第1195条第1款规定的侵权行为是直接行为,而第1188条第1款规定的侵权行为是对人的替代责任,是第一种间接行为,第1253条规定的侵权行为

---

[53] 江平、米健:《罗马法基础》,中国政法大学出版社1991年版,第198页。

是对物的替代责任,是第二种间接行为。

三、损害事实

(一)损害事实的概念和结构

损害事实,是指一定的行为致使权利主体的人身权利、财产权利以及其他利益受到侵害,造成财产利益和非财产利益的减少或灭失的客观事实。损害事实是侵权责任构成要件之一。

损害事实是由两个要素构成的:一是权利被侵害;二是权利被侵害而造成的利益受到损害的客观结果。一个损害事实必须完整地具备侵害客体和利益损害这两个要素,缺少其中任何一个要素,都不是侵权法意义上的损害事实,都不符合侵权责任构成要件的要求。侵害人身权责任构成的损害事实要件,必须具备人身权受到侵害,导致人格利益或身份利益损害这两个要素。侵害财产权责任构成的损害事实要件,也必须具备财产权受到损害,导致财产利益受到损失这两个要素。

第一,权利被侵害。权利被侵害这一要素的确定:意义之一就在于确定侵权行为的范围,分清侵权行为的不同性质。被侵害的权利是侵权行为的侵害客体。侵权行为的客体范围究竟有多宽,应当以能够成为侵权行为客体的民事权利和利益的范围为限。行为造成了权利主体的权利损害,该权利属于侵权行为的客体范围,即可构成侵权行为;反之,则不能构成侵权行为。意义之二,当侵害的权利属于侵害客体范围时,再根据具体权利的种类,确定该侵权行为是侵害财产权,还是侵害人身权;在侵害人身权中,是侵害身体权,还是侵害名誉权以及侵害其他人身权。确定了这种性质,即可据此决定适用哪一法律条文,如何进行处理。

第二,利益受损失。利益损害这一要素的确定,意义在于判断是否成立侵权责任以及如何确定赔偿范围。在侵害财产权的场合中,利益的损害包括直接损失和间接损失;没有造成财产的直接损失或者间接损失的,不构成侵权责任。在侵害人身权的场合中,利益损害包括人格利益损害和身份利益损害;当违法行为作用于人身时,如果情节轻微,没有造成利益的损害,也不构成侵权责任。只有违法行为作用于权利主体的财产权利或者人身权利,并且造成了财产利益以及人格利益或身份利益损害的时候,才能成立侵权责任,并且依此损害的实际范围确定赔偿责任的大小。

权利被侵害和利益受损失结合在一起,构成侵权责任的损害事实要件。这一客观要件的存在是侵权法律关系赖以产生的根据。侵权责任只有在违法行为侵害了权利并且造成相应利益损害的条件下才能发生,如果仅有违法行为而无权利侵害和利益损失的损害事实,就不发生侵权责任。

(二)损害事实的种类

损害事实包括两大类:一是对人身权利和利益的损害事实;二是对财产权利和利益的损害事实。

1. 人身权益的损害事实

侵害人身权的损害事实,表现为人格利益损害和身份利益损害这两种不同的损害事实种类。因为这两种利益是人身权两大权利的客体。

(1)人格利益损害。人格利益损害是侵害人格权所造成的损害事实。由于人格权可以分为物质性人格权和精神性人格权两个类别,因而人格利益损害也分为两种不同的损害事实。

第一,人身损害。侵害自然人身体权、健康权、生命权,其人格利益的损害为人身损害。

这种损害首先表现为自然人的身体、健康损伤和生命的丧失。当违法行为作用于受害人的物质性人格权时,受害人所享有的作为物质性人格权的客体的人体利益将受到损害,造成受害人受伤或死亡。人身利益是人之所以为人的物质条件,维持生命、维护人体组织完整和人体器官正常机能是享有民事权利、承担民事义务的物质基础。这种利益的损害破坏了人体组织和器官的完整性及正常机能,甚至造成生命的丧失,因而在外在形态上是有形的。

人身损害其次表现为自然人为医治伤害、丧葬死者所支出的费用,这种财产上的损失也表现为有形损害。此外,人体伤害、死亡还可能造成其他财产上的损失,如伤残误工的工资损失、护理伤残的误工损失、丧失劳动能力或死亡所造成的其扶养人的扶养费损失等,这些损害也是有形的损害。人格利益的有形损害可以造成财产上的损失这一特点,给其金钱赔偿提供了准确计算的基础,因而人格利益的有形损害是可以计算,并可以用金钱准确赔偿的。

人身损害还表现为精神痛苦的损害。造成死亡的,使死者的近亲属承受精神痛苦;侵害健康和身体的,造成受害人的精神痛苦,都是这种损害。

第二,精神利益损害。侵害精神性人格权造成的人格利益损害是精神损害。精神性人格权的客体均为无形的人格利益,在客观上没有实在的外在表象。例如,名誉权的客体是他人对自然人、法人的属性所给予的社会评价;隐私权的客体是与公共利益、群体利益无关的私人信息、私人活动和私人空间;人身自由权的客体则是人的行为、意志不受他人约束的状态等。对这些精神性人格权所包含的无形的人格利益造成损害,其损害的形态就是精神利益损害。

精神利益损害表现为三种形态:一是财产利益的损失,包括人格权本身所包含的财产利益的损失和为恢复受到侵害的人格而支出的必要费用;二是人格的精神利益遭受的损失,即人格评价的降低、隐私被泄露、自由被限制、肖像或名称被非法使用等;三是受害人的精神创伤和精神痛苦。

(2)身份利益损害。身份利益损害是侵害身份权所造成的损害事实。由于身份权有基本身份权和支分身份权之分,身份利益损害表现为两种形式,即身份利益的表层损害和身份利益的深层损害。这两种不同的损害构成身份利益损害的两个不同层次:违法行为侵害身份权,首先表现为身份利益的表层损害,然后引起身份利益的深层损害;身份利益的深层损害是身份利益的最终损害形式。

身份利益的表层损害,是违法行为侵害基本身份权,并造成基本身份权的客体即基本身份利益的损害。基本身份权的身份利益是身份权人对于特定身份关系的支配性利益,是作为配偶、父母、亲属、监护人的利益。身份利益表层损害破坏了这种作为配偶、父母、亲属、监护人的基本身份关系,丧失了对这种基本身份关系的支配,因而失去或损害了作为配偶、父母、亲属及监护人的地位。

身份利益深层损害是违法行为在侵害基本身份权的同时，侵害了支分身份权，造成了支分身份权的客体即支分身份利益的损害。由于身份权的多样性、复杂性，其客体即支分身份利益也具有多样性、复杂性的特征，因而导致身份利益深层损害的多样性和复杂性。配偶权的深层损害是配偶之间共同生活、相互依靠、相互体贴的依赖关系的损害，互相扶助的扶养关系的损害等。亲权的深层损害是父母对子女管理、教育、抚育以及相互尊重、爱戴关系的破坏。亲属权的深层损害是亲属关系的破坏和相互扶养、抚养、赡养关系的破坏。

这些具体的身份利益的深层损害可以分成几类具有共性的损害：一是亲情关系的损害；二是财产利益的损失；三是精神痛苦和感情创伤。

2. 财产权利和利益的损害事实

财产损害事实包括侵占财产、损坏财产及其他财产利益损失。这是财产损害事实的主要形式。侵占财产是行为人将他人所有或合法占有的财产转为由自己非法占有，使原所有权人或合法占有人丧失所有权或者丧失占有。损坏财产则不转移占有，而是破坏所有人或占有人所有或占有之物的价值，使之丧失或者减少。其他财产利益的损害主要是所有权以外的其他财产权利和利益的丧失或者破坏。在市场经济的形势下，后一种财产损害更为常见。

财产损害表现为财产损失，包括直接损失和间接损失。

(1)直接损失。直接损失是受害人现有财产的减少，也就是加害人不法行为侵害受害人的财产权利，致使受害人现有财产直接受到的损失。如财物被毁损、被侵占而使受害人财富减少。

(2)间接损失。间接损失是受害人可得利益的丧失，即应当得到的利益因受不法行为的侵害而没有得到。它有三个特征：一是损失的是一种未来的可得利益，而不是既得利益。在侵害行为实施时，它只具有财产取得的可能性，还不是现实的财产利益。二是这种丧失的未来利益是具有实际意义的，是必得利益而不是假设利益。三是这种可得利益必须是在一定范围之内，即侵权行为的直接影响所及的范围，超出该范围不认为是间接损失。在传统上，往往认为间接损失是直接损失的派生损失。这种观点也不完全正确。在一般情况下，直接损失产生间接损失，但在侵害财产所有权以外的其他财产权利的场合，往往并不造成直接损失，而是仅产生间接损失。如侵害债权，债权受到损害以后多数并不产生直接损失，而是使可得的债权财产利益丧失，产生的是间接损失。

(三)多重损害事实

1. 研究多重损害事实的意义

一个侵权行为可以造成数个损害事实，这种情况可以称为多重损害事实。单一的损害事实只产生一个损害赔偿请求权；多重损害事实中有几个损害事实，就产生几个损害赔偿请求权。研究多重损害事实的数个赔偿请求权究竟应当如何行使，是研究多重损害事实的目的所在。

2. 多重损害事实的形式

多重损害事实分为以下三种形式：

(1)单一受害主体单一权利的多重损害。当一个侵权行为侵害了单一主体的单一权利时,可能只造成一种利益的损害,也可能造成数种利益的损害。例如,侵害健康权,只造成了财产利益的损害,这种损害是单一损害。如果侵害名誉权,既造成了财产利益的损失,又造成了人格利益和精神痛苦的损害,即构成单一受害主体单一权利的多重损害。单一受害主体单一权利的多重损害事实产生的法律后果是受害人享有数个赔偿请求权。

(2)单一受害主体多项权利的多重损害。一个侵权行为侵害单一受害主体,但造成了该受害主体多项权利的损害,构成复杂的多重损害。例如,在报刊上未经本人同意公布其幼时患病的病容照片,既侵害了肖像权人的肖像权,又侵害了该权利主体的隐私权。这一行为同时侵害了同一权利主体的两种人格权。此处所言的多项权利,在人格权和身份权中,应指具体人格权的权利内容和基本身份权,不是指基本身份权的支分身份权。对于支分权利的侵害,应为单一损害或单一主体单一权利的多重损害。单一受害主体多项权利多重损害的法律后果,应依多项权利的性质和救济方法的不同而有所不同。当一个行为既侵害物质性人格权又侵害精神性人格权时,其救济方法分别为财产赔偿和精神损害赔偿,两种损害赔偿请求权并行不悖。又如,以公然侮辱方式实施侵权行为,既造成了人身伤害,又造成了名誉毁损,受害人可以行使两种不同的损害赔偿请求权。当一个行为侵害同一性质的数项权利,救济方法又相同时,可以择一种损害赔偿请求权行使;对于所造成的他种权利的损害,采取"吸收加重"原则,将其吸收在这一请求权中,并适当加重侵权人的民事责任。

(3)多个受害主体的权利的多重损害。一个侵权行为造成多个受害主体的权利损害,其中必有一个为直接受害人,另有其他间接受害人。这种多重损害事实构成特殊的多重损害。例如,侵害某一权利主体的名誉权,造成该主体的名誉损害,同时也造成了其配偶等亲属的精神痛苦;其亲属的精神痛苦亦为损害事实,该亲属亦可称为间接受害人。由于侵权行为的目的仅仅指向直接受害人,间接受害亲属的损害与侵权行为的因果关系甚远,一般不认作多重损害,不宜由数个受害人同时请求赔偿,可以吸收为加重责任的情节。如果行为人侵害直接受害人的健康权,造成性功能的损害,既造成了直接受害人的人身损害,又造成了受害人配偶的性利益损害,虽然侵权行为直接作用于直接受害人,但其对间接受害人的损害也构成侵权责任,因而构成多重损害,数个权利主体均可行使赔偿请求权。

在侵害财产权利的场合,也可以造成多重损害事实。单一主体单一权利的多重损害,如一个侵权行为既造成直接损失又造成间接损失。多个主体权利的多重损害,如侵害共有权所造成各个主体的损害事实。

侵害具有人格象征意义的特定纪念物的,既造成财产损害,又造成受害人精神痛苦的,行为人在赔偿财产损失的同时,还应当予以精神损害赔偿。

四、因果关系

(一)因果关系的概念

因果观念是人类一切自觉活动必不可少的逻辑条件,人类在研究任何社会现象的普遍联系的过程中,都离不开哲学上的原因和结果,并将因果关系规则作为基本的指导原则。当人们运用哲学因果关系的原理指导侵权法的原因和结果及其相互关系时,就形成了侵权法上的因果关系的概念。侵权法上的因果关系以及原因和结果的概念,既不同于哲学上的因果关系的概念,又与哲学上的因果关系的概念具有密切关系。

侵权责任构成中的因果关系要件就是侵权法中的因果关系。它指的是违法行为作为原因,损害事实作为结果,在它们之间存在的前者引起后者及后者被前者所引起的客观联系。

(二)因果关系中的原因

因果关系中的原因是违法行为。一些学者提出主张,否认违法行为为损害事实的原因,否认违法行为为侵权责任构成的客观要件。采取这样的立场,就不得不采取两种不同的办法解决:一是认行为为原因,但其侵权责任构成仅承认损害事实、因果关系和过错的要件,其中却没有行为这一要件,因而使侵权责任构成要件不健全、不完整。二是创造过错行为的概念,将过错行为作为原因。这实际上混淆了主观概念和客观概念的界限,引出不正确的结论。反之,承认违法行为是侵权责任构成的客观要件,并认其为损害事实的原因,不仅可以完全避免上述不必要的麻烦,而且使侵权责任构成理论更完善、更严谨。因此,侵权责任构成因果关系要件中的原因仍应为违法行为,既不是过错,也不是过错行为。

(三)确定因果关系的理论

由于因果关系的复杂性和多样化,在理论上如何确定因果关系便产生了多种学说。

第一,条件说。条件说认为,凡是引起损害结果发生的条件都是损害结果的原因,因而具备因果关系要件。这种理论不承认事实上的原因和法律上的原因的区别,而将逻辑上导致该结果出现的所有条件都视为法律上的原因,相应的行为人都要承担责任。其公式就是"没有前者,即没有后者"。[54]

第二,原因说。原因说也称"限制条件说""必然因果关系说",主张对原因和条件应加严格区别,仅承认原因与结果之间存在因果关系,而不承认条件与结果之间有因果关系,因而法律上的原因与事实上的原因不同。原因说的要点在于:原因是对结果的发生有重要贡献的条件,而其他条件则对结果的发生只起到背景的作用,无直接贡献,其仅仅为条件,不具有对结果发生的原因力。这一学说由德国学者宾丁·库雷尔首创,后经不断发展,被广泛采用,形成了必然因果说等多种主张。这种理论着眼于已发现的外部现实的各个违法行为及其结果,重视研究行为对于结果发生的作用,主张把行为与结果之间的因果关系定型化,以限定追究行为的责任范围。其中以必然因果说对责任范围的限制最为严格。

第三,相当因果关系说。这种理论也称为"适当条件说",是19世纪末德国学者巴尔首先提出的,克利斯发表的《论客观可能性的概念》一文确定了它的基础,"适当条件说"成为多数国家民法采用的理论。这种学说认为,某一事实仅于现实情形下发生某种结果,尚不能认为二者有因果关系,必须在一般情形、依社会的一般观察,亦认为能发生同一结果时,才能认为该事实与该结果之间有因果关系。例如,伤害他人之后,送受害人去医院治疗,不幸医院失火,致受害人烧死。这里的伤害与烧死就现实情形而言,固然不能说没有关系,但医院失火属于意外,依一般情况该伤害与烧死之间不具有相当因果关系。如果伤害后患破

---

[54] 李光灿、张文、龚明礼:《刑法因果关系论》,北京大学出版社1986年版,第37页。

伤风以致死亡,因该伤害行为在一般情形下依通常经验观察能致死亡,故该伤害行为与死亡结果之间有因果关系。

这种规则,实际上在我国古代就有采用。如《宋刑统》中的"保辜"条疏云:"假殴人头伤,风从头疮而入,因风致死之类,仍依杀人论。若不因头疮得风别因他病而死,是为他故,各依本殴伤法",不以杀人论。[55] 这里体现的完全是相当因果关系理论。《宋刑统》编纂于10世纪中后期,可见我国法律对相当因果关系的实际应用,比德国早大约一千年。

相当因果关系学说分为三种不同观点:一是主观的相当因果关系说。此观点认为确定相当条件应当以行为人行为时所知或者应当知道的事实为基础,作为判断的基础。至于该情形是否为普通人所能认知,则在所不问。因而将普通人所能认知,而行为人并未认知或不能认知的情形除外,不认为该行为与结果之间有因果关系。二是客观的相当因果关系说。此观点认为确定适当条件是基于法官的立场,法官依社会一般人对行为及结果能否预见为标准,以行为发生时在客观上所表现的情形,以及行为所发生的结果为观察对象决定相当条件,而不是以行为人的主观作为主要判断依据来确定因果关系。三是折中的相当因果关系说。综合了主观说和客观说的立场,该观点认为应当以一般人能够认知和预见的情形以及行为人的特别认知、预见的情形为判断基础,也就是以行为时一般人所预见或可能预见,以及虽然一般人不能预见而为行为人所认识或能认识的特别情势为基础,判断因果关系的有无。凡是一般人所能预见到的行为与结果之间的在伦理上的条件关系,无论行为人是否能预见,都认为存在因果关系。凡是为一般人不能预见但是行为人能预见的,亦认为存在因果关系。

第四,客观归属理论。该学说为德国学者霍尼希在1930年首创,罗克辛将其继续发展,形成了完整的理论,被称为"客观归属理论"或者"危险增加理论"。该理论认为,行为人创造出法律上所不容许之危险,此危险在结果中实现时,即将结果归属于行为人。其要点是,法律的任务在于对侵害法益的结果归责,而客观归责的要素在于"客观目的性",决定于行为人的行为是否制造了足以引起构成要件上侵害结果的法律上的重要风险。而客观归责中,只有客观的目的性才是归责的决定要素,决定于规范的目的和行为的客观风险制造能力。它包含三个判断标准:一是制造不被容许的风险;二是实现不被容许的风险;三是构成要件的效力范围。

第五,疫学因果关系说。这种理论是用医学流行病学原理来认定因果关系的理论,要点是某种因素在某种疾病发生的一段时间存在,如果发病前不存在该因素,则排除因果关系存在的可能;该因素发挥作用的程度越高,相应地该病的罹患率就越高。换言之,该因素作用提高,病患就增多或病情加重;该因素作用降低,病患随之减少或病情减轻;该因素的作用能无矛盾地得到生物学的说明。这种理论改变了以往诉讼中具体个体对因果关系证明的方法,而转以民众的罹患率为参照系,即只要原告证明被告的行为与罹患率之间的随动关系,即完成了证明责任。

第六,盖然性因果关系说。盖然性因果关系说也叫作推定因果关系说,是在原告和被告之间分配举证责任的理论。即由原告证明公害案件中的侵权行为与损害后果之间存在

---

[55] (宋)窦仪等撰:《宋刑统》,吴翊如点校,中华书局1984年版,第330页。

某种程度的因果关联的可能性,原告就尽到了举证责任;然后由被告举反证,以证明其行为与原告损害之间无因果关系;不能反证或者反证不成立,即可判断因果关系成立。日本学者将这种学说称为"优势证据",在民事案件中,心证的判断只要达到因果关系存在盖然性,大于因果关系不存在的盖然性这一程度,便可认定因果关系的存在。[56]

第七,间接反证说。这种学说的核心在于对举证责任的分配,其将构成因果关系的事实不是作为一个要件事实,而是作为复合的要件事实加以把握,分别予以认定。依此理论,一是将因果关系这一要件分为数个认定主题,如 A—B—C—D—E 等;二是原告无须对上述各项事实全过程举证,而只要举证证明了其中的主要事实,其他过程则可以依据通常经验推定。如果被告有异议,则须对上述各项逐一反证。这种理论同样有助于缓解原告在复杂案件中的举证压力。

第八,法律因果关系说。英美法系的因果关系学说不是注重于哲学上的分析,而是注重于实证的分析,是从大量的案件中总结出来的判断法律因果关系的规则。该学说认为在一个、多个原因或者条件造成一个损害结果的时候,将因果关系分为两个层次:一是事实上的原因,二是法律上的原因。原告不仅要证明被告的行为有过失,而且还要证明这一过失行为造成了他的损害;证明被告的行为与伤害结果之间存在因果关系,不仅为事实上的原因,而且为法律上的原因。确定事实上的原因是认定因果关系的第一步,但还不是全部,还必须证明行为与损害之间具有法律上的原因。只有证明后者,才能够认定法律因果关系的存在。

(四)确定我国侵权责任法因果关系要件的规则

1. 确定我国侵权责任法因果关系规则的理论分析

对于以上各种因果关系学说进行分析,才能够确定我国侵权责任法在责任构成因果关系要件上的规则。

在大陆法系的因果关系学说中,最主要的是条件说、原因说和相当因果关系说。一般认为,条件说范围太宽,原因说则属过严,且认定困难,均不宜采用;唯有相当因果关系说与民法公平原则颇相符合,堪称允正,应予采用。客观归责理论较为抽象,不易掌握,在实践中不宜采用。而盖然性因果关系说、疫学因果关系说和间接反证说,不过是在区分复杂的因果关系时的个别方法,并不是一个一般的因果关系学说,在实践中可以根据不同情况适用。至于英美法系的法律因果关系说,其基本思路与相当因果关系说在实质上是相通的,因此可以借鉴。

2. 确定因果关系要件的基本规则

我国侵权法应当区别情况,分别遵循四个规则认定因果关系要件。

(1)直接原因规则。行为与结果之间具有直接因果关系的,无须再适用其他因果关系理论判断,直接确认其具有因果关系。

最常见的直接原因是一因一果的因果关系类型。一个原因行为出现,引起了一个损害结果的发生,这种因果关系极为简单,很容易判断。在这样的情况下再作其他判断则是舍

---

[56] [日]加藤一郎:《公害法的生成与发展》,岩波书店1968年版,第29页。

本求末。

对于虽然有其他条件介入,但是原因行为与损害结果之间自然连续、没有被外来事件打断,尽管也有其他条件的介入,但可以确定这些条件并不影响原因行为作为直接原因的,应当认定其与损害事实之间具有因果关系。

(2)相当因果关系规则。在行为与结果之间有其他介入的条件,使因果关系的判断较为困难,无法确定直接原因的,应当适用相当因果关系理论判断。确认行为是损害结果发生的适当条件的,认定行为与结果之间具有相当因果关系,否则没有因果关系。

适用相当因果关系学说,关键在于判断违法行为是否为发生损害事实的适当条件。适当条件是发生该种损害结果的不可缺条件,它不仅是在特定情形下偶然地引起损害,而且是一般情形下发生同种结果的有利条件。如何判断相当因果关系,史尚宽先生曾经概括了一个公式,即"以行为时存在而可为条件之通常情事或特别情事中,于行为时吾人智识经验一般可得而知及为行为人所知情事为基础,而且其情事对于其结果为不可缺之条件,一般的有发生同种结果之可能者,其条件与其结果为有相当因果关系"。[57] 简言之,确定行为与结果之间有无因果关系,要依行为时的一般社会经验和智识水平作为判断标准;依行为时的一般社会经验和智识水平认为该行为有引起该损害结果的可能性,而在实际上该行为又确实引起了该损害结果,则该行为与该结果之间有因果关系。

如何判断违法行为与损害事实之间是否具有相当因果关系,可以适用以下公式:

大前提:依据一般的社会智识经验,该种行为能够引起该种损害结果;

小前提:在现实中,该种行为确实引起了该种损害结果;

结论:该种行为是该种损害事实发生的适当条件,因而二者之间具有相当因果关系。

例如,行为人伤害他人之后,送受害人去医院治疗,不幸医院失火,致受害人烧死。依一般情况,伤害行为属于死亡的条件,不是原因,因而不具有相当因果关系。如果伤害后患破伤风以致死亡,则在一般情形下依通常经验观察能致死亡,伤害行为为死亡结果发生的适当条件,故其伤害行为与死亡结果之间有因果关系。

(3)推定因果关系规则。在特定的场合,适用推定因果关系规则。盖然性因果关系说、疫学因果关系说和间接反证因果关系说,实质上都是一种推定因果关系。其基本要点是保护弱者,在受害人处于弱势,没有办法完全证明因果关系要件时,只要受害人举证证明达到一定程度,就推定行为与损害之间存在因果关系;然后由被告负责举证,证明自己的行为与损害发生之间没有因果关系。应当注意的是,适用推定因果关系一定要有法律规定,或者是环境污染和生态破坏侵权,或者是高科技领域发生的侵权纠纷,在其他场合适用这一规则应当特别慎重。

因果关系推定的适用方法如下:

第一,分清违法行为与损害事实的时间顺序。作为原因的违法行为必定在前,作为结果的损害事实必须在后。违背这一时间顺序性特征的,为无因果关系。

第二,区分违法行为与损害事实之间是否存在客观的、合乎规律的联系。即在案件中,如果在违法行为与损害结果之间存在盖然性联系,则应解释为在法律上存在因果关系。盖

---

[57] 史尚宽:《债法总论》,台北,荣泰印书馆1978年版,第163页。

然性因果联系的证明责任是由受害人举证。法官根据所积累的情况证明，如果可以作出与有关科学原理无矛盾的说明，即应当解释为法律上的因果关系得到了证明。

其推定公式是：

大前提：在一般情况下，这类行为能够造成这类损害；

小前提：这一结论与有关科学原理无矛盾；

结论：这种损害事实是由这种行为造成的。

第三，由于这种因果关系是推定的，因而还应当在损害事实与违法行为之间排除其他可能性。当确定这种损害事实没有任何其他原因所致的可能时，即可断定该种行为是损害事实的原因，即推定因果关系成立。

实行因果关系推定，意味着受害人在因果关系的要件上不必举证证明达到高度盖然性的程度，只需证明程度达到较大的可能性时，由法官实行推定。受害人只要证明自己受到损害，该损害与加害人的违法行为之间的因果关系有很大的可能性，就可以向法院起诉，不必证明被告的行为与损害后果之间的因果关系有高度盖然性。

因果关系推定适用的范围如下：

一是环境污染案件。环境污染造成人身伤害案件中，只要证明企业已经排放了可能危及人身健康的有害物质，而公众的人身健康在污染后受到或正在受到危害，就可以推定这种危害是由该污染行为所致。《民法典》第1230条规定："因污染环境、破坏生态发生纠纷，行为人应当就法律规定的不承担责任或者减轻责任的情形及其行为与损害之间不存在因果关系承担举证责任。"

二是其他有必要适用推定因果关系的案件。在某些特定的场合，也可以有条件地适用因果关系推定原则。例如，某日下午5时30分至6时30分，黑龙江省某县气象局驻海浪镇五良子村气象站为防冰雹打炮点，前后共向空中发射了30枚防雹气象炮弹，其中向邻市的旧街方向发射6发（距离为8公里）。该市旧街乡张明村村民常某在田里干活，见开始下雨，便由田里回家。下雨过程中，其妻李某等人在家里听到屋外一声惊叫，并听到有人倒地的声音，出门便见常某倒卧窗前，头部受伤流血，昏迷不醒，以为是遭到雷击，急忙将常某送至医院。经医院检查，常某头部有一7厘米裂伤，深至颅骨，创缘不齐，颅骨凹陷，有脑组织溢出，为脑挫伤、开放性颅骨骨折。7天后，常某死亡。医院诊断认为常某不是雷击致死，而是由一硬物以高速冲击所致。常某亲属在现场周围寻找，找到一块弹皮，经鉴定为"三·七"炮弹皮残骸，上有"人雨·17秒"字样。李某向法院起诉，被告主张常某的损害不是由自己发射的炮弹所致。法院在现有事实上，适用因果关系推定规则，确认其行为与损害结果之间有因果关系，判决被告承担侵权责任。

(4)法律原因规则。在特别情况下，如果确认因果关系确有困难，可以适用英美法系侵权法的"事实原因—法律原因"规则。首先确定行为是否为构成损害的事实原因，即产生一个结果的多个前提事实总和中的一个因素；其次确定行为是否为损害的法律原因，即一种自然的、未被介入因素打断的原因，没有这样的原因，就不会发生原告受害的结果。行为对于损害而言，既是事实原因又是法律原因的，即可确定该行为与损害之间有因果关系。

具体判断时，要掌握事实原因和法律原因的构成。

事实原因是跟随结果发生同时存在的各个事实。确定事实原因通常有四种规则。一是传统规则,即"but for test"规则,就是"非他莫属"。倘若没有被告的行为,原告就不会遭受损害,那么被告的行为就是原告损害的原因。二是实质要件规则,如果被告的行为是原告受损的实质要件或者重要因素,那么被告的行为就是原告受害的事实上的原因。三是复合原因规则,造成原告受损害的原因力不是单一的,如果是两个或者两个以上的原因力共同作用导致同一个后果,这就是复合原因。在分辨责任时,需要确立划分责任的标准,并确定各自承担赔偿的数额,如果不能分清各自原因力的大小,则应承担连带责任。四是其他方法,当以上方法都无法确认谁的行为是伤害的实际原因时,原告必须证明至少被告当中有一个人的过失引起了他的伤害,然后每一个被告都要证明自己的过失不是伤害的实际原因。如果他们没有一个能够证明,他们就要共同为原告的伤害负责。

法律上的原因也叫作近因,是被告对原告承担责任的最近原因,是一种自然的和继续的、没有被介入因素打断的原因,没有这种原因,就不会发生原告受害的结果。所谓最近,不必是时间或空间上的最近,而是一种因果关系上的最近,因此损害的近因是主因或有效原因,附加原因、介入原因虽然在时间上或空间上是最近的,但并不是近因。确定法律上的原因,一是分析直接原因,二是分析后果的预见性,三是分析介入原因。直接原因就是被告的行为与损害后果之间自然连续,没有被外来事件打断,被告的行为直接导致了伤害后果。预见性就是被告只对他在行为时可以预见的后果负责。而介入原因是在被告的行为与伤害后果之间,介入了外来的事件或者行动,与被告的行为结合起来导致伤害结果的发生,介入原因的出现改变了事件发生的过程和结果,改变了当事人之间的关系与责任。当介入原因能够取代被告的行为时,被告的责任就可能被免除。

(五)共同原因中原因力对侵权责任的决定作用

在侵权构成多因一果的情况下,多种原因对于损害事实的发生为共同原因。共同原因中的各个原因对于损害事实的发生发挥不同的作用,因而有原因力大小的问题。

原因力是在构成损害结果的共同原因中,各个原因对于损害结果的发生或扩大所发挥的作用力。单一原因对于结果的发生,原因力为100%,因而考察原因力不具有实际的意义,只有在共同原因中考察原因力才有现实的意义。

原因力的大小决定于各个共同原因的性质,原因事实与损害结果的距离,以及原因事实的强度。直接原因的原因力优于间接原因的原因力;原因事实距损害结果近的原因力优于原因事实距损害结果远的原因力;原因事实强度大的原因力优于原因事实强度小的原因力。根据这样一些因素,可以判定共同原因中各个原因对于损害事实发生的具体原因力的大小。

原因力大小在确定共同侵权行为和过失相抵的责任分担上具有重要作用。在共同侵权行为中,原因行为的原因力大,行为人应承担较多的责任;原因行为的原因力小,行为人应承担较少的责任。在过失相抵中,加害人和受害人双方的行为是损害发生的共同原因,各自行为的原因力大小对确定各自的责任也发生如上作用。确定各按份责任人的责任份额,也应当考虑每个行为人的行为的原因力大小。

应当特别注意的是,在因果关系规则中,有些侵权责任是由间接因果关系构成的。例如,《民法典》规定的相应的补充责任,补充责任人的不作为行为与损害的发生之间存在的就是间接因果关系,直接责任人的行为与损害的发生有百分之百原因力的直接因果关系。在这种情形下,具有直接因果关系的直接责任人承担全部侵权责任,具有间接因果关系的补充责任人承担相应的补充责任。《侵权责任编解释(一)》第14条的规定就体现了这样的规则。

五、过错

(一)过错的概念和性质

过错是行为人在实施侵权行为时的主观心理状态,包括故意和过失。

确定过错的性质,应当从过错的本质上去揭示它。在理论上的"主观过错说"和"客观过错说",并不是说过错的本质属性是主观的或者是客观的,而是就判断过错的标准而言的,即主观标准或者客观标准。正如学者所指出的那样,"主观过错说是以一定的心理状态作为衡量过错的标准","客观过错说是以人的行为为判断标准",[58]或者"注意"的衡量标准是一种客观标准。除少数学者坚持过错是一种行为,是客观概念外,绝大多数学者都认为过错就其本质属性而言,是人的主观心理状态,因而是主观的概念。检验过错标准的客观化,是侵权法理论发展的必然。但是,检验过错标准的客观化却不能导致过错的本质属性发生质的改变,而使过错本身客观化。就过错是客观概念的主张而言,该主张就是沿着这一条道路走下去,改变了过错的本质属性,使过错由主观概念变成了客观概念。而过错是综合概念的主张,虽然以承认过错是主观心理状态为前提,但认为过错须从行为表现出来,故在以行为来检验其有无的基础上,认为过错既是主观的概念,又是客观的概念。"综合过错说"是折中主义的产物。

检验过错用客观标准,是指判断过错时采用客观标准来衡量,按此客观标准,违反之为有过错,符合之为无过错。过错的有无仍然是说行为人在主观上有无不注意的心理状态,并不是说这种过错已经离开了行为人的主观世界,而成为客观形态。过错永远不能离开行为人的主观世界成为客观的实在形态,过错永远都是行为人的主观心理状态,属于主观概念。主张从行为中检验、判断行为人主观上是否有过错是正确的观点。但因过错体现在行为之中,并且应从行为中检验、判断行为人是否有过错,进而认为过错本身就是行为,或者过错本身就有客观属性,也是对过错本质属性的误解。

过错分为两种基本形态,即故意和过失。

(二)故意

故意是行为人预见自己行为的结果,仍然希望它发生或者听任它发生的主观心理状态。

确定故意,在侵权法理论上有意思主义和观念主义之争。意思主义强调故意必须有行为人对损害后果的"希望"或"意欲",观念主义则强调行为人认识或预见到行为的后果。这两种主张,意思主义比观念主义要求更严。对此应当采用折中主义的主张,行为人应当认识到或者预见到行为的结果,同时又希望或听任其发生。

---

[58] 王利明主编:《人格权法新论》,吉林人民出版社1994年版,第90、92页。

故意也分为直接故意和间接故意。不过在侵权责任法中区分直接故意和间接故意并不是特别必要,因为在一般情况下,过失都构成侵权责任,间接故意当然也构成侵权责任。但是在某些场合区别间接故意和直接故意还是有一定意义的。例如,在与有过失的过失相抵、连带责任和按份责任的责任份额的确定上,直接故意和间接故意的过错程度并不相同,行为人承担责任应当有所区别。

(三)过失

过失包括疏忽和懈怠。行为人对自己行为的结果,应当预见或者能够预见而没有预见,为疏忽;行为人对自己行为的结果虽然预见了却轻信可以避免,为懈怠。疏忽和懈怠都是过失,行为人都未尽到应负担的注意义务。因此,过失就是行为人对应负担的注意义务的疏忽或懈怠的不注意心理状态。

既然过失是一种不注意的心理状态,即对自己应负注意义务的违反,那么注意义务就应当有客观标准。通说认为注意义务有以下三种:

1. 普通人的注意

普通人的注意标准是指在正常情况下,只用轻微的注意即可预见的情形。这种注意义务是按照一般人在通常情况下能够注意到作为标准。如果在通常情况下一般人也难以注意到,那么行为人尽管没有避免损害,但也尽到了注意义务,因而不能认为行为人有过失。相反,对于一般人能够在一般情况下注意到却没有注意,为有过失。

2. 与处理自己事务为同一注意

所谓自己事务包括法律上、经济上、身份上一切属于自己利益范围内的事务。与处理自己事务为同一注意应以行为人平日处理自己事务所用的注意为标准。判断这种注意义务应以行为人在主观上是否尽到了注意义务为标准,即主观标准。如果行为人证明自己在主观上已经尽到了注意义务,应认定其无过失;反之,则应认定其有过失。

3. 善良管理人的注意

善良管理人的注意义务,与罗马法上的"善良家父之注意"和德国法上的"交易上必要之注意"相当,都是要以交易上的一般观念,认为具有相当知识经验的人,对于一定事件的所用注意作为标准,客观地加以认定。行为人有无尽此注意的知识和经验,以及其向来对于事务所用的注意程度均不过问;依其职业斟酌,其所应当尽到的注意程度应比普通人的注意和处理自己事务为同一注意要求更高。判断这种注意的标准是客观标准。

上述三种注意义务从程度上分为三个层次,以普通人的注意为最低,以与处理自己事务为同一注意为中,以善良管理人的注意为最高。与此相适应,违反这三种注意义务构成三种过失:一是重大过失。违反普通人的注意义务为重大过失,亦称重过失。如果行为人仅用一般人的注意即可预见,而竟怠于注意不为相当准备,就存在重大过失。二是具体过失。具体过失是指违反应与处理自己事务为同一注意义务的过失。如果行为人不能证明自己在主观上已尽该种注意,即存在具体过失。三是抽象过失。抽象过失是指违反善良管理人的注意义务的过失。这种过失是抽象的,不以行为人的主观意志为标准,而以客观上应不应当做到为标准。因而这种注意义务最高,其未尽注意义务的过失则为抽象过失。

现代侵权责任法强调对过失的经济分析。美国法官汉德(Learned Hand)创造了一个最为简便的确定过失的公式,即汉德公式。

汉德法官为过失提出的公式是:

设定发生损失的概率为 P,损失金额为 L,预防成本为 B,只有在 B>PL(预防成本小于损失金额乘以损失发生概率)时,加害人才有过失。

汉德公式的基本思想建立在经济效率上,即鼓励以合理费用预防意外事故,不鼓励在安全上的超额投资,而对财富予以极大化,对成本费用予以极小化。这种思想符合对侵权行为的经济分析方法。例如,美国伊利诺伊州法院判决的案件。一个 16 岁的男孩子在被告废弃的已盛满水的露天矿井游泳时受到伤害。被告虽然认识到该矿井将被用作游泳水湾,而且在小孩潜水和受伤的地方水面之下有隐蔽突出物,可能造成危险,但未为必要的控制。法官认为,只要用 1.2 万~1.4 万美元的钢丝就能封闭整个水面,封闭成本与小孩受伤的风险性相比,微不足道,故认定被告有过失,判决被告败诉。

王泽鉴教授在引述了上述案件之后,认为其对过失的经济分析具有启发性,加害人活动的价值及防止危险的经济因素,应作为认定过失的相关因素,该观点值得赞同。唯应指出的是,侵权责任法上的过失,不应等同于纯粹经济上的方程式。第一,侵权责任法植根于个人的道德性,所注重的是个人间的公平,而非在增进广泛的社会福利。第二,过失认定中的损失的计算还包括人格等非经济的价值,难以通过金钱或财富加以计算。第三,法官有无能力从事经济分析,甚有疑问,如何量化也显非容易。因此,过失的认定应当考量经济因素,但是侵权责任法的理念在于维护个人自由并合理分配损害,非仅为成本效益的微积分,不能使侵权责任法上的善良管理人成为冷血、精于计算的经济人。[59] 王教授的这一分析比较妥当。在实践中,法官有条件的可以作这种分析,确定行为人的过失,但是,过失不能陷入纯粹的经济分析之中。

(四)共同责任的轻重程度

在共同侵权行为、分别侵权行为、竞合侵权行为、与有过失和第三人过错中,其侵权责任应由连带责任人、受害人和加害人、按份责任人、加害人与第三人分担,这种由数人分担侵权责任的情形为共同责任。

共同责任如何分担,应当通过两个标准综合评断:一是过错轻重,二是原因力大小。其中过错轻重对于共同责任的分担起主要作用。《民法典》经常使用的"相应的责任"的概念,就是指与行为人的过错程度和行为的原因力大小相适应的责任,多数应用于共同责任的场合。

在共同责任轻重的过错等级上,一般分为四个等级:

第一等级为故意。故意是最重的过错,该行为人应承担的侵权责任最重。在故意中,直接故意和间接故意的过错程度也有所不同,直接故意重于间接故意。

第二等级为重大过失。重大过失为较重的过错,相应行为人应分担的责任轻于故意重于过失。确定重大过失的标准,亦应以确定过失的三个注意程度为标准,当法律要求负有

---

[59] 在这种情况下,确定过错的标准也是主观标准,而不是客观标准,由此也可以说明过错并不都是以客观标准衡量的,因而不能说过错是客观概念。

较高的注意义务,该行为人非但没有遵守这种较高的注意标准,而且连较低的注意标准也未达到,即为重大过失。例如,行为人应负与处理自己事务为同一注意时,非但未尽此注意,反而连普通人的注意义务也未尽到,则为重大过失。同理,应负善良管理人的注意义务,不仅未尽此注意,且连与处理自己事务为同一注意义务也未尽到,亦为重大过失。违反普通人的注意义务,均为重大过失。

第三等级为主观过失和客观过失。违反善良管理人的注意义务和违反与处理自己的事务为同一注意义务,均构成过失,属于中等程度的过失,轻于重大过失、重于一般过失。

第四等级为一般过失。一般过失是较轻的过失,相应行为人应分担较轻的责任份额,低于具体过失和抽象过失的责任份额。确定一般过失的标准是负有较高注意义务的行为人虽然未尽此义务,但未违反普通人应尽的注意义务。

根据以上过错等级的不同,再加上原因力大小的因素,综合评断共同责任的分担,能够达到公平、合理、准确的价值评断标准的要求。当然,这种分担并不否定共同责任中的连带责任、按份责任以及不真正连带责任的原理。

第五节 侵权责任形态

| 典型案例 |

某市区法院法官周某办理了原某县选矿厂诉该县威特公司经济纠纷案。在诉讼期间,根据某县选矿厂的财产保全申请,主审法官周某查封了被告威特公司价值23.01万元的财产。事后,某市中级人民法院和省高级人民法院认定,区人民法院的保全措施存在"查封时间过长、超标的查封和查封财产保管不善"等错误。某市中级人民法院和省高级人民法院据此作出国家赔偿决定,由区人民法院赔偿受害人威特公司经济损失103675.3元。在省高级人民法院的赔偿决定作出后不久,区人民法院监察室作出了"通知",决定由主审法官周某个人承担这10万余元的国家赔偿责任。[60]

一、侵权责任形态概述

(一)侵权责任形态的概念和意义

1. 侵权责任形态概念与特征

侵权责任形态,是指侵权法律关系当事人承担侵权责任的不同表现形式,即侵权责任由侵权法律关系中的不同当事人按照侵权责任承担的基本规则来承担责任的不同表现形式。

---

[60] 这是一个国家赔偿案件,其侵权责任形态是替代责任,且人民法院赔偿后,有权向判错案件的法官进行追偿,更具典型意义。

侵权责任形态具有以下法律特征：

(1)侵权责任形态所关注的不是行为的表现形式,而是行为的法律后果,即侵权行为符合侵权责任构成要件要求的,由应当承担责任的当事人承担行为的后果。它与侵权行为类型的不同就在于,侵权行为类型研究的是行为本身,而侵权责任形态研究的是侵权行为的后果,即侵权行为所引起的法律后果由谁承担。它也与侵权责任构成不同,侵权责任构成研究的是依据什么样的准则,符合什么样的条件才能构成侵权责任;侵权责任形态则是解决侵权责任构成之后确定责任由谁承担的问题。

(2)侵权责任形态表现的是侵权法律关系当事人承担侵权行为后果的不同形式。侵权责任方式研究的也是侵权行为的法律后果,但它研究的不是侵权责任在不同的当事人之间承担的形式,而是侵权行为后果的具体表现形式,即损害赔偿、停止侵害、赔礼道歉等责任本身的形式。侵权责任形态研究的不是这些责任的具体形式,而是什么人来承担这些责任的问题。因此,侵权责任形态也就是侵权责任在不同的当事人之间的分配方式。

(3)这些责任形态是经过法律所确认的、合乎法律规定的侵权责任基本形式。侵权责任形态必须经过法律的确认,不是随意的、任意的形式。它也是承担侵权责任的基本形式,而不是具体的责任形式。它只规定当事人自己承担还是他人承担,是连带承担还是按份承担,等等,至于由当事人具体承担什么样的责任,承担责任的程度是什么,侵权责任形态都不关心。

2. 侵权责任形态的发展历史

(1)罗马法。在罗马法以前的侵权法中,无所谓侵权责任的形态问题。因为那时候的侵权法规定的是具体侵权行为,对侵权行为不作概括性、一般性的规定。至于侵权责任,就是谁的行为造成损害就由谁来负责,谁的物件造成损害就由谁负责。

但是,罗马法意识到了这个问题。罗马法在私犯和准私犯的划分中,最为关注的就是侵权责任形态。在罗马法所规定的四种私犯中,都是为自己的行为负责的侵权行为,这就是自己责任。而在六种准私犯中,除裁判官判错案件的责任外,都是为他人的行为负责和为自己管领下的物件负责的替代责任。因而可以看出,罗马法关于私犯和准私犯的划分,表现出不同的侵权责任形态,并初步区别了私犯为自己行为负责的自己责任和准私犯对人及对物的替代责任。

(2)法国法。《法国民法典》除实现了对侵权责任法的第一次一般化立法、确立过错责任原则为侵权责任法的归责原则外,[61] 还沿着罗马法开创的私犯和准私犯的侵权责任形态划分的道路发展,第一次明确提出了侵权行为的两大责任形态,即为自己的行为负责的自己责任和为他人的行为负责以及为自己管领下的物件造成的损害负责的替代责任。该法第1382条和第1384条所规定的侵权行为的基本分野,就在于责任形态的不同。[62] 这既是对罗马法的继受,也是对罗马法的发展。

(3)德国法。德国法在规定了侵权行为的自己责任和替代责任的基础上,特别规定了

---

[61] 杨立新:《论侵权行为一般化和类型化及其我国侵权行为法立法模式选择》,载《河南省政法管理干部学院学报》2003年第1期。

[62] 两个条文规定得很清楚:前者规定"任何行为致他人受到损害时,因其过错致行为发生之人,应该对他人负赔偿之责任"。后者规定"对应由其负责之人的行为或由其照管之物造成的损害负赔偿责任"。

侵权责任的单独责任和连带责任,在规定了过失相抵之后也出现了双方责任的形态。在德国侵权法中,侵权责任形态的体系已经基本完备。

(4)侵权责任形态的新发展。在现代,随着侵权责任法的发展,侵权责任的形态变得更为复杂。在分别侵权行为中实行按份责任;在产品责任中实行不真正连带责任;负有保护他人安全的法定义务或者约定义务的人未尽安全保障义务致人损害,要承担的是补充责任;以及《民法典》第1191条第2款等条文规定侵权人承担的"相应的责任"等,都不是传统意义上的连带责任或者替代责任,而是新的侵权责任形态。除此之外,过失相抵责任、公平分担损失责任也都有新的发展,都在法律中作出了规定。在美国侵权法,《侵权法重述(第三次)》规定了完善的侵权责任分担规则,为建立侵权责任形态规则和理论体系提供了新的思路,具有重要意义。

3.侵权责任形态在侵权法中的意义

现代侵权法的理论构架由五个部分组成:一是侵权行为和侵权责任法的概述,研究侵权行为概念和特征,研究侵权责任法的基本问题;二是侵权责任构成,研究侵权责任归责原则和侵权责任构成要件;三是侵权行为类型,研究侵权行为的各种表现形式,是以侵权责任归责原则为基础,规制侵权行为的各种表现形式;四是侵权责任形态,研究侵权责任构成之后,侵权责任在各个不同的当事人之间的分配;五是侵权责任方式,研究侵权责任的具体形式,研究侵权损害赔偿责任的具体承担。

在侵权法的理论体系中,核心部分是侵权责任构成,包括侵权责任归责原则和构成要件。但是,侵权责任究竟由谁承担,也是非常重要的,因此侵权责任形态是侵权法体系中的关键一环。它连接的是行为、责任以及具体责任方式和承担,如果没有侵权责任形态,即使侵权责任已经构成,但是由于没有具体落实到应当承担责任的当事人身上,具体的侵权责任方式和内容也无法实现,侵权法的救济、补偿功能也就无法实现。

因此,侵权责任形态的作用和意义是:第一,连接侵权责任的构成和方式,侵权责任构成、侵权责任形态和侵权责任方式,是侵权责任法的最基本的责任概念。第二,落实侵权责任的归属。构成侵权责任之后,将这个责任落到实处,需要落实到具体的责任人。而侵权责任形态就是将侵权责任落实到具体的责任人身上,由具体的行为人或者责任人承担侵权责任。第三,实现补偿和制裁的功能,如果没有侵权责任形态,侵权责任无法落实,侵权责任的补偿功能和制裁功能就无法实现。

(二)侵权责任形态体系

侵权责任形态所研究的内容,是侵权责任在不同的当事人之间的分配。主要研究的方面是侵权责任的一般表现形态,分为三个序列:自己责任形态和替代责任形态,单方责任形态和双方责任形态,单独责任形态和共同责任形态。

1.自己责任和替代责任

侵权责任的自己责任和替代责任所表现的是,侵权责任是由行为人承担,还是由与行为人有特定关系的责任人,以及与物件具有管领关系的人来承担。这就是《法国民法典》确定的自己责任和替代责任形态。这是侵权行为形态最一般的表现形式,是侵权法规定的侵权责任的最基本的责任形态。如果是行为人自己对自己的行为负责,那就是自己责任。如果是责任人为行为人的行为负责,或者为自己管领下的物件致害负责,则为替代责任。

2. 单方责任和双方责任

侵权责任的单方责任形态和双方责任形态,是说侵权责任究竟是由侵权法律关系中的一方负责还是双方负责。一方负责的侵权责任形态,如加害人一方负责,或者受害人过错引起损害的受害人一方负责。双方负责的责任形态则是加害人和受害人都要承担责任。其中双方责任是重点。这种分担形态是指对于侵权行为所发生的后果,侵权人应当承担责任,受害人也要承担责任。在对于损害的发生双方都无过错的情况下产生的公平分担损失责任,就是双方责任的典型形态。过失相抵责任也是双方责任。

3. 单独责任和共同责任

侵权责任如果是由被告方承担,就存在是单独的加害人还是多数的加害人的问题,侵权责任的形态会随着加害人的数量的不同而发生变化。单独的加害人,是自己负责或者替代负责的单独责任。二人以上的加害人承担侵权责任,是多数人侵权,承担的是共同形态的侵权责任。侵权责任的共同责任形态,是在侵权行为的行为人是复数的情况下,侵权责任在数个行为人之间分配或者负担。侵权人是复数,其侵权责任要在数个行为人之间分配,分别由各个行为人负担。构成共同侵权行为的,共同加害人要承担连带责任。构成分别侵权行为的,数个行为人要承担按份责任(或者连带责任)。构成竞合侵权行为的,要承担不真正连带责任。[63]

二、自己责任和替代责任

(一)自己责任

1. 与自己责任相对应的一般侵权行为

承担自己责任的基础行为是一般侵权行为。一般侵权行为是相对于特殊侵权行为而言的,是指行为人因过错而实施的、适用过错责任原则和符合侵权责任一般构成要件要求的侵权行为。

一般侵权行为和特殊侵权行为是相对应的一对侵权法的基本范畴。这一对范畴表明,一般侵权行为是侵权行为一般条款概括的、适用过错责任原则、适用侵权责任一般构成规则、责任形态是自己责任的侵权行为形态。

一般侵权行为的侵权责任构成要件与特殊侵权责任不同。对于一般侵权行为,法律通常只作概括规定而不作具体列举,原因是一般侵权行为的责任构成要件是统一的。只要是一般侵权行为,都要适用共同的责任构成要件。按照《民法典》第 1165 条第 1 款的规定,一般侵权行为应由违法行为、损害事实、因果关系和过错四个要件组成。缺少上述任何一个构成要件,都不能构成一般侵权责任。

一般侵权行为,是行为人因自己的过错而实施的行为,即直接行为。特殊侵权行为是他人的行为或者物件造成损害,由于该他人或者该物件与责任人有某种特定关系,而将这种损害的行为认作是责任人的行为,因而被称为间接行为。

---

[63] 杨立新:《多数人侵权行为及责任理论的新发展》,载《法学》2012 年第 7 期。

2. 自己责任的概念和责任形式

一般侵权行为的责任形态是自己责任。

自己责任,是指违法行为人因自己的过错所造成的他人人身损害和财产损害由自己承担的侵权责任形态。

自己责任的特点是:一是违法行为人自己实施行为;二是违法行为人自己实施的行为造成损害;三是自己实施的行为所造成的损害,由自己承担责任。这三个特点都突出了一个概念,就是"自己",故自己责任就是为自己的行为负责的侵权责任形态。

在一般侵权行为中,行为人和责任人是同一人,行为人对自己实施的行为承担后果责任,即自己造成的损害,自己承担赔偿责任。即使在共同侵权行为中,如果这种共同侵权行为是一般侵权行为,它的责任形式也不会由于侵权人的数量为多数而有所变化,就是所有的共同加害人都为自己的侵权行为后果负责。

3. 自己责任的归责原则

自己责任适用过错责任原则。在我国侵权责任法中,过错责任原则是一般的归责原则。这一归责原则要求,一般侵权行为必须具备过错要件,无过错就无责任。其特点是:一是自己责任不仅应以过错为责任的构成要件,而且应以过错为责任的最终构成要件。二是自己责任实行普通的举证责任,即采取"谁主张,谁举证"原则,受害人必须就加害人的过错问题举证,否则不能获得赔偿,对过错既不能采取推定的方式来确定,也不能实行举证责任倒置。三是由于自己责任适用过错责任原则,因此,这种形态的侵权责任充分体现了民事责任的教育和预防作用,而不像特殊侵权行为的替代责任那样,单纯注重对受害人损害的补偿。

(二)替代责任

1. 替代责任的基础行为——特殊侵权行为

(1)特殊侵权行为的发展历史。特殊侵权行为人承担的责任是替代责任,因而研究替代责任就要研究特殊侵权行为。

特殊侵权行为来自罗马法的准私犯和法国法的准侵权行为。在罗马法之前的古代法中,也有关于特殊侵权行为的规定,只是在理论上和立法上没有加以明确。具有近现代意义上的特殊侵权行为的明确规定,溯源于罗马法的准私犯制度。罗马法系统地规定了准私犯制度,使准私犯区别于私犯。私犯是一般侵权行为,而准私犯相对于私犯,属于特殊侵权行为。

《法国民法典》制定了准侵权行为的一般性条款,即第1384条,概括了准侵权行为的本质含义。在此条文下,还规定了具体的准侵权行为,迭经修改,现已具有相当丰富的内容。

《德国民法典》为适应社会生产力不断发展,社会不断进步,新的损害不断发生,法律观念也发生了重大变化的情形,把侵权行为区分为一般侵权行为和特殊侵权行为,统一于侵权行为概念之下,有了一般侵权责任和特殊侵权责任之分。

准私犯、准侵权行为和特殊侵权行为三个概念,标志着侵权法对侵权行为性质认识的三次历史飞跃。

(2)特殊侵权行为的性质、概念和特征。特殊侵权行为相对于一般侵权行为而言,其特殊的本质就是责任形式为替代责任。《法国民法典》第1384条所说的行为人"对应由其负责的他人的行为或在其管理下的物体所造成的损害,均应负赔偿的责任",就是对特殊侵权行为的经典定义。可以说,特殊侵权行为的责任形态就是替代责任。

除此之外,特殊侵权行为还具有以下特点:一是归责原则的特殊性,一般侵权行为适用过错责任原则,而特殊侵权行为通常适用过错推定责任和无过错责任,以保护受害人的合法权益。二是责任构成要件的特殊性,特殊侵权行为不能按一般侵权行为的责任构成要件确定,而应由法律特别规定。三是举证责任的特殊性,特殊侵权行为一般实行举证责任倒置,其倒置证明的范围并不是全部侵权责任要件,而只是在过错的证明上倒置举证责任。四是其责任形态主要是替代责任。

(3) 特殊侵权行为的类型。一是为他人的行为负责的特殊侵权行为。这是最典型的特殊侵权行为,其显著特征是行为人与责任人相分离,责任人为行为人所造成的损害承担赔偿责任。在这种特殊侵权责任上,学者没有分歧意见。在一般学说中所说的替代责任,就是指这种特殊侵权责任。二是为自己管领下的物件致人损害负责的特殊侵权行为。这是责任人为自己管领下的物件致损承担赔偿责任的特殊侵权责任。学者对此意见有所不同:有的学者认为这种特殊侵权责任不是替代责任,不具有行为人与责任人相分离的特征;也有的学者认为在这些特殊侵权行为中,有的还不能就认为是为自己管领的物件致人的损害承担责任,如高度危险作业致害责任和环境污染致害责任。

2. 替代责任的概念和特征

特殊侵权行为承担的侵权责任是替代责任。替代责任是指责任人为他人的行为和自己管领下的物件所致损害承担的侵权赔偿责任形态。替代责任有如下特征:

(1) 责任人与致害行为人或致害物相分离。替代责任的前提是责任人与加害人并非一人,与致害物并无直接联系,就责任人的本来意图,并无致害他人的直接致害意愿。致害的直接原因是责任人以外的加害人,或是人之行为以外的物件。这种责任人与加害人、致害物相分离的情形,是赔偿责任转由责任人替代承担的客观基础。

(2) 责任人为加害人或致害物承担责任须以他们之间的特定关系为前提,这种特定关系在责任人与加害人之间,表现为隶属、雇佣、监护、代理等身份关系;在责任人与致害物之间,表现为所有、占有、管理等物权关系。从致害的角度上看,这些关系并不表现为直接的因果关系,却是具有特定的间接联系。没有这种特定的间接联系,或者超出这种特定的间接联系,就失去了责任人承担替代责任的前提。

(3) 责任人为赔偿责任主体承担赔偿责任。在替代责任中,无论致害的是人还是物,权利人请求权的指向,都是未直接致害而与加害人或致害物具有特定的间接联系的责任人。在动物、工作物、建筑物致害时,其所有人、占有人或管理人为义务主体,自是理所当然;当与责任人具有特定身份关系的加害人致害时,责任人为义务主体,受害人请求权并不指向具体的加害人。在这里不适用连带责任规则,权利人不能向他人求偿,只能向责任人求偿。

3. 替代责任的赔偿法律关系

构成替代责任赔偿法律关系必须具备以下要件:

(1) 替代责任人与加害人或致害物之间须有特定关系。要构成替代责任赔偿法律关系,责任人和加害人、致害物之间,必须具有特定的关系。这种特定关系,在责任人与加害人之间表现为隶属、雇佣、监护、代理等身份关系。例如，在用人者责任中，用人单位和其工作人员之间的关系就是劳务关系，属于隶属关系。在监护人责任中，加害人实际上是无民事行为能力人或者限制民事行为能力人，而由其监护人承担责任，就是因为他们之间具有亲权关系和监护关系。在责任人与致害物之间，则必须具有管领或者支配的关系，即致害物在责任人的支配之下。

(2)替代责任人应处于特定的地位。在替代责任中，责任人须处于特定地位，具体表现为，替代责任人在其与加害人或致害物的特定关系中处于带有支配性质的地位，它决定了替代责任人应为加害人和致害物的损害后果负责。例如，在对人的替代责任中，责任人都对行为人具有支配的、管理的或者约束的权利，地位明显优越于行为人。用人单位的工作人员在执行工作任务中致人损害，用人单位承担责任，是因为用人单位是其工作人员的单位、组织或者团体，他们之间具有隶属的关系，一方是支配者，另一方是被支配者，地位是不平等的。在监护人的侵权责任中，监护人对被监护人而言，处于管教、管束、教育的地位，双方也不是平等的地位。

考察为加害人损害后果负责的责任人的地位，主要是看：双方有无确定的特定关系的事实或合同；加害人是否受有责任人的报酬或抚育；加害人的活动是否受责任人的指示、监督或监护等约束；加害人是否向责任人提供劳务或公务。如果责任人是组织，加害人是否为责任人事业或组织的组成部分，是确定责任人特定地位的一个简明的标准。当责任人处于这种特定地位时，责任人应当为加害人的损害后果负责。

就致害物而言，责任人应当处于所有人、占有人、管理人的地位，责任人对于致害物享有支配权，在事实上具有支配致害物的权利。在《民法典》关于特殊侵权责任的条文表述中，对于致害物的责任人并没有使用统一的概念，事实上，只要确定是致害物的占有人，即明确了责任人对于致害物的地位。

(3)加害人应处于特定状态。在替代责任中，加害人和致害物还必须处于特定的状态。第一，当加害人属于责任人事业或组织的成员的时候，加害人的特定状态是执行职务，即执行工作任务或者劳务。第二，当加害人完成定作人要求的加工时，加害人的特定状态是执行定作人的指示。第三，当加害人是被监护人时，其特定状态是被监护人在监护人的监护之下。

致害物的特定状态，应当是致害物在责任人的管领之下。如果虽然致害物是所有权人所有，但不在所有权人的管领之下，而是在使用人的支配之下，则所有权人不是致害行为的责任人，使用人才是致害行为的责任人。例如，动物致害，但是动物并不是在所有权人控制之下，而是出租给他人使用，该动物造成他人损害，正在占有使用该动物的承租人是支配该动物的权利人，该承租人是赔偿责任人。

4.赔偿关系当事人和赔偿形式

替代责任赔偿关系的当事人具有其显著特点，即加害人与责任人相脱离，致害物未有责任人的意志支配，赔偿的义务主体是责任人而不是加害人。

为他人行为负责的特殊侵权责任，是最典型的替代责任，赔偿权利主体是受害人；赔偿责任主体体现了替代责任的特点，只能是替代责任人，而不能是加害人。

在加害人因自己的过错行为致害而由责任人承担替代责任时，责任人承担了赔偿责任之后，取得向有过错的加害人的追偿权，有过错的行为人应向替代责任人赔偿因自己的过错行为所造成的损失。这种可追偿的替代责任，实际上是在替代责任人承担赔偿责任之后又产生的一个损害赔偿法律关系，权利主体是替代责任人，义务主体是过错行为人。

在为责任人管领下的物件造成损害的替代责任中，由于致害的是物件，没有替代责任的行为人，因此，责任人就直接为损害负责，是赔偿法律关系的当事人，承担赔偿义务。受害人直接向责任人请求损害赔偿。

赔偿形式包括：

(1)不可追偿的替代责任。这种替代责任是指责任人承担赔偿责任以后，并无追偿损失的对象，即责任完全由责任人自己承担的替代责任。如责任人为致害物所造成的损害负责，只能由自己承担赔偿损失的后果。监护人对于在自己的亲权和监护权支配之下的行为人所造成的损害承担赔偿责任，也是不能追偿的替代责任。

(2)可追偿的替代责任。替代责任由于具备一定的条件而使责任人享有追偿权。享有这样的追偿权，责任人就可以行使自己的追偿权，向加害人要求其承担责任人因为替加害人赔偿损失而造成的责任人的损失。追偿权的产生条件是行为人在实施致害行为时主观上具有过错。只要行为人在实施致害行为时有过错，责任人就可以依法向加害人请求赔偿。这种替代责任是指在行为人因自己的过错行为致害而由责任人承担替代责任时，责任人承担了替代责任之后，取得向过错行为人的追偿权，过错行为人应向责任人赔偿因自己的过错行为所造成的损失。

(3)非典型替代责任。这是指用人单位等因自己的行为造成损害时应负的赔偿责任。这种赔偿责任实际上并不具有替代责任的性质，而是为自己的行为负责，即所谓的自己责任，只是因为法律将它们规定在特殊侵权责任之中，姑且将其称为替代责任。它的赔偿形式与普通侵权行为的要求并无严格的区别。在《民法典》第1191条规定的用人单位责任中，如果仅仅是用人单位的行为造成受害人的损害，侵害了受害人的合法权利，就应当由用人单位自己承担责任，而不能让其他人承担责任。这种赔偿法律关系实际上是自己责任而不是替代责任。

三、单方责任和双方责任

(一)单方责任

1.加害人责任

(1)加害人责任的适用范围。普通的加害人过错的侵权行为是加害人责任形态的基础行为之一。

普通的加害人过错的侵权行为，是指某个行为人因自己的过错而致受害人损害并应负责，是一般侵权行为的最典型形式，也是最常见的侵权行为形态。其特征如下：一是加害人仅为一人，因而不同于共同侵权行为和分别侵权行为。二是受害人没有过错，对其损害的发生既无故意也无过失。三是加害人过错的侵权行为可能适用过错责任原则，也可能适用过错推定原则。

在无过错责任中，侵权人的行为构成侵权行为，而受害人一方并没有过错的，仅由侵权人单方承担侵权责任，这也属于加害人责任。

(2)加害人责任的规则。加害人责任就是完全由加害人自己承担责任的侵权责任形态。加害人为一人,又完全是由于自己的行为造成的损害,要由自己承担侵权责任。

2. 受害人责任

(1)受害人责任的基础是因受害人过错造成己方损害。受害人过错与有过失不同,是一种单独的侵权行为形态。《民法典》第1174条规定:"损害是因受害人故意造成的,行为人不承担责任。"不仅如此,受害人的过失如果是损害发生的全部原因,行为人也同样不承担责任。

受害人过错,亦称非固有意义上的过失、非真正意义上的过失、对自己的过失,是指损害的发生,是由受害人的故意或过失所引起的,加害人没有过错的侵权行为形态。

任何人在社会生活中,均应负担注意自身的财产和人身安全的义务,受害人违反这种注意义务造成自身损害,为有过错。受害人过错与加害人过错相比较,其内涵并不相同。加害人的过错意味着加害人违反了法定的不得侵害他人权利的义务,因而具有不法性。而受害人的过错只是对自身利益的不注意状态,不具有违法性。因而加害人的过错行为具有一定的社会危害性,应受法律制裁,受害人过错只是导致加害人不承担赔偿责任,损害责任由自己负担,不具有法律制裁的意义。

(2)受害人责任的承担。受害人过错的法律后果,是受害人自己承担损失,加害人不承担任何责任。这种责任叫受害人责任,是一种独立的侵权责任形态。

受害人过错的特例是,《道路交通安全法》第76条规定了一种受害人过失的特殊情况,即机动车与非机动车驾驶人、行人之间发生交通事故,造成非机动车驾驶人或者行人损害,"机动车一方没有过错的,承担不超过百分之十的赔偿责任"。这是对非机动车驾驶人和行人的关怀,是道路交通事故处理规则中"优者危险负担"规则适用的后果,是受害人过错的一种特例。

(二)双方责任中的过失相抵

1. 与有过失

与有过失既是侵权法的概念,也是合同法的概念。在侵权法中,与有过失是一种侵权行为形态,其法律后果是过失相抵。我国《民法典》第1173条规定:"被侵权人对同一损害的发生或者扩大有过错的,可以减轻侵权人的责任。"

侵权法的与有过失,是指受害人对侵权行为所造成的损害结果的发生或扩大有过错,即受害人的行为和行为人的行为对损害的发生均具有原因力的侵权行为形态。换言之,如果对于损害结果的发生或扩大,受害人有过错,并且其行为也具有原因力,在这种情况下发生的侵权行为就是与有过失。

与有过失具有以下法律特征:

(1)受害人对于损害的发生和扩大有过错。与有过失的基本特点在于受害人对于损害的发生或者扩大具有过错。不仅是加害人一方构成侵权责任,受害人一方也有过错。

(2)损害发生的原因事实相混合。在与有过失中,双方当事人的行为是损害结果发生的共同原因,都对损害事实的发生具有原因力。双方当事人实施的两种行为互相配合,混合在一起,造成了损害结果的发生或者扩大。

(3)受害人一方受有损害。与有过失是因双方当事人的过错的不法行为或者不当行为导致一方当事人遭受损害,而不是双方受有损害。

与有过失是过错责任原则的发展和延伸,体现了过错责任提出的应依据过错确定责任的要求。根据受害人的过错及其程度而相应减轻加害人的赔偿数额,意味着无论是加害人还是受害人,最终都应对自己的过错行为负责,对他人的过错不负责任,体现了公平正义的要求和责任自负的精神。我国侵权法确认与有过失制度,对于督促和教育当事人合理行为,特别是促使受害人采取合理措施注意自身的财产和人身安全,从而预防和减少损害的发生,具有重要作用。

2. 过失相抵

(1)过失相抵的概念和特征。与有过失的法律后果是过失相抵。过失相抵是债法的概念,是在损害赔偿之债中,由于与有过失的成立,而减轻加害人的赔偿责任。侵权行为的与有过失同样适用过失相抵规则。侵权行为存在与有过失,则按照过错比较和原因力比较,将损失赔偿责任分担给双方当事人。

过失相抵具有以下法律特征:

第一,过失相抵是与有过失的法律后果。过失相抵通常被称为损害赔偿之债的原则,与损益相抵并列。在侵权法中,只要对损害的发生或者扩大,受害人有过错,即发生过失相抵的法律后果。

第二,过失相抵的内容是减轻加害人的赔偿责任。依照过失相抵原则减轻加害人责任的依据,是受害人过错程度的轻重以及行为原因力的大小,其实质是受害人因自己的过错所造成的那一部分损害由自己负责,而不应由加害人负责。

第三,过失相抵是一种侵权责任形态。减轻加害人的侵权责任,就是要求受害人将由于自己的过错所造成的那一部分损失自己承担起来,等于损失赔偿责任由双方当事人分担。

第四,过失相抵的实行依职权主义。在实务中,只要成立与有过失,并符合过失相抵的构成要件,法官可以不待当事人的主张,而依职权减轻加害人的赔偿责任。

(2)过失相抵的构成。过失相抵的构成,应从两个方面进行考虑。对于加害人的责任,应按照侵权损害赔偿责任构成要件的要求来确定。对于受害人应负的责任,其构成须具备以下三个要件:

第一,受害人的行为是损害发生或扩大的共同原因之一。原《侵权责任法》第26条仅规定被侵权人对损害的发生也有过错的,适用过失相抵,对于被侵权人对损害扩大也有过错的应如何处理法律并未作出规定。《民法典》第1173条增加规定被侵权人对同一损害的扩大有过错的,也构成过失相抵。这是因为,损害的发生与扩大都是过失相抵的事由。当受害人的行为是损害发生或扩大的共同原因之一时,就具备了过失相抵的第一个构成要件。

第二,受害人的行为须为不当。构成过失相抵,受害人的行为无须违法,只须为不当即可。不当行为是指为自己的利益或在伦理的观念上为不当,所以阻却违法的行为如正当防卫、紧急避险等适法行为,不构成过失相抵。不当行为既可以是积极行为,也可以是消极行为。消极的不作为构成过失相抵分三种情况:一是重大损害未督促加害人注意;二是怠于避免损害;三是怠于减少损失。前者如受害人患有心脏病而与加害人进行摔跤游戏,未告知加害人注意而致其心脏病发作;中者是未造成损害时受害人已发现可能造成损害并可以采取措施避免却未加避免;后者为损害已经发生可以采取措施减少损失但怠于采取措施减少其损失。

第三,受害人须有过错。受害人为自己的行为负责的基础,是自己有过错。如果受害人的行为虽然是损害发生或扩大的共同原因之一,但其主观上无过错,仍然不构成过失相抵。我国《民法典》第1173条规定的过失相抵中受害人的过错,在解释上仍为一般的故意和过失的心理状态,特别是应包括对自己的过失。判断受害人过错的标准,是受害人对于自己受害的危险,应当预见或可能预见,即就其行为可发生权利侵害或发生损害扩大,必须有预见或者应当预见。前者为故意,后者为过失。受害人的代理人对于损害的发生或扩大有过失时,可以视为受害人的过失。受害人如果是无行为能力人,虽无法确定其有无过失,但仍可确定其法定代理人对此有无过失,法定代理人的过失亦构成过失相抵。

对于适用无过错责任原则的侵权行为,受害人有过错的,亦构成过失相抵,但须依照《民法典》的特别规定,如第1237～1240条等。没有特别规定可否适用过失相抵的,受害人具有重大过失的可以过失相抵,但是《民法典》第1214、1247条规定的侵权责任不得适用过失相抵规则,因为这两种侵权责任是绝对责任条款。

3.过失相抵的责任分担

过失相抵的责任分担,就是在过失相抵具备其要件时,法官可以不待当事人的主张,而依职权减轻加害人的赔偿责任。

过失相抵的实行包括两个步骤:一是比较过错,二是比较原因力。

(1)比较过错。比较过错亦称比较过失,是指在与有过失中,通过确定并比较加害人和受害人的过错程度,以决定责任的承担和责任的范围。

比较过错的方法是,将双方当事人的过错程度具体确定为一定的比例,从而确定出责任范围。对损害后果应负主要责任者,其过错比例为51%～95%;对损害后果应负同等责任者,其过错比例为50%;对损害后果应负次要责任者,其过错比例为5%～49%;过错比例为5%以下的,免除其赔偿责任,不进行过失相抵,即受害人的轻微过失不减轻侵权人的赔偿责任。

在与有过失中,判定双方的过错程度通常采用的标准是:根据注意义务的内容和注意标准决定过失的轻重。首先要确定双方当事人所负有的注意内容,如果一方当事人在损害发生时应负有特殊的注意义务,而该当事人不仅没有履行此种特殊的注意义务,连一般人所应尽的注意义务都没有达到,其过失就比一般过失严重。如果双方当事人并不应负有特殊的注意义务,就应按照"合理人"的标准衡量双方的行为,把双方的行为与一个合理的、谨慎的人的行为进行比较,以确定双方的过失和过失程度。如果行为与一个合理的、谨慎的人的标准相距较远,则过失较重;相距较近,则过失较轻。

通常掌握的过失轻重标准是:第一,受害人具有故意或重大过失,加害人只有轻微过失,加害人的过错比例为5%以下;第二,受害人具有故意或重大过失,加害人有一般过失,加害人的过错比例为5%～25%;第三,受害人具有故意,加害人有重大过失者,加害人的过错比例为25%～50%;第四,受害人和加害人均具有故意或者重大过失,且程度相当者,双方的过错比例均为50%;第五,受害人具有重大过失,加害人有故意者,加害人的过错比例为51%~75%;第六,受害人具有一般过失,加害人有故意或者重大过失者,加害人的过错比例为75%~95%;第七,受害人只有轻微过失,加害人有故意或重大过失者,加害人的过错比例为95%以上。

50%的过错比例,为同等责任;5%~49%的过错比例,加害人应承担次要责任;51%~95%的过错比例,加害人应承担主要责任;5%以下的过错比例或95%以上的过错比例,通常可以考虑免除加害人赔偿责任或者加害人承担全部的赔偿责任,因为在这种情况下,可以不作为与有过失实行过失相抵。

(2)比较原因力。确定与有过失责任范围,过错程度起决定作用,但是,原因力的影响亦须重视,原因力比较是确定过失相抵责任范围的重要一环。

原因力,是指在构成损害结果的共同原因中,每一个原因行为对于损害结果发生或扩大所发挥的作用力。与有过失中的损害结果,是由加害人和受害人双方的行为造成的,这两种行为对于同一个损害结果来说,是共同原因,每一个作为共同原因的行为,都对损害事实的发生或扩大具有自己的原因力。

原因力对于责任范围的影响有限。这是因为,虽然因果关系在侵权责任的构成中是必要要件,具有绝对的意义,不具备则不构成侵权责任;但与有过失责任分担的主要标准,是双方过错程度的轻重,因而双方当事人行为的原因力大小,尽管也影响与有过失责任范围的大小,但其受双方过错程度的约束或制约。

原因力对于与有过失责任范围的作用,主要表现在以下几个方面:

第一,当双方当事人的过错程度无法确定时,应以各自行为的原因力大小,确定各自责任的比例。如在适用无过错责任原则归责时,可依受害人行为的原因力大小,确定多大程度上减轻加害人的赔偿责任。在双方当事人过错程度难以确定比例时,也可依双方行为原因力大小的比例,确定双方的责任范围。

第二,当双方当事人的过错程度相等时,各自行为的原因力大小对赔偿责任起"微调"作用。双方原因力相等或相近的,双方仍承担同等责任;双方原因力相差悬殊的,应当适当调整双方的责任范围,加害人的赔偿责任可以在同等责任的基础上适当增加或减少。

第三,当加害人依其过错应承担主要责任或次要责任时,双方当事人行为的原因力对过失相抵责任的确定起"微调"作用:原因力相等的,依过错比例确定赔偿责任;原因力不等的,依原因力的大小相应调整主要责任或次要责任的责任比例,确定赔偿责任。

(三)双方责任中的公平分担损失责任

公平分担损失责任,是指加害人和受害人都没有过错,在损害事实已经发生的情况下,以公平考虑作为标准,根据法律的规定,由双方当事人公平地分担损失的侵权责任形态。

对于双方对损害的发生均无过错的情形,基于人与人之间的共同生活规则的需要,由法官根据公平的要求,斟酌双方的财产状况和其他情况,确定合情合理的责任分担,形成当事人双方分担损失的责任形态。对此,本书在第二章第四节作具体介绍。

四、单独责任和共同责任

(一)单独责任

1. 单独责任的责任形态

侵权单独责任,是指单独一个人作为加害人实施侵权行为,并承担损害赔偿等责任的侵权责任形态。

单独侵权行为,是指一人单独实施的侵权行为,也就是指加害人一人因自己的过错行为致他人以损害。单独侵权行为是最常见、最普通的侵权行为。

单独侵权行为是相对于多数人侵权行为而言的。所谓的单独和多数人,说的是行为人的数量不同。这是这两种侵权行为的基本区别。一个人,包括一个自然人或者一个法人实施的侵权行为,就是单独侵权行为。而多数人侵权行为的主体是二人或者二人以上。

2. 单独责任的承担

构成单独侵权行为,就构成单独责任。

最典型的单独侵权行为是为自己的侵权行为负责,即自己为自己的侵权行为承担责任。这是一般侵权行为的单独责任。

在特殊侵权行为中,为他人实施的行为承担侵权责任的,或者是为自己管领的物件致人损害负责的,只要行为人是单独的个体,亦为单独侵权行为,由单独个体的行为人的责任人承担侵权责任,或者由物件的所有人、占有人等承担侵权责任。在替代责任中,两个以上的行为造成损害,但责任人是一人的,仍为单独侵权行为,责任形态为单独责任。例如,未成年的兄弟二人致人损害,其父母承担替代责任,为单独责任,不构成多数人侵权责任。

(二)共同责任

1. 连带责任

共同侵权行为的法律后果,是由共同行为人承担连带责任。侵权连带责任,是指受害人有权向共同侵权人或共同危险行为人中的任何一个人或数个人请求赔偿全部损失,而任何一个共同侵权人或共同危险行为人都有义务向受害人赔偿全部损失;共同加害人中的一人或数人已全部赔偿了受害人的损失,则免除其他共同加害人向受害人应负的赔偿责任。《民法典》第178条第1、2款规定:"二人以上依法承担连带责任的,权利人有权请求部分或者全部连带责任人承担责任。连带责任人的责任份额根据各自责任大小确定;难以确定责任大小的,平均承担责任。实际承担责任超过自己责任份额的连带责任人,有权向其他连带责任人追偿。"

侵权责任法设置连带责任的目的,是加重行为人的责任,使受害人处于优越的地位,保障其赔偿权利的实现。例如,共同侵权人的数个行为形成一个统一的不可分割的整体,各个行为人的行为都构成损害发生的原因,因而各个行为人均应对损害结果负连带责任。确认这种连带责任,使受害人的损害赔偿请求权简便易行,举证负担较轻,请求权的实现有充分的保障,受害人不必由于共同侵权人中的一人或数人难以确定,或由于共同侵权人中的一人或数人没有足够的财产赔偿,而妨碍其应获得的全部赔偿数额。

关于连带责任的适用范围,《民法典》侵权责任编共规定了以下11种连带责任:

（1）共同侵权行为的连带责任。《民法典》第1168条规定，二人以上共同实施侵权行为，造成他人损害的，应当承担连带责任。

（2）教唆、帮助人的连带责任。《民法典》第1169条第1款规定，教唆、帮助他人实施侵权行为的，应当与行为人承担连带责任。

（3）共同危险行为的连带责任。《民法典》第1170条规定，二人以上实施危及他人人身、财产安全的行为，其中一人或者数人的行为造成他人损害，能够确定具体侵权人的，由侵权人承担侵权责任；不能确定具体侵权人的，行为人承担连带责任。

（4）网络服务提供者经通知而未采取必要措施的连带责任。根据《民法典》第1195条第1、2款的规定，网络用户利用网络服务实施侵权行为的，被侵权人有权通知网络服务提供者采取删除、屏蔽、断开链接等必要措施。网络服务提供者接到通知后未及时采取必要措施的，对损害的扩大部分与该网络用户承担连带责任。

（5）网络服务提供者明知侵权内容未采取必要措施的连带责任。《民法典》第1197条规定，网络服务提供者知道或者应当知道网络用户利用其网络服务侵害他人民事权益，未采取必要措施的，与该网络用户承担连带责任。

（6）非法买卖拼装或者报废机动车的连带责任。《民法典》第1214条规定，以买卖或者其他方式转让拼装或者已经达到报废标准的机动车，发生交通事故造成损害的，由转让人和受让人承担连带责任。

（7）挂靠机动车发生交通事故致人损害责任。《民法典》第1211条规定，以挂靠形式从事道路运输经营活动的机动车，发生交通事故造成损害，属于该机动车一方责任的，由挂靠人和被挂靠人承担连带责任。

（8）盗抢机动车交通事故责任。根据《民法典》第1215条第1款的规定，盗窃、抢劫或者抢夺的机动车发生交通事故造成损害，盗抢人与机动车使用人并非一人，属于该机动车一方责任的，盗抢人与机动车使用人承担连带责任。

（9）遗失、抛弃高度危险物的连带责任。《民法典》第1241条规定，遗失、抛弃高度危险物造成他人损害的，由所有人承担侵权责任。所有人将高度危险物交由他人管理的，由管理人承担侵权责任；所有人有过错的，与管理人承担连带责任。

（10）非法占有高度危险物的连带责任。《民法典》第1242条规定，非法占有高度危险物造成他人损害的，由非法占有人承担侵权责任。所有人、管理人不能证明对防止非法占有尽到高度注意义务的，与非法占有人承担连带责任。

（11）建筑物等倒塌、塌陷造成他人损害的连带责任。《民法典》第1252条第1款规定，建筑物等倒塌、塌陷造成他人损害的，由建设单位与施工单位承担连带责任。

连带责任中包括部分连带责任和混合责任。例如，网络服务提供者经通知而未采取必要措施的连带责任，是部分连带责任；《民法典》第1191条第2款规定的劳务派遣单位承担的"相应的责任"，是混合责任。

2. 按份责任

按份责任，是典型的分别侵权行为承担的责任后果。它是指无过错联系的数人实施的行为结合在一起，造成了一个共同的损害结果，每个人按照自己的过错和原因力，按份承担责任份额的侵权责任形态。典型的分别侵权行为，由数个行为人承担按份责任。《民法典》

第 177 条规定:"二人以上依法承担按份责任,能够确定责任大小的,各自承担相应的责任;难以确定责任大小的,平均承担责任。"

3. 不真正连带责任

侵权法上的不真正连带责任,是指多数行为人违反法定义务,对一个受害人实施加害行为,或者不同的行为人基于不同的行为而致使受害人的权利受到损害,各个行为人产生同一内容的侵权责任,各负全部赔偿责任,并因行为人之一的履行而使全体责任人的责任归于消灭的侵权责任形态。

不真正连带责任适用于竞合侵权行为。由于竞合侵权行为分为必要条件的竞合侵权行为、"必要条件+政策考量"的竞合侵权行为、提供机会的竞合侵权行为和提供平台的竞合侵权行为四种类型,因而不真正连带责任也分为四种类型:一是典型的不真正连带责任;二是先付责任;三是相应的补充责任;四是附条件的不真正连带责任。

第六节 多数人侵权行为与责任

| 典型案例 |

原告马某某、张某某系夫妻,他们与被告傅某某、曹某、吴某(均系无民事行为能力人)住同一高层住宅楼。某日下午 5 时许,吴某与曹某、傅某某一起在该楼 15 层电梯走道间玩耍,各拿一只酒瓶,分别从电梯走道间北面破损的玻璃窗空洞中往下投,恰逢原告马某某怀抱 2 周岁的儿子马某从该楼房的底层大门往外走,其中一只酒瓶砸在马某的头上,致马某当场受重伤昏迷,经医院抢救无效于 2 月 24 日凌晨死亡,造成医药费等损失。原告向法院起诉,要求 3 个行为人的法定代理人赔偿医药费等损失和精神损害。法院认定本案的性质是共同危险行为,适用共同侵权行为的法律规定,判决 3 个行为人的法定代理人承担连带赔偿责任,各自的责任份额为 33.3%。

一、多数人侵权行为及责任的概念与体系

(一)多数人侵权行为与责任的概念及意义

1. 多数人侵权行为与责任的概念界定

多数人侵权行为及责任是两个概念:一是多数人侵权行为,二是多数人侵权责任。把它们放在一起研究和表述是为了方便,但在界定概念时应当分别进行。[64]

多数人侵权行为是由数个行为人实施,造成同一个损害后果,各侵权人对同一损害后果承担不同形态的责任的侵权行为。

多数人侵权责任则是指数个行为人实施的行为,造成了同一个损害后果,数人对该同

---

[64] 杨立新:《多数人侵权行为与责任》,法律出版社 2017 年版。

一损害后果按照行为的不同类型所承担的不同形态的侵权责任。

2.研究多数人侵权行为与责任的理论意义

自21世纪以来,侵权法理论研究有两个热点:一是重视受害人是多数人的侵权案件,形成了大规模侵权的理论与实践的研究热点;[65] 二是重视侵权人是多数人的侵权案件,形成了多数人侵权行为及责任的理论和实践的研究热点。大规模侵权行为研究的目的,着重于解决对为数众多的受害人的救济问题。而多数人侵权行为及责任的研究目的,则关注侵权责任在多数侵权人之间的分担。前者重视的是救济的及时、有效,后者注重的是责任分担的科学、公平。

在上述两个侵权法研究的热点中,多数人侵权行为与责任的研究更具侵权法本身的理论意义。这是因为,多数人侵权行为与责任关系到为数众多的侵权行为人造成的损害应当在数个行为人中如何分配责任的问题,怎样才能公平、科学、合理地进行侵权责任分配,显然更具复杂性。同时,我国立法者更重视发挥侵权责任的调整功能,制裁民事违法,保护民事权益,制定了复杂的多数人侵权责任形态,使其更具复杂性,更需要进行科学的研究和整理,以期发挥立法的调整作用。因此,研究多数人侵权行为与责任就更具理论和实践意义。

(二)多数人侵权行为的类型

1.传统侵权法对多数人侵权行为类型的分类

在传统的侵权法理论中,对多数人侵权行为的类型有不同见解。有的学者认为多数人侵权行为包括共同侵权行为和分别侵权行为;有的学者认为多数人侵权行为包括共同侵权行为和竞合侵权行为;有的学者认为多数人侵权行为包括数人对同一损害后果承担连带责任的侵权行为,数人对同一损害后果承担按份责任的侵权行为,以及在数个责任主体中,部分责任主体承担全部赔偿责任和部分责任主体承担补充责任的侵权行为的三种类型。

传统侵权法理论对多数人侵权行为类型的理解和整理还是不完全、不完整的,没有准确概括出多数人侵权行为的类型。特别是在《民法典》《消费者权益保护法》《食品安全法》《广告法》以及有关司法解释中出现的关于多数人侵权行为的不同规定,展现了在多数人侵权行为与责任多样化、复杂化的情况下,仅仅局限于传统的侵权法理论对多数人侵权行为类型的概括,无法全面展示多数人侵权行为的类型。对此,应当予以改进。

2.对多数人侵权行为类型体系新的概括

(1)共同侵权行为。共同侵权行为当然是多数人侵权行为,是多数人侵权行为中最典型的类型,也是最重要的类型。《民法典》第1168~1170条规定的都是共同侵权行为的不同类型。

(2)分别侵权行为。无过错联系的共同加害行为这个概念比较冗长,不够精练。从《民法典》第1171条和第1172条的规定中,提炼出"分别"的概念,把它叫作分别侵权行为,表述的就是无过错联系的共同加害行为。这个概念比较简洁,且非常贴切,与《民法典》第1171条和第1172条的规定相一致。[66]

---

[65] 张新宝、葛维宝主编:《大规模侵权法律对策研究》,法律出版社2011年版。

[66] 杨立新、陶盈:《论分别侵权行为》,载《晋阳学刊》2014年第1期。

(3)竞合侵权行为。在传统的侵权法中,与不真正连带责任相对应的侵权行为形态没有被概括出来,曾经有人使用过原因竞合的概念,[67]也有人使用竞合侵权行为的概念。借鉴日本学者潮见佳男教授的意见,[68]对此应使用竞合侵权行为的概念,对应的责任后果是不真正连带责任。[69]

(三)多数人侵权行为形态与多数人侵权责任形态的对接

1.以往多数人侵权行为与责任对应体系的残缺

多数人侵权行为形态所对应的是多数人侵权责任形态。

在以往的侵权法中,多数人侵权行为形态与多数人侵权责任形态在对应关系中出现了欠缺,有的对应不起来。诸如:共同侵权行为形态对应的是连带责任形态;分别侵权行为(无过错联系的共同加害行为)形态对应的是按份责任形态或者连带责任形态;而在立法和司法中大量使用的不真正连带责任的侵权责任形态,没有一个能够直接与其对应的侵权行为形态。具体表现为:

共同侵权行为→连带责任

分别侵权行为→按份责任或者连带责任

　　　？　　　→不真正连带责任

在这个多数人侵权行为的体系中,残缺部分显而易见。

2.多数人侵权行为与责任的完整体系

经过长期研究,本书认为用竞合侵权行为的概念能够填补这一理论残缺,使竞合侵权行为对应不真正连带责任,从而与其他多数人侵权行为与责任一起,构成多数人侵权行为与责任的完整理论体系。

本书提出的多数人侵权行为形态与多数人侵权责任形态的对接关系体系如下:

共同侵权行为→连带责任

分别侵权行为→按份责任或者连带责任

竞合侵权行为→不真正连带责任

这样的侵权行为形态和侵权责任形态的对接体系,构成了完整的、完善的多数人侵权行为及责任的理论体系,是非常理想的,也是多数人侵权行为及责任理论的最新发展。

二、共同侵权行为与连带责任

(一)共同侵权行为

1.共同侵权行为的概念

《民法典》第1168条规定:"二人以上共同实施侵权行为,造成他人损害的,应当承担连带责任。"这规定的就是共同侵权行为。

---

[67] 侯国跃:《中国侵权法立法建议稿及理由》,法律出版社2009年版,第50页。

[68] [日]潮见佳男:《不法行为法Ⅱ》(第2版),信山社出版株式会社2011年版,第196~197页。贡献度的概念与我国侵权法的原因力概念相同。

[69] 杨立新:《论竞合侵权行为》,载《清华法学》2013年第1期。

共同侵权行为，是指数人基于主观的或者客观的关联共同实施侵权行为，造成他人人身、财产的损害，应当承担连带责任的多数人侵权行为。这里说的共同侵权行为是狭义概念，即典型共同侵权行为。

共同侵权行为概念有广义、狭义之分。广义的共同侵权行为除包括典型共同侵权行为之外，还包括共同危险行为、非典型共同侵权行为。狭义的共同侵权行为仅指典型共同侵权行为，是广义共同侵权行为的类型之一。

2. 共同侵权行为的法律特征

（1）共同侵权行为的主体须为多个人。共同侵权行为的主体即共同加害人须由二人或二人以上构成，单个的侵权人无论实施何种行为，都不能构成共同侵权行为。这是共同侵权行为的量的规定性。共同加害人可以是自然人，也可以是法人。

（2）共同侵权行为的行为人之间具有主观意思联络即主观关联共同或者客观关联共同。构成共同侵权行为，数个行为人须具有关联共同。关联共同分为主观共同关联性与客观共同关联性。主观共同关联性，是指数人对于违法行为有通谋或共同认识，对于各行为所致损害均应负连带责任。客观共同关联性，是指数人所为违法行为导致同一损害的，纵然行为人相互间无意思联络，仍应构成共同侵权行为。这种类型的共同侵权行为，其共同关联性乃在于数人所为不法侵害他人权利的行为，在客观上为被害人所受损害的共同原因。[70]

（3）数个共同加害人的共同行为所致损害为同一且不可分割。共同加害人的行为是相互联系的共同行为，其行为无论是否有分工，都造成同一损害结果，而不是把每个加害人个人的独立行为所引起的后果机械相加。如果没有共同的损害结果，则不构成共同侵权行为。

（4）数个行为人的行为与损害结果之间具有因果关系。在共同侵权行为中，各个行为人的行为尽管对共同的损害结果发生的原因力不会相同，但必须都与损害结果之间存在因果关系，行为具有原因力。

3. 共同侵权行为的立法基础

共同侵权行为的立法基础主要有以下几点：

（1）置民事权益受损害的人以更为优越的法律地位。现代民法以权利为本位，民法所要保护的，就是民事主体的民事权利及其他法益。侵权法的立法基点，就是以损害赔偿为主要手段，救济受到损害的民事权利，从更广阔的范围来说，就是消除社会危险因素，保障民事主体权益不受侵害。数人共同侵害他人权利，无论是从加害人的数量上还是侵权行为的危害上，社会危险因素显然超过一般的侵权行为，给受害人造成的损害更为严重。法律确定所有参加共同侵权行为之人，无论是实行行为人，还是教唆人、帮助人，以及共同危险行为人，均须对受害人承担连带责任，因而使受害人处于优越地位，其损害赔偿请求权无论在何种情况下，只要能够找到一个共同加害人，或者只要有一个共同加害人有赔偿能力，就能够保障实现，避免了共同加害人各负其责，当若干共同加害人无力赔偿时，受害人的赔偿请求权不能完全实现的弊病。这是确立共同侵权行为制度的立法主旨。

---

[70] 孙森焱：《新版民法债编总论》（上册），台北，三民书局2004年版，第276～278页。

(2)加重共同侵权人的责任,惩戒民事违法,减少社会危险因素。在一般情况下,行为人只对自己的行为负责,对于不是自己的行为,无论造成什么样的损害后果,也不负责任。除此之外,责任与行为要相适应,"罚不当罪"则不能达到恰当的制裁效果。但是,在共同侵权行为中,让共同加害人承担连带责任,就外部而言,这是一个完整的责任,无论某一个共同加害人的行为与结果发生多大的原因力,都不能只承担自己应承担的那一份责任,而是要承担全部责任;受害人不仅能向全体加害人要求赔偿,也可以向任何一个共同加害人请求赔偿,这个人或这些人也就应当承担全部赔偿责任。共同侵权行为的这些规则,都是为了加重共同侵权人的责任,不仅能够实现保护受害人一般权利的目的,而且更从一般预防的角度,惩戒民事违法行为,警戒社会,教育群众,最大限度地减少和预防社会危险因素,使民事主体的权利在普遍意义上得到保障。

4. 共同侵权行为的本质

共同侵权行为的本质究竟是什么,历来有不同的主张。一是意思联络说,认为共同加害人之间必须有意思联络即共同故意始能构成。二是共同过错说,认为共同侵权行为的本质特征在于数个行为人对损害结果具有共同过错,既包括共同故意,也包括共同过失。[71] 三是共同行为说,认为共同行为是共同加害人承担连带责任的基础,共同加害结果的发生,总是同共同加害行为紧密联系,不可分割。[72] 四是关联共同说,认为共同侵权行为以各个侵权行为所引起的结果有客观的关联共同足矣,各行为人间不必有意思联络。[73] 上述各种主张,可分为两种基本观点。前两种观点认为共同侵权行为的本质在于主观方面,后两种观点认为共同侵权行为的本质为客观方面。

我国的侵权法学说对共同侵权行为的本质,长期坚持的是主观立场。在最早的民法教科书即《中华人民共和国民法基本问题》中就采这种立场,认为共同侵权行为的构成需要数人具有共同意思联络。[74] 在改革开放之后最早的民法教科书《民法原理》中,认为几个行为人之间在主观上有共同致害的意思联络,或者有共同过失,即具有共同过错。[75] 近年来,有些学者采取扩大连带责任适用范围的立场,把共同侵权行为分为意思联络的共同侵权行为和非意思联络的共同侵权行为。构成共同侵权,数个侵权人均需要有过错,或者为故意或者为过失,但是无须共同的故意或者意思上的联络;各个侵权人过错的具体内容相同或者相似即可。[76]

共同侵权行为的本质特征应当从主观标准向客观标准适当过渡,可以借鉴共同侵权行为的本质特征为关联共同的立场,将共同侵权行为分为主观关联共同和客观关联共同。其依据是,数人共同不法侵害他人权利,对于被害人所受的损害,之所以应负连带责任,系因数人的侵权行为具有共同关联性。所谓共同关联性即数人的行为共同构成违法行为的原

---

[71] 王利明主编:《民法·侵权责任法》,中国人民大学出版社1993年版,第354页;杨立新、韩海东:《侵权损害赔偿》,吉林人民出版社1988年版,第135~137页。
[72] 邓大榜:《共同侵权行为的民事责任初探》,载《现代法学杂志》1982年第3期。
[73] 欧阳宇经:《民法债编通则实用》,台北,汉林出版社1977年版,第78页。
[74] 中央政法干部学校民法教研室编著:《中华人民共和国民法基本问题》,法律出版社1958年版,第330页。
[75] 佟柔主编:《民法原理》,法律出版社1983年版,第227页。
[76] 张新宝:《侵权责任法原理》,中国人民大学出版社2005年版,第81页。

因或条件,因而发生同一损害。

5. 共同侵权行为的类型

(1)主观共同侵权行为。主观共同侵权行为就是数人有意思联络的主观的共同侵权行为,是指数人基于共同故意产生的共同侵害他人权利造成损害的行为,其加害人包括《民法典》第1169条规定的教唆人和帮助人。

主观共同侵权行为的条件是:一是行为人为二人以上;二是行为人具有共同故意;三是行为的共同性,可能有分工的不同,但每一个人的行为都是共同侵权行为的组成部分;四是造成同一个损害结果,是共同侵权人共同造成的损害后果,各行为人的行为与损害结果均具有因果关系。

(2)客观共同侵权行为。客观共同侵权行为是客观的关联共同,是指数人虽然没有共同的意思联络,但是数个行为人实施的行为是损害发生的共同原因,造成同一损害结果,且该损害结果不可分割。这种侵权行为虽然不具有主观上的共同故意的特征,但由于行为人之间行为具有相互结合的关联性,并且造成了同一个不可分割的损害结果,而形成了一个侵权行为,行为人应当承担连带责任。

客观共同侵权行为的条件是:其一,行为人的共同性,即侵权人应为二人以上;其二,过失的共同性,即数人均具有过失,至于是否成立共同过失,则不论;其三,结果的共同性,即数人的行为已经造成了同一个损害结果,且该损害结果不可分;其四,原因的共同性,即数人的行为对于损害的发生均为不可缺的原因,并且须这些行为结合为一体,才能够造成同一的损害结果,缺少任何一个行为,都不能造成这种结果;如果缺少这个行为仍然会造成这个损害,该行为不构成共同侵权行为。

6. 共同加害人

共同加害人也叫共同侵权人,是共同侵权行为的行为主体,是基于主观关联共同或者客观关联共同实施加害行为,造成他人损害的数个行为人。作为共同侵权行为的行为主体,共同加害人应当是二人或者二人以上,不能由单个人构成。共同加害人既可以是自然人,也可以是法人、非法人组织。

在简单的主观共同侵权行为中,各个共同加害人都是实行人,各个共同加害人都实施了致害他人的行为。在共同故意的形式下,各个共同加害人之间可能有分工的不同,在共同侵权行为中担负不同的角色,完成不同的任务,但他们的行为都是直接的共同侵权行为,因而都是实行人。在共同过失的形式下,其共同加害人只能是实行人,不可能有分工的不同或分担任务的不同。

在复杂的主观共同侵权行为中,共同加害人分为实行人、教唆人和帮助人。实行人是实施具体致人损害行为的人。教唆人是造意者,是共同侵权行为的造意者,在共同侵权行为的共同故意中,起策划、主使、教唆的作用。在他的主观意志支配下,实行人具体实施侵权行为,实现教唆人的造意。帮助人是对实行人予以帮助,使侵权行为得以实施的人,如提供损害工具,帮助创造侵权条件等。

教唆人和帮助人只能存在于以共同故意构成的共同侵权行为中,其在主观上必须与实行人有共同的意思联络。在教唆行为中,教唆人与实行人的主观故意容易判断,双方有一致的意思表示,即可确认,其表示形式为明示、默示均可。在帮助行为中,实行人与帮助人的共同故意应当证明。教唆人与帮助人均须未直接参与实施具体的侵害行为,只是由于他们与实行人之间的共同意思联络,使他们的行为形成了共同的、不可分割的整体。教唆人与帮助人直接参与实施侵权行为,则为实行人。《民法典》第1169条第1款规定:"教唆、帮助他人实施侵权行为的,应当与行为人承担连带责任。"

共同加害人均应承担连带责任。在这一前提下,各个共同加害人对自身的过错和原因力承担相应的份额。教唆人和帮助人在确定内部责任份额时,不以其身份的不同确定责任份额的轻重,同样以过错程度和行为的原因力确定各自的责任份额。

(二)共同危险行为

1. 共同危险行为的概念

共同危险行为又称为准共同侵权行为,是指二人或二人以上共同实施有侵害他人权利危险的行为,并且已造成损害结果,但不能判明其中谁是加害人的多数人侵权行为。《民法典》第1170条规定:"二人以上实施危及他人人身、财产安全的行为,其中一人或者数人的行为造成他人损害,能够确定具体侵权人的,由侵权人承担责任;不能确定具体侵权人的,行为人承担连带责任。"这确定了共同危险行为的侵权行为类型和基本规则。

数人均有加害行为而致损害,如果这一损害的发生是由于全体行为人的行为所致,这是共同侵权行为;如果这一损害的发生是由其中一人或一部分人的行为所致,而且已经判明谁是加害人,这是一般的侵权行为或者共同侵权行为,已经判明与损害没有因果关系的行为人不负侵权责任;如果损害事实已经发生,并可判明损害确系数人的危险行为所致,但不能明确为何人所致,这就是共同危险行为。

2. 共同危险行为的法律特征

(1)行为为数人实施。共同危险行为的行为主体必须是二人或二人以上,这是共同危险行为成立的基本条件之一。一个人实施的行为即使造成他人损害,也只是一般侵权行为,不是共同危险行为。

(2)行为的性质具有危险性。共同危险行为的危险性,指的是侵害他人人身权利、财产权利的可能性,在主观上,行为人没有致人损害的故意,既没有共同故意,也没有单独故意,只存在疏于注意义务的共同过失;在客观上,数人实施的行为有致人损害的现实可能性,这种致害他人的可能性可以从行为本身、周围环境以及行为人对致害可能性的控制条件上加以判断;此外,这一行为没有人为的侵害方向,共同危险行为不针对任何特定的人。

(3)具有危险性的共同行为是致人损害的原因。在共同危险行为中,共同危险行为的危险性虽然是一种可能性,但就行为造成的损害而言,这种危险性已经转化为现实的、客观的损害结果,具有危险性的共同行为与损害事实之间具有客观的因果关系。共同危险行为与损害结果没有因果关系的,不构成共同危险行为。

(4)损害结果不是共同危险行为人全体所致且不能确定具体加害人。在共同危险行为中,损害结果的发生不是共同危险行为人全体所致,但在全体共同危险行为人之中又不能判明究竟谁是真正的加害人。只有损害结果不是全体共同危险行为人所致,又不能判明具体侵权人,才能构成共同危险行为。

3. 共同危险行为人

共同危险行为人是共同危险行为的行为主体，是实施共同危险行为并造成他人损害的数个行为人。

共同危险行为人一般由自然人构成。数个自然人实施共同危险行为，该数个自然人构成共同危险行为主体。在某些情况下，共同危险行为人也可以由法人、非法人组织构成。

共同危险行为人是一个整体，不可分离。这是共同危险行为人与共同加害人之间的明显区别之一。共同加害人可以分为实行行为人、教唆人和帮助人，即使是实行行为人，也可以有不同的分工。共同危险行为人没有实行行为人、教唆人和帮助人的区别，在实施共同危险行为时，一般也没有行为轻重的区别。共同危险行为人的不可分离性，产生于共同危险行为人的共同过失。在共同危险行为中，把行为人联结在一起的是共同过失。共同危险行为的共同过失，表现为数个行为人共同地疏于保护他人权利。它表现为，共同危险行为人共同实施具有危险性的行为时，应当注意避免致人损害，但由于疏忽或懈怠而违反了这种注意义务。这种过失存在于每一个共同危险行为人的观念之中，成为造成损害的主观因素。共同危险行为人参与这种具有危险性行为的本身，就证明他们具有这种疏于注意的共同过失。这种共同过失把共同危险行为人联结成为一个共同的、不可分割的整体，成为一个共同的行为主体。共同危险行为人的整体性对确定共同危险行为责任具有决定性的意义。

4. 法律后果

共同危险行为与共同侵权行为一样，须承担连带责任。但是在责任份额的确定上，却有所不同。共同侵权人的个人责任份额，可以按照各自的过错程度和行为的原因力予以确定，因而共同加害人实际分担的责任份额并不平均。由于共同危险行为人在实施共同危险行为中，致人损害的概率相等，过失相当，而且由于共同危险行为的责任的不可分割性，所以在共同危险行为人的最终责任划分上，一般是平均分担的，各人以相等的份额对损害结果负责，在等额的基础上，承担连带责任。只有在"市场份额"规则下，可以采用市场份额确定各个共同危险行为人的责任份额。[77]

（三）非典型共同侵权行为

非典型共同侵权行为是与《民法典》第1168条规定的典型共同侵权行为相对应的概念，是指有主有从的数个共同行为人之间不存在共同意思联络，主行为与从行为构成客观关联共同，造成同一个损害结果，共同行为人应当承担混合责任的共同侵权行为类型。

非典型共同侵权行为与典型共同侵权行为的联系是，非典型共同侵权行为与典型共同侵权行为存在必然联系。一方面，两种侵权行为都是多数人侵权行为，行为人的行为都存在客观关联共同；另一方面，对非典型共同侵权行为的教唆、帮助行为与监护人的监护过失行为，本来就规定在教唆、帮助行为是共同侵权行为的《民法典》第1169条这一个条文中，表达了它与典型共同侵权行为之间的必然联系。

非典型共同侵权行为与典型共同侵权行为之间又存在明显区别。非典型共同侵权行

---

[77] 这种例外情况，参见《民法典》第67条规定。

为在行为结合的紧密程度、行为的原因力、行为的法律后果等方面,与典型共同侵权行为并非完全一致。

两种共同侵权行为在共同特征与不同个性之间,非典型共同侵权行为与典型共同侵权行为的共性大于个性,因此,非典型共同侵权行为也是共同侵权行为,与典型共同侵权行为、共同危险行为同居于一个体系内,成为共同侵权行为的三种不同类型之一。结论是,非典型共同侵权行为与典型共同侵权行为以及共同危险行为都是共同侵权行为,只是类型存在差别。

对于如何认定教唆人、帮助人在教唆、帮助无民事行为能力人或者限制民事行为能力人实施侵权行为时的主观状态,《侵权责任编解释(一)》第11条规定适用主观标准,即教唆、帮助无民事行为能力人、限制民事行为能力人实施侵权行为,教唆人、帮助人以其不知道且不应当知道行为人为无民事行为能力人、限制民事行为能力人为由,主张不承担侵权责任或者与行为人的监护人承担连带责任的,法院不予支持。

(四)连带责任

1. 连带责任的概念

共同侵权行为的法律后果,是由共同行为人承担连带责任。这种侵权连带责任,是指受害人有权向共同侵权人或共同危险行为人中的任何一个人或数个人请求赔偿全部损失,而任何一个共同侵权人或共同危险行为人都有义务向受害人负全部的赔偿责任;共同加害人中的一人或数人已全部赔偿了受害人的损失,则免除其他共同加害人向受害人应负的赔偿责任。《民法典》第178条对连带责任规则予以确认。

确定共同侵权行为和共同危险行为连带责任的目的,是加重行为人的责任,使受害人处于优越的地位,保障其赔偿权利的实现。共同侵权人与共同危险行为人承担连带责任的根据在于数人均具有关联共同或者共同过失,因此数人的行为形成一个统一的、不可分割的整体,各个行为人的行为都构成损害发生的原因,故各行为人均应对损害结果负连带责任。确认这种连带责任,使受害人的损害赔偿请求权简便易行,举证负担较轻,请求权的实现有充分的保障,受害人不必由于共同行为人中的一人或数人难以确定,或因为共同行为人中的一人或数人没有足够的财产赔偿,而妨碍其应获得的全部赔偿数额。非典型共同侵权行为则加重主行为人的责任,从行为人则承担按份责任,只对自己的过错负责。

2. 连带责任的法律特征

(1)共同侵权连带责任是对受害人的整体责任。共同侵权的各个行为人都对受害人负连带责任,意味着他们都有义务向受害人承担全部赔偿责任。无论各行为人在共同侵权行为、共同危险行为中所起的作用和过错如何不同,都不影响连带责任的整体性,对外,每个行为人都对受害人的损害承担全部赔偿责任。

(2)受害人有权请求共同侵权人或共同危险行为人中的任何一个人承担连带责任。正因为共同侵权连带责任是对受害人的整体责任,因此,受害人有权在共同侵权行为人或者共同危险行为人中选择责任主体,既可以请求共同行为人中的一人或数人赔偿其损失,也可以请求全体共同行为人赔偿其损失。

(3)共同侵权连带责任的各行为人内部分有责任份额。共同加害人和共同危险行为人对外承担整体责任,不分份额;对内,应依其过错程度和行为的原因力,对自己的责任份额负责。各行为人各自承担自己的责任份额,是连带责任的最终归属。一方面,在确定全体共同行为人的连带责任时,须确定各自的责任份额,对外连带负责;另一方面,当部分共同行为人承担了超出自己责任份额以外的责任后,有权向没有承担应承担的责任份额的其他共同行为人求偿。

(4)连带责任是法定责任不得改变。共同侵权连带责任是法定责任,不因共同行为人内部责任份额或内部约定而改变其连带责任性质。在共同侵权人的连带责任中,共同行为人内部基于共同协议免除或减轻某个或某些行为人的责任,对受害人不产生效力,不影响连带责任的适用,只对其内部发生约束力。

3.连带责任的适用范围

关于连带责任的适用范围,很多人认为连带责任是共同侵权行为的法律后果,因此,只有共同侵权行为才承担连带责任。《民法典》第178条第3款明确规定,连带责任,由法律规定或者当事人约定。并不是只有共同侵权行为才承担连带责任。由于连带责任是较重的共同责任,因此,只有法律明确规定或者当事人约定适用连带责任的,才能够适用。《民法典》规定了11种连带责任,其他法律以及最高人民法院的司法解释中也规定了适用连带责任的具体情形,应当依照这些规定,确定行为人是否承担连带责任。

4.连带责任体系及其承担规则

连带责任的新发展,是在连带责任中出现了混合责任和部分连带责任。混合责任也叫作单向连带责任,是在连带责任中,有的责任人承担连带责任,有的责任人承担按份责任,是连带责任与按份责任混合在一起的连带责任形态。部分连带责任也被称为比例连带责任,是在一个损害中,有的部分由连带责任人连带承担,有的部分由非连带责任人单独承担的多数人侵权责任形态。

连带责任的规则分为以下几种不同形式:

(1)典型连带责任。典型连带责任的规则是《民法典》第178条第1、2款规定的规则:

一是中间责任。《民法典》第178条第1款规定的是中间责任规则:"二人以上依法承担连带责任的,权利人有权请求部分或者全部连带责任人承担责任。"任何一个连带责任人都有义务满足赔偿权利人的全部赔偿请求。

二是最终责任。《民法典》第178条第2款前段规定的是最终责任规则:"连带责任人的责任份额根据各自责任大小确定;难以确定责任大小的,平均承担责任。"连带责任的最终责任须分为不同的份额,按照连带责任人的过错程度和行为原因力的大小,分配给每一个连带责任人。

三是承担了中间责任的连带责任人可以向最终责任人行使追偿权。《民法典》第178条第2款后段规定的是追偿规则:"实际承担责任超过自己责任份额的连带责任人,有权向其他连带责任人追偿。"通过中间责任人行使追偿权,将责任分配给最终责任人。

(2)混合责任。《民法典》第1169条第2款、第1189条、第1191条第2款和第1193条等规定的"相应的责任",概括的是非典型共同侵权行为的混合责任。这种责任分担形式实际上也是连带责任,但其特殊性是,在连带责任的分担中,有的责任人承担连带责任,有的责任人承担按份责任,因此,形成了连带责任的这样一个特殊类型。在《民法典》第1169条第 2 款规定的教唆、帮助无民事行为能力人或者限制民事行为能力人实施侵权行为的侵权案件中,教唆人和帮助人承担的是"侵权责任",有过错的监护人承担的是"相应的责任",这就是在该连带责任中,有的责任人承担连带责任,有的责任人承担按份责任,构成混合责任。同样,《民法典》第 1209 条规定的租车、借车的损害赔偿责任,租车人或者借车人(机动车使用人)承担的是侵权责任,是连带责任,机动车所有人如果有过错,承担的"相应的"责任即按份责任,构成混合责任。

大陆法系侵权法没有混合责任形态,美国侵权法连带责任中的单独责任就是混合责任。《美国侵权法重述》(第三次)责任分担编第 11 节(单独责任的效力)规定,"当依据适用法律,某人对一受害人的不可分伤害承担单独责任时,该受害人仅可以获得该负单独责任者在该受害人应得赔偿中所占的比较责任份额",并且把这种责任形态叫作混合责任。[78]这就是在数人侵权的连带责任中,有的责任人承担连带责任,有的责任人承担单独责任(按份责任),承担单独责任的单独责任人只承担受害人应得赔偿中的自己的份额,这就是按份责任。[79]

混合责任的规则是:

一是混合责任人中的连带责任人承担中间责任。混合责任中的连带责任人就全部赔偿责任承担责任。如果被侵权人起诉其承担全部责任,连带责任人有义务承担全部赔偿责任,其中不属于他的份额的部分,为中间责任。

二是混合责任人中的按份责任人只承担按份的最终责任。混合责任中的按份责任人只承担按照份额确定的最终责任,不承担中间责任。如果被侵权人起诉按份责任人承担中间责任,按份责任人可以依据《民法典》第 1169 条第 2 款和第 1209 条等规定其承担"相应的"责任而予以抗辩,法官应当予以支持。

三是承担了中间责任的连带责任人有权向按份责任人进行追偿。混合责任中的连带责任人承担了超出自己责任份额之外的中间责任的,有权向没有承担最终责任的责任人包括连带责任人和按份责任人进行追偿,实现最终责任的分担。

除此之外,《侵权责任编解释(一)》第 12 条还规定了混合责任的具体规则,即教唆、帮助无民事行为能力人、限制民事行为能力人实施侵权行为,被侵权人合并请求教唆人、帮助人以及监护人承担侵权责任的,依照《民法典》第 1169 条第 2 款的规定,教唆人、帮助人承担侵权人应承担的全部责任;监护人在未尽到监护职责的范围内与教唆人、帮助人共同承担责任,但责任主体实际支付的赔偿费用总和不应超出被侵权人应受偿的损失数额。监护人先行支付赔偿费用后,就超过自己相应责任的部分向教唆人、帮助人追偿的,法院应予支持。此外,《民法典》第 1189 条、第 1191 条第 2 款和第 1193 条等也规定了与此基本相同的混合责任具体规则。

(3)部分连带责任。部分连带责任是指在多数人侵权行为中,对于一个完整的损害,有的部分由全体行为人承担连带责任,有的部分由单独行为人承担单独责任的侵权连带责任

---

[78] [美]肯尼斯·S.亚伯拉罕、[美]阿尔伯特·C.泰特选编:《侵权法重述——纲要》,许传玺、石宏等译,法律出版社 2006 年版,第 346、355 页。

[79] 杨立新:《多数人侵权行为及责任理论的新发展》,载《法学杂志》2012 年第 7 期。

形态。

部分连带责任的特征:第一,承担部分连带责任的侵权行为形态,是多数人侵权行为,而不是单独侵权行为;第二,多数人侵权行为所造成的同一个完整的损害分成两个部分,一部分可请求承担连带责任,另一部分只能请求承担单独责任;第三,对于应当承担连带责任的部分,应当由全体连带责任人承担,对于应当单独承担赔偿责任的部分,应当由承担单独责任的行为人单独承担。正因如此,部分连带责任与典型的连带责任的规则是不同的。

我国《民法典》规定了两种部分连带责任:

一是对损害的扩大部分的连带责任。《民法典》第1195条第2款规定的是部分连带责任,即对于造成的网络损害事实,被侵权人行使通知权之前的损害,由侵权的网络用户承担单独责任,对于被侵权人行使通知权利之后的损害,由网络用户和网络服务提供者共同承担连带责任。

二是半叠加分别侵权行为的连带责任。在半叠加的分别侵权行为中,对于原因力重合部分的损害,由全体分别侵权行为人承担连带责任,对于原因力不重合部分的损害,由单独行为人承担单独责任。例如,《生态环境侵权责任解释》第7条第1款规定的就是半叠加分别侵权行为的部分连带责任。

三、分别侵权行为与连带责任和按份责任

(一)分别侵权行为的概念与类型

1. 分别侵权行为的概念与特征

分别侵权行为,是指数个行为人分别实施侵权行为,既没有共同故意,也没有共同过失,只是由于各自行为在客观上的联系,造成同一个损害结果的多数人侵权行为。

分别侵权行为具有以下法律特征:

(1)两个以上的行为人分别实施侵权行为。分别侵权行为最基本的特征,是行为人为两人以上,因此符合多数人侵权行为的要求,属于多数人侵权行为的范畴。"分别"的含义:一是数个行为人各自进行,自己实施自己的侵权行为,客观上没有关联共同;二是各个行为人在各自实施侵权行为时,没有主观上的联系。

(2)数个行为人实施的行为在客观上针对同一个侵害目标。分别侵权行为的数个行为人在实施侵权行为时,尽管没有主观上的联系,但在客观上,每一个行为人实施的侵权行为实际上都针对同一个侵害目标。

(3)每一个人的行为都是损害发生的共同原因或者各自原因。分别侵权行为的数个行为人的行为都作用于同一侵害目标,是损害发生的共同原因,或者是损害发生的各自原因。共同原因,是数个行为人的行为结合在一起,共同作用于受害人的权利,集中地造成了受害人的同一个损害。各自原因,是数个行为人的行为分别作用于受害人的权利,造成了受害人同一权利的损害后果。

(4)造成了同一个损害结果且该结果可以分割。分别侵权行为的一个本质特点是,虽然造成了一个损害结果,但该结果可以分割。在对物的损害中,这种情形尤为明显。如果受害人受到的损害不可分割,就有可能属于客观关联共同的共同侵权行为,不构成分别侵权行为。

2. 分别侵权行为的类型

分别侵权行为分为三种类型,即典型的分别侵权行为、叠加的分别侵权行为和半叠加的分别侵权行为。其中半叠加的分别侵权行为并非由《民法典》第1171条和第1172条所规定,而是从上述两个条文的逻辑推导出来的分别侵权行为类型。

(1)典型的分别侵权行为。按照《民法典》第1172条的规定,"二人以上分别实施侵权行为造成同一损害,能够确定责任大小的,各自承担相应的责任;难以确定责任大小的,平均承担责任",这种分别侵权行为,是典型的分别侵权行为,其后果是按份责任,每个行为人只对自己的行为后果承担侵权责任,不存在连带责任的问题。

(2)叠加分别侵权行为。叠加分别侵权行为就是《民法典》第1171条规定的"二人以上分别实施侵权行为造成同一损害,每个人的侵权行为都足以造成全部损害的,行为人承担连带责任"的侵权行为。但这并不是分别侵权行为的典型形态。叠加的分别侵权行为的特点是:每一个行为人的行为都是分别实施的,但是,每一个人的行为都是损害发生的全部原因,都具有100%的原因力,而损害结果却只是同一个,且不可分割。

(3)半叠加分别侵权行为。半叠加分别侵权行为是介于典型分别侵权行为与叠加分别侵权行为之间的分别侵权行为,是在两个以上的行为人分别实施侵权行为,有的行为人的行为足以造成全部损害,具有全部原因力,有的行为人的行为不能造成全部损害,只有部分原因力的分别侵权行为。其后果是成立部分侵权行为,即对于损害重合部分,每一个行为人都要承担连带责任,对于损害不重合的部分,由具有全部原因力的行为人单独承担侵权责任。

(二)分别侵权行为的责任形态

1. 典型分别侵权行为承担按份责任

典型的分别侵权行为,应当按照各自的行为的原因力,各自承担按份责任,不实行连带责任。理由是,无过错联系的各行为人没有共同过错,不具备共同侵权行为的本质特征,不应当承担共同侵权行为的民事责任。

《民法典》第177条规定:"二人以上依法承担按份责任,能够确定责任大小的,各自承担相应的责任;难以确定责任大小的,平均承担责任。"确定典型的分别侵权行为的按份责任,应当依照以下规则处理:

(1)各个分别侵权行为人对各自的行为所造成的后果承担责任。典型的分别侵权行为属于单独侵权而非共同侵权,各行为人的行为只是单独行为,各行为人只能对其行为所造成的损害后果负责。在损害结果单独确定的前提下,应当责令各行为人就其行为所造成的损害承担赔偿责任。

(2)依照分别侵权行为人各自行为的原因力确定责任份额。分别侵权行为在多数情况下有一个共同的损害结果。各行为人在共同损害结果中无法确定自己的行为所造成的后果时,按照各行为人所实施行为的原因力,按份额各自承担责任。

(3)无法区分原因力的应当平均承担责任,确定各自应当承担的责任份额。

(4)不实行连带责任,各个行为人只对自己的份额承担责任,不对他人的行为后果负责。

2. 叠加分别侵权行为承担连带责任

叠加分别侵权行为中的数人承担连带责任。其基本规则包括以下几点:

（1）对外的中间责任。连带责任的对外效力，被视作一个侵权责任。被侵权人可以向数个行为人中的任何一个行为人请求承担全部赔偿责任，每一个分别侵权行为人都应当就全部损害承担赔偿责任。对此，应当依照《民法典》第 178 条第 1 款规定的规则承担中间责任。

（2）对内的最终责任。连带责任的内部效力，是指数个连带责任人的最终责任应当按照份额确定。对此，应当按照《民法典》第 178 条第 2 款前段规定的规则进行。

（3）追偿权。承担中间责任超过自己赔偿数额的连带责任人，有权向其他连带责任人追偿，实现最终责任，依照《民法典》第 178 条第 2 款后段规定的规则进行。

3. 半叠加分别侵权行为承担部分连带责任

半叠加分别侵权行为采用部分连带责任规则分担责任。例如，一个分别行为人的行为原因力是 50%，另一个行为的原因力是 100%；其中重合的部分是 50%，就此，全体分别侵权行为人承担连带责任；原因力不重合部分的损失，由单独行为人单独承担责任。故承担连带责任的一方行为人的中间责任为 50%，最终责任为 25%。

对于半叠加的分别侵权行为承担部分连带责任，《生态环境侵权责任解释》第 7 条第 1 款予以确认。该条规定："两个以上侵权人分别污染环境、破坏生态，部分侵权人的行为足以造成全部损害，部分侵权人的行为只造成部分损害，被侵权人请求足以造成全部损害的侵权人对全部损害承担责任，并与其他侵权人就共同造成的损害部分承担连带责任的，人民法院应予支持。被侵权人依照前款规定请求足以造成全部损害的侵权人与其他侵权人承担责任的，受偿范围应以侵权行为造成的全部损害为限。"在司法实践中审理半叠加的分别侵权行为纠纷案件，就可以参照这一司法解释规定的规则处理。

四、竞合侵权行为与不真正连带责任

（一）竞合侵权行为的概念与类型

1. 竞合侵权行为的概念界定

竞合侵权行为，是指两个以上的民事主体作为侵权人，有的实施直接侵权行为，与损害结果具有直接因果关系，有的实施间接侵权行为，与损害结果的发生具有间接因果关系，行为人承担不真正连带责任的侵权行为形态。

竞合侵权行为是新创立的一种多数人侵权行为形态的概念。在此之前，我国侵权法理论中没有这个概念，只有原因竞合和行为竞合的概念。其中原因竞合的概念，是指构成侵权损害的原因不止一个，而是数个，发生竞合而造成同一个损害。有人将分别侵权行为也叫作原因竞合，[80]这一说法不是特别准确，因为行为与事实等结合也可以形成原因竞合。行为竞合的概念接近于竞合侵权行为的概念，但没有将其提高为多数人侵权行为类型的地位。因而，竞合侵权行为是多数人侵权行为类型的新发展。

2. 竞合侵权行为的类型

我国《民法典》以及司法解释规定了较多的竞合侵权行为的类型，规则各不相同。这既是竞合侵权行为类型的新发展，更是多数人侵权行为及责任承担规则的新发展。竞合侵

---

[80] 侯国跃：《中国侵权法立法建议稿及理由》，法律出版社 2009 年版，第 118～119 页。

行为类型分为以下四种：

(1)提供条件的竞合侵权行为。提供条件的竞合侵权行为，是指两个行为中的从行为(间接侵权行为)与主行为(直接侵权行为)竞合的方式，是从行为为主行为的实施提供了必要条件，没有从行为的实施，主行为不能造成损害后果的竞合侵权行为。换言之，间接侵权人的从行为是直接侵权人的主行为完成的必要条件，且这种间接行为是积极行为，这种竞合侵权行为就是提供条件的竞合侵权行为。典型表现为《民法典》第1202、1203条规定的产品责任规则。

(2)"提供条件+政策考量"的竞合侵权行为。"提供条件+政策考量"的竞合侵权行为，是指符合提供条件的竞合侵权行为的要求，但是基于政策考量，规定间接侵权人先承担中间责任，之后向直接侵权人追偿以实现最终责任的竞合侵权行为。典型表现为《民法典》第1204条、第1252条第1款后段和第1253条规定的责任规则。

(3)提供机会的竞合侵权行为。提供机会的竞合侵权行为，是指两个竞合的行为，从行为为主行为的实施提供了机会，使主行为的实施能够顺利完成的竞合侵权行为。从发挥的作用上考察，提供机会的竞合侵权行为与提供条件的竞合侵权行为有所不同，因为间接侵权人的从行为给直接侵权人的主行为造成损害结果只提供了机会，并不提供条件，因而这种间接行为通常是消极行为。典型表现为《民法典》第1198条第2款规定的未尽安全保障义务的侵权责任，以及第1191条第2款和第1201条规定的侵权行为责任。

(4)提供平台的竞合侵权行为。《消费者权益保护法》第43条和第44条规定的侵权行为类型，就是提供平台的竞合侵权行为。第44条第1款规定："消费者通过网络交易平台购买商品或者接受服务，其合法权益受到损害的，可以向销售者或者服务者要求赔偿。网络交易平台提供者不能提供销售者或者服务者的真实名称、地址和有效联系方式的，消费者也可以向网络交易平台提供者要求赔偿；网络交易平台提供者作出更有利于消费者的承诺的，应当履行承诺。网络交易平台提供者赔偿后，有权向销售者或者服务者追偿。"网络交易平台提供者为网络交易双方当事人提供网络交易平台，销售者销售商品或者服务者提供服务，造成消费者损害的，本无交易平台提供者的责任，但是如果有约定条件或者符合法定条件，就要承担附条件的不真正连带责任。这种提供平台所造成的侵权行为，也属于多数人侵权行为，即提供平台的竞合侵权行为。

(二)竞合侵权行为的责任承担

竞合侵权行为的后果是不真正连带责任。

侵权法上的不真正连带责任，是指多数行为人违反法定义务，对同一个受害人实施加害行为，各个行为人产生的同一内容的侵权责任，各负全部赔偿责任，并因行为人之一的责任履行而使全体责任人的责任归于消灭，或者依照特别规定多数责任人均应当承担部分或者全部责任的侵权责任形态。

不真正连带责任根据竞合侵权行为的不同类型，责任形态有所变化，形成不同的不真正连带责任的类型和规则。四种不同的竞合侵权行为类型，分别对应四种不同的不真正连带责任类型：

1. 必要条件的竞合侵权行为→典型不真正连带责任

提供条件的竞合侵权行为的数个行为，其中一个是主要的侵权行为，另一个是为主要的侵权行为的实施或者损害后果的发生提供必要条件的侵权行为。例如，缺陷产品是由生产者生产的，该产品经过销售者的销售而转移到消费者手中，两个行为竞合，发生同一个损害后果，生产者的行为是主要的侵权行为，销售者的行为就是该主要侵权行为实施的必要条件。提供条件的竞合侵权行为的行为人承担典型不真正连带责任。

典型不真正连带责任的规则是：

(1) 中间责任。在两个不同的不真正连带责任人之间，受害人可以选择其中一个提出损害赔偿请求，即可以向任何一个侵权人请求承担赔偿责任。任何一个不真正连带责任人都有义务承担全部赔偿责任，实现形式上的连带。

(2) 最终责任。不真正连带责任的最终责任不是在不真正连带责任人之间实行实质的连带，即分担责任。该侵权责任必定要由承担最终责任的不真正连带责任人全部承担。不真正连带责任的最终责任只是一个责任，而不是份额的责任。

(3) 追偿权。在不真正连带责任中，不真正连带责任人中的一人承担中间责任后，有权向最终责任人追偿，实现最终责任。中间责任人承担责任后，对最终责任人的追偿是全额追偿，包括必要的费用。

2. "必要条件+政策考量"的竞合侵权行为→先付责任

"必要条件+政策考量"的竞合侵权行为同样是必要条件的竞合侵权行为，但侵权法根据政策考量，改变了这种特定的竞合侵权行为的责任承担规则，由典型的不真正连带责任改为先付责任。这种竞合侵权行为，同样一个是主要的侵权行为，另一个是为主要的侵权行为的实施或者损害后果的发生提供必要条件的侵权行为，这构成必要条件的竞合侵权行为，但由于立法者为了更好地保护受害人，使受害人的损害能够得到更为及时的救济，因而规定受害人直接向提供必要条件的侵权人请求损害赔偿，而不是直接向主要的侵权行为一方请求赔偿，因此形成了先付责任这种特殊的不真正连带责任的类型，其规则的承担也与典型的不真正连带责任不同。[81]《民法典》第1204条规定的产品责任中的第三人责任，第1252条规定的建筑物、构筑物或者其他设施倒塌、塌陷的损害责任，以及第1253条规定的建筑物、构筑物或者其他设施及其搁置物、悬挂物脱落、坠落的损害责任，规定被侵权人可以直接向应当承担中间责任的生产者、销售者或者建设单位、施工单位，或者所有人、管理人、使用人以及第三人请求赔偿；他们承担了赔偿责任之后，再向应当承担最终责任的其他责任人追偿。

先付责任是不真正连带责任的一种变形，是特殊的不真正连带责任，其规则是：第一，承担中间责任的责任人先承担赔偿责任。第三人产品缺陷损害责任中的生产者、销售者不是产品缺陷的制造者，因此不是最终责任人，而是中间责任人。但法律规定，被侵权人应当直接向生产者或者销售者请求赔偿，而不是直接向产品缺陷的制造者即第三人请求赔偿。在建筑物等损害责任中，适用同样的规则。第二，中间责任人在承担了赔偿责任之后，有权向最终责任人进行追偿，追偿的范围是全额追偿，即最终责任的范围是全部赔偿责任。第

---

[81] 杨立新：《侵权责任法》(第2版)，法律出版社2012年版，第129页。

三,索赔僵局及破解:由于《民法典》对先付责任的规则没有规定被侵权人可以直接向最终责任人索赔,因此存在中间责任人无法承担赔偿责任,被侵权人又不能向最终责任人索赔的僵局。当出现上述索赔僵局时,准许被侵权人直接依照《民法典》第1165条第1款规定,向最终责任人起诉追究其赔偿责任。

3. 提供机会的竞合侵权行为→相应的补充责任

提供机会的竞合侵权行为的法律后果是承担相应的补充责任,即有限的补充责任。补充责任也是不真正连带责任的一种变形,是特殊的不真正连带责任。其规则是:

(1)直接侵权人即最终责任人首先承担责任。与先付责任不同,补充责任的最终责任人首先承担侵权责任,而不是中间责任人先承担责任。该最终责任人是第一顺位的侵权责任人,应当首先承担赔偿责任。

(2)间接侵权人承担补充责任。直接侵权人出现赔偿不足或者赔偿不能情形的,由承担中间责任的间接侵权人承担相应的补充责任。相应的补充责任的范围,是与其过错和原因力相适应的责任,而不是全额补充。因而,补充责任人为第二顺位的侵权责任人,对第一顺位的侵权责任人享有先诉抗辩权,以对抗受害人的先付请求。

(3)间接侵权人享有追偿权。由于在相应的补充责任中,间接侵权人承担的补充责任是有限补充责任,且以其过错为基础,原《侵权责任法》第37条第2款、第40条等未规定间接侵权人可以追偿;《民法典》纠正这一规定,第1198条第2款和第1201条都规定,间接侵权人承担了补充责任之后,享有追偿权。

4. 提供平台的竞合侵权行为→附条件的不真正连带责任

附条件的不真正连带责任仍然属于不真正连带责任,其基本特征是提供平台的一方,例如,展销会举办者、柜台出租者以及网络交易平台提供者,造成了消费者权益的损害,只有在符合法律规定的条件时,才对受害人承担不真正连带责任,否则就只能由销售者或者服务者承担赔偿责任;并且平台提供者承担了赔偿责任之后,还有权向造成损害的销售者或者服务者进行追偿。

当附条件的不真正连带责任的所附条件成就时,责任人即承担不真正连带责任。这时的不真正连带责任,与典型不真正连带责任的规则完全一致。

第七节 侵权责任竞合、聚合与并合

一、侵权责任竞合

(一)侵权责任竞合概述

1. 民事责任竞合

民事责任竞合,是指因某种法律事实的出现,而导致两种或两种以上的民事责任产生,各项民事责任相互发生冲突的现象。责任竞合作为一种客观存在的现象,既可以发生在同一法律部门内部,如民法中的违约责任与侵权责任的竞合;也可以发生在不同的法律部门之间,如民事责任与刑事责任、民事责任与行政责任的竞合等。

民事责任竞合,是从民事权利的角度来看,当不法行为人实施的一个行为在法律上符合数个法律规范的要求时,受害人因此产生了多项请求权,这些请求权相互冲突,故又被称为请求权竞合。《民法典》第186条规定了侵权责任与违约责任的竞合的规则:"因当事人一方的违约行为,损害对方人身权益、财产权益的,受损害方有权选择请求其承担违约责任或者侵权责任。"这个条文虽然只规定了违约责任与侵权责任竞合的规则,但是,实际上可以适用于所有的民事责任竞合的情形。

民事责任竞合具有如下特点:

(1)民事责任竞合是由违反民事义务的行为引起的。责任是违反法定义务的必然后果。如果没有民事违法行为,就没有民事责任的产生,当然也就没有民事责任竞合的产生。因此,民事责任竞合是因为行为人违反民事义务所产生的结果。

(2)数个民事责任的产生是由一个违反民事义务的行为造成的。一个不法行为产生数个民事法律责任,或者说一个违反民事义务的行为使对方当事人产生数个请求权,这是民事责任竞合构成的前提条件。违反义务的行为符合两个或两个以上的责任构成要件,行为人虽然仅实施了一个行为,但该行为同时触犯了数个法律规范,并符合法律关于数个责任构成要件的规定,由此使行为人承担数种民事责任。

(3)一个行为产生的数个责任相互冲突。一个民事违法行为产生数个责任,数个责任之间相互冲突,一方面,是指行为人承担不同的法律责任,在后果上是不同的;另一方面,相互冲突意味着因同一不法行为产生的数个责任,彼此间既不能相互吸收,也不应同时并存。相互吸收,是指一种责任可以包容另一种责任。同时并存,是指行为人依法应承担数种责任形式。行为人究竟应当承担一种责任还是数种责任,需要在法律上予以确定。

2.侵权责任竞合

民事责任竞合有不同的表现。侵权责任竞合也叫作侵权请求权的竞合,就是侵权请求权与依其他民事规范产生的请求权是由同一法律事实发生,形成的侵权请求权与其他民事请求权的竞合。

侵权责任竞合的形态包括:

(1)侵权责任与违约民事责任竞合。即一个侵权行为,既产生侵权损害赔偿请求权,又产生违约损害赔偿请求权。行为人的一个行为既产生侵权损害赔偿请求权,又产生违约损害赔偿请求权,两个请求权救济的内容是一致的,权利人只能行使一个请求权。

(2)侵权责任与不当得利责任竞合。侵权责任与不当得利责任竞合,就是一个行为既产生侵权损害赔偿请求权,又产生返还不当得利请求权。

(3)侵权责任与其他民事责任竞合。侵权责任与其他民事责任竞合,就是一个行为既产生侵权损害赔偿请求权,又产生其他民事请求权。

3.民事责任竞合的法律后果

处理侵权责任竞合法律后果的原则,是采取择一方式,即在两个请求权中只能选择一个行使;一个请求权行使后,另一个请求权即行消灭。例如,对于故意领受出纳员多给钱款者,无论是主张返还不当得利请求权,还是主张侵权损害赔偿请求权,内容和标的都是同一具体标的物,并且无事前约定责任,因此,或者选择前者,或者选择后者,只能择其一而行使;并且择其一行使后,另一请求权即行消灭,而不能两个请求权一并行使或者分别行使。

在国外,处理侵权责任与违约责任的竞合主要有三种情况:一是以法国为代表的国家禁止当事人自行选择,合同当事人不得因对方在履行合同过程中有侵权行为而提起侵权诉讼,但合同无效的除外。二是以英美为代表的国家采取有限选择原则,受害人可以选择提出一个请求,如败诉后不得以另一个请求再诉。在一些特殊情况下,法律规定只能以侵权提出诉讼,如人身侵权等。三是以德国为代表的国家规定受害人可以任意选择,如当事人提出侵权之诉后因时效届满等原因被驳回后,还可以违约再提出诉讼;而且在诉讼中也可以变更诉讼请求。尽管各国对侵权责任与违约责任竞合的规定不同,但对于权利人只能行使一个请求权,各国的立法和司法实践的立场是一致的。[82]

(二)侵权责任与违约责任竞合

1. 侵权责任与违约责任竞合的原因

侵权责任与违约责任是两类基本的民事责任。由于民事关系的复杂性和民事违法行为性质的多重性,这两类责任常常发生竞合。这也是《民法典》第186条专门对这种责任竞合作出规定的原因。

侵权责任与违约责任竞合的根本原因在于,一个违约行为不仅侵害了债权人的预期利益,而且侵害了债权人的固有利益。侵害债权人债权的预期利益,产生了违约损害赔偿的请求权,构成违约责任。侵害债权人的固有利益,如人身权益和财产权益,既产生了侵权损害赔偿的请求权,构成侵权责任;也产生了违约损害赔偿请求权,构成违约责任。在侵害固有利益这一点上,两个请求权完全重合在一起。这两个损害赔偿请求权所救济的内容完全一致,保护的内容都是一样的,因此,构成侵权责任和违约责任的竞合。

(1)合同当事人的违约行为,同时侵犯了法律规定的强行性义务,如保护、照顾、通知、忠实等附随义务或其他法定的不作为义务。例如,故意引诱使双方订立不可能履行的合同,使其轻信对方的履行而遭受损失。

(2)侵权性的违约和违约性的侵权。包括两种情况:一是"侵权性的违约行为",即在某些情况下,侵权行为直接构成违约的原因,如保管人依保管合同占有对方的财产以后,非法使用对方的财产,造成财产毁损或者灭失。二是"违约性的侵权行为",即违约行为造成侵权的后果。例如,供电部门因违约中止供电,致对方当事人的财产和人身遭受损害。

(3)不法行为人实施故意侵犯他人权利并造成对他人损害的侵权行为时,在加害人和受害人之间事先存在一种合同关系,这种合同关系的存在,使加害人对受害人的损害行为,不仅可以作为侵权行为,也可以作为违反当事人事先规定的义务的违约行为对待。例如,医生因重大过失造成病人的伤害和死亡,既是一种侵权行为,也是一种违反了事先存在的服务合同的行为。

(4)一种违法行为虽然只符合一种责任要件,但是,法律从保护受害人的利益出发,要求合同当事人根据侵权行为制度提出请求和提起诉讼,或者将侵权行为责任纳入合同责任

---

[82] 浦增平、翟崇林:《民事法律关系中的侵权与违约责任竞合》,载《法学》1989年第11期。

的适用范围。例如,产品责任突破了"合同相对性"规则的限制,允许因产品缺陷遭受损害的第三人向加害人提起侵权之诉。

2. 侵权责任和违约责任的基本区别

研究侵权责任与违约责任的区别,就是给受害人提供进行比较、选择的标准,使当事人经过比较,选择对自己有利的请求权行使,诉请法院予以保护。

选择请求权时,应当基本考虑的侵权损害赔偿和违约损害赔偿的区别,主要有:

(1)诉讼管辖不同。根据我国《民事诉讼法》的规定,因合同纠纷提起的诉讼,由被告住所地或者合同履行地人民法院管辖,合同的双方当事人可以在书面合同中协议选择被告住所地、合同履行地、合同签订地、原告住所地、标的物所在地人民法院管辖。而因侵权行为提起的诉讼,由侵权行为地或者被告住所地人民法院管辖。受害人在起诉时应注意管辖的规定,究竟怎样选择对自己有利。

(2)损害赔偿法律关系发生之前双方当事人之间有无特定的权利义务关系。侵权损害赔偿在发生之前,双方当事人之间没有特定的权利义务关系,受害人在此之前的财产权利、人身权利都是对世权,其义务人并非特定的个人。违约损害赔偿发生之前,双方当事人存在特定的债权债务关系,债权人的权利是对人权,其债务人就是特定合同的一方当事人。合同的义务内容是根据合同当事人的意志和利益关系确定的。所以,某些形式上的双重违法行为,依据侵权法已经构成违法,但依据合同法却可能尚未达到违约的程度,如果当事人提起合同之诉,将不能依法受偿。对此,受害人应当仔细斟酌。

(3)赔偿范围不同。侵犯财产权利的侵权赔偿,应当用相当的实物或现金赔偿,如果受害人因此而遭受其他重大损失的,加害人也应赔偿这些损失。在违约损害赔偿中,损害赔偿计算方法或违约金通常依当事人的事先约定,虽然赔偿范围应当相当于另一方因此所受到的损失,但是不得超过订立合同时应当预见到的因违反合同所可能造成的损失。

(4)举证责任不同。侵权损害赔偿的举证责任通常在受害人,由受害人举证证明加害人的过错,加害人在一般情况下不负举证责任。违约损害赔偿的举证责任在于债务人,债务人不履行债务致对方损害,就推定债务人有过错,因此,债务人负有举证证明自己无过错的责任,债权人即违约行为的受害人不负举证责任。在这一点上,受害人选择违约责任较为有利。

(5)诉讼时效期间的区别。从我国《民法典》的规定来看,因侵权行为所产生的损害赔偿请求权适用3年的时效规定;因国际货物买卖合同和技术进出口合同争议提起诉讼或者申请仲裁的期限为4年。两类责任适用的时效期限有区别,受害人在选择时应当注意这些不同规定,从有利于保护自己利益的角度选择请求权。

(6)责任构成要件和免责条件不同。在违约责任中,行为人只要实施了违约行为,且不具有有效的免责事由,就应当承担违约责任。一般来说,违约是否造成损害后果,不影响违约金责任的成立。但是,在侵权责任中,损害事实是侵权损害赔偿责任成立的前提条件,无损害事实便无侵权责任的产生。

由于侵权责任和违约责任存在以上重要的区别,故在责任竞合的情况下,受害人选择何种请求权,将导致不同法律后果的产生,并严重影响如何保护受害人的利益和制裁不法行为人的问题。

(三)侵权责任与不当得利责任竞合

1. 侵权责任与不当得利责任竞合发生的原因

不当得利,就是在没有法律、合同上的根据,或者虽有根据后来却已消失的情况下,行为人损害他人利益而自己获得利益。《民法典》第122条规定:"因他人没有法律根据,取得不当利益,受损失的人有权请求其返还不当利益。"

不当得利的法律事实发生后,不当得利者理应将其所得利益返还利益所有人,于不当得利者与利益所有人之间发生不当得利之债,利益所有人享有向不当得利者请求返还不当得利的权利;不当得利者负有将不当得利返还给利益所有人的义务。不当得利虽然是在损害利益所有人利益的情况下获得的,但这种法律事实的产生,并不是不当得利者的违法行为造成的,而是由于误解或第三人的过错造成的,因此,返还不当得利并不是法律予以的惩罚,而是一种义务。当这种义务不履行时,将以民事责任的形式,强令不当得利的返还。

因侵权行为而发生不当得利,构成侵权责任与不当得利责任的竞合。发生这种情况的原因有以下几种:

(1)无权处分。在未经权利人同意的情况下,无标的物处分权的人擅自处分他人标的物,可以引起侵权责任和不当得利返还责任,两种责任发生竞合。

(2)非法出租他人财产。无租赁权或未经他人同意而擅自出租他人财产,或在租赁关系消灭以后,拒不返还租赁物而将租赁物出租给他人,从而获取租金,既构成不当得利,亦构成对他人财产权利的侵害;不法行为人应向权利人负返还不当得利或者赔偿损失的责任,形成责任竞合。

(3)非法使用他人之物并获取收益。不法行为人非法使用他人的财产并获取收益,如非法使用他人房屋、租赁期满后不返还租赁物而对租赁物继续使用和收益等,均构成对他人物权的侵害,同时构成不当得利。这两种责任发生竞合,行为人应负侵权责任或者不当得利返还财产的责任。

(4)侵害知识产权而获取利益。行为人侵害他人的知识产权,如抄袭或非法复制他人有著作权的作品、非法使用他人商标或擅自制造并销售有他人注册商标标识的产品、未经专利权人许可而使用其专利等,均构成侵权行为。如果这种侵权行为又使侵权人获利,就构成不当得利的返还财产责任,两种责任发生竞合。

(5)侵害肖像权、名称权、姓名权获得利益。这些人格权具有一定的财产利益,侵害这些权利可能使行为人获得财产上的利益,构成不当得利返还财产的请求权和侵权损害赔偿请求权的竞合。例如,擅自使用他人名称权,获得利益,既构成侵权责任,又构成不当得利返还财产责任,两种责任发生竞合。

2. 不当得利请求权和侵权损害赔偿请求权的区别

侵权损害赔偿与不当得利返还财产,都是基于侵权人的单方行为所生的责任,是与单方行为有关的当事人之间发生的特定权利义务关系。两种责任存在较大差异,适用不同的责任,直接影响行为人的责任范围和受害人的利益保护。因此,受害人选择请求权,不能不加以慎重考虑,应经过反复衡量,选择对自己最有利的请求权行使,诉请人民法院予以保护。

选择侵权损害赔偿请求权还是选择不当得利返还财产请求权,应当注意以下问题:

(1)看行为人一方在造成损害时在主观上是否具有过错,考虑举证责任的不同和债务是否可以抵销。侵权行为和不当得利都给对方当事人造成损失。但是,侵权行为造成损害,一般要求在主观上具有故意或过失的过错。而不当得利一方在获得利益的当时却不具有主观过错,对方的利益损害往往是由他本人的过错行为造成的,或者是由误解、第三人过错等其他原因所致。

(2)看行为人实施行为的结果是否使自己获得了利益,考虑赔偿范围和返还财产的不同。侵权行为与不当得利的共同特点是,都能致使对方当事人遭受财产损失,但在通常情况下,侵权人不能因其侵权行为而得到利益。因此,在一般情况下,并不会发生这种责任竞合。但是,在前述因侵权而获利的时候,就会发生竞合。而构成不当得利,则不当得利者必然得到利益。在选择请求权的时候,如果行为人在实施行为时没有获得利益,就不构成不当得利,被侵权人不能选择行使不当得利的返还财产请求权。如果侵权人获得了利益构成竞合,则要考虑不当得利返还财产的范围与侵权行为责任的赔偿范围:不当得利返还财产的范围,就是不当得利的范围,不包括其他损失的赔偿;侵权责任的赔偿,则除了对所得的财产利益要予以返还外,还分为直接损失和间接损失的赔偿,这种赔偿范围肯定要比不当得利返还财产的范围要宽。

(3)看对于损害后果是否需要其他责任形式救济,考虑行为人所承担的责任方式的不同。侵权行为责任的主要责任方式是赔偿损失,除此之外还包括赔礼道歉、恢复名誉、停止侵害、消除危险等责任方式。当侵权行为造成的后果只靠赔偿损失的责任方式救济还有不周的时候,就可以适用赔偿损失以外的责任方式救济损害。不当得利的责任方式只有一项,就是返还财产,由于它不是违法行为,所以不能适用上述责任方式。

二、侵权责任聚合

(一)侵权责任聚合概述

责任聚合,是指同一法律事实基于法律的规定,以及损害后果的多重性,而应当使责任人承担多种法律责任的形态。[83] 在侵权责任法领域,侵权责任聚合包括两种情形:一是一般的侵权责任聚合;二是特殊的侵权责任聚合。

1. 一般的侵权责任聚合

一般的侵权责任聚合,是指侵权人实施的一个行为造成他人损害,依照法律产生多项侵权请求权,行为人应当承担多项侵权责任的情形。在侵权责任法中,一般的侵权责任聚合是大量的、常见的。例如,侵害他人名誉权,既要承担精神损害赔偿的责任,又要承担消除影响、恢复名誉以及赔礼道歉的责任,四种侵权责任聚合,是为了保护受害人的不同的利益,构成侵权责任聚合。

2. 特殊的侵权责任聚合

特殊的侵权责任聚合,是指侵权人实施的一个行为造成他人损害,依照法律不仅产生侵权请求权,而且还产生了其他民事请求权,侵权人应当承担不同的民事责任的情形。这

---

[83] 王利明:《侵权行为法研究》(上卷),中国人民大学出版社2004年版,第654页。

种责任聚合的形成,是因为一个行为既造成了受害人固有利益的损害,同时也造成了其他的损害,形成多重损害事实,依照责任竞合的规则无法救济受害人的损害,因此法律赋予受害人两个以上的请求权,以救济受害人的损害。

特殊的侵权责任聚合包括以下四种情形:

(1)侵权责任与违约责任聚合。一个履行合同义务的行为,既造成了债权人合同预期利益的损害,又造成了其固有利益的损害,则违约责任和侵权责任发生聚合。例如,买卖合同债务人交付的产品有缺陷,该产品爆炸后造成了债权人的人身损害,其中,产品本身的损失是合同预期利益的损失,产生违约损害赔偿责任;产品缺陷造成人身损害,构成侵权责任。两个损害赔偿请求权救济的目的不同,都有适用的必要,因此形成侵权责任与违约责任的聚合。

(2)侵权责任与不当得利聚合。侵害他人肖像权,既造成权利人的精神损害,又获得不当利益,受害人仅仅享有一个请求权不足以救济其损害,因此构成侵权责任和不当得利责任的聚合。

(3)侵权责任与无因管理责任聚合。在无因管理中,如果管理人在实施管理行为时,不仅支出了管理费用,而且还造成了自己的财产的损害,那么管理人在请求本人承担管理费用的责任之外,还可以请求本人承担侵权的损害赔偿责任。

(4)侵权责任与缔约过失责任聚合。缔约人在缔约过程中,由于自己的过错,造成了对方当事人信赖利益的损失,同时还造成了对方的人身权益或者财产权益等固有利益的损失,仅仅赔偿一种损失不足以救济全部损害,也构成侵权责任与缔约过失责任的聚合。

(二)责任聚合的法律后果

与民事责任竞合的法律后果不同,民事责任聚合及其法律后果是,在侵权损害事实发生前双方有契约关系,并且有法定和约定违约责任的,产生的数个请求权的目的各不相同的,数个请求权可以分别行使。例如,出卖人出卖瑕疵物而致害,买卖合同约定违约责任,依据侵权法出卖人又应当承担侵权责任,故受害人可既追究违约责任,又追究侵权责任。这种责任聚合情形下,数个请求权可以分别行使,不因一个请求权行使完了而影响另一请求权的行使,既然可以分别行使,那么也可以同时向人民法院提出两个请求权的诉讼,人民法院应当同时受理。同一行为产生的两个请求权的目的不同时,可以一并行使。

侵权损害赔偿的主要目的是补偿,如果同时产生的请求权的目的不是请求同一项补偿,而是排除妨碍、消除影响、停止侵害、恢复名誉等时,数项请求权当然可以一并行使,构成责任聚合。

三、侵权责任并合

(一)侵权责任并合的概念及类型

1.侵权责任并合的概念和目的

侵权责任并合,是指在多数人侵权行为中,法律原本规定了一种侵权责任形态,又增加规定了新的侵权人承担同一种侵权责任形态或者其他侵权责任形态,构成更多的侵权人对同一损害承担同一种或者不同种侵权责任,并相互重合的责任形态。[84] 例如,《民法典》第1203条规定产品生产者和销售者对缺陷产品造成的损害承担不真正连带责任,《消费者权益保护法》第45条规定广告经营者、广告发布者以及广告代言人对同一损害承担连带责任,就是在不真正连带责任的基础上,增加了其他侵权人对同一损害承担连带责任,构成多数人侵权的不真正连带责任与连带责任的并合。

侵权责任并合的基本特征是:第一,原侵权人和新侵权人的行为造成的是同一个损害;第二,法律原本规定了一种多数人侵权责任形态;第三,法律又规定新增加的侵权人加入多数人侵权责任之中;第四,原本规定的侵权责任形态与新增加的侵权人承担的责任形态相重合。

侵权责任法规定侵权责任并合的目的是:通过侵权责任并合的方法,增加连带责任或者不真正连带责任的责任人,更好地保护被侵权人的损害赔偿请求权,让与损害发生有关联的侵权人承担相应的责任并对其予以制裁,发挥侵权责任的阻吓作用,警示营销参与者防范侵权行为发生。

2. 侵权责任并合与相关概念的区别

侵权责任并合与侵权责任竞合不同。它们虽然都是不同的法律规定竞合在一起,但是侵权责任并合并不发生请求权竞合的后果,而是扩大就同一损害事实承担责任的责任主体范围,让更多的责任人加入这个多数人侵权责任之中,让更多的人对受害人的同一个损害承担责任,使受害人的索赔权利更加有保障,更容易得到实现。

侵权责任并合与侵权责任聚合也不同。侵权责任并合既不是一个侵权行为发生几个不同责任方式的请求权,侵权人承担几个不同的责任方式;也不是侵权行为造成了几个不同的损害,分别由侵权责任和违约责任救济;而是数个不同的侵权人实施的加害行为,造成受害人的同一个损害,在原来法律规定的要承担多数人侵权责任的基础上,又增加侵权人,共同对同一个损害进行赔偿的责任形态,以加大对受害人救济请求权的保障力度。

3. 侵权责任并合的类型

(1) 同质并合。同质并合,即同种类责任形态的侵权责任并合,是指原来的多数人侵权责任形态与后来增加的侵权人承担的责任形态属于同一性质,是相同的侵权责任形态的并合。《道路交通事故赔偿解释》第4条规定,拼装车、已达到报废标准的机动车或者依法禁止行驶的其他机动车被多次转让,并发生交通事故造成损害,所有的转让人和受让人都承担连带责任。《民法典》第1214条规定的这种侵权连带责任主体只有转让人和受让人,该司法解释将责任主体范围扩大,多次转让的再转让人和再受让人等也都被加入这个连带责任的责任主体范围中,共同承担连带责任。这就使连带责任人的范围扩大,构成侵权责任的同质并合。

(2) 同质异形并合。同质异形并合,是相同的基本侵权责任形态中不同具体责任形态的并合,侵权人承担的尽管是连带责任或者不真正连带责任,但是并合的是非典型的连带责任、典型的不真正连带责任形态,如附条件的不真正连带责任、先付责任或者补充责任。例如,《消费者权益保护法》第44条第1款规定的是网络交易平台提供者承担的附条件不

---

[84] 杨立新:《论侵权责任并合》,载《法商研究》2017年第2期。

真正连带责任,与《民法典》第 1203 条规定的生产者、销售者承担的典型的不真正连带责任之间发生并合,属于侵权责任的同质异形并合。

(3)异质并合。异质并合,即非同种类责任形态的侵权责任并合,是指原来的多数人侵权责任形态与后增加的侵权人承担的责任形态不属于同一性质,是不同的多数人侵权责任形态的并合。具体表现为典型形态的连带责任、不真正连带责任和按份责任之间的并合。例如,在《消费者权益保护法》第 44 条第 2 款规定的网络交易平台提供者承担的连带责任,就是加入《民法典》第 1203 条规定的产品生产者与销售者承担的不真正连带责任之中,形成了不真正连带责任与连带责任的并合,为异质并合。

(二)侵权责任并合的责任主体

法律规定侵权责任并合制度的适用范围,即增加的责任主体是营销参与者。

1. 营销参与者的概念

营销参与者,是指在商品和服务的交易领域中,为商品的生产、销售以及服务提供营销支持,促成商品、服务经营者与消费者达成交易的经营者或者非经营者。其特征是:第一,多数营销参与者是交易领域的经营者,而不是非经营者,其目的与经营者相同,都具有营利目的,但是也包括为保障交易安全的非经营者,如食品检验机构、认证机构等;第二,营销参与者服务、支持的交易活动包括商品生产、销售以及服务的营销,而不只是商品生产和销售;第三,营销参与者并不直接参加交易,而仅仅是对商品和服务的交易提供营销支持,促成交易进行,因而不是直接的商品、服务的经营者,是为商品、服务交易提供服务的经营者或者非经营者。

我国的营销参与者可以分为三种类型:一是为商品、服务进行广告宣传支持的营销参与者,如广告经营者、发布者、广告代言人;二是为商品生产、销售和提供服务而提供支持的营销参与者,例如,为没有许可证而生产食品的生产者提供生产经营场所或者其他条件的经营者,为用非食品原料等物质制造食品的经营者提供生产经营场所或者其他条件的经营者,如柜台出租者、展销会举办者,网络交易平台提供者;三是为商品、服务提供检验、认证服务支持的营销参与者,如食品检验机构和认证机构。

2. 营销参与者适用侵权责任并合的条件

法律规定营销参与者承担侵权责任并合的法律后果,除应当具备营销参与者的身份,还应当具备以下要件:

(1)损害要件。营销参与者承担责任的受害主体,须为造成损害的经营者和营销参与者以外的第三人,通常是消费者,也包括受到损害的他人。

(2)行为要件。营销参与者实施的通常是由法律规定的具体行为,才应当对其提供服务的经营者承担并合的侵权责任。这些行为是为商品或者服务交易提供服务支持的行为,该行为须具有违法性。

(3)因果关系要件。营销参与者对营销提供服务支持的行为,与消费者以及他人受到的人身损害之间须有因果关系。这种因果关系并非都具有直接的原因力,而是其行为对损害的发生具有了一定的原因参与度。

(4)主观要件。营销参与者承担并合的侵权责任,对主观要件的要求有所不同,有的规定为有过失,有的规定为无过失。这与美国侵权法对营销参与者提供服务而对第三人承担责任的要求[85]不同。

(三)侵权责任并合的责任分担规则

1. 侵权责任同质并合的责任分担规则

(1)典型连带责任与典型连带责任并合。典型连带责任与典型连带责任并合,相当于构成了一个增大的连带责任,新责任人与原责任人都是连带责任人。

连带责任与连带责任并合,不论增加多少连带责任人,都要依照《民法典》第178条规定的连带责任规则承担连带责任。

(2)典型不真正连带责任与典型不真正连带责任并合。典型的不真正连带责任相互发生并合,相当于一个不真正连带责任的责任人范围的扩大,有更多的不真正连带责任人加入对同一个损害承担的不真正连带责任的责任主体范围中,因而对受害人的损害赔偿请求权给予了更高的保障。原来的和新增加的不真正连带责任人都对同一个损害事实承担不真正连带责任。

更多的责任人加入同一个不真正连带责任的责任主体范围中,对责任性质不发生影响,仍然是不真正连带责任,每一个责任人对同一个损害都负有全部赔偿责任的中间责任。每一个承担了中间责任的人,只要自己不是最终责任人,就有权向最终责任人进行全额追偿。

2. 侵权责任同质异形并合的责任分担规则

(1)典型的不真正连带责任与附条件不真正连带责任并合。典型的不真正连带责任与附条件不真正连带责任发生并合时,最典型的是《消费者权益保护法》第44条第1款后段、《食品安全法》第131条第2款与《民法典》第1203条并合的情形。

在附条件不真正连带责任所附条件尚未成就之前,不发生不真正连带责任,因而不发生与典型不真正连带责任并合的问题。

当附条件不真正连带责任所附条件成就,发生的就是不真正连带责任的后果;如果此时法律还规定了此种情形仍有他人与此附条件不真正连带责任的责任人承担不真正连带责任,就发生了实际上的不真正连带责任相互之间的并合,因而责任分担规则就与不真正连带责任并合的规则是完全一样的,属于同质并合,即不真正连带责任人的范围扩大,责任性质仍然属于不真正连带责任,按照不真正连带责任的规则分担责任。

(2)典型不真正连带责任与先付责任并合。典型不真正连带责任与先付责任并合,如《民法典》第1203条与第1204条发生的并合。但由于这种并合法律已经有了明确的责任分担规则,即该法第1204条,因此,应当优先适用第1204条规则,即先适用先付责任规则,由不真正连带责任人先承担全部赔偿责任,之后再向后顺位的责任人进行追偿。如果其他法律又规定了不真正连带责任的责任主体,则该不真正连带责任人加入的是先顺序不真正连带责任人的主体范围,在他们之间选择任一责任人承担中间责任,然后向后顺位的最终责任人追偿。

---

[85] 依照《美国侵权法重述》(第二次)第324A条的规定,提供服务并对第三人造成的损害负责的基础是其有过失。

(3)典型的不真正连带责任与补充责任并合。典型的不真正连带责任与补充责任并合,尽管都是不真正连带责任,但由于补充责任的承担具有先后顺位的区别,因此会发生责任分担规则的改变,但法律规定承担补充责任的人,永远都是在第二顺位的责任人,只有依法律规定承担不真正连带责任的责任人,才是第一顺位的责任人。

3.侵权责任异质并合的责任分担规则

(1)典型连带责任与典型不真正连带责任并合及规则。连带责任与不真正连带责任之间多发生并合,且发生并合之后,会对责任分担产生较大影响。例如,依照《消费者权益保护法》第44条第2款和《食品安全法》第131条第1款的规定,除了本条规定的销售者和网络交易平台提供者之间要承担连带责任之外,还要加入造成损害的缺陷产品的生产者作为责任主体,因而形成典型连带责任与典型不真正连带责任的并合。

连带责任与不真正连带责任在中间责任上是一致的,即无论是连带责任还是不真正连带责任,在中间责任上都是连带的。连带责任与不真正连带责任发生并合,受害人可以向任何一个连带责任人和不真正连带责任人主张全部赔偿请求,而无须考虑其究竟应当承担何种形式的最终责任。

连带责任与不真正连带责任的最终责任承担不同,即连带责任实质性的最终责任分配给全体连带责任人,而不真正连带责任的实质性最终责任归属于应当承担最终责任的那个责任人,由该责任人承担全部赔偿责任。因此,在受害人对数个责任人行使了全部赔偿责任的请求权之后的追偿关系是:第一,如果承担中间责任的责任主体是连带责任的最终责任人,在其承担了超过其最终责任的份额之后,有权向其他应当承担最终责任的责任人进行追偿;第二,如果承担责任的责任主体是不真正连带责任的最终责任人,在其承担了最终责任之后,不得向任何责任主体追偿;第三,如果承担责任的责任主体是不真正连带责任的中间责任人,在其承担了中间责任之后,可以向其他最终责任人(包括连带责任的最终责任人和不真正连带责任的最终责任人)进行追偿。

(2)典型的连带责任与按份责任并合。连带责任与按份责任会发生并合,其后果是发生混合责任,规则是:受害人可以向承担连带责任的人请求承担连带责任,连带责任人承担了全部赔偿责任之后,就其中间责任部分,可以向按份责任人进行追偿;受害人向中间责任人请求赔偿,只能请求其承担按份责任,不能请求其承担连带责任,不得要求按份责任人就全部损害承担全部赔偿责任。

第八节 免责事由

| 典型案例 |

广西某地13名网友在网上约好一起去野外进行自助探险游,在野外露营,晚上发生山洪,13人均被洪水冲走,死亡1人,其余12人获救。死者家属起诉,要求其他参与人承担赔偿责任,一审法院判决"驴头"承担60%的责任,其他"驴友"共同分担10%的责任,受害人

自己承担30%的责任。上诉后,二审法院依据公平责任改判,"驴头"赔偿3000元,其他"驴友"各赔偿2000元,以示公平。这种情形是自甘风险,是非法定免责事由,改判结果也仍然不公平。

一、免责事由概述

(一)免责事由的概念

免责事由,是指被告针对原告的诉讼请求而提出的证明原告的诉讼请求不成立或不完全成立的事实。在侵权责任法中,免责事由是针对承担民事责任的请求而提出来的,所以又称为免责或减轻责任的事由,也叫作抗辩事由。[86]

(二)免责事由的构成

侵权责任免责事由是由侵权行为的归责原则和侵权责任构成要件派生出来的。适用不同的归责原则,就有不同的责任构成要件,因而也就总是有与归责原则和责任构成要件相适应的特定的免责事由。侵权责任法的归责原则多样化,与此相适应,不同侵权责任类型的免责事由也有所不同。免责事由有效成立须具备两个构成条件。

1. 对抗性要件

对抗性要件,是指能够对抗侵权责任构成的具体要件,破坏整个侵权责任构成的内在结构,使原告诉请的侵权责任归于不能成立的事实要件。免责事由虽然是对抗对方当事人的诉讼请求的事由,但它具体对抗的是侵权责任构成,破坏对方当事人请求权的成立,导致对方的请求权在法律上不成立。这就是侵权免责事由的对抗性要求。侵权纠纷的被告提出的主张如果不具有对抗性,而仅仅能证明自己具有可以谅解性,不足以对抗对方当事人请求的,不能成为免责事由。[87]

2. 客观性要件

免责事由必须是客观事实,具有客观性的属性。免责事由必须是客观存在的、已经发生的事实,不能是主观臆断或尚未发生的情况。仅仅表明某种损害未发生,或单纯否认对方请求权不存在,不能成为免责事由。

(三)免责事由的体系和分类

1. 免责事由的体系

侵权责任免责事由是民事主体行使民事权利的行为自由的保障。《民法典》作为民法基本法,与其特别法一道,形成了"五·三·四"的侵权责任免责事由构造体系。"五"是五重结构,即总则编规定、侵权责任编一般规定、特殊侵权责任规定、人格权编规定和特别法规定的五重结构;"三"是三种基本类型,即通用免责事由、专用免责事由和具体免责事由三种基本类型;"四"是四种适用范围,通用免责事由适用于全部侵权行为、专用免责事由适用于全部侵权行为、具体免责事由适用于侵害人格权的一般侵权行为、具体免责事由适用于

---

[86] 王利明、杨立新编著:《侵权行为法》,法律出版社1996年版,第76页。
[87] 佟柔主编:《中国民法》,法律出版社1995年版,第571页。

特殊侵权行为。

侵权责任免责事由的这一体系的优势在于,实现了侵权责任免责事由构造的完整性,保证了侵权责任免责事由内容的完备性,明确了侵权责任免责事由适用的针对性;能够划清侵权责任构成与民事主体行使权利的行为自由之间的界限,对于保护民事权利和制裁民事侵权行为具有重要价值。正确适用侵权责任免责事由,须掌握好侵权责任免责事由体系的构造,在应当适用的范围内正确适用,以实现《民法典》规定侵权责任免责事由体系的立法目的。

2. 免责事由的分类

(1)通用免责事由、专用免责事由和具体免责事由

通用免责事由是《民法典》总则编规定的能够适用于所有民事责任的免责事由,都可以适用于侵权责任。因此,侵权责任免责事由的第一种类型,是可以适用于侵权责任的通用免责事由,如不可抗力、正当防卫、紧急避险和自愿救助他人,后三种主要适用于侵权责任。

专用免责事由是《民法典》侵权责任编"一般规定"中规定的免责事由,是侵权责任的专用免责事由,适用于所有的侵权责任领域。如受害人故意、第三人原因、自甘风险和自助行为。其中在第三章至第十章有关特殊侵权责任的规定中有排除性规则的,属于特别法规范,应当适用特别法的规定。例如产品责任、污染环境和破坏生态责任、饲养动物损害责任中的第三人过错,就不是免责事由。

具体免责事由是在侵权责任免责事由体系中,《民法典》人格权编、侵权责任编和民法特别法规定的免责事由,都是具体免责事由,其基本功能是针对具体侵权行为,依照具体规定予以适用,超出法律规定的范围的不能适用。侵害人格权的侵权行为是一般侵权行为,《民法典》侵权责任编没有对其作出具体规定,人格权编却规定了较多侵害人格权的免责事由,有的是针对一般性的人格权侵权责任,有的是针对具体人格权的侵权责任,都属于侵权责任的具体免责事由。

(2)一般免责事由与特别免责事由

我国侵权责任法经常采用的免责事由主要是职务授权行为、正当防卫、紧急避险、受害人同意、自助行为、受害人过错、第三人过错、不可抗力和意外事件等。对于这些免责事由,有的学者将其分为两类,即正当理由和外来原因。[88] 将免责事由分为一般免责事由和特别免责事由两大类,更容易理解和掌握。

一般免责事由,是指损害确系被告的行为所致,但其行为是正当的、合法的。这种事由与阻却违法行为相同,如正当防卫、紧急避险、职务授权行为、自甘风险、自助行为等。

特别免责事由是指损害并不是被告的行为造成的,而是由一个外在于其行为的原因独立造成的,如意外事件、不可抗力、受害人过错和第三人过错等。

这两种免责事由的主要区别是:基于一般免责事由而致人损害,被告已经实施某种行为,但其行为是正当的、合法的,排除了行为人行为的违法性,因而表明行为人是没有过错的,据此行为人应予免责。在特别免责事由存在的情况下,被告根本没有实施某种致人损

---

[88] 王利明、杨立新编著:《侵权行为法》,法律出版社1996年版,第76~77页。

害的行为,或者外来原因作用于行为人,使行为人不可避免地造成了损害,由此行为人不应当承担民事责任。一般免责事由和特别免责事由能否运用于具体案件,应当根据具体案件和法律具体规定来确定。

(3)法定免责事由和非法定免责事由

《民法典》总则编和侵权责任编等仅规定了部分免责事由,除此之外,还有一些法律没有规定的免责事由。据此,将免责事由分为法定免责事由和非法定免责事由两种。

二、通用免责事由

通用免责事由是《民法典》总则编规定的免责事由。

《民法典》第1178条规定:"本法和其他法律对不承担责任或者减轻责任的情形另有规定的,依照其规定。"这是对《民法典》侵权责任编之外的部分和其他法律规定的免责、减责事由应予适用的规定。

《民法典》总则编规定的免责事由是:第180条规定了不可抗力,第181条规定了正当防卫,第182条规定了紧急避险,第184条规定了紧急救助行为,上述规定都是免责事由和减责事由,都适用于侵权责任,作为侵权责任的免责事由或者减责事由。[89]

三、专用免责事由

(一)受害人过错

1. 受害人过错的概念和形式

受害人过错,是指损害的发生或扩大不是由于加害人的过错,而是由于受害人的过错。《民法典》第1174条规定:"损害是因受害人故意造成的,行为人不承担责任。"此法条规定受害人故意作为免责事由,与传统侵权法规则以及民法理论有所不同。传统理论认为,免责事由应当是受害人过错而不是受害人故意。在适用过错责任原则与过错推定原则的情况下,受害人具有故意或者过失,且其故意或者过失是造成自己损害全部原因的,构成侵权责任免责事由。在适用无过错责任原则情况下,受害人故意引起损害为侵权责任免责事由。本条规定受害人故意是免责事由,内容偏窄,不能容纳受害人过错的全部情形。在司法实践中,构成受害人故意的,当然应当按照本条规定免责;但是,在适用过错责任原则以及过错推定原则的情况下,受害人由于自己的过失引起损害且为损害的全部原因的,也应当免除加害人的责任。

2. 受害人过错的类型

(1)受害人故意

受害人的故意,是指受害人明知自己的行为会发生损害自己的后果,而希望或放任此种结果发生。受害人对损害的发生具有故意,表明受害人的行为是损害发生的唯一原因,从而应使加害人免责。在过错责任原则适用范围内,如果受害人具有故意,而加害人只有轻微过失,则加害人也可以免责。在无过错责任原则的适用范围内,则须受害人故意造成

---

[89] 对这些免责事由的解说,笔者编著的《民法总则》(第3版)教材(法律出版社2020年版)中都有论述,这里不再赘述。

损害,而加害人无过错,加害人才可以免责。

如果侵权行为人引诱受害人故意从事某种行为造成对受害人自己的损害,则应当认为损害是由加害人的故意而非受害人的故意造成的。例如,对受害人谎称某人将拒绝收买受害人的某物,使受害人将其财产廉价处分。在此情况下,加害人只是利用了受害人的行为实施侵权行为。此外,无民事行为能力人的故意不视为法律上的故意。如果无民事行为能力人造成自身损害时,介入了加害人的轻微过失,加害人也应当承担适当的责任。[90]

（2）受害人重大过失

受害人的重大过失,是指受害人对于自己的人身和财产安全毫不顾及,极不注意,以至于造成了自身的损害。我国民事立法对于受害人的重大过失是否构成免责事由没有明文规定,学说亦有不同的看法。从《民法典》和有关单行法的规定来看,如果损害完全由受害人的重大过失所致,加害人对损害的发生没有任何过错,则加害人不承担民事责任,这种重大过失应当作为免责事由,但是,其前提须是加害人没有过错。如果加害人具有过错,则只有在加害人具有轻微过失的情况下,才可以免除加害人的责任,在其余场合则应按照与有过失规则处理。

（3）受害人过失

受害人的过失,是指在加害人致受害人损害中或造成损害以后,受害人对损害的发生与扩大具有过失。如果受害人的一般过失是损害发生的全部原因,可以作为加害人的免责事由。在多数场合,受害人的过失构成与有过失,应当进行过失相抵。

（二）第三人过错

1. 第三人过错的概念和特征

第三人过错,也叫第三人原因,是指第三人由于故意或者过失,通过实际加害人的直接行为或者间接行为,造成被侵权人民事权利损害,应当由第三人承担侵权责任、实际加害人免除责任的免责事由。

第三人过错的法律特征:一是造成损害的是实际加害人的行为,但造成损害的过错在第三人;二是造成被侵权人损害的全部原因是第三人的过错;三是第三人承担侵权责任,实际加害人不承担责任;四是被侵权人的侵权责任请求权直接针对第三人,而不是实际加害人。

2. 第三人过错的类型

根据实际加害人和第三人的行为之间关系的不同,第三人过错分为两种类型。

（1）介入型第三人过错

介入型第三人过错是指在实际加害人的行为的实施过程中,加入了第三人的行为,造成被侵权人损害的第三人过错。例如,被告违法在路上挖了一个洞,第三人故意将原告推入该洞中而致原告遭受人身损害。被告在路上挖洞属于违法,但未直接造成损害。第三人故意伤害被侵权人,是损害发生的全部原因。实际加害人的行为虽然违法,但仅仅是为第三人实施侵权行为提供了条件,实际加害人的行为并不构成侵权,第三人的行为构成侵权

---

[90] 王利明、杨立新编著:《侵权行为法》,法律出版社1996年版,第88页。

行为。

(2)借用型第三人过错

借用型第三人过错,是指第三人借用实际加害人的物件实施侵权行为,造成被侵权人权利损害的第三人过错。例如,被告在菜园中的灌水井已经关闭,第三人未经同意擅自打开该水井,将原告的菜园淹没,造成原告财产损失。其中实际加害人不具有违法性,第三人借用实际加害人的物件实施侵权行为,造成受害人的权利损害,故第三人应当承担侵权责任,尽管实际加害人的物件造成受害人损害,但实际加害人对于损害的发生没有任何过错,应当免责。

3. 第三人过错的法律适用规则

(1)第三人过错的适用范围

第三人过错作为免责事由,应当限制在过错责任原则和过错推定原则的范围之内。适用无过错责任原则的侵权责任类型,例如,《民法典》第1204条规定的产品责任、第1233条规定的环境污染和生态破坏责任和第1250条规定的饲养动物损害责任,有特别规定,第三人过错不作为免责事由;在高度危险责任中,第三人故意引起的损害,可以作为高度危险作业人的免责事由。

(2)第三人过错的构成要件

第一,违法行为。在第三人过错中,违法行为的特殊性是,在造成损害的行为中,既有第三人的行为,也有实际加害人的行为。

第二,损害事实。第三人过错的损害事实要件没有特别要求,应当符合侵权责任构成的损害事实要件的基本要求即可。唯一的要求是损害事实只有一个,即被侵权人的民事权益受到损害,符合《民法典》第1164条规定的侵权责任保护范围。

第三,因果关系。确定第三人行为与损害结果之间因果关系的标准,是相当因果关系,第三人的过错是损害发生的适当条件的,即可认定有因果关系;高于相当因果关系的适当条件标准的,符合因果关系要件的要求。构成第三人过错必须有第三人的行为介入实际加害人与被侵权人之间的因果关系链条,构成因果关系中断。

第四,过错。第三人过错构成要件中的过错应符合两个要求,其一,实际加害人自己无过错;其二,过错在于第三人。实际加害人主张自己无过错而无责任的,应当证明符合前一个要求;实际加害人主张第三人承担责任的,应当证明符合后一个要求。第三人过错的证明责任,由实际加害人或者被侵权人证明。通常情形是,被侵权人主张实际加害人承担侵权责任,实际加害人主张损害是由第三人的过错引起的,实际加害人不仅要证明自己不具有过错,有时还要证明第三人的过错和因果关系;能够证明的,免除实际加害人的赔偿责任。如果实际加害人只能证明自己没有过错,不能证明第三人有过错,被侵权人主张第三人承担侵权责任的,则应当由被侵权人证明第三人的过错和因果关系,采用侵权责任的一般证明方法予以证明。

(3)第三人过错的责任承担

构成第三人过错,其法律后果是免除实际加害人的赔偿责任。至于第三人承担侵权责任的规则,适用侵权损害赔偿的一般规则即可,并无特别之处。

在以下情形中,实际加害人不得主张构成第三人过错而免除自己的责任。

第一,实际加害人是共同侵权人的,不得以第三人过错作为抗辩而主张免除责任。只要实际加害人是共同侵权行为人、共同危险行为人或者教唆人、帮助人,就不得主张第三人过错而免除自己的责任。

第二,实际加害人是分别侵权行为人的,应当依照《民法典》第1172条规定承担按份责任,不得主张第三人过错而免责。

第三,实际加害人的行为构成竞合侵权行为的,应当依照《民法典》第1204条、第1233条和第1250条等规定承担不真正连带责任,不得主张第三人过错而免责。

(三)自甘风险

1.英美侵权法自甘风险的一般规则

在英美法系侵权法中,自甘风险也叫作危险之自愿承担、自愿者非为不当规则,是指在原告提起的过失或者严格责任的侵权责任诉讼中,要求原告承担其自愿行为所涉风险造成的损害。[91] 其一般规则是:原告就被告之过失或者鲁莽弃之不顾行为而致伤害的危险自愿承担者,不得就该伤害请求赔偿。[92]

例如,在英国,莫里斯与飞行员穆拉埃一起出席酒会,然后一起驾驶一架飞机,在飞行途中飞机坠毁,后莫里斯起诉要求赔偿。法院认为,作为乘客的原告是自愿承担风险的人,因为他应该知道飞行员当时的状态。[93] 在美国,原告在被告游乐场中滑雪时,碰撞了一根金属杆,导致原告受重伤。那根金属杆是操纵电缆车路线装置的一部分。在本次滑雪季开始前,原告买了这一季的滑雪通行证,并签署了危险同意文件,确认滑雪是危险的,如果发生危险愿意自己承担风险,无须场方负责。原告受害后起诉,被告以原告基于此同意文件而进行抗辩,认为原告的行为构成自甘风险。法院判决被告胜诉。[94]

自甘风险分为明示的自甘风险和默示的自甘风险。前述英国判例是默示的自甘风险,美国判例则为明示的自甘风险。无论何种自甘风险,构成自甘风险均须具备以下三个要件:第一,受害人知悉或者鉴识危险;第二,受害人有自愿承担之意思表示;第三,不违反成文法的规定。具备这些要件,就构成自甘风险,免除行为人的侵权责任。在举证责任上,如果被告原应对原告负责(如有过失),原告自愿承担危险的举证责任则应由被告承担。[95]

2.我国司法实践对自甘风险规则的适用

近年来,我国法院在司法实践中也有采用英美侵权法自甘风险规则免除加害人侵权责任的事例,得到了理论界和实务界的充分肯定。北京市石景山区人民法院审理中学生踢足球伤害案时认为,足球运动具有群体性、对抗性及人身危险性,出现人身伤害事件属于正常现象,应在意料之中,参与者无一例外地处于潜在的危险之中,既是危险的潜在制造者,又是危险的潜在承担者。足球运动中出现的正当危险后果是被允许的,参与者有可能成为危

---

[91]《侵权法》,冯兴俊译,武汉大学出版社2003年版,第231~235页。
[92]《美国侵权法重述》(第二次)第496A条。
[93]《侵权法》,冯兴俊译,武汉大学出版社2003年版,第233页。
[94] 潘维大编著:《英美侵权行为法案例解析》,高等教育出版社2005年版,第289~291页。
[95]《美国侵权法重述》(第二次)第496D、496E、496F条。

险后果的实际承担者,而正当危险的制造者不应为此付出代价,判决驳回原告的诉讼请求,射门队员不承担侵权责任。这个判决就是适用自甘风险规则的典型案例。

但是,并不是所有的法院都适用这个规则,本节典型案例的判决结果并不令人满意。

3.《民法典》对自甘风险的规定

《民法典》第1176条规定:"自愿参加具有一定风险的文体活动,因其他参加者的行为受到损害的,受害人不得请求其他参加者承担侵权责任;但是,其他参加者对损害的发生有故意或者重大过失的除外。活动组织者的责任适用本法第一千一百九十八条至第一千二百零一条的规定。"对自甘风险的这种规定,与英美法系的自甘风险有较大差别,但是基本内容尚可。

按照上述规定,自甘风险,是指受害人自愿参加有一定风险的文体活动,因其他参加者的行为受到损害的,受害人不得请求其他参加者承担侵权责任,但是其他参加者对损害的发生有故意或者重大过失的除外。其构成要件是:第一,组织者组织的活动是具有一定风险的文体活动,例如蹦极等;第二,受害人对该种具有一定风险的文体活动有认识,且自愿参加;第三,受害人参加此活动因其他参加者的行为受到损害,该文体活动参与者的行为与受害人的损害之间有因果关系;第四,文体活动的参加者没有故意或者重大过失。具备这些构成要件的,即免除其他参加者的侵权责任。可见,即使其他参加者对于损害的发生有一般过失,也不承担赔偿责任。例如,参加足球、棒球等比赛活动受到其他运动员的损害,应当适用自甘风险的规定,免除造成损害的其他参加者的赔偿责任。[96]

《民法典》第1176条第2款规定的"活动组织者的责任适用本法第一千一百九十八条至第一千二百零一条的规定",是指自甘风险的具有一定风险的文体活动的组织者,对于造成受害人损害是否承担侵权责任,应当适用违反安全保障义务侵权责任和教育机构管理责任的规定,分为两种情况:一是组织者未尽到安全保障义务造成受害人损害的,应当承担赔偿责任;组织者违反安全保障义务致使第三人造成受害人损害的,承担相应的补充责任,承担责任后可以向第三人追偿。二是无民事行为能力人或者限制民事行为能力人在幼儿园、学校或者其他教育机构学习、生活期间受到人身损害,教育机构未尽教育管理职责的,适用过错推定原则或者过错责任原则确定应当承担的侵权责任;第三人造成损害的,第三人承担责任不足的,教育机构承担补充责任,承担补充责任后也享有追偿权。

(四)自助行为

《民法典》第1177条规定:"合法权益受到侵害,情况紧迫且不能及时获得国家机关保护,不立即采取措施将使其合法权益受到难以弥补的损害的,受害人可以在保护自己合法权益的必要范围内采取扣留侵权人的财物等合理措施;但是,应当立即请求有关国家机关处理。受害人采取的措施不当造成他人损害的,应当承担侵权责任。"

依照上述规定,自助行为是指权利人为了保护自己的权利,在情势紧迫而又不能获得国家机关及时救助的情况下,对他人的财产或者自由在保护自己合法权益的必要范围内采

---

[96] 对自甘风险,参见杨立新:《自甘风险:本土化的概念定义、类型结构与法律适用——以白银山地马拉松越野赛体育事故为视角》,载《东方法学》2021年第4期。

取扣押、拘束或者其他相应措施,为法律或社会公德所认可的行为。自助行为的性质属于自力救济。上述条文没有明文规定可以对他人人身自由施加适当拘束的内容,但是,在"等"字中包含了这个意思。例如,去饭店吃饭未带钱,店主不让其离开,等待他人送钱来结账的拘束自由的行为,也是自助行为,并不是侵害人身自由权的侵权行为。

实施自助行为的要件是:第一,行为人的合法权益受到侵害;第二,情况紧迫且不能及时获得国家机关保护;第三,对侵权人实施扣留财产或者适当拘束人身自由的行为;第四,扣留财产或者限制人身自由须在保护自己合法权益的必要范围内,不得超出必要范围。

行为人实施了自助行为,在其合法权益得到保障后,即应解除相应措施;如果仍需继续采取上述措施,应当立即请求有关国家机关依法处理。

行为人如果对受害人采取的措施不适当,造成受害人损害,应当承担侵权责任,赔偿损失。

四、具体免责事由

侵权责任的具体免责事由在适用中应当注意以下要求。

(一)具体免责事由来自不同的法律规定

特殊侵权责任的具体免责事由最大的特点是来自不同法律的规定,不仅有《民法典》侵权责任编的特别规定,还有特别法的规定,因而在法律适用上更有难度。应当把握的要点是:

第一,法官的法律视野要宽,应当熟知的法律必须掌握。在适用《民法典》时,尽管其条文有1260条之巨,但其侵权责任编规定的具体免责事由毕竟还是规定在同一部法律中的免责事由,比较容易掌握。特别法规定的具体免责事由范围广泛,即使很难完全掌握,也应尽量熟悉。对于那些直接适用于特殊侵权责任的免责事由,例如《产品质量法》规定的产品责任免责事由、《道路交通安全法》规定的机动车交通事故责任免责事由等,必须把握好,准确适用。

第二,由于侵权责任免责事由都由被告主张,故被告负有举证证明免责事由存在的责任。尽管法官不能把法律作为事实要求被告举证,但是,既然被告及其代理律师主张特别法上规定的免责事由,就要提供相应的法律规定,以确定其要求免除责任的法律基础。这样可以弥补法官对某些特别法规定的免责事由不熟悉的缺陷。

第三,对于特别法规定的免责事由,应当注意是否违反《民法典》的基本要求。特别法虽然是由全国人民代表大会及其常委会审议通过的,但通常是由行业部门提出法律草案,其中难免带有部门利益。起草《侵权责任法》之所以最后删除草案第71条关于"法律另有规定的,依照其规定"的内容,[97]就是担心有关行业的特别法规定的免责事由有可能存在损害他人利益的问题。对于判断难度大的问题,应当通过司法解释或者立法解释予以解决,避免造成错判。

---

[97] 杨立新:《侵权责任法条文背后的故事与难题》(第2版),法律出版社2018年版,第243页。

(二) 具体免责事由都是针对具体的侵权责任适用

《民法典》和特别法规定的侵权责任具体免责事由,都是针对具体的侵权责任作出的"一对一"的规定,适用于法律规定的特殊侵权责任。将适用于特定的特殊侵权责任的具体免责事由适用于其他特殊侵权责任或者一般侵权责任,就会造成法律适用错误。例如,《民法典》第1224条规定的医疗损害责任的三种免责事由,针对的就是医疗损害责任,其他任何特殊侵权行为都不适用。对于这种免责事由,应当特别注意其中医疗机构承担相应责任的规定,即患者或者其近亲属不配合医疗机构进行符合诊疗规范的诊疗,本来是免责事由,如果医疗机构或者医务人员也有过错的,应当承担相应的责任。只有医疗机构进行符合诊疗规范的诊疗,患者或者其近亲属不配合进行治疗造成损害后果的,医疗机构才不承担责任,如果医疗机构也有过失就构成过失相抵,医疗机构应当在自己过错的范围内承担赔偿责任,因为患者或者其近亲属也有过错。应当注意的是,这里所说的过错其实都是指过失,而非故意,因为一旦出现故意,则故意一方就应当承担全部赔偿责任。

在这方面,《民法典》规定的高度危险责任的四个免责事由最有说服力。在第1236条规定的高度危险责任的一般条款中,并没有规定高度危险责任适用的侵权责任免责事由,而是在该条以下的具体条文中,针对高度危险责任的具体情形一一规定免责事由。例如,第1237条规定,民用核设施造成损害的免责事由,是能够证明损害是因战争、武装冲突、暴乱等情形或者受害人故意造成的;第1238条规定,民用航空器造成他人损害的免责事由,是能够证明损害是因受害人故意造成的;第1239条规定,占有或者使用高度危险物造成他人损害的,免责事由是能够证明损害是受害人故意或者不可抗力造成的;第1240条规定,从事高度危险活动造成他人损害的免责事由,是能够证明损害是因受害人故意或者不可抗力造成的。四种免责事由,只有后两种是相同的,前两种完全不同。

(三) 对特殊侵权责任具体免责事由《民法典》和特别法都有规定时的适用规则

《民法典》和民法特别法对某种特殊侵权责任都规定了免责事由,具体有以下三种情形:

1.《民法典》与特别法作出相同规定的适用规则

《民法典》对特殊侵权责任规定的免责事由与特别法规定的免责事由相同,特别法关于免责事由的同一规定就不再是特别规定,而成为一般性规定,因为作为特别法应当具备的要件,一是形式要件的"另有",二是实质要件的"特别",只具备"另有"而不具有"特别"要件,就不是特别法,不具有优先适用的效力,适用哪一个规定的效果都是一样的。例如《民法典》第1237条规定的"战争、武装冲突、暴乱等情形",与《核安全法》第90条第1款规定的"战争、武装冲突、暴乱等情形"是一样的,《核安全法》对此的规定失去了特别法的地位和优先适用效力。

2.《民法典》与特别法作出不同规定的适用规则

同样是《核安全法》第90条规定,另外规定的免责事由具有特别法的地位和效力,即为核设施营运单位提供设备、工程以及服务等的单位不承担核损害赔偿责任,而由核设施营运单位承担赔偿责任。对于为核设施营运单位提供设备、工程以及服务等的单位,依照产品责任规则应当承担不真正连带责任,但是,在民用核设施损害责任中就不承担这种依据产品责任产生的不真正连带责任,而是免除一方的责任。《核安全法》的这一规定,就是特别法对特别侵权责任规定的具体免责事由,具有特别法的地位和优先适用效力,不能因为《民法典》第1237条对此没有规定而拒绝适用。同样,《民法典》第1238条规定民用航空器损害责任,即使没有规定"法律另有规定的,依照其规定"的内容,但是《民用航空法》规定的诸多免责事由并非不能适用,只是应当斟酌其具体规定是否损害他人利益而已。

3. 特别法规定的免责事由与《民法典》规定的基本责任规范的衔接

《民法典》对有些特殊侵权责任没有规定免责事由,而特别法中规定了相应的免责事由,例如《产品质量法》和《道路交通安全法》规定的免责事由。对此,原则上应当适用特别法规定的免责事由,适用时应当特别注意两点:

(1)特别法规定的特殊侵权责任具体免责事由,应当与《民法典》规定的相应的责任规范衔接。例如,《民法典》第1206条规定,产品投入流通后发现存在缺陷的,生产者、销售者应当及时采取停止销售、警示、召回等补救措施;未及时采取补救措施或者补救措施不力造成损害扩大的,对扩大的损害也应当承担侵权责任。这一关于产品流通后发现有缺陷的补救措施和侵权责任的规定,是与《产品质量法》第41条第2款第3项"将产品投入流通时的科学技术水平尚不能发现缺陷的存在的"的发展风险免责事由相衔接的。依照产品责任免责事由的规定,生产者、销售者对发展风险造成的损害不承担侵权责任,但是,属于发展风险的产品缺陷被发现后,生产者、销售者依照跟踪观察义务,应当采取补救措施,未及时采取补救措施或者采取补救措施不力,造成损害扩大的,对扩大的损害不能免责,应当承担赔偿责任,但是,也仅就扩大的损害部分承担责任,对于初次发现缺陷造成的损害仍然应当免责。

(2)特别法规定的特殊侵权责任免责事由不够规范的,应当采取必要的补救方法。例如,《道路交通安全法》第76条规定行人或者非机动车驾驶人故意碰撞机动车造成自身损害为机动车的免责事由,该规定不够完整,因为并非只有行人或者非机动车驾驶人故意碰撞机动车造成损害才应当免除机动车一方的责任,而是所有的行人或者非机动车驾驶人故意引起机动车造成自己损害的都应当免除机动车一方的责任。这里,《道路交通安全法》没有修改前的第76条规定是正确的,修订后的该法第76条纠正了原第76条中的其他错误,却缩小了原来正确的免责事由范围,造成了该免责事由不周延的后果。对此,在法律适用中必须注意。

(四)规定免除或者减轻责任的具体适用方法

特别值得研究的是,在针对特殊侵权责任的具体免责事由中,有的把免责事由与减轻责任规定在一起。《民法典》第1245条规定:"饲养的动物造成他人损害的,动物饲养人或者管理人应当承担侵权责任;但是,能够证明损害是因被侵权人故意或者重大过失造成的,可以不承担或者减轻责任。"在高度危险责任中,第1243条规定:"未经许可进入高度危险活动区域或者高度危险物存放区域受到损害,管理人能够证明已经采取足够安全措施并尽到充分警示义务的,可以减轻或者不承担责任。"这种规定比较复杂。一是前者规定被侵权人故意或者重大过失造成损害,两个条件是择一适用,是从被侵权人的方面规定的;后者规定管理人能够证明已经采取足够安全措施并尽到充分警示义务等,是从行为人的方面规定的,两个条件须同时具备。二是前者规定的是可以免责或者减责,后者规定的是可以减责或者免责,顺序并不相同。三是规定的条件具备,究竟是减责或者免责,并不确定,需要根据实际情况确定。应当看到的是,这两个免责或者减责事由针对的都是适用无过错责任原则的特殊侵权责任,与适用过错责任原则和过错推定原则的侵权责任都不一样。当适用无过错责任原则的侵权责任在没有免责事由时,行为人无论有无过错都要承担责任,但通常对被侵权人故意引起损害的情形免除行为人的赔偿责任。有两种特殊情况:

第一,被侵权人对损害的发生有故意,通常应当免除责任,在饲养动物损害责任中,原则上应当故意免责,重大过失减责,不过,也还要看被侵权人故意或者重大过失的原因力。

第二,未经许可进入高度危险区域受到损害的,管理人究竟应当减责还是免责,要看管理人一方的管理行为是否有过失,能够证明已经采取足够安全措施并尽到充分警示义务的,即为无过失,对于是减责还是免责,要看被侵权人未经允许进入高度危险区域的主观状态。如果被侵权人进入高度危险区域是明知高度危险而为之,应当免除管理人责任;被侵权人不知道高度危险而进入,应当考虑减轻管理人责任。被侵权人是成年人还是未成年人也具有重要意义,被侵权人是未成年人,即使明知高度危险而为之,也应当减轻责任而不是免除责任。对这种免责或者减责事由的规定应当作上述的理解。

(五)应当特别注意《民法典》人格权编规定的免责事由

《民法典》人格权编规定了很多免责事由,原因在于,侵害人格权的侵权行为属于一般侵权行为,直接适用《民法典》第1165条规定确定侵权责任,侵权责任编不再作具体规定,因而无法在具体规定中确定免责事由,只能在人格权编中予以规定。对此,在确定侵害人格权的侵权责任时,应当依照人格权编规定的免责事由确定是否免除行为人的赔偿责任。

1. 关于免责事由的一般规定

《民法典》第999条是一个重要规定,是对新闻媒体侵害人格权责任规定的一般性免责事由,该一般性免责事由可以适用于几乎所有的人格权侵权领域。当在具体人格权中没有规定相应的免责事由的,如姓名权和名称权没有规定具体免责事由,就应当适用这一一般性免责事由。

2. 关于免责事由的具体规定

(1)关于制作、使用、公开肖像权人肖像的免责事由。凡是经过肖像权人的同意,制作、使用、公开肖像权人肖像的行为都不构成侵权行为。《民法典》第1020条规定了侵害肖像权的免责事由,只要符合其规定,免除行为人的赔偿责任。

(2)关于名誉权的规定的免责事由,依照《民法典》第1025条的规定,行为人为公共利益实施新闻报道、舆论监督等行为,影响他人名誉的,不承担民事责任,是法定的免责事由。其实这一规定包含在《民法典》第999条范围内,但具体适用还是要用第1025条规定。

(3)在关于隐私权的规定中,依照《民法典》第1033条的规定,权利人明确同意是一般免责事由,只要有隐私权人的同意,就免除责任。

(4)对于个人信息权的保护,应当依照《民法典》第1036条规定的免责事由确定,同时也要适用《个人信息保护法》的具体规定。

五、非法定免责事由

（一）职务授权行为

1. 职务授权行为的概念和性质

职务授权行为也被称为依法执行职务，是指依照法律授权或者法律规定，在必要时因行使职权而损害他人的财产和人身的行为。为了保护社会公共利益和自然人的合法权益，法律允许工作人员在执行自己的职务时，必要情况下"损害"他人的财产和人身。在这些情况下，完成有关行为的人是有权造成损害的，因为这种职务授权行为是一种合法行为，行为人对造成的损害不负赔偿责任。例如，消防队为了制止火灾蔓延而将邻近火源的房子拆除；防疫医疗队为了消灭急性传染病而将患者所用的带菌衣物烧掉；外科医生对外伤患者做必要的截肢手术；公安人员依法开枪打伤逃犯等，都属于这种情况。

执行职务的行为是合法行为，行为人对执行职务所造成的损害不负赔偿责任。如果行为人执行职务不正当而造成损害，应当负赔偿责任。

2. 职务授权行为的构成

职务授权行为的构成要件是：

（1）行为须有合法授权。职务授权行为之所以能成为免责事由，是因为这种行为有合法的授权。授权这种行为的目的是保护社会公共利益和自然人的合法权益。没有合法授权的行为不是职务授权行为。

（2）执行职务的行为须合法。只有合法授权尚不足以构成免责事由，行为人还必须在法律规定的范围内履行职责，才对损害后果不负责任。超越法定授权的行为，或行为所依据的法律和法规已经失效或被撤销，或行为本身不符合法律要求，则不构成职务授权行为。行为合法包括执行职务的程序和方式合法。行为的程序不合法或方式不合法而致他人损害，该行为构成侵权行为。

（3）执行职务的行为须为必要。职务授权行为并不是在任何情况下都会对他人造成损害，在多数情况下，损害后果的发生并不是执行职务行为所必需的。法律要求职务授权行为执行职务的活动是必要的，只有在不造成损害就不能执行职务时，执行职务的行为才是合理的。如果造成的损害可以避免或者减少，这种行为就不构成或者不完全构成免责事由。

（二）受害人承诺

1. 受害人承诺的概念

受害人承诺，是指受害人容许他人侵害其权利，自己自愿承担损害结果，且不违背法律和公共道德的一方意思表示。

权利人有权处分自己的权利。权利人自行侵害自己的权利，只要不违反法律和善良风俗，便是行使权利的行为。权利人允许他人侵害自己的权利，在一般情况下，法律并未予以禁止，这就是英美法系的"自愿者无损害可言"原则。

2. 受害人承诺的构成

受害人承诺成立须具备以下要件：

（1）须有处分该权利的能力与权限。允许他人侵害权利，权利人必须对于该项权利有处分的能力与权限，否则不构成免责事由。

（2）须遵守一般的意思表示规则。受害人承诺的意思表示应当遵守一般意思表示规则，即须具备一般意思表示的生效要件。在一般情况下，受害人承诺容许他人侵害自己的财产权利，应当为有效；受害人承诺容许他人侵害自己的人身权利，则应区分具体情况。如受害人承诺容许他人将自己身体致轻微伤害，属正当的意思表示；如果受害人嘱托他人帮助其自杀，或者承诺容许他人将自己杀死或重伤，应受事先免责条款效力规则的限制，不是正当的免责事由。

（3）受害人须有明确承诺。受害人承诺容许他人侵害自己的权利，应当采用明示方式，或者发表单方面的声明，或者制定免责条款。受害人没有明示准许他人侵害自己的权利的承诺，不得推定其承诺。如果受害人明知或预见到其权利可能受到损害，但其并未向加害人承诺，不构成免责事由。

（4）受害人事前放弃损害赔偿请求权。受害人承诺容许他人侵害自己的权利和放弃损害赔偿请求权是两个问题，不能混淆。放弃损害赔偿请求权不必采取明示方法，只要有准许他人侵害自己的权利的承诺，没有明示其放弃该请求权的，可以推定其放弃，明示不放弃损害赔偿请求权的除外。

3. 事先免责条款的效力

在受害人承诺作为免责事由时，应当特别注意掌握受害人承诺与事先免责条款的关系。事先免责条款是指双方当事人预先达成一项协议，免除将来可能发生损害的赔偿责任，分为违反合同的免责条款和侵权行为的免责条款。

侵权行为的事先免责条款的形式为以下四种：一是全部免责条款，按此条款，未来的受害人放弃将来对本应承担责任的人享有的全部赔偿请求权。二是部分免责条款，按此条款，受害人事先同意以特定方式计算损害赔偿额的，该损害赔偿不超过一定数额。三是以时间限制的免责条款，约定受害人必须在有限的时间内提出自己的请求，逾期不再享有请求赔偿的权利。四是通过罚款的免责条款，这种条款，当事人同意在以后发生损害时侵权人支付一笔固定数额的款项给受害人，即可免除责任。

对于侵权行为的事先免责条款有有效说、相对无效说和绝对无效说三种立场。[98] 我国《民法典》第506条规定了事先免责条款无效的规则："合同中的下列免责条款无效：（一）造成对方人身损害的；（二）因故意或者重大过失造成对方财产损失的。"根据该条规定，凡是在合同中约定人身伤害事先免责条款的，为无效条款；合同约定免除因故意或者重大过失造成对方财产损失的责任的，也无效。

（三）意外

1. 意外的概念和意义

意外是指非因当事人的故意或过失，而是由于当事人意志以外的原因而偶然发生的事故。

---

[98] 杨立新：《民法判解研究与适用》，中国检察出版社1994年版，第348页。

《民法典》没有规定意外为免责事由,但在司法实践中通常把意外作为免责事由对待。意外不是因当事人的故意和过失而发生,而是偶然发生的事故,是外在于当事人的意志和行为的事件,它表明当事人没有过错,因而应使当事人免责。罗马法的古谚认为,"不幸事件只能由被击中者承担",被告当然不承担民事责任。

2. 意外的构成

作为免责事由的意外应具备如下条件:

(1)意外是不可预见的。确定意外的不可预见性适用主观标准,应以当事人为标准,即当事人在当时的环境下通过合理的注意能否预见。

(2)意外是归因于行为人自身以外的原因。行为人已经尽到了他在当时应当尽到和能够尽到的注意,或者行为人采取合理措施仍不能避免事故的发生,从而表明损害是由意外而不是由当事人的行为所致。

(3)意外是偶然事件。意外是偶然发生的事件,不包括第三人的行为。因此,意外的发生概率很低,当事人尽到通常的注意是不可预防的。

———— **本章思考题** ————

1. 怎样理解我国侵权责任的保护范围?
2. 我国侵权责任归责原则体系包括哪些归责原则?
3. 构成侵权责任须具备哪些构成要件?
4. 怎样理解侵权责任形态及其体系?
5. 多数人侵权行为与责任有哪些种类?应当怎样分担责任?
6. 侵权责任竞合与聚合有哪些区别?具体应当怎样适用?
7. 怎样理解和适用自甘风险规则?

第二章 损害赔偿

第一节 侵权损害赔偿请求权

|典型案例|

17名游客参加某旅行社组织的某地15日游,旅行社随意指定一名游客作为领队带队出发。在途中,发现一名游客患有严重的黄疸型肝炎,其他游客备感恐惧。最终,患病的游客在回程时死亡。其中15名游客认为旅行社的行为影响了他们的正常旅游,向法院起诉,请求退回旅游的费用,赔偿精神损害。法院认为本案的性质是违约,判决旅行社共赔偿违约损失3万元,不支持精神损害赔偿的请求。但如果原告选择起诉侵权责任,法院应当支持其精神损害赔偿的诉讼请求。

一、侵权损害赔偿请求权的概念

《民法典》第120条规定了被侵权人的侵权请求权:"民事权益受到侵害的,被侵权人有权请求侵权人承担侵权责任。"在侵权损害赔偿法律关系中,赔偿权利人即被侵权人享有的权利,就是侵权损害赔偿请求权。

(一)请求权的概念

请求权是指请求他人为一定行为或不为一定行为的权利。请求权有三种含义:

第一,作为权利类型的请求权。基本民事权利类型分为绝对权和相对权,绝对权是人格权、身份权、物权、知识产权等,这些权利都是支配权;债权是相对权,其特点是实现权利要向义务人请求,义务人履行义务,债权才能实现。在这个意义上,请求权与支配权相对应,区分的是民事权利类型。

第二,与形成权相对应的请求权。民法理论把民事权利从其作用的角度,划分为请求权和形成权。请求权与形成权的不同在于,请求权的权利主体享有的权利是请求,权利的实现需要义务主体履行义务;而形成权的权利主体所享有的权利是形成,权利人能够凭借自己的行为,如追认行为、授权行为、撤销行为、弃权行为等,就引起某种民事权利的产生、变更和消灭。这种意义上的请求权是一种行使实体权利的方法。

第三,作为民事权利保护方法的请求权。法律赋予民事主体以民事权利,为保护民事权利,权利人享有权利保护请求权。在这个意义上,作为民事权利保护方法的请求权,包括民事权利本身包含的保护请求权即固有请求权,以及因侵权行为而产生的侵权损害赔偿请求权。前者是民事权利本身包含的保护权利请求权,后者则是新生的保护权利的请求权。侵权损害赔偿请求权是保护民事权利请求权中的一种,是最为重要的一种。当民事权利受到侵害之后,被侵权人产生侵权损害赔偿请求权,有权请求侵权人承担损害赔偿责任,以弥补被侵权人的损害。在这个意义上的请求权,是一种方法性权利,是保护实体权利的方法。

(二)侵权损害赔偿请求权的概念

侵权损害赔偿请求权,是指侵权损害赔偿法律关系的被侵权人享有的,请求侵权人承担侵权损害赔偿责任的权利。

侵权损害赔偿请求权是一种新生权利,是民事权利的救济权、保护权。原《民法通则》没有将侵权损害赔偿请求权规定在第五章第二节"债权"中,而是规定在第六章"民事责任"中;原《侵权责任法》沿袭了这样的做法。《民法典》将侵权责任规定为侵权责任之债,使侵权责任回归债法,因而,侵权损害赔偿请求权的法律属性,既是民事权利的保护方法,又是一种相对性的实体请求权即债权,也是权利的行使方法,具有三重属性。

研究侵权损害赔偿请求权,应当重点掌握以下几点:

第一,侵权损害赔偿请求权是新生的权利,叫作次生请求权。[1] 侵权损害赔偿请求权发生之前,侵权损害赔偿请求权的双方当事人之间并不存在相对的权利义务关系。如果没有引起这种请求权发生法律事实的出现,他们就都是平等的权利主体,不存在相对的法律关系,任何人都不能请求另一方履行义务以满足自己的要求。只有发生了侵权行为,一方的行为造成了另一方的损害,才能在被侵权人一方产生侵权损害赔偿请求权。

第二,侵权损害赔偿请求权的发生根据是侵权行为,而不是其他法律事实。其他法律事实也有可能发生请求权,例如,无因管理行为可以产生无因管理之债请求权,不当得利可以产生不当得利之债请求权,但都不会产生侵权损害赔偿请求权,只有侵权行为才会产生侵权请求权。

第三,侵权损害赔偿请求权基于权利和利益的损害而产生。这种损害既可以是人身损害事实,也可以是财产损害事实,还可以是精神痛苦或者精神利益的损害事实。例如,自然人的姓名权、肖像权、名誉权和荣誉权的损害,法人的名称权、名誉权的损害,都有可能不产生财产损害,但会产生精神利益或者精神痛苦的损害。没有造成损害的行为,不产生侵权损害赔偿等责任请求权,有可能产生其他侵权请求权,如消除危险的请求权。

第四,这种请求权的赔偿义务主体是特定的侵权人。侵权人在特定的赔偿范围内承担责任,即侵权行为所造成损失的范围。在精神损害要求赔偿损失的情况下,尽管这个特定的范围不是那么严格,但仍然不能离开损害影响所及的范围;只有在法律规定的承担惩罚性赔偿金的情况下,才可能形成赔偿超出损失的情形。

第五,侵权损害赔偿请求权的实现方法是侵权人承担侵权责任。侵权损害赔偿请求权对应的是侵权损害赔偿责任,侵权人是义务人,应当向权利人即被侵权人承担侵权损害赔偿责任,使被侵权人受到侵害的权利得以恢复至圆满状态。

---

[1] 杨立新:《债法总则研究》,中国人民大学出版社2006年版,第8页。

二、侵权损害赔偿请求权与举证责任

请求权与举证责任是密切相关的概念。

举证责任的基本规则十分明确,即"谁主张,谁举证",我国《民事诉讼法》第67条第1款规定:"当事人对自己提出的主张,有责任提供证据。"

侵权损害赔偿请求权与举证责任的关系表现为:

第一,享有请求权的一方负有举证责任。享有侵权损害赔偿请求权的人对自己的主张,有责任提出证据加以证明。这既是请求权人的权利,也是请求权人向人民法院应尽的诉讼义务。侵权损害赔偿请求权人在主张赔偿时,应当举出证据证明对方构成侵权责任,自己的侵权损害赔偿请求权依法成立。不能证明自己主张的,须承担败诉的结果。

第二,在适用无过错责任原则和过错推定原则的情况下,对某些事实实行举证责任倒置。适用过错推定原则的特殊侵权责任,须由侵权人自己证明自己没有过错。例如,建筑物和物件损害责任中,《民法典》第1253条规定的建筑物等损害责任、第1255条规定的堆放物损害责任、第1257条规定的林木损害责任等,都是过错推定责任,其过错要件实行推定,实行的就是这种倒置的举证责任。在这些侵权类型中,免除侵权损害赔偿请求权人对于过错的举证责任,只要证明违法行为、损害事实和因果关系这三个要件,法官就直接推定侵权人具有过错,无须被侵权人再加以证明;这时,关于过错的举证责任倒置,由侵权人证明自己没有过错。在适用无过错责任原则中,如《民法典》侵权责任编第四章规定的产品责任,第七章规定的环境污染和生态破坏责任,第八章规定的高度危险责任,第九章规定的大多数饲养动物损害责任,被侵权人应当证明违法行为、损害事实和因果关系三个要件。如果侵权人主张是被侵权人故意引起损害,则侵权人免责。

第三,请求权人承担举证责任,法院也有调查收集证据的职责。侵权损害赔偿请求权人有责任就自己的赔偿请求提供证据,法院的主要任务是审查核实证据。如果存在当事人及其诉讼代理人因客观原因不能自行收集的证据,或者人民法院认为审理案件需要,人民法院应当调查收集证据。

三、侵权损害赔偿请求权的产生、变更和消灭

(一)侵权损害赔偿请求权的产生

1. 侵权损害赔偿请求权的产生依据

侵权损害赔偿请求权产生所依据的法律事实是侵权行为造成了损害。侵权损害事实一经发生,被侵权人一方即产生损害赔偿请求权,依法得向侵权人要求对造成的损害予以赔偿;侵权人则产生对自己造成他人的损害进行赔偿的责任,应被侵权人的请求,赔偿被侵权人的损失。

2. 侵权损害事实发生的时间

损害事实发生的时间实际上是指损害后果能够确定的时间。损害后果没有确定、正在发展或者扩大,不能是损害事实已经发生,而是正在发生。

损害事实发生的时间具体有四种情况:

(1)侵权行为与损害事实同时出现的,侵权行为实施终了的时间就是损害事实发生的

时间。例如,侵权人砸毁被侵权人的家具,砸家具的行为一经终了,损害事实就已经发生并且固定。

(2)侵权行为与损害事实不是同时出现的,以损害事实的确定时间作为损害事实发生的时间。例如,某甲与某乙相邻不睦,为泄愤,甲在乙的土坯房山墙靠近自己一侧挖水沟蓄水,至梅雨季后期,乙的山墙坍塌。山墙坍塌是逐渐发生的,应将山墙坍塌之时作为损害事实的发生时间。

(3)对于人身伤害事实发生时间的确定方法是,伤害明显的,从受伤害之日起算;伤害当时未曾发现,后经检查确诊并能证明是侵权行为引起的,从伤势确诊之日起算。

(4)侵权行为一直处于持续状态没有结束的,应当认为侵权行为仍然在继续之中,不开始计算诉讼时效期间。

3. 侵权损害赔偿请求权产生的时间

确定请求权产生时间的重要意义,一是确认被侵权人侵权损害赔偿请求权的产生时间,二是确定诉讼时效的开始时间。在通常情况下,损害事实的发生时间就是侵权损害赔偿请求权产生的时间。但是,为了保护被侵权人的合法权益,在某些情况下有一定差异:

(1)财产损害赔偿请求权应当从损害事实发生之时产生,包括侵权行为与损害结果同时发生和相继发生的,都以确定的损害事实发生之时产生请求权,同时开始计算诉讼时效期间。

(2)人身损害赔偿请求权的发生,从两个方面规定:一是伤害明显的从受到伤害之时计算;二是伤害当时未曾发现后经检查确诊并能证明是侵害引起的,从伤势确诊之日起算。这样的规定,对被侵权人保护存在一定的不利因素。笔者认为,不应当从人身损害发生之时产生请求权,而是从财产损失已经发生之时产生请求权。例如,被侵权人因人身受到损害住院治疗,只有伤病痊愈出院或者死亡,才能计算出实际的财产损失,否则难以确定损失的价值和赔偿范围。只有这样才能更好地保护被侵权人的权利。

(3)精神损害应当以能够确定其损害程度的时间为请求权产生时间。例如,侵权人在报纸上发表文章诽谤被侵权人,文章发表的时间就是请求权产生时间。

(4)被侵权人尚不知道损害发生或谁为侵权人时,应当从被侵权人知道或应知损害的发生和谁为侵权人时产生请求权。

(二)侵权损害赔偿请求权的变更

1. 侵权损害赔偿请求权变更的概念

侵权损害赔偿法律关系基于一定的法律事实而改变其主体、内容或客体,这种局部的变更必然使被侵权人的请求权随之变更。这种因侵权损害赔偿法律关系的局部变更而引起的被侵权人赔偿请求权的变更,就是侵权损害赔偿请求权的变更。

2. 侵权损害赔偿请求权变更的形式

(1)权利主体变更。除了精神性人格权损害,财产损害和人身损害的权利主体都可能变更。例如,财产损害的被侵权人死亡,其继承人或近亲属可以取得该项损害赔偿请求权,要求侵权人予以赔偿。人身损害的财产损失亦可发生类似的主体变更。至于人格利益的损害,被侵权人死亡后其请求权消灭,但已经确认的请求权和向法院起诉的除外。

（2）损害事实变更。损害事实发生变更即损害事实发生变化，如原来所造成的损害后果或者发展、扩大，或者计算有错，则请求权的赔偿范围发生变更。

（3）请求权人部分处分赔偿权利。请求权人对实体权利的部分处分，可以引起损害赔偿法律关系的内容发生变更。例如，权利主体要求减少赔偿额，使请求权的内容发生变更。

3. 侵权损害赔偿请求权变更的法律后果

侵权损害赔偿请求权一经变更，立即在诉讼中产生新的变化。第一，请求权主体变更，将更换原告。第二，请求权内容、客体的变化，将使赔偿的责任和范围发生变化。第三，有的请求权变更可以引起诉讼时效的变化。例如，侵权人的侵权行为造成新的损害事实，使旧的诉讼时效终止，新的诉讼时效开始；受害一方对加害一方实施侵害造成损害事实，则产生一种新的法律关系，原侵权人请求权产生，同时原侵权人的诉讼时效开始，原被侵权人的诉讼时效则继续进行。

（三）侵权损害赔偿请求权的消灭

1. 侵权损害赔偿请求权消灭的概念和原因

侵权损害赔偿请求权消灭，是指既存的侵权损害赔偿请求权已经不复存在，也就是侵权损害赔偿的权利义务关系已终止。

引起侵权损害赔偿请求权消灭的原因主要有以下几种：

（1）因履行而消灭。侵权人全面、适当地履行了赔偿责任，即依请求权要求责任人应承担的给付责任已经给付，作为请求权人的被侵权人的请求权得到实现，该侵权损害赔偿的目的已经达到，侵权法律关系随之消灭。赔偿责任的履行有两种形式：一是一次给付，二是将来的定期给付。无论一次的还是定期的给付，只要赔偿责任已经清偿，被侵权人已经受领，被侵权人的请求权即因履行而消灭。

（2）因抵销而消灭。在相互致害的侵权损害赔偿案件中，因双方互负侵权责任，属于同一种类的给付，并且性质上能够抵销，因此两项责任相互充抵而同时消灭。这样既可以使双方的请求权都得以实现，又可以节约因实际履行所消耗的时间和费用。在一般情况下，互致损害的损失不会相等；如有差额，双方就抵销后的余额保留侵权关系，予以清偿。

（3）因免除而消灭。侵权损害赔偿请求权因下列两种情况而免除。第一，权利人放弃请求权，依权利人的意思表示免除侵权人的责任而消灭请求权。在这种情况下，权利人的行为须符合《民法典》第143条规定的三项条件，即行为人具有相应的民事行为能力，意思表示真实，不违反法律、行政法规的强制性规定或者公序良俗。第二，依法免除侵权人的责任而消灭请求权。例如，被侵权人有故意或重大过失而侵权人仅有一般过失或根本无过失时，得免除侵权人的赔偿责任，被侵权人的请求权则依法消灭。

（4）因义务人行使诉讼时效抗辩而消灭。按照《民法典》第192条关于诉讼时效期间届满义务人产生抗辩权的规定，侵权人主张行使抗辩权的，除特殊情况外，被侵权人的请求权消灭。特殊情况包括：一是人民法院认为可以延长诉讼时效的，由人民法院决定；二是已经超过诉讼时效期间，当事人自愿履行的，不受诉讼时效的限制，被侵权人仍享有请求权。

2. 请求权消灭的特殊情形

请求权消灭还有一种特殊情形值得注意，这就是侵权人的死亡。侵权人的死亡并不必然导致权利人请求权的消灭。如果侵权人死亡就必然导致被侵权人因侵权人的违法行为而造成的损害得不到赔偿,不仅不符合民法的公平、正义原则,而且会增加社会的负担和不安定因素。具体的处理办法是:

(1)侵权人有遗产并且由继承人继承的。侵权人死亡后,只要侵权人有遗产,就应当由继承该遗产的继承人负责清偿。依照《民法典》第1161条的规定,继承人以继承的遗产为限,对请求权人承担赔偿责任。

(2)侵权人有遗产而继承人未继承的。侵权人有遗产,但继承人没有继承的,应当依照《民法典》第1159条的规定,直接以该遗产承担侵权责任。

(3)侵权人的遗产没有被分割而由继承人共同继承的。侵权人死亡后没有进行遗产分割,而由侵权人的近亲属共同继承的,形成共同继承遗产;请求权的责任人是死者遗产的共同继承人,应当适用《民法典》第1161条的规定,承担损害赔偿责任。

在这三种情况下,侵权人的遗产继承人或者近亲属作为义务人,被侵权人的请求权应当对他们行使。只有在侵权人生前毫无财产的情况下,被侵权人的请求权才能够消灭。

第二节 侵权责任方式

| 典型案例 |

叶某与胡某系同学关系,都是集邮爱好者。胡某的父亲将自己收藏的一枚极为罕见的邮票交给胡某收藏。该邮票是盖销票,票面盖有"1956.10.16·江西南昌"的邮戳。胡某向叶某说明此事,叶某便要求借看这枚邮票。叶某到胡某家后,认为该邮票真假难辨,要求借走邮票找其老师鉴定真伪;胡某应允,叶某便将该邮票放在书本中夹着带走。嗣后,胡某多次要求叶某返还邮票,叶某都以邮票丢失需要找寻为借口,长期拖延不还。胡某向法院起诉,法院以侵占财产为由,确认叶某侵权责任成立,限期返还财产,不能按期返还则应按照高于该邮票的市场流通价的数额赔偿原告的财产损失。

一、侵权责任方式的概念和特征

侵权损害赔偿请求权对应的是侵权责任方式,即侵权人的行为构成侵权责任,被侵权人产生侵权损害赔偿请求权,行使该请求权,侵权人将承担与其实施的侵权行为和救济被侵权人损害相适应的侵权责任方式。因此,侵权责任方式是指侵权人应被侵权人行使侵权损害赔偿请求权所应当承担的以损害赔偿为基本内容的侵权责任具体形式。或言之,侵权责任方式是侵权人实施侵权行为所应当承担的具体法律后果。

《民法典》第179条规定了11种民事责任方式,但是,这些民事责任方式所对应的并非都是侵权责任请求权,更多的是对应物权请求权、违反债的二次请求权、人格权请求权、身份权请求权等固有请求权,侵权请求权主要是损害赔偿请求权,以及与侵权损害赔偿相关的恢复原状请求权、不登记的动产的返还请求权。这些请求权都是由民法调整的财产关系和人身关系的特殊性决定的,应当按照救济侵权损害后果和制裁侵权人的具体要求,适用具体的侵权责任方式。

侵权责任方式有以下法律特征:

第一,侵权责任方式是落实侵权责任的具体形式。侵权责任构成,侵权人就应当承担这种法律后果。侵权责任必须化为具体的形式,侵权责任是侵权责任方式的抽象表现,而侵权责任方式是侵权责任的具体表现。

第二,侵权责任方式是责任与义务、向法律负责和向受害人负责的结合。侵权责任方式既是人民法院运用审判权判令侵权人承担责任的方式,也是侵权人应向受害人履行的义务。侵权责任是向国家法律负责和向对方当事人负责的结合,且主要是向对方当事人负责。侵权责任正是这样,既是责任又是义务。

第三,损害赔偿是侵权责任的基本方式。《民法典》侵权责任编第二章标题就确定为"损害赔偿",就说明了这个道理。这是由于侵权责任的基本功能在于补偿受害人的损失。侵权行为一般都造成了受害人的损失,但无论是财产损失还是人身伤害和死亡以及精神损害,依法律规定均可以适用赔偿损失的责任方式进行补救。

二、侵权责任方式的类型和适用的一般原则

(一)确定侵权责任方式的具体办法

在《民法典》第179条规定的11种民事责任方式中,只有赔偿损失、恢复原状、不登记的动产的返还财产是侵权责任方式,理由是:

第一,《民法典》侵权责任编第二章明确规定侵权责任的基本方式是损害赔偿,因此,侵权损害赔偿是侵权责任基本方式。

第二,《民法典》第237条和第238条规定恢复原状和损害赔偿请求权,均加上"依法"二字,且没有规定这两种请求权不受诉讼时效限制,可以断定这两种责任方式是侵权责任方式。

第三,《民法典》第196条中规定"不动产物权和登记的动产物权的权利人请求返还财产",不适用诉讼时效的规定,因而,排除在外的不登记的动产物权的返还财产,应当受到诉讼时效的限制,应当属于侵权责任方式。不登记的动产物权应当包括依法不必登记的动产物权和可以登记但是未登记的动产物权。

第四,《民法典》第995条规定,停止侵害、排除妨碍、消除危险、消除影响、恢复名誉、赔礼道歉请求权不适用诉讼时效的规定,上述请求权显然是人格权请求权的责任方式。

基于以上分析,侵权责任方式即为损害赔偿、恢复原状、不登记的动产物权返还财产。在侵权责任法的术语中,侵权损害赔偿的概念通常是狭义的,即单指侵权损害赔偿责任方式。在实际使用中也用其广义的概念,即这些所有与损害赔偿相关的责任方式都称为侵权损害赔偿。

(二)适用侵权责任方式的一般规则

对侵权行为适用民事责任方式,应当掌握的规则是:

第一,救济损害需要。确定侵权责任方式最重要的原则,是救济受害人的权利损害需要。在恢复受害人受到侵害的权利的目标下,需要适用什么民事责任方式,就适用什么民事责任方式。对于单纯的财产权利损害,可以单独适用损害赔偿方式救济损害;对于生命健康权的损害,既可以赔偿财产损失,也可以同时赔偿精神损害;对于精神性人格权的损害,可以单独适用精神型责任方式,也可以根据需要适用财产型责任方式。在任何情况下,只要有救济损害的需要,就可以适用综合型责任方式。

第二,可以并用。各种侵权责任方式各具特点,对于侵权行为造成损害的救济,可以单独适用一种责任方式,也可以适用多种责任方式。《民法典》第179条第3款规定:"本条规定的承担民事责任的方式,可以单独适用,也可以合并适用。"各种责任形式保护受害人的利益不同,如果适用一种责任形式不足以保护受害人时,就应当同时适用其他责任方式。这是侵权责任聚合的表现。

第三,适当处分。侵权责任方式从受害人的角度看,就是受害人自己享有的请求权的内容。按照民法的基本原则,权利人可以处分自己的权利。

三、侵权责任方式的适用

(一)不登记的动产的返还

返还财产是普遍适用的民事责任方式,是指侵权人将不法侵占的财产予以返还。《民法典》将返还财产分为物权请求权的返还财产和侵权请求权的返还财产,返还不登记的动产,是侵权责任方式,适用侵权责任的规定。

返还财产责任因侵权人非法占有不登记的动产而产生。无法律和合同的根据而占有他人的动产,侵害了动产所有人或者占有人的权利。如甲抢夺乙的财产据为己有,非法占有人负有返还财产的民事责任。

返还财产的适用条件,是被侵占财产原物依然存在。如果原物已经灭失,返还原物为客观不能,所有人只能要求赔偿损失,而不能要求返还原物。如果原物虽然存在,但已经遭受毁损,所有人可以在请求返还财产的基础上再要求赔偿损失。返还财产在性质上是物的占有的转移,而不是所有权的转移;因此,须无权占有人将占有物转移至有权占有人的控制之下,才能视为财产已经返还。

返还财产应当返还原物所生的孳息。构成侵权行为的财产侵占行为均为恶意。在恶意占有的情况下,占有人应负责返还其在全部恶意占有期间所获得的一切孳息,且无权请求返还请求权人补偿其支付的费用。《合同编通则解释》第25条规定的"资金占用费""标的物使用费",就是返还财产中的法定孳息,应予返还。

(二)恢复原状

恢复原状,是指恢复权利被侵犯前的原有状态,一般是指将损坏的财产修复,即所有人的财产因他人非法侵害而遭到损坏,如果能够修理,则所有人有权要求加害人通过修理恢复财产原有的状态。适用恢复原状责任方式,应当具备的条件:一是须有修复的可能;二是须有修复的必要。确立恢复原状请求权的基础是,如果被毁损的物是不可替代物的,加害人应当负责修缮,而不能通过金钱赔偿方式请求加害人让与该物的所有权。承认受害人对恢复原状或损害赔偿有选择权,其主动权在于受害人,所有权失去保障的顾虑则根本不存在。因此,恢复原状应当作为一项独立的请求权,这对于保护物权具有重要意义。恢复原状的标准,是使受到损坏的原物性状如初。通过修理或者重作以及其他方法,使受到损害的物恢复到原来状态,就完成了恢复原状的要求。不过在实际上,原物被损坏后,通过修理,尽管能够达到原物的使用性能,但通常会使价值贬损,损失并没有完全得到填补。这种被称为"技术上贬值"的损失,若存在技术贬值,则不能达到恢复原状的要求。对于通过维修等使受到损坏的物初步恢复原状,但仍然存在技术贬值的,加害人应当对贬值部分予以赔偿。

(三)赔偿损失

赔偿损失是最主要、最基本的侵权责任方式,侵权责任法的赔偿损失包括财产损害赔偿、人身损害赔偿和精神损害赔偿三种形式,特殊的损害赔偿方式是惩罚性赔偿。

第三节 侵权损害赔偿方法

| 典型案例 |

某环境卫生管理所汽车驾驶员徐某,在工作时间驾驶东风牌自卸车倒车时,将正在卡车后面帮助关车门的张某撞伤。医院诊断张某为左骨盆骨折,后尿道损伤。法医鉴定张某因外伤致阴茎勃起功能障碍。张某的妻子王某认为,自己作为张某的妻子,丈夫因车祸丧失性功能,使自己的生理及心理健康受到了严重伤害,今后将陷入漫长的、不完整的夫妻生活。夫妻二人共同以某环境卫生管理所为被告起诉,丈夫请求赔偿其健康权受到的损害,妻子请求赔偿的是性权利受到的损害,总共请求赔偿各项损失152700元,其中包括性权利损害的精神损害赔偿。法院判决某环境卫生管理所赔偿张某医疗费、残疾生活补助费、残疾赔偿金等损失109207元,赔偿王某精神损害抚慰金10000元。本案的张某是侵权行为的直接受害人,王某则是间接受害人。

一、侵权损害赔偿规则

(一)侵权损害赔偿概述

1. 侵权损害赔偿的概念和特征

损害赔偿包括侵权损害赔偿和违约损害赔偿。

侵权损害赔偿,是指侵权人实施侵权行为对被侵权人造成损害,在侵权人和被侵权人之间产生的请求赔偿权利和履行给付赔偿责任的法律关系。这里使用的侵权损害赔偿概念,是广义侵权损害赔偿概念。

侵权损害赔偿的法律特征是:

(1)侵权损害赔偿的根本目的是救济损害。赔偿的根本目的是补偿损失,使受到损害的权利得到救济,恢复权利。此外,侵权损害赔偿也有制裁民事违法行为和慰抚受害人的作用,但这不是它的根本目的。

(2)侵权损害赔偿是财产性的责任方式。侵权损害赔偿完全是以财产的方式救济受害人。在损害的三种形式即人身损害、财产损害和精神损害中,对财产损失必须以财产来赔偿;对人身损害,也必须以财产的形式赔偿受害人的财产损失;即使精神损害赔偿也只能以财产的方式进行,不可能用其他方式赔偿。

(3)侵权损害赔偿具有相对性的特征。相对性是债的关系的基本特征,侵权损害赔偿同样如此。损害赔偿永远发生在相对人之间,即权利主体和责任主体永远是特定的,且只在相对的特定主体之间发生。受害人只能向特定的行为人请求赔偿,赔偿责任主体也只需要向特定的受害人承担赔偿责任。

2. 侵权损害赔偿的范围

对于侵权损害赔偿的范围,《民法典》第1179、1180、1182、1183、1184条作了规定。这五条规定的内容比较原则,都是一般性规定。在实务中如何确定损害赔偿范围,应当参照最高人民法院有关司法解释的规定。

(1)人身损害赔偿。《民法典》第1179、1180条规定了基本规则。《人身损害赔偿解释》是关于处理人身损害赔偿的专门司法解释,对人身损害赔偿既作了概括规定,又有详细的具体规则,与《民法典》的上述规定相一致。

(2)人格权财产利益损害赔偿。对于侵害他人人身权益造成财产损失的赔偿责任,《民法典》第1182条规定了具体的方法,其基本原则是按照被侵权人因此受到的损失或者侵权人因此获得的利益进行赔偿。被侵权人因此受到的损失或者侵权人因此获得的利益难以确定,被侵权人和侵权人就赔偿数额又协商不一致,向人民法院提起诉讼的,由人民法院根据实际情况确定赔偿数额。

(3)精神损害赔偿。《民法典》第1183条规定:"侵害自然人人身权益造成严重精神损害的,被侵权人有权请求精神损害赔偿。因故意或者重大过失侵害自然人具有人身意义的特定物造成严重精神损害的,被侵权人有权请求精神损害赔偿。"这是对精神损害赔偿责任的规定,与原《侵权责任法》第22条规定相比,增加了第2款,规定了侵害自然人具有人身意义的特定物的精神损害赔偿的新规则。

(4)财产损害赔偿。《民法典》第1184条规定了财产损害赔偿的一般性规则,即侵害他人财产的,财产损失按照损失发生时的市场价格或者其他合理方式计算。

3. 确定损害赔偿责任范围应当注意的问题

(1)必须符合法律保护合法权益的意旨。侵权行为所侵害的客体,都是由法律规定的民事主体的民事权利和利益。对于民事主体的民事权利的损害,应当依据法律规定的意旨确定赔偿范围,超出法规意旨的利益损害不应予以赔偿。

(2)确定实际损害必须依据相当因果关系。赔偿责任的构成,因果关系为必备要件。确定损害赔偿范围,同样以因果关系为要件,与行为无因果关系的损害不应计算在损害赔偿范围之内。确定因果关系应以相当因果关系为标准,有相当因果关系的便予以赔偿,没有相当因果关系而侵权行为仅是损害发生条件的,不予赔偿。例如,行为致伤受害人,受害人住院治疗以后,因患败血症而死亡的损害,列入赔偿范围;因医院失火而烧死受害人的损害,不计入赔偿范围。

(3)在必要时应当考虑行为人过错轻重。过错大小对损害赔偿的范围没有大的影响,而是以财产损失的大小作为赔偿的标准。但在确定精神损害赔偿范围时,行为人过错的轻重对于确定损害赔偿的范围具有重要的影响,是考虑赔偿范围的重要依据。这是因为,加害人过错轻重对侵权后果具有重要的影响,而且精神损害赔偿除具有慰抚受害人、补偿损害的功能外,制裁违法行为人也是其重要功能之一,过错轻重当然涉及精神损害赔偿范围的大小。

(二)损害赔偿关系的当事人

1. 赔偿权利主体

在侵权损害赔偿法律关系中,受害人是赔偿权利主体,进行诉讼则为原告。除受害人以外,受害人的利害关系人、死者的近亲属也是赔偿权利主体。《人身损害赔偿解释》第1条第2款规定:"本条所称'赔偿权利人',是指因侵权行为或者其他致害原因直接遭受人身损害的受害人以及死亡受害人的近亲属。"这一规定确定了赔偿权利人的范围,但还不够完善。赔偿权利主体分为直接受害人和间接受害人。

(1)直接受害人。直接受害人是侵权行为损害后果的直接承受者,是因侵权行为而使民事权利受到侵害遭受损失的人。

一是具有完全民事行为能力的直接受害人。受害人的资格不在于是否有完全民事行为能力,而在于其是否具有民事权利能力。凡是具有民事权利能力,又因侵权行为而使其民事权利受到侵害的人,就具有受害人的资格。有无民事行为能力,涉及是否可以行使赔偿权利的问题,因而区分直接受害人的民事行为能力的意义是,具有完全民事行为能力的直接受害人,可以自己行使侵权赔偿请求权,向赔偿责任主体请求赔偿。

二是无民事行为能力或限制民事行为能力的直接受害人。直接受害人无民事行为能力或民事行为能力受限制,自己不能行使赔偿请求权,应当由其监护人代理其行使侵权赔偿请求权。监护人可以作为直接受害人的法定代理人进行诉讼。

三是多数直接受害人。一个侵权行为有数个直接受害人,所有的直接受害人都享有赔偿请求权,都可以提起侵权赔偿诉讼。依其人数,有2个至9个直接受害人的案件,作为必要的共同诉讼,应当合并审理,个别直接受害人不起诉的,并不影响其他直接受害人提出赔偿请求。有10个以上直接受害人的案件,可以进行集团诉讼或代表诉讼。代表诉讼是直接受害人的人数已经确定;集团诉讼的直接受害人的人数尚未确定,判决对未参加诉讼的直接受害人亦发生拘束力,未参加集团诉讼的直接受害人可以在诉讼时效期间起诉适用该判决。集团诉讼和代表诉讼的共同特点都是选派代表进行诉讼,代表人的诉讼行为对其所代表的直接受害人发生效力,但代表人变更、放弃诉讼请求或者承认对方当事人的诉讼请求、进行和解,必须经被代表的直接受害人同意。

四是侵害生命权的直接受害人。侵害生命权有双重直接受害人,即被致死的受害人和为死者治疗、送葬而遭受财产损失和精神损害的近亲属。前者是生命权受到侵害之人,其已经死亡不能行使赔偿权利;后者是财产和精神受到损害之人,可以依法行使请求赔偿财产损失和精神损害的权利。《民法典》第1181条规定:"被侵权人死亡的,其近亲属有权请求侵权人承担侵权责任……被侵权人死亡的,支付被侵权人医疗费、丧葬费等合理费用的人有权请求侵权人赔偿费用,但是侵权人已经支付该费用的除外。"被侵权人死亡的,其近亲属为权利人;支付被侵权人医疗费、丧葬费等合理费用的人也是直接受害人,有权请求侵权人赔偿费用。

(2)间接受害人。间接受害人是指侵权行为造成了直接受害人的人身损害,因此而使其人身权益受到间接损害的受害人。这样的间接受害人有三种:

一是因直接受害人死亡或者丧失劳动能力而丧失扶养来源的受害人。侵权行为侵害直接受害人,造成其死亡或者丧失劳动能力,使其收入断绝或者减少,因而由其扶养的人的扶养来源断绝或者减少,这种被扶养人是间接受害人。

二是配偶间因配偶一方受到侵权行为侵害而丧失性利益的另一方配偶。行为人实施的侵害他人健康权的行为,造成直接受害人丧失性能力,间接引起性利益减损或丧失的直接受害人的另一方配偶,也是间接受害人。本节典型案例中的直接受害人的妻子就是间接受害人。

三是因目睹侵权行为受到惊吓而造成健康权损害的受害人。目睹正在发生的侵权行为残酷现场,因而造成惊吓使健康权受到损害的近亲属也是间接受害人,享有精神损害赔偿请求权。

(3)胎儿和死者近亲属。胎儿受到损害出生后享有请求权。胎儿在其被孕育的过程中受到损害,如何行使赔偿请求权,法律没有具体规定。例如,胎儿父亲因他人侵权行为而丧生或丧失劳动能力,其出生后的抚养损害赔偿问题;因污染、服药、损伤而使胎儿健康受到损害的赔偿问题等。《民法典》第16条规定:"涉及遗产继承、接受赠与等胎儿利益保护的,胎儿视为具有民事权利能力。但是,胎儿娩出时为死体的,其民事权利能力自始不存在。"这一条文尽管没有明文规定胎儿的人身损害赔偿请求权,但一般认为其中的"等"字,包含这一请求权。对此,胎儿在其出生后,有权行使赔偿请求权;胎儿出生后死亡的,其人身损害赔偿请求权,其继承人可以继承;胎儿娩出时为死体的,这种损害视为对母亲的损害。

(4)死者人格利益的保护人。死者的名誉、隐私、肖像、荣誉、隐私、个人信息以及死者的遗体、遗骨等法益受到侵害,因其已经丧失民事权利能力和民事行为能力,其赔偿请求权由其近亲属享有,可以死者利益保护人的身份向法院提出损害赔偿诉讼,以保护死者的合法利益。《民法典》第994条规定:"死者的姓名、肖像、名誉、荣誉、隐私、遗体等受到侵害的,其配偶、子女、父母有权依法请求行为人承担民事责任;死者没有配偶、子女且父母已经死亡的,其他近亲属有权依法请求行为人承担民事责任。"

(5)损害赔偿请求权主体的特别规定。《民法典》第1181条对损害赔偿请求权主体特别规定了以下三个问题:

第一,被侵权人死亡的,其近亲属为侵权请求权人。对此,采用的是双重受害人说,被侵权人已经死亡的,被侵权人是受害人,被侵权人的近亲属也是受害人,也是侵权请求权人,有权请求侵权人承担侵权责任。

第二,被侵权人死亡的,支付被侵权人医疗费、丧葬费等合理费用的人,也是侵权请求权人,有权请求侵权人赔偿费用。这种赔偿权利人可能是死者的近亲属,也可能不是死者的近亲属,但为其支付了医疗费、丧葬费等合理费用。既然如此,他就是请求权人。

第三,被侵权人是组织,造成损害的只能是财产,组织享有的这个请求权只能是财产损害的请求权。如果这个组织分立或者合并的,因分立或者合并而承继这个权利的组织为请求权人,有权请求侵权人承担侵权责任。

条文没有规定的是,被侵权人死亡时没有近亲属的应该怎么办。被侵权人死亡时没有近亲属,支付被侵权人医疗费、丧葬费等合理费用的人,有权请求侵权人赔偿相关费用。在这种情况下,有关国家机关或者救助站、村委会等,有权主张对侵权行为人追究侵权责任,但所得赔偿金应当纳入社会福利基金,或者作为村委会的公益金。

2. 赔偿责任主体

在侵权损害赔偿法律关系中,加害人是赔偿责任主体,在诉讼中为被告。除加害人以外,在某些情况下,直接加害人的责任承受者即替代责任的责任人,也是赔偿责任主体。无民事行为能力人或者限制民事行为能力人致人损害,司法实务不承认其法定代理人为被告,但承认其法定代理人是赔偿责任的承受者,由其支付赔偿费用,这是不正确的。在物件致人损害中,物的所有人、占有人为赔偿责任主体。《人身损害赔偿解释》第1条第3款规定了赔偿义务人的范围:"本条所称'赔偿义务人',是指因自己或者他人的侵权行为以及其他致害原因依法应当承担民事责任的自然人、法人或者非法人组织。"

(1)直接加害人。直接加害人是直接实施侵权行为,造成受害人损害的人。直接加害人分以下三种情况:一是单独的直接加害人。直接加害人为一人,为单独加害人;单独加害人为赔偿责任主体,由其个人承担赔偿责任。二是共同加害人,共同侵权行为的加害人为共同加害人,承担连带赔偿责任,在诉讼中为共同被告。三是共同危险行为人,共同危险行为的行为人不是共同加害人,但因共同危险行为的责任形式是连带责任,故共同危险行为人为共同的赔偿责任主体,为共同被告。

(2)替代责任人。

替代责任人包括以下两种情形:

第一,对人的替代责任人。在替代责任形式的特殊侵权责任中,直接造成损害的行为人并不是赔偿责任主体,不直接承担损害赔偿责任。其赔偿责任主体是为直接造成损害的行为人承担赔偿责任的替代责任人。例如,用人单位的工作人员执行工作任务致人损害,用人单位承担赔偿责任;无民事行为能力人或者限制民事行为能力人致人损害,其监护人承担赔偿责任等。这些直接承担责任的主体是赔偿责任主体。

第二,对物的替代责任人。物件致人损害,应由物件的所有人、占有人承担赔偿责任,致害物件的所有人、占有人是赔偿责任主体,是被告。例如,高度危险作业的所有人、占有人,地下工作物、建筑物及其他地上物的所有人、管理人,缺陷产品的销售者、生产者,污染环境企业的所有人、经营者,动物的所有人、饲养人等,都是赔偿责任主体。

(三)损害赔偿规则

1. 全部赔偿

全部赔偿是侵权损害赔偿的基本规则,是指侵权人承担赔偿责任的大小,应当以行为所造成的实际财产损失的大小为依据,全部予以赔偿。换言之,就是赔偿以所造成的实际损害为限,损失多少,赔偿多少。

全部赔偿是由损害赔偿的功能决定的。损害赔偿基本功能是弥补财产损失,以全部赔偿作为确定损害赔偿责任大小的基本原则,是十分公平、合理的。

适用全部赔偿原则应当特别强调以下几个问题:

(1)确定损害赔偿数额即赔偿责任的大小只以实际损害作为标准,对实际损害全部予以赔偿。在一般情况下,不能以加害人过错程度的轻重作为损害赔偿数额的依据,也不能根据行为的社会危险性大小作为依据,只能以财产的实际损失作为赔偿责任大小的标准。例外的是对于精神损害赔偿责任,加害人的主观过错程度起重要作用,加害人故意或者重大过失,是承担较重赔偿责任的根据。

(2)全部赔偿的范围包括直接损失和间接损失。全部赔偿要求不仅要赔偿直接损失,而且对确定的间接损失也要予以赔偿。对间接损失如果不能予以全部赔偿,受害人的权利就得不到全面的保护,加害人的违法行为也不会得到应有的制裁。间接损失只要是当事人已经预见或者能够预见的利益,并且是可以期待、必然得到的,就应当予以赔偿。

(3)全部赔偿包括对受害人为恢复权利、减少损害而支出的必要费用的赔偿。受害人因权利受侵害,为恢复权利、减少损害而支出的费用,是侵权行为所造成的损害,加害人应当予以赔偿。但这种损失在实务中基本上不予赔偿,没有体现全部赔偿的要求。《反不正当竞争法》第17条第3款规定:"因不正当竞争行为受到损害的经营者的赔偿数额,按照其因被侵权所受到的实际损失确定;实际损失难以计算的,按照侵权人因侵权所获得的利益确定。经营者恶意实施侵犯商业秘密行为,情节严重的,可以在按照上述方法确定数额的一倍以上五倍以下确定赔偿数额。赔偿数额还应当包括经营者为制止侵权行为所支付的合理开支。"在实务中,应当参照这一规定,将受害人为恢复权利、救济损害、减少损害的必要费用的支出,列入赔偿范围,予以全部赔偿。

(4)全部赔偿的只能是合理的损失,不合理的损失不应予以赔偿。对于受害人借故增加开支、扩大赔偿范围的做法应当予以谴责,同时对于故意扩大的费用开支也不应当予以赔偿。

2.财产赔偿

财产赔偿规则,是指侵权行为无论是造成财产损害、人身损害还是精神损害,均以财产赔偿作为唯一方法,不能以其他方法为之。

确立财产赔偿规则的根本目的有以下三点:

(1)对于财产损害应以财产的方式赔偿。对于财产损害只能以财产的方式赔偿,不能以其他方式赔偿。这是因为,财产损失以财产赔偿最符合民法的等价有偿原则。以支付劳务、人身拘禁等方式偿付财产损失或其他损害,有人身制裁的性质,都是不被允许的。现代侵权法也不主张进行损害投役,因为物的损害投役有可能不符合全部赔偿原则的要求,而人的损害投役则因限制加害人的人身,对人身进行强制,违反民法原则,因而被严格禁止。[2]

(2)对于人身损害以财产的方式予以赔偿。对于人身损害也只能以财产的方式予以赔

---

[2] 损害投役是罗马法的侵权责任方式,动物造成他人损害即将动物所有权转移给受害人,人造成他人损害则将加害人交由受害人强制役使。

偿,不能用其他方式赔偿。这是因为:首先,人身损害不能用同态复仇的方式进行补偿,以此与同态复仇相区别;其次,人身损害不能用金钱计算其价值,既不能用金钱计算出受害人损伤器官的价格,也无法用金钱予以补偿人身损害的本身;最后,对人身损害,如致死、致伤、致残,应以财产的方式赔偿受害人因医治伤害所造成的财产损失,损失多少财产,就应当赔偿多少财产,不但公平合理,而且容易计算。人身损害引起的痛苦,应适用精神损害赔偿方法,以财产方式予以赔偿。

(3)对于精神损害,无论其是否造成经济损失,都应当以财产的方式赔偿。对于纯粹的精神利益损害和精神痛苦,也只能以财产的方式予以赔偿,没有其他更合适的救济方式。精神损害并不仅仅指精神痛苦,主要是精神利益损害。认为精神痛苦就是精神损害,法人没有精神痛苦因而也就没有精神损害,也就不得请求精神损害赔偿的观点,是不正确的。

确认财产赔偿规则就是明确侵权行为造成的一切损害都必须以财产的方式予以赔偿。从这一规则出发,处理一切侵权损害赔偿案件,都必须公平、合理,体现等价有偿的原则。受害人因损害而得到的赔偿恰好能够填补实际损害,不能赔偿不足,也不能使之不当得利。判令加害人承担赔偿责任也与其造成的损害相适应,不能让其负担过重的赔偿责任。

3. 损益相抵

损益相抵亦称损益同销,是指赔偿权利人基于发生损害的同一原因受有利益,应于损害额内扣除利益,由赔偿义务人就差额予以赔偿的确定赔偿责任范围的规则。[3]《民法典》和司法解释都没有对侵权损益相抵规则作出规定,只有司法解释对违约责任的损益相抵作了规定。《买卖合同解释》第23条规定:"买卖合同当事人一方因对方违约而获有利益,违约方主张从损失赔偿额中扣除该部分利益的,人民法院应予支持。"这里确认的合同领域的损益相抵规则,可以适用于侵权责任领域。[4]

损益相抵的法律特征是:第一,损益相抵原则是损害赔偿之债的原则,适用于一切确定损害赔偿责任的场合,不仅是侵权损害赔偿的规则,也是违约损害赔偿的规则。第二,损益相抵原则是确定侵权损害赔偿责任范围大小及如何承担的问题。它不是解决损害赔偿责任应否承担的规则,而是在损害赔偿责任已经确定应由加害人承担的前提下,确定加害人应当承担多少赔偿责任的规则。第三,损益相抵所确定的赔偿额是损害额内扣除因同一原因而产生的利益额之差额,而不是全部损害额。例如,房屋因爆炸被震塌,对于房屋所有权人而言,为损害,房屋所有权人故得请求赔偿,因倒塌而呈现之建筑材料,对于房屋所有权人而言,则是种利益。[5] 损益相抵就是要求受害人在请求损害赔偿时,须从房屋损害数额中扣除因此所得建筑材料的利益额,仅就该差额行使赔偿权利。第四,损益相抵由法官依职权行使。在诉讼中,法官可以不待当事人主张,径以职权根据确认的证据适用该原则。

在侵权责任中损益相抵的构成,必须具备以下要件:

(1)须有侵权损害赔偿之债的成立。构成损益相抵必须以损害赔偿之债的成立为必要要件。没有侵权损害赔偿之债的成立,亦即缺乏损害赔偿之债的要件,尚未构成侵权损

---

[3] 2008年《侵权责任法(草案)》曾经规定了损益相抵规则,即第22条规定:"因同一侵权行为在造成损失的同时,受害人受有利益的,应当从赔偿额中扣除所获得的利益。"

[4] 杨立新:《司法解释规定的损益相抵规则的规范分析与具体适用》,载《判解研究》2023年第3辑。

[5] 曾世雄:《损害赔偿法原理》,台北,三民书局1986年版,第188页。

赔偿之债,不构成损益相抵。

(2)须受害人受有利益。这是损益相抵的必备要件。如果受害人未因受损害而受有利益,则无适用损益相抵的余地。此种利益包括积极利益和消极利益。积极利益为受害人现有财产的增加,消极利益为应减少财产而未减少。应当扣减的利益包括:物的毁损而发生的新生利益;实物赔偿新旧相抵的利益;原应支出因损害事实的发生而免支出的费用;原无法获得因损害的发生而获得的利益;将来的多次赔偿给付改为现在的一次性给付的中间利息。[6]

(3)须有构成损害赔偿之债的损害事实与所得利益间的因果关系。尽管损益相抵不以相当因果关系为绝对标准,然而因果关系作为损益相抵构成的必要要件之一,为判例和学说所公认,即须利益与损害同引发损害的原因之间有相当因果关系而后可,即须利益与损害因同一相当原因而发生。[7] 在具体判断因果关系的构成时,基于同一赔偿原因所生直接结果的利益,成为不可分离或合一关系者,以及基于同一赔偿原因所生间接结果,彼此之间或者与直接结果为不可分离或合一关系者,均为有相当因果关系。通常认为不具有相当因果关系者,为损害与利益无适当关系,因此不得适用损益相抵原则。诸如:第一,第三人对于受害人赠与的财产,或受慈善机关救治,或国家、单位予以补助的财产;第二,因继承而得的利益;第三,退休金、抚恤金获得的利益;第四,非加害人所送的慰问金。

具备以上三个要件即构成损益相抵,应在损害额中扣除所得利益额。

损益相抵的计算与折抵方法,主要有以下五种,可以根据不同情况选择适用:

一是损害造成的损失与利益均可以金钱计算时,直接相减、扣除利益,赔偿差额。赔偿计算公式是:

赔偿数额 = 原有价值 – 原有价值/可用时间 × 已用时间 – 新生利益

这一公式中的"原有价值 – 原有价值/可用时间 × 已用时间",即为被损害之物的损失额;损失价值等于损失额与新生利益额相减的差额,即为赔偿的数额。这种方法适用于财产损害赔偿。至于人身损害的损益相抵,则直接相减得出损害与利益的差额,即已实行了损益相抵。

二是对于损害造成的损失已经进行金钱赔偿者,应由赔偿权利人将新生利益退还给赔偿责任人,实行损益相抵。例如,致毁他人汽车或房屋,如果对所损坏的汽车、房屋的损失全额赔偿,则所残存零部件或建筑材料应归赔偿责任人所有,否则违背公平原则。

三是实物赔偿时,新旧物的差价,应由赔偿权利人退还赔偿责任人,否则权利人对差价为不当得利。

四是返还原物,对所得消极利益应退还责任人。例如,侵占他人耕牛,应负返还义务,对侵占期间受害人所受损失亦应予以赔偿,但受害人在侵占期间减少草料、喂养人工等费用,应作为消极利益从中扣除。

五是在人身损害致残、致死的场合,赔偿责任人对丧失劳动能力的人或其他间接受害

---

[6] 将来的多次赔偿给付改为现在的一次性赔偿的中间利息,在理论上应当认定为新生利益,予以损益相抵,但司法解释没有规定其为新生利益可以损益相抵。

[7] 何孝元:《损害赔偿之研究》,台北,商务印书馆1982年版,第45页。

人应定期给付生活补助费的,把将来的多次给付变成现在一次性给付,应当依霍夫曼计算法扣除中间利息。其计算要点是为了计算 n 年后的每年给付金额 A 的现在价额 X,其利率为 r,则计算公式为:

X + Xrn = A

或者

X(1 + rn) = A

或者

X = A/(1 + rn)

4. 过失相抵[8]

过失相抵是在损害赔偿之债中,由于与有过失的成立,而减轻加害人赔偿责任的规则。侵权行为的与有过失同样适用过失相抵原则。

实行过失相抵原则,应当通过过失的比较和原因力的比较,在此基础上,依比例确定双方当事人各自的责任比例,依此减轻加害人的责任。

5. 衡平原则

作为赔偿规则的衡平原则是指在确定侵权损害赔偿范围时,必须考虑诸如当事人的经济状况等因素,使赔偿责任的确定更公正。例如,加害人的经济状况不好,全部赔偿以后将使其本人及其家属的生活陷入极度困难时,则可依据具体情况适当减少其赔偿数额。

适用衡平原则,应当强调以下几点:

(1)适用前提。适用衡平原则的前提,须在已确定赔偿责任主体的基础上,确定赔偿责任范围时适用这一原则。如果不具有这个前提,赔偿责任尚未确定,就不能适用这一原则。

(2)适用顺序。衡平原则适用的顺序,应当是在适用全部赔偿、财产赔偿、损益相抵和过失相抵等规则之后,最后考虑。没有依据其他赔偿规则确定赔偿的基本范围之前,就适用衡平原则,是不正确的。

(3)综合考虑各种因素。适用衡平原则应综合考虑各种因素,主要是当事人的经济情况。应考察当事人的经济收入、必要的经济支出以及富裕程度等。此外还应当考虑其他因素,如社会风俗、习惯、舆论、当事人身份、特殊需求等,综合判断是否可以减少赔偿。考虑这些状况,不仅要考虑加害人的情况,也要考虑受害人的情况。

(4)保障必要的生活费。适用衡平原则,应当为加害人及其家属留下必要的生活费用。适用衡平原则的结果是减轻赔偿责任,降低加害人的负担,本身就对加害人有利。其承担责任的极限在于承担责任以后还必须保留加害人及其家属的必要生活费用,而不能让其因负担赔偿责任而使生活陷入极度贫困。必要生活费用的标准,应当根据当地实际情况而定,但又不能像确定生活救济标准那样准确,原则上是让加害人在承担责任之后还能够正常生活。其家属范围应以有扶养关系的近亲属为限。

---

[8] 关于过失相抵,本书将其作为一种责任形态的类型论述。为了保持损害赔偿规则体系的完整性,在这里只是简要介绍这一规则的基本内容。

二、人身损害赔偿

（一）人身损害赔偿的类型和赔偿范围

人身损害赔偿，是指自然人的生命权、健康权、身体权受到不法侵害，造成伤、残、死亡的后果以及其他损害时，要求侵权人以财产赔偿等方法进行救济和保护的侵权法律制度。《民法典》第1179条规定："侵害他人造成人身损害的，应当赔偿医疗费、护理费、交通费、营养费、住院伙食补助费等为治疗和康复支出的合理费用，以及因误工减少的收入。造成残疾的，还应当赔偿辅助器具费和残疾赔偿金；造成死亡的，还应当赔偿丧葬费和死亡赔偿金。"第1180条规定："因同一侵权行为造成多人死亡的，可以以相同数额确定死亡赔偿金。"《人身损害赔偿解释》对人身损害作出了新的规定。

人身伤害概括的内容如下：一是侵害身体权所造成的损害，这种损害不以受害人感受身体上的痛苦为必要，也不以肉体上的实际损伤为必要；二是人体致伤，以人体受到伤害为起点，以伤害治愈为临界点，与人体致残相区别；三是人体致残，以造成人体伤害为前提，以经治疗仍留有残疾为必要条件，与致伤、致死相区别；四是致人死亡，是以受害人生命丧失为必要条件的人身权侵害，以死亡为必要条件；五是侵害身体权、健康权、生命权所致的精神损害，其中因身体权、健康权受损害造成的受害人精神损害是自己的损害，侵害生命权则是生命权丧失之人的近亲属所受的精神损害。

人身损害的赔偿范围是：

（1）人身损害常规赔偿，是指侵害身体权、健康权、生命权造成人身伤害的一般赔偿范围，即造成人身伤害一般都要赔偿的项目。无论致伤、致残、致死，凡有常规赔偿所列项目的费用支出的，均应予以赔偿。

（2）劳动能力丧失的赔偿，是指人身伤害所致残疾，造成受害人劳动能力丧失应赔偿的范围。它是在常规赔偿的基础上，对因伤害致残而丧失劳动能力的被侵权人，赔偿残疾赔偿金以及相关的项目。

（3）致人死亡的赔偿，是侵权行为致受害人死亡所应赔偿的项目，主要包括死亡赔偿金、丧葬费等，对于常规赔偿项目也应予以赔偿。

（4）间接受害人的扶养损害赔偿，是指侵权行为致受害人劳动能力丧失或生命权丧失，残者、死者在致残前或生前有法定扶养义务的人，因丧失扶养，有权要求侵权人赔偿其扶养费损失。

（5）抚慰金赔偿，是指侵害身体权、健康权、生命权，给受害人造成精神痛苦和精神创伤的，应当予以抚慰金赔偿。

（二）人身损害常规赔偿

1. 医疗费赔偿

医疗费根据医疗机构出具的医药费、住院费等收款凭证，结合病历和诊断证明等相关证据确定。赔偿责任人对治疗的必要性和合理性有异议的，应承担举证责任。医疗费的赔偿数额，按照一审法庭辩论终结前实际发生的数额确定。器官功能恢复训练所必要的康复费、适当的整容费以及其他后续治疗费，赔偿权利人可以待实际发生后另行起诉。但根据医疗证明或者鉴定结论确定必然发生的费用,可以与已经发生的医疗费一并请求赔偿。

2. 误工减少的收入赔偿

误工减少的收入赔偿根据受害人的误工时间和收入状况确定。误工时间根据受害人接受治疗的医疗机构出具的证明确定。受害人因伤致残持续误工的,误工时间可以计算至定残日前一天。受害人有固定收入的,误工减少的收入按照实际减少的收入计算。受害人无固定收入的,按照其最近3年的平均收入计算;受害人不能举证证明其最近3年的平均收入状况的,可以参照受诉法院所在地相同或者相近行业上一年度职工的平均工资计算。

3. 护理费赔偿

护理费根据护理人员的收入状况和护理人数、护理期限确定。护理人员有收入的,参照误工费的规定计算;护理人员没有收入或者雇用护工的,参照当地护工从事同等级别护理的劳务报酬标准计算。护理人员原则上为一人,但医疗机构或者鉴定机构有明确意见的,可以参照确定护理人员人数。护理期限应计算至受害人恢复生活自理能力时止。受害人因残疾不能恢复生活自理能力的,可以根据其年龄、健康状况等因素确定合理的护理期限,但最长不超过20年。受害人定残后的护理,应当根据其护理依赖程度并结合配制残疾辅助器具的情况确定护理级别。

4. 转院治疗的交通费、住宿费的赔偿

交通费根据受害人及其必要的陪护人员因就医或者转院治疗实际发生的费用计算。交通费应当以正式票据为凭;有关凭据应当与就医地点、时间、人数、次数相符合。

5. 住院伙食补助费和营养费的赔偿

住院伙食补助费可以参照当地国家机关一般工作人员的出差伙食补助标准予以确定。受害人确有必要到外地治疗,因客观原因不能住院,受害人本人及其陪护人员实际发生的住宿费和伙食费,其合理部分应予赔偿。是否赔偿营养费,应当根据受害人伤残情况参照医疗机构的意见确定。

(三)丧失劳动能力的赔偿

劳动能力丧失是受害人健康权遭受侵害所致的严重后果,使其无法继续劳动以维持生计,因而须予赔偿。

对于劳动能力丧失的赔偿理论基础,曾经采用"生活来源丧失说",认为受害人劳动能力丧失与降低,必致其生活来源丧失,因而应当赔偿受害人生活补助费,使其生活来源能够恢复。赔偿救济的既不是劳动能力丧失的本身,也不是受害人致残前后的收入差额,而是受害人致残前后生活来源的差额。目前,《人身损害赔偿解释》采用"收入丧失说",赔偿的是受害人因为人身损害而减少的收入。

1. 残疾赔偿金

残疾赔偿金根据受害人丧失劳动能力程度或者伤残等级,按照受诉法院所在地上一年度城镇居民人均可支配收入标准,自定残之日起按20年计算。但60周岁以上的,年龄每增加1岁减少1年;75周岁以上的,按5年计算。受害人因伤致残但实际收入没有减少,或者伤残等级较轻但造成职业妨害严重影响其劳动就业的,可以对残疾赔偿金作相应调整。

2.辅助器具费赔偿

辅助器具费按照普通适用器具的合理费用标准计算。伤情有特殊需要的,可以参照辅助器具配制机构的意见确定相应的合理费用标准。辅助器具的更换周期和赔偿期限参照配制机构的意见确定。

(四)造成死亡的赔偿

侵害生命权致受害人死亡的,应当赔偿丧葬费以及常规赔偿费用和死亡赔偿金。其中丧葬费和死亡赔偿金属于致人死亡的特有赔偿项目。

1.丧葬费赔偿

丧葬费按照受诉法院所在地上一年度职工月平均工资标准,以6个月总额计算。

2.死亡赔偿金

最高人民法院司法解释原来规定的方法是:死亡赔偿金按照受诉法院所在地上一年度城镇居民人均可支配收入或者农村居民人均纯收入标准,按20年计算。但60周岁以上的,年龄每增加1岁减少1年;75周岁以上的,按5年计算。这种方法备受指责,但《民法典》第1179条也没有规定明确的方法,只是第1180条规定了同一侵权行为造成多人死亡的,可以采用相同数额确定死亡赔偿金。关于死亡赔偿金的计算,根据受害死者年龄以及经济收入的不同,适当确定具体数额。

《民法典》第1180条专门规定了因同一侵权行为造成多人死亡的,可以以相同数额确定死亡赔偿金。适用相同数额确定死亡赔偿金的规则是:第一,因同一个侵权行为造成数个受害人死亡,即大规模侵权;第二,死亡人数为二人以上;第三,这里规定的"可以",带有一定的强制性,如果没有特殊情况,都应当以相同数额确定死亡赔偿金。

对于死亡赔偿金,《人身损害赔偿解释》实行了区分死者身份的区别对待政策,被称为"同命不同价"的死亡赔偿。对此,赞成者有之,不赞成甚至反对者更众。[9] 在制定《侵权责任法》时曾经试图进行全面改变,实行同等赔偿的"一揽子"赔偿方法,未被采纳,只是增加了第17条即"因同一侵权行为造成多人死亡的,可以以相同数额确定死亡赔偿金"的规定,力争在这种情形下不发生死亡赔偿金"同命不同价"的后果。[10] 但是,如果在造成单独个人死亡侵权案件中,死者仍然会因城乡身份的不同而得到不同的死亡赔偿金,且相差比较悬殊。

确定这种规则的指导思想是死亡赔偿金依照城乡标准分别计算,并非对农民的人格歧视,而是因为城乡不同身份侵权人的赔偿能力是不同的,如果农村发生的致人死亡的侵权案件适用城市的标准确定赔偿责任,则农村的侵权人一般都难以承担高额的死亡赔偿金,因而确定不同的标准并不是没有道理的。不过,从受害人的角度就会看到,每一个人的生命权都是同等的权利,不会因为城乡身份的不同而使城镇居民和农村居民在生命的价值上存在显著差别,因而必须进行无差别的死亡赔偿金制度。以被侵权人的身份不同而确定不

---

[9] 相关内容参见中国人民大学杨立新教授、张新宝教授于2007年12月3日参加的中国人民大学"民商法前沿"系列讲座之"死亡赔偿纵横谈",载中国民商法律网2008年4月13日,http://old.civillaw.com.cn/article/default.asp?id=38278。

[10] 杨立新:《侵权责任法:条文背后的故事与难题》,法律出版社2011年版,第70~71页。

同的死亡赔偿金,即使前述的理由成立,如果城市身份的侵权人在农村将农村身份的被侵权人致死,以农村的死亡赔偿金的赔偿标准计算死亡赔偿金,就放纵了侵权人。

2019年4月15日,中共中央、国务院发布《关于建立健全城乡融合发展体制机制和政策体系的意见》,明确提出改革人身损害赔偿制度,统一城乡居民赔偿标准。同年9月,最高人民法院印发《关于授权开展人身损害赔偿标准城乡统一试点的通知》,授权各地高级人民法院在辖区内开展人身损害赔偿纠纷案件统一城乡居民赔偿标准试点,并要求年内启动。

《人身损害赔偿解释》第15条规定:"死亡赔偿金按照受诉法院所在地上一年度城镇居民人均可支配收入标准,按二十年计算。但六十周岁以上的,年龄每增加一岁减少一年;七十五周岁以上的,按五年计算。"这一规定实现了死亡赔偿金的"同命同价"要求。

(五)人身损害的抚慰金赔偿

1. 一般原则

《人身损害赔偿解释》第23条规定,精神损害抚慰金适用《精神损害赔偿解释》予以确定。《民法典》第1183条规定了精神损害赔偿责任,但并没有规定具体办法,仍应参照上述司法解释的规定确定人身损害抚慰金赔偿责任。

2. 抚慰金赔偿的范围

人身损害抚慰金赔偿的范围:一是侵害身体权。对于侵害身体权的,应当以赔偿抚慰金作为救济的主要方法,辅之以财产损失应予赔偿的方法。二是侵害健康权。造成一般伤害结果或者造成残疾,应当赔偿精神损害抚慰金。三是侵害生命权。造成死亡结果的,对遭受精神损害的死者的近亲属应当赔偿精神损害抚慰金。基本的赔偿方法是由人民法院斟酌案件的全部情况,确定赔偿金额。

(六)被扶养人的生活费赔偿

在《民法典》关于人身损害赔偿的规定中,没有规定被扶养人生活费赔偿。这是因为死亡赔偿金和残疾赔偿金所赔偿的是收入损失,如果再赔偿被扶养人生活费,有重复赔偿的嫌疑。但是,死亡赔偿金和残疾赔偿金所补偿的并非全部损失,不赔偿被扶养人生活费也不尽合理。因此,《人身损害赔偿解释》第16条规定:"被扶养人生活费计入残疾赔偿金或者死亡赔偿金。"这一解释在协调法律适用上有重要作用,应当在司法实践中适用。具体计算方法,第17条规定:"被扶养人生活费根据扶养人丧失劳动能力程度,按照受诉法院所在地上一年度城镇居民人均消费支出标准计算。被扶养人为未成年人的,计算至十八周岁;被扶养人无劳动能力又无其他生活来源的,计算二十年。但六十周岁以上的,年龄每增加一岁减少一年;七十五周岁以上的,按五年计算。被扶养人是指受害人依法应当承担扶养义务的未成年人或者丧失劳动能力又无其他生活来源的成年近亲属。被扶养人还有其他扶养人的,赔偿义务人只赔偿受害人依法应当负担的部分。被扶养人有数人的,年赔偿总额累计不超过上一年度城镇居民人均消费支出额。"

三、人格权财产利益损害赔偿

(一)人格权财产利益损害赔偿的概念

人格权财产利益损害赔偿,是指侵害他人人格权益造成财产损失,对被侵权人受到的损失予以赔偿的侵权损害赔偿责任。例如,侵害他人的姓名权、肖像权、名誉权、名称权、信用权、隐私权等人格权以及其他人格利益,造成被侵权人的财产利益损失,就是人格权的财产利益损害,对这种财产利益的损害赔偿,就是人格权财产利益损害赔偿。

这种损害赔偿责任,在学理上通常被称作侵害公开权的损害赔偿。公开权是《民法典》第993条规定的权利,是指民事主体包括自然人、法人和非法人组织对其具有一定影响力的人格标识利益进行商品化利用,并享有利益的权利,属于抽象人格权的范畴。

(二)赔偿的计算方法

《民法典》第1182条规定:"侵害他人人身权益造成财产损失的,按照被侵权人因此受到的损失或者侵权人因此获得的利益赔偿;被侵权人因此受到的损失以及侵权人因此获得的利益难以确定,被侵权人和侵权人就赔偿数额协商不一致,向人民法院提起诉讼的,由人民法院根据实际情况确定赔偿数额。"侵害公开权造成财产利益损失的赔偿方法,按照原《侵权责任法》第20条规定的方法:一是被侵权人因此受到实际财产损失的,按照实际受到的损失承担赔偿责任。二是被侵权人的损失难以确定,侵权人因此获得利益的,按照其所获得的利益承担赔偿责任。三是侵权人因此获得的利益难以确定,被侵权人与侵权人可以进行协商,按照协商一致的方法确定赔偿责任;被侵权人和侵权人就赔偿数额协商不一致,向人民法院提起诉讼的,由人民法院根据实际情况确定赔偿数额。

依照《民法典》第1182条规定的计算方法:一是侵害他人人身权益造成财产损失的,按照被侵权人因此受到的损失或者侵权人因此获得的利益赔偿计算赔偿数额;二是被侵权人因此受到的损失以及侵权人因此获得的利益难以确定,被侵权人和侵权人就赔偿数额协商不一致,向人民法院提起诉讼的,由人民法院根据实际情况确定赔偿数额。这个计算方法的核心,是被侵权人有选择权。侵害人身权益造成财产损失,就是侵害了公开权造成了被侵权人的损害。究竟是按照被侵权人因此受到的实际损失赔偿,还是按照侵权人因此获得的利益赔偿,如果依照顺位关系,就不存在选择权;法律规定了二者之间为选择关系,选择权为被侵权人所享有。被侵权人可以根据自己的利益,选择其中一种计算方法,计算赔偿数额。对此,法院应当支持被侵权人的选择。

四、财产损害赔偿

(一)《民法典》第1184条规定的一般方法

财产损害,是指侵权行为侵害财产权,使财产权的客体遭到破坏,其使用价值和价值贬损、减少或者完全丧失,或者破坏了财产权人对于财产权客体的支配关系,使财产权人的财产利益受到损失,从而导致权利人拥有的财产价值的减少和可得财产利益的丧失。《民法典》第1184条规定了基本的财产损害赔偿方法,即"侵害他人财产的,财产损失按照损失发生时的市场价格或者其他合理方式计算"。

侵害他人财产,实际上是侵害他人财产权,包括对物权、债权、知识产权、继承权、股权及其他投资性权利进行侵害所造成的财产损失。[11] 财产损害赔偿就是对侵害这些财产权所造成的财产损失的赔偿责任。本条对这样复杂的财产损害赔偿责任的计算规则只规定了"按照损失发生时的市场价格"为主要计算方法,显然不利于保护受害人。好在还规定了"其他合理方式计算"的弹性规定作为补充,具有很大的伸缩性,适用时可以进行选择,以适应财产损害赔偿计算方法的复杂要求。

按照损失发生时的市场价格的计算方法,主要针对的是损害具体的物的损失计算。当然,进一步扩展,对于建设用地使用权、债权、专利权、股权以及其他投资性权利的侵害,虽然也存在按照损失发生时的市场价格计算的可能性,但是并不普遍。而且有时候对物的损害按照损害发生时的市场价格计算,对受害人的保护是不完备的,例如,对市场价格上升较快的物品的损害赔偿数额的计算,可能就存在这样的问题。

用其他合理方法计算财产损失数额是一个概括的方法。其他,是指在损失发生时的市场价格计算方法之外的其他方法。合理,是对其他计算方法的要求,无论采取哪种计算方法,只要合理,符合公平原则和诚实信用原则的要求即可。例如,知识产权损害的计算方法可以按照单行法的具体规定计算;第三人侵害债权的财产损害主要是计算债权期待利益的损失等。其他合理计算方法也包括"可预期利益损失"计算规则。例如,1999年6月21日凌晨,一辆轿车撞坏沈阳市故宫博物院门前"下马碑",肇事司机即某火锅城的员工嗣后死亡。沈阳市故宫博物院向法院起诉请求赔偿2700万元的财产损失,沈阳市中级人民法院判决某火锅城负责维修费用,并赔偿损失100万元。这个案件的2700万元的损失完全超出了侵权人的预期,法院适用可预期损失规则确定赔偿责任是实事求是的做法。

(二)财产损害的具体赔偿范围

财产损害从其物理形态上分析,是物的本身的损害,即物的毁损和被侵占。但是财产权的客体不仅指有形物,还包括他物权、占有权、债权、知识产权、股权等无形财产利益,这些无形财产对于权利人的重要性绝不亚于有形物。广义的财产权利,应当包括自物权、他物权以及债权、知识产权和股权,财产损害中的财产包括自物权、他物权、债权、知识产权和股权中的财产利益。从侵权法的救济手段上来认识财产损害的种类,应当包括三种,即侵占财产、损坏财产和损害其他财产利益。研究财产损害赔偿就要从这三种具体形态出发,研究对它们的具体救济手段。

确定财产损害赔偿范围应当以全部赔偿为原则,即财产损害赔偿数额的确定,以财产、财产利益所损失的价值为客观标准,损失多少赔偿多少。

对财产损害的全部赔偿,包括直接损失和间接损失。加害人既要对现有财产的直接损失进行赔偿,也要对在正常情况下实际上可以得到的利益即间接损失进行赔偿。直接损失是行为人的加害行为所直接造成的受害人的财产减少,如侵害财产权而造成的财物损坏、

---

[11] 关于股权的损害赔偿保护方法,参见杨立新:《股权和其他投资权的民法保护方法》,载《法律科学(西北政法大学学报)》2023年第2期。

灭失,都属于直接损失,都应当全部赔偿。间接损失原则上也应当全部赔偿,因为在正常情况下受害人本应当得到这些利益,只是由于加害人的侵害才使这些可得利益没有得到。

(三)财产损害赔偿的具体方法

根据加害人对财物损害的程度和财物种类的不同,可以采取以下几种方法计算损失,进行赔偿。

1. 对财物损害较轻的赔偿

损害程度较轻指的是财物的主要部分没有损坏,基本功能没有受到大的影响,经过维修或者配换零件即可发挥正常效能。对这种损害应将被损害的物品加以修复,恢复原状。其修理和换配零件的费用,由加害人支付。这样做不仅保护了受害人的合法财产权利,对过错的一方追究民事责任,而且能防止受害人一方对对方的过错行为抓住不放,提出不合理要求,避免给加害人造成过重的经济负担。也可以采取由加害人出资,由受害人自行使受损害的财物恢复原状的方法进行赔偿。即计算出物品损失的价值,包括修复所需要的修理费用,由加害人按损失的价值和修复费用进行赔偿,具体物品的维修等事宜由受害人自行处理。加害人的出资额就是财物的损失价值加修理费用,这个出资额就是赔偿的总额。

在损害的物品无须维修,但其使用价值受到损害的时候,采取直接由加害人赔偿损失的方法,计算出财物的损失,由加害人直接用金钱赔偿。

2. 对财产损害较重的赔偿

财物损害程度较重指的是物品损坏严重,物品的主要部件受到损坏,基本功能虽没有丧失,却受到重大影响,维修后虽然可以正常使用,但其质量和价值受到较大影响,使用寿命将缩短。对这种损害的赔偿,由加害人按照实际损失的价值予以赔偿,以弥补受害人的财产损失。

每个被损害的物品在损坏前后的质量是不同的。有的物品被损坏以前完全是新的或者基本上是新的;有的物品被损坏以前是旧的,而且旧的程度也不一样。由于损害的程度不同,损坏后的质量也不同。计算损失的价值应以被损害物品的现状与被损害以前的质量相比较,求出该物品损害前后价值的差。物品的价值与损坏程度成反比,即损坏程度越大,其被损坏后的价值就越小;损失的价值与损坏程度成正比,即损坏程度越大,其损失价值就越大。按照对财产损失要全部赔偿的要求,受害人财物的损失价值就是加害人应该赔偿的数额。

确定加害人的赔偿数额可以用下列公式计算。即设定应赔偿的数额为 S,被损害的物资的原价为 m,损害以前的质量为 P,被损害以后的质量为 q,用公式表示为:

$S = m \times P - m \times q$

例如,某人一辆九成新的自行车被损坏,损坏的是车的主要部分车架子,车的质量变为四成新。该自行车的原价是 1750 元,对这一损害赔偿数额的计算是:

1750 元 ×90/100 - 1750 元 ×40/100 = 875 元

这一自行车被损害以前的价值是 1575 元,被损害后的价值是 700 元,损害前后价值的差是 875 元,这既是受害人财产损失的价值,也是加害人赔偿的数额。这一计算方法只能是相对的,因为物价本身上下波动,原价和现实价格会有差异,同时质量的估价也只能是大体上正确。有条件的,在运用上述公式时,要经过专家的鉴定,或者是经过公正的评议。

3. 对原物已经毁坏难以恢复原状的赔偿

这类赔偿可以采取两种方法:一是用种类和质量相同的实物赔偿;二是可以按损坏物资的实际价值折合现金赔偿。当同种类物品可以购买到而用实物赔偿的情况下,可以从两种方法中任选一种;当同种类物品不能买到因而不能用实物赔偿的情况下,只能用第二种方法处理。

《民法典》第1184条仅规定了一个财产损害的计算方法,即按照损失发生时的市场价格或者其他合理方式计算,这是最不利于保护受害人的方法。计算财产损失赔偿数额,最基本的考虑应当是选择对受害人保护最为有利的方法计算。最好的方法应该用裁判时的市场价格计算。当然,该条规定没有说这就是最应当适用的方法,最后还说了一个"其他合理方式计算"。按照这个规定,财产损失可以按照损失发生时的市场价格计算,也可以用其他方式计算。如果用损失发生时的市场价格计算不能保护受害人的合法权益,那么就选择后者,用其他方式计算。"其他合理方式"包括以起诉时的市场价格、裁判时的市场价格或者侵权行为发生地的市场价格计算。无论怎样,应当确定的财产赔偿基本规则是:对财产造成损害的,应当赔偿受害人实际损失,包括对现有财产造成的损害以及侵权行为发生时已经预见或者可以预见到的可得利益损失。

(四)财产损害数额的具体计算

1. 直接损失赔偿

直接损失,是指现有财产的减少。侵害财产权的直接损失就是指加害人侵占或损坏受害人的财产,致使受害人现在拥有的财产价值量的实际减少。

计算直接损失的赔偿范围,首先必须确定原物的价值。原物价值的确定,必须根据原物的原有价格、可以使用时间、已经使用时间等因素综合判断。其公式是:

原物价值 = 原物价格 − 原物价格/可用时间 × 已用时间

2. 间接损失赔偿

间接损失就是可得利益的减少。财物损害的间接损失是指加害人侵害受害人所有的财物,致使受害人在一定范围内的未来财产利益的损失。

计算财产损害间接损失的赔偿范围,同样要计算间接损失的价值,以间接损失价值的数额,作为对间接损失的赔偿数额。在间接损失价值的计算中,必须注意两个问题:一是财产的损害本身不是间接损失,而是直接损失,不能将财产损害的本身计入间接损失当中;二是在侵害的财产是生产、经营资料,受害人因财产被侵害而无法进行生产、经营的时候,不能在计算财产损害的间接损失的同时,再计算受害人停产的误工工资,因为这两项内容是同一性质的损失,不能重复计算。

计算间接损失价值的公式是:

间接损失价值 = 单位时间增殖效益 × 影响效益发挥的时间

在这一公式中,"单位时间增殖效益"是一个关键的量。确定这个量,通常用三种方法:一是收益平均法,即计算出受害人在受害之前一定时间里的单位时间平均收益值。二是同类比照法,即确定条件相同或基本相同的同类生产、经营者,以其为对象,计算该人在同等条件下的平均收益值,按此数额确定受害人的单位时间增殖效益。使用这种计算方法要注意同等条件,如同等劳力、同等财产、同等生产、经营因素等。三是综合法,将以上两种方法综合使用,使计算的结果更准确。

3.其他财产利益损失的推算

在其他财产利益的损害赔偿中,绝大部分是赔偿间接损失。这种间接损失主要是预期利益损失。

对于预期利益损失的计算,首先必须准确地确定预期利益的数额,在此基础上,减去已得利益额和必要费用支出,其余额即预期利益的赔偿数额。

五、精神损害赔偿

(一)精神损害赔偿的概念和结构

精神损害赔偿是民事主体因其人身权益受到不法侵害,其人格利益和身份利益受到损害或遭受精神痛苦,对该损害或精神痛苦通过财产赔偿等方法进行救济和保护的侵权损害赔偿责任。《民法典》第1183条第1款规定:"侵害自然人人身权益造成严重精神损害的,被侵权人有权请求精神损害赔偿。"

精神损害,是指对民事主体精神活动的损害。侵权行为侵害自然人、法人的民事权利,使自然人生理、心理上的精神活动和自然人、法人维护其精神利益的精神活动遭到破坏,最终导致的精神痛苦和精神利益丧失或减损,就是精神损害。

与此相适应,精神损害赔偿分为两部分:一是精神利益损失的赔偿;二是精神痛苦的赔偿。精神利益的损害赔偿主要是针对精神性人格权和身份权损害的救济手段,保护的对象是名誉权、人身自由权、肖像权、姓名权、隐私权、性自主权以及一般人格权等人格权和身份权。精神痛苦的抚慰金赔偿因人格权、身份权遭受损害而致使受害人或亲属精神痛苦的民事救济手段,保护的对象是自然人不受精神创伤的权利,因而只能对自然人适用,不能对法人适用。当自然人的人格权、身份权受到损害,除应当赔偿其财产上的损害外,对其本人或亲属造成的精神痛苦应予以抚慰。抚慰金赔偿制度既包括对精神性人格权受侵害的救济,也包括对物质性人格权受侵害的救济,同时还包括对身份权受侵害的救济。

(二)精神损害赔偿的范围

确定精神损害赔偿的范围须注意两个方面:一是适用范围,指受精神损害赔偿制度保护的权利的范围;二是赔偿范围,即精神利益受到损害应当赔偿的范围。

精神损害赔偿的适用范围:一是侵害物质性人格权,可以请求精神损害抚慰金赔偿;二是侵害精神性人格权,可以请求精神损害赔偿;三是侵害一般人格权或者其他人格利益,可以请求精神损害赔偿;四是侵害身份权及身份利益,可以请求精神损害赔偿;五是侵害具有人身意义的特定物造成严重精神损害,可以请求精神损害赔偿;六是违约行为损害对方人格利益造成严重精神损害的,可以请求精神损害赔偿。

从损害利益的角度研究精神损害赔偿,可以确定精神损害赔偿的范围。

精神利益的损害在客观上表现为三种形式。

1.精神利益损害所引起的直接财产损失

精神性人格权和身份权被侵害以后,造成人格利益和身份利益的损害,有可能导致直接的财产损失。这种直接的财产损失主要有两种:其一,身份权被侵害以后,使受扶养人的扶养请求权丧失。这种情况主要是侵害直接受害人的健康权和生命权,致使间接受害人的扶养请求权丧失。还包括扶养义务人拒不提供扶养费用,第三人断绝扶养义务人与扶养权利人之间的关系而无法提供扶养费用等。其二,精神性人格权和身份权被侵害,为恢复权利而支出的必要费用。例如,为恢复名誉、消除影响而支出的广告宣传费,为消除侵害后果而支出的其他费用等。

2.精神利益中的财产利益的损失

在人格利益和身份利益中,除扶养请求权是明显的财产权利外,其他权利的基本利益都是精神利益。在这些精神利益中,可能具有一定的财产利益因素,有的表现很明显,如名称权、肖像权、信用权;有的表现较为明显,如姓名权、名誉权、隐私权、荣誉权、婚姻自主权等;有的则表现不甚明显,如人身自由权、性自主权、一般人格权等。当侵权行为发生以后,财产利益因素明显的权利受到侵害,其中的财产利益必遭损失,形成明显的财产损失,如肖像权、名称权或者信用权被侵害,均可造成其中财产利益的损失。

3.纯粹精神利益的损害

纯粹精神利益的损害,是指人格利益和身份利益的非财产因素的损害。这种损害是无形损害,纯粹表现为精神利益的损害,无法用金钱衡量。

(三)计算精神损害赔偿金的基本方法

确定精神损害赔偿金的原则有三个,其中一个是基本原则,另外两个是辅助性原则。

1.法官自由酌量原则

这是确定精神损害赔偿金的基本原则,它赋予法官在处理精神损害赔偿案件时,依自由裁量权确定精神损害赔偿金的具体数额。自由裁量权不是无限制的权利,并不意味着法官在确定精神损害赔偿金数额时可以随心所欲、主观臆断,而是要求法官必须遵循一定的规则和办法。

2.区别对待原则

在法官自由裁量原则的基础上,在具体确定精神损害赔偿金的时候,必须对精神损害中不同利益因素的损害予以区别对待,根据不同特点,依据不同的算定规则,逐个计算出应赔偿的数额,最后酌定总的赔偿金数额。

3.适当限制原则

在实行法官自由裁量原则的基础上,实行适当限制原则,目的是克服自由裁量原则的不利因素,防止误导人们盲目追求高额赔偿。

(四)算定精神损害赔偿金的具体规则

算定精神损害赔偿金的具体规则,也就是计算精神损害赔偿金所遵循的具体方法。

根据实践经验,算定精神损害赔偿责任的规则主要有四种。

1. 概算规则

对于纯精神利益损害的赔偿和精神痛苦的慰抚金赔偿的算定,适用概算规则。法官应将案件情况分为加害人过错程度的轻重、受害人被侵害的精神利益的损害后果及所受精神痛苦程度、双方的经济负担能力、加害人的资力这些因素,适当斟酌,确定具体数额。

2. 比照规则

现行立法对于精神损害赔偿金算定已有明确规定的,应当比照该规定算定赔偿数额。目前立法中,只有《国家赔偿法》对由国家的行政侵权和司法侵权行为造成的人身自由权侵害、生命权侵害和扶养请求权侵害有具体的赔偿规定,其他精神损害赔偿金也可以比照该规定予以确定。

3. 参照规则

当确定精神利益中财产利益损失的数额时,可以参照其他标准确定赔偿金数额。例如,《民法典》第1182条中规定的侵权人因此获得利益的,按照其获得的利益赔偿,就是参照规则。

4. 全部赔偿规则

对于因侵害精神性人格权和身份权而造成的财产直接损失,应当比照侵害财产权的全部赔偿原则,以全部财产损失作为赔偿金数额。其财产损失应是合理的、必要的费用支出,不合理、不必要的支出不应计算在内。

(五)对具有人身意义的特定物损失的精神损害赔偿

1. 对《民法典》第1183条的正确理解

《民法典》第1183条第2款规定:"因故意或者重大过失侵害自然人具有人身意义的特定物造成严重精神损害的,被侵权人有权请求精神损害赔偿。"这是对精神损害赔偿责任的规定。应当承担精神损害赔偿责任的侵权行为,是侵害自然人人身权益的侵权行为。侵权行为造成财产损失,一般不以承担精神损害赔偿责任的方法进行救济。但是,因故意或者重大过失侵害自然人具有人身意义的特定物造成严重精神损害的,由于该特定物中包含人格利益和身份利益因素,对该特定物的损害会造成被侵权人的精神损害,被侵权人有权请求精神损害赔偿,侵权人应当对因此特定物的财产损害而造成的被侵权人的精神损害承担赔偿责任。2001年关于精神损害赔偿的司法解释规定,具有人格象征意义的特定纪念物品,因侵权行为而永久性灭失或者毁损,物品所有人以侵权为由,向人民法院起诉请求赔偿精神损害的,人民法院应当依法予以受理。这一规定扩展了精神损害赔偿责任的适用范围,虽然赔偿的是特定纪念物品的损害,但是,在实质上赔偿的是包含在特定纪念物品中的人格利益的损害,保护的还是人格利益。这一规定在现实生活中发挥了很好的作用,尽管也有不同的声音,但是,其正面价值得到社会各界的肯定。在编纂《民法典》中,对于精神损害赔偿责任的适用范围是否应当扩大,立法者持肯定立场。《民法典》实施后,《精神损害赔偿解释》第1条规定:"因人身权益或者具有人身意义的特定物受到侵害,自然人或者其近亲属向人民法院提起诉讼请求精神损害赔偿的,人民法院应当依法予以受理。"

《民法典》规定的这一新规则要点是:第一,受到侵权行为侵害的是自然人具有人身意义的特定物,该物毁损或者灭失。具有人身意义的特定物,首先是特定物,其次是物中包含人身意义,其实,就是该物中包含人格象征意义,即人格利益或者身份利益。侵权行为不仅造成了物的毁损、灭失,而且造成了受害人的精神损害。第二,造成具有人身意义的特定物损害的行为是侵权行为人实施的,该行为具有违法性。第三,行为人实施的行为与造成具有人身意义的特定物的损害有因果关系,该行为不仅是造成物的损害的原因,而且也是造成受害人精神损害的原因。第四,行为人在主观上具有故意或者重大过失,故意或者重大过失是针对损害特定物的主观心理状态,有的也可能具有造成被侵权人精神损害的故意或者重大过失,但是,后者并非必要条件。对此,笔者的意见是,行为人造成特定物的损害并造成受害人的精神损害,故意、重大过失当然可以构成精神损害赔偿责任,但是,不应当排除一般过失也构成精神损害赔偿责任,因为故意造成、重大过失造成具有人身意义的特定物损害,与一般过失造成具有人身意义的特定物的损害,并没有实质性的区别。《民法典》第1183条作出这样的限制性规定,是值得斟酌的。符合上述构成要件的要求,被侵权人不仅有权请求侵权人承担财产损害的赔偿责任,而且有权请求侵权人承担精神损害赔偿责任。

2.对财产损失精神损害赔偿的必要性

在侵害财产的场合不适用精神损害赔偿制度,曾经是一个通行的惯例,各国法律都不准许财产权利的受害人请求精神损害赔偿。不过,对此惯例还是有突破的。日本第二次世界大战后修订民法,更注重对人的权利的保护,尤其是对人格权利的保护,因此在更广泛的领域准许受害人请求精神损害赔偿。日本民法准许财产权受到损害时,可以请求精神损害赔偿。尽管这项制度在实际的应用上还有很多限制,对财产权受到损害的场合认定抚慰金赔偿请求的判例并不多,[12]但是,这说明对财产权损害的场合完全排斥精神损害赔偿的适用是不适当的。这个历史的突破开辟了精神损害赔偿适用的新领域。

《民法典》第1183条第2款确定中国关于侵害财产权的精神损害赔偿的制度是完全必要的:第一,对侵害财产权的侵权行为完全排斥精神损害赔偿制度的适用是不适当的;第二,对某些侵害财产权的侵权行为进行适当的精神损害赔偿,可以更好地保护受害人的合法权益;第三,对某些财产权的损害采用精神损害赔偿方式进行救济,实际上还是保护受害人的人格利益。

3.确定侵害财产权精神损害赔偿责任的一般原则

(1)必要原则。在确定侵害财产权的精神损害赔偿责任时,一定要把握好必要原则。这一原则有两层含义:第一,坚持这种精神损害赔偿责任,不能否认其存在的必要性;第二,在审理这类案件时,确有必要的才给予赔偿。

(2)严格原则。严格原则的含义是在确认侵害财产权精神损害赔偿责任时,要严格坚持这种责任构成的要件,不能轻易、随意地认定这种赔偿责任;在决定精神损害赔偿数额时,也要严格掌握,不能判决过高的赔偿数额。要将此种赔偿责任严格限制在侵害所有权的场合,并且也不是全部所有权受到侵害的场合都能请求精神损害赔偿,只有司法解释所确定的范围内的所有权受到侵害的,才能够请求精神损害赔偿。

---

[12] 于敏:《日本侵权行为法》,法律出版社1998年版,第355页。

4.侵害财产权精神损害赔偿责任的构成要件

构成侵害财产权精神损害赔偿责任的前提条件,是某一违法行为构成侵害财产权的侵权责任。

在认定侵害财产权精神损害赔偿责任构成时,除了要具备侵害财产权此项基本的责任构成要件之外,还必须具备特别要件——这就是该侵权行为所侵害的财产是具有人身意义的特定物。这个要件的具体要求是:

(1)侵权行为所侵害的财产不是普通财产,须是具有人身意义的特定物。侵害一般的财产不会产生精神损害赔偿责任。只有侵害这样的特定物,才能构成精神损害赔偿责任。所谓的特定物,不仅对所有权人而言是特定物,而且须具有特别意义。这种特定物的特别意义,就是具有人身意义,即在该特定物中须具有人格利益和身份利益因素。在一般的财产中,财产就是财产,不具有人格利益和身份利益因素,因而侵害这样的财产不产生精神损害赔偿责任。但是,在具有人身意义的特定物中具有人格利益、身份利益因素,侵害这样的财产,就会产生侵害财产权的精神损害赔偿责任。只有侵害具有人身意义的特定物,才会产生侵害财产权的精神损害赔偿责任。这种人身意义就是在一个特定物中渗进了人的精神利益和人格价值,使这个特定物具有了不同寻常的人的意志或者人的品格,成为人的精神寄托、人格寄托或者人格化身。只有这样的财物受到损害后,才能够给该物品的所有人造成精神损害,才须用精神损害赔偿的方式进行救济。

(2)财产所具有的这种人身意义源于其与相对应的人的特定关系,双方当事人在这一特定关系中赋予了特定物以人身意义。特定物中的人身意义不会凭空产生,必须依据一定的人与人的关系才会产生。当人与人之间具有这种特定的关系,并且将这种关系寄托于某一种具体的特定物之上时,这种具体的特定物就具有了人身意义。例如,初恋时情人赠送的定情物,虽然价值不大,但是在当事人之间具有不同凡响的意义,成为某种人格象征,具有了人格利益的因素。在某案件中,一位在延安鲁艺学院毕业的老先生珍藏了14粒当时的女朋友赠送的红豆,这14粒红豆之所以属于具有人身意义的特定物就是因为双方当事人在特定的关系中赋予了它珍贵的人格利益因素。

5.赔偿数额的计算

侵害财产权精神损害赔偿责任的具体数额的确定,应当遵循一般的侵害精神性人格权或精神利益的损害赔偿数额确定的方法进行,由法官斟酌案件的具体情况确定具体的赔偿数额。

(六)违约行为侵害人格权的精神损害赔偿

《民法典》第996条规定:"因当事人一方的违约行为,损害对方人格权并造成严重精神损害,受损害方选择请求其承担违约责任的,不影响受损害方请求精神损害赔偿。"这是对违约行为造成精神损害可以直接适用精神损害赔偿责任救济的规定,以前的司法解释是禁止在违约责任中适用精神损害赔偿责任救济的。

一个违约行为造成合同预期利益损害和严重精神损害这两种损害的形成机制,是对合同约定的义务,债务人未履行,造成了债权人的可得利益损害,而该合同履行利益对债权人而言,不仅具有财产利益,而且具有人身意义,该人身意义又包含精神利益。当违约行为发生时,一方面造成了债权人的财产利益损害,另一方面又造成了债权人的精神利益的损害,也侵害了债权人的人格利益,造成严重精神损害。例如,本章前引关于旅行社组织的旅行团混进严重传染病人,其他团员面临感染疾病的危险,造成严重精神损害的案例,就是典型。

长期以来,我国采取违约行为不得请求适用精神损害赔偿责任的做法,当事人如果坚持主张,则应通过民事责任竞合的方法,选择侵权诉讼方可获得支持。这个规则是 2001 年关于精神损害赔偿的司法解释确立的,并一直为司法实践所坚持。[13] 这样的做法虽然有一定道理,但是会给当事人造成讼累,一个违约行为既造成债权人的财产利益损害,又造成精神利益的损害,却须提起两个诉讼,并且可能还不是由同一个法院管辖。《民法典》第 996 条规定,因违约造成严重精神损害的,受害人可以直接起诉精神损害赔偿责任,就可以解决这个问题,有利于受害人方便、及时地行使权利,保护自己。

适用《民法典》第 996 条的要件是:第一,双方当事人存在合同等债的关系;第二,一方当事人违反合同义务构成违约行为;第三,在侵害了债权人债权的同时,还侵害了债权人的人格权造成严重精神损害;第四,既造成了债权人的财产利益损害,也造成了精神利益的严重损害。具备上述要件,受损害一方请求违约方承担违约责任,也可以一并请求违约方精神损害赔偿。

《民法典》第 996 条与第 1183 条第 1 款关于精神损害赔偿责任一般性规定的关系是,第 1183 条第 1 款是普通规定,第 996 条是特别规定,在违约责任领域,第 996 条具有优先适用的效力。

六、惩罚性赔偿

(一)惩罚性赔偿的概念

惩罚性赔偿又称报复性赔偿,是指法庭所作出的赔偿数额超出实际损害数额的赔偿。惩罚性赔偿是加重赔偿,目的是要求被告对过去故意的侵权行为造成的损失进行弥补,同时对被告进行财产上的处罚,以防止其将来重犯,同时也起到惩戒他人的作用。惩罚性赔偿具有公私混合法性质,其目的在于通过对行为人的惩罚,来维护社会利益,是国家为自身需要而作出的强制性干预,因而具有公法的性质。但是,惩罚性赔偿毕竟包含为受害人提供慰藉性救济的一面,双方主体本身地位平等,并且又是将赔偿金支付给受害人,因而体现了私法性质。

(二)法律规定的惩罚性赔偿责任条款

《民法典》有三个条文规定了惩罚性赔偿。

第一,《民法典》第 1207 条规定:"明知产品存在缺陷仍然生产、销售,或者没有依照前条规定采取有效补救措施,造成他人死亡或者健康严重损害的,被侵权人有权请求相应的惩罚性赔偿。"这一条文是在原《侵权责任法》第 47 条基础上修改而成的,产品流通后发现

---

[13] 最高人民法院的这一司法解释确定的这个规则,是通过该司法解释的标题体现出来的,即"确定民事侵权精神损害赔偿责任",不适用于违约责任范围。

存在缺陷,没有及时采取有效补救措施,造成他人死亡或者健康严重损害的,被侵权人也有权请求相应的惩罚性赔偿。

第二,《民法典》第1185条规定:"故意侵害他人知识产权,情节严重的,被侵权人有权请求相应的惩罚性赔偿。"这是对故意侵害知识产权应当承担惩罚性赔偿的规定,是以前的侵权法没有规定过的新规则。

第三,《民法典》第1232条规定:"侵权人违反法律规定故意污染环境、破坏生态造成严重后果的,被侵权人有权请求相应的惩罚性赔偿。"这是对环境污染和生态破坏惩罚性赔偿的规定,《侵权责任法》没有这一规定,是环境污染和生态破坏责任的新规则。

《消费者权益保护法》和《食品安全法》规定的惩罚性赔偿条款是:

《消费者权益保护法》第55条第2款规定:"经营者明知商品或者服务存在缺陷,仍然向消费者提供,造成消费者或者其他受害人死亡或者健康严重损害的,受害人有权要求经营者依照本法第四十九条、第五十一条等法律规定赔偿损失,并有权要求所受损失二倍以下的惩罚性赔偿。"

《食品安全法》第148条第2款规定:"生产不符合食品安全标准的食品或者经营明知是不符合食品安全标准的食品,消费者除要求赔偿损失外,还可以向生产者或者经营者要求支付价款十倍或者损失三倍的赔偿金;增加赔偿的金额不足一千元的,为一千元"。

(三)惩罚性赔偿的计算方法

1.消费者保护领域的惩罚性赔偿责任计算方法

《民法典》第1207条、《消费者权益保护法》第55条第2款和《食品安全法》第148条第2款规定的惩罚性赔偿,基本上局限在消费领域,只有《民法典》第1207条会有一部分超出消费者保护领域。其内容是:

第一,适用侵权惩罚性赔偿的范围:一是明知产品存在缺陷仍然生产、销售;二是产品流通后发现存在缺陷没有及时采取补救措施;三是明知商品或者服务存在缺陷,仍然向消费者提供;四是生产不符合食品安全标准的食品或者经营明知是不符合食品安全标准的食品。

第二,侵权人的主观状态应该是故意,包括直接故意和间接故意,过失不适用惩罚性赔偿责任。

第三,造成损害的程度,上述四种情形都是造成他人死亡或者健康受到严重损害。

第四,惩罚性赔偿责任的计算方法有两种:一是在普通的消费者保护领域提供产品,明知商品或者服务存在缺陷,仍然向消费者提供,在赔偿实际损失以后,再增加2倍以下的惩罚性赔偿;二是在食品安全领域,对生产不符合食品安全标准的食品或者经营明知是不符合食品安全标准的食品,造成消费者损害的,除赔偿实际损失外,再增加支付价款10倍或者损失3倍的惩罚性赔偿。

2.其他领域的惩罚性赔偿的计算方法

对《民法典》规定的其他两种惩罚性赔偿的方法是:

(1)故意侵害知识产权的惩罚性赔偿。侵害知识产权的惩罚性赔偿责任的构成要件,除应当具备其他侵害知识产权侵权责任构成要件外,还须具备两个要件:第一,故意侵害知识产权,即明知是他人的知识产权而执意实施侵权行为,过失侵害知识产权不适用惩罚性赔偿责任,只能请求实际损失的赔偿责任。第二,侵害知识产权的情节严重,而不是一般情节。究竟哪些是情节严重,可以作如下考虑:一是侵权人主观上具有恶意,二是行为的表现形式特别恶劣,三是造成的损害后果特别严重。符合这两个要件的要求,被侵权人有权请求相应的惩罚性赔偿。在有关知识产权单行法规定了各种知识产权的惩罚性赔偿规则后,《知识产权赔偿解释》统一规定,原告主张被告故意侵害其依法享有的知识产权且情节严重,请求判令被告承担惩罚性赔偿责任的,法院应当依法审查处理。原告请求惩罚性赔偿的,应当在起诉时明确赔偿数额、计算方式以及所依据的事实和理由。对侵害知识产权的故意的认定,法院应当综合考虑被侵害知识产权客体类型、权利状态和相关产品知名度、被告与原告或者利害关系人之间的关系等因素。对侵害知识产权情节严重的认定,法院应当综合考虑侵权手段、次数,侵权行为的持续时间、地域范围、规模、后果,侵权人在诉讼中的行为等因素。法院确定惩罚性赔偿数额时,应当分别依照相关法律,以原告实际损失数额、被告违法所得数额或者因侵权所获得的利益作为计算基数。该基数不包括原告为制止侵权所支付的合理开支;法律另有规定的,依照其规定。实际损失数额、违法所得数额、因侵权所获得的利益均难以计算的,法院依法参照该权利许可使用费的倍数合理确定,并以此作为惩罚性赔偿数额的计算基数。法院依法确定惩罚性赔偿的倍数时,应当综合考虑被告主观过错程度、侵权行为的情节严重程度等因素。因同一侵权行为已经被处以行政罚款或者刑事罚金且执行完毕,被告主张减免惩罚性赔偿责任的,法院不予支持,但在确定前款所称倍数时可以综合考虑。

(2)故意实施环境污染和生态破坏的惩罚性赔偿。《生态环境侵权赔偿解释》规定:被侵权人在生态环境侵权纠纷案件中请求惩罚性赔偿的,应当在起诉时明确赔偿数额以及所依据的事实和理由。被侵权人在生态环境侵权纠纷案件中没有提出惩罚性赔偿的诉讼请求,诉讼终结后又基于同一污染环境、破坏生态事实另行起诉请求惩罚性赔偿的,法院不予受理。被侵权人主张侵权人承担惩罚性赔偿责任的,应当提供证据证明以下事实:一是侵权人污染环境、破坏生态的行为违反法律规定;二是侵权人具有污染环境、破坏生态的故意;三是侵权人污染环境、破坏生态的行为造成严重后果。法院认定侵权人是否具有污染环境、破坏生态的故意,应当根据侵权人的职业经历、专业背景或者经营范围,因同一或者同类行为受到行政处罚或者刑事追究的情况,以及污染物的种类,污染环境、破坏生态行为的方式等因素综合判断。法院认定侵权人污染环境、破坏生态行为是否造成严重后果,应当根据污染环境、破坏生态行为的持续时间、地域范围,造成环境污染、生态破坏的范围和程度,以及造成的社会影响等因素综合判断。侵权人污染环境、破坏生态的行为造成他人死亡、健康严重损害,重大财产损失,生态环境严重损害或者重大不良社会影响的,法院应当认定为造成严重后果。确定惩罚性赔偿金数额,应当以环境污染、生态破坏造成的人身损害赔偿金、财产损失数额作为计算基数。确定惩罚性赔偿金数额应当综合考虑侵权人的恶意程度、侵权后果的严重程度、侵权人因污染环境、破坏生态行为所获得的利益或者侵权人所采取的修复措施及其效果等因素,但一般不超过人身损害赔偿金、财产损失数额的二倍。国家规定的机关或者法律规定的组织作为被侵权人代表,请求判令侵权人承担惩罚性赔偿责任的,法院可以参照前述规定予以处理。但惩罚性赔偿金数额的确定,应当以生态环境受到损害至修复完成期间因服务功能丧失导致的损失、生态环境功能永久性损害造成的损失数额作为计算基数。

《生态环境侵权责任解释》第 24 条规定,两个以上侵权人就污染环境、破坏生态造成的损害承担连带责任,实际承担责任超过自己责任份额的侵权人根据《民法典》第 178 条的规定向其他侵权人追偿的,法院应予支持。侵权人就惩罚性赔偿责任向其他侵权人追偿的,法院不予支持。

第四节 有关侵权损害赔偿责任的特别规则

| 典型案例 |

李某和龚某到五月花餐厅就餐,在二楼就座,座位旁是福特包房。约下午 6 时 30 分,福特包房内突然发生爆炸,李某和龚某被炸伤,被送往医院抢救。龚某因双肺爆炸伤致外伤性窒息,呼吸、循环衰竭,经抢救无效死亡。李某的左上肢神经血管损伤,腹部闭合性损伤,失血性休克,肺挫伤,行左上肢截肢手术及脾切除术,为二级残疾。这次爆炸的原因是餐厅服务员为顾客开启的五粮液酒盒是伪装的爆炸物。受害人及近亲属起诉,请求法院判令五月花餐厅承担公平分担损失责任。终审法院判决被告对原告的损失酌情予以补偿。

一、侵权行为禁令

《民法典》第 1167 条规定,侵权行为危及他人人身、财产安全的,被侵权人有权请求侵权人承担停止侵害、排除妨碍、消除危险等侵权责任。这一规定,与《民法典》第 995 条规定的人格权请求权和第 236 条规定的物权请求权有所重复。因为在实践中,当事人一旦提出停止侵害、排除妨碍、消除影响,究竟是适用哪一个条款作为请求权依据,是存在一定问题的。对此,可以理解为,《民法典》第 1167 条规定的是侵权行为禁令,而不是人格权请求权和物权请求权的内容;将选择权交由当事人,可以自由选择适用第 1167 条规定的禁令请求权,或者选择适用第 995 条规定的人格权请求权,或者选择适用第 236 条规定的物权请求权。

将停止侵害、排除妨碍和消除危险等作为侵权行为禁令,并交由被侵权人选择,如果被侵权人认为侵权行为危及自己的人身、财产安全,可以请求侵权人停止侵害、排除妨碍、消除危险,该请求既可以在诉讼中提出,也可以在诉前提出。

(一)停止侵害

行为人实施的侵权行为仍在继续中,受害人可依法请求法院责令侵害人停止侵害。任何正在实施侵权行为的不法行为人都应立即停止其侵害行为。停止侵害的责任方式可适用于各种侵权行为。此种责任方式的主要作用在于:能够及时制止侵害行为,防止损害后果扩大。但这种责任方式以侵权行为正在进行或仍在延续中为适用条件,对尚未发生的或业已终止的侵权行为不得适用。责令停止侵害，实际上是要求侵害人不实施某种侵害行为，即不作为。

适用停止侵害责任方式应当注意：第一，可以先予执行；第二，请求时应当提供担保。

（二）排除妨碍

排除妨碍是指侵权人实施的行为使被侵权人无法行使或不能正常行使自己的人身权利、财产权利，被侵权人请求侵权人将妨碍权利实施的障碍予以排除。例如，在他人窗前或者通道上堆放物品，妨碍他人通风采光或者通行的，侵权人应将物品搬走。若侵权人自己不排除妨碍，被侵权人可请求人民法院责令侵权人排除妨碍。

（三）消除危险

消除危险，是指行为人的行为和其管领下的物件对他人的人身、财产安全造成威胁，或存在侵害他人人身、财产权益的可能，该他人有权要求行为人采取有效措施，将具有危险因素的行为或者物件予以消除。例如，房屋的所有人或管理人不修缮房屋，致使房屋处于随时可能倒塌、危及他人人身和财产安全的，或者化工厂排放污染物，还没有造成实际损害的，这些行为人都应承担消除危险的责任方式。

适用消除危险的责任方式必须是：危险存在，有可能造成损害后果；对他人造成威胁，但是损害尚未实际发生，没有妨碍他人民事权利的行使。适用此种责任方式，能有效地防止损害的发生，充分保护民事主体的民事权利。

《民法典》第997条规定的人格权侵权禁令，目前还没有司法解释作出规定，可以参酌关于停止侵害和人身安全保护令的规则适用。

二、人身安全保护令

对于实施家暴侵害家庭成员的合法权益的，《人身安全保护令解释》规定当事人因遭受家庭暴力或者面临家庭暴力的现实危险，依照反家庭暴力法向法院申请人身安全保护令的，法院应当受理，且不以提起离婚等民事诉讼为条件。当事人因年老、残疾、重病等原因无法申请人身安全保护令，其近亲属、公安机关、民政部门、妇女联合会、居民委员会、村民委员会、残疾人联合会、依法设立的老年人组织、救助管理机构等，可以根据当事人的意愿代为申请。

申请人身安全保护令的，应当提供证据证明。当事人及其代理人对因客观原因不能自行收集的证据，申请人民法院调查收集，符合《民事诉讼法解释》第94条第1款规定情形，或者办理案件需要的证据符合该解释第96条规定的，法院应当调查收集。

法院根据相关证据，认为申请人遭受家庭暴力或者面临家庭暴力的现实危险存在较大可能性的，可以依法作出人身安全保护令。被申请人认可存在家庭暴力行为，但辩称申请人有过错的，不影响法院依法作出人身安全保护令。

保护申请人人身安全的其他措施包括：一是禁止被申请人以电话、短信、即时通讯工具、电子邮件等方式侮辱、诽谤、威胁申请人及其相关近亲属；二是禁止被申请人在申请人及其相关近亲属的住所、学校、工作单位等经常出入场所的一定范围内从事可能影响申请人及其相关近亲属正常生活、学习、工作的活动。

被申请人违反人身安全保护令，符合《刑法》第313条规定的，以拒不执行判决、裁定罪定罪处罚；同时构成其他犯罪的，依照刑法有关规定处理。

三、公平分担损失责任及适用

(一)公平分担损失责任的概念和意义

公平分担损失责任也叫作衡平责任，[14] 是指加害人和受害人都没有过错，在损害事实已经发生的情况下，以公平考虑作为标准，根据实际情况和可能，由双方当事人公平地分担损失的侵权责任形态。

我国《民法典》第1186条确认公平分担损失责任，符合社会利益和广大人民群众的意志与愿望，既能有效地保护当事人的合法利益，又能及时地解决侵权损害赔偿纠纷，防止事态扩大和矛盾激化，促进安定团结。本节的典型案例体现了这种精神。

公平分担损失责任是在特定场合，基于人与人之间的共同生活规则的需要，在适用过错责任原则与无过错责任原则之外，依照法律规定，由法官根据公平的要求，斟酌双方的财产状况和其他情况，确定合情合理的责任分担。

(二)公平分担损失责任的适用

适用公平分担损失责任应当注意以下三个问题：

1. 适用范围

公平分担损失责任的适用范围，应当限制在当事人双方均无过错，并且不属于过错责任原则、过错推定原则和无过错责任原则调整的侵权损害赔偿法律关系。超出这个范围的不能适用。例如，高度危险作业人证明了损害是由受害人故意造成的，被告由于他的举证责任完成而免除侵权责任；在被告不能证明原告具有故意的情况下，不能因为被告也没有过失转而适用公平分担损失责任，由双方当事人分担损失。因为这是无过错责任原则调整的范围，不是公平分担损失责任调整的范围。《民法典》第1186条规定的公平分担损失规则，究竟是一般性赔偿规则，还是要由法律专门规定才可以适用的规则，学界是有争论的。原《侵权责任法》第24条规定没有强调"依照法律的规定"，而是"可以根据实际情况"由双方分担损失，具有一定的弹性。《民法典》第1186条对此作了修改，将"可以根据实际情况"改为"依照法律的规定"，这说明，不仅要符合本条规定的条件，而且还须依照法律的具体规定，才可以适用公平分担损失规则，对双方当事人的损失进行分担。

适用《民法典》第1186条规定，对损失进行分担的要件是：第一，行为人造成了受害人的损害；第二，行为人和受害人对损害的发生都没有过错；第三，须有法律的特别规定。依照法律规定由双方分担损失的含义是，适用公平分担损失规则，应当有法律的特别规定。对具备这三个要件的损害，才可以适用公平分担损失规则，双方当事人对损失按照公平的要求进行分担。例如，《民法典》第1188条、第1190条和第1254条规定，都是法律明文规定可以分担损失的规范。《民法典》第1186条规定的分担损失规则并没有请求权，须在法律

---

[14] 例如，在《葡萄牙民法典》和我国《澳门民法典》中，公平分担损失责任称为衡平责任。

具体规定的条文中才包括请求权。因此,《民法典》第1186条规定的公平分担损失规则在司法实践中不可以滥用,必须符合本条规定的要件。

在公平分担损失责任的具体适用范围上,有的观点认为其是普遍适用的责任,凡是双方当事人对于损害的发生均无过错的都可以适用;也有观点认为其适用范围主要是法律明文规定的范围。显然,《民法典》采纳了后一种意见。

2.公平分担损失责任考虑的因素

适用公平分担损失责任考虑的因素,是"根据实际情况",应当包含以下两个主要内容:

(1)受害人的损害程度。损害程度直接决定着当事人分担损失的必要性。损害的事实是指财产上的损失。损害程度达到相当的程度,不分担损失则受害人将受到严重损害,且有悖于民法的公平、正义观念,因而必须对受害人的损失采取分担的方法予以补救。

(2)当事人的经济状况。这是确定公平分担损失责任要考虑的基本的因素。当事人的经济状况主要是指当事人双方的经济状况,即实际的经济负担能力。在考虑当事人双方的经济状况时,应当有所侧重。应当侧重考虑的是加害人的经济状况,即加害人的经济负担能力究竟能达到什么程度,负担能力强的可以多赔,负担能力弱的可以少赔。在考虑受害人的经济状况时,也要考虑其对财产损失的承受能力,受害人经济状况好、承受能力强的,可以让加害人少赔;受害人经济状况不好、承受能力弱的,则令加害人多赔。其他还需要考虑的因素还有社会的舆论等,这些因素对分担损失也有一定的影响。适用公平分担损失责任,要根据这些实际情况综合考虑,确定双方各自所应承担的责任。

3.双方分担责任

适用公平分担损失责任要根据损害程度和双方当事人的经济状况以及其他相关的因素判断:在损害程度达到了应当分担损失的程度时,双方当事人的经济状况相似或相近的,可以平均分担;一方情况好而另一方情况差的,可以一方负担大部分,另一方负担小部分;如果双方的实际情况相差非常悬殊,也可以由一方承担责任。在这样的基础上,再适当考虑社会舆论等因素,作适当的小的调整,使责任的分担更为公平、合理。

四、一次性赔偿和定期金赔偿

(一)一次性赔偿和定期金赔偿的基本含义

《民法典》第1187条规定:"损害发生后,当事人可以协商赔偿费用的支付方式。协商不一致的,赔偿费用应当一次性支付;一次性支付确有困难的,可以分期支付,但是被侵权人有权请求提供相应的担保。"这个主要是对赔偿费用的支付方式的规定,但规定的内容并不明确,其实,这里最重要的是定期金的赔偿问题。正确的含义是:在判决确定之前发生的赔偿费用,原则上一次性支付,必要时可以分期支付;在判决确定后发生的赔偿费用,可以一次性赔偿,也可以定期金赔偿。

(二)判决确定之前发生的损害赔偿

在判决确定之前发生的损害赔偿,是侵权损害赔偿的常态,是常见的损害赔偿。这种损害赔偿不存在定期金赔偿问题,因为是判决确定之前发生的损害,赔偿在判决时就全部确定了。适用的规则是:判决确定之前发生的损害赔偿,以一次性支付为原则,一次性支付确有困难的,可以分期支付(不是定期金赔偿),但是被侵权人有权请求提供相应的担保。

(三)判决确定后发生的损害赔偿

判决确定后发生的损害赔偿,也叫作未来的损害赔偿、未来的多次性赔偿,可以适用定期金赔偿。

定期金赔偿是对将来的多次性给付确定为定期赔偿的损害赔偿责任制度。适用定期金赔偿的未来的损害赔偿有:一是残疾赔偿金,可以一次性赔偿,也可以分期赔偿;二是残疾人的生活辅助器具费,可以定期赔偿,也可以一次性赔偿;三是被扶养人生活费赔偿,可以定期赔偿,也可以一次性赔偿。

这几种赔偿都是从判决确定之日起向后延伸的赔偿责任,是从判决确定以后,向后发生效力的赔偿,而且要延续很长时间。这样的赔偿是让侵权人一次性就赔偿完毕,还是一年一年地去定期赔偿,法律规定两种方法都可以,即一次性赔偿和定期金赔偿。在国外,对于未来发生的赔偿,以定期金赔偿为原则,一次性赔偿为特例。在我国,是以一次性赔偿为常态,定期金赔偿为特例,但对定期金赔偿须提供担保。

第五节 侵权诉讼时效

| 典型案例 |

1962年出生的于某,于2005年将鞍山某医院起诉至法院,诉称其1岁时患病到该医院接受静脉注射,输液针头突然断裂留在其腕部血管中。医院为于某实施手术失败,针头没有取出来,顺血液流入肩部卡住。医院再次进行手术时,针头随血液通过心脏流到肺部,手术再次失败。当时医院承诺,今后为于某提供终生免费治疗。于某认为,40多年来针头仍留在他的肺部,给他和他的家属造成巨大精神压力。手术造成于某颈部歪斜,给于某生活及工作带来极大不便,于某为此要求医院支付取针费10万元,残疾补助费10万元,精神损害赔偿金20万元。法院审理认为,由于本案事故发生在1963年,1987年1月1日《民法通则》施行时,于某民事权利被侵害已超过20年;在《民法通则》实施后于某向人民法院请求保护,诉讼时效应从1987年1月1日起计算,1年后诉讼时效期间完成。原告提出诉讼主张时已经超过法律规定的时效期间,因此驳回了原告的诉讼请求。

一、侵权行为的诉讼时效的含义

诉讼时效又称消灭时效,是指权利人在一定期间内不行使权利,即在某种程度上丧失请求利益的时效制度。侵权诉讼时效就是这样的消灭时效。

《民法典》第192条规定:"诉讼时效期间届满的,义务人可以提出不履行义务的抗辩。诉讼时效期间届满后,义务人同意履行的,不得以诉讼时效期间届满为由抗辩;义务人已经自愿履行的,不得请求返还。"第193条规定:"人民法院不得主动适用诉讼时效的规定。"按照这些规定,诉讼时效的适用采用当事人主义,而不是法官职权主义。诉讼时效期间完成的后果,是义务人产生永久抗辩权,权利人在超过了诉讼时效期间后行使其请求权的,义务人有权以诉讼时效期间已经完成进行抗辩,就可以直接对抗该请求权,使请求权人的请求无效,从而免除义务人的责任。如果义务人不主张行使该抗辩权,则法院应当判决侵权人承担侵权责任。

《适用诉讼时效规定》还规定了两个适用诉讼时效的一般性规则。

第一,义务人提出诉讼时效抗辩的时间。第3条规定,当事人在一审期间未提出诉讼时效抗辩,在二审期间提出的,法院不予支持,但其基于新的证据能够证明对方当事人的请求权已过诉讼时效期间的情形除外。当事人未按照前款规定提出诉讼时效抗辩,以诉讼时效期间届满为由申请再审或者提出再审抗辩的,法院不予支持。

第二,是连带责任的诉讼时效抗辩效力。第15条规定,对于连带债权人中的一人发生诉讼时效中断效力的事由,应当认定对其他连带债权人也发生诉讼时效中断的效力。对于连带债务人中的一人发生诉讼时效中断效力的事由,应当认定对其他连带债务人也发生诉讼时效中断的效力。

二、侵权一般诉讼时效

《民法典》规定的一般诉讼时效期间为3年。侵权损害赔偿请求权人在3年内行使该请求权,侵权人不得对抗被侵权人的赔偿请求。

(一)侵权一般诉讼时效的计算

侵权一般诉讼时效期间的起算,是"自权利人知道或者应当知道权利受到损害以及义务人之日起计算"。侵权行为造成受害人损害的,自具备以下两个要件时,开始计算诉讼时效期间:第一,权利人知道或者应当知道权利受到损害;第二,权利人知道或者应当知道义务人。

有关侵权行为的诉讼时效计算,《民法典》规定了两个特殊的计算方法:一是无民事行为能力人或者限制民事行为能力人对其法定代理人的请求权的诉讼时效期间,自该法定代理终止之日起计算;二是未成年人遭受性侵害的损害赔偿请求权的诉讼时效期间,自受害人年满18周岁之日起计算。对于这两种情况,除适用自权利人知道或者应当知道权利受到损害和义务人之日起计算的规定,还必须适用这两个特别规定。

(二)诉讼时效的强制性

《民法典》关于诉讼时效的规定是强制性规定,任何人不得改变诉讼时效的规定。第197条规定:"诉讼时效的期间、计算方法以及中止、中断的事由由法律规定,当事人约定无效。当事人对诉讼时效利益的预先放弃无效。"第1款规定的是诉讼时效的强制性;第2款规定的是不得预先放弃诉讼时效利益,即使约定事先放弃诉讼时效利益,亦为无效,但这并不妨碍在诉讼时效期间完成后,义务人放弃抗辩权。在侵权责任法中,必须按照上述要求适用诉讼时效的规定。

(三)侵权诉讼时效期间的中止和中断

1.诉讼时效中止

在诉讼时效期间的最后6个月内,出现法律规定的障碍,不能行使侵权请求权的,诉讼时效期间中止。当引起诉讼时效期间中止的法律障碍消除后,自该中止时效的原因消除之日起满6个月,诉讼时效期间届满。

诉讼时效中止的事由是:第一,不可抗力;第二,无民事行为能力人或者限制民事行为能力人没有法定代理人,或者法定代理人死亡、丧失民事行为能力、丧失代理权;第三,继承开始后未确定继承人或者遗产管理人;第四,权利人被义务人或者其他人控制;第五,其他导致权利人不能行使请求权的障碍。出现上述法律障碍之一,诉讼时效中止。

2.诉讼时效中断

在诉讼时效期间进行之中,发生法定事由,诉讼时效中断。诉讼时效中断的法律后果是,从中断事由发生时、有关程序终结时起,诉讼时效期间重新计算。诉讼时效中断的法定事由是:

(1)权利人向义务人提出履行请求。《适用诉讼时效规定》第8条规定,具有下列情形之一的,应当认定为《民法典》第195条规定的"权利人向义务人提出履行请求",产生诉讼时效中断的效力:一是当事人一方直接向对方当事人送交主张权利文书,对方当事人在文书上签名、盖章、捺指印或者虽未签名、盖章、捺指印但能够以其他方式证明该文书到达对方当事人的;二是当事人一方以发送信件或者数据电文方式主张权利,信件或者数据电文到达或者应当到达对方当事人的;三是当事人一方为金融机构,依照法律规定或者当事人约定从对方当事人账户中扣收欠款本息的;四是当事人一方下落不明,对方当事人在国家级或者下落不明的当事人一方住所地的省级有影响的媒体上刊登具有主张权利内容的公告的,但法律和司法解释另有特别规定的,适用其规定。上述第一项情形中,对方当事人为法人或者非法人组织的,签收人可以是其法定代表人、主要负责人、负责收发信件的部门或者被授权主体;对方当事人为自然人的,签收人可以是自然人本人、同住的具有完全行为能力的亲属或者被授权主体。

(2)义务人同意履行义务。《适用诉讼时效规定》第14条规定,义务人作出分期履行、部分履行、提供担保、请求延期履行、制订清偿债务计划等承诺或者行为的,应当认定为《民法典》第195条规定的"义务人同意履行义务"。

(3)权利人提起诉讼或者申请仲裁。《适用诉讼时效规定》第11条规定,下列事项之一,人民法院应当认定与提起诉讼具有同等诉讼时效中断的效力:一是申请支付令;二是申请破产、申报破产债权;三是为主张权利而申请宣告义务人失踪或死亡;四是申请诉前财产保全、诉前临时禁令等诉前措施;五是申请强制执行;六是申请追加当事人或者被通知参加诉讼;七是在诉讼中主张抵销;八是其他与提起诉讼具有同等诉讼时效中断效力的事项。

(4)与提起诉讼或者申请仲裁具有同等效力的其他情形。《适用诉讼时效规定》第12条规定,权利人向人民调解委员会以及其他依法有权解决相关民事纠纷的国家机关、事业单位、社会团体等社会组织提出保护相应民事权利的请求,诉讼时效从提出请求之日起中断。第13条规定,权利人向公安机关、人民检察院、人民法院报案或者控告,请求保护其民事权利的,诉讼时效从其报案或者控告之日起中断。上述机关决定不立案、撤销案件、不起诉的,诉讼时效期间从权利人知道或者应当知道不立案、撤销案件或者不起诉之日起重新计算;刑事案件进入审理阶段,诉讼时效期间从刑事裁判文书生效之日起重新计算。

三、侵权最长诉讼时效及延长

侵权责任最长时效,按照《民法典》第 188 条的规定是 20 年。如果受害人不知道自己的权利受到损害的事实,从权利被损害之日起,受害人在 20 年内不提出诉讼请求的,人民法院不予保护。

对于侵权行为的最长时效,侵权特别法也有特殊规定。《产品质量法》第 45 条第 2 款规定:"因产品存在缺陷造成损害要求赔偿的请求权,在造成损害的缺陷产品交付最初消费者满十年丧失;但是,尚未超过明示的安全使用期的除外。"按照这一规定,产品侵权责任的最长时效为 10 年,不适用 20 年的最长时效,并且最长诉讼时效期间届满,消灭的是请求权。如果某种产品的安全使用期超过 10 年的,应以该产品的安全使用期的期限计算最长诉讼时效期间。

《民法典》第 188 条第 2 款规定:"……自权利受到损害之日起超过二十年的,人民法院不予保护,有特殊情况的,人民法院可以根据权利人的申请决定延长。"这一关于延长诉讼时效的规定,与原《民法通则》第 137 条规定不同。两相比较,《民法典》增加了"根据权利人的申请"的条件,这意味着,在超过 20 年的最长诉讼时效之后,如果权利人申请延长诉讼时效,人民法院可以根据特殊情况决定延长。按照这样的要求,法律规定中关于延长诉讼时效的标准有所降低,适用的可能性大大增加。例如,本节典型案例从一个角度看,可以认为诉讼时效期间尚未开始计算,因为侵权行为仍在继续;从另一个角度看,即使诉讼时效期间已经开始并且已经超过了 20 年,在被侵权人申请的情况下,法院应当根据实际情况,决定延长诉讼时效期间。

———— 本章思考题 ————

1. 对侵权损害赔偿请求权应当怎样理解?
2. 适用侵权责任方式应当遵守哪些规则?
3. 确定侵权损害赔偿责任应当遵循哪些规则?
4. 确定死亡赔偿金的基本规则是什么?
5. 算定精神损害赔偿金的具体规则是什么?
6. 适用公平分担损失责任的具体规则是什么?

第三章　关于责任主体的特殊规定

| 本章要点 |

本章依照《民法典》侵权责任编第三章"责任主体的特殊规定"的内容,全面介绍了监护人责任、受托监护责任、暂时丧失心智行为人的损害责任、用人者责任、定作人指示过失责任、网络侵权责任及其通知规则和反通知规则、违反安全保障义务的侵权责任以及学生伤害事故责任。

监护人责任	受托监护责任	暂时丧失心智损害责任	用人单位责任
劳务派遣责任	个人劳务责任	定作人指示过失责任	网络侵权责任
违反安全保障义务的侵权责任	学生伤害事故责任		

第一节　监护人责任

| 典型案例 |

石某是间歇性精神病患者,在与庄某同居中,某日精神病发作,持菜刀对熟睡的庄某连砍12刀,致庄某重伤。庄某起诉石某和石某的父母,请求二被告共同承担损害赔偿责任。

一、监护人责任的概念和特征

监护人责任,是指无民事行为能力人或者限制民事行为能力人因自己的行为致人损害,由行为人的父母或者其他监护人承担赔偿责任的特殊侵权责任。《民法典》第1188条规定:"无民事行为能力人、限制民事行为能力人造成他人损害的,由监护人承担侵权责任。监护人尽到监护职责的,可以减轻其侵权责任。有财产的无民事行为能力人、限制民事行为能力人造成他人损害的,从本人财产中支付赔偿费用;不足部分,由监护人赔偿。"为说明的方便,将《民法典》第1189条规定的受托监护责任放在本节的最后部分说明。

我国《民法典》第1188条规定的监护人责任具有以下特征:

第一,监护人责任是对人的替代责任。监护人责任是替代责任,无民事行为能力人或者限制民事行为能力人实施具体的侵害行为,造成了被侵权人的人身损害或者财产损害,侵害了被侵权人的权利,承担侵权责任的不是造成损害的行为人,而是行为人的监护人,是监护人替代行为人承担侵权责任,这是典型的替代责任。

第二,监护人责任是过错推定责任。监护人责任的过错并没有表现在具体行为人身上,而是体现在行为人的监护人身上。监护人的过错表现在其对被监护人没有尽到监护职责,并由此作为这种侵权责任构成的过错要件。由于实行过错推定责任原则,监护人的过错并不需要原告证明,而是从行为人的侵害行为直接推定其监护人有未尽监护职责。

第三,监护人责任的确定受行为人财产状况的制约。在各国侵权法中,监护人责任基本上是依据行为人的责任能力而确定的,即没有民事责任能力的未成年人或者心智丧失之人不承担侵权责任,由他们的监护人承担责任。我国立法没有采纳这种规则,而是确定监护人责任的承担,受无民事行为能力或限制民事行为能力的行为人有无财产的制约。行为人自己有财产的,应当先从他自己的财产中支付赔偿金,赔偿不足部分由其监护人承担补充性责任。行为人没有财产的,则由其监护人自行承担赔偿责任。

第四,监护人责任以公平分担损失责任为补充。监护人责任实行过错推定原则,监护人能够证明自己对于实施加害行为的被监护人已经善尽监护职责,即监护人自己无过错时,并不免除监护人的侵权责任,而是"可以减轻其侵权责任",这是公平分担损失责任的适用。

第五,监护人责任的行为人是无民事行为能力人和限制民事行为能力人,按照《民法典》第19~22条的规定,未成年人、不能辨认或者不能完全辨认自己行为的成年人,都是无民事行为能力人或者限制民事行为能力人,他们实施的行为造成他人损害,构成监护人责任。

二、监护人责任的归责原则

《民法典》第1188条规定我国监护人责任的归责原则是过错推定原则,并以公平分担损失责任作补充。

确定监护人责任适用过错推定原则,即从行为人致人损害的事实中推定其监护人有疏于监护的过失。监护人认为自己无过错,实行举证责任倒置,可以举证证明自己无过错。不能证明自己无过错的,监护人应当承担替代责任。

监护人责任在适用过错推定原则的基础上,如果监护人证明自己确已尽到监护职责而无过错,本应免除监护人的侵权责任,但为了平衡当事人之间的利益关系,按照法律的规定,适用公平分担损失责任进行调整,合理确定赔偿责任的归属。在根据公平分担损失责任确定当事人的责任时,应注重考虑当事人的财产状况、经济收入、必要的经济支出和负担、造成损害的程度等因素,公平合理地分担损失。

三、监护人责任的构成要件

监护人责任构成须具备损害事实、违法行为、因果关系和过错四个要件。在监护人责任构成的四个要件中,损害事实的要件并没有特别之处,其他三个要件有显著特点。

(一)违法行为

监护人责任是替代责任,其违法行为的要件必然是行为人与责任人相脱离,是责任人为行为人承担赔偿责任。

构成监护人责任最首要的,是行为人必须为无民事行为能力人或者限制民事行为能力人,包括精神病人和未成年人以及丧失或者部分丧失民事行为能力的成年人。

构成监护人责任的行为人的违法行为,应当是无民事行为能力人或者限制民事行为能力人自己实施的行为,而不是他人利用无民事行为能力人或者限制民事行为能力人而实施的侵权行为。教唆、帮助无民事行为能力人或者限制民事行为能力人实施侵权行为的,其责任的确定适用《民法典》第1169条第2款的规定。

无民事行为能力人或者限制民事行为能力人实施的加害行为应当具有违法性,否则不足以认定构成监护人责任。

监护人在监护人责任构成中的行为,是未尽监护职责,主要表现为不作为的行为方式。监护人对于无民事行为能力人或者限制民事行为能力人负有监护义务,这种义务是作为义务,监护人必须履行。监护人没有履行监护义务,没有管教好无民事行为能力人或者限制民事行为能力人,使之造成他人损害的,构成不作为的违法行为。

(二)过错

监护人责任构成中的过错要件的主要特点,是过错与行为人相分离,即过错不是行为人的过错,而是对行为人负有监护职责的监护人的过错,是监护过失。

监护人过错的次要特点是监护人的过错只能是过失,不能是故意。监护人过错的内容是未能善尽监护责任,具体表现为疏于教养、疏于监护或者疏于管理,是监护人应当注意而未能注意,因而为过失的心理状态。如果监护人故意指使无民事行为能力人或者限制民事行为能力人实施侵权行为造成他人损害,则属于共同侵权行为,不属于监护人责任。

监护人责任构成中的过错要件采推定形式。如果监护人认为自己无过错,则举证责任倒置,由监护人自己举证证明自己已尽监护职责。监护是否疏懈,应以加害人行为之时为准,即加害人行为之时监护人是否以善良管理人之注意尽其监护职责,过去因监护之不得其宜而养成不良倾向,尚不能作为对于第三人负责的原因;唯于行为时,对于有此不良倾向者,是否为其必要的特别注意,以定其疏懈之有无。[1]

(三)因果关系

监护人责任构成中的因果关系具有双重性。

首先,加害行为人的行为与损害事实之间须具有因果关系,即损害事实须因行为人的行为所引起,两者之间有引起与被引起的客观联系。无此联系,不构成侵权责任。判断的标准,应以相当因果关系规则衡量。

其次,监护人疏于监护责任与损害事实之间亦应有因果关系,但这种因果关系在因果关系链上相距较远,而不是直接因果关系。具体要求是,监护人疏于监护职责,是行为人即被监护人实施加害行为的原因,被监护人因为监护人疏于监护职责而实施加害行为,并因此而导致被侵权人的权利被侵害。尽管疏于监护职责与损害事实之间的因果关系非为直

---

[1] 史尚宽:《债法总论》,台北,荣泰印书馆1978年版,第178页。

接,却必须具备这种因果关系,不具备这种因果关系就不构成监护人侵权责任。

四、监护人责任赔偿法律关系与当事人

(一)监护人责任赔偿法律关系

1. 理论上的应然做法

监护人责任是替代责任,因而这种赔偿法律关系的当事人是被侵权人和监护人,其中被侵权人为侵权法律关系的赔偿权利主体,监护人为侵权法律关系的赔偿责任主体,是为他人的侵权行为承担责任的自然人。

如果致人损害的被监护人即无民事行为能力人或者限制民事行为能力人有财产,则该行为人亦为当事人,在赔偿义务主体方面,增加行为人作为被告,与监护人为共同被告。

2. 实务操作上的差别

实务中的操作方法与上述规则相反。多数法院在判决书中,首先确认无民事行为能力人或者限制民事行为能力人的被告地位,以及被侵权人的原告地位,而监护人则只以监护人或者法定代理人的身份列入其中;然而在判决主文中,却判决监护人承担赔偿责任,而实际所列的被告则不承担任何责任;只有在行为人有财产时,才判决行为人承担侵权责任或者判决行为人与监护人共同承担赔偿责任。对此,《侵权责任编解释(一)》第4条规定,无民事行为能力人、限制民事行为能力人造成他人损害,被侵权人请求监护人承担侵权责任,或者合并请求监护人和受托履行监护职责的人承担侵权责任的,法院应当将无民事行为能力人、限制民事行为能力人列为共同被告。这种对当事人的列法的规定是正确的,其中使用的是"应当",而不是申请追加,即必须将监护人和无民事行为能力人或者限制民事行为能力人列为共同被告。

(二)监护人责任的当事人

1. 责任人

监护人侵权法律关系中的赔偿责任主体是监护人。

监护人的身份包括四种:一是未成年人的亲权人;二是丧失亲权监督的未成年人的监护人;三是精神病患者的监护人;四是丧失或者部分丧失民事行为能力的成年人的监护人。

行为人致人损害时没有明确监护人的,应当按照监护顺序,指定由顺序在前的监护人承担赔偿责任。未成年人的监护顺序,除父母是亲权人行使监护权外,一是祖父母、外祖父母;二是兄姐;三是关系密切的其他亲属、朋友。精神病人的监护顺序,一是配偶;二是父母;三是成年子女;四是其他近亲属;五是关系密切的其他亲属、朋友。依照这一顺序,由顺序在前的监护人作为赔偿责任人。丧失或者部分丧失民事行为能力的成年人的监护顺序,一是配偶;二是子女;三是其他近亲属。

2. 行为人

监护人责任中的行为人,就是实际致人损害的未成年人和精神病人,以及无民事行为能力和限制民事行为能力的成年人。

行为人是否合格,必须确认其是否为无民事行为能力人、限制民事行为能力人。对于已满16周岁不满18周岁的自然人,以自己的劳动收入为主要生活来源的,应视为完全民事

行为能力人,不应再作为监护人责任中的行为人,而应作为独立的侵权人。

3. 被侵权人

在监护人侵权法律关系中,被侵权人是赔偿权利人,法律没有作特别的规定和要求,只要具备一般被侵权人的资格即可。

五、法律适用规则

(一)《民法典》第1188条的一般规则

1. 监护人承担责任

无民事行为能力人、限制民事行为能力人造成他人损害的,由监护人承担侵权责任。实行过错推定原则,即从无民事行为能力人或者限制民事行为能力人致人损害的事实中,推定监护人有过错。推定成立的,应当由监护人承担赔偿责任。

2. 适用公平分担损失责任规则

监护人尽到监护责任的,可以减轻其侵权责任。监护人证明自己没有过错,即能够证明自己已经尽到监护责任的,适用公平分担损失责任的规则,减轻其责任,由双方当事人分担损失。

3. 被监护人自己有财产的自己支付赔偿金

有财产的无民事行为能力人、限制民事行为能力人造成他人损害的,从本人财产中支付赔偿费用。无论是未成年人还是精神病人,以及丧失民事行为能力的成年人、植物人等,自己有财产的,就不必由监护人承担赔偿责任,从行为人的财产中直接支付赔偿金。《侵权责任编解释(一)》第5条规定,无民事行为能力人、限制民事行为能力人造成他人损害,被侵权人请求监护人承担侵权人应承担的全部责任的,法院应予支持,并在判决中明确,赔偿费用可以先从被监护人财产中支付,不足部分由监护人支付。监护人抗辩主张承担补充责任,或者被侵权人、监护人主张法院判令有财产的无民事行为能力人、限制民事行为能力人承担赔偿责任的,法院不予支持。为了保护无民事行为能力人或者限制民事行为能力人的合法权益,规定从被监护人财产中支付赔偿费用的,应当保留被监护人所必需的生活费和完成义务教育所必需的费用。

4. 监护人补充支付赔偿金

被监护人的财产不足以承担赔偿责任的部分,由监护人赔偿。这是完全的补充责任,只要行为人不能承担的部分,全部由监护人补充承担。

以上四项规则,前两项是确定责任的规则,后两项是承担责任的规则。

(二)《侵权责任编解释(一)》第6~10条的具体规则

《侵权责任编解释(一)》第6~10条还规定了以下具体规则:

第一,行为人在侵权行为发生时不满18周岁,被诉时已满18周岁的,由于侵权行为实施时行为人是未成年人,因此,被侵权人请求原监护人承担侵权人应承担的全部责任的,法院应予支持,并在判决中明确,赔偿费用可以先从被监护人财产中支付,不足部分由监护人支付。如果被侵权人仅起诉行为人的,法院应当向原告释明申请追加原监护人为共同被告。

第二，未成年子女造成他人损害，被侵权人请求父母共同承担侵权责任的，法院依照《民法典》第 27 条第 1 款、第 1068 条以及第 1188 条的规定予以支持。

第三，夫妻离婚后，未成年子女造成他人损害，被侵权人请求离异夫妻共同承担侵权责任的，依照《民法典》第 1068 条、第 1084 条以及第 1188 条的规定予以支持。一方以未与该子女共同生活为由主张不承担或者少承担责任的，法院不予支持。离异夫妻之间的责任份额，可以由双方协议确定；协议不成的，法院可以根据双方履行监护职责的约定和实际履行情况等确定。实际承担责任超过自己责任份额的一方向另一方追偿的，法院应予支持。

第四，未成年子女造成他人损害的，依照《民法典》第 1072 条第 2 款的规定，未与该子女形成抚养教育关系的继父或者继母不承担监护人的侵权责任，由该子女的生父母依照前项规定承担侵权责任。

六、受托监护责任

（一）受托监护责任的概念

《民法典》第 1189 条规定："无民事行为能力人、限制民事行为能力人造成他人损害，监护人将监护职责委托给他人的，监护人应当承担侵权责任；受托人有过错的，承担相应的责任。"这是对受托监护损害责任的规定，明确了在受托监护情况下，无民事行为能力或者限制民事行为能力人造成他人损害的，监护人与受托监护人分担责任。

受托监护损害责任，是指无民事行为能力人或者限制民事行为能力人造成他人损害，监护人将监护职责委托给他人，监护人与受托监护人分担责任的特殊侵权责任。原《侵权责任法》第 32 条规定的是监护人损害责任，是无民事行为能力人或者限制民事行为能力人造成他人损害，监护人应当承担的侵权责任。《民法典》第 1189 条根据目前存在的诸多将监护责任委托给他人的情形，补充规定了受托监护人损害责任的规则，形成了完整的监护人损害责任体系。

（二）受托监护责任的构成要件

受托监护损害责任的构成条件是：第一，受托监护，是监护人将自己负有的对无民事行为能力人或者限制民事行为能力人的监护职责，委托给他人承担；第二，无民事行为能力人或者限制民事行为能力人是在受托监护人的监护下，而不是在监护人的监护下；第三，被监护的无民事行为能力人或者限制民事行为能力人实施的行为，造成了被侵权人的损害；第四，对监护人推定其存在未尽监护职责的过失，对受托监护人的过失，应当由被侵权人举证证明，或者由主张分担责任的监护人承担举证证明。符合这四个要件的要求，构成受托监护损害责任，受托人与监护人应当承担侵权赔偿责任。

从上述规定的受托监护损害责任构成要件来看，监护人的责任其实并无特别的变化，尤其是实行过错推定原则，推定监护人存在违反监护义务的过失，实际上与《民法典》第 1188 条规定的监护人损害责任的规则没有太大的区别。有区别的是，要求受托监护人承担侵权责任，应当证明受托监护人的过失要件。根据事实推论，原告即被侵权人一般会向监护人主张赔偿责任，如果监护人认为自己没有过失，是受托监护人因其过失造成的损害，应当由监护人承担举证责任。如果是被侵权人直接向受托监护人主张侵权责任，则应当由被侵权人承担举证责任。根据"谁主张,谁举证"的举证责任分配规则,主张受托监护人的过失的,只有监护人或者被侵权人,因而应当由监护人或者被侵权人承担举证责任。

(三)受托监护责任的责任分担规则

第一,受托监护损害责任的主体有两个,一是监护人,二是受托监护人,监护人并未因其将受托监护职责委托给受托监护人而免除自己的责任,仍然是侵权责任人。

第二,两种责任主体承担的责任是混合责任,即单向连带责任:监护人承担的是对全部损害的赔偿责任,并且是连带责任;只要被侵权人主张监护人承担全部责任,监护人就须承担全部赔偿责任。

第三,能够证明受托监护人也存在未尽监护职责的过失的,受托监护人应当在其因过失造成损失的范围内,承担相应的赔偿责任,其责任性质不是连带责任,而是按份责任,被侵权人不能向其主张全部赔偿责任。之所以将这种责任称为混合责任,是因为其与美国侵权法上的混合责任是一样的,都是数人中有的承担连带责任,有的承担按份责任。

第四,无民事行为能力人、限制民事行为能力人造成他人损害,被侵权人合并请求监护人和受托履行监护职责的人承担侵权责任的,《侵权责任编解释(一)》第10条规定,依照《民法典》第1189条的规定,监护人承担侵权人应承担的全部责任;受托人在过错范围内与监护人共同承担责任,但责任主体实际支付的赔偿费用总和不应超出被侵权人应受偿的损失数额。监护人承担责任后向受托人追偿的,人民法院可以参照《民法典》第929条的规定处理。仅有一般过失的无偿受托人承担责任后向监护人追偿的,人民法院应予支持。这是因为,《民法典》第929条规定的是有偿委托和无偿委托合同的赔偿规则。按照这一规定,无偿受托监护人只对自己的故意或者重大过失造成的损害承担赔偿责任,而第1189条规定受托监护人只要有过错就要承担相应责任,因而第929条和第1189条的规定之间有冲突。当无偿受托监护人因一般过失造成损害时,依照第1189条规定应当承担相应责任,但依照第929条规定不应承担赔偿责任,因此,受托监护人因一般过失造成损害,先行承担了相应责任后,对监护人享有追偿权。

第二节 暂时丧失心智损害责任

| 典型案例 |

徐某驾驶机动车在公路上行驶,途中突发心脏病,丧失意思能力,无法对机动车进行控制,导致交通事故发生,撞死行人1人,撞伤2人。受害人向法院起诉,请求徐某承担侵权赔偿责任。法院判决认定徐某暂时丧失心智致人损害,行为人没有过错,对受害人承担适当补偿责任。

一、暂时丧失心智损害责任的概念和构成

(一)暂时丧失心智损害责任的概念

暂时丧失心智损害责任,也叫作暂时丧失意思能力的致害责任,[2]是指完全民事行为能力人对于因过错引起暂时心智丧失,造成他人损害,应当承担的特殊侵权责任。暂时丧失心智损害责任在我国以前的侵权法中没有规定过,《民法典》第1190条规定:"完全民事行为能力人对自己的行为暂时没有意识或者失去控制造成他人损害有过错的,应当承担侵权责任;没有过错的,根据行为人的经济状况对受害人适当补偿。完全民事行为能力人因醉酒、滥用麻醉药品或者精神药品对自己的行为暂时没有意识或者失去控制造成他人损害的,应当承担侵权责任。"

(二)暂时丧失心智损害责任的构成

构成暂时丧失心智损害责任须具备四个要件。

第一,侵权人是完全民事行为能力人。这种特殊侵权责任的行为主体即侵权人必须是完全民事行为能力人,而不是限制民事行为能力人或者无民事行为能力人。无民事行为能力人和限制民事行为能力人造成他人损害,由其监护人承担责任,只有完全民事行为能力人才存在暂时丧失心智的情况,需要专门予以规定。

第二,被侵权人须受到实际损害。在损害事实要件中,被侵权人须遭受实际损害,既可以是人身损害,也可以是财产损害。对于造成人身损害同时发生精神损害的,构成损害事实要件。因心智暂时丧失中的胡言乱语,不应当认定为侵权行为,但恶意诽谤、侮辱,却以心智丧失为借口而主张免责者,不应当免除其责任。

第三,侵权人造成他人损害时暂时丧失心智。侵权人须在暂时丧失心智的状态下,因无法控制自己的行为,造成被侵权人的损害。故这种特殊侵权责任的致人损害的原因,须是侵权人暂时丧失心智时的行为,二者之间有因果关系。暂时丧失心智与间歇性精神病不同,间歇性精神病造成损害的责任应当适用《民法典》第1188条的规定,为监护人责任,非本条的调整范围。

第四,侵权人暂时丧失心智是因自己的过错所致。构成这种特殊侵权责任,侵权人须具有过错,即侵权人自己的心智暂时丧失是基于自己的过错而发生。丧失心智的过错,除《民法典》第1190条第2款规定的醉酒、滥用麻醉药品或者精神药品外,其他故意或者过失所为都包括在内。这种特殊侵权责任的过错认定,实行过错推定,即被侵权人已经证明其他责任构成要件后,法官可以推定侵权人对其心智丧失有过错,丧失心智的行为人如果主张自己没有过错,应当举证证明。不能够证明自己没有过错的,侵权责任成立,侵权人应当承担赔偿责任。

二、暂时丧失心智损害责任的法律适用

暂时丧失心智损害责任的承担规则如下:

---

[2] 王利明:《侵权责任法研究》(下卷),中国人民大学出版社2011年版,第63页。

第一,侵权人承担过错责任。侵权人因过错导致自身暂时丧失心智致人损害的,应当由侵权人承担赔偿责任。完全民事行为能力人由于自己的过错,导致其暂时丧失心智,造成他人损害的,应当为因自己的过错造成的损害负责,对被侵权人承担侵权责任。

第二,醉酒等属于侵权人的过错。因醉酒、滥用麻醉药品或者精神药品对自己的行为暂时没有意识或者失去控制造成他人损害的,应当由侵权人承担赔偿责任。这种情形同样是侵权人的过错所为,应当由自己承担侵权责任。事实上,《民法典》第1190条第2款规定的这种情形,是第1款规定的过错的特殊表现形式,适用同样的规则,只不过这种过错已经证明,无须适用下文的公平分担损失责任而已。

应当区别醉酒与病理性醉酒。病理性醉酒属于精神疾病的一种,又称为特发性酒中毒,是指所饮酒量不足以使一般人发生醉酒但饮酒人出现明显的行为和心理改变,在饮酒时或其后不久突然出现激越、冲动、暴怒以及攻击或破坏行为,可造成自伤或伤人后果。特点是发作时有意识障碍,亦可出现错觉、幻觉和片断妄想;发作持续时间不长,最多数小时;常以深睡结束发作,醒后对发作过程不能回忆。病理性醉酒的处理规则与酒精中毒处理规则相同。《民法典》第1190条规定的"醉酒"不包括病理性醉酒,不能因为病理性醉酒而认定行为人有过错;但行为人知道自己会病理性醉酒仍然饮酒,导致对自己的行为暂时没有意识或者失去控制造成他人损害的,属于有过错而使自己丧失心智,应当依照《民法典》第1190条规定承担侵权责任。如果纯粹属于病理性醉酒暂时丧失心智造成他人损害的,应当适用《民法典》第1188条规定的监护人责任规则:监护人有过错的,监护人承担侵权责任;监护人没有过错的,可以减轻其侵权责任。

第三,没有过错的公平分担损失责任。完全民事行为能力人对自己暂时丧失心智没有过错的,应当依照公平责任规则,由双方当事人公平负担损失。暂时丧失心智损害责任实行过错推定原则,必须有过错才承担责任。如果行为人能够证明自己没有过错,也不免除责任,而是按照公平责任的要求,根据行为人的经济状况对受害人予以适当补偿:行为人的经济状况良好的,适当多补偿一些;经济状况不好的,适当少补偿一些。

第三节 用人者责任

| 典型案例 |

某饭店职工陈某将库存的硫酸桶运往修缮工地,桶内装400克硫酸,未加盖。该饭店的旅客何某外出,在下到三楼楼梯时不慎摔倒,恰好撞到陈某手提的硫酸桶上,硫酸洒到何某的头部、面部、臂部,将其烧成重伤。何某起诉铁路饭店,请求该饭店承担侵权责任。法院认为,该饭店是用人单位,其工作人员因执行工作任务,未尽相当的注意义务,致使危险物品造成了受害人损害,应当承担侵权责任,判决该饭店承担赔偿责任。陈某在造成何某损害的行为中有过错,因此,饭店承担侵权责任后,可以向陈某追偿。

一、用人者责任概述

(一)用人者责任的概念

用人者责任是一种特殊侵权责任类型,也叫作用工责任,[3]是指用人单位的工作人员、劳务派遣人员、个人劳务关系中的提供劳务一方以及承揽关系中的承揽人一方,因执行工作任务或者因劳务造成他人损害,用人单位、劳务派遣单位、接受劳务一方以及定作人应当承担赔偿责任的特殊侵权责任。《民法典》第1191~1193条规定的是四种用人者责任,即用人单位责任、劳务派遣责任、个人劳务责任和定作人指示过失责任。

(二)用人者责任的基本特征

用人者责任是侵权替代责任,有以下法律特征:

第一,四种侵权责任都是因执行工作任务或者因劳务而致人损害。用人者责任中的侵权行为都是工作人员因执行工作任务或者因劳务造成他人损害的侵权行为。无论是用人单位责任、劳务派遣责任还是个人劳务责任、定作人指示过失责任,都是工作人员因执行任务发生的侵权行为,其基本特点是,因执行任务或者因劳务,一方支配另一方的劳动。不是因执行任务发生的这种支配他人劳动的行为,不能构成用人者责任。

第二,行为人与责任人相脱离。用人者责任是典型的替代责任,其典型表现是行为人与责任人相脱离。在造成损害的过程中,直接行为人是用人单位的工作人员,或者是提供劳务一方,或者是承揽人;而承担侵权责任的不是这些行为人,而是对他们有支配关系的用人者。

第三,行为人造成损害的行为与责任人监督、管理不力的行为相区别。在用人者责任中存在两个行为:一个行为是造成损害的工作人员或者提供劳务一方的行为,这是造成损害的具体行为;另一个行为则是用人单位、劳务派遣单位、接受劳务一方、承揽人以及定作人的监督不力、管理不当的行为。仅仅研究用人单位的工作人员、提供劳务一方、承揽人以及定作人的行为是不够的,还必须研究用人单位、劳务派遣单位、接受劳务一方、承揽人以及定作人的行为。他们的行为作用在工作人员或者提供劳务一方的身上,才造成了劳动者的具体行为的发生。因此,在用人者责任的责任构成中,因果关系存在造成损害的直接原因和间接原因,两种原因行为相结合,才能构成侵权责任。

第四,责任人过错与行为人过错的作用不同。构成用人者责任,对过错的直接要求是用人者的过错。没有用人者的过错,就不可能构成用人者责任。但也要考察工作人员、雇员的过错。后者的过错尽管对侵权责任构成不起重要作用,但在确定追偿关系上是重要的决定因素。因此,这两种过错的作用并不相同。

(三)用人者责任的类型及意义

《民法典》将用人者责任规定为四种类型,即用人单位责任、劳务派遣责任、个人劳务责任和定作人指示过失责任。

---

[3] 王利明:《侵权责任法研究》(下卷),中国人民大学出版社2011年版,第72页。

区别四种不同的用人者责任类型的原因在于：四种用人者责任的基础都是劳动合同关系，但四种劳务关系的性质不同。用人单位责任的劳务合同，是工作单位和工作人员形成的单一的劳务关系，工作人员因执行工作任务造成了他人损害，用人单位必须负责。劳务派遣责任存在两种合同关系，既有劳务派遣单位和劳动者的合同关系，又有接受劳务派遣的用工单位与劳务派遣单位的合同关系，并且接受派遣的单位实际上支配工作人员的劳动。个人劳务尽管也是劳务关系，但内容较为简单，关系明确。定作人与承揽人之间是定作承揽关系。正因如此，四种用人者责任的规则并不相同，《民法典》第1191条至第1193条作出的不同的规定都是有针对性的。

二、用人单位责任

（一）用人单位责任的概念和特征

用人单位责任，是指用人单位的工作人员因执行工作任务造成他人损害，由用人单位作为赔偿责任主体，为其工作人员的致害行为承担损害赔偿责任的特殊侵权责任。《民法典》第1191条第1款规定："用人单位的工作人员因执行工作任务造成他人损害的，由用人单位承担侵权责任。用人单位承担侵权责任后，可以向有故意或者重大过失的工作人员追偿。"

用人单位责任的基本特征有：第一，实施侵权行为的主体特定化，只有在用人单位的工作人员造成侵权后果的时候，才能成立这种侵权行为；第二，侵权行为发生的场合特定化，只有用人单位的工作人员因执行工作任务造成他人损害时，才能构成这种侵权行为；第三，侵权损害的被侵权人即损害赔偿权利人特定化，只有用人单位的工作人员因执行工作任务造成第三人的损害，才能构成这种侵权责任；第四，这种侵权行为的责任形态是替代责任，用人单位工作人员造成第三人损害，承担责任的不是行为人即用人单位的工作人员，而是用人单位，属于典型的替代责任。

（二）用人单位责任的归责原则

用人单位责任适用过错推定原则，从工作人员致被侵权人损害的事实中推定用人单位有疏于选任、监督之责的过错，实行举证责任倒置，由用人单位举证证明自己已尽相当的注意，无须被侵权人举证证明而直接推定用人单位的过错。这就使被侵权人处于有利地位，使其合法权益能够得到更好的保护。[4]

（三）用人单位责任的构成要件

用人单位责任的构成须具备以下要件：
1. 违法行为
这种侵权行为的违法行为要件，是指用人单位的法定代表人、负责人及其他工作人员

---

[4] 也有观点认为，用人单位责任适用无过错责任原则或者严格责任，参见王胜明主编：《中华人民共和国侵权责任法释义》，法律出版社2010年版，第149页；王利明：《侵权责任法研究》（下卷），中国人民大学出版社2011年版，第91页。

须有执行职务行为,且该行为违反法律。

用人单位,是指依法成立的法人和没有法人资格的非法人组织。举凡不是个人劳务的私人雇工关系,也不是劳务派遣关系,以及不在《国家赔偿法》调整范围内的国家机关、社会团体等,都是用人单位责任的责任主体。

用人单位工作人员的行为须是执行职务的行为,才能构成用人单位责任。《民法典》第1191条第1款规定所使用的概念不是执行职务,而是"因执行工作任务"。对于"因执行工作任务"的理解,应当按照执行职务理解更为妥当。工作人员只有在执行职务中造成损害的,才是职务行为,用人单位才有必要为其造成的损害负责。法定代表人、负责人及工作人员虽然造成他人损害,但如果不是执行职务行为,则用人单位不承担侵权责任,只能由行为人自己承担责任,该行为变成一般侵权行为。上述人员实施与职务无关的行为致人损害的,应当由行为人承担赔偿责任。

对于"工作人员"的范围,《侵权责任编解释(一)》第15条作了扩大解释:一是确认与用人单位形成劳动关系的工作人员和执行用人单位工作任务的其他人员,都认定为工作人员,其因执行工作任务造成他人损害,适用《民法典》第1191条第1款的规定。二是确认个体工商户的从业人员因执行工作任务造成他人损害的,也适用《民法典》第1191条第1款的规定认定用人单位责任,而不适用《民法典》第1192条关于个人劳务损害责任的规定。

用人单位的工作人员是否执行职务,是判断用人单位是否承担替代责任的决定性因素。确定用人单位的工作人员执行职务范围的依据,应当采用客观说,即以执行职务的外在表现形态为标准,如果行为在客观上表现为与用人单位指示办理的事件要求相一致,就应当认为其属于执行职务的范围。下列行为不属于执行职务范围:一是超越职责行为。工作人员执行职务包括为了实现其职责的一切行为在内,但工作人员超越了他的职责范围而实施的行为,用人单位不承担责任。二是擅自委托行为。工作人员未经授权,擅自将自己应做的事项委托他人去办,用人单位对于该受托人所为的侵权行为不负责任。三是从事禁止行为。工作人员进行用人单位明令禁止的行为,不属于执行职务行为。四是借用机会行为。工作人员利用职务提供的机会,趁机处理私事而发生的损害,如果行为与执行职务没有关联,则不属于执行职务范围。如果工作人员在执行职务中,以执行职务为方法,故意致害他人,以达到个人不法目的,虽然其内在动机是出于个人的私利,但其行为与职务有内在关联,也被认为是执行职务行为。

行为的违法性判断,适用侵权责任构成要件的一般规则,即违反法定义务、违反保护他人的法律和违背善良风俗致人以损害,都构成违法性。行为违法性要件主要表现在具体的行为人方面,即用人单位的法定代表人、负责人、工作人员的执行职务的行为具有违法性,造成了他人的损害,因此才要求用人单位承担侵权责任。

2. 损害事实

用人单位责任的损害事实要件,包括侵害人身权益和财产权益造成的损害后果。损害事实可以是人身损害事实,也可以是财产损害事实,还包括精神损害事实。

3. 因果关系

用人单位责任的因果关系要件,要求用人单位的法定代表人、负责人及其他工作人员的行为与损害事实之间有引起与被引起的因果关系。首先,这种因果关系必须是客观存在的,即执行职务行为是损害事实的原因,该损害事实确系该执行职务行为的客观结果。其次,判断这种因果关系以直接因果关系和相当因果关系为判断标准,有直接因果关系的,构成侵权责任;如果依通常的社会知识经验判断,执行职务行为是损害事实发生的适当条件的,为相当因果关系,确认二者之间有因果关系。有因果关系的构成侵权责任,无因果关系的不构成侵权责任。最后,这一因果关系是指直接实施加害行为的行为人的行为与损害结果之间的关系,即用人单位的法定代表人、负责人和工作人员的行为与损害事实之间的因果关系。用人单位的行为与损害事实之间只具有间接因果关系。

4. 过错

用人单位责任的过错要件,为用人单位主观上的过失。

用人单位责任构成要件中的过错,主要是指用人单位在选任、监督、管理其工作人员上的过失。尽管在很多情况下,用人单位的工作人员在执行职务中并没有过错,但由于用人单位本身具有过失,仍构成用人单位责任。

对用人单位的工作人员的过错也要进行考察,但这不是用人单位侵权责任构成要件的要求,而是用人单位对于造成损害的工作人员是否能够主张追偿权的要件。如果工作人员在造成损害时有过错,则用人单位在承担了侵权责任之后,对工作人员享有追偿权。

认定用人单位责任的过错责任要件采推定方式,即工作人员的职务行为造成他人损害,推定用人单位有过错。过错推定之后,实行举证责任倒置,如果用人单位认为自己无过错,应当举证证明自己无过错。证明成立的免除侵权责任;不能证明或证明不足的,认定其有过错。

(四)用人单位的替代责任

用人单位责任是替代责任,其赔偿法律关系与其他替代责任一样,具有赔偿主体与行为人相脱离的特点。在这种赔偿责任关系中,直接行为人是用人单位的工作人员,而赔偿主体为用人单位,即致害他人的工作人员所属的用人单位。用人单位作为赔偿责任人,由其直接对被侵权人承担责任,而不是由行为人承担责任。用人单位在承担了赔偿责任之后,对有过错的工作人员可以依法追偿。被侵权人不得向工作人员请求赔偿,因为工作人员不具有责任主体资格。

赔偿权利主体不具有特殊性,凡遭受用人单位的工作人员的职务行为侵害而致损害的,都有赔偿权利主体资格,有权请求用人单位予以赔偿。

(五)举证责任

法院受理赔偿权利主体的起诉,不要求原告举证证明用人单位有过错,原告证明违法行为、损害事实、工作人员执行职务行为与损害结果有因果关系、加害人为用人单位的工作人员为已足。至于用人单位是否已尽选任、监督的注意义务,须用人单位自己举证证明。用人单位欲免除自己的责任,应当证明其对选任工作人员及监督工作人员职务的执行已尽相当注意。

对选任工作人员已尽相当注意,是指在选任之初,对工作人员的能力、资格等已经作了详尽考察,所得结论符合实际情况。对监督其职务执行已尽相当注意,是指用人单位对工作人员执行职务的总体行为是否予以适当的教育和管理,其标准应以客观情况决定。用人单位如果能够证明对上述事项确实已尽相当注意,即可证明用人单位无过失,可以免除其赔偿责任。

用人单位不能证明自己没有过失,即应承担赔偿责任。如果工作人员在主观上有过错,用人单位赔偿被侵权人的损失以后,对工作人员取得追偿权,工作人员应当赔偿用人单位因赔偿被侵权人的损失所造成的损失,此时形成一个新的损害追偿法律关系。如果工作人员在主观上没有过错,则由用人单位单独承担赔偿责任,用人单位对工作人员不取得追偿权。

《侵权责任编解释(一)》第17条还规定,工作人员在执行工作任务中实施的违法行为造成他人损害,构成自然人犯罪的,工作人员承担刑事责任不影响用人单位依法承担民事责任,即工作人员已经承担刑事责任的,用人单位仍然应当承担赔偿责任。依照《民法典》第1191条的规定,用人单位应当承担侵权责任的,在刑事案件中已完成的追缴、退赔可以在民事判决书中明确并扣减,也可以在执行程序中予以扣减。

应当研究的是,《民法典》第62条规定:法定代表人因执行职务造成他人损害的,由法人承担民事责任。法人承担民事责任后,依照法律或者法人章程的规定,可以向有过错的法定代表人追偿。该条文确认了法人承担赔偿责任后对有过错的法定代表人的追偿权。问题是,《民法典》第62条规定法人对其法定代表人享有追偿权的要件是法定代表人有过错,第1191条第1款规定法人对其工作人员享有追偿权的要件,是其工作人员有故意或者重大过失。法人对法定代表人和工作人员的追偿权是必须要有如此的区别,还是要统一为一样的要件?对此可以理解为,《民法典》第62条规定确定法人对法定代表人的追偿权,须依照法律或者法人章程的规定,依照法律规定,就是《民法典》第1191条第1款的规定,即法定代表人有故意或者重大过失的,法人享有追偿权;如果法人的章程规定法定代表人有过错法人就应当有追偿权,则法定代表人有故意、重大过失和过失的,法人都应当享有追偿权。

三、劳务派遣责任

(一)劳务派遣的概念和法律关系

劳务派遣又称为劳动派遣,也称为人力派遣或人才租赁,是指劳务派遣单位与接受劳务派遣单位签订派遣协议,将工作人员派遣至接受劳务派遣单位,工作人员在接受劳务派遣单位指挥、监督下提供劳动的劳务关系。《民法典》第1191条第2款规定:"劳务派遣期间,被派遣的工作人员因执行工作任务造成他人损害的,由接受劳务派遣的用工单位承担侵权责任;劳务派遣单位有过错的,承担相应的责任。"《侵权责任编解释(一)》第16条对适用这一规定作了具体解释。

劳务派遣的典型特征是劳动力雇佣与劳动力使用相分离,被派遣的工作人员不与接受劳务派遣单位签订劳动合同,不建立劳动关系,而是与劳务派遣单位存在劳动关系,但却被派遣至接受劳务派遣单位劳动,形成"有关系没劳动,有劳动没关系"的特殊用工形态。

劳务派遣的法律关系有两个合同关系:

第一个合同关系,是劳务派遣单位与工作人员之间的劳动关系。按照《劳动合同法》的规定,劳务派遣单位是这个劳动合同的用人单位,履行用人单位的义务。对《劳动合同法》规定的用人单位的应尽义务,劳务派遣单位均应当履行,包括被派遣的劳动者符合无固定期限劳动合同签订条件时,应当签订无固定期限劳动合同。

第二个合同关系,是劳务派遣单位与接受劳务派遣单位的合同关系。当接受劳务派遣单位需要劳务派遣单位派遣劳务时,应当签订合同,确定派遣的工作人员,协商具体的劳动派遣的内容,确立劳务派遣合同关系。

劳务派遣单位应当将劳务派遣协议的内容告知被派遣的工作人员。劳务派遣单位不得克扣接受劳务派遣单位按照劳务派遣协议支付给被派遣工作人员的劳动报酬。劳务派遣单位和接受劳务派遣单位不得向被派遣的工作人员收取费用。在劳务派遣关系中,接受劳务派遣单位虽不是劳动法意义上的用人单位,但由于被派遣的工作人员实际在接受劳务派遣单位提供劳动,由接受劳务派遣单位管理,因此,接受劳务派遣单位同样对被派遣劳动者负有相应的义务。接受劳务派遣单位应当履行的义务是:第一,执行国家劳动标准,提供相应的劳动条件和劳动保护;第二,告知被派遣劳动者的工作要求和劳动报酬;第三,支付加班费、绩效奖金,提供与工作岗位相关的福利待遇;第四,对在岗被派遣劳动者进行工作岗位所必需的培训;第五,连续用工的,实行正常的工资调整机制。

(二)劳务派遣责任的概念和构成

劳务派遣责任,是指在劳务派遣期间,被派遣的工作人员因执行工作任务造成他人损害的,由接受劳务派遣的单位承担责任,劳务派遣单位承担相应的责任的特殊侵权责任。

构成劳务派遣责任应当具备以下要件:

第一,在当事人之间存在劳务派遣的劳动关系。构成劳务派遣责任,首先必须在三方当事人之间存在劳务派遣的劳动关系。在劳务派遣单位与被派遣的工作人员之间有劳动合同关系,劳务派遣单位与接受劳务派遣单位有劳务派遣合同关系。根据上述两个合同关系,被派遣的工作人员在接受劳务派遣单位提供劳动。没有这样的劳务派遣的劳动关系,不存在劳务派遣责任。

第二,被派遣的工作人员在劳务派遣工作过程中造成他人损害。劳务派遣责任中的损害事实要件,同样是致他人损害,包括人身损害和财产损害。损害事实应当由被派遣的工作人员执行派遣的工作任务而引起,也就是被派遣的工作人员因执行工作任务造成他人损害的客观事实。如果不是被派遣的工作人员在执行派遣的劳务过程中造成损害,则不构成劳务派遣责任,可能是一般的用人单位责任。例如,被派遣的工作人员在去往派遣单位的途中但尚未到达接受劳务派遣单位时即造成损害,或者在完成派遣任务返回派遣单位的途中造成他人损害,则不构成劳务派遣责任,应当按照用人单位责任的要求,由劳务派遣单位承担责任。

第三,损害事实的发生与被派遣的工作人员执行职务的行为有因果关系。造成他人损害的行为,应当是被派遣的工作人员执行派遣工作的职务行为所致,二者之间有因果关系。在接受派遣劳务之后,被派遣的工作人员在执行职务中造成他人损害的,构成劳务派遣责任。《民法典》第1191条使用的也是"因执行工作任务",对此的理解也应当是执行职务。

第四,接受劳务派遣单位在指挥监督工作人员工作中有过失。构成劳务派遣责任,接受劳务派遣单位须有过失。过失的表现是接受劳务派遣单位在指挥、监督工作人员执行职务时,应当尽到而未尽注意义务。接受劳务派遣单位的过失的认定应当采用推定方式,在被侵权人已经证明前述三个要件的基础上,推定接受劳务派遣单位存在上述过失。接受劳务派遣单位认为自己没有过失的,应当自己提供证据证明。接受劳务派遣单位能够证明自己没有过失的,不承担侵权责任;不能证明的,过失推定成立,应当承担赔偿责任。

劳务派遣单位的过错,是劳务派遣单位在指派人员、选任、教育方面的未尽职责,《侵权责任编解释(一)》第16条规定的是"不当选派工作人员、未依法履行培训义务等"。这一过错要件的作用,在于确定劳务派遣单位应当承担的责任,而不是确定接受劳务派遣单位的责任。

(三)劳务派遣责任的承担

劳务派遣责任分为两种,《民法典》第1191条第2款分别作了规定:

1. 接受劳务派遣单位的责任

具备前述劳务派遣责任构成要件的,成立接受劳务派遣单位的责任,接受劳务派遣单位应当承担赔偿责任。之所以在劳动派遣责任中不由劳务派遣单位承担责任,而由接受劳务派遣单位承担责任,原因在于接受劳务派遣单位支配工作人员的劳动,工作人员接受劳务派遣单位的指挥、监督,直接为接受劳务派遣单位进行劳动。

《侵权责任编解释(一)》第16条规定,被侵权人合并请求劳务派遣单位与接受劳务派遣的用工单位承担侵权责任的,依照《民法典》第1191条第2款的规定,接受劳务派遣的用工单位承担侵权人应承担的全部责任;劳务派遣单位在不当选派工作人员、未依法履行培训义务等过错范围内,与接受劳务派遣的用工单位共同承担责任,但责任主体实际支付的赔偿费用总和不应超出被侵权人应受偿的损失数额。

如果工作人员有过错的,则接受劳务派遣单位在承担了赔偿责任之后,有权向有过错的工作人员追偿。

2. 劳务派遣单位的责任

派遣的工作人员因执行工作任务造成他人损害,而派遣单位也有过错的,由于派遣单位与被派遣的工作人员之间有劳动关系,因而劳务派遣单位应当承担相应的责任。应当看到的是,《民法典》第1191条第2款将原《侵权责任法》第34条第2款规定的"相应的补充责任"改为"相应的责任":如果劳务派遣单位在派遣工作人员中有过错,如选任、培训、管理不当,则应当承担相应的责任。

劳务派遣单位和接收劳务派遣单位之间的这种责任分担规则,是混合责任,接收劳务派遣单位承担连带责任,应当对全部损害负责,有过错的劳务派遣单位承担按份责任,并不对全部损失承担连带责任。《侵权责任编解释(一)》第16条规定,劳务派遣单位先行支付赔偿费用后,就超过自己相应责任的部分向接受劳务派遣的用工单位追偿的,人民法院应予支持,但双方另有约定的除外。

四、个人劳务责任

(一)个人劳务责任的概念和特征

个人劳务责任是一种特殊的用人者责任,是指在个人之间形成的劳务关系中,提供劳务一方因劳务造成他人损害，接受劳务一方应当承担替代责任的特殊侵权责任。《民法典》第1192条规定："个人之间形成劳务关系，提供劳务一方因劳务造成他人损害的，由接受劳务一方承担侵权责任。接受劳务一方承担侵权责任后，可以向有故意或者重大过失的提供劳务一方追偿。提供劳务一方因劳务受到损害的，根据双方各自的过错承担相应的责任。提供劳务期间，因第三人的行为造成提供劳务一方损害的，提供劳务一方有权请求第三人承担侵权责任，也有权请求接受劳务一方给予补偿。接受劳务一方补偿后，可以向第三人追偿。"个人劳务责任与其他侵权责任相比较，具有以下法律特征：第一，接受劳务一方与提供劳务一方之间具有个人劳务关系。第二，提供劳务一方因劳务所造成的损害等于是接受劳务一方的行为造成的损害。第三，个人劳务责任的侵权责任形态是替代责任。

在各国侵权法中，个人劳务责任包括在雇主责任中，范围相当宽。我国因有用人单位责任的调整，因而个人劳务责任范围较窄，仅限于在个人之间形成的劳务关系中的职务侵权行为，实际上就是个人雇佣个人法律关系中被雇用人的职务侵权行为。在私人企业中的雇工形式，属于法律规定的劳动关系，不属于个人劳务，因此适用用人单位责任，不适用个人劳务责任。

（二）个人劳务责任的归责原则和构成要件

个人劳务责任适用何种归责原则，《民法典》第1192条第1款没有明确规定，应当与用人单位责任一样，适用过错推定原则。

个人劳务责任适用过错推定原则，实行举证责任倒置，可以减轻被侵权人的举证责任，使其合法权益得到保护。实行推定过错责任，被侵权人只须证明损害事实、损害结果与行为人的行为之间有因果关系、行为人与被告的雇佣关系即可，不必证明被告是否对行为人实施侵权行为具有过错。对于被告来说，必须反证其对损害的发生没有过错。

替代责任存在三种主体，即行为人、责任人和被侵权人。当行为人致他人损害时，依据法律的规定，由责任人承担损害赔偿责任。个人劳务责任的替代责任同样如此，应当具备以下四个条件：

第一，接受劳务一方与提供劳务一方之间须有劳务关系。构成个人劳务责任，首先责任人和行为人之间必须具有劳务关系。接受劳务一方与提供劳务一方之间的特定关系主要表现为：提供劳务一方在受雇期间实施的行为，直接为接受劳务一方创造经济利益和其他物质利益，接受劳务一方承受这种利益，提供劳务一方据此得到报酬。

第二，接受劳务一方须处于具有支配性质的地位。在个人劳务责任中，接受劳务一方应当处于带有支配性质的地位，这种支配地位的产生是基于劳务合同。由于接受劳务一方购买的是提供劳务一方的劳动力，因此，接受劳务一方也就取得了对提供劳务一方的劳动的支配权。

第三，提供劳务一方在造成第三人的损害时从事的是劳务活动。替代责任中的加害人处于特定状态，是构成侵权责任的必要条件。在个人劳务责任的替代责任中，接受劳务一方是提供劳务一方的雇主，提供劳务一方造成他人损害是因劳务行为。考察提供劳务一方致人损害时是否执行劳务，是接受劳务一方是否承担替代责任的决定性因素。确定提供劳务一方是否从事劳务活动的规则是：其一，接受劳务一方有明确指示授权的，按照接受劳务一方的明确指示确定。从事劳务活动,是指从事接受劳务一方授权或者指示范围内的劳务活动。接受劳务一方指定提供劳务一方做什么,提供劳务一方按照接受劳务一方的指示做事情,就是执行职务。其二,超出接受劳务一方授权的范围,即接受劳务一方没有明确指示的,以提供劳务一方从事劳务活动的外在表现形态为标准;如果提供劳务一方的行为在客观上的表现与接受劳务一方指示办理的事件要求相一致,就属于从事劳务活动的范围。

提供劳务一方的行为在某些特定情形下不属于执行职务行为:一是超越职责行为;二是擅自委托行为;三是违反禁止行为;四是借用机会行为。

第四,接受劳务一方在主观上存在过错。接受劳务一方主观上的过错不同于一般侵权责任的过错。这种过错表现在接受劳务一方身上,提供劳务一方在主观上是否有过错一般不问。只是在确定接受劳务一方对提供劳务一方是否享有追偿权时,才考察提供劳务一方的过错。

接受劳务一方的过错内容,表现在疏于对提供劳务一方的选任、监督、管理。如果接受劳务一方故意指使提供劳务一方侵害他人权利,则是共同侵权行为,而不是接受劳务一方的替代责任。接受劳务一方只要在对提供劳务一方的选任、监督、管理上有疏于注意义务的心理状态,即应承担替代赔偿责任。确定接受劳务一方的过错,应采过错推定的形式。

(三)个人劳务责任的处理规则

1.提供劳务一方因劳务造成他人损害的规则

接受劳务一方承担替代责任应当按照下列步骤进行:

第一,确定损害赔偿的责任主体。个人劳务责任既然是替代责任,其责任主体就是接受劳务一方,而不是提供劳务一方。被侵权人是赔偿权利主体。

第二,赔偿权利主体举证。法院受理被侵权人的起诉,不要求原告举证证明责任主体即接受劳务一方的过错,而要求原告证明损害事实、提供劳务一方行为与损害结果的因果关系、加害人与接受劳务一方存在个人劳务关系。

第三,过错要件举证责任倒置。接受劳务一方是否已尽选任、监督的注意义务,须自己举证证明。接受劳务一方欲免除自己的责任,应当证明其对选任提供劳务一方和监督提供劳务一方职务的执行已尽相当注意。接受劳务一方对选任提供劳务一方已尽相当的注意,就是指在选任之初,其对提供劳务一方的能力、资格等已作详尽考察,所得结论符合实际情况。接受劳务一方对监督其职务的执行已尽相当注意,是接受劳务一方对提供劳务一方从事劳务活动的总体行为是否予以适当的教育和管理,其标准应以客观情况决定。接受劳务一方如果能够证明上述事项确实已尽相当注意,即可证明接受劳务一方无过失,可以免除其替代赔偿责任。

第四,接受劳务一方承担赔偿责任。接受劳务一方不能证明自己没有过失,即应承担赔偿责任。如果提供劳务一方在致人损害时有过错,接受劳务一方赔偿被侵权人的损失以后,即对提供劳务一方取得追偿权,提供劳务一方应当赔偿接受劳务一方因赔偿被侵权人的损失所造成的损失,形成一个新的损害追偿法律关系。如果提供劳务一方主观上没有过错,则由接受劳务一方单独承担赔偿责任,接受劳务一方对提供劳务一方不取得追偿权。

第五,接受劳务一方的追偿权。在接受劳务一方为提供劳务一方承担替代责任后,如果提供劳务一方有重大过失或故意,则该接受劳务一方有追偿的权利。接受劳务一方享有追偿权,一方面是为了弥补接受劳务一方的损失;另一方面是为了规范提供劳务一方的行为,要求其在执行职务的过程中谨慎行事,减少损害的发生。

2. 提供劳务一方因劳务造成自己损害的规则

《民法典》第1192条第1款后段和第2款规定的是个人劳务工伤事故责任,分为两种。

(1)提供劳务一方因劳务造成自己损害的责任,其规则是:实行过错责任原则。具体有三种情况:第一,接受劳务一方有过错时,提供劳务一方没有过错,由接受劳务一方承担全部赔偿责任;第二,提供劳务一方有过错时,接受劳务一方没有过错,由提供劳务一方对自己的损害负责,接受劳务一方不承担责任;第三,接受劳务一方与提供劳务一方均有过错时,根据双方各自的过错,承担相应的责任。

(2)提供劳务一方因第三人的行为造成自己损害的责任。其规则是:第一,提供劳务一方在提供劳务期间,因第三人的行为造成自己损害的,构成个人劳务工伤事故责任。第二,受到损害的提供劳务一方究竟是向第三人请求赔偿,还是向接受劳务一方请求补偿,享有选择权,可以选择对自己有利的请求权行使。第三,提供劳务一方向第三人请求赔偿,赔偿请求权实现之后,对接受劳务一方的补偿请求权消灭;提供劳务一方选择向接受劳务一方行使补偿请求权,接受劳务一方应当给予补偿,在补偿之后,接受劳务一方有权向造成损害的第三人进行追偿。

增加规定第三人造成提供劳务一方损害责任的原因是,原《侵权责任法》第35条规定的提供劳务一方损害责任的类型,仅包括了提供劳务一方致人损害责任以及提供劳务一方因劳务造成自己损害的工伤事故责任,没有规定第三人造成提供劳务一方损害的赔偿责任。《民法典》第1192条规定补足了这一立法漏洞,明确规定了第三人造成提供劳务一方损害时的责任承担规则,不仅在立法上形成了完善的提供劳务损害责任的规则体系,同时,也能够在司法实践中避免裁判分歧,更能够通过增加第三人侵权的规则,使提供劳务一方作为劳动者的合法权益得到更加周全、严密的保护。

个人劳务工伤事故责任规则存在的缺陷是,《民法典》沿袭了原《侵权责任法》第35条对个人劳务工伤事故责任的不当规定,继续要求实行过错责任原则,根据双方各自的过错承担相应的责任,而不是适用无过错责任更好地保护个人劳务提供者。

五、定作人指示过失责任

(一)定作人指示过失责任的概念和沿革

定作人指示过失责任,是指承揽人在执行承揽合同过程中,因执行定作人的有过失内容的定作或指示而不法侵害他人权利造成损害,应由定作人承担损害赔偿责任的特殊侵权责任形式。《民法典》第1193条规定:"承揽人在完成工作过程中造成第三人损害或者自己损害的,定作人不承担侵权责任。但是,定作人对定作、指示或者选任有过错的,应当承担相应的责任。"

定作人指示过失责任不是中国原有的制度,大陆法系和英美法系侵权法都有规定,美国侵权法规定的独立契约或者独立施工人,含义是定作人和承揽人之间订立了承揽加工合同,如果承揽人在加工过程中造成了第三人的损害,由他自己承担责任;如果定作人给承揽人错误的指示或者定作,承揽人按照错误的指示或者定作去执行,造成了他人的损害,就应当由定作人承担赔偿责任。日本在19世纪末起草《日本民法典》时引进了这种侵权行为,第716条规定:"定作人对于承揽人就其工作加于他人的损害,不负赔偿责任。但是,定作人对定作或指示有过失时,不在此限。"我国清末起草的《大清民律草案》第953条直接引进了日本侵权法的这个条文,《民国民律草案》第254条也作了规定。我国原《民法通则》和原《侵权责任法》对此都没有规定,《民法典》第1193条是在2004年关于人身损害赔偿的司法解释第10条关于"承揽人在完成工作过程中对第三人造成损害或者造成自身损害的,定作人不承担赔偿责任。但定作人对定作、指示或者选任有过失的,应当承担相应的赔偿责任"规定的基础上制定的。

(二)定作人指示过失责任的基本规则

传统的定作人指示过失责任的基本规则有以下几个方面:

第一,当事人之间的合同须是承揽性质的合同。构成定作人指示过失责任,首要条件是当事人之间的合同必须为承揽性质的合同。承揽性质的合同并不是说一定是承揽合同,而只要是具有承揽性质的合同即可。这个问题正是区分定作人指示过失责任和用人单位责任的基本界限。定作人指示过失责任的基础是承揽性质的合同,而用人单位责任则必须是劳动合同。如带驾驶员的车辆租赁就是承揽合同,而非用人单位的劳动合同。

第二,侵权行为须在履行承揽合同过程中发生的。履行承揽合同,也就是完成承揽事项。造成承揽人损害或者承揽人损害他人的行为,必须是在完成承揽事项的过程中发生的行为。如果超出了执行承揽事项范围,不存在定作人指示过失的侵权责任。

第三,侵害的须为第三人或承揽人自身的民事权益。这种侵权行为侵害的权益,分为两个方面:一个是承揽合同以外的第三人的民事权益,例如,造成第三人生命权或者健康权的损害;另一个是承揽人自己的民事权益,承揽人在执行承揽事务之中,造成了自己的权益损害。在这个问题上,《民法典》第1193条规定得较为宽泛,不仅包括致第三人损害,而且还包括了造成自己的损害。这样规定虽然超出了传统的定作人指示过失责任的范围,但也有适用上的好处,就是"一揽子"解决问题。例如,本节典型案例即是如此。

第四,造成损害的行为人须是承揽人。造成损害事实的直接行为人是承揽人而不是定作人,是承揽人在执行承揽事项中,以自己的行为造成他人损害,或者造成自己的损害,并不是定作人的行为造成他人损害或者承揽人的损害。这是替代责任成立的基础。如果是定作人造成他人损害,那就是自己责任,而不是替代责任。

第五,承担责任的须是定作人。侵权责任的承担者是定作人,定作人为自己定作、指示或者选任中的过失所造成的后果承担损害赔偿责任。这正是定作人指示过失责任的基本特征,是为他人的行为造成的后果负责,而承揽人造成损害的原因在于定作人的过失。

(三)《民法典》规定定作人指示过失责任的特点

《民法典》规定定作人指示过失责任,是以2014年关于人身损害赔偿的司法解释第10条的规定为基础制定的。因此,上述司法解释规定的定作人指示过失责任的特点全部保留在了《民法典》的这一条文中。

《民法典》规定的定作人指示过失责任与传统的定作人指示过失责任有以下不同：

1. 把承揽人造成自己损害包括在内

传统民法规定通常只在造成第三人损害时，才构成定作人指示过失责任。现在把承揽人造成自己损害也包括进去，超出了传统民法对定作人指示过失责任的规定。这种规定明确了承揽人在执行承揽活动中造成自己损害的，应当自己承担责任。这虽然有利于区分承揽人损害自己承担责任与工伤事故责任的区别，但却不是定作人指示过失责任的问题，而是承揽人及其员工的工伤事故责任，性质完全不同。

2. 定作人承担责任的情形

《民法典》第1193条规定，定作人对定作、指示或者选任有过失的，由定作人承担责任。其中，选任过失是其他立法例所没有规定的内容。其他立法例规定定作人仅仅对定作或者指示过失承担责任，对选任不承担责任。例如，一个装修队本来就没有资质，却伪造了一个资质证书，定作人相信了这个资质证书，属于选任有过错。如果这个工程队在施工中造成他人损害，由于定作人有选任过失，就要对他的这种行为造成的损害后果负责，这是不公平的。所以还是应该规定定作人在指示或者定作有过失时才承担责任，选任的过失情形下不应该承担责任。

对此，《侵权责任编解释（一）》第18条规定的规则是：

第一，承揽人在完成工作过程中造成第三人损害的，人民法院应当依照《民法典》第1165条的规定，认定承揽人的民事责任。

第二，被侵权人合并请求定作人和承揽人承担侵权责任的，应当依照《民法典》第1165条的规定，认定造成损害的承揽人承担侵权人应承担的全部责任；依照《民法典》第1193条的规定，认定定作人在定作、指示或者选任过错范围内承担相应的替代责任。双方实际支付的赔偿费用的总和，不应超出被侵权人应受偿的损失数额，即受"填平原则"的规制。

第三，定作人先行支付赔偿费用后，享有追偿权，就超过自己相应责任的部分有权向承揽人追偿；但是，双方另有约定的除外。

第四节 网络侵权责任

| 典型案例 |

王某与死者姜某系夫妻。双方结婚一年多之后，姜某从自己的住宅跳楼自杀。在自杀前，姜某在自己的博客中以日记形式记载了自杀前2个月的心路历程，将王某与某女性的合影贴在博客中，认为二人有不正当关系。在姜某自杀后，其博客被打开。姜某的大学同学张某得知信息，注册了某非经营性网站，张某、姜某的亲属和朋友先后在该网站上发表纪念姜某的文章，张某还将该网站与天涯网、新浪网进行链接。姜某的博客日记被一名网民阅读后转发在天涯网的社区论坛中，后又不断被其他网民转发至不同的网站上。张某的网站开办后，该网站上有关姜某的文章也被不断转载、传播。一些网民在天涯网等网站上发起

对王某的"人肉搜索",使王某的姓名、工作单位、家庭住址等详细个人信息被披露;一些网民在网络上对王某进行谩骂;部分网民到王某和其父母住处进行骚扰,在王家门口墙壁上刷写、张贴"无良王家""逼死贤妻""血债血偿"等标语。王某认为该网站刊登的部分文章披露了其隐私,包含侮辱和诽谤的内容,要求其承担侵害隐私权和名誉权的侵权责任。法院判决网络服务提供者张某承担侵权责任。

一、网络侵权行为概述

（一）网络侵权行为的概念和特征

网络侵权行为,是指在互联网上,网络用户、网络服务提供者以及他人故意或者过失借助电脑网络和电信网络侵害他人民事权益的特殊侵权行为。其特征有以下几点：

第一,网络侵权行为主体多样化。由于网络的使用范围极为广泛,利用网络从事各种活动的主体极多,因此能够实施网络侵权行为的主体多样化。《民法典》第1194～1197条规定的侵权责任主体,一是网络服务提供者,二是网络用户,此外,网络侵权行为还有其他行为主体。

第二,网络侵权行为智能化。网络运营和使用都要求行为人具有较强的技术能力,实施网络侵权的行为人能够熟练地应用电脑、网络,因而网络侵权呈智能化特点,属于高科技侵权行为。

第三,网络侵权行为的隐蔽性。网络侵权行为的载体为电子化、数字化的现代化工具,以电脑网络为主要载体。互联网是通过"0""1"这样的严格符号表达信息内容,通常情况下只需要轻轻点击一下鼠标,电子文件的内容就会改变。这种侵权行为不会像传统书面材料那样容易留下痕迹,侵权行为比较隐蔽,证据容易消失,被侵权人不易举证。

第四,网络侵权行为实施的时间短促且损害范围广大。网络侵权行为的另一个特点,是准备时间可能很长,但是实施网络侵权的时间都比较短促,电脑运行快捷的特点成为网络侵权行为的特点。正因如此,网络侵权行为的损害后果扩展迅速,影响极大,范围极广。

第五,主观状态多为故意。网络侵权行为的主观要件为过错,过失有可能构成侵权责任,如过失传播病毒等。在网络侵权行为中,故意运用网络侵害他人的人身财产权益,为网络侵权的常态。

（二）网络服务提供者和网络侵权责任保护的范围

1. 网络服务提供者

网络服务提供者,是指依照其提供的服务形式有能力采取必要措施的信息存储空间或者提供搜索、链接服务等网络服务提供商,也包括在自己的网站上发表作品的网络内容提供者。主要有网络经营服务商(ISP)和网络内容服务商(ICP),以及其他参与网络活动的各种主体。[5]

起诉网络服务提供者,应当依据具体情形,依照《利用信息网络侵害人身权益规定》的规定进行。

---

[5] 方美琪:《电子商务概论》,清华大学出版社1999年版,第324页。

第一,原告依据《民法典》第1195条、第1197条的规定起诉网络用户或者网络服务提供者的,人民法院应予受理。原告仅起诉网络用户,网络用户请求追加涉嫌侵权的网络服务提供者为共同被告或者第三人的,法院应予准许。原告仅起诉网络服务提供者,网络服务提供者请求追加可以确定的网络用户为共同被告或者第三人的,法院应予准许。

第二,原告起诉网络服务提供者,网络服务提供者以涉嫌侵权的信息系网络用户发布为由抗辩的,法院可以根据原告的请求及案件的具体情况,责令网络服务提供者向法院提供能够确定涉嫌侵权的网络用户的姓名(名称)、联系方式、网络地址等信息。网络服务提供者无正当理由拒不提供的,法院可以依据《民事诉讼法》第114条的规定对网络服务提供者采取处罚措施。原告根据网络服务提供者提供的信息请求追加网络用户为被告的,法院应予准许。

2. 网络侵权责任保护的范围

按照《民法典》第1164条的规定,确定侵权责任保护范围是民事权益。在第1194条有关网络侵权责任的规定中,也使用了"民事权益"的概念。对于"民事权益"的理解,应为凡是在网络上实施侵权行为所能够侵害的一切民事权益,包括人格权益以及知识产权特别是著作权。《利用信息网络侵害人身权益规定》第1条规定的人身权益主要包括姓名权、名称权、名誉权、荣誉权、肖像权、隐私权等。按照《民法典》第111条的规定,人身权益还应当包括个人信息权。在美国,网络侵权中的侵害著作权与侵害其他民事权益采取的规则并不相同,对于网络侵害著作权采取严格的规则,即《数字千年版权法》规定的规则;对于网络侵害其他民事权益则采取宽松的规则,原则上不追究网络服务提供者的责任。根据我国网络侵权行为的实际情况,《民法典》对两类民事权益的保护采用同一标准,即侵害著作权和侵害其他民事权益都实行通知规则和明知规则,不进行区别。这样做的好处是,有助于网络服务提供者增强保护民事主体民事权益的责任感和自觉性,更好地保护民事主体的民事权益不受侵害。

(三)对《民法典》第1194~1197条规定的解释

《民法典》规定的网络侵权责任规则是正确的,理解和解释网络侵权责任的规则,必须确立一个正确的基点,否则将会对互联网的发展和公众利益造成严重影响。

理解和解释《民法典》的基点是:

1. 依法原则

确定网络服务提供者应当承担的责任,尤其是确定网络服务提供者的连带责任,必须严格依照《民法典》第1194~1197条规定进行。这些条文规定的网络服务提供者的连带责任规则本身就比较严格,是为了保护被侵权人的合法权益,才确定网络服务提供者承担较重的责任。任何对该条所作的不利于网络服务提供者的理解和解释,都是不正确的。

2. 慎重原则

网络服务提供者对网络用户实施的侵权行为承担连带责任,这本身就不是网络服务提供者自己的责任,仅仅是因为其没有采取必要措施而令其与网络用户承担连带责任,是为网络用户承担侵权责任的间接侵权责任。因此,确定该连带责任应当慎重。

3. 保护原则

首先是保护好网络服务提供者的合法权益,维护互联网事业的正常发展;其次是保护好网络用户的表达自由。这两个保护是相辅相成、互相促进的。如果过于限制网络服务提供者的行为自由,对其施以苛刻的侵权责任,既会损害互联网事业的发展,也会严重限制网络言论自由,阻碍互联网职能与作用的发挥,最终限制的是人们的权利。

二、网络侵权责任的基本规则

《民法典》规定了两种网络侵权责任:一是网络用户和网络服务提供者对自己在网站上实施的侵权行为承担责任,即自己责任;二是网络服务提供者在一定情况下对网络用户在其提供的网站上实施的侵权行为承担连带责任或者部分连带责任。

(一) 网络用户和网络服务提供者对自己实施的侵权行为承担责任

《民法典》第1194条规定,网络用户、网络服务提供者利用网络侵害他人民事权益的,应当承担侵权责任。法律另有规定的,依照其规定。网络用户在网站上实施侵权行为,侵害他人民事权益的,应当自己承担侵权责任,这是一般侵权行为,适用过错责任原则。网络服务提供者在自己的网站上实施侵权行为,侵害他人民事权益,网络服务提供者自己要承担侵权责任。例如,网络服务提供者在自己的网站上诽谤他人,网络服务提供者当然要自己承担责任。不仅如此,其他人在网络上实施侵权行为,包括黑客侵害网络,也都是侵权行为,都要自己承担侵权责任。

"法律另有规定"应当是指其他法律对网络用户、网络服务提供者利用网络侵害他人民事权益应当承担民事责任有特别规定。目前而言《电子商务法》《消费者权益保护法》《食品安全法》等都对这类侵权行为作出了特别规定,应当依照其规定确定这些民事主体的侵权责任。比如,《食品安全法》第131条规定,网络食品交易第三方平台提供者不能提供入网食品经营者的真实名称、地址和有效联系方式的,由网络食品交易第三方平台提供者赔偿。网络食品交易第三方平台提供者赔偿后,有权向入网食品经营者或者食品生产者追偿。网络食品交易第三方平台提供者作出更有利于消费者承诺的,应当履行其承诺。

(二) 网络服务提供者就网络用户实施的侵权行为承担责任

1. 网络侵权责任避风港原则中的通知规则

《民法典》第1195条规定:"网络用户利用网络服务实施侵权行为的,权利人有权通知网络服务提供者采取删除、屏蔽、断开链接等必要措施。通知应当包括构成侵权的初步证据及权利人的真实身份信息。网络服务提供者接到通知后,应当及时将该通知转送相关网络用户,并根据构成侵权的初步证据和服务类型采取必要措施;未及时采取必要措施的,对损害的扩大部分与该网络用户承担连带责任。权利人因错误通知造成网络用户或者网络服务提供者损害的,应当承担侵权责任。法律另有规定的,依照其规定。"这是对网络侵权责任避风港原则中的通知规则的规定,对原《侵权责任法》第36条第2款进行了大幅度修改,形成了避风港规则中通知规则的完整体系。

网络侵权责任避风港原则的通知规则比较复杂,概括起来有以下几点:

(1)权利人的通知权。网络用户利用他人的网络服务实施侵权行为的,网络服务提供者在原则上不承担责任,因为其无法承担海量信息的审查义务。解决这种侵权纠纷的方法是"通知—取下"规则,即"避风港"原则中的通知规则:认为自己权益受到损害的权利人,有权通知网络服务提供者,对网络用户在该网站上发布的侵权信息采取删除、屏蔽、断开链接等必要措施,消除侵权信息及其影响。这就是权利人的通知权。行使通知权时通知内容应当包括构成侵权的初步证据及权利人的真实身份信息,没有这些必要内容的通知无效。

(2)网络服务提供者的义务。网络服务提供者接到权利人的通知后,应当实施两个行为:一是及时将该通知转送相关网络用户;二是对侵权信息根据实际情况需要,及时采取删除、屏蔽或者断开链接等必要措施。首先,关于"及时"的标准,《利用信息网络侵害人身权益规定》第4条规定,认定网络服务提供者采取的删除、屏蔽、断开链接等必要措施是否及时,应当根据网络服务的类型和性质、有效通知的形式和准确程度、网络信息侵害权益的类型和程度等因素综合判断。其次,关于采取的必要措施,该解释第5条规定,信息被采取删除、屏蔽、断开链接等措施的网络用户,主张网络服务提供者承担违约责任或者侵权责任,网络服务提供者以收到《民法典》第1195条第1款规定的有效通知为由抗辩的,法院应予支持。最后,网络服务提供者履行了上述两项义务的,就进入"避风港",不承担侵权责任。网络服务提供者未及时采取必要措施的,构成侵权责任,要就损害的扩大部分与该网络用户承担部分连带责任,即网络服务提供者只对损害的扩大部分承担连带责任。

(3)对错误行使通知权的所谓权利人采取惩罚措施。即因权利人错误行使通知权进行通知,依照该通知采取的措施造成了网络用户或者网络服务提供者损害的,错误通知的行为人应当对网络用户和网络服务提供者的损害承担侵权赔偿责任。法律另有规定的,依照其规定。例如,《电子商务法》第42条规定在电子商务领域的知识产权侵权中,权利人恶意通知的,须承担惩罚性赔偿责任。

与原《侵权责任法》第36条第2款规定的内容相比,《民法典》第1195条增加和完善的内容是:第一,权利人行使通知权的,应当提供包括构成侵权的初步证据及权利人的真实身份信息。权利人须提供构成侵权的初步证据,没有证据则不可以行使通知权。提供权利人的真实身份信息,是指权利人应当确有其人,能够确定并找到。第二,网络服务提供者接到通知后,应当及时转送相关网络用户,使其知晓为何被采取必要措施。第三,采取何种必要措施须根据构成侵权的初步证据和服务类型而确定,并非千篇一律地采取删除措施。第四,权利人错误通知造成网络用户或者网络服务提供者损害的,应当承担侵权责任,以此警示行使通知权的行为人应当谨慎,防止错误行使通知权而造成自己侵权的后果,防止滥用通知权。法律另有规定,依照其规定。

2.网络侵权责任避风港原则中的反通知规则

《民法典》第1196条规定:"网络用户接到转送的通知后,可以向网络服务提供者提交不存在侵权行为的声明。声明应当包括不存在侵权行为的初步证据及网络用户的真实身份信息。网络服务提供者接到声明后,应当将该声明转送发出通知的权利人,并告知其可以向有关部门投诉或者向人民法院提起诉讼。网络服务提供者在转送声明到达权利人后的合理期限内,未收到权利人已经投诉或者提起诉讼通知的,应当及时终止所采取的措施。"这是对网络侵权责任"避风港"原则中反通知规则的规定,是原《侵权责任法》第36条没有规定的新规则。

"避风港"原则有两个重要规则，一是通知规则，二是反通知规则。这两种规则的配置，能够保持网络用户的表达自由与民事权益的保护之间的利益平衡。

反通知权产生的基础是，权利人行使通知权，主张网络用户发布的信息构成侵权，要求网络服务提供者采取删除、屏蔽、断开链接等必要措施。网络用户行使反通知权的规则是：

（1）网络用户享有反通知权。当权利人行使通知权，要求网络服务提供者对网络用户发布的信息采取必要措施时，网络服务提供者将该通知转送网络用户。网络用户接到该通知后，即产生反通知权。

（2）行使反通知权的方式是网络用户向网络服务提供者提交自己不存在侵权行为的声明。网络用户提交该声明，就是行使反通知权的行为。提交的反通知声明，也应当包括不存在侵权行为的初步证据及网络用户的真实身份信息，不符合这样的要求的反通知声明，不发生反通知的效果。

（3）网络服务提供者接到反通知声明后的转送与告知义务。网络服务提供者在接到该反通知声明后，负有以下义务：一是应当将该声明转送给行使通知权的权利人；二是告知权利人可以向有关部门投诉或者向人民法院提起诉讼，而不是一接到反通知声明就立即终止所采取的必要措施。

（4）网络服务提供者在转送的反通知声明到达权利人后的合理期限内，未收到关于权利人已经投诉或者提起诉讼的通知的，应当及时终止对网络用户发布的信息所采取的删除、屏蔽或者断开链接等必要措施，保护网络用户即反通知权利人的表达自由。对于合理期间怎样确定，该条没有规定，《民法典》草案规定的是15日，可以作为参考。时间的计算采到达主义，在转送的反通知声明到达权利人后，权利人应当在15日之内通知网络服务提供者自己已经投诉或者提起诉讼。网络服务提供者在合理期限内没有收到权利人已经投诉或者起诉的通知的，即应终止其所采取的措施。法律没有规定网络服务提供者未及时终止其所采取的必要措施的后果责任，但是根据法理，违反义务的后果是承担责任，因而网络服务提供者应当承担侵权责任。

（5）无论是权利人的通知权还是网络用户的反通知权，其义务主体都是网络服务提供者，其负有满足通知权人或者反通知权人权利要求的义务。网络用户和权利人不是对方的义务主体。

3. 红旗原则的主观要件

《民法典》第1197条规定："网络服务提供者知道或者应当知道网络用户利用其网络服务侵害他人民事权益，未采取必要措施的，与该网络用户承担连带责任。"这是对网络侵权责任红旗原则的规定，与原《侵权责任法》第36条第3款规定相比，该条款明确规定了适用红旗原则的主观要件是网络服务提供者知道或者应当知道网络用户利用其网络服务侵害他人民事权益。

红旗原则，是指网络用户在网络服务提供者提供的网络上实施侵权行为，侵害他人的民事权益，网络服务提供者知道或者应当知道而不采取必要措施，即应承担侵权责任。

适用红旗原则的要件是：第一，网络用户在他人的网站上实施侵权行为；第二，该侵权行为的侵权性质明显,不必证明即可确认;第三,网络服务提供者知道或者应当知道网络用户在自己的网站上实施了这种侵权行为;第四,网络服务提供者对这样的侵权信息没有采取删除、屏蔽或者断开链接的必要措施。

在第三个要件中,已经知道就是明知,应知就是根据实际情况可以确定网络服务提供者是应当知道的,例如,网络服务提供者已经对该信息进行了编辑、加工、置顶、转发等,都是应知的证明。原《侵权责任法》第36条第3款规定的是"知道",而在解释上,很多人认为知道就是"明知",不包括"应当知道"。《民法典》第1197条明确规定,适用红旗原则的主观要件是知道或者应当知道。该规定起到了统一裁判尺度的效果,在司法实践中,法院采取统一立场,统一裁判效果。如何认定网络服务提供者是否知道或者应当知道,《利用信息网络侵害人身权益规定》第6条作出具体解释,即法院依据《民法典》第1197条认定网络服务提供者是否"知道或者应当知道",应当综合考虑下列因素:一是网络服务提供者是否以人工或者自动方式对侵权网络信息以推荐、排名、选择、编辑、整理、修改等方式作出处理;二是网络服务提供者应当具备的管理信息的能力,以及所提供服务的性质、方式及其引发侵权的可能性大小;三是该网络信息侵害人身权益的类型及明显程度;四是该网络信息的社会影响程度或者一定时间内的浏览量;五是网络服务提供者采取预防侵权措施的技术可能性及其是否采取了相应的合理措施;六是网络服务提供者是否针对同一网络用户的重复侵权行为或者同一侵权信息采取了相应的合理措施;七是与本案相关的其他因素。法院在考虑这些因素的基础上,确定网络服务提供者是否明知或者应知。

适用红旗原则的后果是,网络服务提供者明知或者应知网络用户在自己的网站上实施侵权行为,但对该侵权信息没有采取必要措施,须与实施侵权行为的网络用户一起,对被侵权人遭受的损害承担连带责任。

4. 网络侵权责任的其他规则

《利用信息网络侵害人身权益规定》对网络侵权责任的认定,还规定了以下规则:

(1)认定网络用户或者网络服务提供者转载网络信息行为的过错及其程度。对此,应当综合以下因素确定:一是转载主体所承担的与其性质、影响范围相适应的注意义务;二是所转载信息侵害他人人身权益的明显程度;三是对所转载信息是否作出实质性修改,是否添加或者修改文章标题,导致其与内容严重不符以及误导公众的可能性。

(2)造成经营主体损害的认定。网络用户或者网络服务提供者采取诽谤、诋毁等手段,损害公众对经营主体的信赖,降低其产品或者服务的社会评价,经营主体请求网络用户或者网络服务提供者承担侵权责任的,应依法予以支持。

(3)认定网络用户或者网络服务提供者根据国家机关依职权制作的文书和公开实施的职权行为等信息来源所发布的信息构成侵害他人人身权益的方法。被侵权人可以请求侵权人承担侵权责任的情形:一是网络用户或者网络服务提供者发布的信息与前述信息来源内容不符;二是网络用户或者网络服务提供者以添加侮辱性内容、诽谤性信息、不当标题或者通过增删信息、调整结构、改变顺序等方式致人误解;三是前述信息来源已被公开更正,但网络用户拒绝更正或者网络服务提供者不予更正;四是前述信息来源已被公开更正,网络用户或者网络服务提供者仍然发布更正之前的信息。

(4)删除、屏蔽、断开连接措施的合法性认定。一是被侵权人与构成侵权的网络用户或者网络服务提供者达成一方支付报酬，另一方提供删除、屏蔽、断开链接等服务的协议，法院应认定为无效。二是擅自篡改、删除、屏蔽特定网络信息或者以断开链接的方式阻止他人获取网络信息，发布该信息的网络用户或者网络服务提供者请求侵权人承担侵权责任的，法院应予支持。三是接受他人委托实施该行为的，委托人与受托人承担连带责任。

（5）赔偿责任的确定。网络用户或者网络服务提供者侵害他人人身权益，造成财产损失或者严重精神损害，应当依照《民法典》第1182条和第1183条的规定确定赔偿责任。被侵权人为制止侵权行为所支付的合理开支，可以认定为《民法典》第1182条规定的财产损失。合理开支包括被侵权人或者委托代理人对侵权行为进行调查、取证的合理费用。法院根据当事人的请求和具体案情，可以将符合国家有关部门规定的律师费用计算在赔偿范围内。被侵权人因人身权益受侵害造成的财产损失以及侵权人因此获得的利益难以确定的，法院可以根据具体案情在50万元以下的范围内确定赔偿数额。

第五节　违反安全保障义务的侵权责任

| 典型案例 |

某日晚，沈某和朋友们相约在某饭店吃饭，就餐的包间在二楼，邻近消防通道。该消防通道未安装完毕，楼梯未安装栏杆。就餐中，沈某边接电话边走出包间，到了消防通道门旁后不见踪影。经寻找，沈某被发现坠落楼下，经抢救无效身亡。沈某的家属起诉该饭店，认为沈某坠楼身亡是因饭店未尽安全保障义务，该饭店具有明显过失，请求法院判令被告赔偿损失。一审法院判决被告赔偿原告38万元。

一、违反安全保障义务侵权行为的概念和特征

违反安全保障义务的侵权行为，是指依照法律规定或者约定对他人负有安全保障义务的人违反该义务，直接或者间接地造成他人人身或者财产权益损害，应当承担损害赔偿责任的侵权行为。《民法典》第1198条规定："宾馆、商场、银行、车站、机场、体育场馆、娱乐场所等经营场所、公共场所的经营者、管理者或者群众性活动的组织者，未尽到安全保障义务，造成他人损害的，应当承担侵权责任。因第三人的行为造成他人损害的，由第三人承担侵权责任；经营者、管理者或者组织者未尽到安全保障义务的，承担相应的补充责任。经营者、管理者或者组织者承担补充责任后，可以向第三人追偿。"与原《侵权责任法》第37条规定相比，这一规定增加了侵权责任主体及追偿权等新规则。

违反安全保障义务的侵权行为的特征是：第一，行为人是对受保护人负有安全保障义务的人，即负有安全保障义务的公共场所或者群众性活动的管理人或者组织者，受保护人是进入行为人公共场所或者群众性活动领域之中的人；第二，行为人对于受安全保障义务保护的相对人违反了安全保障义务；第三，受安全保障义务保护的相对人遭受了人身损害或财产损害；第四，违反安全保障义务的行为人应当承担侵权损害赔偿责任。

二、违反安全保障义务的主体及安全保障义务来源

(一)安全保障义务的主体范围确定

1. 义务主体的确定

负有安全保障义务的义务主体应当是经营者、管理者和其他社会活动的组织者,包括自然人、法人和非法人组织。可见,第一种主体是经营活动的经营者,第二种是公共场所的管理者,第三种是其他社会活动的组织者。司法解释中列举的"住宿、餐饮、娱乐"并不是完全的列举,"等经营活动"已经把相关情况都概括进去。

《民法典》第1198条将安全保障义务的义务主体范围界定为"宾馆、商场、银行、车站、机场、体育场馆、娱乐场所等经营场所、公共场所的经营者、管理者或者群众性活动的组织者",即"经营场所、公共场所的经营者、管理者或者群众性活动的组织者"。这个主体范围比原《侵权责任法》第37条规定要宽得多,甚至比《消费者权益保护法》第18条规定的义务主体还要宽,这是一个正确的选择。

对此,借鉴英美法的土地利益占有人的概念,更容易处理实际问题。无论是经营者,还是社会活动的组织者,他们都占有土地,在土地上进行活动;即使不是公共场所的管理人或者群众性活动的组织者的其他人,如果占有土地进行活动,对于进入土地利益范围的人也应当承担安全保障义务。例如,自己的房屋和庭院存在现实危险,造成他人损害,也要承担违反安全保障义务的侵权责任。不仅如此,还可以通过这种标准界定义务主体负有安全保障义务的范围。

2. 权利主体的确定

受到安全保障义务保护的人,就是安全保障义务的权利主体。《民法典》第1198条规定为"他人",没有规定具体的范围。事实上,安全保障义务的权利主体应当是受安全保障义务保护的当事人。按照推论,既然义务主体是经营者、管理者,包括经营场所、公共场所的经营者、管理者或者群众性活动的组织者,那么,权利主体就一定是进入经营场所、公共场所的人或群众性活动的参与者。

(二)安全保障义务来源的确定

确定违反安全保障义务侵权行为的责任,最重要的就是确定行为人是否负有安全保障义务、负有什么样的安全保障义务。经营者的安全保障义务来源主要有以下三个方面:

1. 法律直接规定

法律直接规定安全保护义务,是最直接的安全保障义务的来源。例如,《消费者权益保护法》第18条规定:"经营者应当保证其提供的商品或者服务符合保障人身、财产安全的要求。对可能危及人身、财产安全的商品和服务,应当向消费者作出真实的说明和明确的警示,并说明和标明正确使用商品或者接受服务的方法以及防止危害发生的方法。宾馆、商场、餐馆、银行、机场、车站、港口、影剧院等经营场所的经营者,应当对消费者尽到安全保障义务。"

2. 合同约定的主义务

如果当事人的合同中约定,合同的一方当事人对另一方当事人负有安全保障义务,该

方当事人应当承担安全保障义务。例如,订立旅客运输合同,旅客的人身安全保障义务就是合同的主义务,当事人必须履行这种义务。[6]

（三）安全保障义务性质的确定

按照上述分析,经营者承担的安全保障义务的基本性质有两种:一是法定义务;二是合同义务。这两种义务是竞合的。例如,经营者的安全保障义务既是法律规定的义务,也是合同约定的义务。经营者违反这种安全保障义务,既可能构成侵权责任,也可能构成违约责任,会发生侵权责任与违约责任竞合,被侵权人产生两个损害赔偿的请求权。对此,应当按照《民法典》第186条的规定,由赔偿权利人进行选择,选择一个最有利于自己的请求权行使,救济自己受损的权利。

三、违反安全保障义务侵权责任的归责原则和构成要件

（一）归责原则

对违反安全保障义务侵权责任的过错认定应当采用过错推定原则。推定的事实基础,就是被侵权人已经证明了侵权人的行为违反了安全保障义务,在此基础上推定侵权人具有过错。侵权人如果否认自己的过错,则无过错的举证责任由其承担,即须证明自己没有过错的事实。如果其能够证明自己没有过错,则推翻过错推定,免除其侵权责任;如果其不能证明自己没有过错,或者证明不足,则过错推定成立,其应当承担侵权责任。

（二）构成要件

1.违反安全保障义务的行为

构成违反安全保障义务侵权责任,须具有违反安全保障义务的行为。在实践中判断义务人是否违反安全保障义务,须有客观标准,可以从以下四个方面把握:

（1）法定标准。法律对于安全保障义务的内容和安全保障义务人必须履行的行为有直接规定的,应当严格以法律、法规的明确规定为标准。例如,公安部《高层建筑消防管理规则》规定:"建筑物内的走道、楼梯、出口等部位,要经常保持畅通,严禁堆放物品。疏散标志和指示灯,要保证完整好用。"这就是一种法定标准,用以衡量高层建筑所有者或管理者是否尽到对火灾的预防义务。违反这个标准,造成被保护人的人身损害或财产损害的,构成违反安全保障义务。

（2）特别标准。对于未成年人的安全保障义务应当采用特别标准,即如果经营活动或者社会活动领域存在对儿童具有诱惑力的危险,公共场所的管理人或者群众性活动的组织者必须履行最高的安全保障义务。应当采取的保障义务包括:其一,消除危险,使之不能发生;其二,使未成年人与该危险隔绝,使其无法接触危险;其三,采取其他措施,保障该危险不能对儿童造成损害。没有实施这些保障措施,即为违反安全保障义务。

（3）善良管理人的标准。如果法律没有规定确定的标准,则是否履行安全保障义务的判断标准要高于侵权法上的一般人的注意标准。在美国侵权法中,对于受邀请而进入土地

---

[6] 崔建远主编:《合同法》,法律出版社2003年版,第414页。

利益范围的人,土地所有人或者占有人应当承担的安全保障义务是很高的,其标准是要保证受邀请人的合理性安全。这种安全注意义务可以扩展到保护受邀请者免受第三者的刑事性攻击。在法国,法院判例认为,在欠缺法定的作为义务的情况下,行为人是否对他人负有积极作为的义务,应根据善良家父的判断标准确立。如果被告在一个善良家父会积极作为时却没有作为,即表明被告有过错,在符合其他责任构成的条件下即应承担过错侵权责任。[7] 善良家父、保障合理性安全的标准,就是善良管理人的注意标准。这种标准与罗马法上的"善良家父之注意"和德国法上的"交易上必要之注意"相当,都是要以交易上的一般观念,以具有相当知识经验的人对于一定事件所用的注意作为标准,客观地加以认定。行为人有无尽此注意的知识和经验,以及他向来对于事务所用的注意程度,均不过问,只有依其职业斟酌,所用的注意程度应比普通人的注意和处理自己事务为同一注意要求更高。这种注意的标准使用客观标准。[8]

(4)一般标准。这种标准分为两个方面。一方面,经营者对一般的被保护人,例如,主动进入经营场所或社会活动场所的人或者非法进入者,所承担的义务就是对于隐蔽性危险负有告知义务。经营者没有履行这种告知义务,则构成违反安全保障义务。例如,对于进入商场不是意欲购买物品、只是要通过商场过道的人,经营者只对隐蔽危险负有告知义务,并不承担善良管理人的注意义务。另一方面,经营者对于受邀进入经营领域或者社会活动领域的被保护人一般保护事项,如对在商场、列车、公共交通工具遭受窃贼侵害的危险,负有一般的告知义务和注意义务,而并非只要受邀请者遭受窃贼损害,经营者都违反了安全保障义务。

按照上述标准,以下四种行为是违反安全保障义务的行为:其一,怠于防止侵害行为。即负有防范、制止侵权行为的安全保障义务的人没有对侵权行为进行有效的防范或制止。其二,怠于消除人为的危险。即对于管理服务中人为的危险没有进行消除。其三,怠于消除经营场所或者活动场所具有伤害性的因素。例如,设施、设备存在的不合理危险,没有采取合理措施予以消除。其四,怠于实施告知行为。即对于经营场所或者社会活动场所中存在的潜在危险和危险因素,没有尽到告知义务,亦未尽适当注意义务。对于上述安全保障义务的标准,如果超出了合理限度,则即使造成了进入经营或者活动领域的人的损害,管理人也不应当承担损害赔偿责任。

2.安全保障义务的相对人受到损害

构成违反安全保障义务侵权责任,应当具备损害事实要件,包括人身损害和财产损害。违反安全保障义务的人身损害赔偿责任所保护的是自然人的健康权和生命权。财产损害事实是指违反安全保障义务行为造成了受保护人的财产利益受到损害的事实。

3.损害事实与违反安全保障义务的行为之间具有因果关系

在违反安全保障义务的侵权责任构成中,义务人的违反义务行为与受保护人的损害之间,应当具有引起与被引起的因果关系。由于违反安全保障义务的侵权行为的类型不同,对这种因果关系的要求也不相同。

---

[7] 张民安:《过错侵权责任制度研究》,中国政法大学出版社2002年版,第328页。
[8] 杨立新:《侵权行为法专论》,高等教育出版社2005年版,第112页。

（1）在义务人违反安全保障义务行为直接造成相对人损害的情况下，对因果关系的要求应当是直接因果关系或者相当因果关系，违反安全保障义务行为是损害发生的原因。例如，在设施、设备违反安全保障义务的侵权行为，服务管理违反安全保障义务的侵权行为和对无民事行为能力人、限制民事行为能力人负担安全保障义务的侵权行为中，对于因果关系要件的要求，是具有确定的直接因果关系或者相当因果关系，具体表现为，违反安全保障义务的行为就是引起受保护人损害事实的直接原因或适当条件。

（2）在未防范、制止第三人的侵权行为而违反安全保障义务的情形中，对于因果关系的要求比前三种侵权行为要低，其侵权责任构成的因果关系应当是间接因果关系，违反安全保障义务行为仅仅是损害发生的间接原因，不要求是直接原因。这是因为，第三人对受保护人所实施的侵权行为就是直接针对受保护人的，并且直接造成了受保护人的损害，但是，安全保障义务人违反安全保障义务的行为也是造成受保护人的损害的原因，因为如果其尽到了保护义务，就会完全避免这种损害。事实上，即使安全保障义务人的行为是受保护人受到损害的一个条件，它们之间也具有因果关系，只不过这种因果关系是间接因果关系而已。

4. 违反安全保障义务的行为人具有过错

构成违反安全保障义务侵权责任，行为人应当具有过错。

违反安全保障义务的行为人的过错性质，是未尽注意义务的过失，不包括故意。如果违反安全保障义务人在造成损害时具有故意，包括直接故意和间接故意，则不属于这种侵权行为类型，而是故意侵权。这种过失的表现是应当注意而没有注意，这种心理状态实际地表现在其违反安全保障义务的行为中，应当通过对其行为的考察作出判断。具体来说，违反安全保障义务的行为人有无过错的标准是，行为人是否达到了法律、法规、规章等所要求达到的注意程度，或者是否达到了同类经营者所应当达到的注意程度，或者是否达到了诚信、善良的经营者所应当达到的注意程度。[9]

违反安全保障义务侵权责任适用过错推定原则，因此，过错要件实行举证责任倒置。只要被侵权人证明义务人未尽安全保障义务，并且已经造成了被侵权人的损害，就直接从损害事实和违反安全保障义务的行为中推定义务人有过失。如果义务人认为自己没有过错，应当举证证明自己没有过错。证明自己没有过错的，推翻过错推定，义务人不承担侵权责任；不能证明或者证明不足的，过错推定成立，构成侵权责任。

义务人要证明自己没有过错，应当做到：证明自己的注意标准是什么，自己的行为已经达到了这样的注意标准，因此没有过失；或者证明自己虽然没有达到被要求的注意标准，但是另有抗辩的原因，即或者由于不可抗力，或者由于自己意志以外的原因，或者是第三人的原因行为所致。义务人能够证明这些内容，应当认定其不具有过错要件，不构成侵权责任。

四、违反安全保障义务侵权责任的类型

违反安全保障义务侵权责任分为以下四种具体类型。

---

[9] 张新宝：《侵权责任法原理》，中国人民大学出版社2005年版，第281页。

1.违反设施、设备方面的安全保障义务

经营场所、公共场所的管理人或者群众性活动的组织者在设施、设备方面的安全保障义务,主要是不违反相关的安全标准。经营场所、公共场所或者社会活动场所的设施、设备必须符合国家的强制标准要求,没有国家强制标准的,应当符合行业标准或者达到进行此等经营活动所需要达到的安全标准。设备的硬件没有达到保障安全的要求,存在缺陷或者瑕疵,造成了他人的损害,经营者、管理者、活动组织者应当对被侵权人承担人身损害赔偿责任。例如,商场在通道上安装的玻璃门未设置警示标志,一般人很难发现,顾客通过时撞在门上受到伤害,商场应当承担违反安全保障义务的人身损害赔偿责任。

2.违反服务管理方面的安全保障义务

经营者、管理者、组织者在服务管理方面的安全保障义务,主要包括以下三个方面:第一,加强管理,提供安全的消费、活动环境。第二,坚持服务标准,防止出现损害。在经营和活动中,应当按照确定的服务标准进行,不得降低服务标准。第三,必要的提示、说明、劝告、协助义务。

违反服务管理方面的安全保障义务,是指经营者或者组织者的工作人员违反上述安全保障义务导致服务管理存在瑕疵或者缺陷,因此造成他人损害,构成侵权责任。

3.违反对儿童的安全保障义务

儿童是祖国的未来,是民族的未来,因此法律对儿童予以特别的关照和保护。对儿童的保护适用特别标准,公共场所的管理人或者群众性活动的组织者必须竭力做到保护儿童的各项措施,以保障儿童不受场地内具有诱惑力的危险的侵害。经营者对儿童违反安全保障义务,造成儿童的损害,应当承担赔偿责任。

4.违反防范、制止侵权行为的安全保障义务

对于他人负有安全保障义务的经营者、管理者、组织者,在防范和制止第三人侵害方面未尽义务,造成受保护人损害的,也构成违反安全保障义务的侵权责任,这是违反安全保障义务侵权责任的一种特定的类型,经营者、管理者、组织者承担相应的补充责任。

五、违反安全保障义务侵权行为的责任形态

违反安全保障义务侵权行为的赔偿责任分为三种:自己责任、替代责任和相应的补充责任。

1.自己责任

自己责任,是违法行为人自己承担自己实施的行为所造成的他人人身损害和财产损害的后果的侵权责任形态。经营者、管理者、组织者在经营或者活动中,违反安全保障义务造成受保护人的人身损害,自己承担责任,就是自己责任。在违反设施、设备方面的安全保障义务的侵权行为,违反服务管理方面的安全保障义务和违反对儿童的安全保障义务的侵权行为中,违反安全保障义务的行为人要承担自己责任。《民法典》第1198条第1款规定的责任就是违反安全保障义务侵权责任的自己责任。

2.替代责任

如果经营者、管理者、组织者是用人单位,违反安全保障义务的具体行为人是经营者、管理者、组织者的工作人员,而且符合用人单位责任的要求,违反设施、设备方面的安全保

障义务的侵权行为,违反服务管理方面的安全保障义务和违反对儿童的安全保障义务的侵权行为的责任形态是替代责任,而不是自己责任。对此,应当适用《民法典》第1191条第1款的规定确定侵权责任。因此,经营者、管理者、组织者的工作人员违反安全保障义务,要由作为经营者、管理者、组织者的用人单位承担责任。不过,如果经营者、管理者、组织者的工作人员违反安全保障义务造成损害的,经营者、管理者、组织者在承担了赔偿责任之后,可以依照第1191条第1款规定,向有故意或者重大过失的工作人员求偿。

3. 相应的补充责任

在违反安全保障义务的侵权行为中,违反防范、制止侵权行为的安全保障义务的经营者、管理者、组织者承担的损害赔偿责任,是相应的补充责任。违反防范、制止侵权行为的安全保障义务的侵权损害赔偿责任,是指第三人侵权导致被侵权人损害,安全保障义务人对此有过错的,承担相应的补充赔偿责任。

侵权补充责任的基本规则是:

第一,在未尽防范、制止侵权行为的安全保障义务中,直接侵权人是直接责任人,违反安全保障义务人为补充责任人。被侵权人应当首先向直接责任人请求赔偿,直接责任人应当承担侵权责任。直接责任人承担了全部赔偿责任后,补充责任人的赔偿责任终局性消灭,被侵权人不得向其请求赔偿,直接责任人也不得向其追偿。

第二,被侵权人在因直接责任人不能赔偿、赔偿不足或者下落不明而无法行使第一顺序的赔偿请求权时,可以向补充责任人请求赔偿。补充责任人应当满足被侵权人的请求。补充责任人的赔偿责任范围,并不是直接责任人不能赔偿的部分,而是"相应"的部分。补充责任的范围应当与违反安全保障义务人的过错程度和行为的原因力"相应",并且只此而已,补充责任人不承担超出相应部分之外的赔偿责任。

第三,相应的补充责任还意味着其责任只是补充性的,如果直接责任人有能力全部赔偿,则应当承担全部赔偿责任,违反安全保障义务的人不承担补充责任,因为已经不存在补充的必要。所以,相应的补充责任不是连带责任。在司法实践中,很多法官将其理解为连带责任,这是不正确的。补充责任中"补充"的含义是,补充责任的顺序是第二位的,直接责任人承担的赔偿责任是第一顺序的责任,补充责任人承担的赔偿责任是第二顺序的责任。因此,补充责任是补充自己责任的侵权责任形态。

第四,原《侵权责任法》第37条第2款规定了未尽防范、制止侵权行为的安全保障义务的损害责任,没有规定违反安全保障义务的经营者、管理者或者组织者的追偿权,因而承担了侵权责任的经营者、管理者或者组织者承担了补充责任之后,只能自己承受,而其又仅仅是未尽安全保障义务的不作为的行为人,并非真正意义上的侵权人,承担责任不享有追偿权,不尽合理,从而使实施侵权行为的第三人逃避了责任。《民法典》第1198条第2款增加了"经营者、管理者或者组织者承担补充责任后,可以向第三人追偿"的新规则,避免了上述问题,使这一规则更为完善。

《侵权责任编解释(一)》没有规定《民法典》第1198条第2款规定的相应补充责任的具体规则,对此,可以参照该司法解释第14条关于学生伤害事故中教育机构承担相应补充责任的规定。

第六节 学生伤害事故责任

| 典型案例 |

四岁儿童黄某在某幼儿园入托。2009年2月4日上午,放学时,幼儿园老师称黄某弯腰说难受,后来又说没事,并被家人接走。当晚,黄某到医院就诊,医院发现其左肋处有一红点,经检查发现其左上腹部有金属异物,住院手术后发现其腹壁十二肋近胸骨柄处有钢针一枚,该钢针被完整取出,黄某经治疗后出院。黄某和其监护人于2009年6月将该幼儿园诉至法院,请求法院判令该幼儿园赔偿损失。

一、学生伤害事故责任概述

（一）学生伤害事故责任的概念

学生伤害事故责任,是指无民事行为能力或者限制民事行为能力的学生在幼儿园、学校或者其他教育机构学习、生活期间,受到人身损害,应当由幼儿园、学校或者其他教育机构承担赔偿责任的特殊侵权责任。

界定学生伤害事故,应当准确界定以下概念:

1. 学生

按照教育部《学生伤害事故处理办法》的规定,学生伤害事故中所指的学生,包括各类全日制学校的全日制学生、幼儿园的幼儿和儿童、在全日制学校注册和在其他教育机构就读的其他受教育者。此处的学生仅指未成年学生,保护对象是学校、幼儿园或者其他教育机构中的未成年人。《民法典》第1199~1201条规定的学生,是在幼儿园、学校或者其他教育机构学习、生活的无民事行为能力人或者限制民事行为能力人,未成年学生当然在其中,已经成年的无民事行为能力人或者限制民事行为能力人不包括在内。

2. 在幼儿园、学校或者其他教育机构学习生活期间

幼儿园、学校或者其他教育机构是指所有的这类机构。被保护的学生在教育机构受教育、生活的期间的判断,应当采用"门到门"的原则,即指学生从进校门到出校门期间参加的学校教育教学活动。例外的是,学校或者幼儿园有接送班车的,应当以班车的门为限,包括上下车的安全保护。

3. 事故

事故的种类,包括学生本人的人身伤害事故和死亡事故,按照《民法典》的上述规定,不包括学生在学校造成他人人身伤害或者死亡的事故。对于后者,应当适用《民法典》第1165条第1款规定的过错责任原则确定侵权责任。

（二）学校承担学生伤害事故责任的法理基础

幼儿园、学校或者其他教育机构与在校学生的关系的基本性质是依据《教育法》成立的

教育关系,其成立的基础不是合同,而是《教育法》,即《教育法》是幼儿园、学校或者其他教育机构与在校学生发生法律关系的基础。这种法律关系的基本性质属于准教育行政关系,既区别于纯粹的教育行政关系,也区别于民事法律关系,是学校对学生进行教育、管理和保护的法律关系。教育、管理和保护构成这一法律关系的基本内容,学校对学生有教育、管理的权利,同时对学生有保护的义务;学生有接受教育、接受管理的义务,也享有受到保护的权利。《民法典》对此规定的是"教育、管理职责"。

二、学生伤害事故责任的归责原则和构成要件

（一）学生伤害事故责任的归责原则

《民法典》第1199～1201条明确规定,无民事行为能力人在幼儿园、学校或者其他教育机构学习、生活期间受到人身损害的,适用过错推定原则;限制民事行为能力人在幼儿园、学校或者其他教育机构学习、生活期间受到人身损害的,适用过错责任原则。第三人的行为造成学生受到损害的,适用过错责任原则。

法律没有规定学校等教育机构要对学生伤害事故承担公平分担损失责任,因而学生伤害事故责任不适用公平分担损失责任。

（二）学生伤害事故责任的构成要件

1. 学生遭受人身损害的客观事实

学生在校期间遭受人身伤害的损害事实,是构成学生伤害事故人身损害赔偿责任的前提性要件。在学生伤害事故中,损害事实主要表现为学生的人身伤害和死亡。由此产生的财产性损失,主要如医疗费、护理费、交通费、住宿费、营养费、住院伙食补助费、伤残用具费和丧葬费等费用支出。在人身伤害的损害中,如果还有导致精神损害的损害事实发生,责任主体应当承担精神抚慰金赔偿责任。存在上述损害事实,才能构成学生伤害事故责任。

2. 学校等教育机构在学生伤害事故中存在违法行为

学校在学生伤害事故中的违法行为,是指学校在实施教育和教学活动中,违反或者未能正确履行《教育法》等法律法规规定的学校对学生的教育、管理和保护职责。

(1)学校疏于管理的行为。学校在教育和教学活动中疏于管理,造成学生遭受人身损害。这种管理是指对学校活动的管理,不是指对学生的管理。这种行为是学校自己的行为,学校应当对自己的行为负责。

(2)学校疏于保护的行为。学校对在校的未成年学生负有安全保护义务。学生在校接受教育,而学校虽然不承担监护义务,但是仍然应当承担安全保护义务,负担这种义务就应当善尽职守,不能因为自己的疏忽和懈怠而使学生受到人身伤害。学校疏于对学生安全的保护,致使学生受到人身伤害,学校的行为就具有违法性。

(3)学校疏于教育的行为。这种教育行为专指对学生的教育,而不是广义上的教育活动。学校在对学生的教育中没有尽到教育职责,使学生在学校的教学活动中造成他人的人身伤害,应当承担人身损害赔偿责任。

学校的上述行为,既包括学校的行为,也包括负该种责任的教师的行为。对于学校的疏于职守的行为,学校应当承担责任。学校教师和其他管理人员在教育和教学活动中,行

为不当,违反法律规定的义务,造成学生伤害的,学校应当承担替代责任。

3. 学校的违法行为与事故发生有因果关系

学校疏于教育、管理和保护职责的行为,必须与学生遭受伤害的损害事实之间具有引起与被引起的因果关系,判断时应采用相当因果关系学说。

4. 学校在学生伤害事故中存在过错

学校承担学生伤害事故责任须其具有主观上的过错。只有学校在主观上具有过错,其才对自己的行为承担赔偿责任;不具有主观上的过错,则不承担责任。

确定学校过错的标准,就是其对《教育法》规定的教育、管理和保护的职责是否尽到了必要的注意义务。对这种注意义务的违反,就是过失。

认定学校在学生伤害事故中是否存在过错,要注意以下三个方面:

(1)学校对学生是否具有注意义务。是否具有过失以是否具有注意义务为前提,无注意义务当然不构成过失。学校的注意义务是一种特殊的注意义务,是基于学校对学生的教育、管理和保护职责。这种注意义务既包括基于法律法规、行政规章等而产生的法定性的注意义务,也包括基于有关部门颁布的教育教学管理规章、操作规程等而产生的一般性的注意义务,以及学校与学生家长签订的合同所约定的注意义务。

(2)学校对学生是否尽了相当注意义务。所谓尽了相当注意义务,是指学校按照法律法规、规章规程以及合同要求而付出必要的努力,尽到了对学生人身健康安全的合理、谨慎的注意。

(3)学校是否能尽相当注意义务。对侵害结果的可预见性和可避免性,是学校能否尽相当注意义务的条件。认定学校在学生伤害事故中的过错,要考虑学校的预见能力,如果学校不具有预见能力,即其不应该预见也无法预见,学校就无法采取合理行为避免损害结果的发生,因而主观上也就没有过失。

三、三种学生伤害事故责任类型

(一)无民事行为能力人受到损害的教育机构责任

《民法典》第1199条规定,幼儿园、学校或者其他教育机构承担的责任是过错推定责任。其条件非常清楚,即受到损害的学生是无民事行为能力人。被侵权人主张学校承担侵权责任,应当证明违法行为、损害事实和因果关系要件。证明成立的,直接推定幼儿园、学校等教育机构有过失。幼儿园、学校等教育机构主张无过失的,举证责任倒置,由其举证证明自己没有过错。幼儿园、学校或者其他教育机构不能证明自己没有过失的,应当承担侵权责任;能够证明尽到了教育、管理职责的,不承担侵权责任。

(二)限制民事行为能力人受到损害的教育机构责任

《民法典》第1200条规定,限制民事行为能力的未成年学生在学校受到人身损害,确定学校等教育机构的责任,实行过错责任原则,有过错的承担赔偿责任;没有过错的不承担赔偿责任。确定过错,须由被侵权人承担举证责任。这样的规定对限制民事行为能力的未成年学生没有特殊的保障,因而这个条文等于是一个闲置的条文,即使适用,也起不到保障这类未成年学生的作用。

(三)第三人在教育机构伤害学生的责任

第三人在教育机构伤害学生事故责任,是指学生伤害事故的发生不是由于学校的过错,而是因第三人的过错行为所引起,应当由第三人承担民事责任的事故责任。

《民法典》第1201条前段规定,无民事行为能力人或者限制民事行为能力人在幼儿园、学校或者其他教育机构学习、生活期间,受到幼儿园、学校或者其他教育机构以外的第三人侵害,造成人身损害的,由侵权人承担侵权责任。这种第三人责任,与《民法典》第1175条规定的"损害是因第三人造成的,第三人应当承担侵权责任"规则基本相同。在此基础上,《民法典》第1201条后段规定,学校等教育机构承担相应的补充责任。

第三人造成学生人身伤害,应当根据造成学生伤害的具体侵权行为类型,适用不同的归责原则:第一,造成学生伤害事故的第三人实施的侵权行为是一般侵权行为的,应当依照《民法典》第1165条第1款规定,实行过错责任原则;第二,造成学生伤害事故的第三人实施的侵权行为是法律规定应当适用过错推定责任的侵权行为的,则应当按照《民法典》的有关具体规定,依照《民法典》第1165条第2款确定第三人的责任;第三,造成学生伤害事故的第三人实施的侵权行为是法律规定应当适用无过错责任原则的侵权行为的,则应当按照《民法典》有关的具体规定,依照《民法典》第1166条规定确定第三人的责任。

第三人造成学生人身损害,如果第三人能够承担全部赔偿责任,则按照第1201条规定,由第三人承担全部赔偿责任,不存在学校的相应的补充责任问题。

《民法典》第1201条后段规定,幼儿园、学校或者其他教育机构未尽到管理职责的,承担相应的补充责任,是在第三人无力承担赔偿责任的情形下,教育机构承担补充责任的具体规则。

学校承担相应的补充赔偿责任,除具备学生伤害事故责任的构成要件之外,还必须具备以下三个要件:第一,学生的人身损害是由于第三人的原因所致,如果是完全由于学校的过错所致,就是一般的学生伤害事故赔偿责任;第二,幼儿园、学校或者其他教育机构有过错,无过错则不产生补充赔偿责任,损害的赔偿责任应当完全由加害的第三人承担;第三,幼儿园、学校或者其他教育机构的过错与第三人的致害应当有间接的或者直接的因果关系,如果不存在因果关系,则不应当让学校承担补充责任。

学校承担补充赔偿责任的法理依据,在于学校存在过错,使本来可以避免或者减少的损害得以发生或者扩大,因此,被侵权人向第三人求偿得不到赔偿或者得不到完全赔偿时,学校应当为此承担补充的赔偿责任。补充责任的"相应",是指赔偿范围与学校的过错程度和原因力相适应。

校方在承担了相应的补充责任之后,可以就其因承担补充责任而遭受的损失向第三人追偿。其理由是,第三人才是真正的侵权人,对于损害的发生具有全部原因力,校方的不作为只是损害发生的间接原因而已。这个道理,与《民法典》第1198条相同,即未尽防范、制止侵权行为的安全保障义务造成损害的,经营者、管理者、组织者承担了补充责任之后,对实施侵权行为的第三人享有追偿权。

四、学生伤害事故赔偿责任的承担规则

(一)学生伤害事故的当事人

1. 受害学生

学生伤害事故赔偿责任的权利主体是受到伤害的学生。受害学生是原告,其亲权人或者监护人是法定代理人。

2. 教育机构

在实体法律关系上,教育机构是赔偿的责任主体,是赔偿责任的承受者。在诉讼法律关系上,教育机构是被告,受到伤害的学生应向教育机构请求损害赔偿。

教育机构应当承担赔偿责任,但其与保险公司订立有学生伤害事故保险合同的,应当先依照保险合同确定赔偿关系。保险公司赔偿不足的部分需要教育机构承担赔偿责任的,教育机构是赔偿责任主体,赔偿权利主体可以继续向教育机构请求承担赔偿责任。

3. 第三人

依照《民法典》第1201条关于第三人在教育机构侵害未成年学生的责任承担规则,《侵权责任编解释(一)》第14条规定了以下规则。

(1)无民事行为能力人或者限制民事行为能力人在幼儿园、学校或者其他教育机构学习、生活期间,受到教育机构以外的第三人人身损害,第三人、教育机构作为共同被告且依法应承担侵权责任的,法院应当在判决中明确,教育机构在法院就第三人的财产依法强制执行后仍不能履行的范围内,承担与其过错相应的补充责任。

(2)被侵权人仅起诉教育机构的,法院应当向原告释明申请追加实施侵权行为的第三人为共同被告。

(3)第三人不确定的,未尽到管理职责的教育机构先行承担与其过错相应的责任;教育机构承担责任后向已经确定的第三人追偿的,法院依照《民法典》第1201条的规定予以支持。

(二)免责事由

在一定的条件下,即使发生了学生人身伤害事故,学校也不承担赔偿责任,这就是教育机构责任的免除。凡是符合《民法典》规定的不承担责任或者减轻责任的法定情形的,应当免除教育机构责任。

除此之外,对于由学生和其监护人责任引发的人身损害,学校也不承担责任。学生和其监护人责任事故,是指学校对学生伤害事故的发生没有过错,事故是由于学生自己的过失,或者是由其监护人没有尽到监护责任而造成的,该损害应当由学生和其监护人自己负担。这里的监护人,应当是亲权人以及其他监护人。对此,可以参考《学生伤害事故处理办法》第10条规定,未成年学生或者其监护人由于过错,有下列情形之一,造成学生伤害事故,应当依法承担相应的责任:一是学生违反法律法规的规定,违反社会公共行为准则、学校的规章制度或者纪律,实施按其年龄和认知能力应当知道具有危险或者可能危及他人的行为的;二是学生行为具有危险性,学校、教师已经告诫、纠正,但学生不听劝阻、拒不改正的;三是学生或者其监护人知道学生有特异体质,或者患有特定疾病,但未告知学校的;四

是未成年学生的身体状况、行为、情绪等有异常情况,监护人知道或者已被学校告知,但未履行相应监护职责的;五是未成年学生或者其监护人有其他过错的,应当由未成年学生的监护人承担相应的责任。

———— 本章思考题 ————

1. 我国侵权责任法规定的监护人责任的特点是什么?有财产的无民事行为能力人或者限制民事行为能力人承担责任的规则是什么?受托监护承担责任的规则是什么?
2. 暂时丧失心智损害责任中的过错形态有什么特点?应当如何确定?
3. 用人单位承担侵权责任的规则是什么?对有过错的工作人员享有追偿权的意义是什么?
4. 劳务派遣责任有哪些特殊性?
5. 确定个人劳务责任中工伤事故责任的规则是什么?
6. 确定定作人指示过失责任的规则是什么?
7. 网络服务提供者为网络用户在自己的网站上实施的侵权行为承担连带责任的规则有哪些?应当怎样承担?
8. 违反安全保障义务的侵权责任有哪些类型?各自承担何种形态的侵权责任?
9. 学生伤害事故责任有哪些类型?应当如何承担侵权责任?

第四章 产品责任

| 本章要点 |

本章依据《民法典》侵权责任编第四章关于产品责任的规定,介绍产品责任的概念和特征、产品责任的归责原则和构成要件、法律关系主体以及责任承担的规则,也介绍了产品责任的特别规定,诸如产品责任的第三人责任、跟踪观察缺陷的产品责任以及惩罚性赔偿金在恶意产品侵权中的适用规则。

产品责任　产品　缺陷　生产者　销售者　第三人　惩罚性赔偿

| 典型案例 |

某人经营蛋糕房,某日购买3瓶喷雾杀虫剂,安排两个员工打扫完卫生后喷洒杀虫剂。两个员工遵嘱打扫卫生后喷杀虫剂,在200平方米左右的蛋糕房中,甲员工喷了两瓶,乙员工喷了大半瓶。丙员工招呼他们下班回家,关灯时发生空气爆炸,把三个员工炸伤。三人向法院起诉,要求该杀虫剂的生产者和销售者承担赔偿责任。法官认为,尽管该产品有警示说明,但其中关于"使用本品,每10平方米喷洒15秒,关上门窗20分钟,效果最佳"的说明不充分,理由是对一个有合理危险的产品进行警示说明时,要告知使用者不这样使用就会发生危险,但本产品的说明能够得出的结论是按照这种方法进行使用最经济。故判决生产者承担60%的赔偿责任。因受害人有重大过失,实行过失相抵,40%责任由受害人自己承担。

第一节　产品责任概述

一、产品责任的概念和特征

产品责任,是指产品生产者、销售者因生产、销售缺陷产品致使他人遭受人身伤害、财产损失或有致使他人遭受人身、财产损害之虞而应承担的赔偿损失等责任的特殊侵权责任。《民法典》侵权责任编第四章规定了产品责任的具体规则。

产品责任的特征包括以下内容:

第一,产品责任发生在产品流通领域。产品进入流通领域的标志,是产品经过交易、转让等合同行为,由生产者、销售者之手,转入消费者之手,中间可以经过若干流通环节。产品责任即发生在这个领域之中。

第二,致人损害的产品须存在缺陷。产品责任并不是产品自身质量问题或自身损坏造成的产品本身的财产损失,而是产品因缺陷造成使用人的人身伤害或者缺陷产品以外的其他财产损害,这关系产品责任的性质是侵权责任还是合同责任。早期的产品责任属于合同责任范畴,即产品责任源于合同责任。

第三,产品责任是特殊侵权责任。产品责任是物件致人损害的特殊侵权责任,是人对物所造成的损害负责任。缺陷产品致人损害时,与该致害产品有关联的人即生产者、销售者等,对产品所造成的损害承担赔偿责任,是一种特殊侵权责任。

二、产品缺陷的概念和种类

(一)缺陷的概念

《产品质量法》第 46 条对产品缺陷作了界定:"本法所称缺陷,是指产品存在危及人身、他人财产安全的不合理的危险;产品有保障人体健康和人身、财产安全的国家标准、行业标准的,是指不符合该标准。"《民法典》对产品缺陷没有界定,应当继续依照《产品质量法》的上述规定界定缺陷的概念。缺陷的具体含义是:

第一,缺陷是一种不合理的危险,合理的危险不是缺陷。在耐用期限内的,在通常或合理的可能预见的使用状态下,无任何危险性;或虽具有危险性,但该危险性是被容许的,而且被认为是不危及每个人的安全与健康的,仅在产品使用的最小限度内有危险性的,则不存在不合理的危险。

第二,缺陷的危险危及人身和产品之外其他的财产安全。产品缺陷这种危险直接危及的是产品使用者的人身、财产安全,其中人身安全是使用人的生命或者健康所面临的危险;财产安全是使用人所拥有的除缺陷产品之外的其他财产所面临的危险。危险一旦发生,必将造成使用人的人身损害和财产损害。

第三,缺陷是产品不符合保障人体健康,人身、财产安全的标准。当产品有保障人体健康,人身、财产安全的国家标准、行业标准的,产品的缺陷就是指不符合该标准。违反安全标准,是关于产品缺陷的简单的评判准则。

(二)产品缺陷的种类

不过,在产品责任领域,对缺陷概念的上述界定主要适用于以下四种缺陷的前两种,后两种缺陷超出了这个界定的范围。

1. 制造缺陷

产品制造缺陷,是指产品在制造过程中所产生的不合理的危险。导致危险的原因多样,包括质量管理不善、技术水平差等。此种缺陷可能发生于从原材料、零部件的选择到产品的制造、加工和装配工序等各个环节。

2. 设计缺陷

产品设计缺陷,是指产品的设计如产品结构、配方等存在不合理危险。[1] 考察设计缺

---

[1] 张新宝:《中国侵权行为法》(第 2 版),中国社会科学出版社 1998 年版,第 493 页。

陷,应当结合产品的用途。如果将产品用于所设计的用途以外的情形,即使存在不合理危险,也不能认为其存在设计缺陷。

3.警示说明缺陷

警示说明缺陷,是指产品存在合理危险而在销售产品时没有进行充分的警示与说明。警示包括警告和指示说明,警告是对产品所具有的危险性运用标志或文字所作的提示,说明则是对产品的主要性能、正确的使用方法以及错误使用可能招致的危险等所做的文字表述。产品的警示缺陷,是指因产品提供者未对具有合理危险的产品的危险性和正确使用作出必要的说明与警告,从而致使不合理危险。产品的合理危险是指产品虽然包含危险,但只要依照合理的方法使用,危险就不会发生。凡是具有合理危险的产品,就必须进行充分的警示说明。

4.跟踪观察缺陷

跟踪观察缺陷,是指在发展风险中,生产者将新产品投放市场后,违反对新产品应当尽到的跟踪观察义务,致使该产品造成使用人的人身损害或者财产损害的不合理危险。《民法典》第1206条第1款关于"产品投入流通后发现存在缺陷的,生产者、销售者应当及时采取停止销售、警示、召回等补救措施;未及时采取补救措施或者补救措施不力造成损害扩大的"的规定,就是跟踪观察缺陷。

第二节　产品责任的构成与责任承担

一、产品责任的归责原则和构成要件

产品责任在性质上是无过错责任。这不是说缺陷产品的生产者和销售者没有过错,而是因为产品存在缺陷本身就是一种过错。现代社会对产品质量的规定越来越具体,如果产品不符合规定的质量要求,产品的生产者就有过错,除非现有的科学技术无法发现该缺陷。但是,确定产品责任为无过错责任,其立意是确定这种侵权责任不考察过错,无论生产者、销售者有无过错,只要受害人能够证明产品具有缺陷,即构成侵权责任。受害人不必证明产品生产者或者销售者的过错,因而也就减轻了权利人的诉讼负担,有利于保护受害人。

根据无过错责任原则,构成产品责任须具备以下要件:

(一)产品存在缺陷

产品及其缺陷在产品责任构成中处于极其重要的地位。前文已对缺陷作了专门论述,下面对产品的概念进行阐释。

《民法典》对产品的概念没有明确规定。界定这一概念,应当适用《产品质量法》第2条第2款规定,即产品是指"经过加工、制作,用于销售的产品"。产品须具备两个条件:一是经过加工、制作,未经过加工、制作的自然物不是产品;二是用于销售,是可以进入流通领域的物。按照《产品质量法》第41条第2款关于对未进入流通的产品,生产者不承担赔偿责

任的免责规定,产品应进入流通领域。应当区别的是,产品未进入流通领域是免责条件;用于销售,是指生产、制造该产品的目的,而不等于产品已经进入流通领域。

上述产品存在缺陷,就构成本要件。

(二)他人的人身、财产受到损害

产品责任中的损害事实包括人身损害、财产损害和精神损害。人身损害包括致人死亡和致人伤残。财产损失不是指缺陷产品本身的损失,即购买该产品所付价金的损失,而是指缺陷产品以外的其他财产的损失,包括直接损失和间接损失。受害人应对损失的存在及其范围负举证责任。精神损害是指缺陷产品致人损害,给受害人造成的精神痛苦和感情创伤。

应当注意的是,《民法典》第1202条和原《侵权责任法》第41条规定一样,但是与《产品质量法》第41条对损害概念的表述不同。《产品质量法》第41条第1款规定的是"造成人身、缺陷产品以外的其他财产(以下简称他人财产)损害的",《民法典》第1202条规定则为"造成他人损害的"。这个区别的意义在于,《民法典》第1202条规定的损害,既包括缺陷产品造成受害人的人身、财产等固有利益的损害,也包括缺陷产品本身的预期利益损害,即产品自损。对此,《侵权责任编解释(一)》第19条明确规定:"因产品存在缺陷造成买受人财产损害,买受人请求产品的生产者或者销售者赔偿缺陷产品本身损害以及其他财产损害的,人民法院依照民法典第一千二百零二条、第一千二百零三条的规定予以支持。"对产品责任损害赔偿是否包括产品自损存在肯定说和否定说的争论,司法解释明确采取肯定说主张,对保护消费者的权益具有重要意义。[2] 这个规定不仅约束第1202、1203条,也包括《民法典》侵权责任编第四章规定的所有产品责任。因此,受害人在起诉缺陷产品造成自己人身、财产损害的同时,一并起诉缺陷产品本身损害的违约损害赔偿责任的,人民法院应当予以支持,不得强制被侵权人必须分别提起两个诉讼。

(三)存在因果关系

产品责任中的因果关系要件,是指产品的缺陷与受害人的损害事实之间存在的引起与被引起的关系,产品缺陷是原因,损害事实是结果。确认产品责任的因果关系要由受害人证明,证明的内容是:损害是由于使用或消费有缺陷的产品所致。使用,是对可以多次利用的产品的利用;消费,是对只能一次性利用的产品的利用。这两者在构成侵权责任时无原则性区别,因此一般称作使用即可。

二、产品责任的法律关系主体

(一)产品责任法律关系的权利主体

我国《民法典》和《产品质量法》未特别界定产品责任的权利主体,仅指"他人"。有学者主张,在产品责任中,权利主体主要包括个人消费者,即为个人消费目的购买或使用产品

---

[2] 杨立新:《产品责任损害赔偿范围问题研究——〈侵权责任编解释(一)〉第19条的理解与适用》,载《中国应用法学》2024年第5期。

的个体社会成员,法人一般不宜作为产品责任赔偿关系的权利主体。从广义上来说,产品包括消费资料和生产资料,故产品的消费可分为消费资料的消费和生产资料的消费,而后者主要是通过法人和非法人组织来进行的。尤其在现代社会,随着专业分工越来越细,产品的技术含量越来越高,其危险程度也日益增加,缺陷产品不仅危及私人消费者的合法权益,同样严重威胁法人和非法人组织的财产安全。为维系加害人与受害人的利益平衡,促进生产者、销售者努力降低产品危险,消除产品缺陷,界定"他人"时应当将法人和非法人组织纳入产品责任的保护范围。产品责任法律关系的权利主体应当包括因产品存在缺陷造成人身伤害或者财产损害的一切受害人,无论是自然人还是法人或非法人组织都应包括在内。

(二)产品侵权法律关系的责任主体

1.生产者

我国《民法典》和《产品质量法》使用"生产者"的概念,对生产者的责任主体地位作了原则性规定,但未明确生产者的范围。这一范围应当包括:第一,成品生产者。成品生产者是产品责任的主要承担者。第二,零部件生产者、原材料生产者。产品缺陷由零部件生产者、原材料生产者造成的,受害人向其请求损害赔偿时,零部件生产者、原材料生产者应承担侵权责任。第三,准生产者。对他人制造的产品像自己制造的产品一样进行销售或者以其他形式经营的,视为生产者。例如,在他人的产品上以自己的名称、商标或其他具有识别性的标志表明自己为生产者的,对其销售的产品应当承担产品生产者的责任。另外,为出售、出租、转让等营业目的的进口商也被视为生产者,这主要是为了避免受害人因管辖权的障碍无法对外国产品生产者起诉而蒙受损失。

2.销售者

销售者是指产品经销商。由于销售者的过错使产品存在缺陷,造成他人人身、财产损害的,销售者应当承担赔偿责任。销售者不能指明缺陷产品的生产者或不能指明缺陷产品的供货者的,销售者应当承担赔偿责任。产品责任中的销售者应满足的条件是:第一,以经营该产品为业的人,如私车转让人不是销售者;第二,此种经营应是长期的,而不是临时或偶尔的;第三,不要求该致害产品是其主营业或唯一的营业,如影院出售的爆米花。至于销售者的范围,根据产品提供或经营的方式,主要包括批发商、零售商、出租人、行纪人等。

三、产品责任的不真正连带责任

(一)《民法典》对产品责任不真正连带责任的规定

《民法典》第1202、1203条规定的是生产者与销售者承担产品责任的基本责任形态。第1202条规定:"因产品存在缺陷造成他人损害的,生产者应当承担侵权责任。"这一条文规定的是产品责任中的生产者责任。第1203条规定:"因产品存在缺陷造成他人损害的,被侵权人可以向产品的生产者请求赔偿,也可以向产品的销售者请求赔偿。产品缺陷由生产者造成的,销售者赔偿后,有权向生产者追偿。因销售者的过错使产品存在缺陷的,生产者赔偿后,有权向销售者追偿。"这一条文规定的是产品责任的不真正连带责任。

不真正连带责任是多数人侵权行为的一种责任形态,基本规则是:第一,中间责任规则。承担不真正连带责任的数个责任人都有义务对受害人的损害承担全部赔偿责任。第二，最终责任规则。不真正连带责任的最终责任，须全部归结到应当承担赔偿责任的责任人，而不是在数个责任人之间进行分配。第三，追偿权规则。承担中间责任的责任人如果不是最终责任人，而是中间责任人，其在承担了中间责任后有权向最终责任人追偿，追偿的范围是全部赔偿责任。与连带责任相比较，区别主要在于最终责任的分担，即连带责任的最终责任一定要分给每一个责任人，而不真正连带责任的最终责任一定要归属于最终责任人一人。

产品责任不真正连带责任的具体规则是：

第一，因产品存在缺陷造成他人损害的，被侵权人可以向产品的生产者请求赔偿，也可以向产品的销售者请求赔偿。这是不真正连带责任的中间责任规则，是无过错责任，被侵权人可以按照自己的意愿选择责任人承担赔偿责任。

第二，最终责任由造成缺陷的生产者或者销售者承担。在通常情况下，缺陷是由生产者造成的，生产者是最终责任人；如果因销售者的过错使产品存在缺陷，销售者就是最终责任人，应当最终承担侵权责任，且为全部赔偿责任。

第三，通过行使追偿权实现最终责任的归属，即产品缺陷由生产者造成的，销售者赔偿后，有权向生产者追偿，使生产者承担最终责任；因销售者的过错使产品存在缺陷的，生产者赔偿后，有权向销售者追偿，使销售者承担最终责任。

(二) 产品责任不真正连带责任的对外关系

产品责任不真正连带责任的对外关系是：

第一，被侵权人对于产品生产者或者销售者均享有损害赔偿请求权，可以从中选择一个作为侵权责任人。被侵权人享有选择权，法官应当完全尊重被侵权人的选择。在这种情况下，责任人承担的责任是中间责任而不是最终责任。

第二，无论是生产者还是销售者承担中间责任，都适用无过错责任原则。这个规则对生产者没有意义，因为生产者无论承担中间责任还是最终责任，都适用无过错责任原则。而对于销售者则不同，承担最终责任为过错责任，承担中间责任为无过错责任。在被侵权人主张销售者承担中间责任时，销售者不得以自己对产品缺陷的产生无过错进行抗辩。

第三，在司法实践中，如果被侵权人将两个被告同时起诉，具体做法有两种：一是判决直接确定负有最终责任的一方承担赔偿责任，直接确定最终责任；二是确定各个被告的总体责任，负有不真正连带责任，被侵权人可以主张任何一方承担中间责任。这两种做法均可采用。

第四，不真正连带责任不分责任份额，即在一般情况下，不能判决生产者与销售者承担不同的份额，既不能按份承担，也不能连带承担，除非产品缺陷的产生是由生产者和销售者共同造成的，如果是这样，则成立共同侵权责任，应当是连带责任。

(三) 产品责任不真正连带责任的对内关系

产品责任不真正连带责任的对内关系，就是承担中间责任的一方向应当承担最终责任的一方追偿的关系。这就是《民法典》第1203条第2款规定的内容，要点是：

第一,在该条第2款前段规定的情形,即"产品缺陷由生产者造成的,销售者赔偿后,有权向生产者追偿",是指销售者对产品缺陷的产生没有过错,而产品缺陷是由生产者造成的,在被侵权人向销售者主张损害赔偿请求权使销售者承担了中间责任之后,销售者可以向生产者主张追偿。生产者应当承担最终责任,向销售者赔偿损失。

第二,在该条第2款后段规定的情形,即"因销售者的过错使产品存在缺陷的,生产者赔偿后,有权向销售者追偿",是指销售者对产品缺陷的产生有过错,即销售者因其过错造成产品缺陷,而被侵权人主张对产品缺陷产生没有过错的生产者承担中间责任,生产者承担了中间责任之后,对销售者享有使其承担最终责任的追偿权。生产者行使该追偿权,可以向销售者追偿,请求其承担最终责任,赔偿生产者因此遭受的损失。

四、产品责任的免责事由与诉讼时效

(一)免责事由

1. 特有免责事由

《产品质量法》第41条规定,产品生产者能够证明有下列情形之一的,不承担赔偿责任:其一,未将产品投入流通的;其二,产品投入流通时,引起损害的缺陷尚不存在的;其三,将产品投入流通时的科学技术水平尚不能发现缺陷存在的。对此,《民法典》没有规定,应当适用《产品质量法》的规定。

(1)"未将产品投入流通的",是各国产品责任法普遍规定的免责事由。投入流通,包括任何形式的出售、出租、租赁以及抵押、出质、典当等。处于生产阶段或者已经生产完毕但没有出厂而在仓储中的成品、半成品,不认为已经投入流通。未投入流通的产品即使有缺陷并造成了他人损害,生产者也不承担产品责任。例如,工人在生产线或者成品库中夹带出厂的产品即使有缺陷并造成损害,也不得请求生产者承担产品责任,而是符合哪种侵权责任要求的,就确定为哪种侵权责任。

(2)"产品投入流通时,引起损害的缺陷尚不存在的",也是产品责任的免责事由,生产者不承担赔偿责任;如果在销售环节也不存在缺陷的,则销售者也不承担赔偿责任。投入流通,是指产品从生产厂家出厂进入流通环节,被交付给使用者之前。如果生产者将产品投入流通时产品无缺陷,而在销售中形成缺陷,则不适用该免责事由,生产者与销售者应当承担不真正连带责任。

(3)"将产品投入流通时的科学技术水平尚不能发现缺陷的存在的",称作发展风险抗辩或者科技发展水平抗辩,即生产者无法控制的产品致损风险。适用发展风险抗辩,应当与《民法典》第1206条的跟踪观察缺陷相联系,即"将产品投入流通时的科学技术水平尚不能发现缺陷的存在的",生产者应当负有跟踪观察义务,应当确定其生产者的跟踪观察义务为强制性义务,其发现危险或者损害必须召回,否则构成跟踪观察缺陷,应当承担产品责任。

2. 一般免责事由

在实践中,以下事由也可据以抗辩:

(1)由受害人自身的原因引起的损害。例如,受害人在使用产品时,没有按照产品所标示的使用说明加以使用,产品的销售者或者生产者不承担损害赔偿责任。

(2) 旧产品。《美国产品责任示范法》规定,产品出售人只对产品在有效期限内造成的损害负责。[3] 这一规定可供借鉴。

(3) 明显的危险无警告义务。明显的危险性,是指公众普遍认知或意识到的产品危险性。这种危险性本身就能引起消费者、所有者的注意,如果使用者知其危险而不权衡利弊,减少乃至避免此风险,则可将这理解为受害人的"同意",即受害人自甘风险,或将其作为重大共同过失。法律要求制造人对于产品的可预见的危险予以警告以避免损害的发生,但不应不合理地要求制造人对产品引起的每一损害都承担责任,如刀锋利可以伤人等。

(二) 诉讼时效

《民法典》规定诉讼时效为3年,自权利人知道或者应当知道其权益受到损害以及义务人之日起计算,对此自无异议。对于最长时效,根据《产品质量法》第45条的规定,因产品存在缺陷造成损害要求赔偿的请求权,在造成损害的缺陷产品交付最初消费者满10年丧失;但是,尚未超过明示的安全使用期的除外。按照特别法优先于普通法的法律适用原则,应当适用《产品质量法》第45条的规定,不适用《民法典》第188条第2款关于最长诉讼时效为20年的规定。

第三节 关于产品责任的特别规定

一、产品责任的第三人责任

《民法典》第1204条规定:"因运输者、仓储者等第三人的过错使产品存在缺陷,造成他人损害的,产品的生产者、销售者赔偿后,有权向第三人追偿。"这规定的是产品责任的第三人责任,即第三人的过错使产品存在缺陷造成他人损害,生产者或者销售者应当承担的先付责任。

在产品责任中,先付责任是指由于第三人的过错致使产品存在缺陷造成他人损害时,由产品的生产者或者销售者先承担赔偿责任,生产者或者销售者承担了赔偿责任之后,再向第三人追偿的产品责任形态。先付责任构成时,产品存在缺陷,已经造成了他人的损害,且缺陷与损害之间存在因果关系,但产品缺陷的形成不是由于生产者或者销售者的过错,而是由于运输者、仓储者等第三人的过错。符合这种要求的,就构成产品责任中的先付责任,被侵权人应当主张生产者或者销售者承担中间责任的赔偿责任,生产者或者销售者承担赔偿责任之后,有权向第三人追偿。具体规则包括以下几个方面:

第一,生产者或者销售者承担的中间责任是无过错责任,无论有无过错都应当对被侵权人承担赔偿责任。如果缺陷不是由生产者或者销售者造成,而是由仓储者或者运输者等第三人造成的,生产者或者销售者承担了中间责任之后,就有权向仓储者或者运输者等第

---

[3] 朱克鹏、田卫红:《论产品责任法上的产品缺陷》,载《法学评论》1994年第6期。

三人追偿。在这里,不适用《民法典》第1175条关于第三人造成损害应当由第三人承担侵权责任的规则,适用先付责任规则。这是产品责任第三人责任的对外责任关系。

第二,产品的生产者或者销售者承担了中间责任之后,对仓储者或者运输者等第三人享有追偿权。在生产者和销售者之间承担产品责任的责任形态,也是不真正连带责任,不过是由中间责任人承担先付责任。在生产者或者销售者承担了中间责任之后,享有对制造缺陷的第三人的追偿权。这是产品责任第三人责任的对内关系,表现在对第三人的追偿关系。

第三,何为第三人,《民法典》第1204条明确规定的有运输者和仓储者,以及生产者、销售者之外的其他对缺陷产生具有过错的人。生产者或者销售者承担了赔偿责任之后,都有权对他们进行追偿。

二、产品责任的侵权行为禁令

《民法典》第1205条规定:"因产品缺陷危及他人人身、财产安全的,被侵权人有权请求生产者、销售者承担停止侵害、排除妨碍、消除危险等侵权责任。"这是关于产品责任侵权禁令的规定。这一规定的内容与《民法典》第1167条的内容一致,只是在产品责任中予以特别强调。

产品责任侵权禁令的构成要件是:第一,一个或者一种产品存在缺陷;第二,这种有缺陷的产品有危及他人人身、财产安全的风险;第三,实际上该缺陷产品尚未造成他人人身或者财产的损害。

符合上述要件的,人身、财产安全可能受到危及的人可以向法院起诉,请求判令产品的生产者、销售者承担停止侵害、排除妨碍、消除危险的民事责任。由于这种有可能造成他人损害的侵权行为尚未造成后果,故申请禁令是有风险的。为避免错误申请而造成生产者、销售者的损害,人身、财产安全可能受到危及的人在申请这种禁令时应当提供担保。

这种产品责任在现实中尚未造成实际损害,不存在实际的受害人,可以起诉的原告只能是可能受到损害的人。这样的案件符合公益诉讼的特征,消费者权益组织或者检察机关对这类案件有公益诉讼的起诉权,可以主张行使该禁令,保护不特定消费者的人身安全和财产安全。[4]这说明侵权行为禁令其实是可以包含停止侵害的责任方式的。

三、跟踪观察缺陷的产品责任

(一)跟踪观察缺陷产品责任的范围

因发展风险抗辩所确定的损害责任的分配可能有违公平正义,为了更好地保护消费者的合法权益,德国在司法实务中确立了生产者的跟踪观察义务。生产者将产品投入流通之后,负有跟踪监视义务,必须对所生产产品的性能以及实际使用效果进行不间断的跟踪观察,必要时应作出警告直至召回产品。由于人类的认识能力和科技水平不断提高,生产者应及时了解最新的相关科技成果,对新发现的产品危险应及时予以警告、说明。[5] 生产者将新产品投放市场后,必须尽到详尽的跟踪观察义务,对于用户反映和提出的问题必须及

---

[4] 王胜明主编:《中华人民共和国侵权责任法释义》(第2版),法律出版社2013年版,第264页。
[5] 赵相林、曹俊主编:《国际产品责任法》,中国政法大学出版社2000年版,第105页。

时解决,要进行研究,并且提出改进的方法。如果产品生产者对于投放市场的新产品没有尽到跟踪观察义务,应当发现而没有发现新产品存在的缺陷,或者已经发现新产品的缺陷而没有及时召回,或者没有进行必要的警示说明,致使消费者受到侵害的,构成跟踪观察缺陷,应当承担侵权责任。

在产品被推向市场时的科学技术水平不能发现该产品是否存在缺陷的,生产者应当负有跟踪观察义务,发现缺陷时应当及时召回产品,应当发现而没有发现或者已经发现而没有及时召回,即构成跟踪观察缺陷。[6]《民法典》第1206条规定:"产品投入流通后发现存在缺陷的,生产者、销售者应当及时采取停止销售、警示、召回等补救措施;未及时采取补救措施或者补救措施不力造成损害扩大的,对扩大的损害也应当承担侵权责任。依照前款规定采取召回措施的,生产者、销售者应当负担被侵权人因此支出的必要费用。"

(二) 跟踪观察缺陷产品责任的构成

按照这一规定,跟踪观察缺陷侵权的归责原则适用过错推定原则。理由在于,一方面,《民法典》第1206条规定的"未及时采取补救措施或者补救措施不力"本身,就说明产品生产者具有过失;另一方面,鉴于跟踪观察缺陷是违反跟踪观察义务,显然属于过失认定的范畴。据此,其归责的基础应该是生产者的过错,即应当尽到相应的注意义务而没有尽到,以具备道德上可责难性为基础。考虑到消费者和生产者之间的实力对比,以及生产者在履行跟踪观察义务中的积极地位,应该实行过错推定责任,先推定其存在过错,然后由其反证其没有过错。

在司法实践中应用《民法典》第1206条,最主要的是应当把握跟踪观察缺陷产品责任的构成要件。产品跟踪观察缺陷的侵权责任构成要件包括以下四个方面:

第一,行为违反跟踪观察义务。违反产品跟踪观察义务的不法行为包括不履行跟踪观察义务和不当履行跟踪观察义务。例如,产品存在致人重大损害的危险或该损害已实际发生时,生产者对该产品应当召回而没有召回,就违反法定义务,构成行为不法。不当召回,是生产者虽然实施了召回措施,但违反通常标准,采取补救措施不力,同样也是违法行为。

第二,已经造成损害。跟踪观察缺陷所致损害,主要是对生命、健康权的损害,以及由此而生的财产损失和精神痛苦。在损害事实方面,对跟踪观察缺陷产品责任没有特别要求。

第三,行为与损害之间具备因果关系。对跟踪观察缺陷产品责任的因果关系的确定,应当适用相当因果关系规则。依照社会通常观念,该种缺陷产品能够造成该种损害,且实际上已经由该种产品造成了该种损害,该种产品的缺陷为损害发生的适当条件的,就应当确认二者具有因果关系。

第四,生产者或者销售者未尽跟踪观察义务而有过失。生产者违反产品跟踪观察义务中的过失的判断标准,应当采取"理性人"的分析方法,同时适用消费者合理期待的标准。以理性人的标准要求生产者履行产品跟踪观察义务,生产者未善尽交易上的注意,即可认定为有过失。对这种义务的要求不能绝对化,而应该进行个案分析。由于消费者对产品安

---

[6] 杨立新:《侵权损害赔偿》,法律出版社2008年版,第227页。

全的需求因人而异,即使是一般的典型理性消费者,也会受到生产者于设计、制造过程或通过产品呈现、指示或其他形式赋予产品使用的目的与标准的影响,消费者对于产品之认识与安全期待受此影响发生变化。[7] 所以,在过失判断上,应当以生产者所履行的产品跟踪观察义务不背离一般消费者的通常安全期待为标准。

至于跟踪观察缺陷产品责任的赔偿问题,应当按照《民法典》第1203条规定的规则处理。

四、恶意产品责任的惩罚性赔偿金

(一)确立恶意产品责任惩罚性赔偿金的必要性

《民法典》第1207条规定:"明知产品存在缺陷仍然生产、销售,或者没有依据前条规定采取有效补救措施,造成他人死亡或者健康严重损害的,被侵权人有权请求相应的惩罚性赔偿。"与原《侵权责任法》第47条规定相比,这一条文增加了"没有依据前条规定采取有效补救措施",造成他人死亡或者健康严重损害的,也应承担惩罚性赔偿责任的新规则。这一规定具有重要意义,但对如何计算惩罚性赔偿金没有具体规定,应当进一步明确惩罚性赔偿责任的计算方法。对此,修订后的《消费者权益保护法》第55条第2款和《食品安全法》第148条第2款作出了明确的规定。

设立恶意产品责任的惩罚性赔偿制度,目的在于参酌英美法系关于惩罚性赔偿金的做法,以惩罚不法行为,并吓阻不法行为再度发生,维护消费者之合法权益。[8] 实践证明,《民法典》设立惩罚性赔偿责任的立法思想是正确的,惩罚性赔偿责任应当在司法实践中准确适用。

(二)恶意产品责任适用惩罚性赔偿责任的要件

1.恶意产品责任适用惩罚性赔偿责任的要件

第一,明知产品存在缺陷。明知产品存在缺陷,是生产者或者销售者已经确定地知道生产或者销售的产品存在缺陷,具有损害他人生命或者健康的危险。在客观上,该产品确实存在缺陷,有造成他人生命健康损害的危险;在主观上,生产者或者销售者已经明确地知道该产品存在缺陷,有造成他人生命健康损害的危险。明知是对故意的要求,明知危险而继续行为,是放任的故意形式,即间接故意。

第二,仍然生产、销售。仍然生产、销售,是生产者或者销售者继续将缺陷产品投入流通,并且希望其流通到消费者的手中。仍然生产、销售,是明知之后或者明知当中所为,也包括在生产销售之后,生产者、销售者通过已经发生损害之后的明知。无论怎样,只要是明知产品有缺陷可能造成他人损害,仍然生产、销售的,就具备本要件。

第三,造成他人生命健康损害。造成他人生命健康损害,是所有侵权人承担人身损害赔偿责任的要件,恶意产品责任当然须具备本要件。不同的是,恶意产品责任的人身损害后果其实在恶意产品责任人的主观意料之中,不出其所料。因此,确定其承担惩罚性赔偿

---

[7] 朱伯松:《德国商品生产者责任论——侵权行为责任法的分析》(下),载《法学丛刊》第36卷第3期。
[8] 戴志杰:《两岸〈消保法〉惩罚性赔偿金制度之比较研究》,载《台湾大学法学论丛》第53期。

责任是完全应当的。

2. 跟踪观察缺陷的恶意侵权惩罚性赔偿的构成要件

跟踪观察缺陷的恶意侵权适用惩罚性赔偿责任的构成要件是：第一，产品存在缺陷，投放市场时因科技水平所限不能发现；第二，生产者、销售者对已经投入流通的产品经跟踪观察发现有缺陷；第三，生产者、销售者没有按照法律规定履行停止销售、警示、召回义务，或者采取的补救措施不力；第四，该缺陷产品造成受害人死亡或者健康严重损害。

对跟踪观察缺陷的恶意侵权适用惩罚性赔偿的着眼点，在于生产者、销售者在履行跟踪观察义务时已经发现产品有缺陷且能够造成使用人的损害，却没有及时采取补救措施或者采取补救措施不力，造成损害后果的扩大。侵权人在主观上是有恶意的，因而应当规定其承担惩罚性赔偿责任。

(三) 恶意产品致害惩罚性赔偿责任的计算方法

《消费者权益保护法》第55条第2款规定了恶意产品致害和恶意服务致害的惩罚性赔偿责任的计算方法，《食品安全法》第148条第2款规定了恶意食品侵权责任惩罚性赔偿的计算方法，可以适用于《民法典》第1207条规定的惩罚性赔偿责任的计算。恶意服务致害责任超出了《民法典》第1207条规定的范围，属于新的法律规范，是新的请求权的法律基础，但其惩罚性赔偿责任的计算方法可以适用于《民法典》第1207条规定的惩罚性赔偿责任的计算。这种侵权惩罚性赔偿责任计算的具体规则如下：

1. 赔偿实际损失

确定恶意产品致害的惩罚性赔偿范围，首先应当计算受害人人身损害的实际损失，依照《消费者权益保护法》第49条、第51条以及《民法典》第1179条、第1180条、第1183条第1款规定，确定人身损害和精神损害的具体赔偿数额，予以赔偿。

2. 侵权惩罚性赔偿数额的确定方法

恶意产品致害的惩罚性赔偿数额是实际损失的"二倍以下"；恶意食品致害的惩罚性赔偿数额为实际损失的3倍。这是法定的计算方法：

第一，计算倍数的基准，是《消费者权益保护法》第49条规定的人身损害赔偿数额和第51条规定的精神损害赔偿数额。惩罚性赔偿数额既包括人身损害赔偿，也包括精神损害赔偿，是人身损害的赔偿数额和财产损害的赔偿数额总和的2倍以下或者3倍。

第二，具体的惩罚性赔偿数额是2倍以下，即最高为2倍，在2倍以下确定，法官对此有自由裁量权，可以根据实际情况，在2倍以下确定具体的惩罚性赔偿数额，可以是2倍，可以是1倍半，也是可以1倍，还可以是0.5倍。恶意食品致害的，惩罚性赔偿数额为实际损失的3倍以下。

第三，法官对具体赔偿数额的自由裁量的考量因素包括：一是经营者的故意程度，是间接故意还是直接故意；二是受害人或者受害人的近亲属所受伤害、所受痛苦或者精神损害的程度；三是实际赔偿数额的大小。根据以上三个要素，法官根据情况自由裁量具体赔偿数额，而不拘泥于受害人关于惩罚性赔偿数额的主张。

———— **本章思考题** ————

1. 产品责任是何种侵权责任？构成产品责任应当具备哪些要件？
2. 如何理解产品的概念？
3. 怎样界定缺陷的定义？产品缺陷有哪些种类？
4. 生产者承担产品责任的归责原则和具体规则是什么？
5. 销售者承担产品责任的归责原则和具体规则是什么？
6. 产品责任的不真正连带责任的基本规则是什么？
7. 第三人的过错引起的产品缺陷致人损害,应当适用何种规则确定侵权责任？
8. 我国的恶意产品致人损害的惩罚性赔偿数额应当怎样确定？

第五章　机动车交通事故责任

| 本章要点 |

本章依照《民法典》侵权责任编第五章的规定,介绍机动车交通事故责任的规则。首先,介绍机动车交通事故责任的概念和相关要素,阐释机动车交通事故责任的法律适用规则;其次,按照机动车运行支配与运行利益,介绍机动车交通事故责任中的特殊责任主体的不同情形;最后,介绍机动车驾驶人肇事逃逸的责任负担和好意同乘等规则。

　　机动车交通事故　　　　二元归责原则　　　　运行支配与运行利益
　　出租出借机动车损害责任　买卖未办理过户登记的机动车损害责任
　　挂靠机动车损害责任　　　擅自驾驶他人机动车损害责任
　　非法转让机动车损害责任　盗抢机动车损害责任　　好意同乘

| 典型案例 |

王某将机动车转让给秦某,车款两清,但一直没有办理过户手续。某晚下雨,秦某驾驶机动车运输玉米,在行驶过程中发生交通事故,将行人张某撞成重伤,交通事故认定书认定秦某负全部责任。张某向秦某、王某索赔无果,诉至法院。法院审理认为,王某将机动车转让给秦某,虽未办理过户手续,但秦某已经实际取得并占有了该车,对该车有管理、使用和收益的权利。王某已经失去对该车的支配权,也不能从该车运营中获得利益,对事故的发生无法控制和预防,故判决由车辆受让人秦某承担赔偿责任,王某不承担责任。

第一节　机动车交通事故责任基本规则

一、机动车交通事故责任的概念

(一)机动车交通事故责任的概念和特征

在学理上,机动车交通事故概念应当界定为,机动车与非机动车驾驶人员、行人、乘车人和其他在公路、城市道路和虽在单位管辖范围但允许社会机动车通行的地方,以及在广场、公共停车场等用于公众通行的场所上进行交通活动的人员,因违反《道路交通安全法》

和其他道路交通管理法规、规章的行为,过失造成他人人身伤亡或者财产损失的事件。

机动车交通事故责任的法律特征是:第一,机动车交通事故责任发生在道路交通领域;第二,责任人与受害人在事故发生之前不存在相对性的民事法律关系;第三,机动车交通事故责任的主要形式是人身损害赔偿,但常有财产损害赔偿;第四,机动车交通事故责任既受特别法调整,也受基本法调整。

机动车交通事故责任与工伤事故责任相似,基本上都由特别法具体规范。但是,机动车交通事故责任除受特别法即《道路交通安全法》的调整之外,还受《民法典》的调整。《民法典》侵权责任编第五章对机动车交通事故责任作出特殊规定和一般规定,即对机动车交通事故责任的特殊责任主体作出特别规定,在赔偿责任的具体规则上要适用侵权责任编的一般性规定。所以,在对机动车交通事故责任适用法律的时候,既要适用特别法的规定,也要适用基本法的规定。

(二)构成机动车交通事故的要素

1. 车的要素

在机动车交通事故责任法律关系中,车的要素是客体要素,包括机动车和非机动车。《道路交通安全法》第119条第3项规定,"'机动车',是指以动力装置驱动或者牵引,上道路行驶的供人员乘用或者用于运送物品以及进行工程专项作业的轮式车辆";第4项规定,"'非机动车',是指以人力或者畜力驱动,上道路行驶的交通工具,以及虽有动力装置驱动但设计最高时速、空车质量、外形尺寸符合有关国家标准的残疾人机动轮椅车、电动自行车等交通工具"。

2. 人的要素

在机动车交通事故责任法律关系中,人的要素是主体要素,是该法律关系的责任主体、行为主体和权利主体要素。

(1)机动车保有人。机动车保有人是指保有机动车并且对机动车享有支配权和收益权的法人、非法人组织或者自然人。简言之,机动车保有人就是车主。车主这个概念更为简洁,并且更符合我国语言习惯,便于群众理解。

(2)机动车驾驶人。机动车驾驶人是指符合国务院公安部门规定的驾驶许可条件,依法取得机动车驾驶资格,在道路上正在驾驶机动车的自然人。

(3)非机动车驾驶人。《道路交通安全法实施条例》第72条和第73条规定了三种非机动车驾驶人:一是年满12周岁,在道路上驾驶自行车、三轮车的人;二是年满16周岁,在道路上驾驶电动自行车、残疾人机动轮椅车的人;三是年满16周岁,在道路上驾驭畜力车的人。除这三种非机动车驾驶人之外,还有其他能够驾驶不属于机动车、同时也不属于高速运输工具的机动车的自然人,例如,驾驶设计时速不超过20公里的轮式手扶拖拉机的人。

(4)行人。行人是在道路上行走的自然人。

(5)受害人。机动车交通事故责任中的受害人,是损害赔偿法律关系的权利主体,其享有侵权损害赔偿请求权,有权请求机动车交通事故责任人承担侵权责任。

3. 道路与交通的要素

(1)道路。按照《道路交通安全法》第119条第1项的规定,道路是指公路、城市道路和虽在单位管辖范围但允许社会机动车通行的地方,包括广场、公共停车场等用于公众通行的场所。

(2)交通。交通是指机动车、非机动车以及行人在道路上往来通达,实现交往沟通目的的社会活动。

4.事故与责任的要素

(1)事故。交通事故是指车辆在道路上因过错造成他人人身伤亡或者财产损失的事件。

(2)责任。机动车交通事故责任中的责任属于损害赔偿责任,是民事责任、侵权责任、财产责任。在民法领域研究机动车交通事故责任,并不包括其他法律责任,特别是不包括刑事责任和行政责任。

二、《道路交通安全法》第76条规定的机动车交通事故责任的基本规则

《民法典》第1208条规定:"机动车发生交通事故造成损害的,依照道路交通安全法律和本法的有关规定承担赔偿责任。"按照这一规定,首先必须准确理解《道路交通安全法》第76条规定的基本规则。《道路交通安全法》第76条规定的基本规则如下:

(一)保险优先原则

机动车发生交通事故,首先由机动车强制保险赔付。在强制保险范围内,不适用侵权法的规则,不问过错,只按照机动车强制保险的规则进行。机动车强制保险赔付不足的部分,适用侵权责任法的规则处理。

(二)二元归责原则体系

机动车交通事故责任的归责原则为二元化体系:机动车造成非机动车驾驶人或者行人人身损害的,适用过错推定原则;机动车相互之间造成损害,以及其他机动车交通事故责任,适用过错责任原则。

(三)适当的过失相抵规则

机动车与非机动车驾驶人或者行人在交通事故中各有过错的,构成与有过失,实行过失相抵。应当注意的是,由于实行优者危险负担规则,故在按照过错程度和原因力规则确定了机动车一方的责任后,应当适当增加其责任比例,以不超过10%为妥。例如,双方责任为同等责任的,机动车一方应当承担不超过60%的责任。

(四)机动车一方无过错

机动车一方无过错,损害是由非机动车驾驶人或者行人一方的过失引起的,机动车一方承担不超过10%的责任。具体数额可以按照非机动车驾驶人或者行人的过错程度具体确定,最低不应低于5%。一般情况下,应当根据非机动车驾驶人或者行人的过失程度,在5%~10%范围内,确定机动车一方的具体赔偿数额。

（五）受害人故意

交通事故损失是因非机动车驾驶人或者行人的故意引起的，机动车一方不承担责任。对此，《道路交通安全法》第76条规定，"非机动车驾驶人、行人故意碰撞机动车"才可以免除机动车一方的责任，但其范围过窄。凡是非机动车驾驶人或者行人故意引起的交通事故损失，都应当免除机动车一方的责任。

三、机动车交通事故责任的归责原则及构成要件

（一）归责原则的适用

机动车交通事故责任的归责原则包括过错推定原则和过错责任原则，是二元归责原则。

适用过错推定原则的机动车交通事故，是机动车造成非机动车驾驶人或者行人人身损害的交通事故。

适用过错责任原则的情况比较复杂，具体分为以下几种情形：第一，机动车相互之间发生交通事故的，实行过错责任原则；第二，非机动车驾驶人或者行人相互之间造成损害的，适用过错责任原则；第三，非机动车驾驶人或者行人与机动车之间发生交通事故造成机动车一方财产损害的，适用过错责任原则。

（二）构成要件

1. 机动车交通事故责任的违法行为

机动车交通事故责任中的违法行为，是指在道路交通过程中，道路交通参与人违反不可侵义务以及以保护他人为目的的法律所规定的义务的作为和不作为。

机动车交通事故责任中行为的违法性，是指机动车交通事故责任人的行为在客观上与法律的规定相悖，有违法律所确认的法秩序，其中主要违反法定义务以及违反以保护他人为目的的法律。

在机动车作为一方当事人的机动车交通事故责任中，机动车处于运行的状态是其违法行为的必要条件。

2. 机动车交通事故责任的损害事实

机动车交通事故责任中的损害事实，是指由于道路交通参与人的过失行为造成的权利主体的人身权利或者财产权利的不利益状态。机动车交通事故责任中的损害主要是人身权利受到侵害，也存在财产权利受到侵害的情况。机动车交通事故责任中的损害可以分为人身损害、精神损害和财产损害。

3. 机动车交通事故责任的因果关系

机动车交通事故责任中的因果关系，是指道路交通参与人的违法行为作为原因，与损害事实之间的引起与被引起的关系，它们之间存在前者引起后者，后者被前者引起的客观联系。

机动车交通事故责任中的因果关系具有复杂化和多样化的特点。机动车交通事故责任中的因果关系的判断可以通过采纳直接因果关系规则、相当因果关系规则等来确定。

4. 机动车交通事故责任的过错

机动车交通事故责任中的过错,在一般情况下都表现为过失,只有在受害人故意引起机动车交通事故责任损害时才表现为故意。故意以交通肇事伤害他人的,构成刑事犯罪。

在机动车交通事故责任中,机动车一方违反善良管理人的注意义务,为有过失;违反普通人的注意义务,则为有重大过失。非机动车驾驶人或者行人一方违反与处理自己的事务为同一注意的义务,为有过失;违反普通人的注意义务,为重大过失。

四、机动车交通事故责任的责任形态

机动车交通事故责任主要是损害赔偿责任,其基本责任形态是替代责任和自己责任。其中,替代责任是常态,凡是机动车保有人与机动车驾驶人相分离的机动车交通事故责任,都属于替代责任;而机动车保有人自己驾驶机动车造成交通事故致人损害的,是自己责任。机动车交通事故责任构成共同侵权,无论是自己责任还是替代责任,都构成连带责任。

(一)机动车交通事故责任中的替代责任

机动车交通事故的替代责任,是指机动车驾驶人因其过失行为造成机动车交通事故责任致他人人身损害或者财产损害的,由机动车保有人作为责任主体承担赔偿责任,并在承担了赔偿责任之后,有权向有过错的机动车驾驶人追偿的侵权责任形态。

在侵权责任形态体系中,自己责任是常态,替代责任是非常态。但机动车交通事故是特殊侵权行为,因而替代责任是机动车交通事故责任的常态,而自己责任是非常态。

承担替代责任的机动车交通事故责任的类型主要有:一是法人或者非法人组织作为机动车所有人与其工作人员作为机动车驾驶人的替代责任;二是雇主雇用雇工驾驶机动车的替代责任;三是机动车保有人将机动车出借,由他人作为机动车驾驶人的替代责任;四是承揽人为定作人执行承揽活动的特殊情形的替代责任;五是监护人因未成年子女驾驶机动车发生交通事故致人损害的替代责任。

承担替代责任的基础,是行为人与责任人相分离。也就是说,在承担替代责任的侵权行为中,加害人一方一定要有两个主体:一个是实施侵权行为的行为人;另一个是承担侵权责任的责任人。只有这两个主体之间具有特定关系,处于特定地位,并且在特定状态下造成他人损害,才能构成替代责任。

(二)机动车交通事故责任中的自己责任

机动车交通事故的自己责任,就是机动车保有人自己驾驶机动车,或者家庭成员驾驶家庭保有的机动车,由于自己的过错造成机动车交通事故致他人人身损害或者财产损害,应当由自己或者家庭承担赔偿责任的机动车交通事故责任的责任形态。

在机动车交通事故责任损害赔偿的责任形态中,作为侵权责任形态常态的自己责任成为非常态的责任形态。

适用自己责任的机动车交通事故责任主要有以下几种类型:一是自己驾驶自己保有的机动车的责任;二是驾驶私家车的责任;三是合伙事务执行人驾驶合伙共有的机动车的责任。

(三)机动车交通事故责任中的连带责任

机动车交通事故存在共同侵权情况,故存在连带责任的侵权责任形态。机动车交通事故责任中的共同侵权只能由过失构成。机动车交通事故责任中的共同侵权有两种情形:第一种是两个以上的机动车因为共同过失造成同一个受害人损害,其因果关系具有同一性,造成的损害不可分割,两个以上的机动车构成共同侵权。第二种是共有的机动车发生机动车交通事故责任致人损害,数个机动车共有人应当承担的责任也是共同侵权责任。上述两种机动车交通事故共同侵权责任都是连带责任,存在替代责任的连带责任和自己责任的连带责任。与替代责任和自己责任在机动车交通事故责任中的地位一样,本来应当作为连带责任常态的自己责任,在机动车交通事故连带责任中却成为非常态;而作为连带责任非常态的替代责任,却成为机动车交通事故连带责任中的常态,是常见的连带责任方式。

第二节 特殊责任主体

一、确定机动车交通事故特殊责任主体的依据

在机动车交通事故责任中,除基本的责任形态即替代责任、自己责任和连带责任的主体之外,还有其他特殊的侵权责任主体。这主要涉及机动车保有人和机动车使用人何者为机动车交通事故责任主体的问题。

机动车交通事故责任主体的一般规则,是替代责任、自己责任以及连带责任,但同时存在特殊责任主体的问题。如在机动车保有人与机动车使用人相分离的情形下,则应当从机动车运行支配和运行利益两个方面进行考量:首先,考量机动车的运行支配,即谁有能力来控制发生事故的机动车的风险;其次,考量谁对机动车的运行享有利益,即谁从机动车的运行中获利。只有将两个方面结合考虑,才能正确确定机动车交通事故责任的特殊主体。

(一)我国确定机动车交通事故损害赔偿特殊责任主体的基础理论

1. 运行支配与运行利益结合的二元理论

机动车交通事故损害赔偿责任主体是承担此种赔偿责任的人。机动车交通事故损害赔偿责任主体的认定原则,目前学术界和审判实务中大都认同运行支配与运行利益归属相结合的"二元说",即从运行支配和运行利益两个方面考量。运行支配,即谁对机动车的运行具有支配和控制的权利;运行利益的归属,即谁从机动车运行中获得利益。最高人民法院曾经作出的相关司法解释也同样体现了以运行支配与运行利益作为认定机动车交通事故损害赔偿责任主体的基本原则。例如,《关于购买人使用分期付款购买的车辆从事运输因交通事故造成他人财产损失保留车辆所有权的出卖方不应承担民事责任的批复》《关于连环购车未办理过户手续,原车主是否对机动车发生交通事故致人损害承担责任的请示的批复》等相关规定,都展现了我国立法者对机动车交通事故损害赔偿责任主体认定的基本

思路。

我国法学理论和司法实践对以二元说为原则认定机动车交通事故损害赔偿责任主体没有太大的争议,至于如何确定运行支配与运行利益,则有广义与狭义之分。广义说认为,运行支配包括具体的实际支配,如机动车保有人本人驾驶、借用人驾驶、擅自驾驶的情形;也包括潜在的、抽象的支配,如机动车保有人将机动车借给他人、租给他人、承包给他人驾驶以及机动车的挂靠经营等情形。运行利益的归属包括因机动车运行而取得的直接利益和间接利益,以及基于心理感情的因素而发生的利益,如精神上的满足、快乐、人际关系的和谐等。狭义说认为,运行支配和运行利益的归属仅指在发生机动车交通事故这一具体的、实际的运行过程中对机动车的实际支配和运行利益的具体归属,不包括潜在、抽象的支配和间接的利益归属。

2.运行支配与运行利益相结合的二元说的广义性与狭义性辨析

理论和实践中对于机动车交通事故损害赔偿责任主体认定存在的差异,大多源于对运行支配与运行利益相结合的二元说的广义与狭义认识的不同。法学界通说认为,以运行支配与运行利益作为机动车交通事故的责任主体的认定标准,即某人是否为机动车交通事故的责任主体,要同时符合两个标准,既要看其对该机动车的运行是否在事实上处于支配管理地位,又要看其对该机动车的运行本身是否获得利益。就一般情况而言,依该原则确定损害赔偿责任主体是可行的,但在一些特殊情况下,认定依据只能是运行支配,因为支配足以决定一切。况且在有些情况下,运行支配与运行利益的主体是分离的。例如,机动车保有人令机动车驾驶人为朋友无偿搬运物品,运行利益归属其友人,而运行支配管理权仍属于机动车保有人,若依据运行支配与运行利益两个标准则无法确切认定赔偿责任人。[1]

认定机动车交通事故损害赔偿责任主体,应该将运行支配与运行利益结合起来考量,以运行支配为基础,强调支配者应承担责任,在特定情形下加入运行利益作为补充:

第一,从性质上来讲,机动车交通事故损害赔偿责任是侵权损害赔偿责任,应该以自己责任为核心。当运行支配人与运行利益人为同一人时,其即为侵权行为人与侵权责任人,对自己行为所造成的损害承担赔偿责任;当运行支配人与运行利益人非同一人时,则以运行支配为据确认运行实际支配人为责任人并承担赔偿责任。因此,认定机动车交通事故损害赔偿责任主体的基本依据,应为机动车运行中的具体的实际支配,而不包括潜在的、抽象的支配。这是因为机动车交通事故是在机动车运行过程中发生的,以及人对机动车实际运行过程起着控制和支配决定的作用。换言之,认定机动车交通事故损害赔偿责任主体,应以机动车运行支配为基本原则或者主要原则。但是,考虑到特殊情况下运行支配与运行利益是分离的,如运行支配者为他人利益,无偿为他人搬家、接新娘、运送货物等,在此过程中发生交通事故致他人人身及财产损害,由运行支配者承担全部损害赔偿责任显失公平。在此种情况下,由运行支配者承担损害赔偿责任,运行利益归属者或者运行利益期待者承担部分损害赔偿责任或者承担连带赔偿责任,是公平合理的。由此得出的结论是,认定机动车交通事故损害赔偿责任主体,在运行支配与运行利益相分离的情况下,以机动车运行支配为基本原则或主要原则,以运行利益的归属为补充原则。

---

[1] 王志娟:《论机动车交通事故的赔偿责任主体》,载《当代法学》2003年第4期。

第二,自己对自己的行为的后果承担责任,是现代民法基本原则之一,即自己只对自己的过错或者自己的行为承担责任,不能为别人的过错行为承担责任。适用狭义的运行支配与运行利益归属学说认定机动车交通事故损害赔偿责任主体符合这一原则的要求。最高人民法院《关于购买人使用分期付款购买的车辆从事运输因交通事故造成他人财产损失保留车辆所有权的出卖方不应承担民事责任的批复》指出:"采取分期付款方式购车,出卖方在购买方付清全部车款前保留车辆所有权的,购买方以自己名义与他人订立货物运输合同并使用该车运输时,因交通事故造成他人财产损失的,出卖方不承担民事责任。"其中"购买方以自己名义与他人订立货物运输合同并使用该车运输",也在实际上反映了运行支配与运行利益以及责任者的行为与事故之间具体的因果关系。

(二)我国确定机动车交通事故损害赔偿特殊责任主体的基本规则

确定机动车交通事故损害赔偿责任主体,必须寻求利益关系的平衡。如果法律将其规定得过于宽泛,不利于社会效率的提高;如果规定得过于狭窄,则不利于社会公平的实现。效率与公平之间的平衡是法律始终追求的目标,舍弃任何一方,都不符合民法的立法宗旨。运行支配和运行利益结合的二元论理论,只是确定机动车交通事故责任主体的基本依据,对于具体问题需要制定具体规则,以期寻求效率和公平的最佳契合点。我国《道路交通安全法》确定机动车交通事故损害赔偿责任的基本原则为过错推定原则,实际上已经倾斜于社会公平方向。"撞了白撞"当然不能成为法律施行的社会效果,但是如果使机动车保有人承担过度的责任,也会得不偿失。根据法经济学理论,过度沉重的法律责任会使运营成本上升,进而加重整个社会的负担,不利于社会进步。在确定责任主体的过程中,应该偏重于运行支配理论,尽量做到侵权者自己负担责任,以保障社会效率。另外,要完善机动车第三人强制险制度,保障社会公平。

机动车交通事故赔偿责任主体的确认主要有两个方面:一是机动车保有人肇事;二是机动车使用人肇事。前者的责任主体与行为主体是同一人,行为人当然是对自己实施的行为负责,而不是对他人实施的行为负责,也不是对自己所有或管理的物件致人损害的后果负责。此时机动车驾驶人既是机动车运行的支配者,又是运行利益的归属者,驾驶人驾车发生交通事故,当然应由机动车驾驶人承担损害赔偿责任。主要问题和争论集中在后者,即机动车使用人肇事,机动车交通事故发生在机动车支配权和所有权分离的情形。对于支配权和所有权分离时责任主体的确定,应该区分三种情形:一是非基于机动车保有人的意思而导致的支配权与所有权分离,主要包括盗窃、抢夺、抢劫驾驶、擅自驾驶等情形;二是基于机动车保有人的意思而导致的支配权与所有权的分离,主要包括出租、友情出借、挂靠等情形;三是未过户的机动车肇事、保管的机动车肇事、所有权保留的机动车交通事故特殊责任主体的情形。对于第一种情形,原则上应该本着运行支配理论分担肇事责任;对于第二种情形,可以结合运行支配与运行利益具体区分责任主体;对于第三种情形,原则上除非有重大过失或者故意,否则机动车保有人不承担责任,由驾驶人独自承担责任。

二、出租、出借机动车损害责任

《民法典》第 1209 条规定:"因租赁、借用等情形机动车所有人、管理人与使用人不是同一人时,发生交通事故造成损害,属于该机动车一方责任的,由机动车使用人承担赔偿责任;机动车所有人、管理人对损害的发生有过错的,承担相应的赔偿责任。"

(一)光车出租

光车出租,是指出租公司仅出租机动车,并不提供驾驶人。这种情况应当完全按照《民法典》第 1209 条确定责任。承租人租用机动车使用,发生交通事故,承租人作为使用人,应当承担赔偿责任。本条规定的机动车出租,主要是指这种机动车租赁业务。

如果出租人有过错,应当承担相应的赔偿责任。相应的赔偿责任应当根据出租人的过错程度以及行为的原因力来确定。

(二)带驾驶人出租

对于带驾驶人出租的机动车在发生交通事故致人损害时究竟应当怎样承担侵权责任,学界和司法实务界有不同的意见。我们认为,带驾驶人出租机动车的性质属于承揽合同,日常乘坐的出租车就是如此。承租人相当于定作人,出租人相当于承揽人,承揽的事项是按照承租人的指示提供车辆并且按照指示运行。因此,带驾驶人的机动车出租,其实并非出租机动车,而是定作人与承租人达成合意,承租人出车出人,为定作人完成运营。这个运营就是承揽的劳动成果。承租人其实就是定作人,出租人出租的也不是车,而是连人带车一起为承租人服务。对于双方当事人的权利义务的确定,应当适用承揽合同的规定,不适用《民法典》第 1209 条规定。

带驾驶人的出租机动车发生交通事故致人损害,应按照《民法典》第 1193 条关于"承揽人在完成工作过程中造成第三人损害或者自己损害的,定作人不承担侵权责任。但是,定作人对定作、指示或者选任有过错的,应当承担相应的责任"的规定确定责任主体。首先,在因驾驶人的过失导致事故发生的情形下,无论是造成自己损害还是造成他人损害,都应当由出租人承担侵权责任;其次,即使机动车一方没有过错,非机动车驾驶人或者行人因为自己的过错造成损害,机动车一方应当承担不超过 10% 的责任时,该侵权损害赔偿责任也须由出租人承担,无须由承租人承担;再次,由于机动车承租人的定作过失或者指示过失,造成机动车驾驶人或者他人损害,依照定作人指示过失的规则,由承租人承担定作人指示过失责任,承担损害赔偿责任;最后,如果机动车驾驶人有过失,承租人在定作和指示上也有过失,则应当按照客观关联共同的共同侵权行为规则,由双方承担连带责任。

(三)出借机动车损害责任

《民法典》第 1209 条将机动车出租和出借两种情形规定在一起,两种情形适用同样的规则。对待友情出借机动车致人损害的赔偿责任主体问题,应当持谨慎态度。出租和出借机动车发生交通事故,二者在处理的规则上是一样的,但出借人过错的认定有所不同:首先,借用人借用他人机动车造成交通事故,借用人应当自己承担损害赔偿责任,机动车的出借人不承担责任。其次,机动车所有人、管理人即出借人对损害的发生有过错的,承担相应的赔偿责任。这种过错,应当是重大过失。理由是,友情出借机动车并不存在运行物质利益,而且车主即出借方对机动车的运行也没有支配力,不如此则不公平。

（四）具体适用规则

在司法实践中适用本条的具体规则是：

第一，对于出租或者出借后的机动车交通事故造成的损失，只要是属于机动车一方责任的，原则上应当由承租人或者借用人承担赔偿责任，出租人或者出借人对于损害不承担责任。

第二，机动车所有人、管理人也就是出借人或出租人对于损害的发生有过错的，应当承担相应的赔偿责任。原《侵权责任法》第 49 条没有规定机动车的管理人这一责任主体。《民法典》增加规定这一主体，能够应对各地因机动车限购政策出现的出资购买机动车的人不是登记机动车的所有权人，而是实际管理人或者使用人的状况。将机动车管理人列为责任主体，可以排除实际上对机动车没有权属利益的人的责任。例如，在北京限购政策下，由于摇不到号而借用或者购买他人的牌照购买新车的，尽管机动车登记在他人名下，但是，实际支配权和控制权都在借用人或购买人，其不是机动车的所有人而是管理人。当其将自己管理的机动车借用或者租用给他人时，出现了机动车实际管理人与使用人发生分离的情况，发生交通事故造成他人损害的，应当适用这一规定，在管理人有过错的情况下，承担相应的赔偿责任。

第三，如何确定机动车所有人、管理人有过错。依照《道路交通事故赔偿解释》第 1 条规定，一是出借人知道或者应当知道机动车存在缺陷，且该缺陷是交通事故发生原因之一。这种情况是指出借人将有缺陷的机动车出借给借用人，不告知借用人机动车缺陷而造成损害的，出借人应承担连带责任；如果出借人已经说明情况，借用人仍借用并造成损害的，出借人对损害应承担与自己的过错相应的赔偿责任。二是出借人明知借用人没有驾驶资质或者未取得相应驾驶资质。这种情况是指借用人不具备驾驶技能或者没有驾驶该种机动车资格。这种情形要求出借人知道或者应当知道借用人没有资质，因而与借用人一起承担连带责任。如果借用人采取欺骗方法，或者隐瞒自己没有资质的事实，骗借机动车，出借人应当发现而没有发现的，应对损害承担与自己的过失相应的赔偿责任。三是知道或者应当知道借用人处于不适驾状态，即借用人因饮酒、服用国家管制的精神药品或者麻醉药品，或者患有妨碍安全驾驶机动车的疾病的。四是其他方面的过错。

第四，责任形态是混合责任。相应的责任是指机动车所有人对于损害的发生，承担与自己的过错程度或者原因力相适应的责任比例，而不是全部责任。在实际操作中，被侵权人只起诉承租人或者借用人，承租人或借用人承担全部赔偿责任；只起诉机动车所有人的，机动车所有人按照过错程度和原因力，承担相应的责任，不承担全部责任；向法院一并起诉借用人或者承租人以及机动车所有人的，法院根据按份责任的规则确定各自的损害赔偿责任份额，机动车使用人承担连带责任，机动车所有人承担按份责任。

三、未办理过户登记的机动车的损害责任

《民法典》第 1210 条规定："当事人之间已经以买卖或者其他方式转让并交付机动车但是未办理登记，发生交通事故造成损害，属于该机动车一方责任的，由受让人承担赔偿责任。"这是规定买卖但未过户的机动车的损害赔偿责任的规则。

在二手机动车的买卖中经常有这种情况，即原机动车所有人(登记机动车保有人，也叫作登记车主)将机动车交付给买受人(实际机动车保有人，也叫作事实车主)后，并未按照规定办理过户手续，导致登记机动车保有人和实际机动车保有人相分离的现象。

对此，最高人民法院曾经作出《关于连环购车未办理过户手续，原车主是否对机动车发生交通事故致人损害承担责任的请示的批复》，规定连环购车未办理过户手续，因机动车已交付，原机动车保有人既不能支配该车的运营，也不能从该车的运营中获得利益，故原机动车保有人不应对机动车发生交通事故致人损害承担责任。《民法典》仍然坚持这样的立场，明确制定了第1210条规定的规则。

《民法典》第1210条如此规定的理由是我国机动车所有权变动采登记对抗主义。按照我国《民法典》第225条的规定，船舶、航空器、机动车等未进行过户登记的物权的设立、变更、转让、消灭，未经登记的，不得对抗善意第三人。可以确认，我国对机动车买卖进行登记过户，采取的是登记对抗主义，即交付就已经发生所有权转移的效力，未进行过户登记仅仅是不得对抗已经登记的善意第三人而已。同时，机动车所有权变动的登记是一种行政管理措施，而非所有权变动的公示方式。因此，在机动车买卖但未过户的情况下，只要交付，其所有权就已经发生了转移，登记过户只是获得对抗第三人的效力，未过户登记并不影响所有权转移和风险承担。

适用《民法典》第1210条的要件是：第一，当事人之间已经以买卖或其他方式转让并交付机动车。交付的含义，就是转移所有权，根据《民法典》第225条规定，机动车是动产，所有权转移不是登记转移，而是交付转移。第二，双方当事人未办理所有权转移登记。事实上，机动车转移登记虽然也叫作过户登记，但并非所有权变动的公示方式，而是管理登记，即车主的登记，登记并不是转移所有权的必要手续，而是行政管理的手续。第三，转让的机动车发生交通事故。在交通事故中，转让的该机动车是肇事一方的车辆。第四，交通事故责任属于机动车一方。经过交通事故责任认定，该交通事故责任由属于事实车主的机动车一方承担，即事实车主的责任。符合这四个条件，由受让人即机动车的事实车主承担赔偿责任，登记车主也就是机动车出让人不承担责任。第五，被多次转让但是未办理登记的机动车发生交通事故造成损害，属于该机动车一方责任，当事人请求由最后一次转让并接受交付的受让人承担赔偿责任的，人民法院应予支持。

四、以挂靠形式经营的机动车发生交通事故的责任分担

《民法典》第1211条规定："以挂靠形式从事道路运输经营活动的机动车，发生交通事故造成损害，属于该机动车一方责任的，由挂靠人和被挂靠人承担连带责任。"这是对挂靠机动车交通事故责任的规定，原《侵权责任法》"机动车交通事故责任"一章没有这样的规定。

机动车挂靠经营，是指个人将其出资取得的机动车挂靠在有运输资质的运输企业名下，并以运输企业的名义办理机动车行驶证件及营运证件，从事机动车经营活动的行为。我国的运输市场秩序比较混乱，以挂靠形式从事道路运输经营活动进行运营是比较普遍的现象，原因是从事机动车运营活动，需要政府管理部门核准资质，而政府只给法人或者非法人组织办理运营资质，不给个人颁发运营资质。因而个人如果从事机动车运营活动，只能

挂靠到有运营资质的单位,才能进行合法的运营活动。对挂靠情况下发生交通事故致人损害,认定机动车保有人为侵权责任主体,承担侵权责任,是没有问题的,因为机动车保有人享有运行利益、进行运行支配,其作为责任主体是没有疑问的;有争议的是,被挂靠企业是否为责任主体。

以挂靠形式进行机动车运营的法律关系的特点包括:一是享有机动车所有权的个人没有运营资质,须挂靠到有运营资质的机动车运营单位,以该单位的名义进行运营活动。二是被挂靠的运营单位同意其挂靠,将该个人作为自己的名义职工,允许该个人用运营单位的名义进行运营。三是双方通常有一定的利益交换,即挂靠的一方要按期交给被挂靠的一方约定的管理费,就此双方形成权利义务关系;也有极少数是完全免费挂靠的。四是挂靠的机动车所有权人虽然是以被挂靠单位的名义运营,但实际上还是自己在运营,原则上并非受被挂靠单位的管控。根据《民法典》第1211条的规定,挂靠机动车发生交通事故造成他人损害,属于该机动车一方责任的,其责任分担的方式是挂靠一方和被挂靠一方共同承担连带责任。被侵权人可以向挂靠一方或者被挂靠一方主张损害赔偿责任,挂靠一方与被挂靠一方应当依照《民法典》第178条关于连带责任规定的规则承担责任。

五、擅自驾驶他人机动车发生交通事故的责任分担

《民法典》第1212条规定:"未经允许驾驶他人机动车,发生交通事故造成损害,属于该机动车一方责任的,由机动车使用人承担赔偿责任;机动车所有人、管理人对损害的发生有过错的,承担相应的赔偿责任,但是本章另有规定的除外。"这是对擅自驾驶他人机动车发生交通事故规定的新规则。

未经允许驾驶他人机动车,就是擅自驾驶他人机动车,发生交通事故造成他人损害,就是擅自驾驶他人机动车发生交通事故的损害责任。

构成擅自驾驶他人机动车交通事故责任的要件是:第一,行为人未经允许驾驶他人机动车,有两种情形:一是完全背着机动车所有人或者管理人,秘密将他人的机动车开走;二是行为人向机动车所有人、管理人借车未得到同意,擅自将他人的机动车开走。无论是哪种情形,都构成擅自驾驶他人的机动车。第二,行为人在驾驶他人机动车行驶过程中发生交通事故,造成第三人人身损害或者财产损害。第三,发生的交通事故的责任属于该机动车一方。

擅自驾驶他人机动车交通事故损害责任的承担方式是:首先,与《民法典》第1209条规定的责任形态相同,是混合责任,即部分责任人承担连带责任,部分责任人承担按份责任;其次,机动车使用人应当承担全部赔偿责任,即使在机动车所有人、管理人有过失的情况下,也应当承担连带赔偿责任;再次,机动车所有人或者管理人有过失的,承担相应的责任即按份责任,不承担连带责任;最后,另有规定的,依照特别规定承担责任。

擅自驾驶他人机动车造成损害的责任承担规则,与租用、借用机动车发生交通事故的责任承担规则是一样的。从实际情况观察,在擅自驾驶他人机动车损害责任中,行为人的主观心理状态与租用、借用他人机动车的行为人的心理状态不一样,具有一定的对支配行为的恶意,但不是对结果的恶意。在这种情况下,虽然承担责任的基本形态是混合责任,但是在确定机动车所有人、管理人的相应责任时,应当与租用、借用他人机动车损害责任有所区别,即擅自驾驶他人机动车的情况下擅自驾驶人的过错程度较重,而机动车所有人、管理人的过错程度明显要轻,承担的责任应当适当。

六、非法转让机动车损害责任

《民法典》第 1214 条规定:"以买卖或者其他方式转让拼装或者已经达到报废标准的机动车,发生交通事故造成损害的,由转让人和受让人承担连带责任。"本条规定的是非法转让机动车造成交通事故致人损害的连带责任。在机动车管理中,严禁拼装机动车,也不准转让已经达到报废标准的机动车。违反法律规定,非法转让拼装的机动车或者已经达到报废标准的机动车,属于严重的违法行为,转让人和受让人主观上都具有故意违法的意图。对于转让人或者受让人是否知道转让的是报废车、拼装车,采用客观标准。《侵权责任编解释(一)》第 20 条规定:"以买卖或者其他方式转让拼装或者已经达到报废标准的机动车,发生交通事故造成损害,转让人、受让人以其不知道且不应当知道该机动车系拼装或者已经达到报废标准为由,主张不承担侵权责任的,人民法院不予支持。"

采取这种非法方式转让拼装的机动车或者达到报废标准的机动车,发生交通事故造成损害的,无论是造成他人损害,还是造成自己损害,就将双方在非法转让中的故意视为对损害发生的放任,在转让人和受让人之间具有共同的间接故意。又因为发生了交通事故造成了损害,所以转让人与受让人构成共同侵权,由转让人和受让人承担连带责任,这完全符合侵权责任法的原理,也符合《民法典》第 1168 条关于共同侵权行为应当承担连带责任的规定。

这种机动车交通事故责任是绝对责任,即无论买卖的是拼装车还是报废车,只要造成他人损害,出卖人和买受人就必须承担连带责任,并且无论经过几手转卖,都应当如此;同时,承担这种绝对责任不得主张减轻责任或免除责任。《道路交通事故赔偿解释》第 4 条规定:"拼装车、已达到报废标准的机动车或者依法禁止行驶的其他机动车被多次转让,并发生交通事故造成损害,当事人请求由所有的转让人和受让人承担连带责任的,人民法院应予支持。"

七、盗抢机动车损害责任

《民法典》侵权责任编第 1215 条规定:"盗窃、抢劫或者抢夺的机动车发生交通事故造成损害的,由盗窃人、抢劫人或者抢夺人承担赔偿责任。盗窃人、抢劫人或者抢夺人与机动车使用人不是同一人,发生交通事故造成损害,属于该机动车一方责任的,由盗窃人、抢劫人或者抢夺人与机动车使用人承担连带责任。保险人在机动车强制保险责任限额范围内垫付抢救费用的,有权向交通事故责任人追偿。"这一条文是对盗抢机动车交通事故责任的规定。

盗窃、抢劫或者抢夺他人的机动车,是侵害他人财产的违法犯罪行为,在非法占有该机动车行驶中,发生交通事故造成他人损害的,盗窃人、抢劫人或者抢夺人应当承担损害赔偿责任,而不是由机动车所有人、管理人承担侵权责任。在盗窃、抢劫或者抢夺他人机动车的过程中发生的交通事故致人损害,也应当适用本条规定。

盗窃人、抢劫人、抢夺人将非法占有的他人机动车转移给使用人使用,形成非法占有人与使用人并非同一人的情形,其中既包括交给他人使用,也包括将非法占有的机动车有偿或者无偿转让给他人使用。在这种情形下发生交通事故致人损害,属于该机动车一方责任的,盗窃人、抢劫人、抢夺人与机动车使用人承担连带责任,而不能由于非法占有人已经将机动车转让而不承担责任。确定这一规则的基础是,盗抢机动车的人与使用盗抢得来的机动车的人,实际上总是有一定的关联,使用人无论是有偿使用,还是无偿使用,甚至是购买盗赃机动车,在其使用机动车时发生交通事故造成他人损害,都应当承担赔偿责任;而盗窃、抢劫、抢夺机动车的人更应当承担责任。因此,确定他们承担连带责任,是完全有道理的。

盗窃、抢劫、抢夺的他人机动车发生交通事故致人损害,找不到侵权责任主体时,例如,盗抢机动车发生交通事故后,盗抢人逃逸,不知下落,机动车强制保险的保险人应当在机动车强制保险责任限额范围内垫付抢救费用。如果存在并且找到了侵权责任主体,保险人有权向其进行追偿。

第三节 其他机动车交通事故的责任负担

一、强制保险、商业保险与侵权人承担责任的顺序

《民法典》第1213条规定:"机动车发生交通事故造成损害,属于该机动车一方责任的,先由承保机动车强制保险的保险人在强制保险责任限额范围内予以赔偿;不足部分,由承保机动车商业保险的保险人按照保险合同的约定予以赔偿;仍然不足或者没有投保机动车商业保险的,由侵权人赔偿。"这是对机动车强制保险、商业保险与侵权人承担责任的顺序规定的新规则。

机动车所有人对于自己的机动车,每年都须投保机动车强制保险,还可以投保相应的机动车商业保险。当机动车发生交通事故,机动车一方要承担赔偿责任,被侵权人同时请求保险人和侵权人承担赔偿责任时,承担赔偿责任的顺序是:

第一,机动车强制保险优先。出现这种情形时,机动车强制保险人承担第一顺位赔偿责任,由其在机动车强制保险责任限额范围内承担赔偿责任。机动车的强制保险和商业保险虽然都是保险,但是,机动车强制保险是强制性保险,由强制性保险理赔的部分都不适用侵权责任法的有关规定,因此,具有最优先的效力。

第二,强制保险赔偿不足的部分,商业保险优先。机动车商业保险人的保险责任为第二顺位责任,对机动车强制保险限额范围赔偿不足的部分,商业保险人按照商业保险合同约定的保险范围承担赔偿责任。这是因为,机动车商业保险是为机动车所有人承担赔偿责任的保险,与机动车强制保险不是一回事。因此,当发生机动车交通事故,在强制保险赔偿不足的部分适用侵权责任规则确定责任时,优先用商业保险赔偿损害。

第三,商业保险赔偿仍然不足的部分,由侵权人承担赔偿责任。商业保险赔偿仍然不足的部分,包括保险赔偿范围无法涵盖的损失部分,也包括根本没有投保商业险的部分。

凡是商业保险不能理赔的部分，就由应当承担责任的机动车一方的所有人、管理人或者使用人按照相关的责任形式及规则予以赔偿。

关于机动车交通事故责任的保险责任，《侵权责任编解释（一）》第21、22条还分别规定了两个特别规则：

第一，未依法投保强制保险的机动车发生交通事故造成损害，投保义务人和交通事故责任人不是同一人，被侵权人合并请求投保义务人和交通事故责任人承担侵权责任的，交通事故责任人承担侵权人应承担的全部责任；投保义务人在机动车强制保险责任限额范围内与交通事故责任人共同承担责任，但责任主体实际支付的赔偿费用总和不应超出被侵权人应受偿的损失数额。投保义务人先行支付赔偿费用后，就超出机动车强制保险责任限额范围部分向交通事故责任人追偿的，应予支持。

第二，机动车驾驶人离开本车后，因未采取制动措施等自身过错受到本车碰撞、碾轧造成损害，机动车驾驶人请求承保本车机动车强制保险的保险人在强制保险责任限额范围内，以及承保本车机动车商业第三者责任保险的保险人按照保险合同的约定赔偿的，不予支持，但可以依据机动车车上人员责任保险的有关约定支持相应的赔偿请求。

二、机动车驾驶人肇事逃逸的责任

《民法典》第1216条规定了机动车驾驶人肇事逃逸的责任负担问题："机动车驾驶人发生交通事故后逃逸，该机动车参加强制保险的，由保险人在机动车强制保险责任限额范围内予以赔偿；机动车不明、该机动车未参加强制保险或者抢救费用超过机动车强制保险责任限额，需要支付被侵权人人身伤亡的抢救、丧葬等费用的，由道路交通事故社会救助基金垫付。道路交通事故社会救助基金垫付后，其管理机构有权向交通事故责任人追偿。"这一规则分为三个内容：

第一，机动车驾驶人发生交通事故后逃逸，该机动车参加强制保险的，由保险公司在机动车强制保险责任限额范围内予以赔偿。这是机动车交通事故责任保险优先原则的体现。无论何种情况，只要参加了机动车强制保险，出现事故造成损害，就应当按照强制保险的规则理赔，保险公司不得以任何理由予以拒绝。

第二，机动车不明或者该机动车未参加强制保险，需要支付被侵权人人身伤亡的抢救、丧葬等费用的，由机动车交通事故责任社会救助基金垫付。所谓"机动车不明"，是指机动车的权属不明，即不知道该机动车归属于谁所有。在这种情况下发生机动车交通事故，以及发生交通事故的机动车未参加强制保险的，受害人就无法得到强制保险的赔偿。为了保护受害人的合法权益，使其损害得到及时救济，法律规定由机动车交通事故责任社会救助基金垫付被侵权人的人身伤亡的抢救、丧葬等费用。救助基金承担的不是赔偿责任，也不是补偿责任，而是垫付责任，即上述费用不应当由其承担，其暂时为侵权人垫付。

第三，机动车交通事故责任社会救助基金垫付后，该管理机构有权向交通事故责任人追偿。机动车交通事故责任社会救助基金对被侵权人的损失进行垫付之后，其取得了对侵权人的追偿权。这种追偿权的取得，以采取请求权让与的立场为妥，请求权让与说能够更充分地保护被侵权人的合法权益，并且保护好公众利益。垫付之后，机动车交通事故责任社会救助基金的管理机构基于请求权让与，取得受害人的损害赔偿请求权，有权向交通事故责任人追偿。应当注意的是,机动车交通事故责任社会救助基金能够追偿的仅仅是其已经垫付的部分,对没有垫付的其他损害赔偿的请求权仍由被侵权人享有,被侵权人仍然有权向侵权人行使,以保护好自己的权益。

三、机动车交通事故好意同乘规则

《民法典》第1217条规定:"非营运机动车发生交通事故造成无偿搭乘人损害,属于该机动车一方责任的,应当减轻其赔偿责任,但是机动车使用人有故意或者重大过失的除外。"这一条文是对机动车交通事故好意同乘规则的规定。

好意同乘,是指非营运机动车在运行中发生交通事故,造成无偿搭乘人的损害,属于该机动车一方责任的,减轻机动车一方的赔偿责任的规则。好意同乘的特点,一是无偿性,即好意人无营利目的。索要和收取对价的同乘都不是无偿。搭乘人主动负担一部分油费或过路费等搭乘车辆,虽然支付了一定费用,但通常出于情谊维系,非支付对价的意思,属于"无偿"范围。二是合意性,同乘需经过车辆保有人的同意,包括邀请和允许。未经同意而强行搭乘,不构成好意同乘。三是顺路性,即搭便车,只是基于双方目的地相近或相同。好意人并非特意而为,同乘人为便利而搭车。

对于免费运送是否构成好意同乘,有不同意见,有的观点认为,为了搭乘人的特定目的而运行且无偿,不属于好意同乘。不过,在本条规定中没有这样的限制,只是强调无偿搭乘人的概念,即只要是好意的免费运送,符合好意同乘要件的,可以适用好意同乘的责任承担规则。

适用好意同乘的规则的要件是:第一,须为无偿搭乘他人,而非有偿搭乘;第二,被搭乘的是他人即好意人的非营运机动车,而不是营运的机动车;第三,发生交通事故造成搭乘人的损害,须构成机动车一方的责任,即被搭乘人的责任。

好意同乘是指善意地为他人提供方便的行为,是利他行为,即使造成无偿搭乘人的损害,被搭乘人也不应当承担全部赔偿责任,故本条规定,即使属于该机动车一方的责任,也应当减轻其赔偿责任。如果造成交通事故致害无偿搭乘人是机动车使用人故意或者重大过失所致,则机动车一方应当承担全部赔偿责任。

这一规定还不够全面,传统侵权法还认为,好意同乘规则还包括支付部分汽油费或者过路费的赔偿规则。如果搭乘人支付了部分汽油费或者过路费的,则属于一定程度的有偿搭乘,但是,仍属于好意同乘的范围,适用好意同乘的规则,只是如果发生交通事故致害搭乘人,被搭乘人承担的赔偿责任范围应当更大一些。例如,无偿搭乘发生交通事故致害无偿搭乘人,机动车一方应当承担50%的赔偿责任;支付了部分汽油费或者过路费而达不到买票乘车的价格的,机动车一方则应当承担70%左右的赔偿责任;如果支付的汽油费或者过路费的数额与买票乘车的费用基本相同,则机动车一方应当承担更多的甚至是全部的赔偿责任。《民法典》没有规定这样的规则,在司法实践中可以适当参酌。

四、司法解释补充的处理机动车交通事故责任的具体规则

2020年《道路交通事故赔偿解释》规定了很多有价值的交通事故赔偿责任的裁判规则,主要有以下方面。

（一）对道路交通事故损害赔偿责任主体作出明确规定

1. 套牌车交通事故责任

套牌机动车发生交通事故造成损害,属于该机动车一方责任的,有两种情形:一是当事人请求由套牌机动车的所有人或者管理人承担赔偿责任的,所有人或者管理人应当承担赔偿责任;二是被套牌机动车的所有人或者管理人同意套牌的,应当与套牌机动车的所有人或者管理人承担连带责任。

2. 驾驶人培训或者试乘中发生交通事故

对于接受驾驶培训或者机动车试乘中发生的交通事故责任,《道路交通事故赔偿解释》第 5 条、第 6 条作出了规定。一是接受机动车驾驶培训的人员,在培训活动中驾驶机动车发生交通事故造成损害,属于该机动车一方责任,当事人请求驾驶培训单位承担赔偿责任的,法院应予支持。二是机动车试乘过程中发生交通事故造成试乘人损害,当事人请求提供试乘服务者承担赔偿责任的,法院应予支持。试乘人有过错的,应当减轻提供试乘服务者的赔偿责任。

3. 因道路缺陷发生交通事故的责任主体

对于道路缺陷致害的责任主体,《道路交通事故赔偿解释》规定了两个规则:一是道路管理维护缺陷的责任主体。第 7 条第 1 款规定:"因道路管理维护缺陷导致机动车发生交通事故造成损害,当事人请求道路管理者承担相应赔偿责任的,人民法院应予支持。但道路管理者能够证明已经依照法律、法规、规章的规定,或者按照国家标准、行业标准、地方标准的要求尽到安全防护、警示等管理维护义务的除外。"二是道路设置缺陷的责任主体,《道路交通事故赔偿解释》第 8 条规定:"未按照法律、法规、规章或者国家标准、行业标准、地方标准的强制性规定设计、施工,致使道路存在缺陷并造成交通事故,当事人请求建设单位与施工单位承担相应赔偿责任的,人民法院应予支持。"这两个规定,分别规定了道路维护管理缺陷损害责任的主体和道路设置缺陷责任的主体,责任明确。

4. 擅自进入高速公路损害责任

对于依法不得进入高速公路的车辆、行人,擅自进入高速公路造成自身损害的损害赔偿责任问题,《民法典》没有作出规定,《道路交通事故赔偿解释》第 7 条第 2 款规定:"依法不得进入高速公路的车辆、行人,进入高速公路发生交通事故造成自身损害,当事人请求高速公路管理者承担赔偿责任的,适用民法典第一千二百四十三条的规定。"这是将擅自进入高速公路的损害责任比照《民法典》第 1243 条擅自进入高度危险区域责任的规定,《民法典》第 1243 条规定,"未经许可进入高度危险活动区域或者高度危险物存放区域受到损害,管理人能够证明已经采取足够安全措施并尽到充分警示义务的,可以减轻或者不承担责任"。对此,应当适用不承担责任的规定,因为擅自进入高速公路的危险性极大,远远超过进入高度危险区的危险。

5. 机动车产品责任

机动车存在缺陷,发生交通事故造成损害的,是否适用产品责任并不明确。《道路交通事故赔偿解释》第 9 条明确规定:"机动车存在产品缺陷导致交通事故造成损害,当事人请求生产者或者销售者依照民法典第七编第四章的规定承担赔偿责任的,人民法院应予支持。"按照这一规定,这种交通事故责任完全适用产品责任规则,应当由产品的生产者或者销售者承担侵权责任,责任的形态是不真正连带责任。

6.多辆机动车发生交通事故造成第三人损害的责任主体

在司法实践中,对于多辆机动车发生交通事故造成第三人损害,究竟应当怎样承担侵权责任,意见分歧比较大。《道路交通事故赔偿解释》第10条明确规定:"多辆机动车发生交通事故造成第三人损害,当事人请求多个侵权人承担赔偿责任的,人民法院应当区分不同情况,依照民法典第一千一百七十条、第一千七百七十一条、第一千一百七十二条的规定,确定侵权人承担连带责任或者按份责任。"按照这样的规定,除不适用《民法典》第1168条规定之外,构成共同危险行为的,应当适用《民法典》第1170条关于共同危险行为行为人承担连带责任的规则;对于二人以上分别实施侵权行为,造成同一损害,每个人的侵权行为都足以造成全部损害的,作为叠加的共同侵权行为,行为人承担连带责任;对于二人以上分别实施侵权行为造成同一损害,一般情况下,按照分别侵权行为的规则,行为人承担按份责任。

(二)对机动车交通事故损害赔偿的概念和范围作出准确界定

《道路交通事故赔偿解释》对机动车交通事故的损害赔偿范围和有关概念作出了准确规定。

一是对于人身伤亡概念的解释,第11条第1款明确规定:"道路交通安全法第七十六条规定的'人身伤亡',是指机动车发生交通事故侵害被侵权人的生命权、身体权、健康权等人身权益所造成的损害,包括民法典第一千一百七十九条和第一千一百八十三条规定的各项损害。"这样的解释就明确了机动车交通事故造成的人身伤亡,不仅包括人身损害造成的财产损失,也包括精神损害,从而避免发生争论,造成法律适用上的分歧。

二是第11条第2款明确规定:"道路交通安全法第七十六条规定的'财产损失',是指因机动车发生交通事故侵害被侵权人的财产权益所造成的损失。"这对道路交通事故损害责任的财产损失概念也作出了明确的规定,清晰明了,便于掌握。

三是第12条将维修被损坏车辆所支出的费用、车辆所载物品的损失、车辆施救费用;因车辆灭失或者无法修复,为购买交通事故发生时与被损坏车辆价值相当的车辆重置费用;依法从事货物运输、旅客运输等经营性活动的车辆,因无法从事相应经营活动所产生的合理停运损失;非经营性车辆因无法继续使用,所产生的通常替代性交通工具的合理费用,都认定为道路交通事故损害中的财产损害,使法院在审判中能够准确掌握,科学确定赔偿数额。

(三)对责任承担特别是交强险责任的承担规则作出明确规定

《道路交通事故赔偿解释》"三、关于责任承担的认定",主要规定的是交强险、商业险以及侵权行为责任人关于侵权责任的承担规则。主要的内容有以下几点:

1.非投保人的驾驶人造成损害的责任

投保人一般是机动车所有人。如果经投保人允许的驾驶人驾驶机动车致使投保人遭受损害,该损害在交强险的承保范围之内。因此,《道路交通事故赔偿解释》第14条规定,当事人请求承保交强险的保险公司在责任限额范围内予以赔偿的，人民法院应予支持。除外的规则是，如果投保人为本车上人员的，应当适用车内人员的损害赔偿规则，不适用交强险赔偿的规则，因为交强险承包的是第三人责任险，而不是车内人员险。

2. 驾驶人违章发生交通事故导致第三人人身损害的交强险责任

在实践中，对于驾驶人违章驾驶机动车造成第三人人身损害的，如"非驾"、醉酒、故意制造交通事故的，交强险条例都规定不予赔偿。这存在较大的争议，焦点在于，交强险承保的是第三人损害责任，如果交强险不赔，显然对受害人不利。《道路交通事故赔偿解释》第15条第2款对此明确规定，原则上交强险保险公司应当赔偿，赔偿后，保险公司向侵权人进行追偿。追偿权的诉讼时效期间自保险公司实际赔偿之日起计算。

3. 未投保交强险的责任承担

对于未投保交强险的，发生交通事故造成第三人损害的，不能适用《道路交通安全法》第76条规定的强制保险优先的原则，受害人不能从保险公司得到交强险的赔偿。这样，交强险应当承担的赔偿部分，应当由有投保义务的人承担赔偿责任。因此，《道路交通事故赔偿解释》第16条规定，未依法投保交强险的机动车发生交通事故造成损害，当事人请求投保义务人在交强险责任限额范围内予以赔偿的，人民法院应予支持。如果投保义务人和侵权人不是同一人，当事人请求投保义务人和侵权人在交强险责任限额范围内承担相应责任的，人民法院应予支持。

4. 保险公司违反交强险法定义务的责任

承保交强险业务的保险公司违反交强险法定义务，拒绝承保、拖延承保或者违法解除交强险合同的，应当承担责任。《道路交通事故赔偿解释》第17条规定，具有从事交强险业务资格的保险公司违法拒绝承保、拖延承保或者违法解除交强险合同，投保义务人在向第三人承担赔偿责任后，请求该保险公司在交强险责任限额范围内承担相应赔偿责任的，人民法院应予支持。

5. 多辆机动车发生交通事故的交强险责任承担

多辆机动车发生交通事故的交强险责任承担比较复杂，《道路交通事故赔偿解释》第18条规定了比较详细的规则：

第一，该条第1款规定，多辆机动车发生交通事故造成第三人损害，损失超出各机动车交强险责任限额之和的，由各保险公司在各自责任限额范围内承担赔偿责任；损失未超出各机动车交强险责任限额之和，当事人请求由各保险公司按照其责任限额与责任限额之和的比例承担赔偿责任的，人民法院应予支持。

第二，该条第2款规定，依法分别投保交强险的牵引车和挂车连接使用时发生交通事故造成第三人损害，当事人请求由各保险公司在各自的责任限额范围内平均赔偿的，人民法院应予支持。

第三，该条第3款规定，多辆机动车发生交通事故造成第三人损害，其中部分机动车未投保交强险，当事人请求先由已承保交强险的保险公司在责任限额范围内予以赔偿的，人民法院应予支持。保险公司就超出其应承担的部分向未投保交强险的投保义务人或者侵权人行使追偿权的，人民法院应予支持。

6. 交强险责任的其他规则

《道路交通事故赔偿解释》对于交强险等责任的承担,还规定了以下规则:

第一,《道路交通事故赔偿解释》第19条规定,同一交通事故的多个被侵权人同时起诉的,法院应当按照各被侵权人的损失比例确定交强险的赔偿数额。

第二,《道路交通事故赔偿解释》第20条规定,机动车所有权在交强险合同有效期内发生变动,保险公司在交通事故发生后,以该机动车未办理交强险合同变更手续为由主张免除赔偿责任的,人民法院不予支持。机动车在交强险合同有效期内发生改装、使用性质改变等导致危险程度增加的情形,发生交通事故后,当事人请求保险公司在责任限额范围内予以赔偿的,人民法院应予支持。如果在前述情形下,保险公司另行起诉请求投保义务人按照重新核定后的保险费标准补足当期保险费的,法院应予支持。

第三,《道路交通事故赔偿解释》第21条规定,当事人主张交强险人身伤亡保险金请求权转让或者设定担保的行为无效的,法院应予支持。

(四)对机动车交通事故案件的审理程序问题作出规定

《道路交通事故赔偿解释》对机动车交通事故赔偿纠纷案件的受理和审理程序也作出了规定。

1. 保险公司的诉讼主体资格

在道路交通事故责任诉讼中,如果起诉保险公司,其当事人的身份应当如何处理,《道路交通事故赔偿解释》第22条作出了规定。第一,法院审理道路交通事故损害赔偿案件,应当将承保交强险的保险公司列为共同被告。但该保险公司已经在交强险责任限额范围内予以赔偿且当事人无异议的,就不再列为被告。第二,法院审理道路交通事故损害赔偿案件,当事人请求将承保商业三者险的保险公司列为共同被告的,法院应予准许。

2. 被侵权人无近亲属或者近亲属不明时,赔偿权利主体的认定问题

被侵权人无近亲属或者近亲属不明时,关于赔偿权利主体的认定问题的争论很大。《道路交通事故赔偿解释》对此采取保守的立场,在第23条规定了以下规则:

第一,被侵权人因道路交通事故死亡,无近亲属或者近亲属不明,未经法律授权的机关或者有关组织向法院起诉主张死亡赔偿金的,法院不予受理。这个解释看起来没有什么问题,但实际上是否认了民政部门作为原告起诉的做法。对此应当继续探索:如果不准许民政部门起诉,侵权人势必逃脱了侵权责任;如果依照《民事诉讼法》关于公益诉讼的规定,准许民政部门作为原告起诉,将索赔的赔偿金作为公益基金,存放在社会救济基金中,这样的做法应当更好,也符合这一司法解释的精神。

第二,被侵权人死亡,没有近亲属或者近亲属不明的,如果侵权人以已向未经法律授权的机关或者有关组织支付死亡赔偿金为理由,请求保险公司在交强险责任限额范围内予以赔偿,是不符合侵权责任法的原理和规定的,法院当然不予支持。

第三,被侵权人死亡,没有近亲属或者近亲属不明,对被侵权人支付了医疗费、丧葬费等合理费用的单位或者个人,有权请求交强险进行赔偿。如果其起诉请求保险公司在交强险责任限额范围内予以赔偿的,人民法院应予支持。

3.交通事故认定书的证据效力

《道路交通事故赔偿解释》第24条特别规定了公安机关交通管理部门的交通事故认定书的证据效力问题。即公安机关交通管理部门制作的交通事故认定书,人民法院应依法审查并确认其相应的证明力,但有相反证据推翻的除外。其规则是:对于交通事故认定书,人民法院有权进行审查,审查确认其具有证明力的,予以采信;如果审查证明认定责任错误,有其他证据推翻责任认定书的结论的,则认定其不具有证明力,不予采信。

第四节　自动驾驶汽车交通事故责任规则

一、自动驾驶汽车的发展趋势和交通事故责任规则的发展

(一)自动驾驶汽车的发展趋势

按照汽车制造业界的看法,就传统汽车而言,目前的机动车制造技术已经基本达到了最高水平。汽车制造技术的继续发展,就是把汽车制造技术与人工智能结合在一起,生产具有人工智能的自动驾驶汽车。

从自动驾驶汽车研发和制造发展的情况来看,自动驾驶技术突飞猛进发展的主要原因在于:一是时代发展和科学技术进步的必然趋势;二是轻松方便地控驾需求;三是节省社会成本减少劳力付出的需求;四是提高驾驶安全减少道路交通事故的需求。

自动驾驶汽车的广泛使用,在缓解交通拥堵、疏解停车压力、减少空气污染等方面都会有更好的社会效果,能够较大程度地减少人类的驾驶压力,提高交通安全,并为节能减排、摆脱城市交通拥堵等,找到新的解决途径。因而自动驾驶汽车必定有广阔的发展前景。然而,由此也引发了在法律上如何规制自动驾驶汽车技术发展带来的负面影响,防范自动驾驶汽车发生道路交通事故等问题。

(二)自动驾驶汽车交通事故责任规则的发展

随着自动驾驶汽车技术的迅猛发展,世界各国都在探索对自动驾驶汽车发生交通事故的损害责任进行立法。中国自动驾驶汽车的制造和使用主要处于测试阶段,自动驾驶汽车被限制上路,准许其在特定的道路上进行测试。少数城市在有安全员陪同的情况下,自动驾驶汽车可以上路试运行。目前,广州、武汉等城市已经试运行自动驾驶汽车的"萝卜快跑"出租车服务。

我国部分地方立法规定了自动驾驶汽车交通事故责任规则。已经发布并实施的地方立法包括:《深圳经济特区智能网联汽车管理条例》《无锡市车联网发展促进条例》《上海市浦东新区促进无驾驶人智能网联汽车创新应用规定》《江苏省道路交通安全条例》《苏州市智能车联网发展促进条例》《杭州市智能网联车辆测试与应用促进条例》江苏省《关于促进车联网和智能网联汽车发展的决定》《北京市自动驾驶汽车条例》等。以这些地方法规规定

的自动驾驶汽车交通事故责任规则为基础,进行比较研究,分析利害得失,研究我国的自动驾驶汽车交通事故责任规则,恰逢其时。

对具体的交通事故责任规范,我国学者已有了相当深入的理论研究。

传统机动车和自动驾驶汽车存在区别,二者在发生交通事故适用责任规则时也会有明显的区别。传统机动车的交通事故首先是驾驶人的责任,其次是车主的责任。我国《道路交通安全法》第76条和《民法典》侵权责任编第五章都是在规范机动车所有人和使用人的责任。但是无论是处于驾驶辅助状态的自动驾驶汽车,还是处于自动驾驶状态的自动驾驶汽车,其发生的道路交通事故都与自动驾驶汽车的所有人和使用人没有关系,而是车的责任。

因此,确定自动驾驶汽车责任的关键就是确定车的责任,即车的设计者、制造者的责任。设计和制造自动驾驶汽车的关键是测试,经过测试合格,达到自动驾驶且能防止交通事故标准的自动驾驶汽车才是安全的。什么时候政府认为自动驾驶汽车完全达到自动驾驶的安全标准,什么时候自动驾驶汽车才能获得"准入",即可以上市销售与上路行驶。如果自动驾驶汽车的设计和制造存在缺陷,其上路行驶发生交通事故造成损害,设计者和制造者应当承担产品责任。

鉴于自动驾驶汽车就是"人工智能+机动车"的轮式智能机器人,无论其人工智能技术发展到何种程度,其基本属性仍然是产品,是物的范畴。因而,对自动驾驶汽车交通事故责任的界定不过是"道路交通事故责任+产品责任",即在道路交通事故中的产品责任。现有的侵权责任法产品责任规则体系适当加以变通,就可以适用于自动驾驶汽车交通事故责任。其基本规则应当为,当自动驾驶汽车因存在缺陷发生交通事故造成损害,应当由生产者、设计者、销售者承担不真正连带责任;如果是黑客攻击自动驾驶汽车的自动驾驶系统而发生交通事故致人损害,则应当适用产品责任中的第三人责任规则。

二、自动驾驶汽车的概念、分类和自动驾驶汽车交通事故责任的属性

(一)自动驾驶汽车的概念界定

自动驾驶汽车,是指装载由激光测距仪、视频摄像头、车载雷达、传感器、人工智能等构成的自动驾驶系统,根据使用人的指令,自动控制行驶、完成运送目的的智能机动车,包括完全自动驾驶的机动车和自动驾驶状态的高度自动驾驶汽车。

(二)自动驾驶汽车的分级

从制定自动驾驶汽车交通事故责任规则的需求出发,界定自动驾驶汽车的概念,必须从自动驾驶汽车的发展现状出发进行研究。目前自动驾驶汽车尚未达到完全自动驾驶的程度,因而存在对自动驾驶汽车的分级问题。

2013年,美国国家公路交通安全管理局发布了汽车自动化的初步政策声明以及标准,将自动驾驶功能分为五个级别,即0~4级。0级为无自动化,机动车没有任何自动驾驶的功能和技术,驾驶人对机动车所有功能拥有绝对控制权。1级为单一功能的自动化,驾驶员仍然对行车安全负责,不过可以放弃部分控制权给系统管理,某些功能可以自动进行,比如常见的自适应巡航、应急刹车辅助和车道保持,特点是自动功能单一,驾驶员无法做到手和脚同时不操控。2级为部分自动化,司机和汽车分享控制权,驾驶员在某些道路和环境下可以不操作汽车,手、脚同时离开控制,但仍需随时待命,对驾驶安全负责,并随时准备在短时间内接管汽车驾驶权。3级为有条件自动化,机动车在有限情况下实现自动控制,如在预设的路段(如高速路段或人流较少的城市路段),自动驾驶系统可以完全负责整个车辆的操控,当遇到紧急情况时,驾驶员仍需要接管汽车,但有足够的预警时间。这种自动驾驶将解放驾驶员,即对行车安全不再负责,不必监视道路状况。4级为完全自动化(无人驾驶),机动车无须驾驶员进行协助,由出发地驶向目的地,仅需起点和终点的信息。汽车将全程负责行车安全,完全不依靠驾驶员干涉,行车时可以无人乘坐。

另一个对自动驾驶汽车的分级标准来自美国机动车工程师协会,该分级标准将自动驾驶技术分为0~5级。其中0~3级与美国国家公路交通安全管理局发布的标准一致,分别强调的是无自动化、驾驶支持、部分自动化与有条件的自动化。唯一的区别在于对完全自动化作了进一步的细分,强调了行车对环境与道路的要求,其中,4级自动驾驶需要在特定的道路条件下进行,如封闭的园区或者固定的行车路线,是面向特定场景下的高度自动化驾驶;5级则对行车环境不加限制,自动驾驶汽车可以自动应对各种复杂的车辆、行人和道路环境。

按照美国机动车工程师协会的这种标准,当自动驾驶汽车达到4级(高度自动)或者5级(完全自动)时,人类使用者的角色就从驾驶者转变为乘客,不再需要对行车状况和环境进行监视,无须在紧急情况下进行操作。因此,当4级以上的自动驾驶汽车发生事故处于自动驾驶状态,造成损害时,即使人类使用者处在驾驶位上,也无法对其诉诸过错侵权,让其承担民事责任。在此种情形下,加害行为、因果关系和过错都不能归咎于人类使用者。

(三)自动驾驶汽车的分类

从研究自动驾驶汽车交通事故责任规则出发,可以将自动驾驶汽车分为三类:

第一,完全自动驾驶汽车是5级自动驾驶汽车,即完全自动化,不用人操作,使用人在机动车中的地位属于乘客,而非驾驶人。在这种情形下,已经消灭了机动车驾驶人的概念。

第二,自动驾驶状态的自动驾驶汽车是4级自动驾驶汽车,当其处于自动驾驶状态时,完全没有人操控,与完全自动驾驶没有区别。例如,具有自动泊车的自动驾驶汽车属于4级自动驾驶汽车,在特定的园区或者路线等特定环境下,机动车可以自动行驶,不用任何人操作。

第三,1~3级自动驾驶汽车既要有自动驾驶系统,又要有驾驶人的必要操控,且在出现紧急情况时有足够时间的预警,驾驶员必须接管机动车的物理驾驶系统,进行操控,因而应以人的责任为主,除非自动驾驶汽车有缺陷。

在第一种和第二种情形下,即完全自动化的自动驾驶汽车与自动驾驶状态的自动驾驶汽车,二者的特点完全一致。在界定自动驾驶汽车的概念时,这两种情况都应该叫作自动驾驶汽车,适用同样的责任规则。只有第三种情况例外,其介于自动驾驶和非自动驾驶之间。

(四)自动驾驶汽车交通事故责任的属性

自动驾驶汽车交通事故责任具有双重属性:一是道路交通事故责任,即人的责任;二是产品责任,即物的责任。这是因为,自动驾驶汽车在道路上行驶,发生道路交通事故致人损害,当然是道路交通事故;但是自动驾驶汽车又是人工智能汽车,造成损害的主要原因是自动驾驶系统有设计缺陷和制造缺陷,因而又是产品责任。

其实,在传统机动车发生交通事故责任时也是这样,即传统机动车发生交通事故致人损害,机动车驾驶人应该承担责任;如果是因机动车的缺陷发生交通事故致害他人,当然就是产品责任,应当追究生产者、销售者的责任。不过,在传统机动车交通事故责任中,产品责任并不占多数,绝大部分的交通事故责任是驾驶人的责任。而在自动驾驶汽车发生交通事故时,责任性质发生了根本性的改变,道路交通事故责任的驾驶人责任降到了次要地位,车的责任即产品责任上升到主要地位。因此,在自动驾驶汽车道路交通事故责任中,无论是自动驾驶状态还是完全自动驾驶汽车,主要的都是产品责任。

三、对自动驾驶汽车交通事故责任具体规则的探讨

(一)自动驾驶汽车因缺陷造成交通事故适用产品责任规则

自动驾驶汽车交通事故责任的产品责任,就是物的责任。基于对与之近似的典型特殊侵权场景的对比,以及科技创新和受害人保护的利益平衡的考量,应遵循"机动车交通事故责任+产品责任"的归责路径。只要自动驾驶汽车有缺陷,造成交通事故就应当适用产品责任规则。

我国的产品责任规定在《民法典》侵权责任编第四章,部分规则规定在《产品质量法》,规则体系比较完整。自动驾驶汽车因存在缺陷发生交通事故致人损害,属于产品责任的,理应由生产者、销售者承担产品责任。因为自动驾驶技术作为一项高风险的新技术,在自动驾驶取代人工驾驶后,汽车的运行全然由自动驾驶系统操控,发生交通事故最有可能的原因就是系统本身出现故障。此时的交通事故本质上是由产品缺陷引发的,理当由制造商承担产品责任。[2]

(二)自动驾驶汽车交通事故适用产品责任的责任人的顺位规则

1. 产品责任的第一顺位责任人是生产者、销售者

自动驾驶汽车交通事故的发生,按照有无人类驾驶人的参与,分别适用交通事故责任和产品责任,在机动车保有人、交通事故受害者与自动驾驶汽车生产者之间取得利益的平衡。[3] 实现利益平衡的方法,是人的责任适用传统机动车交通事故责任规则,车的责任适用产品责任规则。

(1)自动驾驶汽车交通事故责任属于人的责任还是车的责任,界限应当清晰。我国的产品责任与交通事故责任经过长足发展日臻完善,自动驾驶汽车交通事故责任规则终究离不开产品责任与交通事故责任的框架。[4] 在自动驾驶汽车交通事故责任中,传统的交通事

---

[2] 郑志峰:《自动驾驶汽车的交通事故侵权责任》,载《法学》2018年第4期。
[3] 李硕:《自动驾驶机动车交通事故侵权的责任认定》,载《学习与实践》2022年第11期。
[4] 韩旭至:《自动驾驶事故的侵权责任构造——兼论自动驾驶的三层保险结构》,载《上海大学学报(社会科学版)》2019年第2期。

故责任是人的责任,例如自动驾驶汽车在自动驾驶系统功能未激活的状态下发生的交通事故就是如此。而自动驾驶汽车系统存在缺陷引发交通事故致人损害,是车的责任。[5] 当自动驾驶汽车发生交通事故致人损害,只有三种可能:一是人的责任,二是车的责任,三是人和车的共同侵权责任。人的责任就是传统的交通事故责任,应当由有过错的机动车一方承担责任;车的责任就是产品责任,由车的生产者、销售者等承担产品缺陷责任。这是侵权责任法的基本逻辑,界限必须分清。

(2) 人的责任和车的责任的基本规则完全不同。自动驾驶汽车因存在缺陷发生交通事故致人损害,应当适用无过错责任原则,由生产者、销售者(包括设计者)承担不真正连带责任。在驾驶人操控下的有条件自动驾驶或者高度自动驾驶模式下发生交通事故造成损害,应当由驾驶人承担过错推定责任,[6]车的所有人、管理人承担自己责任或者替代责任。传统机动车交通事故责任与自动驾驶汽车的产品责任规则如此不同,一旦相互混淆,就会发生侵权责任规则的混乱,责任区分不清,最终会形成罚不当错,损害当事人的合法权益,阻碍人工智能技术发展。

(3) 自动驾驶汽车所有人、管理人不应当为生产者、销售者等"背锅"。[7] 关于自动驾驶汽车交通事故责任人的顺位规则,多数地方法规规定所有人、管理人为第一顺位责任人,生产者、销售者为第二顺位责任人,混淆了机动车交通事故责任和产品责任的严格界限,违反侵权责任法的基本逻辑,是让自动驾驶汽车所有人、管理人为缺陷自动驾驶汽车的生产者、销售者等"背锅";尽管所有人、管理人在承担赔偿责任后可以向生产者、销售者追偿,但既然是追偿,就须先承担责任,并有无法追偿的风险,最终由没有过错的所有人、保管人承担无过错责任,而自动驾驶汽车缺陷造成的损害本来就与所有人、管理人无关,他们还是受害者。让没有过错的受害者首先赔偿损失,这样的规则显然不当。

因此,自动驾驶汽车因缺陷发生交通事故致人损害时,根本就不存在责任顺位,是人的责任,就适用传统交通事故责任;是车的责任,就直接适用产品责任的规则。规定所有人、管理人甚至驾驶人作为第一顺位责任人承担缺陷自动驾驶汽车交通事故责任的做法,应当被纠正。

2. 自动驾驶系统软件设计者如何承担责任

由于自动驾驶系统具备学习能力,因此即使是最细心的设计者、编程者以及制造者都没有办法控制或者预测人工智能系统之后将会经历些什么。[8] 故自动驾驶汽车的设计缺陷很难避免,因设计缺陷造成损害也很常见。

产品责任规则确实存在责任人的顺位。例如,生产者、销售者是第一顺位的责任人,应当先承担赔偿责任。因运输者、仓储者等第三人的过错形成产品缺陷致人损害的,运输者、

---

[5] 杨立新:《用现行民法规则解决人工智能法律调整问题的尝试》,载《中州学刊》2018年第7期。
[6] 杨立新:《自动驾驶汽车交通事故责任的规则设计》,载《福建师范大学学报(哲学社会科学版)》2019年第3期。
[7] 关于"背锅"的说法,参见杨立新:《侵权责任追偿权的"背锅"理论及法律关系展开——对〈民法典〉规定的侵权责任追偿权规则的整理》,载《求是学刊》2021年第1期。
[8] 张力、李倩:《高度自动驾驶汽车交通侵权责任构造分析》,载《浙江社会科学》2018年第8期。

仓储者等是第二顺位责任人,即生产者、销售者承担先付责任后,再向第三人追偿。[9] 自动驾驶汽车交通事故的产品责任不存在所有人、管理人的责任,只是由生产者、销售者作为第一顺位责任人承担赔偿责任后,再向设计者等第三人进行追偿,就是产品责任的典型逻辑。例如,黑客攻击自动驾驶汽车的自动驾驶系统导致发生交通事故致人损害,就应当适用产品责任的第三人责任规则,[10] 即使交通事故是黑客所致,生产者、销售者也应先承担责任后再进行追偿。

(三)设立自动驾驶汽车交通事故社会风险基金的必要性

鉴于自动驾驶汽车因缺陷发生交通事故的风险较高,鼓励自动驾驶汽车相关主体联合设立社会风险基金,对因相关事故遭受人身、财产损失的受害者,因责任无法认定等原因不能及时得到赔偿时,社会风险基金先予补偿,紧急救助应当救助的受害人。

(四)规制自动驾驶汽车产品责任的立法论和解释论

学者主张,解决自动驾驶汽车交通事故责任,应当区分立法论与解释论。这两种路径各有优劣,但都需要结合《民法典》所确立的责任框架来展开构建,如此才能真正让自动驾驶汽车的责任框架落地。[11] 本书认为,从国家立法层面,目前在自动驾驶汽车交通事故责任方面,应当采取解释论,只有依照解释论的方法解释现有法律规定,才能满足自动驾驶汽车交通事故责任的法律适用需求以及其他技术应用损害责任的法律适用需求。[12] 就目前地方立法的倾向看,是以地方立法"渐进式"促进国家立法的立法论模式。面对自动驾驶汽车带来的挑战,尽管立法论是一种有效的应对方式,[13] 但是,这个目标的实现还需要较长时间。

按照实际情况分析,立法论解决自动驾驶系统功能未激活的车辆造成交通事故,或者自动驾驶系统功能已经激活但因驾驶人接管汽车操控不当造成交通事故的情况下,确定交通事故责任的规则并不困难,因为并未超出传统交通事故责任的范围,适当改造即可形成完善的规制方法。

目前需要着重解决的,是自动驾驶汽车因缺陷发生交通事故致人损害的责任规则,虽然理论上对主要规则已达成初步共识,但在很多具体问题上还需要深入研究,提出可行且科学的具体方案。可见,不论是解释论还是立法论,在解决自动驾驶汽车交通事故责任规则上,都有继续完善的空间。修订《道路交通安全法》时,应当规定自动驾驶汽车交通事故责任的规则。

---

[9] 杨立新、赵晓舒:《我国〈侵权责任法〉中的第三人侵权行为》,载《中国人民大学学报》2013年第4期。
[10] 杨立新:《自动驾驶机动车交通事故责任的规则设计》,载《福建师范大学学报(哲学社会科学版)》2019年第3期。
[11] 郑志峰:《自动驾驶汽车交通事故责任的立法论与解释论——以民法典相关内容为视角》,载《东方法学》2021年第3期。
[12] 杨立新:《人工智能产品责任的功能及规则调整》,载《数字法治》2023年第4期。
[13] 郑志峰:《自动驾驶汽车交通事故责任的立法论与解释论——以民法典相关内容为视角》,载《东方法学》2021年第3期。

—— **本章思考题** ——

1. 《道路交通安全法》第76条规定的机动车交通事故的规则是什么?
2. 在机动车交通事故中,过错推定原则和过错责任原则调整的范围是什么?
3. 在机动车所有人和使用人分离时,如何依据运行支配与运行利益确定由谁承担侵权责任?
4. 出租出借机动车交通事故责任的基本规则是什么?
5. 买卖未办理过户登记的机动车造成他人损害,应当由谁承担侵权责任?理由是什么?
6. 非法转让机动车损害责任的基本规则是什么?为什么规定为绝对责任?
7. 好意同乘规则应当怎样理解?
8. 自动驾驶汽车交通事故责任与传统机动车交通事故责任有哪些不同?

第六章 医疗损害责任

| 本章要点 |

《民法典》侵权责任编第六章规定医疗损害责任,本章着重介绍医疗损害责任的医疗伦理损害责任、医疗技术损害责任、医疗产品损害责任和医疗管理损害责任四种医疗损害责任的基本类型,介绍医疗伦理过失、医疗技术过失和医疗管理过失的证明方法,同时,对医疗损害责任的其他问题也都作了介绍。

医疗损害责任改革目标　　医疗伦理损害责任　　医疗技术损害责任
医疗产品损害责任　　　　医疗管理损害责任　　医疗过失
证明责任　　　　　　　　免责事由

| 典型案例 |

未婚女青年小红前往北京某体检中心进行健康体检,负责检查的医生违反对未婚女青年进行妇科检查时的告知义务,进行阴道扩张检查,造成小红处女膜破裂。小红与该体检中心发生争执并将其诉至法庭。北京市第一中级人民法院以体检中心违反了医疗机构的特定告知义务,存在主观过错为由,终审判令体检中心赔偿小红精神损害抚慰金1万元、交通费300元以及医疗费50元。

第一节　我国现行医疗损害责任制度概述

一、《民法典》改革医疗损害责任的背景

原《侵权责任法》"医疗损害责任"一章全面改革了我国的医疗损害责任制度。《民法典》侵权责任编第六章"医疗损害责任"继续坚持这样的规定。

改革医疗损害责任制度的背景,是我国司法实务实行的由三个双轨制构成的二元化医疗损害责任制度。三个双轨制的具体内容是:第一,医疗损害责任诉因的双轨制,既有医疗事故责任,又有医疗过错责任。第二,医疗损害赔偿标准的双轨制,医疗事故责任按照《医疗事故处理条例》规定的赔偿标准赔偿,数额很低;医疗过错责任适用人身损害赔偿标准,数额较高。第三,医疗损害责任鉴定的双轨制,医学会作为官方代表进行医疗事故责任鉴

定,司法鉴定机构进行医疗过错责任鉴定。据此形成了二元化的医疗损害救济机制,典型地表现了我国医疗损害责任制度的现实状况和法律适用的混乱程度。

我国医疗损害责任制度形成二元化结构的基本原因如下:一是行政机关强调医疗机构的特殊性,用不适当的方法予以特别保护;二是受害患者一方寻找新的保护方法;三是司法机关认可医疗事故和医疗过错的差别。二元结构医疗损害责任制度存在的弊病是,其分割了完整的医疗损害责任制度,造成受害患者一方无法得到恰当救济;加重医疗机构举证责任,形成防御性医疗,损害全体患者的利益;造成审判秩序混乱,损害司法权威。

二、改革医疗损害责任的理论基础、基本目标和内容

(一)医疗损害责任改革的理论基础和基本目标

改革依据的理论基础是:(1)坚持人格平等,实行统一的医疗损害责任制度,是医疗损害责任改革的基本方向;(2)兼顾受害患者、医疗机构和全体患者的利益关系,是医疗损害责任制度改革的基本要求;(3)过错责任原则是建立和谐医患关系、调整三者利益的最佳平衡器;(4)坚持民事诉讼权利平等原则,妥善处理诉讼机会和诉讼利益的平衡。

改革我国医疗损害责任制度遵循的基本目标是:建立一个一元化结构的医疗损害责任制度,改变二元化结构的医疗损害责任的法律适用矛盾状况,建立统一的、完善的医疗损害责任制度,统筹兼顾,公平、妥善地处理受害患者的利益保护、医疗机构的利益保护以及全体患者利益保护之间的平衡关系,推进社会医疗保障制度的健全发展,保障全体人民的医疗福利。

(二)医疗损害责任改革的概括内容

重新构建我国的医疗损害责任制度,其基本内容包括以下六个方面:第一,统一医疗损害责任概念。摒弃医疗事故责任和医疗过错责任两个不同概念,使用统一的"医疗损害责任"概念。第二,确定医疗损害责任的基本类型和归责原则。根据医疗损害责任的具体情形的不同,将医疗损害责任分为四种基本类型,即医疗技术损害责任、医疗伦理损害责任、医疗产品损害责任和医疗管理损害责任,分别适用不同的归责原则和具体规则。第三,确定认定医疗过失的一般标准。确定认定医疗过失的标准是违反注意义务,医疗机构违反自己的注意义务,即存在医疗过失。[1] 根据不同的医疗损害责任的类型,将医疗过失分为医疗技术过失、医疗伦理过失和医疗管理过失,分别确定医疗技术过失的标准、医疗伦理过失的标准和医疗管理过失的标准。第四,确定医疗损害责任纠纷的举证责任规则。在四种不同的医疗损害责任类型中,分别适用不同的举证责任,科学分配诉讼风险。第五,适用统一的人身损害赔偿标准并予以适当限制。对于医疗损害责任的赔偿不应当单独制定标准,而应当实行统一的人身损害赔偿标准。医疗损害责任的赔偿有自己的特点,为了保障全体患者的利益不受损害,对医疗机构的损害赔偿责任应当进行适当限制。[2] 第六,医疗损害责

---

[1] 杨立新:《论医疗过失的证明及举证责任》,载《法学杂志》2009年第6期。
[2] 杨立新:《论医疗过失损害赔偿责任的适当限制规则》,载《政法论丛》2008年第6期。

任鉴定的性质为司法鉴定。既然医疗损害责任不再将医疗事故作为基本类型，也就没有必要执行《医疗事故处理条例》关于医疗事故鉴定的规定。

第二节 医疗损害责任的概念和类型

一、医疗损害责任的概念和要素

(一)医疗损害责任的概念和意义

医疗损害责任，是指医疗机构及医务人员在医疗过程中因过失，或者在法律规定的情况下无论有无过失，造成患者人身损害或者其他损害，应当承担的以损害赔偿为主要方式的侵权责任。

医疗损害责任的基本特征是：第一，医疗损害责任的责任主体是医疗机构；第二，医疗损害责任的行为主体是医务人员；第三，医疗损害责任发生在医疗活动之中；第四，医疗损害责任是因损害患者的人身等权益而发生的责任；第五，医疗损害责任的基本形态是替代责任。

使用统一的医疗损害责任概念，不仅使侵权法的概念统一，而且结束了医疗损害责任的分割状态和法制不统一现状，统一了法律适用规则。事实上，医疗事故和医疗过错两个概念并不存在原则上的差别，对其进行强制性分割，刻意强调其差别，是没有道理的。将所有的医疗损害纠纷都规定为医疗损害责任，置于这个统一的概念之下，就能够制定一个统一的、一元化结构的医疗损害责任制度，保证适用法律的统一，用统一的尺度保护受害患者一方的权利，维护司法权威和法律权威。

将这种侵权责任的案由统一为医疗损害责任，有三个意义：第一，这个概念比较中性，对哪一方当事人都不具有偏向性；第二，这个概念与其他侵权责任类型的称谓比较协调，特别是与建筑物和物件损害责任、饲养动物损害责任等的称谓相一致；第三，最重要的意义是切割医疗损害责任与医疗事故责任的关系，同时也就切割了医疗损害责任与《医疗事故处理条例》之间的联系。在司法实践中，法院一直把《医疗事故处理条例》作为侵权法的特别法优先适用，但该条例的规定对受害患者利益的保护不够。使用医疗损害责任这个概念，更有利于受害患者利益保护。

(二)医疗损害责任的要素

1.医疗机构

医疗机构是从事疾病诊断、治疗活动的医院、卫生院、疗养院、门诊部、诊所、卫生所(室)以及急救站等机构。除此之外的机构都不属于医疗机构。例如，执业助理医师不得成立个体诊所,设立个体诊所行医的,由于不是医疗机构,仍为非法行医。[3] 没有合法资质的医疗机构发生医疗损害责任,应当适用《民法典》侵权责任编的一般规定确定侵权责任,不适用医疗损害责任的规定。对于取得医师执业证书的医师在家中擅自诊疗病人造成人身损害事故的,由于医疗活动是医疗机构的活动,不是医生个人的活动,所以,也不认为是医疗损害责任,应当适用一般侵权行为的规则处理。相反,精神病医院与一般的医疗机构不同,其对精神病患者负有更高的注意义务,甚至是监护义务,造成精神病患者人身损害构成医疗损害责任,而且对其要求更高,更为严格,精神病医院承担的责任更重。

美容医疗机构或者开设医疗美容科室的医疗机构实施医疗美容活动,造成患者损害的,构成医疗损害责任,但非医疗机构实施的美容活动不按照医疗损害责任处理。接种单位被认为是医疗机构,因预防接种活动造成接受接种人员损害的,接种单位应当承担医疗损害责任。

2. 医务人员

医务人员包括医师和其他医务人员。医师包括执业医师和执业助理医师,是指依法取得执业医师资格或者执业助理医师资格,经注册在医疗、预防、保健机构中执业的专业医务人员。尚未取得执业医师或者执业助理医师资格,经注册在村医疗卫生机构从事预防、保健和一般医疗服务的乡村医生,也被视为医务人员。执业助理医师应当在执业医师的指导下,在医疗、预防、保健机构中按照其执业类别执业。执业助理医师独立从事临床活动,也属于医务人员,发生医疗中的人身损害事故的,构成医疗损害责任。[4] 不具有医务人员资格的,即使发生医疗损害,该损害赔偿责任也不是医疗损害责任,而应当适用《民法典》第1165条第1款关于侵权行为一般条款的规定。

护士系指取得国家护士执业证书并经过注册的护理专业技术人员。没有经过注册登记的护理人员,不认为是合法执业的护士。只有合法执业的护士在护理活动中造成患者人身损害的,才构成医疗损害责任,否则为非法行医,按照一般侵权行为规则处理。

3. 诊疗活动

在医院进行的身体检查,在医院进行的医疗器械的植入,对患者的观察、诊断、治疗、护理、康复等,也都是诊疗活动,不能认为身体检查、身体康复等并不进行治疗的活动不是诊疗活动。医疗机构进行的影像、病理、超声、心电图等诊断性活动也是诊疗活动。医疗美容是运用手术、药物、医疗器械以及其他具有创伤性或者侵入性的医学技术方法,对人的容貌和人体各部位形态进行的修复与再塑,因此属于诊疗活动;没有通过上述手段进行的美容,如进行面部护理、一般的保健按摩等,不认为是诊疗活动。

4. 诊疗行为

诊疗行为,是指医疗机构及医务人员通过各种检查,使用药物、器械及手术等方法,对疾病作出判断和消除疾病、缓解病情、减轻痛苦、改善功能、延长生命、帮助患者恢复健康的临床医学实践行为。简言之,诊疗行为就是医疗机构及医务人员在诊疗活动中的临床实践行为。

---

[3] 卫生部2001年《关于执业助理医师能否设置个体诊所问题的批复》。
[4] 卫生部2006年《关于执业助理医师独立从事诊疗活动发生医疗事故争议有关问题的批复》。

诊疗行为的基本特征是：第一，诊疗行为是以治疗、矫正或预防人体疾病、伤害残缺或以保健为直接目的的行为，直接表现为使患者尽快恢复健康，延长寿命。第二，诊疗行为是借助于医学方法和手段的行为，包括检查、药物，以器械、手术等方法进行判断和治疗。第三，诊疗行为是由医疗机构组织中医务人员实施的行为。对于诊疗行为究竟是医疗机构的行为还是医务人员行为，存在争论。本书认为，医疗机构是诊疗行为的组织者，而医务人员则是诊疗行为的实施者，二者都是诊疗行为的主体。

二、医疗损害责任的类型

医疗损害责任分为四种类型，即医疗伦理损害责任、医疗技术损害责任、医疗产品损害责任和医疗管理损害责任。

（一）医疗伦理损害责任

1. 医疗伦理损害责任的概念和特征

医疗伦理损害责任是医疗损害责任的基本类型之一，是指医疗机构和医务人员违背医疗良知和医疗伦理的要求，违反医疗机构和医务人员的告知或者保密义务，具有医疗伦理过失，造成患者人身损害或其他合法权益的损害，应当承担损害赔偿责任的医疗损害责任。本章的典型案例就是这种医疗损害责任。

医疗伦理损害责任的法律特征是：

（1）构成医疗伦理损害责任以具有医疗过失为前提。如果医疗机构和医务人员没有过失，就不构成这种医疗损害责任。

（2）医疗伦理损害责任的过失是医疗伦理过失。医疗伦理过失与医疗技术过失不同，不是违反当时的医疗水平所确定的高度注意义务，而是违背医疗良知和医疗伦理，违反告知义务、保密义务等伦理性义务。

（3）医疗伦理过失的认定方式是过错推定。医疗伦理过失与医疗技术过失的认定方式不同，不是采取证明的方式，而是采取推定的方式。只要受害患者一方已经证明了医疗违法行为、损害事实以及因果关系的要件，就可以直接推定医疗机构和医务人员具有医疗伦理过失。

（4）构成医疗伦理损害责任不仅包括患者的人身损害，而且包括其他民事权益损害，并且更主要的是其他民事权益损害。例如，对知情权、自我决定权、隐私权、个人信息权等的损害，是医疗伦理损害责任的损害事实常态。

2. 医疗伦理损害责任的类型

（1）违反资讯告知义务的损害责任。违反资讯告知义务的损害责任，是指医疗机构未对病患充分告知或者说明其病情，未对病患提供及时有用的医疗建议的医疗损害责任。这种医疗损害责任违背的是医疗良知和医疗伦理，是没有善尽对患者所负的告知义务、说明义务、建议义务等积极提供医疗资讯的义务，是侵害患者知情权的侵权行为。

（2）侵犯患者知情同意权的损害责任。侵犯病患同意权的损害责任，是指医疗机构和医护人员违反其应当尊重病患自主决定意愿的义务，未经病患同意即积极采取某种医疗措施或者消极停止继续治疗的医疗损害责任。这种医疗损害责任违背的也是医疗良知和医疗伦理,即不经患者同意就采取积极行为或者消极行为,是侵害患者自我决定权的医疗损害责任。

(3)违反保密义务的损害责任。由于医患关系的特殊性,医生掌握着患者的患病情况、病史情况以及其他的个人重要信息。这些都是患者的重大隐私和个人信息,医疗机构、医生和相关知情人员负有保密义务。依照《民法典》第1226条的规定,医疗机构及其医务人员应当对患者的隐私和个人信息保密。泄露患者隐私和个人信息,或者未经患者同意公开其病历资料,造成患者损害的,应当承担侵权责任。

3.医疗机构和医务人员履行告知义务的重要意义

违反资讯告知义务和侵犯患者知情同意权的医疗伦理损害责任的基础,是医疗机构和医务人员负有的告知义务,确定过失的基准都是医疗机构和医务人员是否违反其告知义务。

医疗机构的告知义务是法定的合同义务,体现了法定性和意定性的交融。换言之,医疗机构的告知义务既是合同义务,也是法定义务。

医疗机构告知义务的来源,是患者享有的知情权和自我决定权。正是由于患者享有知情权和自我决定权,医疗机构才应当对患者履行告知义务。在医疗领域,创设告知义务是因为具有侵袭性的医疗行为必须获得正当性基础,而患者的知情权和自我决定权就是阻却侵袭性医疗行为违法性的法定事由。

医疗机构告知义务的范围主要是对患者具有决定性影响的信息。概括地说,医疗机构告知义务是指医务人员在一般诊疗活动中应当向患者说明病情和医疗措施。需要实施手术、特殊检查、特殊治疗的,医务人员应当及时向患者说明病情、医疗措施、医疗风险、替代医疗方案等情况,并取得其明确同意。不能或不宜患者说明的,医务人员应当向患者的近亲属说明,并取得其明确同意。具体的告知义务内容:一是医疗机构的医疗水平、设备、技术状况等;二是患者的病情以及医疗机构的检查、诊断方案;三是关于检查、诊断结果的告知义务,转医或转诊的告知义务。

《民法典》第1219条规定医务人员告知义务分为三种形式:一是一般告知义务,即医务人员在一般诊疗活动中应当向患者简要说明病情和医疗措施;二是特殊告知义务,即需要实施手术、特殊检查、特殊治疗的,医务人员应当及时向患者具体说明医疗风险、替代医疗方案等情况,并取得其明确同意;三是不能或者不宜向患者说明的,医务人员应当向患者的近亲属说明,并取得其明确同意。医务人员应当按照上述规定,履行告知义务。

4.医疗伦理损害责任的归责原则与构成要件

借鉴法国医疗伦理过错的概念,确定医疗伦理损害责任实行过错推定原则,直接推定医疗机构的过失,除非医疗机构能够证明自己的医疗行为没有过失,否则应当对因其医疗伦理过失造成的损害承担赔偿责任。

医疗伦理损害责任的构成要件是:

(1)违法行为。构成医疗伦理损害责任的违法行为,表现为违反法定义务。医疗机构和医务人员的告知或保密等义务是一种法定义务。行为人违反这些法定义务,其行为就具有了违法性。违反告知义务的类型是:第一,未履行告知义务;第二,未履行充分告知义务;第三,错误告知;第四,迟延履行告知义务;第五,履行了告知义务,但未经患者或其近亲属同意而实施医疗行为。能够证明医疗机构和医务人员违反了保密义务或者其他义务,使患者的隐私利益、个人信息等受到损害,医疗机构和医务人员的行为就是没有尽到保密义务等绝对义务,具有违法性。

(2)损害事实。构成医疗伦理损害责任的损害事实主要表现为诊疗活动侵害了患者的知情权、自我决定、隐私权、个人信息权等,因此造成患者现实权益和期待利益的损害,以及其他间接性损害,也包括人身损害。

(3)因果关系。医疗伦理损害责任构成中的因果关系主要表现为未善尽告知义务的行为与知情权、自我决定权、隐私权、个人信息权以及相关利益受到损害之间的引起与被引起的关系,前者为因,后者为果。对于这种因果关系,受害患者一方应当承担举证责任。

(4)医疗伦理过失。构成医疗伦理损害责任的过失要件是医疗伦理过失,采推定规则,即存在未善尽告知义务事实的,则推定医疗机构和医务人员具有过失。

5. 医疗伦理损害责任形态和赔偿范围

医疗伦理损害的责任形态是替代责任。医务人员在执行职务中,造成患者人身损害或者其他损害,构成医疗伦理损害责任的,其直接责任人是医疗机构,而不是医务人员。医疗机构对医务人员造成的损害承担责任,受害患者一方应当直接向医疗机构请求赔偿。医疗机构承担了侵权责任之后,可以向有过错的医务人员进行追偿,赔偿自己因承担赔偿责任而遭受的损失。

医疗伦理损害责任损害赔偿范围,与一般的医疗损害赔偿有明显区别。原因是,医疗伦理损害责任的损害事实主要不是人身损害事实(尽管也有人身损害事实),而是对知情同意权、自我决定权、隐私权、个人信息权等民事权利的损害。因此,医疗伦理损害责任的主要赔偿方式是精神损害抚慰金,当然也包括对财产损失的赔偿。规则是:第一,如果违反告知或者保密等义务造成患者人身损害,能够确定违反告知或者保密等义务的医疗行为与损害后果具有因果关系的,应当承担人身损害赔偿责任;第二,如果违反告知或者保密等义务,没有造成患者人身损害,仅仅是造成了对知情同意权、自我决定权、隐私权、个人信息权、身份权等精神性民事权利的损害的,则应当承担的赔偿责任是精神损害赔偿,通常是象征性赔偿。

(二)医疗技术损害责任

1. 医疗技术损害责任的概念和特征

《民法典》第1221条和第1222条规定的是医疗技术损害责任。医疗技术损害责任是医疗损害责任的基本类型之一,是指医疗机构和医务人员在医疗活动中,违反医疗技术的高度注意义务,具有违背当时的医疗水平的技术过失,造成患者人身损害的医疗损害责任。这种医疗损害责任的构成必须具备医疗技术过失的要件,即具有违背当时医疗水平的疏忽和懈怠,造成患者人身损害,因而应当承担侵权责任。

医疗技术损害责任的法律特征是:

(1)构成医疗技术损害责任以具有医疗过失为前提。如果医疗机构和医务人员不存在医疗过失,就不构成医疗技术损害责任。

(2)医疗技术损害责任的过失是医疗技术过失。医疗技术损害责任中的过失的判断,以是否违反当时的医疗水平所确定的医疗机构和医务人员所应当承担的高度注意义务为标准。医疗技术过失是违反医学科学上或者技术上应尽的高度注意义务,其与医疗伦理过失不同。

(3)医疗技术过失的认定方式主要是原告证明。受害患者一方不仅要证明医疗违法行为、损害事实以及因果关系要件的成立,还必须证明医疗机构和医务人员具有医疗技术过失。只有在法定情况下,才可以推定医疗机构及医务人员具有医疗技术过失。

(4)医疗技术损害责任的损害事实只包括人身损害事实。在医疗技术损害责任构成中,损害事实只包括受害患者的人身损害事实,不包括其他民事权益的损害。

2. 医疗技术损害责任的类型

(1)诊断过失损害责任。诊断过失损害责任是常见的医疗技术损害责任。最典型的诊断过失是误诊。一般认为,只有当根本未进行一些基本的诊断程序,或者在进一步的治疗过程中未对初始的诊断询问并加以审查时,才能构成误诊,并导致赔偿责任。判断是否误诊的标准是,一个理性的医师在疾病诊断中是否作出了不符合当时的医疗水平的对患者疾病的错误判断,如果一个理性的医师不可能出现这样的错误,该医师就存在诊断过失。

(2)治疗过失损害责任。医疗机构和医务人员在治疗中未遵守医疗规范、规章、规程,未尽高度注意义务,实施错误的治疗行为,造成患者人身损害的,为治疗过失损害责任。例如,脊椎穿刺行为本身就具有一定的危险,只有当这种方式没有必要或者在施行过程中有错误,并且造成了患者的人身损害时,才能认定为治疗过失,构成治疗过失的医疗技术损害责任。

(3)护理过失损害责任。医护人员在护理中违反高度注意义务,造成患者人身损害,也构成医疗技术损害责任。

(4)感染、传染损害责任。医疗机构承担的是治病救人的高尚职责,在医疗机构内部必须管控感染,防止感染、传染。如果医疗机构和医务人员未善尽高度注意义务,出现院内感染或者传染,造成患者感染新的疾病,损害生命健康的,应当承担医疗过失损害责任。

(5)孕检生产损害责任。在妇产科医疗机构中,由于在孕检中未能检出胎儿畸形,"错误出生"医疗技术损害责任不断出现。这种医疗技术损害责任是指妇产科医院对胎儿状况的检查存在医疗疏忽或者懈怠,应当发现胎儿畸形而未发现,在胎儿出生后才发现畸形并造成损害的医疗技术损害责任。

3. 医疗技术损害责任的性质

医疗关系的性质是一种非典型契约,即无名合同关系,是指医院与患者之间就患者疾患的诊察、治疗、护理等医疗活动形成的意思表示一致的民事法律关系,[5]是一种医疗服务合同。医院一方在医疗过程中因医务人员的过失造成患者的健康受损甚至造成死亡后果,属于违约行为,应当承担违约责任,但同时又是侵权行为,应当承担侵权责任。按照《民法典》第 186 条关于"因当事人一方的违约行为,损害对方人身权益、财产权益的,受损害方有权选择请求其承担违约责任或者侵权责任"的规定,责任竞合应遵从有利于受害人进行选择的原则,选择权属于受害患者及近亲属。人民法院审理医疗损害赔偿责任案件,通常都

---

[5] 杨立新主编:《疑难民事纠纷司法对策》(第 2 辑),吉林人民出版社 1997 年版,第 138 页。

是把它作为侵权案件处理的。但是,如果受害患者一方坚持选择违约责任赔偿的,人民法院应当准许。

4. 医疗技术损害责任的归责原则和构成要件

《民法典》第1218条明确规定,医疗技术损害责任适用过错责任原则确定侵权责任。据此,医疗机构承担侵权赔偿责任,应当具备侵权责任的一般构成要件,即违法行为、损害事实、因果关系和医疗过失。实行一般的举证责任规则,即"谁主张,谁举证",四个要件均须由受害患者承担举证责任。

(1)医疗机构在医疗活动过程中的违法行为。医疗技术损害责任的行为主体是医疗机构和医护人员。医疗技术损害责任的违法行为必须发生在医疗活动过程中,如诊断、治疗、护理、管理等,否则不构成医疗侵权责任。行为的违法性是指医疗机构违反了不得侵害患者的生命权、健康权、身体权的法定义务,这种违法性是形式违法,而不是实质违法。

(2)医疗技术损害责任的损害事实是人身损害事实。医疗侵权责任构成中的损害事实,是医疗机构及其医护人员在医疗活动中造成患者人身损害的事实,主要指受害人的生命权、健康权或者身体权受到侵害。其具体的表现形式,就是患者生命的丧失或者人身健康和身体的损害等。

(3)医疗技术损害责任的因果关系。要构成医疗技术损害责任,医疗违法行为与患者人身损害后果之间须有因果关系。医疗机构只有在因果关系存在的情况下,才就其过失行为负赔偿之责。确定因果关系的标准是相当因果关系。

(4)医疗技术过失。要构成医疗技术损害责任,医疗机构必须具备医疗技术过失。这是对医疗机构违法性医疗行为中的主观方面的谴责,正因为医疗机构具有过失,才对其科以侵权责任,以示对医疗机构过失的法律谴责。医疗行为造成患者损害,如果医疗机构和医务人员没有过错,医疗机构就不承担医疗技术损害责任。

5. 医疗技术损害责任的责任形态

医疗技术损害责任的责任形态是替代责任。医务人员在执行职务中,由于违反技术规范等造成患者人身损害,构成医疗技术损害责任的,其直接责任人是医疗机构,而不是医务人员。医疗机构对医务人员造成的损害承担责任,受害患者一方应当直接向医疗机构请求赔偿。医疗机构承担了侵权责任之后,可以向有过错的医务人员进行追偿,赔偿自己因承担赔偿责任而造成的损失。

(三)医疗产品损害责任

1. 医疗产品损害责任的概念和性质

医疗产品损害责任是指医疗机构在医疗过程中使用有缺陷的药品、消毒产品、医疗器械以及血液等医疗产品,因此造成患者人身损害,医疗机构或者医疗产品的生产者、销售者、药品上市许可持有人、血液提供机构应当承担的医疗损害赔偿责任。《民法典》第1223条规定的是医疗产品损害责任。

医疗产品损害责任既是医疗损害责任,也是产品责任,是兼有两种性质的侵权责任类型,是医疗损害责任的一个基本类型。医疗产品损害责任具有产品责任性质,应当适用无过错责任原则,以更好地保护患者的合法权益。

在医疗产品损害责任纠纷中,受害患者作为医疗合同关系的当事人,其固有利益受到侵害,医疗机构既构成加害给付责任,同时也构成产品责任,因而医疗损害责任具有医疗损害责任和产品责任的双重性质。

2. 医疗产品损害责任的归责原则及责任构成

医疗产品损害责任是无过错责任,这是确定医疗产品损害责任的中间责任的归责原则。对于医疗产品损害责任的最终责任,《民法典》第1223条没有明确规定应当承担过错责任;如果医疗机构不能指明缺陷医疗产品的生产者,也不能指明缺陷产品的供货者,或者医疗机构就是医疗产品生产者的,医疗机构应当承担无过错责任。

构成医疗产品损害责任,应当具备产品侵权责任的构成要件:

(1)医疗产品须为缺陷产品。构成医疗产品损害责任的首要条件,是医疗产品具有缺陷。医疗产品包括四种:一是药品;二是消毒产品;三是医疗器械;四是血液准产品。

(2)须有患者人身损害的事实。要构成医疗产品损害责任,须医疗机构将医疗产品应用于患者,而由于医疗产品存在缺陷,造成了患者的人身损害。

(3)须有因果关系。医疗产品损害责任中的因果关系,是指医疗产品的缺陷与受害人的损害事实之间存在的引起与被引起的关系,医疗产品缺陷是原因,损害事实是结果。确认医疗产品责任的因果关系要由受害人证明。

3. 医疗产品损害责任形态

医疗产品造成患者损害,其责任形态是不真正连带责任,其基本规则是:

(1)责任主体是医疗机构、医疗产品的生产者、销售者、药品上市许可持有人、血液提供机构。医疗产品损害责任的责任主体有五种:一是医疗机构。医疗机构直接使用医疗产品,应用于患者身上,造成损害的,医疗机构是责任主体。二是医疗产品生产者,其制造了有缺陷的医疗产品,并且造成了患者的损害,应当承担责任。三是医疗产品的销售者。四是药品上市许可持有人。五是血液提供机构。

(2)实行最近规则,受害患者可以选择请求医疗机构、生产者或者销售者、药品上市许可持有人、血液提供机构承担责任。按照产品责任的最近规则,受害患者有权在上述五种责任主体中,根据自己的利益,选择对自己最为有利的、法律关系"最近"的一个请求权行使。受害患者有理由选择医疗机构作为赔偿主体,请求其承担赔偿责任;也有理由选择医疗产品的生产者、销售者、药品上市许可持有人、血液提供机构承担赔偿责任。

(3)实行最终规则,准许首先承担责任的一方向缺陷生产者追偿。按照产品责任的最终规则,医疗机构在承担了赔偿责任之后,取得对缺陷医疗产品生产者、销售者、药品上市许可持有人、血液提供机构的追偿权。医疗机构可以请求最终责任主体承担因缺陷医疗产品造成的全部赔偿责任。这种赔偿请求权是全额的请求权,包括在前手诉讼中所造成的全部损失。

(4)患者将医疗机构和生产者、销售者、药品上市许可持有人、血液提供机构同时起诉的,应按照最终规则处理。在诉讼中,如果受害患者将医疗机构、生产者、销售者、药品上市许可持有人、血液提供机构作为共同被告一并起诉的,法院在审理中,可以直接适用最终规则,确定缺陷医疗产品的直接生产者承担侵权责任,不必先实行最近规则让医疗机构先承担责任再进行追偿;也可以判决在执行中实行不真正连带责任。

(四)医疗管理损害责任

1. 医疗管理损害责任的概念和特征

医疗管理损害责任,是指医疗机构和医务人员违背医政管理规范和医政管理职责的要求,具有医疗管理过失,造成患者人身损害、财产损害的医疗损害责任。

医疗管理损害责任的特点:一是构成医疗管理损害责任以具有医疗过错为前提;二是医疗管理损害责任的过错是医疗管理过失;三是医疗管理过失由原告证明;四是医疗管理损害责任的主要损害事实是人格、身份和财产损害。

2. 医疗管理损害责任的归责原则和构成要件

医疗管理损害责任适用的归责原则是过错责任原则。构成医疗管理损害责任须具备以下要件:

(1)医疗机构及医务人员在诊疗活动中具有违反管理规范或管理职责的行为。在诊疗活动中,须有医疗机构及医务人员实施的违法行为才能构成医疗损害责任。医务人员不仅指医生和护士,还包括与诊疗活动有关的其他人员。要构成医疗管理损害责任,医疗机构及医务人员须在诊疗活动中实施了违反管理规范和管理职责的医政管理行为,这个行为须具有违法性。凡是在医疗机构业务范围内、与医务人员的诊疗行为有关的医政管理活动,都是诊疗活动。在这些活动中,医疗机构及医务人员违反管理规范或者管理职责,而不是伦理性质以及技术性质的规范或者职责,就构成这种行为的要件。其违法性在于,这些行为会造成侵害患者合法权益的后果。

(2)患者受到损害。患者受到损害,是构成医疗管理损害责任的客观事实要件。医疗管理损害责任中的损害事实比较宽泛,泛指患者的一切权利和利益的损害,但主要的还是患者的生命权、健康权、身体权、知情权、隐私权、亲权、所有权等有关权利和利益的损害。特别值得注意的是,亲权这种身份权及身份利益也能够成为医疗管理损害责任的侵害客体。妇产医院将产妇的亲子错误认作其他产妇的亲子,交给其他产妇抚养,并将其他产妇的亲子交给该产妇抚养,不仅侵害了该产妇及其亲子的身份权,甚至也侵害了另一位产妇及其亲子的身份权,甚至还有可能造成多个产妇及其亲子的身份权以及父亲身份权的损害。这样的损害事实是在诊疗活动中发生的,造成了极为严重的后果,虽然不是违反伦理道德或者技术规范,但是违反的是医疗机构及医务人员的管理规范和管理职责,具有严重的违法性。

(3)违反管理规范或者管理职责的行为与损害事实之间具有因果关系。医疗机构及医务人员违反管理规范或者管理职责的违法行为,须与患者的损害事实之间具有引起与被引起的关系,即构成医疗管理损害责任的因果关系要件。确定医疗管理损害责任的因果关系要件适用相当因果关系规则,通常依据事实就可以认定因果关系,并不需要医疗损害责任鉴定。受害患者只要证明自己在该医疗机构接受诊疗活动中,医疗机构及医务人员实施了具有违反管理规范或者管理职责的行为,自己因此受到了损害,就可以确认因果关系。例如,医务人员未经产妇同意将其胎盘擅自处置;救护车迟延到达,在此期间患者在等待中死亡,这些就能够证明因果关系。必要时可以采取因果关系的举证责任缓和,在原告证明存在因果关系的可能性后,推定有因果关系,医疗机构主张没有因果关系的,应当举证证明。

(4)医疗管理过失。医疗管理过失是指医疗机构及医务人员在诊疗活动中违反管理规范或者管理职责的不注意的主观心理状态。医疗管理过失的表现形式是医疗机构及医务人员对医政管理规范或者管理职责的疏忽或者懈怠,通常不表现为故意。疏忽是指医疗机构及医务人员对待管理规范或者管理职责的不经心、不慎重的不注意心理,即应当做到的却没有做到。懈怠是指医疗机构及医务人员轻信自己不会违反管理规范或者管理职责,但却因为不注意而实际违反了管理职责和管理规范。医疗管理过失也包括故意,例如,拒绝向患者提供病历资料,擅自将患者有价值的人体医疗废物赠送他人等,属于故意而为,构成故意的医疗管理损害责任。

3. 医疗管理损害责任的主要表现形式

(1)违反紧急救治义务的损害责任。《民法典》第1220条规定:"因抢救生命垂危的患者等紧急情况,不能取得患者或者其近亲属意见的,经医疗机构负责人或者授权的负责人批准,可以立即实施相应的医疗措施。"这一条文规定的是医疗机构对生命垂危的患者的紧急救治义务。这一条文只从正面规定了紧急救治义务,但没有规定医疗机构违反紧急救治义务造成患者损害的侵权责任。

(2)违反病历资料管理职责致害责任。按照《民法典》第1225条规定,病历资料在医疗机构保管,有些医务人员甚至医疗机构将病历资料当成自己的私有财产,随意处置,拒绝提供,甚至进行隐匿、伪造、违法销毁、篡改等,这是严重的违法行为。《民法典》直接规定医疗机构及医务人员对病历资料负有依规填写、妥善保管和及时提供查询的义务,并且规定这一义务属于强制性义务,医务人员和医疗机构不得违反。医疗机构在履行对患者病历资料的保管义务中未尽管理职责,造成病历资料丢失,具有重大过失,构成医疗管理损害责任,应当对患者的损失予以赔偿。

(3)救护车急救不及时损害责任。救护站接到患者及近亲属的呼救,组织救护不及时,致使患者受到损害,也属于医疗管理损害责任。医疗救护站接到求救应当及时进行救护,由于过失而延误时间,救护不及时,致使患者发生损害的,应当承担侵权责任。如果医疗机构救护及时,即使有损害,也不承担责任。[6]

(4)违反管理职责致使产妇抱错孩子致害责任。妇产医院违反管理职责,将产妇生产的孩子抱错,造成亲属关系的严重损害,是典型的医疗管理损害责任。

(5)违法处理患者医疗废物侵害患者权利。违法处理患者由自己的身体变异而成的医疗废物,侵害了患者对医疗废物的所有权,也构成侵权,应当适用《民法典》第1218条规定确定侵权责任。人体医疗废物从患者人体变异而来,成为特殊物,所有权属于患者所有。医疗机构及医务人员将其据为己有,或未告知患者而擅自处理,侵害患者的所有权。[7]

(6)医务人员擅离职守。医疗机构在医政管理中,医务人员以及其他工作人员擅离职守,危害很大,后果也很严重。例如,医务人员不坚守岗位,在工作时间睡觉、看书、请客吃饭,以及后勤水电锅炉等维修部门工作人员失职,导致供水供电中断、仪器故障等,造成患

---

[6] 典型案例参见杨太兰主编:《医疗纠纷判例点评》,人民法院出版社2003年版,第212页以下。
[7] 典型案例参见杨立新主编:《民法物格制度研究》,法律出版社2008年版,第100页。

者损害。[8]

4. 医疗管理损害责任的赔偿责任形态

医疗管理损害责任的赔偿责任形态是替代责任,《民法典》第1218条规定,"医疗机构或者其医务人员有过错的,由医疗机构承担赔偿责任"。具备上述侵权责任构成要件的,发生医疗管理损害责任的替代责任形态,被侵权人应当依照《民法典》第1218条请求医疗机构承担医疗管理损害责任。

第三节 医疗过失的证明及举证责任

一、医疗过失的概念和类型

(一)医疗过失的概念和特征

医疗损害责任中的过错要件表现为医疗机构或者医务人员在诊疗护理中的过失,而不是故意。

医疗过失是指医疗机构在医疗活动中,医务人员未能提供按照当时的医疗水平通常应当提供的医疗服务,或者未能给予按照医疗良知、医疗伦理应当给予的诚信、合理的医疗服务,没有尽到高度注意义务,违反医疗卫生管理法律、行政法规、部门规章、医疗规范或常规,或者未尽法定告知、保密义务、管理职责等的医疗失职行为的主观心理状态,以及医疗机构存在的对医务人员疏于选任、管理、教育的主观心理状态。简言之,医疗过失就是医疗机构和医务人员未尽必要注意义务的疏忽和懈怠。

医疗过失也是一种过失,与一般的过失概念相比较,医疗过失的法律特征是:

第一,医疗过失的主体是医疗机构或者医务人员。医疗过失既表现在医疗机构身上,也表现在医务人员身上。医疗过失主要表现在医务人员身上,医务人员必须具有过失,才能够认定医疗过失。医疗过失还体现在医疗机构身上,事实上,只要医务人员构成医疗过失,医疗机构就存在选任、管理和教育的过失。因此,医疗过失是一个过失,却体现在医疗机构或者医务人员这两个不同主体的主观状态中。

第二,医疗过失是主观要件而不是客观要件。医疗过失是侵权责任构成中的主观要件,是医疗损害责任的主体即医疗机构和医务人员在主观上的心理状态,因此,医疗过失主要表现形式仍然是疏忽和懈怠,而不是客观行为。

第三,医疗过失的认定通常采用客观标准。认定医疗过失以客观标准进行,通常是以医疗卫生管理法律、行政法规、部门规章和诊疗护理规范、常规等对于医疗机构注意义务的规定为标准,或者以医疗机构和医务人员应尽的告知、保密等法定义务为标准,只要医方未履行或者违反这些义务,就认为有过失。

---

[8] 定庆云、赵学良:《医疗事故损害赔偿》,人民法院出版社2000年版,第190页。

第四,医疗过失所违反的高度注意义务的标准是当时的医疗水平或者医疗良知、医疗伦理及管理规范、管理职责下医疗机构和医务人员应当达到的注意义务。医疗机构和医务人员在医疗活动中承担高度注意义务。通常认为,高度注意义务是比善良管理义务更严格的注意义务。确定医疗过失,应以实施医疗行为当时的医疗水平为标准,同时适当参考地区情况、医疗机构资质和医务人员资质,确定医疗机构和医务人员应当达到的注意义务,违反该注意义务即存在医疗过失。在医疗伦理损害责任中,医疗过失是违反告知、保密以及其他注意义务,其标准是医疗良知和医疗伦理。医疗管理过失是违反医疗机构及医务人员的管理规范和管理职责。

(二)医疗过失的分类

医疗过失分为医疗技术过失、医疗伦理过失和医疗管理过失。

1. 医疗技术过失

医疗技术过失借鉴的是法国法医疗科学过错[9]的概念,是指医疗机构和医务人员在病情的检验、诊断、治疗方法的选择,治疗措施的执行以及病情发展过程的追踪,术后照护等医疗行为中,具有不符合当时的医疗专业知识或技术水平的疏忽或者懈怠。确定这种医疗过失,适用当时的医疗水平标准,适当考虑地区情况、医疗机构资质和医务人员资质,通常以对医疗法律、法规、规章以及医疗诊断规范和常规的违反为客观标准。其表现形式是:

医疗技术过失 = 当时的医疗水平→高度注意义务→违反义务

2. 医疗伦理过失

医疗伦理过失,是指医疗机构及医护人员在从事各种医疗行为时,未对病患充分告知或者说明其病情,未对病患提供及时有用的医疗建议,未保守与病情有关的各种隐私、个人信息,或未取得病患同意即采取某种医疗措施或停止继续治疗等,违反医疗职业良知或职业伦理上应遵守的告知、保密等法定义务。确定这种医疗过失的判断标准是医疗良知和医疗伦理,通常以是否违反法律、法规、规章、规范规定的医务人员应当履行的告知、保密等法定义务为标准,违反之即有过失。因此,通常并不需要医疗过失的鉴定,法官即可依据已知的事实作出推定。其表现形式是:

医疗伦理过失 = 医疗职业良知和职业伦理→告知保密等义务→未履行

3. 医疗管理过失

在绝大多数的医疗管理损害责任中,医疗机构及医务人员的过错表现为医疗管理过失,而非故意。违反紧急救治义务、违反病历管理职责、救护车抢救不及时、违反管理职责致使产妇抱错孩子、违法处理患者人体医疗废物、组织过失、违反安全保障义务等,其过错要件都表现为医疗管理过失。这些医疗管理过失都是医疗机构及医务人员对管理规范或者管理职责的疏忽或者懈怠,是对待管理规范或者管理职责以及患者权利的不经心、不慎重的不注意心理,即应当做到却没有做到;或者是医疗机构及医务人员轻信自己即使违反管理规范或者管理职责也不会损害患者的权利,但因为违反了管理职责和管理规范,实际

---

[9] 关于法国医疗科学过错的概念,参见陈忠五:《法国法上医疗过错的举证责任》,载朱柏松等:《医疗过失举证责任之研究》,台北,元照出版有限公司2008年版,第124页。

上损害了患者的权利。

二、医疗技术过失的证明及举证责任

(一)医疗技术过失的认定标准

医疗技术过失就是医师未尽高度注意义务。因此,认定医疗技术过失的注意义务,应当以当时的医疗水平为标准。《民法典》第1221条规定的就是这个规则:"医务人员在诊疗活动中未尽到与当时的医疗水平相应的诊疗义务,造成患者损害的,医疗机构应当承担赔偿责任。"

医疗水平是指基于医学水平加以解决的医学问题,基于医疗实践的普遍化并经由临床经验研究的积累,且由专家以其实际适用的水平加以确定的,已经一般普遍化的医疗可以实施的目标,并在临床可以作为论断医疗机关或医师责任基础的医疗程度。

确定医疗过失,应以当时的医疗水平为标准,同时参考地区情况、医疗机构资质和医务人员资质,确定医疗机构和医务人员应当达到的高度注意义务。违反这样的注意义务,就是医疗过失。"当时的国家标准 + 差别"原则,能够解决标准和个性化的冲突,应以医疗时的医疗水平为判断基准,该标准必须是合理的医师标准,并且在诊断和治疗时也是合理的,而不是后来审判时的水平。[10]

(二)原告应当证明的程度

在医疗技术损害责任诉讼中,受害患者一方承担举证责任。对于其证明程度的界定,应当考虑医疗活动中患者不具备医疗专业知识、相较于医师和医疗机构处于信息绝对不对称的劣势地位的基本特点,既不能使受害患者一方推卸证明责任,而使医疗机构陷入完全被动的诉讼地位;也不能完全不考虑现实情况,而使受害患者一方无力承受重大的诉讼压力,以至于完全不能证明构成要件而丧失胜诉机会。因而应当区分不同的情况,采取不同方法。

第一,受害患者一方能够证明医疗机构存在医疗过失。在医疗技术损害责任纠纷诉讼中,受害患者一方可以举出足够的证据,证明医疗机构具有医疗过失。这种证明的最好方法,就是受害患者一方申请医疗过错责任鉴定,确认医疗过失。如果原告提供这样的医疗过错责任鉴定,且经医疗机构质证,法官审查确信的,即可确认医疗过失,不存在举证责任缓和问题。

第二,受害患者一方的证明符合表见证据规则。对于受害患者一方的证明程度,也可以借鉴德国的表见证据规则。表见证据规则是指依据经验法则,有特定事实,即发生特定典型结果,则出现该特定结果时,法官在无须排除其他可能性的情形下,得推论有该特定事实的存在。在此情况下,实行举证责任缓和。

---

[10] 张新宝:《大陆医疗损害赔偿案件的过失认定》,载朱柏松等:《医疗过失举证责任之比较》,台北,元照出版有限公司2008年版,第93页。

(三)原告举证责任缓和与可以推定医疗过失的具体情形

1. 举证责任缓和

受害患者一方承担举证责任达到表见证据规则要求的,法官即可推定医疗机构的医疗过失,实行举证责任缓和,将举证责任转由医疗机构承担。

2. 推定医疗过失的情形

按照《民法典》第1222条的规定,受害患者如果能够证明医疗机构存在如下法定的情形,即可推定医疗过失:第一,医疗机构和医务人员违反法律、行政法规、规章等有关诊疗规范的规定。违反法律、行政法规、规章等有关诊疗规范的规定的,其实就是有过失,因为证明医疗技术过失的标准之一就是违反有关诊疗规范的规定。因此,具备本项规定的要求的,为有技术过失,不能通过举证责任倒置而推翻。第二,医疗机构和医务人员隐匿或者拒绝提供与纠纷有关的医学文书和有关资料。医疗机构和医务人员在发生医疗损害责任纠纷时,隐匿或者拒绝提供上述医学文书和有关资料的(主要就是病历),就可以直接推定其存在医疗技术过失,原告不必再举证证明。第三,医疗机构和医务人员遗失、伪造、篡改或者违法销毁医学文书和有关资料。前项规定的推定过错情形,是对医学文书和有关资料采取消极行为,是隐匿或者拒绝提供,属于不作为;而本项规定的行为,是对医学文书和有关资料采取积极行为,即遗失、伪造、篡改或者违法销毁。对此,同样应当推定有医疗技术过失。这些推定过错也不能通过举证责任倒置而推翻。

(四)医疗机构的证明程度与医疗损害责任鉴定的举证承担

医疗机构的证明程度,应当是推翻有条件推定的医疗过失,证明自己没有过失。对于举证责任缓和的推定过失,医疗机构可以举证推翻,能够证明自己没有过失的,即可否认医疗机构的过失,不构成医疗损害责任;不能证明者,医疗过失推定成立,构成医疗技术损害责任。

在医疗损害责任纠纷诉讼中,医疗过错责任的鉴定结论究竟应当属于谁的举证范围,是一个重要的问题。对此,应当按照前述医疗过失举证责任的基本规则,谁负有举证责任,就由谁提供医疗过失的鉴定结论:第一,在一般情况下,应当属于受害患者一方的举证责任范围。第二,如果受害患者一方的证明符合表见证据规则的要求,以及具有法律规定的理由,符合医疗过失举证责任缓和要求的,则由医疗机构承担举证责任。医疗机构证明自己没有过失的,医疗过错责任的鉴定结论则是其证明自己的医疗行为与受害人的人身损害后果之间没有因果关系,或者医疗机构的医疗行为不存在过失的证据。

三、医疗伦理过失的证明及举证责任

(一)医疗伦理过失的概念

医疗伦理过失,是指医疗机构或医护人员从事医疗行为时,违反医疗职业良知或职业伦理应遵守的告知、保密等法定义务。具体表现是未对病患充分告知或者说明其病情,未对病患提供及时有用的医疗建议,未保守与病情有关的各种隐私、个人信息,或未取得病患同意就采取某种医疗措施或停止继续治疗造成患者其他损害。事实上,医疗伦理过失就是医疗机构和医务人员未善尽告知、保密等法定义务的过失。

(二)医疗伦理过失的举证责任

医疗伦理过失的证明责任,实行过错推定,即过错要件实行举证责任倒置。

确定医疗伦理过失的判断标准采用医疗良知和医疗伦理,通常以违反法律、法规、规章规定的医务人员应当履行的告知义务为标准,违反之即为有过失,通常并不需要医疗过失的鉴定,法官即可推定。同样,医疗机构未履行保密等义务,也推定其有过失。

(三)医疗伦理过失的类型

前述未对病患充分告知或者说明其病情,未对病患提供及时有用的医疗建议,未保守与病情有关的各种隐私、秘密,或未取得病患同意就采取某种医疗措施或停止继续治疗等医疗伦理过失中,分为医疗资讯上的过错和病患同意上的过错。根据实际情况,可以分为:第一,违反资讯告知义务的伦理过失;第二,违反知情同意的伦理过失;第三,违反保密义务的伦理过失。这些不同的伦理过失在适用法律上可能有所区别,但在举证责任上没有原则性的区别。

(四)医疗伦理过失的过错推定和举证责任倒置

对医疗伦理过失实行过错推定。受害患者在举出证据证明自己的损害事实、医疗行为具有违法性、该医疗行为与损害事实之间具有因果关系之后,就推定医疗机构和医务人员具有医疗伦理过失。

法官推定过错的前提,就是原告已经证明了医疗机构的医疗违法行为要件和自己的损害事实要件,同时,因果关系已经得到证明。在这个基础上,法官即可推定医疗机构存在医疗伦理过失。

实行过错推定之后,医疗机构如果认为自己的医疗行为没有过失,则实行完全的举证责任倒置规则,由医疗机构自己举证证明,举出自己已经履行法定义务,不具有医疗过失的证据。能够证明的,不构成侵权责任;不能举证证明的,过错推定成立,构成医疗损害责任。

因此,医疗伦理损害责任构成中的过错推定规则,重点在于医疗机构一方如何举证证明自己无过失。首先,原则上,任何证据方法均得作为医疗机构或者医务人员已善尽医疗资讯义务或者已取得病患同意的证明方法,不以书面文件为必要。其次,事实上,大多数情况下,仍依据医疗专业科别、疾病或症状类型、医疗处置方法或手术种类的不同,以事先拟定及印刷制式说明书或同意书并交由患者阅读或签署,作为医疗机构或医务人员已善尽义务的证明方法。最后,在有些情况下,这种方法尚不足以证明医疗机构或医务人员已善尽医疗资讯义务或已经取得病患同意,而必须依据个别病患的具体情况,伴随一些个性化的、可以理解的、充分的、适当的、有用的说明告知,始能免除医疗机构或医务人员的损害赔偿责任。[11] 能够证明自己依照医疗伦理和良知已经履行了告知义务,即可确认医疗机构不存

---

[11] 陈忠五:《法国法上医疗过错的举证责任》,载朱柏松等:《医疗过失举证责任之比较》,台北,元照出版有限公司2008年版,第142页。

在医疗伦理过失。

四、医疗管理过失的证明及举证责任

(一)医疗管理过失的概念

医疗管理过失的证明责任由被侵权人负担。其证明标准是医疗机构违反其管理规范和医务人员违背其管理职责。

管理规范,既包括国家及行政管理机关对医疗机构与诊疗活动进行管理的法律、法规、规章、规范、制度等规范性文件规定的管理规则,也包括医疗机构自己制定的与诊疗活动有关的管理规范。违反医疗机构及医务人员对生命垂危状态的患者的紧急救治义务,违反了《民法典》第1220条规定。违反病历管理职责的行为,不仅违反了《民法典》第1225条规定,而且也违反了卫生部、国家中医药管理局2002年8月2日发布的《医疗机构病历管理规定》的具体规定。凡是法律、法规、规章以及与诊疗活动有关的管理规范,都是确定有无医疗管理过失的标准。

管理职责,是指医疗机构及其与诊疗活动有关的工作人员为保障诊疗活动正常进行的职责要求。医疗机构及与诊疗活动有关的人员都有各自的岗位职责,这些职责是确定医疗机构各种岗位的工作人员为保障诊疗活动正常进行的职责要求,必须严格遵守。一旦违反,造成患者的损害,就构成医疗管理过失。例如,在急救车救护不及时的医疗管理损害责任中,医疗机构对救护站的救护车配备、救护车的调派、救护车的管理、救护车驾驶人员的职责、救护车急救人员的职责等,都有必要、明确的规定和要求,其目的在于向求救者提供及时、适当的紧急救援。[12] 这些工作人员的职责规定,是判断是否具有医疗管理过失的依据。

(二)医疗管理过失的证明责任

医疗管理过失的证明责任,适用《民事诉讼法》规定的民事诉讼证明的一般方法,即"谁主张,谁举证"的原则,由受害患者证明。在医疗管理过失的证明中,既不适用举证责任倒置规则,也不适用举证责任缓和规则。因为医疗管理损害责任属于一般侵权行为,不存在适用举证责任倒置规则和举证责任缓和规则的理由。

受害患者作为原告,应当证明医疗机构及医务人员的行为违反了医疗机构的管理规范或者医务人员违反了自己的管理职责,因而其主观上具有故意或者过失。对此,受害患者应当举证证明,证明成立者,认定医疗机构及医务人员存在医疗管理过失;证明不能成立者,不构成医疗管理过失。

证明医疗管理过失应当参照《民法典》第1222条第1项关于"违反法律、行政法规、规章以及其他有关诊疗规范的规定,推定医疗机构有过错"的规定,受害患者能够证明医疗机构违反法律、法规、规章以及其他与诊疗活动有关的管理规范规定的,就推定医疗机构存在医疗管理过失。这种推定本身就已经证明了医疗机构存在管理过错,这是由医疗管理过失的客观性所决定的,因此是不可以推翻的过错推定,医疗机构不得提出反证证明自己无过错,而主张自己不承担医疗管理损害责任。

---

[12] 杨太兰主编:《医疗纠纷判例点评》,人民法院出版社2003年版,第218页。

第四节 医疗机构的免责事由和患者与医疗机构的特别保护

一、医疗机构的免责事由

《民法典》第1224条规定了医疗机构免除责任的法定事由,即"患者在诊疗活动中受到损害,有下列情形之一的,医疗机构不承担赔偿责任:(一)患者或者其近亲属不配合医疗机构进行符合诊疗规范的诊疗;(二)医务人员在抢救生命垂危的患者等紧急情况下已经尽到合理诊疗义务;(三)限于当时的医疗水平难以诊疗。前款第一项情形中,医疗机构或者其医务人员也有过错的,应当承担相应的赔偿责任"。

(一)法律规定的免责事由

与其他侵权责任一样,医疗事故赔偿责任也可以在一定的条件下免除。由于医疗活动和医疗事故的特殊性,医疗事故责任的免除事由与一般的侵权责任免除事由并不相同。《民法典》第1224条规定了三项免责事由,符合规定情形的,应当免除医疗机构的赔偿责任。

第一,患者或者其近亲属不配合医疗机构进行符合诊疗规范的诊疗。在诊疗护理过程中,医护人员对患者进行诊疗护理,必须得到患者及其家属的配合,否则会出现不利于治疗的后果。如果由于患者及其家属的原因而延误治疗,造成患者的人身损害后果,说明受害患者一方在主观上有过错。按照过错责任原则,如果损害后果完全是由于患者及其家属延误治疗造成的,就证明医疗机构对损害的发生没有过错,应免除医疗机构的赔偿责任。

如果患者及其家属不配合治疗是构成医疗损害后果的原因之一,医护人员也有医疗过失,构成与有过失,应当依据《民法典》第1173条关于过失相抵规则的规定,减轻医疗机构的赔偿责任。

第二,医务人员在抢救生命垂危的患者等紧急情况下已经尽到合理诊疗义务。在抢救危急患者等紧急情况下,例如,患者生命垂危必须采取紧急医学措施,各种紧急医学措施都有可能造成不良后果。在这种情况下,由于紧急抢救措施是在危急情况下采取的,为了挽救患者生命,对紧急措施可能出现的不良后果不再考虑,两相衡量,抢救生命是第一位的。只要医务人员已经尽到合理注意义务的,即使造成不良后果,对患者的身体有一定的损害,也不认为构成医疗损害责任,因此,医疗机构不承担赔偿责任。

第三,限于当时的医疗水平难以诊疗的。在人类发展过程中,人类对于自己的认识是不断发展的,直至今天也不能全部认识自己。因此,医疗技术和医学水平总是有局限性的。正因如此,限于当时的医疗水平难以诊疗的病症,医务人员无法治愈是正常的。《民法典》一方面将当时的医疗水平作为确定医疗技术过失的标准;另一方面将限于当时的医疗水平难以诊疗作为免责事由,在这个问题的两端作出了合理的规定。对此,应当注意条文使用的"当时的医疗水平",与第1221条规定的内容完全一致,适用时,一定要与当时的医学科学水平相区别,不能采用当时的医学科学水平,也不能采用过去或者将来的医学科学水平作为标准。在当时的医疗水平条件下,医疗机构对所发生的不良医疗后果无法预料,或者已经预料到了但没有办法避免,因此而造成的不良后果,不构成医疗技术损害责任,医疗机构不承担赔偿责任。

(二)按照一般性规定应当免责的事由

1. 不可抗力造成不良后果

不可抗力造成不良后果,是《医疗事故处理条例》规定的免责事由,《民法典》对此没有规定。《民法典》第180条规定的不可抗力是普遍适用的免责事由,具有普遍适用的效力,只要法律没有不得适用的明文规定,就是可以适用的。在医疗损害责任中,尽管在规定医疗损害责任的免责事由中没有规定不可抗力,但也没有明确规定禁止适用不可抗力规则。因此,在医疗损害责任中,如果构成不可抗力造成不良后果,应当依据《民法典》第180条规定免除责任或者减轻责任。例如,医务人员在手术过程中发生地震,造成患者死亡或者不良后果的,可以免除责任。

确定适用不可抗力免责的情形是造成患者损害的直接原因是医疗机构在正常的医疗活动中发生的不可抗力,而不是医疗过失。如果不可抗力与医疗过失作为造成损害的共同原因的,则应当根据过错程度和原因力的分析,确定医疗机构的相应责任。

2. 医疗意外

《民法典》没有规定医疗意外是免责事由。但既然构成医疗意外,就能够证明医疗机构没有过失。既然没有医疗过失,医疗机构就不承担侵权责任。因此,即使没有明文规定医疗意外为免责事由,但由于医疗损害责任实行过错责任原则,医疗意外中医疗机构没有过失,当然也就没有责任。

医疗意外是指由于医务人员无法预料的原因造成的,或者根据实际情况无法避免的医疗损害后果,通常指在医疗活动中,由于患者病情异常或者体质特殊而发生医疗意外。医疗意外有两个主要特征:一是医务人员或医疗机构对损害结果的发生没有医疗过失,通常是由于病情特殊或者病员体质特殊引起的。二是损害后果的发生属于医疗机构或医务人员难以防范的。具备这两个特征造成的医疗损害后果,构成医疗意外。

二、《民法典》对患者权利和医疗机构权益的特别保护

《民法典》第1225、1227、1228条规定的是对患者权利和医疗机构权益的特殊保护。

(一)医疗机构对医学文书资料的保管查询义务

《民法典》第1225条规定:"医疗机构及其医务人员应当按照规定填写并妥善保管住院志、医嘱单、检验报告、手术及麻醉记录、病理资料、护理记录等病历资料。患者要求查阅、复制前款规定的病历资料的,医疗机构应当及时提供。"这一规定针对的是有些医疗机构及医务人员对病历资料不负责任的行为以及对此采取的恶意行为。

医学文书和资料要在医疗机构保管,有的医务人员甚至医疗机构将医学文书和资料当成是私有财产,随意处置,拒绝提供,甚至进行隐匿、伪造、篡改、违法销毁等。这些都是违法行为。对于医学文书和资料,医疗机构和医务人员负有依规填写、妥善保管和提供查询的义务。这一义务属于强制性义务,医务人员和医疗机构不得违反。

违反该义务的后果,《民法典》第1222条明确规定"隐匿或者拒绝提供与纠纷有关的病历资料""遗失、伪造、篡改或者违法销毁病历资料"的行为可以直接推定为医疗过失,其基础也在于第1225条规定的医务人员对医疗文书和资料所负有的义务,这种推定过失就是违反该义务的法律后果。

(二)不必要检查的防范与责任

《民法典》第1227条有关"医疗机构及其医务人员不得违反诊疗规范实施不必要的检查"的规定,针对的是医疗机构的防御性医疗行为。

形成不必要检查的原因,在于司法实践采取的全面医疗过错推定和因果关系推定规则。在这样的情况下,医疗机构和医务人员为了保护自己,采取对患者进行不必要检查的措施,既用患者的钱为自己保存了诉讼证据,以保护自己,同时又增加了医疗机构的收入。这是在诉讼武器不平等的诉讼规则之下形成的防御性医疗行为。这样的防御性医疗行为对患者极为不利,是必须纠正的。《民法典》作此规定,体现了人民性,是对患者的保护。

(三)患者不得干扰医疗秩序和医务人员的工作生活

《民法典》第1228条规定:"医疗机构及其医务人员的合法权益受法律保护。干扰医疗秩序,妨碍医务人员工作、生活,侵害医务人员合法权益的,应当依法承担法律责任。"这一内容针对的是"医闹"行为。

当前我国医疗活动中存在发生损害后,患者及其家属到医院中闹事的现象。本条是警示性规定,警示患者遵守法律,保护医疗机构和医务人员的合法权益,禁止"医闹"行为,违反者应当依法承担法律责任,行政责任、民事责任或者刑事责任都在其中。

第五节 《医疗损害责任解释》规定的医疗损害责任规则

一、《医疗损害责任解释》的适用范围和医疗损害责任纠纷案件的当事人

《医疗损害责任解释》第1~3条规定的是《医疗损害责任解释》的适用范围,以及医疗损害责任纠纷案件当事人的法律适用问题。

(一)《医疗损害责任解释》的适用范围

《医疗损害责任解释》第1条是对适用该解释的医疗损害责任纠纷案件范围的规定。
1.《民法典》侵权责任编第六章规定的医疗损害责任纠纷案件
《医疗损害责任解释》第1条第1款规定的医疗损害责任纠纷案件,与《民法典》第六章

规定的医疗损害责任的范围一致,即法律明文规定的医疗损害责任纠纷案件。

《医疗损害责任解释》第1条第1款在有关责任主体的规定中,分为两个层次:前一个层次是"医疗机构";后一个层次是"医疗产品的生产者、销售者、药品上市许可持有人或者血液提供机构"。以医疗机构作为单一责任人的医疗损害责任纠纷案件,包括医疗伦理损害责任、医疗技术损害责任和医疗管理损害责任的纠纷案件。以医疗产品的生产者、销售者、药品上市许可持有人或者血液提供机构作为责任人的医疗损害责任,是医疗产品损害责任纠纷案件,其责任人也包含医疗机构。

2.在医疗美容机构和医疗机构的医疗美容科室受到损害的纠纷案件

医疗美容损害责任纠纷案件发生在两种场合:一是专门的医疗美容机构;二是在医疗机构开设的医疗美容科室。无论在上述哪种场合,凡是发生医疗美容损害责任纠纷的,其前提都是通过医疗手段进行美容。在上述医疗美容活动中发生的医疗美容损害赔偿责任纠纷案件,当然是医疗损害责任纠纷案件,适用《民法典》侵权责任编第六章关于医疗损害责任的规定。

在没有医疗机构资质的一般美容机构进行美容而发生的损害责任纠纷案件,不是在医疗活动中发生的纠纷,不适用《民法典》关于医疗损害责任的规定,应当适用《民法典》第1165条第1款规定的过错责任规则确定侵权责任。

3.医疗服务合同纠纷案件不适用《医疗损害责任解释》

医疗损害责任纠纷案件和医疗服务合同纠纷案件是两种不同类型的民事纠纷案件。医疗损害责任纠纷案件是侵权责任纠纷案件,适用《民法典》侵权责任编的规定。医疗服务合同纠纷案件是合同纠纷案件,应当适用《民法典》合同编的规定。尽管医疗损害责任纠纷案件是发生在医疗服务合同领域中的案件,但《民法典》已经将这种民事责任明确规定为侵权责任,因而医疗损害责任是法定的侵权责任类型,一般都依照《民法典》侵权责任编的规定提起诉讼。仅仅是在医疗服务合同的履行过程中发生的违约责任,没有造成患者固有利益的损害,不是医疗损害责任纠纷案件。

(二)医疗损害责任纠纷案件的当事人

在医疗损害责任纠纷案件的当事人中,原告是受害患者,被告通常是医疗机构。尽管医疗损害责任的实际加害人多是医务人员,但由于医疗损害责任是用人单位责任的特殊表现形式,[13] 因而在通常情况下,被告是医疗机构,不包括医务人员。《医疗损害责任解释》第2条第1款规定,患者因同一伤病在多个医疗机构接受诊疗受到损害,患者可以起诉部分或者全部就诊的医疗机构。这一规定符合《民法典》第178条的规定。究竟起诉部分还是全部医疗机构,是患者本人的权利。在患者起诉部分就诊的医疗机构后,如果当事人依法申请追加就诊的其他医疗机构作为共同被告或者第三人,符合《民事诉讼法》规定的,当然可以,如被诉的医疗机构认为责任人另有他人而申请追加当事人。如果当事人不申请追加,法院认为有必要,也可以自己依照职权追加相关当事人参加诉讼。

---

[13] 用人单位责任,即《民法典》第1191条第1款规定的侵权责任类型。该法第1218条规定的医疗损害责任也是用人单位责任,但具有特殊性,因而单独设定了第六章"医疗损害责任"。

对于医疗产品损害责任,《医疗损害责任解释》第 3 条规定,患者因缺陷医疗产品受到损害,可以起诉部分或者全部医疗产品的生产者、销售者、药品上市许可持有人和医疗机构。患者仅起诉医疗产品的生产者、销售者、药品上市许可持有人、医疗机构中部分主体,当事人依法申请追加其他主体为共同被告或者第三人的,应予准许。必要时,法院可以依法追加相关当事人参加诉讼。患者因输入不合格的血液受到损害提起侵权诉讼的,参照适用上述规定。

二、医疗损害责任纠纷案件的举证责任分配及具体规则

(一)医疗损害责任纠纷案件举证责任的分配规则

对于医疗损害责任纠纷案件的举证责任分配,《医疗损害责任解释》第 4 条规定的规则是:

第一,患者负有"到该医疗机构就诊"和"受到损害"两项事实的举证责任。受害患者作为原告起诉,须提供到该医疗机构就诊和受到损害两个要件的证据,如果不能举证或者举证不足,应当承担败诉的后果。

第二,对于医疗机构的过失和因果关系要件,不强制原告承担举证责任。如果患者无法提交医疗机构及其医务人员有过错、诊疗行为与损害之间具有因果关系的证据,其作为原告也不必然承担败诉的后果,而是可以依法申请医疗损害的鉴定,通过医疗损害责任鉴定,确定医疗机构一方是否存在过失,诊疗行为与损害事实之间是否具有因果关系。这样的规定基本符合举证责任缓和的要求,弥补了《民法典》在医疗损害责任的因果关系要件规定中的不足,能够保护好受害患者的诉讼权利和实体权利。

第三,医疗机构主张不承担责任的,应当就《民法典》第 1224 条第 1 款规定情形等抗辩事由承担举证责任。《医疗损害责任解释》第 4 条第 3 款规定中的"等"字,应当包括其他的抗辩事由,如意外事件、不可抗力等。

(二)对具体医疗损害责任类型的举证责任分配

1. 违反告知义务的医疗伦理损害责任的举证责任分配

《民法典》第 1219 条规定的是违反告知义务的医疗伦理损害责任。对于医疗伦理损害责任的举证责任,《医疗损害责任解释》第 5 条第 1 款规定:"患者依据民法典第一千二百一十九条规定主张医疗机构承担赔偿责任的,应当按照前条第一款规定提交证据。"患者应当提交到该医疗机构就诊、受到损害的证据,即由原告举证证明这两个要件。告知义务的内容为:需要实施手术、特殊检查、特殊治疗的,医务人员应当及时向患者说明医疗风险、替代医疗方案等情况,并且取得其书面同意。

需要实施手术、特殊检查、特殊治疗的,医疗机构应当承担说明义务并取得患者或者患者近亲属明确同意,但属于《民法典》第 1220 条规定的抢救生命垂危的患者等情形的除外。医疗机构提交患者或者患者近亲属明确同意证据的,可以认定医疗机构尽到说明义务,但患者有相反证据足以反驳的除外。

2. 对推定医疗机构有过错的事由的解释

对《民法典》第 1222 条第 2、3 项规定的"隐匿或者拒绝提供与纠纷有关的病历资料;遗失、伪造、篡改或者违法销毁病历资料"应当怎样解释，《医疗损害责任解释》第6条第1款规定："民法典第一千二百二十二条规定的病历资料包括医疗机构保管的门诊病历、住院志、体温单、医嘱单、检验报告、医学影像检查资料、特殊检查（治疗）同意书、手术同意书、手术及麻醉记录、病理资料、护理记录、出院记录以及国务院卫生行政主管部门规定的其他病历资料。"凡是列入其中的病历资料，都是《民法典》第1222条第2、3项规定的病历资料；此外，国务院卫生行政主管部门规定的其他病历资料也在其中。凡是对上述病历资料，医疗机构采取消极的不提供行为，或者违法的积极作为行为，即隐匿或者拒绝提供，或遗失、伪造、篡改或者违法销毁的，都应当推定医疗机构有过失。

患者依法向法院申请要求医疗机构提交由其保管的与纠纷有关的病历资料等，医疗机构未在法院指定期限内提交的，法院可以依照《民法典》第1222条第2项规定推定医疗机构有过错，但是因不可抗力等客观原因无法提交的除外。

3. 医疗产品损害责任纠纷案件的证据规则

医疗产品损害责任是无过错责任，在其责任构成中无须具备过错要件。《医疗损害责任解释》第7条规定的是医疗产品损害责任纠纷案件的证据规则，主要包括以下三项内容：

（1）患者依据《民法典》第1223条规定，请求医疗产品损害赔偿的，应当完成以下举证责任：一是应当提交医疗机构在医疗活动中使用了医疗产品或者输入了血液的证据；二是应当提交受到损害的证据，患者受到的损害应当是人身损害。患者如果对此不能举证或者举证不足，要承担败诉的后果。

（2）对于医疗机构在医疗活动中使用医疗产品或者为患者输入血液与患者受有人身损害之间具有因果关系的要件，如果患者能够提供证据证明，当然更好；患者无法提交证据，依法申请鉴定的，人民法院应予准许，不得拒绝。因为法院如果拒绝患者提出的医疗产品损害责任因果关系要件的鉴定，将无法认定是否构成侵权责任。

（3）确认医疗产品损害责任除上述三个要件以外，最重要的要件是缺陷。由输血造成患者损害的原因是血液不合格，因而血液不合格在输血感染的准医疗产品损害责任中相当于缺陷的地位。在具备上述三个要件的情况下，医疗机构以及医疗产品的生产者、销售者或者血液提供机构主张不承担责任的，其承担的举证责任的证明对象是医疗产品不存在缺陷或者血液合格。这一举证责任规则是司法解释第一次对产品责任的缺陷要件究竟由谁承担举证责任这一问题作出明确规定。《民法典》第1202、1203条以及《产品质量法》都没有规定缺陷要件由哪一方当事人承担举证责任，而《医疗损害责任解释》第7条第3款明确规定，医疗机构以及医疗产品的生产者、销售者、药品上市许可持有人或者血液提供机构，如果主张自己不承担责任，就应当对医疗产品不存在缺陷或者血液合格等抗辩事由承担举证证明责任。这样，就把产品责任的缺陷要件的证明责任分配给了产品生产者、销售者、药品上市许可持有人以及医疗机构和血液提供机构。

三、医疗损害责任纠纷案件的鉴定意见与专家辅助证人

（一）医疗损害责任鉴定的申请人和鉴定人

1. 申请人

对于谁在医疗损害责任纠纷案件中有权申请医疗损害责任鉴定的问题，《医疗损害责任解释》采取模糊的处理方法,第8条第1款规定,当事人依法申请对医疗损害责任纠纷中的专门性问题进行鉴定的,人民法院应予准许。这里的当事人,既包括原告即受害患者,也包括被告即医疗机构(其中也包括医疗产品损害责任中的医疗产品的生产者、销售者、药品上市许可持有人以及血液提供机构)。当事人主张进行医疗损害责任鉴定,受理案件的人民法院应当准许,并组织进行医疗损害责任鉴定。根据第8条第2款的规定,如果案件的当事人未申请鉴定,人民法院对前款规定的专门性问题认为需要进行鉴定的,应依职权委托鉴定。

2. 鉴定人

对于确定进行医疗损害责任鉴定后如何选择鉴定人的问题,《医疗损害责任解释》第9条规定了明确的方法:

(1)当事人申请医疗损害鉴定的,由双方当事人协商确定鉴定人。这是选择鉴定人的民主的方法,可以尊重双方当事人的一致意见。

(2)如果当事人就选择鉴定人无法达成一致意见,不能用民主协商的方法确定鉴定人,人民法院提出确定鉴定人的方法,当事人同意的,按照该方法确定鉴定人;如果当事人不同意的,就由人民法院指定鉴定人。

(3)无论是民主选择鉴定人,还是人民法院指定鉴定人,鉴定人从哪里产生涉及谁有医疗损害责任的鉴定资格。司法解释确定的方法是,"应当从具备相应鉴定能力、符合鉴定要求的专家中确定"。这样的做法就能够保证,只要是具备相应的鉴定能力、符合鉴定要求的专家,无论其是在医学会的医疗鉴定专家库里的专家,还是在司法鉴定机构中的医疗鉴定专家(如法医),都可以确定为医疗损害责任纠纷案件的鉴定人。

在医疗损害责任鉴定以及所有的司法鉴定中,鉴定人都是自己对法律负责、对案件事实负责,而不是集体负责。

(二)与医疗损害责任鉴定有关的材料和程序要求

1. 鉴定材料的提交和质证

委托医疗损害责任鉴定,首先必须有鉴定材料,如有关病历资料等。根据《医疗损害责任解释》第10条的规定,对于鉴定材料,当事人负有提交的责任,人民法院负有组织当事人对鉴定材料进行质证的职责。

(1)委托医疗损害责任鉴定的,当事人负有提交鉴定材料的责任。当事人应当按照要求,提交真实、完整、充分的鉴定材料。如果提交的鉴定材料不符合要求,人民法院应当通知当事人更换或者补充相应材料。

(2)在委托鉴定人进行鉴定之前,人民法院应当组织当事人对鉴定材料进行质证,由提供鉴定材料的一方将鉴定资料出示给对方当事人,对方当事人应当提出对鉴定材料的证明效力的意见。经过质证以后,对于取得一致意见的鉴定材料,提交给鉴定人进行鉴定。对于没有取得一致意见的鉴定材料,司法解释没有规定具体办法,应该由人民法院确定哪些鉴定材料应当提交给鉴定人。

2. 委托鉴定书、鉴定事项和鉴定要求

(1)委托鉴定书。委托进行医疗损害责任鉴定,首先要有委托鉴定书。《医疗损害责任解释》第 11 条对此作出了规定。委托鉴定书的必要内容是有明确的鉴定事项和鉴定要求。

(2)鉴定事项。《医疗损害责任解释》第 11 条第 2 款规定的是鉴定事项,包括如下内容:

一是实施诊疗行为有无过错。医疗损害责任中的过错原则上只有过失,没有故意,因而实施诊疗行为有无过错的鉴定事项,是鉴定医疗机构及其医务人员在诊疗活动中是否存在过失,即不注意的心理状态。按照《民法典》第 1222 条的规定推定有过失的,就不必进行这种鉴定,而直接以推定过失确认医疗机构的责任。

二是诊疗行为与损害后果之间是否存在因果关系以及原因力大小。在一般情况下,医疗损害责任纠纷案件都可以进行这种鉴定,法院因为没有专业的素养,无法作出因果关系有无和原因力大小的判断。在原因力的判断上,医疗损害责任鉴定通常叫作"医疗损害参与度"鉴定。

三是医疗机构是否尽到了说明义务、取得患者或者患者近亲属的书面同意的义务。这是针对《民法典》第 1219 条规定的医疗伦理损害责任。

四是医疗产品是否有缺陷、该缺陷与损害后果之间是否存在因果关系,以及原因力的大小。这是针对《民法典》第 1223 条的规定,鉴定的是医疗产品是否有缺陷,以及该缺陷与损害后果之间的因果关系。造成输血感染的血液是否合格,也是准医疗产品损害责任的鉴定事项。

五是患者损伤残疾程度。这一鉴定事项并非为医疗损害责任鉴定所专有,在所有的人身损害赔偿案件中都会存在这样的鉴定,对医疗损害责任中患者损伤残疾程度的鉴定在司法鉴定中并无特殊性。

六是患者的护理期、休息期、营养期。这一鉴定事项也是人身损害赔偿案件的一般鉴定事项,也没有特殊性。

七是其他专门性问题。这是一个弹性条款,在医疗损害责任纠纷案件中,存在其他专门性问题需要进行鉴定的,也是委托鉴定事项。

(3)鉴定要求。鉴定要求,是当事人以及人民法院委托进行医疗损害责任鉴定想要达到的鉴定目的,包括鉴定人的资质、鉴定人的组成、鉴定程序、鉴定意见、鉴定期限等,这些鉴定要求应当在委托鉴定书中一一写明。其中,鉴定人的资质和鉴定人的组成以及鉴定意见最为重要。鉴定人的资质关系到鉴定人的专业与所鉴定事项的对应性,应当特别说明。

(三)因果关系的原因力鉴定

因果关系要件在医疗损害责任纠纷案件中,既包括因果关系的有无,也包括因果关系的大小即原因力的鉴定,后者决定责任人承担损害赔偿责任的大小。《医疗损害责任解释》第 12 条专门对因果关系中的原因力鉴定作出规定。

对侵权行为的原因力大小采用百分比的方法进行,即过失医疗行为或者缺陷医疗产品、不合格血液,占造成患者人身损害的原因力的百分比。本条规定的内容是:"鉴定意见可以按照导致患者损害的全部原因、主要原因、同等原因、次要原因、轻微原因或者与患者损害无因果关系,表述诊疗行为或者医疗产品等造成患者损害的原因力大小。"在通常情况下,原因力大小采用全部原因、主要原因、同等原因、次要原因和无原因力的说法来表述。

《医疗损害责任解释》增加了一个"轻微原因"的层次,这是一个新的提法,对医疗机构承担责任的原因力在次要原因和无原因之间又增加了一个新的档次。原因力包括两个要素:一是作为原因的过失医疗行为的等级;二是对损害发生的原因力大小。两者的对应关系是:

全部原因=100%责任

主要原因=75%左右责任

同等原因=50%责任

次要原因=30%左右责任

轻微原因=10%以下责任

无原因=无责任

鉴定人对医疗损害责任原因力的鉴定意见应当符合上述要求。

(四)对鉴定意见的质证

《医疗损害责任解释》第13条对鉴定意见质证规定的规则是:

第一,鉴定意见应当经当事人质证。鉴定意见没有经过质证的,不应采信;如果采信没有经过质证的鉴定意见,属于采信证据错误,构成事实不清、证据不足。

第二,鉴定人出庭质证。

质证的途径有两个:一是当事人申请鉴定人出庭作证,并经人民法院审查同意。这样的要求过于严格。凡是当事人申请鉴定人出庭作证的,法院都应当准许。二是人民法院认为鉴定人有必要出庭的,即使当事人没有申请,也应当通知鉴定人出庭作证。如果双方当事人同意鉴定人通过书面说明、视听传输技术或者视听资料等方式作证的,可以准许。

第三,鉴定人不能按期出庭。鉴定人因健康原因、自然灾害等不可抗力或者其他正当理由不能按期出庭的,可以选择两种方法处理:一是延期开庭,等待上述原因消灭后再开庭;二是经人民法院许可,也可以通过书面说明、视听传输技术或者视听资料等方式作证。

第四,鉴定人拒绝出庭。无鉴定人的健康原因、自然灾害等不可抗力或者其他正当理由,鉴定人拒绝出庭作证,当事人对鉴定意见又不认可的,对该鉴定意见不予采信,不能作为认定事实的根据。

(五)专家辅助证人

医疗损害责任纠纷案件是专业性特别强的案件,有时需要专家辅助证人参加诉讼。《医疗损害责任解释》第14条规定专家辅助证人的要点是:第一,在医疗损害责任纠纷案件中,当事人可以申请通知专家辅助证人出庭作证;第二,申请通知专家辅助证人的人数是1~2人;第三,专家辅助证人出庭作证,应当经过人民法院准许,经过准许的,具有医学专门知识的专家辅助证人应当出庭作证;第四,具有医学专门知识的专家辅助证人出庭提出的意见,在性质上视为当事人陈述;第五,专家辅助证人出庭所作的陈述,经过质证,可以作为认定案件事实的根据。

(六)对当事人单独或者共同委托的医疗损害鉴定意见的采信

当事人自行委托鉴定人作出的医疗损害鉴定意见可以提供给法庭。法庭应当将该方当事人自行委托鉴定人作出的医疗损害鉴定意见出示给对方当事人审阅,如果对方当事人对该医疗损害鉴定意见认可的,法庭可予采信;反之,则不予采信。

对于当事人共同委托鉴定人作出的医疗损害鉴定意见,原则上各方当事人应当对该医疗损害鉴定意见予以认可。如果一方当事人对医疗损害鉴定意见不认可,应当提出明确的异议内容和理由。法庭应当对该异议内容和理由进行审查,如果有证据足以证明该异议成立的,法庭对该鉴定意见不予采信;如果异议不成立的,则法庭对该医疗损害鉴定意见应予采信。

四、医疗损害责任纠纷案件的侵权责任认定

《医疗损害责任解释》第16~22条是对医疗损害责任纠纷案件的责任认定作出的具体解释。

(一)对医疗机构及其医务人员过失的认定因素

《医疗损害责任解释》第16条规定的是认定医疗技术过失的考量因素。

1. 认定医疗机构及其医务人员过失的客观标准

认定医疗机构及其医务人员过失的基本要求,是依据法律、行政法规、规章以及其他有关诊疗规范的规定,凡是违反上述规范的,就构成医疗技术过失。在确定医疗技术过失时,并非一定要找出医疗机构及其医务人员在主观上存在不注意的心理状态,而是应当证明其在诊疗行为中采取的医疗行为违反了法律、行政法规、规章以及其他有关诊疗规范的规定。这是认定医疗技术过失的客观标准。

2. 认定医疗技术过失的适当考虑因素

在适用上述认定医疗技术过失的基本标准的基础上,还要综合考虑患者病情的紧急程度、患者个体差异、当地的医疗水平、医疗机构与医务人员资质等因素。

(1)患者病情的紧急程度。这是认定医疗技术过失的适当考虑因素之一,因为在患者病情紧急的情况下,医务人员在抢救中可能会舍弃一些次要的问题,而集中精力解决基本的、主要的问题。在抢救生命的危急情况下,出现一些没有考虑到或者不得不舍弃的问题,是可以理解的。

(2)患者个体差异。患者的个体差异经常是非常大的,因患者的个体差异而出现无法预料的后果,在认定医疗技术过失时也应当适当考虑。

(3)当地的医疗水平。当地的医疗水平是高还是低,对于认定医疗技术过失也起到重要作用。

(4)医疗机构与医务人员资质。不仅地区与地区的医疗水平不同,即使在同一地区,不同的医疗机构和医务人员的医疗水平也是不一样的。

在认定技术过失的客观标准和上述诸要素的基础上,法庭综合认定医疗机构及其医务人员是否存在医疗技术过失。

(二)关于知情同意权的问题

1. 医务人员单纯违反告知义务与侵权损害赔偿责任

《医疗损害责任解释》第17条规定的是,医务人员违反《民法典》第1219条第1款规定义务,但未造成患者人身损害,不应认定为侵权责任。但问题是,《民法典》第 1219 条第 1 款没有规定侵权责任,规定违反告知义务的医疗伦理损害责任是在该条第 2 款。同样,第 1 款也没有规定"损害"的要件,只有第 2 款才规定"损害"的要件。那么,《医疗损害责任解释》第 17 条限定在"人身损害"就不正确。因为《民法典》第 1219 条第 2 款规定的损害,既包括造成患者的人身损害,也包括造成患者知情同意权的损害。如果认为违反告知义务必须造成人身损害才构成这种侵权责任的话,这样理解就是不正确的,因为侵害了患者的知情同意权也构成医疗伦理损害责任。

2. 抢救生命垂危患者紧急情况及应当承担的责任

《医疗损害责任解释》第 18 条是对《民法典》第 1220 条关于抢救生命垂危患者紧急情况规定的解释。具体内容是:

(1)抢救生命垂危的患者等紧急情况下医疗机构及其医务人员的义务,首先应当是取得患者的意见,只要被抢救的患者还有表达意志的能力,就应当取得患者的意见。在医疗领域的知情同意是患者的权利,而不是患者近亲属的权利。因而,患者本人的意思表示的效力高于患者近亲属的意思表示的效力。

(2)不能取得患者的意见时,应当取得患者近亲属的意见。如果也不能取得患者近亲属的意见的,医务人员经过医疗机构负责人或者授权的负责人批准,可以立即实施相应的医疗措施。这是抢救生命的必要措施。

(3)对何种情形能够认定为"不能取得患者近亲属意见",司法解释认为,下列情形可以认定为《民法典》第 1220 条规定的不能取得患者近亲属意见:一是近亲属不明的;二是不能及时联系到近亲属的;三是近亲属拒绝发表意见的;四是近亲属达不成一致意见的;五是法律、法规规定的其他情形。存在这五种情形之一,就可以认定为不能取得患者近亲属的意见。

(4)由于医疗机构既不能取得患者的意见,也不能取得患者近亲属的意见,医务人员经医疗机构负责人或者授权的负责人批准立即实施相应医疗措施,患者因此请求医疗机构承担赔偿责任的,法院不予支持。

(5)医疗机构及其医务人员怠于实施相应医疗措施造成患者损害,即医疗机构及其医务人员违反紧急抢救义务,该违反抢救义务的行为与患者损害之间存在因果关系,且医疗机构及其医务人员有过失的,构成侵权责任。如果患者请求医疗机构承担赔偿责任,人民法院应予支持。

(三)两个以上医疗机构及医务人员的共同侵权或者分别侵权

1. 两个以上医疗机构的共同侵权或分别侵权

《医疗损害责任解释》第 19 条规定:"两个以上医疗机构的诊疗行为造成患者同一损害,患者请求医疗机构承担赔偿责任的,应当区分不同情况,依照民法典第一千一百六十八条、第一千一百七十一条或者第一千一百七十二条的规定,确定各医疗机构承担的赔偿责任。"对于两个以上医疗机构的诊疗行为造成患者同一损害的医疗损害赔偿责任纠纷案件,应当区分不同情况,分别认定为共同侵权行为(《民法典》第 1168 条)、叠加分别侵权行为(《民法典》第 1171 条)和典型分别侵权行为(《民法典》第 1172 条),承担连带责任或者按份责任。

两个以上的医疗机构的诊疗行为造成患者同一损害,符合《民法典》第1168条规定,构成共同侵权行为的,应当依照《民法典》第178条的规定,承担连带责任。

《民法典》第1171条规定的是叠加分别侵权行为。[14] 在医疗损害中,叠加分别侵权行为是两个以上的医疗机构分别实施诊疗行为,造成了患者的同一损害,每个医疗机构的诊疗行为都足以造成全部损害的,应当承担连带责任的医疗损害分别侵权行为。这种分别侵权行为的关键之处,是每一个医疗机构的诊疗行为都足以造成患者的全部损害,在原因力上是"100% + 100% = 100%"的形式,因此才由造成患者同一损害的数个医疗机构承担连带责任。

《民法典》第1172条规定的是典型分别侵权行为。[15] 其原因力的形式是"50% + 50% = 100%"。两个以上的医疗机构的诊疗行为造成患者同一损害,符合上述要求的,就是数个医疗机构的典型分别侵权行为,各个医疗机构按照自己诊疗行为的原因力,承担按份责任,相互不连带负责。

在医疗损害责任中,有的医疗机构的诊疗行为是造成患者损害的全部原因,有的只是部分原因,这就是医疗损害责任中的半叠加分别侵权行为。这种分别侵权行为的责任形态是部分连带责任,即对原因力重合的部分由数个医疗机构承担连带责任;对原因力不重合的部分由相关的医疗机构承担单独责任。这种责任形态类似于美国侵权法中的混合责任。[16]《医疗损害责任解释》虽然没有规定这一规则,但是在医疗损害责任中应参考此规则。

2. 受邀医务人员的过错造成患者损害的责任承担

根据《医疗损害责任解释》第20条的规定,医疗机构邀请本单位之外的医务人员对患者进行诊疗,仍然是本单位进行的诊疗行为,而不是个人行为;即使受邀医务人员有过失,也不能由其承担责任,而要由邀请医疗机构承担责任。这就是替代责任。

邀请医疗机构为受邀医务人员的过失承担了赔偿责任之后,邀请医疗机构是否对有过失的受邀医务人员享有追偿权,《医疗损害责任解释》对此没有规定。按照替代责任的一般规则,邀请医疗机构是有追偿权的,其要件就是受邀医务人员在执行受邀诊疗行为中有过失。只要受邀医务人员有过失,邀请医疗机构就可以向其追偿。

3. 在医疗产品损害责任中的不真正连带责任

医疗产品损害责任就是在医疗领域中发生的产品责任,应当适用产品责任规则。对此,《医疗损害责任解释》第21条作出了明确规定。

因医疗产品的缺陷或者输入不合格血液受到损害,患者请求医疗机构以及缺陷医疗产品的生产者、销售者、药品上市许可持有人或者血液提供机构承担赔偿责任的,应予支持。受害患者究竟起诉医疗机构以及缺陷医疗产品的生产者、销售者、药品上市许可持有人或者血液提供机构中的哪一个作为被告,是原告的权利。

---

[14] 杨立新、陶盈:《论分别侵权行为》,载《晋阳学刊》2014年第1期。
[15] 杨立新、陶盈:《论分别侵权行为》,载《晋阳学刊》2014年第1期。
[16] 美国《侵权法重述(第三次)》责任分担编第11条规定:"当依据适用的法律,某人对受害人的不可分损害承担单独责任时,该受害人仅可以获得该负单独责任者在该受害人应得赔偿额中的比较责任份额。"

受害患者起诉医疗机构作为被告,医疗机构承担了赔偿责任(不真正连带责任的中间责任)后,有权向缺陷医疗产品的生产者、销售者、药品上市许可持有人或者血液提供机构进行追偿(承担不真正连带责任的最终责任)。

如果在医疗产品损害责任中,受害患者受到的损害是因医疗机构的过错使医疗产品存在缺陷或者血液不合格,而受害患者起诉请求承担损害赔偿责任的被告是医疗产品的生产者、销售者或者血液提供机构的,医疗产品的生产者、销售者或者血液提供机构在承担了赔偿责任之后,有权向有过错的医疗机构追偿。对于这样的医疗产品损害责任,受害患者一方主张生产者、销售者或者血液提供机构承担责任的,人民法院应予支持,因为后者还有追偿权的保障。

4.医疗产品损害责任中的共同侵权责任

《医疗损害责任解释》第22条规定的是缺陷医疗产品生产者、销售者、药品上市许可持有人或者血液提供机构与医疗机构承担连带责任的规则,其中第1款规定的是医疗机构与缺陷医疗产品生产者、销售者、药品上市许可持有人承担连带责任的条件,第2款是承担连带责任之后的追偿权,第3款是不合格血液提供者与有过失的医疗机构承担连带责任的规则。

之所以认定有过失的医疗机构与缺陷医疗产品的生产者、销售者承担连带责任,是因为他们之间的行为构成客观的共同侵权行为。因此,《医疗损害责任解释》第22条第1款规定:"缺陷医疗产品与医疗机构的过错诊疗行为共同造成患者同一损害,患者请求医疗机构与医疗产品的生产者、销售者、药品上市许可持有人承担连带责任的,应予支持。"

医疗机构或者医疗产品的生产者、销售者承担的是连带责任,如果连带责任人承担的责任份额超出了自己应当承担的份额,他就对没有承担或者没有足额承担责任份额的连带责任人享有追偿权,可以进行追偿,通过追偿权的行使实现最终责任的分担。所以,该条第2款规定:"医疗机构或者医疗产品的生产者、销售者、药品上市许可持有人承担赔偿责任后,向其他责任主体追偿的,应当根据诊疗行为与缺陷医疗产品造成患者损害的原因力大小确定相应的数额。"

至于责任份额的确定,则应当根据诊疗行为与缺陷医疗产品造成患者损害的原因力大小,确定各个责任人应当承担的相应数额。这样的规则符合《民法典》第178条关于连带责任的规定。

输入不合格血液与医疗机构的过错诊疗行为共同造成患者同一损害的,也构成共同侵权行为,应当承担连带责任。因此,要"参照适用前两款规定"承担连带责任。

五、医疗损害责任纠纷案件的损害赔偿责任确定

(一)缺陷医疗产品的生产者、销售者的惩罚性赔偿责任

对于产品责任,《民法典》第1207条规定了恶意生产、销售产品致人人身严重损害的惩罚性赔偿责任。医疗产品也是产品,当恶意生产者、销售者、药品上市许可持有人明知医疗产品存在缺陷仍然生产、销售,造成他人死亡或者健康严重损害的,当然也应当适用该条规定的惩罚性赔偿责任。《医疗损害责任解释》第23条规定:"医疗产品的生产者、销售者、药品上市许可持有人明知医疗产品存在缺陷仍然生产、销售,造成患者死亡或者健康严重损

害,被侵权人请求生产者、销售者、药品上市许可持有人赔偿损失及二倍以下惩罚性赔偿的,人民法院应予支持。"除此之外,医疗产品生产者、销售者没有依照《民法典》第1206条规定采取有效补救措施,造成他人死亡或者健康严重损害,仍需承担惩罚性赔偿责任。

(二)案件涉及不同地区的残疾赔偿金、死亡赔偿金的计算方法

在侵权责任纠纷案件中,应当承担责任的当事人不在本地而是在外地,且不同地区的赔偿标准不同,对此究竟应当怎样确定赔偿金,是司法实践中的一个问题。在医疗损害责任纠纷案件中,也同样存在这样的问题。

残疾赔偿金、死亡赔偿金的计算按下列情形分别处理:一是一个医疗机构承担责任的,按照该医疗机构所在地的赔偿标准执行;二是两个以上医疗机构均承担责任的,可以按照其中赔偿标准较高的医疗机构所在地标准执行。

(三)死者近亲属等请求赔偿的范围和对医疗产品概念的界定

《医疗损害责任解释》第25条第1款是对在医疗损害责任中适用《民法典》第1181条规定的解释。在医疗损害责任纠纷案件中,对于《民法典》第1181条第1、2款关于被侵权人死亡的,其近亲属有权请求侵权人承担侵权责任,以及支付被侵权人医疗费、丧葬费等合理费用的人有权请求被侵权人赔偿费用的规定,应当予以适用。受害死亡的患者的近亲属的侵权损害赔偿请求权来自其近亲属死亡造成了其财产利益损害和精神痛苦。支付被侵权人医疗费、丧葬费等合理费用的人因此受有财产利益损失的,有权请求被侵权人赔偿费用。《医疗损害责任解释》第25条第1款就是在医疗损害责任纠纷案件中具体适用《民法典》第1181条的具体解释,并没有其他超出第1181条规定的内容。

《医疗损害责任解释》第25条第2款是对医疗产品概念的解释。《民法典》第1223条只规定了药品、消毒产品和医疗器械,没有使用医疗产品的概念。理论上把这里规定的药品、消毒产品和医疗器械称为医疗产品。以往的司法解释没有使用过医疗产品的概念,而《医疗损害责任解释》多次使用医疗产品的概念。为了使《医疗损害责任解释》使用的医疗产品的概念与《民法典》第1223条规定的药品、消毒产品和医疗器械等建立起一致性联系,因此作出解释,即"本解释所称的'医疗产品'包括药品、消毒产品、医疗器械等"。应当注意的是,《民法典》第1223条只规定了药品、消毒产品和医疗器械,没有包括"等"字。本条第2款增加了一个"等"字,意思是,还可以包含其他医疗产品,也包含准医疗产品,即血液。

本章思考题

---

1. 医疗损害责任的概念应当怎样界定?有哪些法律特征?
2. 我国医疗损害责任制度为什么要进行改革?改革的目标是什么?
3. 怎样理解医疗伦理损害责任的概念?这种医疗损害责任有哪些类型?
4. 怎样理解医疗技术损害责任的概念?这种医疗损害责任有哪些类型?

5. 确定医疗产品损害责任适用何种归责原则？其侵权责任形态有何特点？
6. 医疗管理损害责任的概念应当怎样理解？这种医疗损害责任有哪些类型？
7. 怎样证明医疗伦理过失？
8. 医疗技术过失的证明标准是什么？举证责任的特点是什么？
9. 医疗损害责任有哪些免责事由？
10.《医疗损害责任解释》规定新的医疗损害责任规则的要点是什么？

第七章　环境污染和生态破坏责任

| 本章要点 |

本章依照《民法典》侵权责任编第七章的规定,对环境污染和生态破坏责任的法律适用规则进行了说明,着重介绍了环境污染和生态破坏责任的概念和特征,环境污染和生态破坏责任的归责原则、构成要件及损害赔偿责任;特别介绍了环境污染和生态破坏责任的因果关系推定规则及法律适用的具体办法,也对市场份额规则的适用和第三人过错造成环境污染的责任、惩罚性赔偿责任、修复责任和损害赔偿责任作了说明。

　　环境污染和生态破坏责任　　　　无过错责任原则　　　责任类型
　　因果关系推定　　　　　　　　　市场份额规则
　　第三人过错造成环境污染和生态破坏责任　　　　惩罚性赔偿
　　修复　　　　　　　　　　　　　公益损害赔偿

| 典型案例 |

张某多年经营加油站生意。某日晚,张某的储油罐被人打开阀门偷油,之后阀门关不上,导致汽油流失殆尽,污染了下游的农田、鱼塘,造成损失30余万元。张某报案后,查清偷油人为肖某。法院对肖某处以刑罚。污染受害者向法院起诉张某,要求赔偿损失。张某则以油污损害是第三人肖某的盗窃行为所致,是其故意侵权而造成环境污染,本人也是受害人为由,拒绝赔偿。

第一节　环境污染和生态破坏责任概述

一、环境污染和生态破坏责任的概念和特征

(一)环境污染和生态破坏责任的概念

环境污染和生态破坏责任是指侵权人违反法律规定的义务,以作为或者不作为的方式污染环境,造成损害,依法不问过错,应当承担损害赔偿等责任的特殊侵权责任。《民法典》第1229条规定了环境污染和生态破坏责任一般条款,即"因污染环境、破坏生态造成他人损害的,侵权人应当承担侵权责任"。为了全面落实《民法典》的规定,保护好生态和环境,2022年颁布《生态环境损害赔偿管理规定》,2023年颁布《生态环境侵权责任解释》。

(二)环境污染和生态破坏责任的特征

《民法典》规定的环境污染和生态破坏责任有以下几个特征:

第一,环境污染和生态破坏责任是适用无过错责任原则的特殊侵权责任。环境污染和生态破坏责任是特殊侵权责任,突出特点是适用无过错责任原则。按照《民法典》第1166条和第1229条的规定,构成环境污染和生态破坏责任不问过错,无论侵权人在主观上有无过错,只要实施污染造成损害就应当承担赔偿责任。

第二,环境侵权责任保护的环境属于广义概念。环境污染和生态破坏责任所保护的是环境和生态,既包括生活环境,也包括生态环境,具有更广泛的意义,保护范围更为宽阔。

第三,污染和破坏行为包括侵权人的作为或者不作为。污染环境和破坏生态的行为既可以是作为的行为,也可以是不作为的行为,后者更为常见。无论是作为还是不作为,只要造成生态、环境的损害,都构成侵权责任。

第四,环境污染和生态破坏责任保护的被侵权人范围广泛。关于环境污染、破坏生态的造成损害,《民法典》第1229条规定是"造成他人损害"。这意味着环境、生态的损害不仅指自然人的人身损害和财产损害,还包括更为广泛的损害。在很多情况下,环境污染和生态破坏责任的权利主体甚至是国家,因此,国家可以请求损害赔偿,在环境污染和生态破坏责任中可以主张公益诉讼。

第五,环境污染和生态破坏责任方式范围广泛。《民法典》第1229条规定环境污染和生态破坏责任的责任方式并没有采用赔偿责任的表述,而是"侵权责任";因此,环境污染和生态破坏责任的责任方式可以适用《民法典》第1234条规定的修复等责任方式,而不局限于损害赔偿。

二、环境污染和生态破坏责任的归责原则与构成要件

(一)环境污染和生态破坏责任的归责原则

《民法典》规定环境污染和生态破坏责任为无过错责任,理由是:第一,环境污染和生态破坏责任适用无过错责任是各国立法通例,采用这一立法例,可以顺应世界侵权法的发展潮流;第二,适用无过错责任,有利于使社会关系参加者增强环境意识,强化环保观念,履行环保义务,强化污染环境者的法律责任,严格控制和积极治理污染;第三,适用无过错责任,可以减轻被侵权人的举证责任,加重加害人的举证责任,更有利于保护被侵权人的合法权益。因此,《生态环境侵权责任解释》第4条规定,污染环境、破坏生态造成他人损害,行为人不论有无过错,都应当承担侵权责任。行为人以外的其他责任人对损害发生有过错的,应当承担侵权责任。

(二)环境污染和生态破坏责任的构成要件

构成环境污染和生态破坏责任须具备以下三个要件:

第一,须有违反环境、生态保护法律的污染环境、破坏生态行为。例如,工矿企业等单

位将所产生的废气、废水、废渣、粉尘、垃圾、放射性物质等有害物质和噪声、震动、恶臭排放或传播到大气、水、土地等环境之中，使人类生存环境和生态受到一定程度危害的行为。无论是作为或不作为，都可以构成污染环境、破坏生态的行为。

污染环境和破坏生态的行为须违反国家环境、生态保护法律，表现为违反环保法律的禁止性规范，未履行环保法律赋予的防止环境污染的义务，或者滥用环保法律授予的权利。违法性是侵权责任构成的一般要件，环境污染和破坏生态的行为具备违法性要件也是必然的，况且污染环境、破坏生态的行为必定是违反环境保护法律的行为，作此要求并不会对保护被侵权人的权益不利。

应当注意的是，《民法典》第1229条没有规定"违法"的要求，含义是侵权人即使是合法的排污，例如，排污符合排放标准，但如果造成了损害，也应当承担侵权责任。

第二，须有客观的损害事实。污染环境、破坏生态的损害事实，是指污染、危害环境、生态的行为致使国家、集体的财产和公民的财产、人身及生态环境受到损害的事实。没有这种损害事实，不构成这种侵权行为。

依照《生态环境侵权责任解释》第1条的规定，侵权人因实施下列污染环境、破坏生态行为造成他人人身、财产损害，被侵权人请求侵权人承担生态环境侵权责任的，是生态环境污染损害：一是排放废气、废水、废渣、医疗废物、粉尘、恶臭气体、放射性物质等污染环境的；二是排放噪声、振动、光辐射、电磁辐射等污染环境的；三是不合理开发利用自然资源的；四是违反国家规定，未经批准，擅自引进、释放、丢弃外来物种的；五是其他污染环境、破坏生态的行为。

依照《生态环境侵权责任解释》第2条的规定，特定的污染环境、破坏生态引发的民事纠纷，不作为生态环境侵权案件处理：一是未经由大气、水、土壤等生态环境介质，直接造成损害的；二是在室内、车内等封闭空间内造成损害的；三是不动产权利人在日常生活中造成相邻不动产权利人损害的；四是劳动者在职业活动中受到损害的。这些损害，应当依照相关法律规定确定民事责任。

《生态环境侵权责任解释》第3条还规定，不动产权利人因经营活动污染环境、破坏生态造成相邻不动产权利人损害，被侵权人请求其承担生态环境侵权责任的，人民法院应予支持。

污染环境、破坏生态造成财产损害，主要是财产本身的毁损，即丧失其价值和使用价值，包括直接损失和间接损失。

第三，须有因果关系。污染环境、破坏生态的行为与污染、破坏的损害事实之间要有因果关系。环境污染和生态破坏侵权作为一种特殊侵权，在构成要件的因果关系方面也有特殊性，实行推定因果关系规则，即在环境污染和生态破坏责任中，只要证明企业已经排放了可能危及人身健康或造成财产损害的物质，而公众的人身或财产在污染后已经受到或正在受到损害，就可以推定这种危害是由该污染行为所致。

三、环境污染和生态破坏责任的具体类型

根据不同的标准，环境污染和生态破坏有不同的分类：按环境要素可分为大气污染、水污染等；按污染物的性质可分为生物污染、化学污染等；按照污染物的形态可分为废气污

染、固体废物污染等。对此,《民法典》没有具体规定。以下以环境、生态要素污染和有毒有害物质污染为基本标准,对环境污染和生态破坏责任的具体表现形式进行分析。

（一）转基因农产品污染侵权行为

基因污染,是指在天然的生物物种基因中掺进了人工重组的基因。这些外来的基因可随被污染生物的繁殖而得到增殖,再随被污染生物的传播而发生扩散。因此,基因污染是一种非常特殊又非常危险的环境污染。

转基因产品是现代科学技术的产物。正确使用转基因产品,对人体的健康有益;但不正确使用转基因产品,会对人体造成严重损害。因此,生产、销售转基因产品,未尽说明义务,造成污染损害的,构成侵权责任。

（二）水污染侵权行为

水污染,是指水体因某种物质的介入而导致其化学、物理、生物或者放射性等方面的特性改变,造成水质恶化,从而影响水的有效利用,危害人体健康、破坏生态环境的现象。由于我国水资源严重紧缺,水污染防治在我国具有特别重要的意义。

向水体中排放或者向地下渗透污水或废液,污染水环境,对他人的人身、财产造成损害的,侵权人有责任消除危害,赔偿直接被侵权人的损失。同时,水资源受到污染,给国家造成环境损害的,可以由行政主管部门代表国家,向责任者提出损害赔偿要求。

（三）大气污染侵权行为

大气污染是人类最常见的环境污染,是指因自然现象或人为活动使某种物质进入大气而导致其化学、物理、生物或者放射性等方面的特性改变,使人们的生产、生活、工作、身体健康和精神状态、设备及财产等直接或间接遭受破坏或者受到恶劣影响。能够引起大气污染和生态破坏的物质称为大气污染物。为了进一步保护大气环境,应当确定两个层次的责任:首先,向大气中排放或者飞散有害物质污染大气环境的排放者有责任消除危害;其次,对他人的人身、财产造成直接损害的,排放者应当承担赔偿损失责任。

（四）固体废弃物污染侵权行为

固体废弃物污染,是指因不适当地排放、扬弃、储存、运输、使用、处理和处置固体废弃物而造成的各种环境污染和生态破坏。固体废弃物本身就是污染物,同时还可能造成土壤污染、大气污染和水污染等。

向环境排放、堆放固体废物,污染环境的,同样是污染环境的侵权行为。这种侵权行为的特殊之处,应当从实体和程序两个方面考察:从实体上看,向环境中排放或者堆放固体废物污染环境,对他人的人身、财产造成损害的,排放者有责任排除危害,同时应当对直接被侵权人承担赔偿损失的责任。从程序上看,固体废弃物污染国有土地资源,给国家造成环境、生态损害的,由国家规定的机关或者法律规定的组织向责任者提出损害赔偿要求。

（五）海洋污染侵权行为

海洋污染,是指人类直接或间接地把物质或能量引入海洋环境,以致造成或可能造成损害海洋生物资源、危害人体健康、妨害渔业和海上其他合法活动、损害海水使用素质和减损环境质量等现象。

向海洋中排放或者倾倒有害物质,污染海洋环境、生态,并对他人的人身、财产造成损害的,排放者应当承担消除危害的责任,同时排放者应当对直接被侵权人承担赔偿损失的责任。同样,对于海洋环境的损害,如破坏海洋生态、海洋水产资源、海洋保护区,给国家造成环境损害的,国家规定的机关和法律规定的组织可以向责任者提出损害赔偿要求。

(六)能量污染侵权行为

由于科学技术的发展,能量的污染日益严重,对人们的损害是现实的、严重的。例如,城市内大量建设玻璃幕墙,形成光污染,就是一种能量污染行为。超过标准造成损害的,构成侵权。违反法律规定,向环境中排放噪声、电磁波、光波、热能等能量,对他人人身、财产造成损害的,排放者有责任消除危害,并应当对直接被侵权人承担赔偿损失的责任。如果向环境中排放的能量未超过国家规定标准,但被侵权人证明其正常的生活、工作和学习受到严重干扰的,排放者有责任消除危害。

(七)有毒有害物质污染侵权行为

有毒有害物质是指人们在生产或日常生活中使用的,在一定条件下会污染环境、破坏生态、危害人体或者动植物生命和健康的物质。有毒有害物质主要包括化学物质、农药、放射性物质、电磁波辐射等。

危险物品对环境污染、生态破坏的损害具有更为可怕的后果,应当进行重点防治和惩治,以加强对被侵权人的保护。向环境中排放放射性物品、有毒化学品、农药等危险品污染环境,并对他人人身、财产造成损害的,排放者要承担消除危害的责任,对直接被侵权人承担赔偿损失的责任。

(八)环境噪声污染侵权行为

环境噪声,是指在工业生产、建筑施工、交通运输和社会生活中所产生的干扰周围生活环境的声音。环境噪声污染是指所产生的环境噪声超过国家规定的环境噪声排放标准,并干扰他人正常生活、工作和学习的现象。当噪声污染侵权达到一定程度,超过合理限度,有关行为人应当对遭受损害的被侵权人承担侵权责任。

四、环境污染、生态破坏侵权的损害赔偿

(一)环境污染、生态破坏侵权赔偿法律关系

环境污染和生态破坏侵权法律关系的性质,是物件致害的特殊侵权责任,其法律关系主体中的权利主体是被侵权人,责任主体是污染环境、破坏生态的行为人。其基本关系与其他物件致害的赔偿关系没有原则区别。要特别强调的是:国家作为赔偿权利主体,如何行使权利?污染海洋损害,造成国家财产损失的,应当赔偿国家的损失。对此,国家可以作为赔偿权利主体请求赔偿,由国家规定的机关和法律规定的组织代表国家行使赔偿权利。

（二）责任方式

我国的环境污染和生态破坏责任方式包括修复、排除危害和赔偿损失等。《环境保护法》《水污染防治法》《大气污染防治法》等与环境保护有关的法律、法规，都把"排除危害"和"赔偿损失"作为承担侵权责任的主要形式，《民法典》第1234条规定的是修复责任。

环境法上的排除危害，是指国家强令已造成或者可能造成环境危害者排除可能发生的危害或者停止已经发生的危害，并消除其影响的民事责任方式。排除危害主要适用于已经实施了侵权行为或侵权行为正在造成被侵权人损害的情形，具有防止损害结果的发生或避免造成更严重的损害后果的功能，是一种积极的有预防和防止作用的责任方式，在环境污染和生态破坏责任中应尽量采用。

环境法上的赔偿损失，是指国家强令污染危害者以自己的财产弥补对他人所造成的财产损失的责任方式。这是环境污染和生态破坏责任中最常采用的民事责任方式。赔偿损失主要适用于侵害行为发生以后已经造成了损害的情形，在补偿被侵权人的经济损失方面具有重要作用。

修复，就是对污染环境、破坏生态的行为所造成的环境、生态损害通过修复的方法恢复原状。

五、免责条件和诉讼时效

（一）免责条件

环境污染和生态破坏侵权的免责事由，是指环境法所规定的在因环境污染和生态破坏侵权致人损害时加害人可以不承担责任的事由。它通常是由环境污染和生态破坏责任的归责原则和构成要件所决定的，各国立法规定不尽一致。

按照《民法典》第1230条的规定，对于环境污染生态破坏损害赔偿案件的免责事由实行举证责任倒置。行为人提出免责事由的，应当自己举证证明免责事由存在。能够证明的，免除其侵权责任；不能证明的，应当承担责任。我国环境保护法律规定的环境污染和生态破坏侵权免责事由主要包括以下情形：

1. 不可抗力

《海洋环境保护法》第116条等法律中都规定不可抗拒的自然灾害为免责事由。

法律对不可抗力免责条件附加了诸多限制：须为不可抗拒的自然灾害，并且只有在加害人及时采取了合理措施，仍不能避免造成环境污染致人损害时，才可以免责。不可抗力构成环境污染的免责条件，一是仅包括不可抗力中的自然原因；二是对不可抗拒的自然灾害及时采取了合理措施仍不能避免损害。具备了这样两个条件的不可抗力才可以免责。对免责条件严格限制，有利于保障被侵权人得到赔偿。《水污染防治法》第96条规定的不可抗力，则没有规定附加条件。

2. 被侵权人故意

我国《水污染防治法》第96条第3款等法律中规定，如果损害是由于被侵权人的故意引起的，侵权人不承担责任。被侵权人对损害的发生具有故意，足以表明被侵权人的行为是损害发生的直接原因，即该损害与侵权人无因果关系，免除水侵权人的责任，但被告应对被侵权人的过错举证。

3.其他免责条件

根据我国《海洋环境保护法》第116条的规定,战争行为和不可抗拒的自然灾害是海洋污染损害责任的免责条件。负责灯塔或者其他助航设备的主管部门在执行职责时的疏忽或者其他过失行为,为海洋污染损害责任的免责条件。

(二)生态环境侵权责任的过失相抵

生态环境侵权责任,也适用过失相抵规则。依照《生态环境侵权责任解释》第26条的规定,被侵权人对同一污染环境、破坏生态行为造成损害的发生或者扩大有重大过失,侵权人可以请求减轻责任。

(三)环境污染和生态破坏责任的诉讼时效

《环境保护法》第66条规定:"提起环境损害赔偿诉讼的时效期间为三年,从当事人知道或者应当知道其受到损害时起计算。"这与《民法典》第188条规定的期间相一致;但是,环境损害赔偿诉讼时效期间的起算,应当按照《民法典》第188条的规定,增加知道或者应当知道义务人的条件。所以,依照《生态环境侵权责任解释》第27、28条的规定,被侵权人请求侵权人承担生态环境侵权责任的诉讼时效期间,以被侵权人知道或者应当知道权利受到损害以及侵权人、其他责任人之日起计算。对于起算日期,特别规定被侵权人知道或者应当知道权利受到损害以及侵权人、其他责任人之日,侵权行为仍持续的,诉讼时效期间自行为结束之日起计算。被侵权人向负有环境资源监管职能的行政机关请求处理因污染环境、破坏生态造成损害的,诉讼时效中断。

第二节 环境污染和生态破坏责任的因果关系推定

一、环境污染和生态破坏责任因果关系要件的重要性

《民法典》第1230条规定了环境污染和生态破坏责任的因果关系推定规则,即"因污染环境、破坏生态发生纠纷,行为人应当就法律规定的不承担责任或者减轻责任的情形及其行为与损害之间不存在因果关系承担举证责任"。该规定中最重要的是环境污染和生态破坏责任的因果关系推定规则。

在环境污染和生态破坏责任构成中,环境污染行为与损害事实之间的因果关系要件具有非常重要的地位。原因在于,环境污染和生态破坏责任适用无过错责任原则,在确定责任构成中无须具备过错要件,即不问过错。确定是否构成环境污染和生态破坏责任的最终判断标准就是因果关系:只要能够确定环境污染行为与被侵权人的损害事实之间具有因果关系,就能够确定侵权人对被侵权人承担侵权责任。

二、因果关系推定的不同学说和规则

(一)适用推定因果关系的必要性

因果关系推定的学说和规则,是大陆法系为了适应环境污染和生态破坏责任因果关系举证困难的实际情况而创设的。在环境污染和生态破坏责任中,由于相当因果关系学说不能充分运用,各国法律界重新检讨因果关系理论,如何减轻原告方的举证责任,降低因果关系的证明标准,成为研究的重点问题。于是,推定因果关系的各种学说和规则不断出现,并被应用于司法实践。

(二)三种主要的因果关系推定的学说和规则

在大陆法系侵权法中,推定因果关系主要有三种理论:一是盖然性因果关系说;二是疫学因果关系说;三是概率因果关系说。

1. 盖然性因果关系

盖然性因果关系说也叫推定因果关系说,是在原告和被告之间分配证明因果关系的举证责任的学说,是日本学者德本镇教授在研究德国法的基础上,针对矿业损害事件诉讼而提出的一种见解。在矿业损害诉讼中,由于存在被告企业是从地下采取矿物这一特殊情况,加害行为和损害之间的因果关系常常不明确,被侵权人证明这一因果关系在技术上和经济上存在较大困难。如果对被侵权人科以严格的因果关系证明责任,则日本矿业法对企业采取无过错责任的意义将会付诸东流。针对这种情况,德本镇教授指出,德国矿业损害赔偿制度为了实现公平赔偿,对因果关系的证明程度已经从确定地证明放宽为盖然地证明,参照这一情况,日本也应当在解释论上放宽事实因果关系的证明程度,这一规则也可以适用于大气污染、水质污染等公害案件中。[1]

盖然性因果关系说的基本规则是,盖然性就是可能性。在公害案件的诉讼中,原告证明公害案件中的侵权行为与损害后果之间存在因果关联具有"相当程度的"可能性,就完成了自己的举证责任,法官实行因果关系推定。然后由被告举反证,以证明其行为与原告的损害之间无因果关系。反证证明的标准是高度盖然性,即极大可能性。不能反证或者反证不成立,即可确认因果关系成立。日本学者将这种学说称为"优势证据",在民事案件中,心证的判断只要达到因果关系存在的盖然性大于因果关系不存在的高度盖然性这一程度,便可认定因果关系的存在。[2]

2. 疫学因果关系

疫学因果关系说是运用医学中流行病学的原理来推定因果关系的理论。在公害案件诉讼、药物受害案件诉讼中,尤其在大面积人群受害的、多数被侵权人提起集团诉讼的案件中,日本裁判在事实因果关系的认定上采取这种因果关系推定规则。具体方法是,当以下四个条件充足时,认定诉讼请求的某因素与流行病发生之间存在事实因果关系:第一,该因素在某流行病发生的一定期间前就已经存在。第二,由于该因素的作用,该流行病的罹

---

[1] 夏芸:《医疗事故赔偿法——来自日本法的启示》,法律出版社2007年版,第181页。
[2] [日]加藤一郎:《公害法的生成与发展》,岩波书店1968年版,第29页。

患率显著增高。第三,当去除该因素时,该流行病的罹患率下降,或者在不存在该因素的人群中该流行病的罹患率非常低,即该因素的作用的程度越高,相应地患该病的罹患率就越高。换言之,该因素作用提高,病患就增多或病情加重;该因素作用降低,病患随之减少或病情减轻。第四,生物学已经对该因素作为该流行病发病原因的发病机制作出了明确的说明。[3] 这种因果关系推定理论和规则改变了以往诉讼中具体个体对因果关系证明的方法,而转以民众的罹患率为参照系,即只要原告证明被告的行为与罹患率之间的随动关系,即完成了证明责任。法官基于这种程度的证明,就可以推定因果关系存在。被告认为自己的行为与损害事实之间没有因果关系的,须自己举证证明推翻推定,才能够免除自己的责任,否则即可确认因果关系要件成立。

3. 概率因果关系

概率因果关系说认为,在个别人或者少数人主张受到公害或者药害致病请求损害赔偿的诉讼中,由于不是大量人群集体发病,原告根本无法提出能够证明自己的疾病与公害或者药害的致病因素之间具有"高度盖然性"的科学数据。但是,如果根据疫学因果关系验证的危险相对发生概率方法,能够证明公害或者药害的加害因素与被侵权人的疾病的发生具有一定概率的因果关系,则可以考虑只限于这种在特定情况下放弃传统的判断事实因果关系的高度盖然性的标准,认定加害因素与被侵权人的疾病发生之间存在事实因果关系,并且在计算损害额时考虑因果关系的概率。[4]

三、环境污染和生态破坏责任因果关系要件的证明规则和举证责任倒置

生态环境侵权责任的因果关系推定的具体规则如下:

(一)被侵权人证明存在因果关系的相当程度的可能性

被侵权人在诉讼中,应当首先证明因果关系具有相当程度的盖然性,即环境污染行为与损害事实之间存在因果关系的可能性。相当程度的盖然性就是很大的可能性,其标准是一般人以通常的知识经验观察即可知道二者之间具有因果关系。例如,河水上游的工厂排放污染物,污染物中含有汞的成分,河水下游的居民饮用该河水后,引发汞中毒,尽管这种证明不能确定受害人的汞中毒就是侵权人排放的汞所致,但具有很大的可能性。证明的内容,一是行为人排放了有造成污染发生可能性的污染物;二是该污染物到达了损害发生地,或者被侵权人接触了该污染物;三是污染物具有造成被侵权人损害的可能性。这种很大的可能性就是盖然性。被侵权人没有相当程度盖然性的证明,不能直接推定因果关系。

原告证明盖然性的标准是,被侵权人提供的证据使法官能够形成对环境污染行为与被侵权人人身损害事实之间具有因果关系的确信,其范围为相当程度的可能性,而不是高度盖然性。原告的证明如果能够使法官建立起这种相当程度的可能性或者较大可能性的确信,其举证责任即告完成。

---

[3] 夏芸:《医疗事故赔偿法——来自日本法的启示》,法律出版社2007年版,第203~204页。
[4] 夏芸:《医疗事故赔偿法——来自日本法的启示》,法律出版社2007年版,第208页。

(二)法官对因果关系实行推定

法官在原告上述证明的基础上,可以作出因果关系推定。推定的基础条件是:

第一,如果无此行为发生,通常不会有这种后果的发生。要得到这个结论,首先应当确定事实因素,即确认环境污染行为和损害存在的事实,以及环境污染行为与损害事实之间可能存在客观的、合乎规律的联系。其次是确认顺序因素,即厘清环境污染行为与损害事实的时间顺序。作为原因的环境污染行为必定在前,作为结果的人身损害事实必须在后,违背这一时间顺序特征的环境污染行为与损害之间为无因果关系。行为人一方如果否认因果关系要件,则直接举证证明违法污染行为和损害结果之间的时间顺序不符合要求,即可推翻这个推定。

第二,不存在其他可能的原因。其他可能的原因,如有原告、第三人行为或者其他因素介入。只有当确定没有任何其他原因导致这种损害的可能时,才可推定该种环境污染行为是损害事实发生的原因,才可以推定因果关系。

第三,判断有因果关系的可能性的标准是一般社会知识经验。基于健全的市民在经验上直观的判断,其因果关系存在具有相当程度的可能性,且此可能性于事实上得为合理说明,有科学上假说存在的,则法律上即可推定因果关系的存在。推定的标准并不是科学技术证明,而是通常标准,即按照一般的社会知识经验判断为可能,在解释上与有关科学结论无矛盾,即可进行推定。

(三)由行为人证明污染行为与损害没有因果关系

在法官推定因果关系之后,行为人认为自己的污染行为与损害结果之间没有因果关系的,须自己举证证明。只要举证证明污染行为与损害事实之间无因果关系,就可以推翻因果关系推定,免除自己的责任。

行为人一方证明自己的污染行为与损害结果之间没有因果关系,证明标准应当采取高度盖然性的标准,即极大可能性。对此,被告认为自己的行为与损害结果之间没有因果关系,应当证明到使法官能够确信的程度。行为人否认因果关系要件,应当针对下述四点进行:其一,无污染行为损害也会发生。其二,有他人或者被侵权人的过错存在,并且他人或被侵权人的过错是损害发生的原因;行为人如果能够证明在污染行为和损害事实之间存在其他可能造成损害的原因,例如,被侵权人自己的行为或者第三人的行为,就可以否认自己的侵权责任或者减轻自己的侵权责任。其三,自己的污染行为不是造成损害发生的原因。其四,该因果关系具有科学上的矛盾,该污染行为不可能存在这样的结果,按照这个推定形式无法得出这样的结论,就可以推翻因果关系推定。在通常情况下,行为人能够证明下列情形之一的,行为与损害之间不存在因果关系:一是未排放可导致损害发生的污染物,或者排放污染物无导致损害发生的可能性;二是排放可导致损害发生的污染物,但该污染物未到达损害发生地,或者受害人未接触污染物;三是该损害于排放该污染物之前已经发生。

(四)行为人举证的不同后果

实行因果关系推定,要给行为人举证的机会,使其能够举出证据证明自己的污染行为与损害后果之间不存在因果关系,以保护自己不受推定的限制。如果行为人无因果关系的证明是成立的,则推翻因果关系推定,不构成侵权责任;行为人不能证明或者证明不足的,因果关系推定成立,构成侵权责任。行为人证明因果关系的不存在达到高度盖然性标准的时候,才能够推翻因果关系推定。

第三节 环境污染和生态破坏责任的特殊责任形态

一、市场份额规则的适用

《民法典》第1231条规定的是在环境污染和生态破坏责任中的市场份额规则,即"两个以上侵权人污染环境、破坏生态的,承担责任的大小,根据污染物的种类、浓度、排放量,破坏生态的方式、范围、程度,以及行为对损害后果所起的作用等因素确定"。

市场份额责任并不是针对环境污染和生态破坏责任创立的,而是在美国加利福尼亚州上诉法院1980年审理的辛德尔诉阿伯特制药厂案(Sindell v. Abbott Laboratories)中确定的产品侵权责任的规则。原告无法提出有力证据证明其母系服用何家药商贩卖之药物,事实审法院驳回原告之诉,上诉审法院判决原告胜诉。加州最高法院终审判决原判决废弃,各个被告公司无须负全部之赔偿责任,仅需依其产品之市场占有率按比例分担赔偿责任。[5]

在环境污染和生态破坏责任中,存在适用市场份额规则的条件。两个以上的侵权人污染环境、破坏生态,不能确定究竟是谁的污染行为造成的损害,但都存在造成损害的可能性,这种情况与产品责任适用市场份额规则的条件相同,应当适用同样的规则。

《民法典》第1231条规定环境污染共同危险行为采用的是市场份额规则,与共同危险行为有两点不同:第一,每一个侵权人污染行为的情形不同,造成损害的可能性并不一样,因此,每一个侵权人的责任份额并不相同,应当"根据污染物的种类、浓度、排放量,破坏生态的方式、范围、程度,以及行为对损害后果所起的作用等因素确定"。第二,环境污染共同危险行为承担的责任并非连带责任。根据市场份额规则,每一个可能造成损害的侵权人应当承担的是按份责任,因为本条后段明确规定了"侵权人承担责任的大小,根据污染物的种类、浓度、排放量,破坏生态的方式、范围、程度,以及行为对损害后果所起的作用等因素确定",已经明确了按份责任的性质。

二、故意污染环境破坏生态造成严重后果应承担惩罚性赔偿责任

《民法典》第1232条规定:"侵权人违反法律规定故意污染环境、破坏生态造成严重后果的,被侵权人有权请求相应的惩罚性赔偿。"这是对环境污染和生态破坏惩罚性赔偿的规定。破坏生态和污染环境所造成的损害,已经达到了相当严重的程度,甚至威胁人的生存与发展。因此,《民法典》确立了具有时代意义的绿色原则,表达了立法机关对环境污染和

---

[5] 该案的具体案情参见本书绪论第二节的典型案例。

生态破坏责任的高度重视和鲜明态度。对生态环境侵权惩罚性赔偿责任的立法进行重新审视，根据2017年中共中央办公厅和国务院办公厅印发的《生态环境损害赔偿制度改革方案》关于完善生态环境损害责任制度的原则要求，《民法典》增加了生态环境侵权惩罚性赔偿责任的条文。

侵权惩罚性赔偿的主要功能有三项："其一是削弱侵权行为人的经济基础，防止他们重新作恶，以及防止社会上的其他人模仿侵权行为人的行为；其二是鼓励受害人对不守法的侵权行为人提起诉讼，激发他们同不法行为作斗争的积极性；其三是对原告（受害人）遭受侵害的精神进行感情方面的损害赔偿。"[6]我国的惩罚性赔偿责任的重要意义也可以归结于三个方面：一是全面救济生态环境侵权的受害人；二是重点制裁生态环境损害中的恶意侵权人；三是吓阻他人实施生态环境侵权行为。

故意污染环境和破坏生态承担惩罚性赔偿责任的要件是：第一，侵权人实施了污染环境和破坏生态的行为。第二，侵权人在主观上故意违反法律规定污染环境和破坏生态，即明知国家规定禁止污染环境和破坏生态而执意为之。重大过失不适用惩罚性赔偿责任。第三，侵权人故意实施的污染环境和破坏生态的行为造成严重的损害后果，表现为受害人死亡或者健康严重受损，而不是一般性的损害。

符合上述要件的，被侵权人有权向侵权人请求承担相应的惩罚性赔偿。本条没有规定惩罚性赔偿责任的计算方法。根据本法和相关法律的规定，污染环境和破坏生态的行为造成受害人死亡或者健康严重损害的，与《消费者权益保护法》第55条规定的情形最为相似；因此，故意污染环境和破坏生态的，应当在赔偿实际损失后，再赔偿实际损失2倍以下的惩罚性赔偿责任。

三、第三人过错的不真正连带责任

《民法典》第1233条规定了环境污染和生态破坏责任中第三人过错的不真正连带责任规则，第三人过错造成环境污染损害的，不适用《民法典》第1175条关于"损害是因第三人造成的，第三人应当承担侵权责任"的一般性规定，而适用不真正连带责任规则。

在环境污染和生态破坏责任中，真正造成环境污染损害的，是侵权人的污染，第三人的过错行为作用于侵权人，使侵权人的污染行为造成了被侵权人的损害，侵权人的污染行为与损害结果之间具有较为直接的因果关系。同时，环境污染和生态破坏责任适用无过错责任，是为了更好地保护生活、生态环境，保护被侵权人的民事权益。因此，在这种场合不适用第三人过错的一般规则，而采用不真正连带责任规则。

因此，在环境污染和生态破坏责任中，处理因第三人过错引起的环境污染损害责任的规则是：

第一，侵权人和第三人基于不同的行为造成一个损害，两个行为都是损害发生的原因，而损害事实又是同一个损害结果，并不是两个损害结果，这是环境污染和生态破坏责任第三人过错的基本特点。符合这个特点的，才可以适用这个规则。

第二，侵权人和第三人的行为产生不同的侵权责任，都是为了救济受害人的损害。侵

---

[6] 刘荣军：《惩罚性损害赔偿与消费者保护》，载《现代法学》1996年第5期。

权人的环境污染的赔偿责任与第三人过错的赔偿责任,都是为了救济被侵权人遭受的损害,都是一个目的。因此,在侵权人和第三人身上分别产生的不同的侵权责任,责任的目的都是救济同一个(或者数个)受害人的同一损害,而不是救济各个不同的损害。

第三,环境污染的受害人对其享有的不同的损害赔偿请求权,可以"择一"行使,即选择向侵权人或者向第三人请求承担责任,而不是向侵权人和第三人分别行使各个请求权。受害人选择的一个请求权实现之后,其他请求权消灭。这就是不真正连带责任的"就近"规则,即受害人可以选择距离自己最近的法律关系的当事人作为被告起诉,被告承担的责任是"中间责任"。

第四,损害赔偿责任最终归属于造成损害的最终责任人。如果受害人选择的被告是第三人,那么第三人就是最终责任人,第三人就应当最终地承担侵权责任。如果受害人选择的被告并不是第三人即最终责任人,而是侵权人,侵权人承担的是中间责任,则承担了侵权责任的侵权人可以向最终责任人即第三人请求追偿,最终责任人即第三人应当向侵权人承担最终责任。

因此,《生态环境侵权责任解释》第18~20条规定的规则是:

首先,因第三人的过错污染环境、破坏生态造成他人损害,被侵权人请求侵权人或者第三人承担责任的,法院应予支持。侵权人以损害是由第三人过错造成的为由,主张不承担责任或者减轻责任的,法院不予支持。

其次,因第三人的过错污染环境、破坏生态造成他人损害,被侵权人同时起诉侵权人和第三人承担责任,侵权人对损害的发生没有过错的,法院应当判令侵权人、第三人就全部损害承担责任。侵权人承担责任后有权向第三人追偿。侵权人对损害的发生有过错的,法院应当判令侵权人就全部损害承担责任,第三人承担与其过错相适应的责任。侵权人承担责任后有权就第三人应当承担的责任份额向其追偿。

最后,被侵权人起诉第三人承担责任的,法院应当向被侵权人释明是否同时起诉侵权人。被侵权人不起诉侵权人的,法院应当根据《民事诉讼法》第59条的规定通知侵权人参加诉讼。被侵权人仅请求第三人承担责任,侵权人对损害的发生也有过错的,法院应当判令第三人承担与其过错相适应的责任。

四、造成生态环境损害的修复责任

《民法典》第1234条规定:"违反国家规定造成生态环境损害,生态环境能够修复的,国家规定的机关或者法律规定的组织有权请求侵权人在合理期限内承担修复责任。侵权人在期限内未修复的,国家规定的机关或者法律规定的组织可以自行或者委托他人进行修复,所需费用由侵权人负担。"这是对生态环境损害修复责任规定的新规则。

生态环境损害中的修复责任,是将受到损害的生态环境恢复原状;《草原法》规定的限期恢复植被和《森林法》规定的补种毁坏的树木等,都是修复责任。

受到损害的生态环境多数不是实际被侵权人的,而是国家、政府的,故请求承担修复责任的主体不是被侵权人,而是法律规定的机关或者组织,例如生态环境保护部门或者环保公益组织。故环境污染和生态破坏责任的修复责任法律关系的主体,不是受到实际损害的被侵权人和侵权人,而是国家规定的机关和法律规定的组织与侵权人。

承担修复责任的规则是:第一,违反国家规定造成生态环境损害,能够修复的,才承担修复责任。第二,国家规定的机关或者法律规定的组织是请求权人,有权请求侵权人在合理期限内承担修复责任。第三,侵权人在合理期限内未履行修复责任的,国家规定的机关或者法律规定的组织可以自行或者委托他人进行修复,责令侵权人承担所需费用。

五、国家规定的机关或者法律规定的组织请求侵权人公益损害赔偿的范围

《民法典》第1235条规定:"违反国家规定造成生态环境损害的,国家规定的机关或者法律规定的组织有权请求侵权人赔偿下列损失和费用:(一)生态环境受到损害至修复完成期间服务功能丧失导致的损失;(二)生态环境功能永久性损害造成的损失;(三)生态环境损害调查、鉴定评估等费用;(四)清除污染、修复生态环境费用;(五)防止损害的发生和扩大所支出的合理费用。"这是对国家规定的机关或者法律规定的组织请求侵权人承担环境污染和生态破坏责任的赔偿范围的规定。

环境污染和生态破坏的公益损害赔偿责任法律关系具有双重性:一是侵害了被侵权人的民事权益,二是损害了国家的生态环境。在环境污染和生态破坏损害责任的双重法律关系中,前者救济的是被侵权人的权益,后者救济的是国家生态环境受损所造成的损失。这种双重的损害赔偿责任并行不悖,环境污染和生态破坏的行为人都须承担。就后者而言,违反国家规定造成生态环境损害的,国家规定的机关或者法律规定的组织有权请求侵权人赔偿,侵权人应当承担赔偿责任。

具体的公益损害赔偿范围是:第一,生态环境受到损害至恢复原状期间因其服务功能丧失所导致的损失。生态环境受到损害如果造成了服务功能的丧失,在受到损害至恢复原状期间应当得到的服务功能的利益是侵权行为造成的损失的赔偿范围。第二,因生态环境功能永久性损害而遭受的损失。生态环境受到侵害,造成的后果是其功能永久丧失的,应当进行评估,确定具体的损失范围,并应当由侵权人予以赔偿。第三,生态环境损害调查、鉴定评估等费用。这是恢复生态环境、确定赔偿责任范围所必须进行的工作,所支付的费用应当由侵权人负责赔偿。第四,清除污染、修复生态环境费用。这些费用是清除污染、修复生态环境所必需的费用,侵权人应当予以赔偿。第五,防止损害的发生和扩大所支出的合理费用。在生态环境受到损害后,有关机关和组织为了防止损害的发生和扩大,所支出的费用应当由侵权人予以赔偿。

该条规定的"国家规定的机关或者法律规定的组织有权请求侵权人赔偿",对于这个请求权的主体究竟应当怎样理解,须予以明确。这句话的来源是《民事诉讼法》第58条第1款,即"对污染环境、侵害众多消费者合法权益等损害社会公共利益的行为,法律规定的机关和有关组织可以向人民法院提起诉讼"。在这个基础上,《民法典》进一步将其表述为"国家规定的机关或者法律规定的组织"。首先,国家规定的机关,应当是国家规定的负有生态环境保护职能的政府有关部门,即生态环境保护的主管部门。其次,法律规定的组织,是指法律规定的负有保护生态环境的社会公益组织,例如《民事诉讼法》的上述规定。这些机关和组织,才是有权提起本条规定的损害赔偿诉讼的主体。

六、《生态环境侵权责任解释》规定的特殊侵权责任

（一）生态环境侵权的分别侵权行为

生态环境侵权行为存在分别侵权行为的类型。《民法典》第1171条和第1172条规定的是叠加分别侵权行为和典型分别侵权行为，在两种分别侵权行为之间还存在半叠加分别侵权行为。对此，《生态环境侵权责任解释》第5~9条分别作了规定。

1. 生态环境侵权的叠加分别侵权行为及责任

该司法解释第5条规定的是叠加分别侵权行为及责任。即两个以上侵权人分别污染环境、破坏生态造成同一损害，每一个侵权人的行为都足以造成全部损害的，构成叠加分别侵权行为。被侵权人应当根据《民法典》第1171条的规定，请求侵权人承担连带责任。

2. 生态环境侵权的典型分别侵权行为及责任

该司法解释第6条规定的是典型分别侵权行为及责任。即两个以上侵权人分别污染环境、破坏生态，每一个侵权人的行为都不足以造成全部损害的，构成典型分别侵权行为。被侵权人应当根据《民法典》第1172条的规定，请求侵权人承担按份责任。侵权人主张其污染环境、破坏生态行为不足以造成全部损害的，应当承担相应举证责任。

3. 生态环境侵权的半叠加分别侵权行为及责任

该司法解释第7条规定的是半叠加分别侵权行为及责任。即两个以上侵权人分别污染环境、破坏生态，部分侵权人的行为足以造成全部损害，部分侵权人的行为只造成部分损害，就是半叠加分别侵权行为。被侵权人请求足以造成全部损害的侵权人对全部损害承担责任，并与其他侵权人就共同造成的损害部分承担连带责任的，法院应予支持。被侵权人依照前述规定请求足以造成全部损害的侵权人与其他侵权人承担责任的，受偿范围应以侵权行为造成的全部损害为限。

4. 生态环境分别侵权行为的特殊形态

该司法解释第8、9条规定了两种特殊形态的分别侵权行为。一是两个以上的侵权人分别污染环境、破坏生态，部分侵权人能够证明其他侵权人的侵权行为已先行造成全部或者部分损害的，是特殊形态的分别侵权行为。部分侵权人可以请求在相应范围内不承担责任或者减轻责任。二是两个以上侵权人分别排放的物质相互作用产生污染物造成他人损害的，也是特殊形态的分别侵权行为，被侵权人可以请求侵权人承担连带责任。

（二）提供场地等生态环境侵权帮助行为及责任

《生态环境侵权责任解释》第10、11条规定了提供场地、条件等的生态环境侵权的帮助行为。一是为侵权人污染环境、破坏生态提供场地或者储存、运输等帮助的，构成共同侵权行为中的帮助行为。被侵权人可以根据《民法典》第1169条的规定请求行为人与侵权人承担连带责任。《民法典》第1169条第1款规定的帮助行为，应当以帮助行为人与侵权人有意思联络为要件。过失为侵权人污染环境、破坏生态提供场地或者储存、运输等便利条件，构成非典型共同侵权行为，被侵权人可以请求行为人承担与过错相适应的责任。帮助行为人存在重大过失的，构成共同侵权行为的帮助行为，应当承担连带责任。

(三)受托第三方治理机构的侵权责任

《生态环境侵权责任解释》第12~14条规定了受托第三方治理机构的侵权责任,包括以下规则:

1. 受托运营机构的侵权责任

排污单位将所属的环保设施委托第三方治理机构运营,第三方治理机构在合同履行过程中污染环境造成他人损害的,属于第三人侵权行为,被侵权人可以请求排污单位承担侵权责任。排污单位承担责任后,可以向有过错的第三方治理机构追偿。

2. 受托集中处置机构的侵权责任

排污单位将污染物交由第三方治理机构集中处置,第三方治理机构在合同履行过程中污染环境造成他人损害的,类似于定作人指示过失责任,被侵权人可以请求第三方治理机构承担侵权责任。排污单位在选任、指示第三方治理机构中有过错的,被侵权人可以请求排污单位承担相应责任。

3. 受托治理机构构成共同侵权行为

受托治理机构符合该司法解释第14条规定的情形之一,造成污染损害的,构成共同侵权行为,排污单位与第三方治理机构应当根据《民法典》第1168条关于共同侵权行为的规定,承担连带责任。这些情形是:(1)第三方治理机构按照排污单位的指示,违反污染防治相关规定排放污染物的;(2)排污单位将明显存在缺陷的环保设施交由第三方治理机构运营,第三方治理机构利用该设施违反污染防治相关规定排放污染物的;(3)排污单位以明显不合理的价格将污染物交由第三方治理机构处置,第三方治理机构违反污染防治相关规定排放污染物的;(4)其他应当承担连带责任的情形。

(四)特殊主体的生态环境侵权责任

《生态环境侵权责任解释》第15~17条和第21条规定了特殊主体的生态环境侵权责任。

1. 公司污染环境破坏生态情形下的股东责任

该司法解释第15条规定,公司污染环境、破坏生态,被侵权人请求股东承担责任,符合2018年《公司法》第20条规定情形的,法院应予支持。2018年《公司法》第20条,经2023年《公司法》修订,现为第21条,这里应当是符合第2款的规定,即符合"撕破公司面纱"规则,股东才应当承担生态环境侵权责任。

2. 违反安全保障义务的侵权责任

该司法解释第16条规定,侵权人污染环境、破坏生态造成他人损害,被侵权人请求未尽到安全保障义务的经营场所、公共场所的经营者、管理者或者群众性活动的组织者承担相应补充责任的,应当依照《民法典》第1198条第2款规定,确认违反安全保障义务的侵权责任。

3. 风险管控和修复义务主体的侵权责任

该司法解释第17条规定,依照法律规定应当履行生态环境风险管控和修复义务的民事主体,未履行法定义务造成他人损害的,构成不作为的侵权行为,被侵权人可以请求其承担相应责任。

4.评价机构、环境监测、设施设备维护运营机构的侵权责任

该司法解释第21条规定,环境影响评价机构、环境监测机构以及从事环境监测设备和防治污染设施维护、运营的机构存在下列情形之一,被侵权人请求其与造成环境污染、生态破坏的其他责任人根据《环境保护法》第65条的规定承担连带责任的,法院应予支持:(1)故意出具失实评价文件的;(2)隐瞒委托人超过污染物排放标准或者超过重点污染物排放总量控制指标的事实的;(3)故意不运行或者不正常运行环境监测设备或者防治污染设施的;(4)其他根据法律规定应当承担连带责任的情形。

第四节　生态环境侵权的损害赔偿责任原则

一、《生态环境损害赔偿管理规定》确定的赔偿原则

生态环境侵权的损害赔偿责任,应当适用《民法典》侵权责任编第二章的规定。在《生态环境损害赔偿管理规定》和《生态环境侵权责任解释》中,规定了生态环境侵权的损害赔偿原则。

《生态环境损害赔偿管理规定》规定的生态环境侵权的损害赔偿原则有如下几点:

(一)生态环境损害赔偿责任的定义和范围

《生态环境损害赔偿管理规定》第4条规定,生态环境损害是指因污染环境、破坏生态造成大气、地表水、地下水、土壤、森林等环境要素和植物、动物、微生物等生物要素的不利改变,以及上述要素构成的生态系统功能退化。违反国家规定造成生态环境损害的,依法追究生态环境损害赔偿责任。

以下情形不适用生态环境损害责任的规定:一是涉及人身伤害、个人和集体财产损失要求赔偿的,适用《民法典》等法律有关侵权责任的规定;二是涉及海洋生态环境损害赔偿的,适用《海洋环境保护法》等法律及相关规定。

《生态环境损害赔偿管理规定》第5条规定了生态环境损害的赔偿范围,包括:一是生态环境受到损害至修复完成期间服务功能丧失导致的损失;二是生态环境功能永久性损害造成的损失;三是生态环境损害调查、鉴定评估等费用;四是清除污染、修复生态环境费用;五是防止损害的发生和扩大所支出的合理费用。

(二)赔偿义务人和赔偿权利人

《生态环境损害赔偿管理规定》第8、9条分别规定赔偿义务人及其义务和赔偿权利人及其权利。

赔偿义务人是违反国家规定,造成生态环境损害的单位或者个人;应当按照国家规定的要求和范围,承担生态环境损害赔偿责任,做到应赔尽赔。民事法律和资源环境保护等

法律有相关免除或者减轻生态环境损害赔偿责任规定的,按相应规定执行。赔偿义务人应当依法积极配合生态环境损害赔偿调查、鉴定评估等工作,参与索赔磋商,实施修复,全面履行赔偿义务。

受到生态环境侵权行为侵害遭受损害的人,是赔偿权利人。赔偿权利人及其指定的部门或机构,有权请求赔偿义务人在合理期限内承担生态环境损害赔偿责任。

生态环境的修复,既是赔偿权利人的权利,也是赔偿义务人的义务。生态环境损害可以修复的,应当修复至生态环境受损前的基线水平或者生态环境风险可接受水平。赔偿义务人根据赔偿协议或者生效判决要求,自行或者委托开展修复的,应依法赔偿生态环境受到损害至修复完成期间服务功能丧失导致的损失和生态环境损害赔偿范围内的相关费用。生态环境损害无法修复的,赔偿义务人应当依法赔偿相关损失和生态环境损害赔偿范围内的相关费用,或者在符合有关生态环境修复法规政策和规划的前提下,开展替代修复,实现生态环境及其服务功能等量恢复。

(三)生态环境侵权损害赔偿优先原则

《生态环境损害赔偿管理规定》第10条规定,赔偿义务人因同一生态环境损害行为需要承担行政责任或者刑事责任的,不影响其依法承担生态环境损害赔偿责任。赔偿义务人的财产不足以同时承担生态环境损害赔偿责任和缴纳罚款、罚金时,优先用于承担生态环境损害赔偿责任。各地可根据案件实际情况,统筹考虑社会稳定、群众利益,根据赔偿义务人主观过错、经营状况等因素分类处置,探索分期赔付等多样化责任承担方式。有关国家机关应当依法履行职责,不得以罚代赔,也不得以赔代罚。

(四)从轻、减轻或者免予处理的情节

《生态环境损害赔偿管理规定》第11条规定,赔偿义务人积极履行生态环境损害赔偿责任的,相关行政机关和司法机关,依法将其作为从轻、减轻或者免予处理的情节。对生效判决和经司法确认的赔偿协议,赔偿义务人不履行或者不完全履行义务的,依法列入失信被执行人名单。

二、《生态环境侵权责任解释》规定的损害赔偿原则

(一)生态环境侵权损害赔偿的范围

《生态环境侵权责任解释》第22、23条规定了生态环境侵权损害赔偿的范围。

首先,被侵权人可以请求侵权人赔偿因污染环境、破坏生态造成的人身、财产损害,以及为防止损害发生和扩大而采取必要措施所支出的合理费用。被侵权人同时请求侵权人根据《民法典》第1235条的规定承担生态环境损害赔偿责任的,不予支持,因为这是国家规定的机关或者法律规定的组织才有权请求的赔偿。

其次,因污染环境、破坏生态影响他人取水、捕捞、狩猎、采集等日常生活并造成经济损失,同时符合下列情形,是生态环境侵权间接造成的损害,间接受害人是请求人,有权主张行为人承担责任:一是请求人的活动位于或者接近生态环境受损区域;二是请求人的活动依赖受损害生态环境;三是请求人的活动不具有可替代性或者替代成本过高;四是请求人

的活动具有稳定性和公开性。

根据国家规定须经相关行政主管部门许可的取水、捕捞、狩猎、采集等活动,请求人在污染环境、破坏生态发生时未取得许可的,法院对其请求不予支持。

(二)连带责任追偿权的范围及责任分担

《生态环境侵权责任解释》第24、25条规定了生态环境侵权连带责任的追偿权和责任分担规则。

连带责任人的追偿权规则是,两个以上侵权人就污染环境、破坏生态造成的损害承担连带责任,实际承担责任超过自己责任份额的侵权人根据《民法典》第178条的规定向其他侵权人追偿的,法院应予支持。但是,惩罚性赔偿责任不可以追偿,故侵权人就惩罚性赔偿责任向其他侵权人追偿的,不予支持。

连带责任的责任分担和追偿权的规则是,两个以上侵权人污染环境、破坏生态造成他人损害,应当根据行为有无许可,污染物的种类、浓度、排放量、危害性,破坏生态的方式、范围、程度,以及行为对损害后果所起的作用等因素确定各侵权人的责任份额。两个以上侵权人污染环境、破坏生态承担连带责任,实际承担责任的侵权人向其他侵权人追偿的,依照前面的规定处理。

本章思考题

1. 环境污染和生态破坏责任适用何种归责原则?须具备何种构成要件才能构成侵权责任?
2. 我国环境污染和生态破坏责任类型有哪些?
3. 在环境污染和生态破坏责任构成中,如何适用因果关系推定规则?
4. 在环境污染和生态破坏责任中,具备何种条件才能适用市场份额规则?方法是什么?
5. 第三人过错造成环境污染和生态破坏责任的责任形态是什么?受害人如何行使权利对自己更为有利?
6. 在环境污染和生态破坏责任中,有哪些特殊的责任承担方式?

第八章　高度危险责任

| **本章要点** |

本章依照《民法典》侵权责任编第八章的规定,全面介绍高度危险责任的法律适用规则。首先着重介绍高度危险责任的概念和特征、归责原则和构成要件以及损害赔偿内容;之后介绍高度危险责任的不同类型;最后介绍高度危险责任的限额赔偿规则。

高度危险责任	危险活动和危险物	民用核设施损害责任
民用航空器损害责任	高度危险物损害责任	高度危险活动损害责任
限额赔偿		

| **典型案例** |

某县气象站为驱云防雹,向天空中发射防雹火箭弹。某村农民见天空阴云密布,即去院中取回晾晒的衣服,一弹皮从天而降,击中该村民的头部,造成其重伤。经检验,该弹片是防雹火箭弹的弹皮。受害人向法院起诉,要求气象站承担赔偿责任,但不能证明该弹皮就是气象站所发射的火箭弹的碎片,气象站据此否认自己的赔偿责任。[1]

第一节　高度危险责任概述

一、高度危险责任的概念和特征

(一)高度危险责任的概念

高度危险责任是指高度危险行为人实施高度危险活动或者管领高度危险物,造成他人人身损害或者财产损害,应当承担损害赔偿责任的特殊侵权责任。《民法典》第1236条规定了高度危险责任的一般条款,即"从事高度危险作业造成他人损害的,应当承担侵权责任"。

---

[1] 法院依据在本县范围内没有他人向空中发射火箭弹的事实,推定受害人的损害事实与气象站的发射火箭弹行为有因果关系,气象站则不能为相反的证明,故判决气象站承担赔偿责任。

高度危险责任是一种特殊侵权责任。高度危险活动是危险性工业活动的法律用语,是指在现有的技术条件下,人们还不能完全控制自然力量和某些物质属性,虽然以极其谨慎的态度经营,但仍有很大的可能造成人们的生命、健康以及财产损害的危险性作业。高度危险物,是对周围具有高度危险性的物品。对因从事上述高度危险活动或者持有高度危险物造成他人的损害所应承担的侵权民事责任,即是高度危险责任。

(二)高度危险责任的特征

高度危险责任有以下基本特征:

第一,某一活动或物品对周围环境具有高度危险性。这种危险性是对人身安全和财产安全的威胁,是对周围环境的致害可能性,而不是对自己致害的可能性。危险活动或危险物品作业致内部职工损害,也成立赔偿关系,但这种赔偿关系不是特殊侵权关系,而是工伤事故赔偿关系,属于工伤保险赔偿关系,应当适用工伤保险法律规定。

第二,该活动或物品的危险性变为现实损害的概率很大。作业人所经营的活动仅仅具有一般的危险性,尚不足以构成危险活动。存有少量危险物品者,也不宜视为危险活动。危险活动和危险物对周围环境的危险性必须达到很高的程度,超过了公认的一般危险。这种高度危险性的表现,就是将这种危险性变为现实的可能性,即造成现实损害的概率很大。至于这种概率应当达到多少才称作很大,学者曾提出一个标准,即如果某人的活动要求其邻近的他人须比平常更加提高警惕时,这种活动就是高度危险。[2] 另外,虽然活动造成损害的可能性不是很大,但一旦发生事故,造成的实际损害非常大,后果比较严重的,也应被视为具有高度危险性。

第三,该种活动或物品只有在采取技术安全的特别方法时才能使用。采取技术安全的特别方法应当根据具体的活动或物品的作业来确定。我国的高铁速度目前已经达到每小时350公里,试运行的最高时速已经达到400多公里。因而高铁的铁路沿线必须设置安全护栏,就是采取技术安全的特别方法。

第四,涉及该种活动或物品的高度危险作业具有合法性。涉及该种活动或物品的高度危险作业是合法的、正当的,至少不是为法律所禁止的。行为人从事高度危险活动经过法律的许可,是利用现代科学技术服务于社会的,既有利于国计民生,也增进了人类福祉,所以这些活动不仅不具有法律上的应受非难性,而且是受法律鼓励的行为。[3]

二、高度危险责任的归责原则和构成要件

(一)高度危险责任的归责原则

高度危险责任适用无过错责任,理由是:第一,高度危险责任产生时就采用无过错责任;第二,对高度危险责任实行无过错责任原则有利于消除或减少社会危险因素;第三,在市场经济条件下,危险活动和危险物经营多是营利性的活动,有的甚至是高利润的垄断性经营,因此,"风险说"和"公平说"作为无过错责任的理论基础也可以用来解释高度危险责

---

[2] 游先德:《民事侵权与损害赔偿》,中国经济出版社1990年版,第212页。
[3] 王利明:《论无过失责任》,载《比较法研究》1991年第2期。

任的赔偿责任。[4]

(二)高度危险责任的构成要件

第一,须有危险活动或危险物对周围环境内的人或财产致损的行为。危险活动中的活动,是指完成特定任务的活动,一般是指生产经营活动,也包括科研活动和自然勘探活动,不包括国家机关的公务活动和军队的军事活动。危险活动和危险物的危险性,是指对周围环境造成损害的概率高,超过一般性作业的损害概率。周围环境是危险活动或者危险物区域以外的,该危险活动或者危险物发生事故可能危及的范围。一切人和财产,它并非指特定的人和财产,而是危险活动或者危险物发生事故可能危及的范围内的一切人和财产。

构成高度危险活动还须具备以下特征:其一,它是一种合法行为,至少是不为法律所禁止的行为。如前所述,人类为了享受现代科技文明所带来的巨大经济利益,就必须允许某些高空、高压、易燃、易爆、剧毒、高放射性、强腐蚀性、高致病性活动以及高速运输工具的存在和发展,并赋予它们合法性。其二,加害人从事的这种活动对于周围环境的高度危险以及造成损害的可能性具有不可避免性。

第二,须有损害后果或严重危险的存在。危险活动或危险物的致害后果,包括人身损害和财产损害。其中人身损害包括致伤、致残、致死,财产损害包括直接损失和间接损失,其计算方法与一般侵权行为损害后果的计算方法相同。只要危险活动或危险物造成人身损害或财产损害,就构成这一要件。

在危险活动或危险物侵权责任中,由于危险活动和危险物的危险性,当损害结果还没出现,仅仅出现致害的危险时,就可以要求加害人承担民事责任。1988年关于原《民法通则》的司法解释第154条规定:"从事高度危险作业,没有按有关规定采取必要的安全防护措施,严重威胁他人人身、财产安全的,人民法院应当根据他人的要求,责令作业人消除危险。"这是把危险的存在作为起诉的诉因,而加害人应承担的民事责任是消除危险。这种规定将客观损害要件的内容作了扩大解释,《民法典》第1167条继续肯定这一做法,实际上是侵权行为禁令。

第三,须有因果关系存在。危险活动或危险物与损害后果(包括某些严重危险)之间须有因果关系,才构成高度危险责任的侵权责任。这种因果关系原则上应由受害人证明。如果在某些高科技领域,受害人只能证明危险活动或危险物和损害事实在表面上的因果关系,甚至仅能证明危险活动或危险物是损害后果的可能原因的,可以依据这些事实推定因果关系存在。如果危险活动人或危险物保有人不能证明危险活动或危险物与损害结果之间没有因果关系,则推定其因果关系要件成立,构成侵权责任。

在很多情况下,损害的发生是由多种原因造成的。如果因危险活动或危险物而造成损害,以及该损害以外的其他损害是由危险活动或危险物以及其他原因共同造成的,这就是多种原因造成的一个损害。如果危险活动或危险物所造成的损害与该损害以外的其他损害无法完全划分,应当视为由危险活动或危险物所造成的损害,适用危险活动或者危险物所致损害的法律规定。

---

[4] 张新宝:《侵权责任法原理》,中国人民大学出版社2005年版,第326~327页。

三、高度危险损害赔偿责任的内容

(一)赔偿法律关系主体

危险活动或危险物的作业人是赔偿责任主体。作业人可以是危险活动和危险物的所有人,也可以是危险活动和危险物的经营者。当所有人与占有人相分离时,对于应当如何确定赔偿责任主体的问题,理论上有不同的观点。例如,危险活动和危险物由他人承包,所有人与承包人相分离,对于此种情形下造成损害的赔偿责任,有的观点认为由所有人承担,有的观点认为由承包人承担,有的观点则认为由承包人与所有人共同承担。本书认为,承包人承包危险活动和危险物后,承包人是危险活动和危险物的占有人,由其进行具体作业,因而应由其作为赔偿责任主体,承担赔偿责任,所有人不承担责任;但承包合同另有约定的除外。又如,非法从事危险活动或占有危险物致人损害的,有的认为由所有人承担赔偿责任,有的认为由非法作业人与所有人共同承担责任。本书认为,非法占有人是危险活动的实际操作人,应当承担赔偿责任。

高度危险责任的赔偿权利主体是受害人。受害人死亡或终止后,由其权利承受人享有赔偿请求权。

(二)责任方式

1. 停止侵害

对于尚在持续地造成损害的危险活动和危险物,受害人有权请求危险活动人停止侵害。

2. 消除危险

《民法典》第1167条将严重威胁他人人身、财产安全作为可以提起"消除危险"的诉因。严重威胁他人人身和财产安全是指危险活动和危险物出现了特别异常的危险情况,如核电站出现泄漏、有毒物品外溢、高压输电电缆落地等。这种特别异常的危险情况超出了危险活动和危险物通常所具有的危险性,对他人的人身和财产具有迫在眉睫的危险。在此情形下,一切受到威胁的人均可提起诉讼,请求消除危险。

3. 损害赔偿

高度危险责任的损害赔偿分为全部赔偿和限额赔偿两种。对于危险活动和危险物的损害赔偿,大多数国家都设有最高赔偿限额,我国某些法律或法规也设有类似规定,如我国《海商法》第210条对人身伤亡的赔偿请求及非人身伤亡赔偿请求的限制,航空管理法规对空难人员赔偿额的限制等。《民法典》第1244条规定:"承担高度危险责任,法律规定赔偿限额的,依照其规定,但是行为人有故意或者重大过失的除外。"

(三)免责事由

高度危险责任是无过错责任,一般的免责条件并不适用。法律规定的高度危险责任免责事由包括以下内容:

1. 不可抗力

不可抗力作为高度危险责任的免责事由,《民法典》对此作了不同规定。第1237条规定的是战争、武装冲突、暴乱等情形,与《核安全法》第90条规定的免责事由是战争、武装冲突和暴乱相一致,都是不可抗力的一种。《民法典》第1238条没有明确规定不可抗力,但《民用航空法》对此有明文规定。《民法典》第1239条和第1240条明确规定不可抗力是免责事由。《铁路法》也将不可抗力规定为免责条件。对此,应当依照法律规定确定。

2. 受害人故意

《民法典》第1237~1240条都规定了受害人故意是免责事由。受害人的故意包括直接故意和间接故意。前者如自杀或自伤,是直接追求损害的后果;后者是放任后果的发生,如擅自侵入严禁入内的危险区域,造成伤残后果。

应当研究的问题是,该条规定的故意,是指对损害后果的故意,还是对行为本身的故意。《铁路法》第58条规定:"因铁路行车事故及其他铁路运营事故造成人身伤亡的,铁路运输企业应当承担赔偿责任;如果人身伤亡是因不可抗力或者由于受害人自身的原因造成的,铁路运输企业不承担赔偿责任。违章通过平交道口或者人行过道,或者在铁路线路上行走、坐卧造成的人身伤亡,属于受害人自身的原因造成的人员伤亡。"这里规定的自身原因,应当是指行为的故意。但如果认为其行为上有故意即故意实施违章行为,就是放任其伤亡后果的间接故意,显然过于牵强,充其量应属于过于自信的过失。

3. 法律的其他规定

《民法典》第1243条规定:"未经许可进入高度危险活动区域或者高度危险物存放区域受到损害,管理人能够证明已经采取足够安全措施并尽到充分警示义务的,可以减轻或者不承担责任。"在依法划定的高度危险活动区域或高度危险物存放区域内,高度危险活动人或高度危险物的所有人、占有人或者管理人已通过设置明显标志和采取足够安全措施等方式尽到充分的警示、保护义务,受害人未经许可进入该区域的,高度危险活动人或高度危险物的所有人、占有人或者管理人对受害人在该区域内所遭受的损害不承担民事责任。这种免责事由的构成,一是损害必须发生在高度危险活动区或者高度危险物的存放区;二是高度危险活动人或者高度危险物占有人、所有人、管理人已经相当注意,设置了明显标志和足够安全措施,尽到了充分的警示、保护义务;三是受害人未经许可进入该区域,造成损害。具备这三种条件的,管理人应当免责。

第二节 具体的高度危险责任

一、民用核设施发生核事故损害责任

《民法典》第1237条规定:"民用核设施或者运入运出核设施的核材料发生核事故造成他人损害的,民用核设施的营运单位应当承担侵权责任;但是,能够证明损害是因战争、武装冲突、暴乱等情形或者受害人故意造成的,不承担责任。"《核安全法》第90条规定:"因核事故造成他人人身伤亡、财产损失或者环境损害的,核设施营运单位应当按照国家核损害责任制度承担赔偿责任,但能够证明损害是因战争、武装冲突、暴乱等情形造成的除外。为核设施营运单位提供设备、工程以及服务等的单位不承担核损害赔偿责任。核设施营运单位与其有约定的，在承担赔偿责任后，可以按照约定追偿。核设施营运单位应当通过投保责任保险、参加互助机制等方式，作出适当的财务保证安排，确保能够及时、有效履行核损害赔偿责任。"这是民用核设施核事故损害责任的法律规定。

民用核设施，就是非军用的核能设施，是指经国家有关部门批准，为和平目的而建立的核设施，如核电站等。广义的核设施还包括为核设施运输的核燃料、核废料及其他核物质，即运入运出核设施的核材料。

这些民用核设施和为核设施运入运出的核材料，因其放射性或放射性并合剧毒性、爆炸性或其他危害性，造成他人损害的，构成侵权行为。承担侵权责任的主体，是核设施的营运单位，即应当由所有人或者国家授权的经营人承担民事责任。

这种高度危险责任是无过错责任，如果核设施的营运单位能够证明损害是由受害人的故意造成的，则不承担民事责任。能够证明损害是由战争、武装冲突或者暴乱等情形造成的，也应当免除责任；对其他不可抗力不免除责任。

在核损害事故中，对于为核设施营运单位提供设备、工程以及服务等的单位，原则上不适用产品责任的法律规定，不承担核损害赔偿责任。这是国际惯例。如果核设施营运单位与为核设施营运单位提供设备、工程以及服务等的单位有约定，核设施营运单位在承担赔偿责任后，可以按照约定追偿。

二、民用航空器损害责任

《民法典》第1238条规定："民用航空器造成他人损害的，民用航空器的经营者应当承担侵权责任；但是，能够证明损害是因受害人故意造成的，不承担责任。"民用航空器是指经国家有关部门批准而投入营运的民用航空器，如各类民用的飞机、热气球等。在现代社会，民用航空器造成损害的，后果非常严重，对这种损害的赔偿责任必须重点规定，以保障受害人损害赔偿权利的实现。

民用航空器致害，主要是指因民用航空器失事造成他人损害，同时也包括从航空器上坠落或者投掷人或物品、能量造成他人损害。前者是航空器失事所造成的后果，例如，飞机空难，坠落后对地面人员和财产造成损害；后者是航空器上的人或者物品、能量，因自主或者不自主地投掷或者坠落，造成地面的人员和财产的损害。总之，这种危险活动的损害，是指对地面人员和财产的损害，而不是对航空器本身所载的人或者财产的损害。

这种损害的赔偿责任主体，是航空器的所有人或国家授权的经营人，由他们承担侵权民事责任。由于这种侵权责任是无过错责任，所以，如果能够证明损害是由受害人的故意造成的，则航空器的所有人、经营人不承担侵权责任。

军用航空器造成损害的，不适用这些规则。

三、占有或者使用高度危险物损害责任

《民法典》第1239条规定："占有或者使用易燃、易爆、剧毒、高放射性、强腐蚀性、高致病性等高度危险物造成他人损害的，占有人或者使用人应当承担侵权责任；但是，能够证明损害是因受害人故意或者不可抗力造成的，不承担责任。被侵权人对损害的发生有重大过失的,可以减轻占有人或者使用人的责任。"这种侵权行为是占有或者使用高度危险物损害责任。

在工业生产中,占有、使用易燃、易爆、剧毒、高放射性、强腐蚀性、高致病性等高度危险物,对周围环境和人员具有高度危险性,使用这样的高度危险物进行制造、加工、使用、利用的,必须高度注意,采取安全保障措施,防止造成损害。但即使是这样,也难免造成他人损害,因此,对高度危险物造成的损害应当适用无过错责任,其所有人、占有人、管理人即使在主观上没有过错,也应当承担侵权责任。

占有、使用易燃、易爆、剧毒、高放射性、强腐蚀性、高致病性等高度危险物,因物的危险性质造成他人损害的,其所有人、占有人或管理人应当承担侵权责任。如果高度危险物的所有人、占有人、管理人能够证明该损害是由受害人故意或不可抗力造成的,则应当免除其责任;受害人重大过失的,可以减轻加害人的责任。

四、从事高度危险活动损害责任

《民法典》第1240条规定:"从事高空、高压、地下挖掘活动或者使用高速轨道运输工具造成他人损害的,经营者应当承担侵权责任;但是,能够证明损害是因受害人故意或者不可抗力造成的,不承担责任。被侵权人对损害的发生有重大过失的,可以减轻经营者的责任。"

(一)高空作业致害

高空作业,是指超过正常的高度进行作业。何为正常的高度,以及何为高空,并不是能够准确界定的概念,应当在实践中具体掌握。例如,在40米高的烟囱上冒险作业,是高空作业;在5米高度的旧厂房上拆除房梁,也是高空作业。因此,应当在实践中把握何为高空作业。

从事高空作业造成他人损害有两种情况:一种是高空作业造成作业工人自己的人身伤害。这种情况属于工伤事故,一般应当按照工伤事故的规定进行赔偿,但受害人也可以直接依据高空作业致害责任请求赔偿。另一种是高空作业造成他人损害,包括人身损害和财产损害。如高空作业中,作业的工具、材料、人员脱落、坠落等,造成地面人员或者财产的损害,就是高空作业致害。

(二)高压致害

高压,是指压力超过通常标准,这种"超过"不是低于而是高于,即高于通常标准的压力。某些能量或者物质通常以高压方式制造、运输或者储藏,否则将无法进行。

在现代工业中,高压是正常的现象。但是,高压作业具有危险性,尤其对周围的环境和人群具有重大的危险,必须采取措施,高度防范,以保障人身、财产安全。一旦损害发生,侵权法以无过错责任原则确定责任,即使工业高压的所有人、占有人和管理人没有过错,也必须承担侵权损害赔偿责任。因此,以高压制造、储藏、运送电力、液体、煤气、蒸汽等气体,因高压作用造成他人损害的,其所有人、占有人或管理人应当承担民事责任。

(三)地下挖掘

地下挖掘是一种高度危险行为,是指在地下掘进、构筑坑道,挖掘隧道,构筑地铁等在地下进行的具有高度危险性的施工活动。

地下挖掘来源于原《物权法》第 136 条的规定。该条规定:"建设用地使用权可以在土地的地表、地上或者地下分别设立……"在地表之下设立建设用地使用权,就需要在地下挖掘,构筑地下空间。

空间主要有两种表现形态:一是地下空间,这是近年来逐渐发展出的空间利用形式,常见利用方式是在地表之下的一定深度建设建筑物,包括地下停车场、人防工程和地下商场等。二是地上空间,这是较新的空间利用形态。以现有的建筑技术,地上空间建筑不可能是飘浮的,必须获得一定向上的支撑力。地下挖掘所要解决的是地下空间的利用问题。由于地下挖掘具有高度危险性,所以,地下挖掘造成损害的,构成地下挖掘的高度危险责任。

地下挖掘的基本安全保障,是建立足够的地下支撑。按照不动产支撑的受力方向,支撑关系可以区分为侧面支撑与垂直支撑。在垂直支撑中,包括地上支撑和地下支撑。侧面支撑是传统的支撑,而地上支撑和地下支撑则是新型的支撑,是较为复杂的支撑。侧面支撑关系,是地表的相邻土地之间、相邻地上或者地下空间之间,在与地面水平方向上的相互支撑关系;而垂直支撑,即是在与地面垂直方向上的地表之上与地表之下的支撑与被支撑关系。侧面支撑关系是原有平面的相邻关系中支撑利益的立体化延伸,而垂直支撑关系是土地分层利用的必然结果,较之美国法上的地下支撑的范围更广,还包括了地表对地上空间的支撑。侧面支撑与垂直支撑纵横交错,概括了我国不动产支撑利益的全部关系,是我国全新的物权制度。[5]

地下挖掘高度危险责任,是指在地下挖掘活动中,没有采取必要的、可靠的不动产支撑,致使地表塌陷等后果,造成他人人身损害或者财产损害的高度危险责任。在地下挖掘过程中,必须采取必要的、切实可靠的地下支撑,以保证地下和地上的安全。因此,地下挖掘造成损害,是否应当承担侵权责任,关键在于地下挖掘是否设立了必要和可靠的支撑。没有建立必要的、可靠的支撑,造成地表塌陷或者其他损害,就构成地下挖掘高度危险责任。

(四)使用高速轨道运输工具

1. 使用高速轨道运输工具的高度危险责任

高速轨道运输,包括铁路、地铁、城铁、有轨电车等通过轨道高速行驶的交通运输,不包括游乐场所的小火车等轨道运输工具。铁路包括高铁铁路和普通铁路。高速轨道运输工具是具有高度危险性的运输工具。

铁路事故是高速运输工具造成的损害事故,其性质是无过错责任,在责任构成上不考虑责任人的过错要件,只要具备违法行为、损害事实和因果关系三个要件就构成侵权责任。

铁路事故包括铁路行车事故,即列车在运行中发生的人身伤害事故或者财产损害事

---

[5] 杨立新:《杨立新民法讲义·物权法》,人民法院出版社 2009 年版,第 101 页。

故,同时,还包括从列车上坠落、投掷物品,列车排放能量,造成他人人身损害或者财产损害的事故。

从事高度危险活动损害责任的免责事由,一是能够证明损害是因受害人故意造成的;二是损害是因不可抗力造成的。

从事高度危险活动损害责任的减责事由是:被侵权人对损害的发生有重大过失的,可以减轻经营者的责任;被侵权人对损害的发生有一般过失的,不能减轻经营者的责任。

原《侵权责任法》第73条规定"被侵权人对损害的发生有过失的,可以减轻经营者的责任"的目的,是划分高度危险物损害责任和高度危险行为损害责任的轻重,即高度危险物损害责任须被侵权人重大过失方可过失相抵,而高度危险行为的被侵权人有过失就可以过失相抵,其责任轻重显然是有区别的。《民法典》第1240条将被侵权人因"过失"可以过失相抵的规定,改变为因"重大过失"才可以过失相抵,显然认为两种高度危险责任轻重程度相同。这样规定是有道理的。

2. 铁路运输人身损害赔偿规则

《铁路运输人身损害赔偿解释》规定了铁路运输人身损害赔偿的具体规则,主要内容如下:

(1)适用范围。法院审理铁路行车事故及其他铁路运营事故造成的铁路运输人身损害赔偿纠纷案件,适用该司法解解释规定的规则。铁路运输企业在客运合同履行过程中造成旅客人身损害的赔偿纠纷案件,不适用该司法解释规定的规则。与铁路运输企业建立劳动合同关系或者形成劳动关系的铁路职工在执行职务中发生的人身损害,依照有关调整劳动关系的法律规定及其他相关法律规定处理。

(2)赔偿权利人、义务人和管辖法院。铁路运输人身损害的受害人以及死亡受害人的近亲属为赔偿权利人,有权请求赔偿。铁路运输造成人身损害的,铁路运输企业应当承担赔偿责任;法律另有规定的,依照其规定。赔偿权利人要求对方当事人承担侵权责任的,由事故发生地、列车最先到达地或者被告住所地铁路运输法院管辖。上述地区没有铁路运输法院的,由高级人民法院指定的其他人民法院管辖。

(3)免责和减责事由。铁路行车事故及其他铁路运营事故造成人身损害,有下列情形之一的,铁路运输企业不承担赔偿责任:一是不可抗力造成的;二是受害人故意以卧轨、碰撞等方式造成的;三是法律规定铁路运输企业不承担赔偿责任的其他情形造成的。

因受害人的过错行为造成人身损害,依照法律规定应当由铁路运输企业承担赔偿责任的,根据受害人的过错程度可以适当减轻铁路运输企业的赔偿责任,并按照以下情形分别处理:

首先,铁路运输企业未充分履行安全防护、警示等义务,铁路运输企业承担事故主要责任的,应当在全部损害的90%~60%承担赔偿责任;铁路运输企业承担事故同等责任的,应当在全部损害的60%~50%承担赔偿责任;铁路运输企业承担事故次要责任的,应当在全部损害的40%~10%承担赔偿责任。

其次,铁路运输企业已充分履行安全防护、警示等义务,受害人仍施以过错行为的,铁路运输企业应当在全部损害的10%以内承担赔偿责任。铁路运输企业已充分履行安全防护、警示等义务,受害人不听从值守人员劝阻强行通过铁路平交道口、人行过道,或者明知危险后果仍然无视警示规定沿铁路线路纵向行走、坐卧故意造成人身损害的,铁路运输企业不承担赔偿责任,但是有证据证明并非受害人故意造成损害的除外。

铁路运输造成无民事行为能力人人身损害的,铁路运输企业应当承担赔偿责任;监护人有过错的,按照过错程度减轻铁路运输企业的赔偿责任。铁路运输造成限制民事行为能力人人身损害的,铁路运输企业应当承担赔偿责任;监护人或者受害人自身有过错的,按照过错程度减轻铁路运输企业的赔偿责任。

(4)特别的损害赔偿责任。

首先,铁路机车车辆与机动车发生碰撞造成机动车驾驶人员以外的人人身损害的,由铁路运输企业与机动车一方对受害人承担连带赔偿责任。铁路运输企业与机动车一方之间的责任份额根据各自责任大小确定;难以确定责任大小的,平均承担责任。对受害人实际承担赔偿责任超出应当承担份额的一方,有权向另一方追偿。铁路机车车辆与机动车发生碰撞造成机动车驾驶人员人身损害的,按照该司法解释第4~6条规定的规则处理。

其次,在非铁路运输企业实行监护的铁路无人看守道口发生事故造成人身损害的,由铁路运输企业按照该司法解释的有关规定承担赔偿责任。道口管理单位有过错的,铁路运输企业对赔偿权利人承担赔偿责任后,有权向道口管理单位追偿。

最后,对于铁路桥梁、涵洞等设施负有管理、维护等职责的单位,因未尽职责使该铁路桥梁、涵洞等设施不能正常使用,导致行人、车辆穿越铁路线路造成人身损害的,铁路运输企业按照该司法解释有关规定承担赔偿责任后,有权向该单位追偿。

(5)铁路交通事故认定书的证据效力。有权作出事故认定的组织依照《铁路交通事故应急救援和调查处理条例》等有关规定制作的事故认定书,经庭审质证,对于事故认定书所认定的事实,当事人没有相反证据和理由足以推翻的,法院应当作为认定事实的根据。

五、遗失、抛弃高度危险物损害责任

(一)遗失、抛弃高度危险物损害责任的概念和类型

遗失、抛弃高度危险物的损害责任,是指自然人、法人或者非法人组织所有、占有、管理的危险物被遗失或者被抛弃因而造成他人损害的,该自然人、法人或者非法人组织应当承担赔偿责任的高度危险责任。《民法典》第1241条规定:"遗失、抛弃高度危险物造成他人损害的,由所有人承担侵权责任。所有人将高度危险物交由他人管理的,由管理人承担侵权责任;所有人有过错的,与管理人承担连带责任。"

这种高度危险责任的具体类型有两种:

1. 遗失高度危险物损害责任

遗失高度危险物造成他人损害的,所有人对遗失物虽然丧失了占有,但是其对该物并没有丧失所有权,该物仍然是其财产。遗失危险物造成受害人的损害,应当由该物的实际权利人承担责任。

2. 抛弃高度危险物损害责任

对财产的抛弃,是对财产的事实上的处分。放弃了该物的所有权,对该物也就不再享有所有权。危险物被抛弃,所有权人就丧失了对该危险物的所有权。危险物被抛弃之后,该危险物由于其自身的危险性而致害他人,仍然产生侵权责任。在这种情况下,虽然抛弃

该危险物的人已经丧失对该物的所有权,但只要这个危险物没有被别人所占有,或者别人没有对此产生所有权,抛弃物的原所有人就还要对自己抛弃的危险物所造成的损害承担责任。

(二)侵权责任承担

遗失、抛弃高度危险物损害责任的承担,主要适用以下规则:

第一,遗失、抛弃高度危险物造成他人损害的,由所有权人承担侵权责任。其理由在前文已经说明:遗失高度危险物,所有权人并未丧失所有权;抛弃高度危险物,所有权人已经丧失所有权,因此是原所有权人。

第二,所有人将高度危险物交由他人管理的,由于管理人管理不善,造成他人损害的,应当由管理人承担侵权责任,所有权人不承担赔偿责任。

第三,所有人将高度危险物交由他人管理,造成他人损害,所有人有过错的,所有人与管理人承担连带责任。在对外关系上,被侵权人可以请求所有人与管理人一方或者双方承担责任;在对内关系上,所有人与管理人双方应当按照原因力的规则确定各自的责任份额,一方承担超出自己应当承担的责任份额的有权对他方进行追偿。

六、非法占有高度危险物损害责任

《民法典》第1242条规定:"非法占有高度危险物造成他人损害的,由非法占有人承担侵权责任。所有人、管理人不能证明对防止非法占有尽到高度注意义务的,与非法占有人承担连带责任。"对此,应当适用以下规则:

第一,被他人非法占有的危险物致人损害的,无论是造成他人人身损害还是财产损害,都由该非法占有人承担民事责任,危险物的所有人不承担责任。适用这种规则的前提,应当是所有人、管理人或者使用人对危险物品已经尽到高度注意义务。该注意义务的证明责任在于危险物品的所有人、管理人或者使用人,而不是受害人。这是举证责任倒置的规则。

第二,该危险物的所有人如果不能证明自己对防止他人非法取得占有已尽到高度注意义务,即对危险物的管理存在过失,应当与危险物的非法占有人承担连带责任,适用《民法典》第178条规定。

第三,非法占有高度危险物,造成非法占有人自己损害的,在原则上应当适用前两项规则,即高度危险物的所有人、管理人或者使用人能够证明自己已经尽到高度注意义务的,免除赔偿责任;不能证明的,则应当按照《民法典》第1173条规定的过失相抵规则处理,减轻高度危险物的所有人或管理人的赔偿责任。

七、高度危险区域的管理人善尽管理义务的标准

《民法典》第1243条规定:"未经许可进入高度危险活动区域或者高度危险物存放区域受到损害,管理人能够证明已经采取足够安全措施并尽到充分警示义务的,可以减轻或者不承担责任。"这是对未经许可进入高度危险活动区域、高度危险物存放区域损害责任的规定。

未经许可进入高度危险活动区域或者高度危险物存放区域损害责任,适用无过错责任

原则。由于高度危险活动或高度危险物的高度危险作业是合法的、正当的，是利用现代科学技术服务于社会，有利于国计民生的，所以，对这种高度危险责任适用无过错责任原则，对高度危险管理人举证责任的要求应当适当放宽。故未经许可进入高度危险活动区域或者高度危险物存放区域受到损害，如果高度危险管理人已经采取足够安全措施，并且尽到充分警示义务，不承担全部赔偿责任，而应当减轻或者免除其侵权赔偿责任。只有高度危险管理人没有采取足够安全措施，也没有尽到充分警示义务，才承担全部赔偿责任。这是比较宽松的无过错责任原则，接近于过错推定原则。这里的关键词是足够和充分：前者是对安全措施的要求，须达到足够的标准；后者是对警示义务的要求，须达到充分的标准。

未经许可进入高度危险活动区域、高度危险物存放区域损害责任的构成要件是：第一，须是在高度危险活动区或者高度危险物的存放区；第二，高度危险活动或者高度危险物管理人已经尽到相当注意义务，采取了足够安全措施，并尽到了充分警示义务；第三，受害人未经许可进入该区域，造成损害。其中第二个要件，应当由高度危险作业人承担举证责任。

符合上述要件要求，首先应当考虑适用减轻责任；如果擅自进入高度危险区域，对于损害的发生具有重大过失，应当免除高度危险作业人的赔偿责任。

确定的规则是：第一，明确规定证明责任分配规则，即管理人是证明责任主体。在被侵权人证明受到损害、损害发生的区域是高度危险活动区域或者高度危险物存放区域时，其证明责任已经完成。对于已经采取足够安全措施并尽到充分警示义务的要件，举证责任主体明确规定为管理人，而不是被侵权人。这当然是不言而喻的，因为这是被告一方的免责证明，当然是由管理人证明。法律条文此明确规定，就是让证明责任主体更加明确，避免无意义的争论。第二，明确规定管理人证明的标准，即采取安全措施的标准是"足够"，尽到警示义务的标准是"充分"。足够安全措施，要求证明其不仅采取了安全措施，而且该安全措施已经达到足够的标准，即在这种危险区域所采取的安全措施通常是能够避免造成损害的程度。充分警示义务，要求管理人证明其不仅尽到了警示义务，而且履行警示义务已经达到了充分的标准，即警示的程度，通过字体、字形、内容、位置等达到一般人能够注意到的标准。达到这样的证明程度，可以减轻或者免除管理人的责任。

第三节　无过错责任的限额赔偿

一、无过错责任中对加害人有无过错的区分

无过错责任中加害人有无过错，对于确定赔偿责任范围关系重大。因为《民法典》第1244条规定："承担高度危险责任，法律规定赔偿限额的，依照其规定，但是行为人有故意或者重大过失的除外。"

适用无过错责任的特殊侵权责任，在侵权责任构成上不要求有过错的要件，也就是不问过错，无论行为人有无过错，只要具备了违法行为、损害事实和因果关系三个要件，就构

成侵权责任。[6] 这样的要求是正确的。

在确定赔偿责任范围的时候,我国司法实践采取的态度是,加害人无论对于损害的发生是否有过失,都因为实行无过错责任原则而承担同样的赔偿责任,都适用全部赔偿原则。这样的做法是不公平的。理由是,在侵权法中,加害人的过错对确定赔偿责任范围是有重大影响的,[7] 它表明的是法律对加害人行为的谴责程度。在无过错责任场合,无过错责任原则仅仅表明对某种危险性严重的侵权行为,要给予受害人更为妥善的保护,即使加害人没有过错也要承担侵权责任,使受害人的损害得到赔偿。但是,即使在这样的场合,加害人的过错程度不同,法律对其的谴责程度也不同。那就是,无过错的加害人在无过错责任的场合应当承担侵权责任,而有过错的加害人在这样的场合应当承担更重的赔偿责任。这种赔偿责任轻重的区别,体现的是法律对主观心理状态不同的加害人的不同程度的谴责和制裁。也只有这样,才能够体现侵权法的公平和正义。

这样的规则,就是基于不同归责原则而产生的侵权请求权,应当具有不同的赔偿内容。基于加害人的过错产生的侵权损害赔偿请求权实行全部赔偿原则;而基于加害人无过错而产生的侵权损害赔偿请求权则应当实行限额赔偿原则,并不是全部赔偿。[8]

凡是法律规定的适用无过错责任原则的侵权行为,侵权人都存在有过错和无过错的两种情况。既然如此,侵权人在有过错的情况下侵害他人的权利,和在没有过错的情况下致害他人,其赔偿责任应当不同。如果侵权人在主观上没有过错,虽然法律规定其应当承担侵权责任,但是应当承担适当的赔偿责任;如果侵权人在主观上有过错,就应当承担过错损害赔偿责任,对受害人的损失予以全部赔偿。

采取这种规则的理论基础是:

第一,体现侵权责任法公平调整实体利益的要求。民法的公平以利益的均衡作为价值判断标准,民法以该判断标准调整民事主体之间的民事利益关系。有过错的责任人与无过错的责任人在承担赔偿责任上必须有所差别,否则无法体现这样的原则和理念。

第二,体现侵权法对社会行为的正向引导作用。侵权法不仅要调整侵权纠纷,还要正确引导市民的社会行为。如果无过错责任的责任人有无过错都承担一样的责任,行为人就可能放任自己,不会严加约束自己的行为,就会给社会造成更多的危险。反之,坚持无过错责任的责任人有无过错的赔偿责任的区别,就能够表现出侵权法的正确导向。

第三,依据不同的法律基础而产生的请求权是不同的。根据过错责任原则产生的请求权,应当受到过错责任原则的约束,因而是一个受全部赔偿原则约束的请求权。而根据无过错责任原则产生的请求权,则应当受到无过错责任原则的约束,侵权人应当承担适当的赔偿责任,法律可以规定赔偿数额的上限,确定侵权人的赔偿数额不得超过法定的最高赔偿限额。

第四,在原告的举证责任负担上,体现的是诉讼风险与诉讼利益相一致的原则。[9] 受害人按照无过错责任原则行使请求权,证明侵权责任的构成,其只要证明加害人的违法行

---

[6] 王利明、杨立新等:《民法学》,法律出版社2008年版,第726页。
[7] 张新宝:《侵权责任构成要件研究》,法律出版社2007年版,第438页。
[8] [德]迪特尔·梅迪库斯:《德国债法分论》,杜景林、卢谌译,法律出版社2007年版,第718、723、726页。
[9] 沈冠伶:《民事证据法与武器平等原则》,台北,元照出版有限公司2007年版,第92页。

为、损害事实和因果关系三个要件，损害赔偿请求权就能够成立；而要证明过错责任的请求权，则其不仅要证明上述三个要件成立，而且还要证明侵权人具有过错。从诉讼利益而言，受害人承担较轻的举证责任的无过错责任请求权，与承担较重的举证责任的过错责任请求权，在损害赔偿的内容上也应当不同。只有这样才能够体现程序上的公平和正义，使诉讼风险和诉讼利益相一致，才能取得合理的法律调整效果。

二、具体规则及应当考虑的问题

我国现行法律、法规存在限额赔偿的规定。《民法典》第 1244 条规定，"承担高度危险责任，法律规定赔偿限额的，依照其规定，但是行为人有故意或者重大过失的除外"。被侵权人主张行为人承担无过错责任的，应当按照限额赔偿的规定请求赔偿。但是，被侵权人能够证明行为人有故意或者重大过失的，则不受限额赔偿规则的限制，可以请求全额赔偿。

值得研究的问题是：由于规定限额赔偿制度的法律、法规层次较低，往往不被法官所重视，并且法官经常将限额赔偿与全部赔偿对立起来，所以并没有得到特别的研究和适用，无过错责任与限额赔偿责任的法律适用规则并没有正确地建立起来。对于无过错责任原则与限额赔偿的法律适用规则，还应当解决如下问题：

第一，无过错责任的特殊侵权责任，无论造成债权人损害还是造成合同之外的人的损害，都应当实行限额赔偿制度。在现行的限额赔偿规定中，几乎规范的都是高度危险责任。对此，应当将限额赔偿规定作为强制性法律规范对待，不能由法官自行决定是否适用。对于其他适用无过错责任原则的特殊侵权责任，如在有关产品责任、其他高度危险责任、环境污染和生态破坏责任、动物致人损害责任的特别规定中，也应当规定无过错责任损害赔偿范围的上限。又如，关于核损害赔偿责任的规定；或者规定对特定受害人承担的赔偿责任限额，如航空运输损害责任和铁路运输损害责任的规定。对于地铁运营损害责任的法律适用，应当参照适用铁路运输的赔偿规定，实行限额赔偿责任。即使对合同外部的其他人的损害，凡属于无过错责任的都应当实行限额赔偿制度。

第二，适用无过错责任原则的侵权责任中，受害人能够证明加害人一方存在故意或者重大过失的，应当准许受害人一方请求全额赔偿。在诉讼中，对于受害人一方能够证明加害人存在故意或者重大过失的，应当按照侵权行为一般条款的规定，实行过错责任的全部赔偿原则，以保护受害人的合法权益。

第三，确立不同的法律基础产生的请求权的不同内容，准许当事人对不同的请求权进行选择。类似产品责任、高速轨道运输工具损害责任、航空运输损害责任等，凡是法律规定不同的请求权基础的，当事人在起诉时都可以进行选择，按照相应的请求权的法律规定，承担举证责任；能够证明自己所选择的请求权成立的，法官就应当予以支持，按照当事人所选择的请求权确定赔偿责任。这是法律适用的一般规则，法律本身就包含这样的规则。

第四，基于无过错责任与限额赔偿之间的特殊关系，以及侵权请求权的不同法律基础的不同要求，应当采取的做法是：依照法律规定，即使行为人无过错也应当承担侵权责任的，其赔偿责任适用法律有关损害赔偿限额的规定；受害人能够证明侵权人有故意或者重大过失的，应当依照《民法典》第 1165 条的规定承担全额赔偿责任。

—— **本章思考题** ——

1. 确定高度危险责任适用何种归责原则？其侵权责任构成要件是什么？
2. 危险活动和危险物的范围应当怎样确定？
3. 民用核设施损害责任的法律适用规则是什么？
4. 民用航空器损害责任的法律适用规则是什么？
5. 占有、使用高度危险物损害责任的法律适用规则是什么？在何种情况下可以适用过失相抵规则？
6. 从事高度危险活动损害责任的法律适用规则是什么？在何种情况下可以适用过失相抵规则？
7. 在高度危险责任中适用限额赔偿规则应当具备何种条件？

第九章 饲养动物损害责任

| 本章要点 |

本章依照《民法典》侵权责任编第九章的规定，全面说明饲养动物损害责任这一特殊侵权责任类型，着重介绍了饲养动物损害责任的概念和特征、归责原则和构成要件、损害赔偿责任的承担，以及各种饲养动物损害责任类型的法律适用，最后介绍了因第三人过错致使饲养动物造成他人损害的责任承担的特殊规则。

饲养动物　　　　　　　免责事由　　　　　未采取安全措施的饲养动物损害责任
禁止饲养的动物损害责任　　　　　　　　　动物园饲养动物损害责任
遗弃、逃逸的饲养动物损害责任　　　　　　第三人过错造成饲养动物损害责任

| 典型案例 |

某日傍晚，王女士与其丈夫在饭店吃过晚餐回家，路过某浴室旁的弄堂时，突然从巷弄里窜出一只藏獒，迎面将王女士扑倒在地撕咬。其丈夫拼命驱赶，但藏獒就是咬着王女士不放，致其头部流血不止，身上多处被抓伤，所穿衣物和挎包也被咬坏。狗的主人张某闻讯赶来将狗喝止。王女士多次找张某要求赔偿未成，向法院起诉。在法院审理中，原告、被告达成调解意见，由张某赔偿王女士医疗费等5000余元。

第一节　饲养动物损害责任概述

一、饲养动物损害责任的概念和特征

饲养动物损害责任是指动物饲养人或者管理人在其饲养的动物造成他人损害时，根据致害动物的种类和性质适用无过错责任原则或者过错推定原则，应当承担赔偿责任的特殊侵权责任。《民法典》第1245条规定了饲养动物损害责任的一般条款："饲养的动物造成他人损害的，动物饲养人或者管理人应当承担侵权责任；但是，能够证明损害是因被侵权人故意或者重大过失造成的，可以不承担或者减轻责任。"

饲养动物损害责任的特征包括：

第一，致害动物是饲养的动物。《民法典》第1245条以及其他条文规定的是"饲养的动

物",并且把饲养的动物分为饲养的一般动物、违反管理规定未采取安全措施饲养的动物、禁止饲养的动物以及动物园的动物。除此之外的其他动物如野生动物等造成损害的,不适用《民法典》第1245条规定确定侵权责任。

第二,责任形态为对物的替代责任。《民法典》第1245条规定的责任主体为动物的饲养人或者管理人。其特点是,造成损害的是饲养人或者管理人饲养的动物,而承担责任的是动物的饲养人或管理人。这属于对管领的物造成的损害承担赔偿责任的替代责任。

第三,一般条款加特殊规定的立法体例。《民法典》对于饲养动物损害责任,既规定了一般条款,也规定了特殊责任,实行的是一般条款下的特殊责任的立法体例。一般条款是第1245条,规定了饲养动物损害责任的一般规则;在此之下,对于四种不同的特殊责任分别作出规定。在处理饲养动物损害责任的侵权纠纷案件中,如果在第九章没有特别规定,应当适用第1245条一般条款的规定;第1246条至第1249条有特别规定的,按照特别规定确定侵权责任。

第四,归责原则实行二元化。《民法典》规定饲养动物损害责任根据实际情况,分别规定适用无过错责任原则或者过错推定原则。

二、饲养动物损害责任的归责原则和构成要件

(一)饲养动物损害责任的归责原则

我国饲养动物损害责任实行二元化的归责原则体系。

原《民法通则》实施之前,司法实践对于饲养动物损害责任的归责原则,基本上采用苏联的民法传统,对于致人损害的危险性较大的凶猛野兽或者猛禽,认为是高度危险来源,与高度危险责任适用同样的无过错责任原则。对于一般饲养的动物,如家畜、家禽等,不属于高度危险来源,适用过错推定原则。原《民法通则》第127条规定:"饲养的动物造成他人损害的,动物饲养人或者管理人应当承担民事责任;由于受害人的过错造成损害的,动物饲养人或者管理人不承担民事责任;由于第三人的过错造成损害的,第三人应当承担民事责任。"按照这一规定,对动物损害责任实行无过错责任原则,在责任构成中不要求被告有过错,也不要求原告对被告的过错进行举证和证明。如果被告否认自己的责任,则可通过对受害人的故意或者重大过失进行举证证明来实现。[1]

原《侵权责任法》根据具体情形,对饲养动物损害责任规定了无过错责任与过错推定责任的二元归责原则体系。《民法典》继承沿用这一做法。

1. 无过错责任原则的适用范围

由无过错责任原则调整的饲养动物损害责任,首先规定在《民法典》第1245条关于饲养动物损害责任的一般条款中。按照该条规定,对于一般的饲养动物致人损害,并不要求过错要件存在;如果动物的饲养人或者管理人能够证明损害是由被侵权人的故意或者重大过失造成的,可以免除或者减轻责任。这一规定没有提及过失,显然,被侵权人只具有过失的不属于免责或者减责事由,也不适用第1173条过失相抵规则。

在特别规定的饲养动物损害责任中,以下三种适用无过错责任原则:

---

[1] 张新宝:《中国侵权行为法》(第2版),中国社会科学出版社1998年版,第553页。

(1)违反管理规定,未对动物采取安全措施的,适用无过错责任原则。饲养动物违反管理规定,未对动物采取安全措施,就存在对他人造成损害的危险,如果造成他人损害,动物饲养人或者管理人应当承担侵权责任。但是,能够证明损害是被侵权人故意造成的,可以减轻责任。

(2)《民法典》第1247条规定的禁止饲养的烈性犬等危险动物造成他人损害的,是最严格的无过错责任原则,没有规定任何免责事由,即使被侵权人具有故意或者重大过失也不得减轻侵权人责任,更不得免除其责任,因此是绝对责任。《侵权责任编解释(一)》第23条规定:"禁止饲养的烈性犬等危险动物造成他人损害,动物饲养人或者管理人主张不承担责任或者减轻责任的,人民法院不予支持。"

(3)《民法典》第1249条规定遗弃的动物或者逃逸的动物造成他人损害的,适用无过错责任原则。对此,条文也没有规定免责或者减轻责任的事由,对适用无过错责任原则没有争议。

2. 过错推定原则的适用范围

《民法典》第1248条规定动物园的动物造成他人损害的,应当适用过错推定原则,原则上动物园应当承担侵权责任,但能够证明尽到管理职责的除外。对此,应当先推定加害人具有过错;加害人主张自己无过错的,要证明自己已经尽到管理职责。能够证明已经尽到管理职责的为无过错,免除责任;不能证明者为有过错,应当承担赔偿责任。

(二)饲养动物损害责任的构成要件

饲养动物损害责任构成要件的一般要求有以下几点:

1. 动物加害行为

动物加害行为,为动物造成他人损害的行为。一般认为,动物不是人,即使其加害于人,也不是行为,而是事件。不过,动物加害与其他物件加害一样,都是人的行为,只不过动物加害行为是人对于其所管领的动物管束不妥因而致人损害的间接行为。尽管致害的是动物而不是人,但是在动物加害中包含了人的间接行为,因此,动物加害仍然是行为,其性质是动物饲养人或者管理人的间接行为,而不是直接的加害行为。

动物加害行为有两个要素:一是动物;二是人对于动物的行为。动物,非一般生物学意义上的动物,而应为一般社会观念上的动物。[2] 至于动物的加害行为,应当是因动物饲养人或者管理人管束不周,致使动物不在人的意志支配下独立加害于他人。对此,可以从是否有外力的介入确定加害行为的形态。没有外力的介入,完全是动物自身由于其本身的危险习性导致损害,如老虎伤人、鸡啄人眼睛等,为典型的动物独立加害于他人。在这种情形下,动物的加害行为根据动物的不同种类与性质,其表现形式也有差异,但都是源于动物的危险习性。饲养人或者管理人对其管束不周,就是其造成损害的原因。

动物加害行为应当具有违法性,即或者违反法定义务,或者违反保护他人的法律,或者故意违背善良风俗加害于他人。不具有违法性,不成立饲养动物损害责任。

---

[2] 郑玉波:《民法债编总论》(修订第2版),陈荣隆修订,中国政法大学出版社2004年版,第163页。

2. 损害

饲养动物损害责任构成要件中的损害事实要件,是对民事主体的权利造成损害,包括人身损害和财产损害。动物造成被侵权人的人身损害,包括死亡、残疾和一般伤害。动物造成被侵权人的财产损害,如动物致伤他人所有的动物,侵入他人土地造成庄稼的损坏等。

饲养动物损害责任的损害包括妨害。动物妨害是客观存在的,如学童因恶犬常立于其赴校必经之路而不敢上学等,[3]是一种对他人合法权益的妨害,应当适用饲养动物损害责任规则予以解决。

3. 因果关系

饲养动物损害责任中的因果关系,是动物加害行为与被侵权人的损害之间的引起与被引起的客观关系。只有动物加害行为与被侵权人的损害之间存在因果关系,饲养动物损害责任才能成立,否则不构成饲养动物损害责任。

在饲养动物损害责任因果关系的证明上,原告应当证明动物加害行为与被侵权人的损害结果之间的因果关系。但这并非绝对,在一些共同危险行为的饲养动物损害责任案件中,原告对因果关系的证明达到一定程度,并未达到高度盖然性的证明标准,但其显无能力继续证明者,实行举证责任缓和,责任转移到被告一方,由被告举证证明其管束动物的行为与受害人损害结果没有因果关系。如果证明成立,则推定因果关系不成立;如果证明不成立,则推定因果关系成立,被告承担责任。不过,这并不是普遍的规则,应当谨慎适用。

4. 动物为饲养人或者管理人饲养或者管理

饲养动物损害责任的责任人也就是行为主体,应当是动物饲养人或者管理人。

在动物饲养人或者管理人的确定上,应当以存在直接保有关系的直接饲养人为责任主体,管理动物的人当然也是责任主体。在动物的保有方面,动物饲养人的受雇人为管理人,尽管不具有保有的地位,只是辅助保有者对动物进行管束,但其应当对动物致损负责。出租人虽然对动物享有所有权,是饲养人,但其实际上并不直接对动物进行管领,无法有效管束动物;而动物的管理人实施管理行为,应当由管理人自己承担责任。

在现实情形中,可能会出现饲养人与管理人不一致的情形,即动物被短期性借于他人,如甲的耕牛借给乙犁田,则乙仅是管理人,甲还是饲养人。既然此时的饲养人已经不能对动物进行实际保有,而且管理人对动物实际占有和管理,令饲养人承担连带责任缺乏法理基础。况且适用连带责任必须有法律规定,法律并无此规定,因此应当直接将管理人认定为为动物的损害承担赔偿责任的主体。

三、饲养动物损害责任的承担

饲养动物损害责任属于特殊侵权责任,主要表现在以下方面:

(一)责任形态

饲养动物损害责任是典型的对物替代责任。区别对物的替代责任的意义在于,唆使、利用物侵害他人是直接行为,对物管束不当致使物造成他人损害是间接行为,在法律适用

---

[3] 王家福主编:《中国民法学·民法债权》,法律出版社1991年版,第525页。

方面是不同的:前者是一般侵权责任,后者是特殊侵权责任。

对于因第三人过错造成他人损害的饲养动物损害责任,《民法典》第 1250 条规定的是不真正连带责任,不适用第 1175 条规定第三人过错免除责任的一般规定。

(二)饲养动物损害责任的免责事由

1. 受害人故意或者重大过失

《民法典》第 1245 条有一个与众不同的规定,就是把饲养动物损害责任的免责事由和减责事由规定在一起,没有加以区分,即饲养的动物造成他人损害的,动物饲养人或者管理人应该承担侵权责任,但能够证明损害是因被侵权人故意或者重大过失造成的,可以不承担或者减轻责任。其中关于"能够证明损害是因被侵权人故意或者重大过失造成的,可以不承担或者减轻责任"的规定,是指被侵权人故意或者重大过失致使侵权人饲养的动物造成自己损害时,根据实际情况,可以免除或者减轻侵权人的责任。这个做法与其他无过错责任原则的免责或者减责的规定都不相同。在第 1237~1240 条规定中,明确规定被侵权人故意引起损害是免除责任的事由;被侵权人重大过失是减轻责任的事由,为什么第 1245 条要把这两种情形规定在一起呢? 在理解上,故意是否为免除责任的事由,重大过失是否为减责事由呢?

立法者对此的解释是,饲养动物损害责任中的被侵权人的故意或者重大过失,有时候是诱发动物致人损害的直接原因,是引起损害的全部原因或者主要原因,这是可以确定责任的。而有些情形并不能认定为被侵权人的故意或者过失,例如,明知该宅有恶犬而经过,被咬伤,就不能认为被侵权人有过错。因此,被侵权人是否存在故意或者重大过失,在不同案件中的认识是不相同的。被侵权人有故意或者重大过失的,动物饲养人或者管理人不承担责任或者减轻责任,也是公平的。这个说明说得并不完全清楚,主要的问题还是受害人故意或者重大过失对于损害发生的原因力的问题。

之所以将减轻责任和免除责任的事由规定在一起,是因为无论被侵权人是故意还是重大过失,都有对损害发生的原因力问题。例如,被侵权人对损害的发生具有故意,该故意是造成损害的全部原因,那就是免除责任的问题;同样,被侵权人对于损害的发生具有重大过失,但该重大过失的行为也是损害发生的全部原因,那也是免除责任的问题,而并不因为被侵权人是重大过失而只能减轻责任。反之,如果被侵权人的故意或者重大过失只是造成损害的部分原因,不是全部原因,那就应当减轻责任,而不是免除责任。因此,上述规定是根据被侵权人的故意或者重大过失对于损害发生的原因力而确定减轻或免除行为人的责任。规则是:第一,根据被侵权人的故意或者重大过失对损害的发生所具有的原因力确定免责或者减轻责任。被侵权人的故意或者重大过失是损害发生的全部原因的,应当免除动物饲养人的责任;被侵权人的故意或者重大过失是损害发生的共同原因的,应当减轻动物饲养人的赔偿责任。第二,被侵权人具有过失的,不得减轻或者免除侵权人的赔偿责任。

2. 不可抗力

《民法典》在饲养动物损害责任一章没有规定不可抗力是免责事由。有的学者认为应当进行区分,即动物系维持动物饲养人、管理人营业或生计所必需,遇不可抗力致使动物造成他人损害,动物饲养人或管理人已尽善良管理人的管束义务,则不应承担赔偿责任;动物非系维持动物饲养人、管理人营业或生计所必需,纵然是由于不可抗力导致动物致人损害,也不得因其已尽善良之人的管束义务或没有过错而免除其赔偿责任。[4] 这种主张有一定道理,但《民法典》在饲养动物损害责任中并未规定用益性动物和奢侈性动物的区别,更没有对其制定不同规则。对此,应当适用《民法典》第180条的一般性规定:"因不可抗力不能履行民事义务的,不承担民事责任。法律另有规定的,依照其规定。"饲养动物损害责任应当适用这一规则。发生不可抗力造成动物损害他人,动物饲养人或者管理人已尽管束义务的,则实际上其管束行为与损害结果之间没有因果关系,动物饲养人、管理人无须承担责任。但如果动物饲养人或者管理人确有过失的,则应当根据原因力的原理和规则,根据动物饲养人或者管理人的过失程度与不可抗力的原因力,适当减轻动物饲养人或者管理人的赔偿责任,而不是免除责任。不过,对于禁止饲养的烈性犬等危险动物,或者违反管理规定未采取安全措施饲养动物造成他人损害的,即使不可抗力与损害发生具有因果关系,动物饲养人或者管理人也应当对损害承担责任,不能免责。

3. 约定免责

对于动物饲养人或者管理人与驯兽员、兽医等为动物提供服务的专业服务人员之间达成协议,由后者对动物进行驯养、医疗、服务等活动,大多学者认为他们之间存在明示或默示的免责约定,在发生饲养动物损害责任时动物饲养人或者管理人可以免责。[5] 也有学者认为应当根据受害者的不同予以区分,即受害者系兽医、驯兽师、掌蹄工等特殊职业者时,如果其该采取防范措施未采取而自甘冒险,应责任自负;而受害人为一般人时,则动物的饲养人或管理人应当承担责任。[6]

对此,应当适用《民法典》第506条的规定:"合同中的下列免责条款无效:(一)造成对方人身损害的;(二)因故意或者重大过失造成对方财产损失的。"符合该规定的,应当无效。如果为动物提供服务的专业服务人员受到损害属于履行工作职责中造成的损害,动物饲养人或管理人通过工伤保险或者其他保险关系为其购买保险的,则免责的约定是合法的;如果是一般合同关系,则动物饲养人或管理人应当对上述专业服务人员承担损害赔偿责任,不能免责。

四、动物饲养人的法定义务

《民法典》第1251条规定了饲养动物的人应当遵守的法定义务,即"饲养动物应当遵守法律法规,尊重社会公德,不得妨碍他人生活"。

动物饲养人或者管理人应当遵守的义务是:第一,遵守法律法规。动物饲养人或者管理人应当遵守关于饲养动物所应当遵守的法律和法规。第二,尊重社会公德。动物饲养人或者管理人在饲养动物时,应当遵守社会公德。第三,不得妨碍他人生活。按照规定饲养

---

[4] 张新宝:《饲养动物致人损害的赔偿责任》,载《法学研究》1994年第2期。
[5] 郭明瑞、房绍坤、唐广良:《民商法原理(三)债权法·侵权行为法·继承法》,中国人民大学出版社1999年版,第490页;张新宝:《中国侵权行为法》(第2版),中国社会科学出版社1998年版,第553页;王利明、杨立新编著:《侵权行为法》,法律出版社1996年版,第301页。
[6] 马治选:《饲养动物致人损害的民事责任探析》,载《法律科学(西北政法大学学报)》1996年第3期。

动物是人的自由,但饲养动物而妨碍他人生活为法律所禁止。凡是动物饲养人或者管理人,都应遵守上述法定义务,而不是只有动物饲养人才应遵守。

第二节　具体的饲养动物损害责任

一、未采取安全措施的饲养动物损害责任

《民法典》第1246条规定:"违反管理规定,未对动物采取安全措施造成他人损害的,动物饲养人或者管理人应当承担侵权责任;但是,能够证明损害是因被侵权人故意造成的,可以减轻责任。"违反管理规定未对动物采取安全措施造成他人损害的,应当适用无过错责任原则确定侵权责任。动物饲养人或者管理人违反管理规定,未对动物采取安全措施造成他人损害的,无须考察动物饲养人或者管理人的过错,直接按照无过错责任原则确定侵权责任。这一条文是对未采取安全措施的饲养动物损害责任的规定,与原《侵权责任法》第79条规定相比,本条改变了第79条不适用减轻或者免除责任的绝对责任条款,对被侵权人的故意可以适用过失相抵规则,即减轻侵权人的责任。

何为违反管理规定的饲养动物的行为,应当根据国家法律、法规和管理规章确定。某些动物明确规定需要按照法律、法规或者规章饲养的,就属于需要按照规定饲养的动物。对于需要按照规定饲养的动物,必须按照国家的有关管理规定进行,采取必要的安全措施,防止损害他人。例如,在城市饲养的大型犬,是需要按照规定饲养的动物,未采取必要安全措施造成他人损害的,直接适用本条规定确定责任。

可以驯养的野生动物也属于此类动物。有关民事主体经过有关机构的批准,经过了规定的程序,可以对允许驯养范围内的野生动物进行驯养,例如,对梅花鹿、野马、天鹅等野生动物的驯养。这种可以驯养的野生动物也需要按照管理规定进行饲养,且其野性与危险性较大,应当适用上述规定。

《野生动物保护法》鼓励对野生动物进行驯养繁殖。野生动物驯养业的发展,能够丰富药材、毛皮、肉制品、工艺品等市场,满足社会需求,有效地保护原生野生动物资源。从事驯养繁殖野生动物的单位和个人,须具备特定的条件:一是有适宜驯养野生动物的固定场所和必需的设施;二是具备与驯养野生动物种类、数量相适应的资金人员和技术;三是保证驯养繁殖野生动物的饲料。在进行野生动物驯养之前,必须向有关野生动物行政主管部门提出书面申请,办理有关野生动物驯养的证件。

驯养的野生动物由对其进行驯养的单位或个人作为其保有者,对其进行管束、驯养。在驯养的野生动物致人损害时,驯养单位或个人应当作为责任主体对损害承担责任。

是否构成未采取安全措施的饲养动物损害责任,须按照饲养动物损害责任构成的一般要求进行判断。条文规定的"违反管理规定,未对动物采取安全措施"是必要的构成要件。如果动物饲养人或者管理人对该动物已经按照管理规定采取了必要的安全措施,该动物仍然造成了他人损害,动物饲养人或者管理人是否构成侵权责任,值得研究。按照逻辑推论,

既然本条已经规定了对此责任的要求是违反管理规定、未对动物采取安全措施,那么未违反管理规定、已经对动物采取安全措施的,动物饲养人或者管理人就不应当对该动物造成的损害承担侵权责任。如果可以这样理解,实际上就是准许能够证明自己没有过错的动物饲养人或者管理人免除责任。这个理解与无过错责任原则的要求相悖,因为无过错责任原则就是不问过错的归责原则,无须侵权人具有过错。因此,应当理解为如果不具备"违反管理规定""未对动物采取安全措施"条件的,即为一般的饲养动物损害责任,应当适用第1245条的规定,被侵权人有故意或者重大过失的,可以免除责任或者减轻责任。

本条规定的减责事由是,被侵权人故意。原《侵权责任法》第79条规定了这种饲养动物损害责任,没有规定减轻责任的规则,属于绝对责任条款。这样的规定是不合适的。原因是,动物饲养人或者管理人仅仅是违反管理规定,未对动物采取安全措施,对动物造成的损害不仅要承担无过错责任,而且还不得适用任何免责、减责事由的规定,明显过于苛刻。《民法典》第1246条改变了这个绝对责任条款的属性,增加了减轻责任的规则,只要动物饲养人或者管理人能够证明损害是由被侵权人故意造成的,就可以减轻责任。被侵权人重大过失或者过失,不在减轻责任事由之列。这样的规定,仍然属于无过错责任原则中比较严格的责任规则。原因是,在通常情况下,适用无过错责任原则,被侵权人对损害的发生具有故意的,行为人是可以免责的。当适用无过错责任原则,受害人故意引起损害,而行为人只可以减轻责任时,尽管不是绝对责任条款,但是也属于非常严格的规定。对比起来,受害人故意引起核损害的,行为人都可以免责,而饲养动物未按照管理规定采取安全措施,受害人故意引起损害也不能免除动物饲养人或者管理人的责任,是不是有责任过重之嫌呢?依笔者所见,适用无过错责任原则对侵权行为人的非难程度不同:第一,最严重程度的是绝对责任条款,没有任何免责或者减责事由的适用余地,如第1247条规定的情形;第二,被侵权人故意为减轻责任的,如第1246条规定的情形;第三,被侵权人故意为免除责任事由的,如第1237、1238条规定的情形;第四,被侵权人故意为免责事由,重大过失为减轻责任事由,如第1239、1240条规定的情形;第五,被侵权人故意为免责事由,被侵权人重大过失和过失均为免责事由,如第1243条规定的情形。

二、禁止饲养的饲养动物损害责任

《民法典》第1247条规定:"禁止饲养的烈性犬等危险动物造成他人损害的,动物饲养人或者管理人应当承担侵权责任。"禁止饲养的烈性犬等危险动物造成他人损害的,是饲养动物损害责任中最为严格的绝对责任,适用无过错责任原则,并且没有规定免责或者减轻责任的事由。对此,应当依照《侵权责任编解释(一)》第23条的规定处理。

禁止饲养的危险动物不能仅仅理解为烈性犬,还应当包括烈性犬以外的危险动物。这种动物应当包括两种:第一种,属于家畜、家禽中的危险动物,如藏獒和性情暴烈的其他犬类家畜。第二种,饲养的危险野生动物,如野猪、狼、豺、虎、豹、狮等,也应当依照本条规定适用严格的无过错责任原则,不得主张被侵权人有过错而免责。

凡是饲养禁止饲养的动物造成损害的,应当按照无过错责任原则承担赔偿责任。即使因被侵权人的故意或者重大过失引起损害,由于动物饲养人或者管理人违反了禁止饲养的规定,被侵权人的故意或者重大过失不能成为免责事由,也不应当减轻责任。

三、动物园饲养动物损害责任

《民法典》第 1248 条规定:"动物园的动物造成他人损害的,动物园应当承担侵权责任;但是,能够证明尽到管理职责的,不承担侵权责任。"动物园分为两种:一种是设置在城市市区的动物园;另一种是设置在郊区或者野外的森林、山野中的野生动物园。动物园饲养的动物都是经过国家批准、符合国家管理规定的动物,并且动物园均有专业的资质,符合饲养相应动物的要求。无论是在城里的动物园,还是在郊区的野生动物园,这些动物都按照国家规定饲养。

动物园饲养野生动物,必须按照法律法规的规定进行管理,以善良管理人的标准善尽管理职责。

《民法典》第 1248 条规定,动物园饲养动物损害责任适用过错推定原则。动物园的动物造成他人损害,首先推定动物园具有过错。动物园主张自己无过错的,实行举证责任倒置,必须证明自己已经尽到管理职责,能够证明已经尽到管理职责的,为无过错,免除侵权赔偿责任;不能证明者,为有过错,应当承担赔偿责任。

动物园饲养动物损害责任,应当具备饲养动物损害责任的一般构成要件,此外,还应当具备过失的要件。过失要件的证明,采取过错推定规则。对于动物园动物造成他人伤害,动物园证明自己没有过失的标准,是自己已经尽到管理职责,能够证明者,即为无过失。如果动物园能够证明受害人的故意或者重大过失引起损害的,可以免除责任或者减轻责任。

对于动物园饲养动物损害责任适用过错推定原则,在立法之初就有观点认为,动物园饲养动物损害责任也应当适用无过错责任,没有适用过错推定责任的理由。两起动物园饲养的动物造成他人损害的案件引人思考:一起是北京八达岭野生动物园的游客在自驾汽车游览猛兽区时自行下车受到猛虎的攻击,造成一死一伤的结果;另一起是宁波雅戈尔动物园的一名游客逃票进入猛虎区,造成死亡的后果。这两起案件也都表明,对于动物园饲养的动物造成他人损害,适用过错推定原则是不合适的,应当统一适用无过错责任原则,以更好地保护受害人以及公众的人身权益。

四、遗弃、逃逸的饲养动物损害责任

《民法典》第 1249 条规定:"遗弃、逃逸的动物在遗弃、逃逸期间造成他人损害的,由动物原饲养人或者管理人承担侵权责任。"遗弃、逃逸的动物,称为丧失占有的动物,是指动物饲养人或者管理人将动物遗弃或者动物自己逃逸,而使动物饲养人或者管理人失去了对该动物的占有、管控。例如,遗弃猫、狗而产生的流浪猫、流浪狗。驯养的野生动物被遗弃或者自己逃逸而回归野生状态,也属于这类动物。

遗弃、逃逸的饲养动物损害责任适用无过错责任原则。

遗弃动物,既包括抛弃,也包括遗失动物。抛弃动物是所有人对自己的财产权作事实处分,是对自己的所有权的抛弃。抛弃的动物与原所有人没有财产所有关系。首先,被抛弃的动物无人占有,造成他人的损害的,应当由其原所有人承担侵权责任。这是因为,尽管原所有人已经放弃了对该动物的所有权,但是这种损害的事实正是由于这种放弃所有权的行为造成的,被抛弃的动物的原所有人应当承担损害赔偿责任。其次,被抛弃的动物已经

被他人占有的,动物的占有人在事实上已经管领了该动物,是该动物的事实上的占有人;该动物造成损害的,应当由占有人承担民事责任。

遗失动物的,所有人并不是放弃了对动物的权利,而是暂时丧失了对该动物的占有,所有权关系并没有变化。遗失的动物造成他人损害的,应当由动物的所有人承担侵权责任。

动物逃逸,动物的所有权关系并没有变化,仍然由所有权人所有。逃逸的动物造成他人损害的,应当由动物的所有人、管理人或者使用人承担侵权责任。

对于驯养的野生动物回归自然后造成他人损害的,《民法典》没有规定。驯养的野生动物被抛弃、遗失、逃逸,可能彻底脱离驯养人,回归自然,重新成为野生动物。有的学者认为应当区分处理:由于初回野生状态的动物可能难以迅速适应新的生活而接近人类,侵害他人的财产或人身权益,于此情况,动物的原饲养人或管理人应承担赔偿责任;如果恢复野生状态的动物适应了新的生活,与其群体一样生存栖息,动物的原饲养人或管理人则不再对其所造成的损害负赔偿责任。[7] 这种意见是正确的,对于没有回归野生状态的动物,适用本条规定;对于已经回归野生状态的野生动物,则动物的原饲养人或者管理人不再承担责任。

第三节　第三人过错造成饲养动物损害责任

一、第三人过错造成饲养动物损害责任的一般规则

在饲养动物损害责任中,对于由第三人过错造成的损害,如果依照《民法典》第1175条规定的一般规则,应当由第三人承担侵权责任,免除直接加害人的责任。但饲养动物损害责任的归责原则是无过错责任原则,动物饲养人或者管理人承担赔偿责任的基础是无过错责任,就不能因为第三人的过错而免除责任。因此,《民法典》第1250条规定采用不真正连带责任的规则,被侵权人既可以向动物饲养人请求赔偿,也可以向第三人请求赔偿。这两个请求权中,被侵权人只能选择一个行使,该请求权实现之后,另一个请求权消灭。按照不真正连带责任的规则,如果被侵权人是向动物饲养人或者管理人行使请求权的,动物饲养人或者管理人承担的赔偿责任为中间责任,并非最终责任。动物饲养人或者管理人承担了赔偿责任之后,有权向第三人追偿,第三人承担的赔偿责任才是最终责任。有过错的第三人有义务承担动物饲养人或者管理人因承担赔偿责任而造成的一切损失。

《民法典》第1250条只规定了被侵权人可以向动物饲养人请求赔偿,其实也应当包括动物管理人。动物饲养人或者管理人都是中间责任人。

二、第三人过错的表现形式

第三人过错一般表现为,虽然是动物加害行为,但其与动物饲养人或者管理人没有关

---

[7] 张新宝:《饲养动物致人损害的赔偿责任》,载《法学研究》1994年第2期。

系，而是由于第三人的过错所致，如第三人挑逗家犬伤人、第三人将在铁笼中圈养的动物放走而致损害等。特殊的情况是，对于第三人饲养的动物致使动物饲养人或者管理人的动物造成他人损害，是否构成第三人过错而适用本条规定，可以参考我国台湾地区"民法"第190条第2项的规定："动物系由第三人或他动物之挑动，致加损害于他人者，其占有人对于该第三人或该他动物之占有人，有求偿权。"其中，他动物之挑动显然被视为第三人过错，由其占有人承担不真正连带责任。这个规定是有道理的，故可以将他动物挑动作为第三人过错，适用本条规定，由致害动物饲养人或者管理人与其他动物饲养人或者管理人承担不真正连带责任。

本章思考题

1. 饲养动物损害责任的归责原则是什么？具备何种要件构成这种特殊侵权责任？
2. 饲养动物损害责任的免责事由有哪些？
3. 未采取安全措施的饲养动物损害责任的特点是什么？
4. 禁止饲养的动物损害责任的特点是什么？
5. 为什么动物园饲养动物损害责任的归责原则采取过错推定原则？
6. 遗弃、逃逸的饲养动物致害应当怎样承担侵权责任？
7. 第三人过错造成饲养动物损害责任采取何种责任形态承担赔偿责任？

第十章　建筑物和物件损害责任

| 本章要点 |

《民法典》侵权责任编第十章第1252~1258条规定的是建筑物和物件损害责任,没有规定这种特殊侵权责任的一般条款,直接规定了七种不同的建筑物和物件损害责任。在本章中,先对建筑物和物件损害责任的一般规则作出说明,之后再对各种具体的建筑物和物件损害责任进行说明。

建筑物和物件损害责任　　　　　免责事由　　　　　建筑物等倒塌损害责任
建筑物等及其搁置物悬挂物损害责任　　抛掷物坠落物损害责任
堆放物损害责任　　　　　　　　障碍通行物损害责任
林木损害责任　　　　　　　　　地下工作物损害责任

| 典型案例 |

某日晚10时许,郝某站在某街59号居民楼大门外路边与人谈话。次日凌晨1时30分左右,空中突然掉下一玻璃烟灰缸砸中郝某头部,郝某当场晕倒。郝家向派出所报案,确认烟灰缸是从居民楼临街的某个窗户抛出的。郝某向法院递交诉状,被告是该街65号、66号和67号房的24家住户。法院经审理排除了有人故意伤害的可能性,因难以确定该烟灰缸的所有人,除事发当晚无人居住的外,其余房屋的居住人均不能排除扔烟灰缸的可能性,故判决由当时有人居住的王某等有抛扔烟灰缸嫌疑的20户住户分担该赔偿责任,各赔偿8101.5元。

第一节　建筑物和物件损害责任概述

一、建筑物和物件损害责任的概念和特征

建筑物和物件损害责任是指因自己管领下的建筑物或者物件造成他人损害,应当由建筑物或者物件的所有人、管理人、使用人承担赔偿责任的特殊侵权责任。

建筑物和物件损害责任的承担主体是建筑物或者物件的所有人、管理人或者使用人。物件的所有人、管理人或者使用人对于致害物件享有支配权,在事实上具有支配致害物件

的权利,或者对该致害物件的危险具有控制力。各国法律对承担责任的主体规定不尽相同,《民法典》沿用原《民法通则》和原《侵权责任法》所使用的概念,使用建筑物和物件所有人、管理人或者使用人的表述,确定责任主体为致害物件的所有人、管理人或者使用人,即明确了责任人对于致害物的支配地位和承担替代责任的依据。

建筑物和物件损害责任的法律特征包括:

第一,建筑物和物件损害责任是一种特殊侵权责任。在特殊侵权责任中,一类是对他人的行为负责的特殊侵权责任;另一类是对自己管领下的物件致他人损害负责的特殊侵权责任。建筑物和物件损害责任属于对自己管领下的物件造成他人损害承担赔偿责任的特殊侵权责任。

第二,建筑物和物件损害责任的行为是为物的损害负责的行为。建筑物和物件损害责任行为是责任人对其占有的物件致人损害负替代责任的行为,即造成损害的是物件,而承担责任的是物件所有人、管理人或者使用人,这种行为的特点是间接行为。

第三,建筑物和物件损害责任是过错推定责任。建筑物和物件损害责任尽管有上述类型的不同,但在责任性质上都是过错推定责任,既不适用过错责任原则,也不适用无过错责任原则。这是为了更好地保护被侵权人的合法权益,使损害能够得到及时赔偿,同时也不使物件所有人、管理人或者使用人承担过重的责任,是兼顾双方利益的责任形式。

二、建筑物和物件损害责任的归责原则和构成要件

(一)建筑物和物件损害责任适用过错推定原则

建筑物和物件损害责任适用过错推定责任原则。在《民法典》第1252~1258条规定的建筑物和物件损害责任的条文中,除《民法典》第1252、1254条之外,都规定了过错的要求,条文中"不能证明自己没有过错"的表述,都是过错推定原则的体现。即使《民法典》第1252条规定的建筑物等倒塌、塌陷损害责任中没有规定过错的要求,但也须按照过错推定原则确定责任。第1256条规定的"公共道路管理人不能证明已经尽到清理、防护、警示等义务"的构成要件、第1258条规定的施工人"不能证明已经设置明显标志和采取安全措施"的构成要件,具有过错的因素。受害人只要证明这一构成要件,即可推定公共道路管理人、施工人在主观上具有过错,因而主观过错的要件并不要求受害人证明。同样,公共道路管理人证明其尽到了清理、防护、警示等义务的,可以主张免责;公共道路管理人、施工人证明自己已经设置了明显标志和采取了安全措施的,可以主张免责。这是因为,如果公共道路管理人、施工人能够证明自己履行了清理、防护、警示等义务,或者证明自己设置了明显标志和采取了安全措施,受害人的损害就是因为自己的疏忽所致,而不是因为公共道路管理人或施工人的过错所致,公共道路管理人或施工人没有过错,当然可以免责。

建筑物和物件损害责任适用过错推定责任,对免责事由应当严格限制,只有不可抗力、受害人以及第三人原因造成损害才能免责。即便发生了意外致使建筑物或者物件损害他人,行为人也应当承担责任,理由是"物件等同于人的手臂的延长",建筑物或者物件致人损害,等同于所有人、管理人或者使用人实施了某种行为致人损害;尤其是建筑物或者物件致人损害通常是因为建筑物或者物件本身存在某种缺陷,这就表明所有人、管理人或者使用人没有及时发现或者消除,主观上都是有过错的;而这种缺陷不是受害人能够发现或者举

证证明的,所以应当适用过错推定原则。例如,因罕见的暴雨导致沿街土墙倒塌,虽然暴雨为意外,但土墙的所有人、管理人或者使用人未尽注意义务,其对于造成的损害不能免责。只有《民法典》第 1254 条规定的抛掷物、坠落物致损的补偿责任才不适用过错推定原则,而是依照公平分担损失责任处理。

(二)建筑物和物件损害责任的构成要件

第一,须有建筑物或者物件致害行为。法律规定,倒塌、塌陷、脱落、坠落等为建筑物或物件致害行为的主要方式,但并不是全部。如索道崩断、表面剥落等亦为致害行为方式。脱落是指附着于建筑物或者物件上的组成部分与物之主体相分离而下落;坠落则是指搁置于或悬挂于建筑物上的物件离开建筑物而掉落。

第二,须有受害人的损害事实。受害人的损害事实既包括人身伤害,也包括财产损害。物件脱落、坠落等造成受害人人身伤害或者财产损害,即构成此要件。人身伤害,包括致人轻伤、重伤致残和死亡,其侵害的是生命权、健康权,赔偿范围按照人身伤害的赔偿范围确定;财产损害包括直接损失和间接损失。

第三,建筑物或者物件致害行为须与损害事实之间有因果关系。建筑物或者物件致害行为与损害事实之间的因果关系,是二者之间引起与被引起的关系:物件脱落、坠落直接造成受害人的人身伤害或财产损害,为有因果关系;倒塌、塌陷、脱落、坠落等的物理力并未直接作用于他人的人身、财产,而是引发其他现象,致他人的人身、财产受到损害,亦为有因果关系。[1] 建筑物或者物件致人损害有其他原因的,如自然力的原因、他人的原因等,则这种原因并不构成建筑物和物件损害责任,由有因果关系的行为的行为人承担责任。

第四,须建筑物或者物件所有人或管理人有过错。建筑物和物件损害责任的过错要件,是指设置或管理、管束不当或有缺陷,设计、施工有缺陷,也可能是使用方法不当。这种过错就是不注意的心理状态,是违反注意义务的过失。故意以建筑物或者物件致人损害,是犯罪行为,在民法属于一般侵权责任,应当适用《民法典》第 1165 条第 1 款关于过错责任原则的规定,不构成这种特殊侵权责任。

这种过失的心理状态是疏忽或者懈怠,采推定方式确定。凡建筑物或者物件致人损害,首先推定建筑物所有人、管理人或者使用人有过失,认定其未尽注意义务,采取举证责任倒置,无须受害人证明。所有人、管理人或者使用人对其无过错的事实承担举证责任,其只有证明自己已尽相当注意,才能推翻过错推定,免除自己的赔偿责任;不能证明自己没有过失的,构成赔偿责任。

三、建筑物和物件损害责任的赔偿法律关系

建筑物和物件损害责任的赔偿权利主体是受害人,可以直接向该赔偿法律关系的责任主体索赔。

按照《民法典》的规定,建筑物和物件损害责任的赔偿责任主体是建筑物或者物件的所有人、管理人或者使用人。根据实际情况,其赔偿责任主体有以下几种:

---

[1] 王利明主编:《民法·侵权行为法》,中国人民大学出版社 1993 年版,第 468 页。

第一,所有人。建筑物或者物件的所有人,是建筑物或者物件致人损害的最直接的赔偿责任主体。当建筑物或者物件的所有人直接占有、管理该物时,该建筑物或者物件致人损害的,该所有人应当承担赔偿责任。

第二,管理人。建筑物或者物件由非所有人管理、使用时,其赔偿责任主体不再是所有人,而是管理人。根据委托关系为所有人管理建筑物或者物件的人,也是管理人。

第三,使用人。占有他人的建筑物或者物件而使用者,是使用人。例如,依承包、租赁等法律行为经营、使用他人建筑物或者物件的,是使用人。使用的建筑物或者物件造成他人损害的,使用人应当承担赔偿责任。

对于建筑物或者物件的所有人、管理人或者使用人承担赔偿责任的关系,《民法典》没有明确规定,责任究竟应当如何承担,不得而知。有两种理解:一种是建筑物或者物件在谁的管理之下,就由谁作为责任主体;另一种是受害人可以选择三种责任人中的一种作为责任主体。笔者的意见是,三种责任人之间的关系是不真正连带责任的关系,所有人、管理人或者使用人都是责任主体,分为中间责任人和最终责任人。受害人可以选择其中任何一种责任人起诉,该责任人承担了责任之后,只要不是最终责任人,就可以向最终责任人追偿。

四、免责事由

1. 建筑物或者物件的所有人或管理人无过错

依照《民法典》第1252~1258条的规定,所有人、管理人或者使用人能够证明自己无过错的,免除其赔偿责任。此处规定的"证明自己没有过错",指的是没有"管理上的过错",而不仅仅是指对建筑物或者物件脱落、坠落等事实本身在行为上没有直接过错。建筑物或者物件所有人、管理人或者使用人证明自己无过错,是完成否定自己过错要件的证明。既然不存在过失的要件,就不构成建筑物和物件损害责任。

2. 不可抗力

如果建筑物或者物件造成损害是因不可抗力造成的,依照《民法典》第180条的规定,应当免除所有人、管理人、使用人的赔偿责任。建筑物或者物件造成他人损害,有时是由于自然力的原因所致,而该自然力的原因并非不可抗力。对此,应当适用因果关系的规则,即如果自然原因是引起建筑物或者物件损害的全部原因,而建筑物或者物件所有人或管理人没有过失,则其因自己无过失、行为与损害事实间不具有原因力而免责,而非因不可抗力免责。

3. 第三人过错

完全由于第三人的过错造成建筑物或者物件损害他人的,应当适用《民法典》第1175条的规定,即损害是由第三人造成的,第三人应当承担侵权责任,建筑物或者物件所有人、管理人、使用人免责。如果第三人过错行为与建筑物或者物件的所有人、管理人、使用人的过错行为相结合而发生损害结果,构成共同侵权责任的,承担连带责任;不构成共同侵权责任的,按照《民法典》第1172条的规定承担按份责任。

4. 受害人故意或者受害人过失

完全由于受害人自己的故意造成损害事实的,依照《民法典》第1174条的规定,免除建筑物或者物件所有人、管理人、使用人的赔偿责任;完全由于受害人自己的过失造成损害事实的,尽管《民法典》第1174条没有规定,但基于损害的过错和原因力均为受害人一方,建筑物或者物件所有人或管理人对损害的发生没有过失,也没有原因力,因而不承担责任;如果损害是由双方的过错行为造成的,则依《民法典》第1173条的规定实行过失相抵。

五、其他有关问题

在司法实践中应当注意的问题是:

第一,对于确实因意外事件造成的损害,应当适当减轻建筑物或者物件所有人、管理人、使用人的责任,但其对建筑物或者物件造成损害有过错的,则应当完全赔偿。

第二,如果建筑物或者物件致人损害是由于出卖人、承揽人出售或者交付的产品瑕疵造成的,确定责任的承担规则,首先需要考虑能否适用产品责任,如果可以,则应当按照产品责任处理;如果不能按照产品责任处理,则按照建筑物或者物件致人损害的规定,由所有人、管理人或者使用人承担责任。附随于不动产的物件,不适用产品责任。

第二节 具体的建筑物和物件损害责任

一、建筑物、构筑物或者其他设施倒塌、塌陷损害责任

(一)缘何特别规定建筑物、构筑物或者其他设施倒塌、塌陷损害责任

《民法典》第1252条第1款规定:"建筑物、构筑物或者其他设施倒塌、塌陷造成他人损害的,由建设单位与施工单位承担连带责任,但是建设单位与施工单位能够证明不存在质量缺陷的除外。建设单位、施工单位赔偿后,有其他责任人的,有权向其他责任人追偿。"

原《民法通则》对于建筑物、构筑物或者其他设施倒塌损害责任规定在第126条,将建筑物、构筑物或者其他设施倒塌损害责任与建筑物、构筑物或者其他设施及其搁置物、悬挂物损害责任规定在一起。

制定《侵权责任法》时,原本草案也是将其规定在一起的,最后之所以分为两条,作为两种不同的建筑物和物件损害责任规定,原因有两个:第一,专家学者对地震中建筑物、构筑物或者其他设施倒塌致人损害的侵权责任特别重视,多次建议应当专门规定建筑物、构筑物或者其他设施倒塌损害责任。法工委专门召开会议,研究如何解决这个问题,因而形成了原《侵权责任法》第86条。第二,在《国家赔偿法》修改中,决定不将国有建筑物、构筑物或者其他设施管理缺陷损害责任设置为国家赔偿责任,因此,原《侵权责任法》不得不规定第86条,以解决这种侵权责任的法律适用问题。恰好规定建筑物、构筑物或者其他设施倒塌损害责任能够涵盖国有建筑物、构筑物或者其他设施管理缺陷或者设置缺陷损害责任,将国有建筑物、构筑物或者其他设施,特别是不属于建筑物的构筑物等国有构筑物或者其他设施,归于"其他设施"之中,一并解决法律适用问题。这样做的好处是,既不用单独规定国有建筑物、构筑物或者其他设施管理缺陷或者设置缺陷损害责任,又能够解决其法律适

用问题,是一个非常简洁又非常管用的立法方法。

《民法典》继续沿用这个方法,只是将这一规定放在第十章的第一个条文,地位更加重要。与此同时,新增了塌陷损害责任,适用同一规则。

(二)建筑物、构筑物或者其他设施倒塌、塌陷损害责任的归责原则和构成要件

建筑物、构筑物或者其他设施倒塌、塌陷损害责任适用过错推定原则,不适用过错责任原则和无过错责任原则。

构成建筑物、构筑物或者其他设施倒塌、塌陷损害责任,须具备以下要件:

第一,造成损害的物件须为建筑物、构筑物或者其他设施。建筑物、构筑物或者其他设施倒塌损害责任不是由侵权人直接实施的行为造成损害,而是由物件造成损害。其致害物为建筑物、构筑物或者其他设施。建筑物、构筑物或者其他设施,是指为自己使用或者公共使用目的而建筑或者构筑的不动产。

建筑物,是民用或者公用的房屋、写字楼、商厦等建筑物。构筑物以及其他设施,包括道路、桥梁、隧道、堤防渠堰、上下水道、纪念碑馆、运动场馆、公园、名胜古迹等一切构筑物。设施应当包括其附属设备,例如,道路应包括护路树、路灯、涵洞等,纪念碑应包括围栏、台阶等。

第二,建筑物、构筑物或者其他设施须有建设单位、施工单位或者所有人、管理人。建筑物、构筑物或者其他设施必有其建设单位或者施工单位,在造成损害时,建设单位、施工单位以及所有人或管理人就是赔偿责任主体。在现实中,对建筑物、构筑物或者其他设施倒塌、塌陷致人损害仅仅追究建筑物等的所有人、管理人的责任,不追究建设单位和施工单位的责任,而损害往往是由建筑物等的设置缺陷所致,但却因法律未规定建设单位和施工单位的责任而使其逃避责任追究。例如,在居民小区中,建筑物区分所有权人对房屋享有所有权,是所有人,房屋倒塌、塌陷造成他人损害,其实与区分所有权人也就是业主没有关系,其也是受害者,因而必须将建设单位和施工单位作为侵权责任主体,令其承担赔偿责任。

这些建设单位、施工单位或者所有人、管理人对建筑物、构筑物或者其他设施负有设置、管理的高度注意义务。设置是指对建筑物、构筑物或者其他设施的设计、建造、施工和装置,其对象系指建筑物、构筑物或者其他设施的有体物本身,而不包括人。管理是指建筑物、构筑物或者其他设施设置后的维护、保养、修缮及保管,其对象亦专指建筑物、构筑物或者其他设施,不包括人。建设单位、施工单位或者所有人、管理人对建筑物、构筑物或者其他设施的设置和管理负有高度谨慎义务,对其设计、建造、施工和装置,以及维护、保养、修缮和保管,须以善良管理人的注意为标准。

在《民法典》第1252条第2款规定的责任主体中包括建筑物、构筑物或者其他设施的所有人、管理人、使用人以及第三人。

第三,对建筑物、构筑物或者其他设施的设置和管理须有缺陷。建筑物、构筑物或者其他设施致害的原因,为设置缺陷或者管理缺陷。缺陷亦称瑕疵,通常指一种不完全、不完备的状态。设置和管理缺陷,是指建筑物、构筑物或者其他设施设置和管理上的不完全、不完备的状态,因而致该建筑物、构筑物或者其他设施缺少通常应具备的安全性。设置缺陷,是

指建筑物、构筑物或者其他设施在设置时,存在的设计不良、位置不当、基础不牢、施工质量低劣等不完备的问题。管理缺陷,是指建筑物、构筑物或者其他设施在设置后,存在维护不周、保护不当、疏于修缮检修等不完善的问题,使建筑物、构筑物或者其他设施不具备通常应当具备的安全性。

确定设置或者管理缺陷应采用客观标准,即对设置和管理缺陷应进行客观判断,唯以缺陷的存在、不安全状态的存在为标准,至于其产生原因为何均不过问。根据这一标准,检验建筑物、构筑物或者其他设施是否具有瑕疵,强调其是否具备通常应有之安全性,凡不具备通常应有的安全性,即可认定为设置和管理的缺陷。这种标准,有利于保护受害人的合法权益,有利于区别此种责任与建筑物危险责任,是可取的。

对于设置或者管理缺陷,损害赔偿请求权人负举证责任,但由于事故发生后,要具体证明缺陷的存在颇为不易,而且与保护被侵权人的立场相悖,故日本学者主张采初步推定的理论,即于损害事故发生时,先推定管理和设置存在缺陷,[2]如果设置者和管理者认为无缺陷,则须举证证明,推翻该项推定始可免责。这样的主张可以根据具体情况予以采纳。

《民法典》第1252条第1款中新增加免责条款,即"但是建设单位与施工单位能够证明不存在质量缺陷的除外"。原《侵权责任法》第86条规定建筑物倒塌责任,由建设单位和施工单位承担连带责任,不可以免责,该规定过于严苛。《民法典》第1252条第1款增加了"建设单位与施工单位能够证明不存在质量缺陷的除外"的规则,不仅公平合理,而且符合侵权法原理,因为行为与损害的发生没有原因力,就没有责任,这是完全正确的。

第四,须因设置、管理缺陷造成他人人身或财产损害。损害事实是一切侵权责任的必备要件,构成建筑物、构筑物或者其他设施致害责任,同样须具备这一要件。构成赔偿责任,应以公民的人身损害和财产损害为限,法人受到财产损害的,也包含其中。建筑物、构筑物或者其他设施管理、设置缺陷所造成损害,一般情况下限于对人身或财产的损害,其不会造成对其他民事权益的损害,诸如对自由、名誉、姓名乃至债权、知识产权等的损害,故对于损害事实不应扩大。不能认为公共电梯因缺陷中途停驶而致乘客被困,即为侵害人身自由权而适用建筑物、构筑物或者其他设施致害的赔偿责任。

建筑物、构筑物或者其他设施设置、管理缺陷与致他人人身、财产损害之间应有因果关系。建筑物、构筑物或者其他设施设置缺陷或管理缺陷,须是人身、财产损害发生的原因,而人身、财产损害的发生,须为建筑物、构筑物或者其他设施设置、管理缺陷所引起的结果。其因果关系的链条为:建筑物、构筑物或者其他设施的设置、管理缺陷构成建筑物、构筑物或者其他设施的危险性,该种危险性转化成现实的危害时,造成了公民人身、财产的损害。在这一因果关系链条中,当缺陷可能是损害发生的唯一原因时,构成建筑物、构筑物或者其他设施倒塌、塌陷赔偿责任。当缺陷不为唯一原因时,与台风、地震、洪水等自然事实以及第三人的行为或被害人自己的行为相结合而发生损害结果的,建设单位或者施工单位仍应负损害赔偿责任。[3]这样,自然事实与他人或被害人行为一同参与到因果关系的链条之中,形成损害发生的共同原因,对此,仍构成建筑物、构筑物或者其他设施倒塌、塌陷赔偿责

---

[2] 曹竞辉:《国家赔偿立法与案例研究》,台北,三民书局1988年版,第172、179页。
[3] 刘春堂:《国家赔偿法》,台北,三民书局2007年版,第55页。

任。第三人行为为共同原因的,应依求偿权予以解决;受害人行为为共同原因的,应依过失相抵原则,减轻建设单位或施工单位的赔偿责任;如果因缺陷与自然原因相结合而发生损害的,应当依照原因力规则,适当减轻建设单位或施工单位的责任。

第五,过失。建筑物等倒塌、塌陷损害责任适用过错推定原则确定责任,责任主体承担责任须具备过失要件。在受害人已经证明前述要件的情况下,直接推定责任主体存在过失。

(三)确定建筑物等倒塌、塌陷责任的具体规则

1. 地震中建筑物、构筑物或者其他设施倒塌、塌陷损害责任的认定

(1)地震中建筑物、构筑物或者其他设施倒塌、塌陷造成损害责任的性质。地震作为不可抗力,属于一般抗辩事由,其法律后果之一是免除造成损害的行为人的侵权责任。对此,《民法典》第180条有明确规定。在地震中,大量建筑物、构筑物或者其他设施倒塌、塌陷造成了遇害者严重的人身损害后果,如果该损害没有其他原因介入,仅仅是因地震所致,应当免除建设者责任。

但是,如果地震并不是引发地震中建筑物、构筑物或者其他设施倒塌、塌陷的唯一原因,或者不是主要原因,而是"豆腐渣工程"即建筑工程设置缺陷导致损害,地震就不是或者不完全是造成损害的不可抗力的免责事由,因而构成侵权责任。

地震中建筑物、构筑物或者其他设施倒塌、塌陷造成损害的性质比较复杂。地震中建筑物、构筑物或者其他设施倒塌、塌陷造成损害的侵权责任,虽然不直接适用产品责任规则,但确实有产品责任的性质,规定建设单位和施工单位承担责任,就是一个明确的规定。确定建设者是否承担侵权责任的关键,不是房屋倒塌、塌陷的基本事实是否存在(因为即使房屋倒塌、塌陷造成损害,建设者也会因为不可抗力而免除责任),而是倒塌、塌陷的房屋是否存在设置缺陷。如果建筑物、构筑物或者其他设施存在设置缺陷,房屋因此在地震中倒塌、塌陷造成损害,就存在承担侵权责任的基础,有可能构成侵权责任,责任由建筑物的建设单位或者施工单位承担。

(2)确定建筑物、构筑物或者其他设施倒塌、塌陷责任应适用原因力规则。确定建筑物、构筑物或者其他设施倒塌、塌陷致害的赔偿责任,必须适用原因力规则。如果地震是造成损害的一个原因,建筑物设置缺陷也是造成损害的原因,就构成了共同原因。

在共同原因造成的同一个损害中,确定各个不同原因的赔偿责任,必须依据各个原因的作用力,将责任分别归属于不同的主体。地震是造成损害的原因,但建筑物的设置缺陷也是致害原因之一的,应当计算各自的原因力,由建筑物致害责任的责任人承担相应的侵权责任。对于地震造成的损害,免除行为人该部分的责任。至于赔偿责任的分担,如果地震是损害发生的主要原因,房屋倒塌、塌陷的责任人承担次要责任;如果原因力相当,行为人承担一半责任;如果地震是次要原因,则行为人应当承担主要责任。

2. 建筑物、构筑物或者其他设施倒塌、塌陷损害责任的承担

建筑物、构筑物或者其他设施倒塌、塌陷损害责任的承担,包括以下问题:

(1)设置缺陷的赔偿责任主体。《民法典》第1252条第1款规定的责任是设置缺陷责任。建筑物、构筑物或者其他设施设置缺陷损害责任,其责任主体是建设单位和施工单位。

法律规定,应当由建设单位和施工单位承担连带责任;至于他们之间各自应当如何分担责任,则应当按照《民法典》第 178 条规定进行。如果造成建筑物、构筑物或者其他设施的设置缺陷并非建设单位、施工单位过错所致,则应当首先由建设单位、施工单位承担连带责任;建设单位、施工单位赔偿后,有权向其他责任人追偿。这里的其他责任人实际上是第三人,包括设计单位、勘测单位、论证单位、监理单位,还应当包括具有过失的政府部门。

(2)管理缺陷的赔偿责任主体。对建筑物、构筑物或者其他设施倒塌、塌陷的管理缺陷损害责任的责任主体,《民法典》第 1252 条第 2 款规定为"所有人、管理人、使用人或者第三人",就是指具有管理缺陷的建筑物、构筑物或者其他设施的所有人、管理人、使用人或者第三人。建筑物、构筑物或者其他设施倒塌、塌陷致人损害,如果倒塌、塌陷是管理缺陷所致,其责任主体是所有人、管理人、使用人或者第三人,所有人、管理人、使用人或者第三人对由于自己的过错造成的管理缺陷,并因此造成他人损害的后果,承担赔偿责任。

(四)免责事由

建筑物、构筑物或者其他设施倒塌、塌陷损害责任有几项免责事由:

1. 已尽防止损害发生的注意义务

如果建筑物、构筑物或者其他设施的设置、管理有缺陷,但是所有人、管理者或使用人能证明其对防止损害的发生已尽相当注意的,则无过错,不负赔偿责任。如道路、桥梁之损坏虽未修护,但已予适当遮拦或竖立警告标志,则对于之后继续使用而受有损害者,不负损害赔偿责任。[4]

2. 不可抗力

不可抗力作为建筑物、构筑物或者其他设施致害责任的免责事由,应当适用《民法典》第 180 条规定的一般规则。当自然原因与缺陷相结合而致害时,应当区分一般的自然原因和不可抗力。单纯由不可抗力而致损害,即使建筑物、构筑物或者其他设施有一般缺陷,也可以免责;建筑物、构筑物或者其他设施有重大缺陷,又加上不可抗力的原因而致害的,仍构成建筑物和物件损害赔偿责任。如发生地震,无缺陷的建筑物、构筑物或者其他设施并未毁损致害,而有缺陷之建筑物、构筑物或者其他设施致人损害,则后者构成建筑物和物件损害责任,其不得以不可抗力为由免责,但应依不可抗力的原因力,减轻责任人的赔偿责任。

3. 受害人故意或者过失

建筑物、构筑物或者其他设施造成损害是由受害人的故意引起的,应当按照《民法典》第 1174 条的规定,免除所有人、管理人或使用人的责任。如果受害人的过失是建筑物、构筑物或者其他设施造成损害的全部原因,则应当免除建筑物、构筑物或者其他设施的建设单位或者施工单位的赔偿责任;如果为共同原因,则应当按照《民法典》第 1173 条的规定实行过失相抵。

---

[4] 曾竞辉:《国家赔偿立法与案例研究》,台北,三民书局 1988 年版,第 181~182 页。

二、建筑物、构筑物或者其他设施及其搁置物、悬挂物脱落、坠落损害责任

(一)建筑物、构筑物或者其他设施及其搁置物、悬挂物脱落、坠落损害责任的概念

建筑物、构筑物或者其他设施及其搁置物、悬挂物脱落、坠落损害责任,是指建筑物、构筑物或者其他设施及其搁置物、悬挂物因设置或保管不善而脱落、坠落等,给他人人身或财产造成损害,物件所有人、管理人或者使用人应当承担损害赔偿责任的特殊侵权责任。《民法典》第1253条规定:"建筑物、构筑物或者其他设施及其搁置物、悬挂物发生脱落、坠落造成他人损害,所有人、管理人或者使用人不能证明自己没有过错的,应当承担侵权责任。所有人、管理人或者使用人赔偿后,有其他责任人的,有权向其他责任人追偿。"

我国民事立法承认建筑物、构筑物或者其他设施及其搁置物、悬挂物脱落、坠落损害责任制度。原《民法通则》第126条规定:"建筑物或者其他设施以及建筑物上的搁置物、悬挂物发生倒塌、脱落、坠落造成他人损害的,它的所有人或者管理人应当承担民事责任,但能够证明自己没有过错的除外。"《民法典》第1253条规定的内容与原《民法通则》第126条规定的不同之处在于:承担责任的主体范围有所扩大,加上了使用人作为责任人;加害的形式有所改变,《民法典》第1253条只对建筑物、构筑物或者其他设施脱落、坠落造成的损害作出规定,对于建筑物、构筑物或者其他设施倒塌、塌陷的责任,在第1252条规定。

(二)建筑物、构筑物或者其他设施及其搁置物、悬挂物脱落、坠落损害责任的特点

建筑物、构筑物或者其他设施及其搁置物、悬挂物脱落、坠落损害责任的致害物,是建筑物、构筑物或者其他设施及其搁置物、悬挂物。一方面,建筑物、构筑物以及其他设施是造成损害的物件;另一方面,建筑物、构筑物以及其他设施作为放置场所,在其上面的搁置物或者悬挂物造成他人损害的,也作为建筑物、构筑物或者其他设施及其搁置物、悬挂物脱落、坠落损害责任的致害物。

建筑物、构筑物或者其他设施的概念范围很广,包括房屋、烟囱、水塔、电视塔、电线杆、纪念碑、桥梁、涵洞、窗户、天花板、楼梯、电梯等。在这些物件上安放的搁置物、悬挂物,也是这种侵权责任的致害物。

(三)建筑物、构筑物或者其他设施及其搁置物、悬挂物的类型

建筑物、构筑物或者其他设施造成损害,这些致害物的类型就是建筑物、构筑物和其他设施,没有其他的类型。

造成损害的搁置物、悬挂物,分为两种不同的类型:一是人工搁置物、悬挂物;二是自然悬挂物。

人工搁置物和悬挂物,是指在建筑物和其他设施上人为地搁置或者悬挂的物件。人工搁置物、悬挂物脱落、坠落造成他人损害,通常是因物件的所有人、管理人或者使用人的不慎管理行为造成的,适用过错推定责任原则,由其所有人、管理人或者使用人对受害人的损害承担侵权责任;但是所有人、管理人或者使用人能够证明自己没有过错的,应该免除其责任。

自然悬挂物,是由于自然的而非人为的原因,在建筑物、构筑物或者其他设施上形成的悬挂物,例如,自然悬挂于建筑或者其他设施上的冰柱、积雪。在英美侵权法中,这种自然原因形成的悬挂物致人损害,属于公共侵扰(妨害),不是对个人权益的侵害,而是对公共利益的侵害,构成侵权责任,行为人应当对受害人予以赔偿。自然原因形成的悬挂物致人损害的,应当区分不同情况处理。因自然原因形成的悬挂物脱落、坠落造成他人损害,一方有过错,则由有过错的一方承担责任。

(四)侵权责任主体

建筑物、构筑物或者其他设施及其搁置物、悬挂物脱落、坠落损害责任的主体是一般民事主体,包括国家机关、企业事业单位以及个人。在建筑物、构筑物或者其他设施脱落、坠落损害责任中,其责任主体自然是建筑物、构筑物或者其他设施的所有人、管理人或者使用人。

在搁置物或者悬挂物损害责任中承担责任的,究竟是作为放置地点的建筑物、构筑物或者其他设施的所有人、管理人或者使用人,还是搁置物、悬挂物的所有人、管理人或者使用人?按照逻辑分析,搁置物、悬挂物的所有人、管理人或者使用人不一定是建筑物、构筑物或者其他设施的所有人、管理人或者使用人。如果建筑物、构筑物或者其他设施与建筑物、构筑物或者其他设施上的搁置物、悬挂物的所有人、管理人或者使用人并非一人,被侵权人不能确定建筑物、构筑物或者其他设施上的搁置物、悬挂物的所有人、管理人或者使用人究竟是谁,并且向建筑物、构筑物或者其他设施的所有人、管理人或者使用人主张损害赔偿,建筑物、构筑物或者其他设施的所有人、管理人或者使用人可能主张自己不是建筑物、构筑物或者其他设施及其搁置物、悬挂物的所有人、管理人或者使用人而拒绝赔偿,被侵权人的损害就不能得到或者不能及时得到赔偿。因此,对"所有人、管理人或者使用人",应当理解为建筑物、构筑物或者其他设施的所有人、管理人或者使用人,以及搁置物、悬挂物的所有人、管理人或者使用人,他们都是这种损害责任的赔偿责任主体。

如果出现了建筑物、构筑物或者其他设施的所有人、管理人或者使用人与搁置物、悬挂物的所有人、管理人或者使用人并非一人的情形,应当按照《民法典》第1253条后段的规定,首先由建筑物、构筑物或者其他设施的所有人、管理人或者使用人承担赔偿责任;建筑物、构筑物或者其他设施的所有人、管理人或者使用人承担赔偿责任之后,有权向搁置物、悬挂物的所有人、管理人或者使用人追偿。

三、抛掷物、坠落物损害责任

(一)制定抛掷物、坠落物损害责任的根据

原《侵权责任法》第87条规定:"从建筑物中抛掷物品或者从建筑物上坠落的物品造成他人损害,难以确定具体侵权人的,除能够证明自己不是侵权人的外,由可能加害的建筑物使用人给予补偿。"制定抛掷物、坠落物损害责任的依据是:第一,确定抛掷物致害责任,是基于公平分担损失的考虑,而不是基于过错责任原则;第二,承担的责任是适当的补偿责任,而不是侵权责任;第三,这样规范的作用是为了更好地预防损害,制止人们高空抛物;第四,这种侵权行为的性质是建筑物和物件损害责任,不是人的责任。

在2010年该法实施之后,尽管发生的案件不多,但是社会对此条款的反应比较强烈,认为这一侵权责任归责规则不尽合理,由可能加害的建筑物使用人"连坐"承担补偿责任并不公平。编纂民法典时,对这一规则进行了彻底改造,形成《民法典》第1254条。

(二)高空抛掷物、坠落物损害规则的重大变化

《民法典》第1254条规定:"禁止从建筑物中抛掷物品。从建筑物中抛掷物品或者从建筑物上坠落的物品造成他人损害的,由侵权人依法承担侵权责任;经调查难以确定具体侵权人的,除能够证明自己不是侵权人的外,由可能加害的建筑物使用人给予补偿。可能加害的建筑物使用人补偿后,有权向侵权人追偿。物业服务企业等建筑物管理人应当采取必要的安全保障措施防止前款规定情形的发生;未采取必要的安全保障措施的,应当依法承担未履行安全保障义务的侵权责任。发生本条第一款规定的情形的,公安等机关应当依法及时调查,查清责任人。"原《侵权责任法》第87条规定的主要是建筑物抛掷物或者坠落物致人损害但侵权人无法查明时的补偿责任,通常称为高空抛物责任,并非一种典型的特殊侵权责任类型,而是在侵权人不明的情况下,适用公平分担损失规则,由有可能加害的人给予适当补偿的特殊责任类型。《民法典》第1254条在此基础上进行了重大修改,将原来的内容变成本条中的一部分内容。

(三)高空抛掷物、坠落物损害责任的基本规则

1.禁止从建筑物中抛掷物品

这是一个禁止性规定,是对建筑物抛掷物、坠落物损害责任的基础性规定。在建筑物中向窗外抛掷物品,是非常危险的危害公共安全的行为,也是非常不道德的、违背公序良俗的行为,对此必须严格禁止。

2.从建筑物抛掷物品或者坠落物品造成损害的,由侵权人承担责任

任何人从建筑物中抛掷物品,或者建筑物上坠落物品,造成他人损害的,都由侵权人承担责任。侵权人就是抛掷物品的行为人,或者坠落物品的建筑物的所有人、管理人或者使用人。他们的作为或者不作为造成他人损害,当然要由他们自己承担侵权责任。

3.经调查难以确定具体侵权人的,由可能加害的建筑物使用人给予补偿

这就是原《侵权责任法》第87条规定的规则。建筑物抛掷、坠落物品致人损害,但无法查明具体侵权人时,由可能加害的建筑物使用人给予补偿,其构成要件是:其一,行为人在建筑物中抛掷物品,或者从建筑物上坠落物品;其二,抛掷物品或者坠落物品造成他人损害,主要是人身损害;其三,实施抛掷行为的行为人或者坠落物品的所有人不明,不能确定真正的加害人;其四,特定建筑物的使用人不能证明自己不是侵权人。具备上述四个要件,则该建筑物的使用人是可能加害的建筑物使用人。责任承担的方式,是由可能加害的建筑物使用人对受害人的损失给予补偿,而不是承担连带责任。补偿责任的范围,应当由法官依照自由裁量原则确定。能够证明自己不是加害人,即没有实施从建筑物上抛掷物品行为,也不是建筑物坠落物品的权利人的,不承担补偿责任。

4.可能加害的建筑物使用人承担补偿责任后,有权向侵权人追偿

由可能加害的建筑物使用人承担补偿责任,其中必定有无辜者,即没有实施加害行为

的建筑物使用人。为公平起见,可能加害的建筑物使用人承担了补偿责任后,如果查到了侵权人,当然对侵权人享有追偿权,可以向侵权人进行追偿。

5.物业服务企业等建筑物管理人未采取安全保障必要措施时,依法承担责任

建筑物管理人是建筑物的管理者,即物业管理企业等物业管理人,他们对建筑物的安全负有安全保障义务。因此,《民法典》第1254条第2款规定,物业服务企业等建筑物管理人应当采取必要的安全保障措施,防止高空抛掷物品或者坠落物品造成损害的发生。未尽此安全保障义务,造成损害的,应当依照《民法典》第1198条规定,承担违反安全保障义务的侵权责任。对此,《侵权责任编解释(一)》第24条和第25条针对"物业服务企业等建筑物管理人与具体侵权人的责任承担"和"物业服务企业等建筑物管理人与可能加害的建筑物使用人的责任承担"这两个问题,对《民法典》第1254条第2款的适用作出了司法解释,确定物业服务企业等建筑物管理人是高空抛掷物责任主体之一。承担侵权责任的基本规则如下:[5]

(1)物业服务企业等建筑物管理人与具体侵权人的责任承担。物业服务企业等建筑物管理人承担相应的补充责任,承担责任的方法是,未采取必要安全保障措施的物业服务企业等建筑物管理人,在法院对具体侵权人的财产依法强制执行后仍不能履行的范围内,承担与其过错相应的补充责任。即:"物业服务企业等建筑物管理人未采取必要的安全保障措施防止从建筑物中抛掷物品或者从建筑物上坠落的物品造成他人损害,具体侵权人、物业服务企业等建筑物管理人作为共同被告的,人民法院应当依照民法典第一千一百九十八条第二款、第一千二百五十四条的规定,在判决中明确,未采取必要安全保障措施的物业服务企业等建筑物管理人在人民法院就具体侵权人的财产依法强制执行后仍不能履行的范围内,承担与其过错相应的补充责任。"具体侵权人和建筑物管理人承担的责任,存在顺位关系。具体适用的法律是《民法典》第1198条第2款。

(2)物业服务企业等建筑物管理人与可能加害的建筑物使用人的责任承担。物业服务企业等建筑物管理人承担补充责任,可能加害的建筑物使用人在剩余的赔偿数额内给予补偿。建筑物管理人与可能加害的建筑物使用人之间,承担责任也存在顺位关系,即建筑物管理人为第一顺位责任人,可能加害的建筑物使用人为第二顺位责任人,这涉及《民法典》第1253条的关系问题。《侵权责任编解释(一)》第25条规定:"物业服务企业等建筑物管理人未采取必要的安全保障措施防止从建筑物中抛掷物品或者从建筑物上坠落的物品造成他人损害,经公安等机关调查,在民事案件一审法庭辩论终结前仍难以确定具体侵权人的,未采取必要安全保障措施的物业服务企业等建筑物管理人承担与其过错相应的责任。被侵权人其余部分的损害,由可能加害的建筑物使用人给予适当补偿。具体侵权人确定后,已经承担责任的物业服务企业等建筑物管理人、可能加害的建筑物使用人向具体侵权人追偿的,人民法院依照民法典第一千一百九十八条第二款、第一千二百五十四条第一款的规定予以支持。"

---

[5] 杨立新:《高空抛坠物致害中建筑物管理人的地位及责任——以〈侵权责任编解释(一)〉第24、25条为中心》,载《北方法学》2024年第6期。

6. 公安等机关应当依法及时调查查清责任人

在加害人不明的高空抛物损害责任中,绝大多数其实都是能够查清的,但是,由于高空抛物损害责任是规定在民法中的民事责任,所以,此类案件是否属于公安机关的调查职责在实务中也有争议。为避免大量出现加害人不明的高空抛物损害责任,《民法典》草案规定"有关机关应当依法及时调查,查清责任人",最后通过时,将有关机关明确为公安等机关。对此,立法说明认为,对于造成损害后果的,公安机关应当依法立案调查,对责任人依法给予治安管理处罚;构成犯罪的,应当依法追究刑事责任。[6] 这样就明确了高空抛物行为发生后,侦查职责在公安机关,其应当及时立案侦查,查清责任人,依法处理。只有动用侦查手段仍然查不清责任人的,才可以适用第1254条第1款规定。

四、堆放物损害责任

(一)堆放物损害责任的概念和特征

堆放物致害责任,是指由于堆放物滚落、滑落或者倒塌,致使他人人身或者财产权益受到损害,由所有人、管理人或者使用人承担赔偿责任的建筑物和物件损害责任。《民法典》第1255条规定:"堆放物倒塌、滚落或者滑落造成他人损害,堆放人不能证明自己没有过错的,应当承担侵权责任。"

堆放物损害责任具有以下法律特征:(1)它是一种建筑物和物件损害责任。堆放物是一种物件,由此致害产生的责任属于建筑物和物件损害责任,不是行为致害责任。(2)赔偿责任产生的原因具有特定性。堆放物损害责任的产生,只能是堆放物滚落、滑落或者堆放物倒塌。(3)赔偿责任的承担主体具有特殊性。堆放物损害责任的责任主体是有过错的堆放人。

(二)堆放物损害责任的归责原则和构成要件

堆放物损害责任适用过错推定原则。受害人请求赔偿,无须举证证明堆放物的所有人、管理人或者使用人对损害的发生有过错,只须举证证明自己的人身损害事实,该人身损害事实为物件所有人、管理人或者使用人的堆放物所致,以及所有人、管理人或者使用人对该物件的支配关系,即从损害事实中推定所有人、管理人或者使用人在主观上有过错。所有人、管理人或者使用人主张自己无过错的,应当举证证明,不能证明或者证明不足,则推定成立侵权责任,即所有人、管理人或者使用人应承担人身损害赔偿责任;确能证明的,免除其人身损害赔偿责任。

堆放物损害责任的成立须具备下列构成要件:

第一,须有堆放物的致害行为。堆放物,指堆放于土地上或某处的物品。堆放物只能是动产。堆放物致害行为通常通过滚落、滑落或者倒塌三种方式致人损害。在实践中,这种建筑物和物件损害责任比较常见。滚落是指高处的堆放物滚下;滑落是指高处的堆放物滑下;而倒塌是指堆放物全部或者部分倾倒、坍塌。

---

[6] 全国人民代表大会宪法和法律委员会《关于〈民法典侵权责任编(草案)〉修改情况的汇报》,第4页。

第二,须有受害人损害事实。堆放物滚落、滑落或者堆放物倒塌,造成受害人人身伤害或者财产损失,即构成此要件。

第三,堆放物致害行为须与损害事实之间有因果关系。堆放物滚落、滑落或者倒塌与人身损害事实之间的因果关系,是指二者之间的引起与被引起的关系:堆放物滚落、滑落或者堆放物倒塌,直接造成受害人的人身伤害的,为有因果关系;滚落、滑落或者倒塌等物理力并未直接作用于他人的人身,而是引发其他现象,致他人的人身受损害的,亦为有因果关系。

第四,须堆放物的所有人或管理人有过错。这种过错一般是指堆放、管理不当或有缺陷,也可能是使用方法不当,均应以过失方式为之。故意用堆放物损害他人人身或财产权益的,是犯罪行为,不构成这种侵权责任。这种过失的心理状态是疏忽或者懈怠。

(三)责任主体和免责事由

堆放物损害责任的赔偿权利主体是被侵权人,其可以直接向该赔偿法律关系的责任主体索赔。根据《民法典》第1255条的规定,堆放物损害责任的赔偿责任主体是堆放人,即堆放物是由谁堆放的,谁就是损害赔偿责任主体。

堆放物损害责任的免责事由为:

第一,堆放人无过错。依照《民法典》第1255条的规定,堆放人能够证明自己无过错的,就不构成侵权责任,当然免除其赔偿责任。

第二,不可抗力。如果堆放物的滚落、滑落、倒塌是因不可抗力造成的,免除其堆放人的赔偿责任,而应当适用《民法典》第180条规定。

第三,第三人过错和受害人过错。损害完全是由于第三人的过错造成的,堆放人免责,损害赔偿责任应由第三人承担。如果第三人过错行为与堆放人的过错行为相结合而发生损害结果的,依共同侵权责任规则处理。

损害完全是由受害人自己的过错造成的,免除堆放人的损害赔偿责任;损害是由双方过错行为造成的,则依过失相抵规则处理。

五、障碍通行物损害责任

《民法典》第1256条规定:"在公共道路上堆放、倾倒、遗撒妨碍通行的物品造成他人损害的,由行为人承担侵权责任。公共道路管理人不能证明已经尽到清理、防护、警示等义务的,应当承担相应的责任。"本条是规定的障碍通行物损害责任。

(一)障碍通行物损害责任的概念

障碍通行物损害责任,是指在公共道路上堆放、倾倒、遗撒妨碍通行的障碍物,造成他人损害,实施该行为的有关单位或者个人应当承担损害赔偿责任的建筑物和物件损害责任。

这种建筑物和物件损害责任的特点是:(1)造成损害的物件是在公共道路上堆放、倾倒、遗撒的障碍物,该障碍物妨碍通行;(2)造成的损害可以是人身损害,也可以是财产损害;(3)承担责任的人是行为人以及公共道路管理人;(4)承担侵权责任的主体,一是堆放、倾倒、遗撒行为人承担责任；二是公共道路管理人不能尽到法定义务的，承担相应的责任。

(二) 障碍物与侵权责任构成

障碍物是指堆放、倾倒、遗撒在公共道路上的妨碍交通通行的物。该障碍物只能是动产，不能是不动产。设置障碍物的行为方式是堆放、倾倒、遗撒，其中，堆放、倾倒行为人的主观心理状态可能是间接故意，或者懈怠的过失；而遗撒行为人的主观心理状态则为过失，不可能是放任的间接故意。

确定障碍通行物损害责任的原则是过错推定原则。只要在公共道路上设置妨碍通行的障碍物，造成受害人人身或财产损害，并且设置障碍通行物的行为与被侵权人的损害事实之间具有因果关系的，无须被侵权人证明，直接推定障碍物设置人或管理人有过失，认定其未尽应尽的注意义务。如果障碍物设置人或者公共道路管理人主张自己无过错，则须自己承担举证责任，能够证明自己无过错的，不承担侵权责任；不能证明自己无过错的，过错推定成立，应当承担损害赔偿等侵权责任。

(三) 责任人的确定

责任人的确定有如下几个要素：

第一，妨碍通行物损害责任的侵权人是行为人。原《侵权责任法》第89条只是将妨碍通行物损害责任的主体笼统地规定为有关单位或者个人，不仅责任主体不明确，而且责任主体承担的责任形式也不明确。妨碍通行物损害责任的直接责任主体就是行为人，即堆放人、倾倒人、遗撒人，是他们的行为造成他人的损害，他们当然是侵权人，应当承担侵权责任。对于堆放或者倾倒行为比较容易确定行为人，而遗撒行为的行为人较难确定，因为遗撒就是不经意而为之，并非都是有意遗撒。无意遗撒的行为人可能并不知情，在其离开现场后造成损害的，被侵权人无法找到遗撒的行为人，故对遗撒的障碍物存在管理职责的人是应当承担侵权责任的人。例如，在南京机场高速公路上遗撒大捆塑料布，遗撒行为人并不知情，其后，一辆桑塔纳轿车发现障碍物后刹车打方向盘，致使车辆侧翻，造成车毁人亡、公路护栏毁坏的后果。对此，遗撒人应当是责任人，但其并不知情，且无法找到。

第二，妨碍通行物损害责任的相应责任的主体是公共道路管理人。公共道路管理人承担相应责任的要件，是不能证明已经尽到清理、防护、警示等义务。这一举证责任由公共道路管理人承担，能够证明自己已经尽到上述义务的，免除责任；不能证明者，存在过错，应当承担相应责任。

第三，行为人和公共道路管理人承担责任的方式是混合责任。由于本条规定妨碍通行物损害责任有两个责任人，所以属于多数人侵权责任，应当实行责任分担。责任分担的方式是混合责任，其规则是：首先，行为人应当对全部损害后果承担连带责任，而不管公共道路管理人是否应当承担相应责任。其次，公共道路管理人不能证明自己已经尽到管理义务的，应当承担相应的责任，即按份责任，而不是全部赔偿责任。具体确定方法是，公共道路管理人承担与其管理过失相适应的赔偿责任，即其有多少过失，就承担多少责任。管理人已经尽到上述义务，为没有过失，不承担侵权责任。

这样规定的后果是，如果妨碍通行物损害责任的行为人无法查清，而公共道路管理人不能证明自己已经尽到必要义务,则应当承担责任;但是,由于其承担的是"相应的责任"即按份责任,并不对全部损害负责,所以受害人存在无法获得全部赔偿的可能。如果公共道路管理人已经尽到必要义务,则受害人无法从公共道路管理人处获得任何赔偿,这样的情况还须特别注意。

六、林木损害责任

林木损害责任是指林木折断、倾倒或者果实坠落等,造成他人人身损害、财产损害的,由林木所有人、管理人或者使用人承担损害赔偿等责任的建筑物和物件损害责任。《民法典》第1257条规定:"因林木折断、倾倒或者果实坠落等造成他人损害,林木的所有人或者管理人不能证明自己没有过错的,应当承担侵权责任。"

林木损害责任具有以下法律特征:(1)林木损害责任是一种建筑物和物件损害责任,不属于行为致害责任,不存在积极的加害行为人;(2)林木损害责任的产生原因具有特殊性,即责任的产生是由于林木折断、倾倒、果实坠落等,除此并无其他原因;(3)林木损害责任的赔偿责任人具有特定性,只能是致害林木的所有人或管理人。

(一)林木损害责任的归责原则和构成要件

林木损害责任的归责原则适用过错推定责任原则。在实行过错推定的时候,受害人请求赔偿,无须举证证明林木所有人、管理人或者使用人对造成他人损害有过错,只须举证证明自己的损害事实,该损害事实为所有人、管理人或者使用人的林木所致,且所有人、管理人或者使用人对该林木具有支配关系,即从损害事实中推定林木所有人、管理人或者使用人在主观上有过错。所有人、管理人或者使用人主张自己无过错的,应当举证证明,不能证明或者证明不足,则推定成立,所有人、管理人或者使用人应承担损害赔偿责任;确能证明者,免除其损害赔偿责任。

林木损害责任的成立须具备以下构成要件:

第一,须有林木的致害行为。林木折断不仅仅是指路边树,而是指一切林木。林木致害行为是指林木折断,包括折与断,也包括林木倾倒,即林木倾倒但未折断;果实坠落致人损害与林木折断的情形并无两样,应当适用同样的规则。

第二,须有被侵权人的人身或者财产受损的事实。林木折断、倾倒或者果实坠落造成被侵权人的人身损害或者财产损害,即构成此要件。林木折断等造成的人身伤害,包括致人轻伤、重伤致残、死亡,其侵害的是生命权、健康权、身体权;造成的财产损失,包括已经造成的一切财产损失。

第三,林木折断、倾倒或者果实坠落须与损害事实之间有因果关系。林木折断、倾倒或者果实坠落与损害事实之间的因果关系,是指二者之间的引起与被引起的关系。林木折断、倾倒或者果实坠落直接造成被侵权人的人身伤害或者财产损失,为有因果关系;林木折断、倾倒或者果实坠落致人损害等物理力并未直接作用于他人的人身,而是引发其他现象,致他人的人身受损害,亦为有因果关系。

林木致人损害可能另有其他原因,如自然力的原因、他人的原因等,但林木致人损害的因果关系并不追究这种原因,因而不是指这种因果关系。

第四，须林木的所有人或管理人有过失。这种过失一般是指管理不当或欠缺。这种过失的心理状态是疏忽或者懈怠，过失的确定形式采推定方式。

(二)责任承担与免责事由

林木损害责任的赔偿权利主体是被侵权人，其可以直接向赔偿责任主体请求赔偿。林木损害的赔偿责任主体，是林木的所有人、管理人或者使用人。林木的所有人是林木致人损害的最直接的赔偿责任主体，当其直接占有、管理该林木时，该林木致人损害的，所有人应当承担赔偿责任。林木非由所有人管理、使用时，其赔偿责任主体不再是林木所有人，而是林木管理人或者使用人。

林木损害责任的免责事由为：

第一，林木的所有人或管理人无过错。林木所有人、管理人或者使用人能够证明自己无过错的，不成立赔偿责任。由于已经明确规定所有人、管理人能够证明自己无过错的即可免责，所以不必再证明其他免责事由的存在。

第二，不可抗力。如果林木折断是因不可抗力造成的，免除其所有人、管理人或使用人的赔偿责任。对此，应当严格区分不可抗力与一般自然力的区别。例如，一般的风把本该修剪的枯枝吹落，致人人身损害的，是一般自然力致害，林木的所有人或管理人应当承担损害赔偿责任；而台风使林木折断致人损害为不可抗力，林木的所有人或管理人应当免责。

第三，第三人过错和受害人过错。完全由于第三人的过错造成林木折断致害他人的，其所有人、管理人或使用人免责，损害赔偿责任应由第三人承担。如果第三人过错行为与林木的所有人、管理人或使用人的过错行为相结合而发生致害结果，则应当依照《民法典》第1171条关于"二人以上分别实施侵权行为造成同一损害，每个人的侵权行为都足以造成全部损害的，行为人承担连带责任"的规定处理。由于受害人自己的过错，致使林木折断造成自己损害的，免除林木的所有人、管理人或使用人的损害赔偿责任；如果损害是由双方过错行为造成的，依《民法典》第1173条关于过失相抵的规则确定责任分担。

七、地下工作物损害责任

(一)地下工作物损害责任的概念

地下工作物损害责任，是指在公共场所或者道路等地表以下挖掘、修缮、安装地下设施等形成的地下工作物，以及窨井等地下工作物，由于其施工人或者管理人没有设置明显标志、没有采取相应的安全措施或者没有尽到管理职责，造成他人人身或者财产损害，施工人或者管理人应当承担赔偿责任的建筑物和物件损害责任。《民法典》第1258条规定："在公共场所或者道路上挖掘、修缮安装地下设施等造成他人损害，施工人不能证明已经设置明显标志和采取安全措施的，应当承担侵权责任。窨井等地下设施造成他人损害，管理人不能证明尽到管理职责的，应当承担侵权责任。"

(二)地下工作物损害责任的归责原则和构成要件

地下工作物损害责任适用过错推定原则，其构成要件是违法行为、损害事实、因果关系和主观过错。地下工作物损害责任的构成有以下特点：

第一,致害物件为地下工作物。地下工作物,仅指在公共场所或者道路上挖掘、修缮安装地下设施等形成的工作物。地下工作物可以是有体物,也可以是无体物,都是在地下形成的空间,都须以空间的形式与土地的地表相连,即在原土地形态、面貌上有所改变,留下位处地面以下的空间。如果工作物虽与土地相连,但是在地面或地面上留有其形体,且没有与地面相连的地下空间,则不属于地下工作物的范围。同时,地下工作物所处地点不仅仅包括公共场所、道旁或通道,还应当包括一切有人员出入可能性的场合,只要在这样的场合中设置地下工作物,有造成他人损害可能的,均属这一要件。因此,在自己院内挖坑或在农田中挖井,若有人掉入坑内或者井中受到伤害,也构成地下工作物损害责任,不能按一般侵权行为确定责任。

《民法典》第1258条继续坚持上述地下工作物的范围,但又特别规定了窨井等地下工作物的损害责任。该条第2款规定的内容与第1款的区别在于:第1款规定的地下工作物是施工中形成的,或者正在施工中的地下工作物;而第2款规定的窨井等地下工作物是工作物本身,是使用中的地下物。以窨井为例,窨井在修缮、安装过程中造成他人损害的,适用该条第1款;窨井在使用中而不是修缮、安装中造成他人损害的,适用该条第2款。因此,第1款规定施工中"施工人不能证明已经设置明显标志和采取安全措施的,应当承担侵权责任",第2款规定"管理人不能证明尽到管理职责的,应当承担侵权责任",对前后两种工作物损害责任的要求是不一样的。

第二,义务人未履行"设置明显标志和采取安全措施"或者"尽到管理职责"等作为义务。《民法典》第1258条赋予地下工作物的施工人或者管理人的特别的作为义务,是在有可能致人损害危险的地下工作物的施工过程中必须设置明显标志和采取安全措施,在日常运营中必须善尽管理职责。未按法律规定履行作为义务,即构成不作为的违法行为。对于第1258条第1款,设置明显标志和采取安全措施这两种作为义务应当同时履行,才符合法律规定的作为义务的要求;只履行其中一项义务而未履行另一项义务,仍属未尽作为义务,其行为仍具违法性,造成损害时仍须承担赔偿责任。该条第2款规定的未尽管理职责,是典型的不作为行为。履行本条规定的作为义务的注意程度,应采善良管理人注意的标准,对标志的明显性和措施的安全性均应作较高的要求。

第三,造成的后果是人身损害和财产损害。地下工作物造成的损害主要是被侵权人的人身损害,但也存在造成被侵权人财产权损害的可能。被侵权人掉进正在施工的坑中,造成人身伤害,是人身损害的损害事实。马路上的窨井井盖缺损,被侵权人驾驶汽车经过,使汽车陷在窨井内,造成汽车损害,是财产损失。

第四,赔偿责任主体为地下工作物的施工人或者管理人。地下工作物损害责任的赔偿责任主体是地下工作物的施工人或者管理人。在《民法典》第1258条第1款规定的情形下,地面施工的对象是地下工作物,法律要求施工中必须设置明显标志和采取安全措施。由于是正在施工中的地下工作物致人损害,应当承担责任的赔偿责任主体当然是施工人,其在施工中具有过失,就应当对地下工作物因自己的过失所造成的损害承担赔偿责任。在《民法典》第1258条第2款规定的情形下,地下工作物在使用过程中,由于管理人未尽管理职责造成的他人损害并非在施工中所致,对此损害的赔偿责任应当由管理人承担。

第五,过错要件实行推定。地下工作物损害责任实行过错推定原则,只要施工人、管理人未设置明显标志、未采取安全措施或者未尽到管理职责，就直接推定其有过错，不必由被侵权人证明其过错。施工人主张自己没有过错的，应当证明自己设置了明显标志并采取了安全措施。如果是管理人承担责任，则由其证明自己已尽管理职责，否则为有过错。

(三) 责任承担和免责事由

地下工作物损害责任的赔偿责任主体为地下工作物的施工人或者管理人。如果地下工作物的所有人因未设置明显标志、未采取安全措施，以及未尽管理职责，致使施工人或者管理人在施工中或者管理中造成损害后果，应当依照定作人指示过错责任规则处理。也就是说，如果施工人或者管理人在施工中或者管理中致使地下工作物造成他人损害，是由于地下工作物所有人的指示过失、选任过失所致，则完全符合定作人指示过错责任的规则要求，应当由地下工作物所有人承担损害赔偿责任。

地下工作物损害责任的免责事由为：

第一，地下工作物的施工人或管理人无过错。依《民法典》第1258条的规定，地下工作物的施工人或者管理人能够证明自己已经设置明显标志并采取安全措施，或者能够证明自己已尽管理职责，即为无过错，因此不成立赔偿责任。由于已经明确规定施工人、管理人能够证明自己无过错的即可免责，所以不必再证明其他免责事由的存在。

第二，不可抗力。如果地下工作物造成损害是因不可抗力引起的，则免除其施工人、管理人的赔偿责任。

第三，第三人过错和受害人过错。完全由于第三人的过错造成地下工作物致害他人的，其施工人、管理人免责，损害赔偿责任应由第三人承担。如果第三人过错行为与地下工作物施工人、管理人的过错行为相结合而发生损害结果，则应当依照《民法典》第1171条关于"二人以上分别实施侵权行为造成同一损害，每个人的侵权行为都足以造成全部损害的，行为人承担连带责任"的规定处理。损害完全是由于受害人自己的过错，免除地下工作物施工人、管理人的损害赔偿责任。如果损害是由双方过错行为造成的，则依据《民法典》第1173条关于过失相抵的规则进行责任分担。

—— 本章思考题 ——

1. 确定建筑物和物件损害责任适用何种归责原则？须具备哪些要件才能构成这种特殊侵权责任？
2. 建筑物和物件损害责任的免责事由有哪些？
3. 建筑物等倒塌、塌陷损害责任应当如何适用法律？如何区分设置缺陷与管理缺陷？
4. 建筑物等及其搁置物、悬挂物损害责任应当如何适用法律？
5. 抛掷物、坠落物损害责任应当如何适用法律？这种特殊侵权责任是过错责任吗？
6. 堆放物损害责任应当如何适用法律？
7. 障碍通行物损害责任应当如何适用法律？其责任主体有何特点？

8. 林木损害责任应当如何适用法律?
9. 地下工作物损害责任应当如何适用法律?《民法典》第1258条为什么对此规定两种法律适用规则?

第十一章　其他侵权责任类型

| 本章要点 |

首先,本章介绍我国侵权责任类型中的一般侵权责任,其中,按照我国司法实践经验,分为9种侵权责任类型:故意或者过失侵害人身、故意或者过失侵害人格以及利益、妨害家庭关系、侵害物权、侵害债权、侵害知识产权、媒体侵权、商业侵权以及恶意利用诉讼程序的侵权责任;其次,介绍《民法典》没有规定的两种侵权责任类型,即工伤事故责任和帮工责任。

侵害人身	侵害人格	妨害家庭关系	侵害物权	侵害债权
侵害知识产权	媒体侵权	商业侵权	恶意利用诉讼程序
工伤事故责任	帮工责任	生效时间

第一节　《民法典》没有直接规定的一般侵权责任类型

| 典型案例 |

汪某到深圳市打工,到一家医院拔掉三颗槽牙。3个月后,汪某感觉自己的右脸小了一点,怀疑为拔牙所致。4年后,汪某发现自己的右脸越来越凹陷下去,变得丑陋,经过某大学附属医院神经科鉴定,认为属于右口轮匝肌神经性损害。汪某起诉后,法院建议其撤诉并重新鉴定。经上海市某医院检验,认为可以考虑起始原因为因局部麻醉、拔牙所造成的后遗症。这是对身体权进行侵害的侵权行为。

一、故意或者过失侵害人身

（一）故意或者过失侵害人身的概念与基本规则

故意或者过失侵害人身的侵权行为,是故意或者过失地侵害生命权、健康权或者身体权及其相关人格利益的侵权行为。

故意或者过失侵害人身的基本规则包括:

第一,侵害客体包括生命权、健康权和身体权。故意或者过失侵害人身的侵权行为侵害的客体,是物质性人格权,即生命权、健康权和身体权。凡是以这些权利为侵害对象的侵权行为,都是故意或者过失侵害人身的侵权行为。因此,故意或者过失侵害人身的侵权行为,可以分为故意或者过失侵害身体、故意或者过失侵害健康权、故意或者过失侵害生命权。

这样区分的意义在于,所有的侵害身体权的侵权行为,都被概括在这一种侵权行为当中,除此之外,即在其他任何类型的侵权行为中,都没有侵害身体权的侵权行为。侵害生命权、健康权的侵权行为却不一定都是故意或者过失侵害人身的侵权行为,因为在下面阐释的各种不同的侵权行为类型中,都有可能存在侵害生命权和健康权的行为。而此处的这种侵权行为类型,主要是指具有明确的故意或者纯粹的过失,侵害生命权或者健康权的侵权行为。

第二,侵害客体还包括物质性人格利益。在侵害人身的侵权行为中,还包括侵害胎儿和侵害死者遗体的侵权行为,其侵害的客体是物质性人格利益。胎儿是人没有出生之前的形态,虽然其还没有民事权利能力,没有人格,但是其作为一个人的基本形态已经具备,产生民事权利能力和人格只是时间的问题。因此,胎儿的身体、健康利益受到损害的,应当受到侵权责任的保护。人死亡之后,其物质性人格利益也要受到保护,这就是对尸体的保护。这两种物质性人格利益的保护,就是通常所说的人身权的延伸保护。[1]

第三,责任方式主要是人身损害赔偿。故意或者过失侵害人身的侵权行为的损害赔偿责任,是赔偿侵权行为所造成的财产损失,诸如医药费赔偿、误工费赔偿、丧葬费赔偿等;同时还要赔偿精神损害抚慰金。

(二)故意或者过失侵害人身的侵权行为的具体形式

1. 侵害身体

侵害身体的行为是侵害他人身体权,破坏身体组成部分完整性的侵权行为。

中国传统习惯对身体权不够重视,在法律上也不够重视。长期以来,人们并不认为一般的身体接触是对身体权的侵害;即使是对身体权造成了损害,一般也不会请求损害赔偿,法院一般也不支持其损害赔偿的请求。这并不是说明中国的自然人不需要保护身体权,反而说明对身体权的保护有必要进一步加强。

侵害身体权的责任实行过错责任原则。无过错责任原则不适用于侵害身体权行为。

要构成侵害身体的侵权责任,应当具备侵害身体权的违法行为。行为主要以作为的方式构成,如殴打、非法搜查、侵扰等,均为作为的方式。当行为人对他人负有特殊的作为义务时,不作为也可以构成侵权行为。确认侵害身体权的损害事实,最重要的是必须与侵害健康权的损害事实区分开。其标准在于,侵害身体权,必须是对身体构成的完整性、完全性的损害,而对于身体机能运作的正常性及其整体功能的完整性没有明显的影响。故意、过失均可构成对身体权的侵害。在非法搜查、侵扰、殴打等行为中,行为人的过错应为故意;违反法定作为义务的不作为或不当外科手术导致身体损害的,行为人应为过失。

侵害身体是对自然人身体完整性的侵害,包括形式上的完整性破坏和实质上的完整性

---

[1] 杨立新、王海英、孙博:《人身权的延伸法律保护》,载《法学研究》1995年第2期。

破坏。对身体组成部分的实质完整性的破坏，是侵害身体权的实质的完整，造成身体组成部分的残缺，如强制性剪掉他人的毛发、对他人进行强制性的抽血等。对身体组成部分形式上完整性的侵害，是对身体的冒犯。

构成侵害身体权的，行为人应当承担赔礼道歉、停止侵害、赔偿损失等责任；造成精神损害的，受害人有权请求精神损害抚慰金。

侵害身体的具体侵权行为，包括非法搜查身体、侵扰身体、没有造成伤害的冒犯性殴打、破坏身体组织、强制性利用身体组织等行为。

2. 故意或者过失侵害健康权

很多类型的侵权行为都可以构成对健康权的损害。故意或者过失侵害健康权，单指行为人实施行为的目标侵害对象是他人的健康权，而不是实施其他类型的侵权行为同时侵害了健康权。

构成故意或者过失侵害健康权的侵权责任，首先，要有侵害健康权的违法行为。侵害健康权行为主要是作为方式，即行为人违反了保护他人健康权的不作为义务，通过积极的行为而致他人健康以损害。不作为也可以侵害健康权。其次，要有健康权受损的事实，包括三个层次：一是健康受损的事实，这表现为自然人维持人体生命活动的生理机能的正常运作和功能的完善发挥受到损害，因而生理机能不能正常运作，功能不能完善发挥，包括器质性的损害和功能性损害；二是健康受损导致受害人财产利益的损失，指受害人因医治伤害、恢复健康所支出的费用，以及因健康受损而导致的其他财产损失；三是精神痛苦，这种损害难以用金钱计算，但金钱上的适当赔偿，可以抚慰受害人的感情，平复其精神创伤。健康损害分为一般伤害和劳动能力丧失。一般伤害赔偿按照常规赔偿进行；丧失劳动能力的赔偿则在常规赔偿的基础上，还要赔偿受害人的残疾赔偿金等。再次，侵害健康权的违法行为与损害事实之间应当具备因果关系，是否具备因果关系应依相当因果关系学说判断。最后，对于侵害健康权的责任构成，故意、过失均可。

故意或者过失侵害他人健康权分为两种基本类型：一是一般伤害，即受害人所受伤害经过治疗可以痊愈，恢复健康，没有丧失劳动能力；二是造成劳动能力丧失，即受害人健康权受到侵害造成残废，其劳动能力丧失。这两种侵权行为都是侵害健康权的行为，只是后果不一样，行为人承担的责任也不同。

侵害他人健康权，行为人首先应当承担赔偿财产损失的责任；同时，受害人也有权请求精神损害抚慰金的赔偿。

侵害未成年人的健康权，造成残疾或者其他严重后果的，对受害人的终身产生严重影响，应当承担更重的责任，以补偿其长期受到的损害和痛苦。

3. 故意或者过失侵害生命权

生命权是以自然人的生命安全的利益为内容的权利，[2]是自然人的最高人格利益，法律必须予以严密保护。凡是故意或者过失侵害生命权的都构成侵权行为，行为人应当承担侵权责任。

构成侵害生命权侵权责任，必须具有生命权丧失的损害事实，通常包括三个层次：一是

---

[2] 史尚宽：《债法总论》，台北，荣泰印书馆1978年版，第140页。

生命丧失的事实。民法上所说的侵害生命权,其意义较刑法上杀人的意义更广,乃指招致自然人死亡的一切违法行为。[3] 因而侵害生命权的最基本的损害事实,就是生命丧失。二是生命丧失导致死者近亲属财产损失的事实,包括死者近亲属为抢救受害人而支出的费用,如抢救医疗费、护理费、车船费、住宿费等,也包括死者近亲属为安葬死者而支出的丧葬费。三是死者近亲属的精神损害。

侵害生命权的违法行为包括作为和不作为,违反不作为义务致死他人,是侵害生命权的违法行为;违反作为义务,以不作为的方式致人死亡,亦为侵害生命权的侵权行为。侵害生命权的违法行为与生命丧失的损害事实之间须有因果关系,其中,判断因果关系的标准为相当因果关系,即依通常的社会经验和智识水平予以判断,并不要求必然因果关系的存在。侵害生命权行为的主观要件并无特殊要求,故意、过失均可构成。

故意侵害生命权,是故意剥夺他人生命的行为,这种行为是犯罪行为。在侵权责任法的立场上讨论故意杀人行为,多数是刑事附带民事损害赔偿问题,即犯故意杀人罪的行为人要承担民事责任。如果杀人的是无刑事责任能力的未成年人或者精神病人,因为其不能负刑事责任,所以就是纯粹的民事侵权行为,是法定代理人的侵权责任,要由其法定代理人承担民事责任。行为人未尽必要注意义务,造成剥夺他人生命权的后果的,构成过失侵害生命权的侵权行为。

侵害生命权侵权行为的责任形式是损害赔偿,包括赔偿财产上的损失和精神上的损害。受害死者的近亲属有权请求上述赔偿。至于侵害生命权的损害赔偿究竟是怎样产生的,理论上对此有不同的主张,如"民事权利能力转化说""加害人赔偿义务说""同一人格代位说""间隙取得请求权说"等。本书认为,"双重受害人说"更为贴切,即在侵害生命权的场合,实际上有两个或两个以上受害人,而且都是直接受害人:生命权丧失之人是其中一个直接受害人,是生命权受到损害的人;另外的直接受害人则是因为该近亲属的死亡而损失财产和造成精神利益损害的人,其也是直接受害人,有权直接请求损害赔偿。《民法典》采取双重受害人的立场,第1181条第1款规定:"被侵权人死亡的,其近亲属有权请求侵权人承担侵权责任……"该条第2款规定:"被侵权人死亡的,支付被侵权人医疗费、丧葬费等合理费用的人有权请求侵权人赔偿费用,但是侵权人已经支付该费用的除外。"

4.侵害胎儿人身利益

对于侵害胎儿人身利益的侵权行为,加害人应当承担侵权责任。

侵害胎儿人身利益的侵权行为有两种形式:一是直接侵害胎儿人身,即行为人的行为直接指向胎儿的身体健康,意图造成胎儿的健康受损,这种侵权行为较为少见;二是间接侵害胎儿人身,即行为人的行为侵害了孕妇的身体健康,从而造成了胎儿的身体健康受损。有人认为我国侵权法没有规定对胎儿利益的保护,这是不对的。《民法典》第16条的规定确立了保护胎儿利益的侵权损害赔偿责任。

确定侵害胎儿人身利益的侵权责任的基本规则是:第一,胎儿在母体中时其人身利益受到损害的,胎儿出生后,有权请求侵权人承担赔偿损失的侵权责任;第二,胎儿出生后死亡的,其人身利益受损的赔偿请求权由其法定代理人享有,其法定代理人有权向行为人请

---

[3] 龙显铭:《私法上人格权之保护》,中华书局1958年版,第43页。

求损害赔偿;第三,胎儿人身利益受损的诉讼时效,应当从其损害被发现之日起计算,而不是从其出生之时起计算;第四,如果侵权行为使胎儿流产,即母亲受到侵害后生产的是死胎的,则不认为是侵害了胎儿的身体健康,而是侵害了母亲的身体健康,母亲享有损害赔偿请求权。

5. 侵害尸体

死者的遗体、遗骨,以及骨灰和埋葬遗体及骨灰的墓葬,都受到法律保护,禁止对其进行非法侵害。凡是故意、过失侵害死者的遗体、遗骨或者墓葬的行为,都是侵权行为。例如,非法利用尸体(包括死胎)、非法损害尸体、非法陈列尸体、殡仪馆对尸体进行不法处理等行为,都属于侵害尸体的侵权行为。对骨灰、墓葬等的侵害,既是对死者人格利益的侵害,也是对死者近亲属祭祀权或者管理权的侵害。

二、故意或者过失侵害人格

(一)故意或者过失侵害人格的概念和基本规则

故意或者过失侵害一般人格权和精神性人格权及其利益的侵权行为,构成故意或者过失侵害人格的侵权行为。

故意或者过失侵害人格的基本规则包括:

第一,侵害的客体是一般人格权和精神性人格权以及其他人格利益。这种侵权行为所侵害的客体,包括人身自由权、名誉权、隐私权、性自主权、肖像权、姓名权、名称权、荣誉权、信用权、个人信息权、人格尊严和其他人格利益(一般人格权)。这些权利都是精神性人格权,可以分为:标表型人格权,如姓名权、名称权和肖像权;评价型人格权,如名誉权、荣誉权和信用权;其他人格权,如人身自由权、隐私权、个人信息权、性自主权;一般人格权,即人格尊严和其他人格利益。此外,对于死者的人格利益,《民法典》第994条也予以保护,其保护的是死者的姓名、肖像、名誉、荣誉和隐私利益。

第二,适用过错责任原则。凡是故意或者过失侵害他人人格及其利益的侵权行为,都适用过错责任原则,不适用过错推定原则,也不适用无过错责任原则。

第三,侵权行为造成的损害事实是精神利益的损害。确定故意或者过失侵害他人人格及其利益的精神损害赔偿,应当明确,赔偿的是对这些人格利益中的精神利益的损害,而不是一般的精神痛苦。只要构成这类侵权行为,就应当考虑责令侵害人承担精神损害赔偿责任。同时,这类侵权行为也可能造成财产上的损害,这也是损害事实的内容。

第四,基本的救济手段是精神损害赔偿。故意或者过失侵害他人人格及其利益的基本救济手段是精神损害赔偿,辅之以停止侵害、赔礼道歉、消除影响、恢复名誉、赔礼道歉等非财产性的民事责任方式。在实践中,应当根据具体的情况决定适用何种侵权责任方式。造成财产利益损害的,还应当赔偿财产损失。

(二)故意或者过失侵害他人人格及其利益的具体侵权行为

1. 侵害姓名权

采取盗用、假冒、非法干涉、不当使用等方式,侵害他人姓名权的,构成侵权行为。侵害姓名权的主要方式是盗用和假冒,非法干涉、不当使用他人姓名的,也构成侵权行为。

侵害姓名权的违法行为一般由作为的方式构成。如盗用、冒用、非法干涉他人姓名的行为,均须以作为的方式进行,不作为不构成此种侵权行为。以不作为方式侵害姓名权,只存在于应使用而不使用他人姓名的场合。侵害姓名权的损害事实,以盗用、冒用他人姓名,干涉他人行使姓名权,不使用他人姓名的客观事实为已足,不必具备特别的损害事实。由于侵害姓名权的违法行为和损害事实合一化的特点,对二者之间的因果关系无须加以特别证明。侵害姓名权的过错应为故意,过失不构成侵害姓名权。

侵害姓名权应当承担的责任方式,是停止侵害、赔礼道歉、消除影响、赔偿损失。侵害姓名权而获得利益的,应当赔偿权利人的财产利益损失。

侵害姓名权的侵权行为主要是:

(1)应当使用而不使用他人姓名。姓名是正当的指示手段,指明某人时,应使用其姓名。[4] 应当使用他人姓名而不予使用,为侵权行为。如使用他人作品时,未予标表作者姓名,或者标表有误,[5] 而导致他人不能辨认为是原作者的作品的;指明某人时,应使用其人之姓名,否则其人之姓名权即受侵害;[6] 不称呼他人姓名而代以谐音,因不正确使用他人姓名而侵害他人姓名权。[7]

(2)干涉行使姓名权。干涉命名权,指干涉自然人为自己命名权利的行使,表现为不准某自然人使用其姓名,或者强迫某自然人使用某姓名。干涉改名权,强迫自然人变更姓名,或者强迫自然人不得变更姓名,均为侵权行为。

(3)盗用他人姓名。盗用他人姓名,为未经本人同意,擅自使用他人的名义从事不利于姓名权人的行为。

(4)假冒他人姓名。假冒他人姓名,不仅是未经姓名权人的同意而使用其姓名,而且还冒充该姓名权人的名义从事民事活动。假冒他人姓名就是冒名顶替,即使用他人姓名并冒充该人,实施民事活动或其他行为。

(5)故意混同他人姓名。故意利用自己的姓名与被侵害人姓名相同或相近的特点,冒充他人进行民事活动,为故意混同他人姓名的侵权行为。姓名的平行是重名,不构成侵害姓名权;姓名的混同,则构成侵害姓名权。两种行为的区别在于:前者不是故意而为,后者是故意而为;前者没有侵权目的,后者有一定的侵权目的。

2. 侵害名称权

采取盗用、假冒、非法干涉、不当使用等方式侵害他人名称权的,构成侵害名称权的侵权行为。侵害名称权的主要方式是盗用和假冒,凡是盗用、假冒他人名称的,都构成侵权行为。非法干涉、不当使用他人名称的,也构成侵权行为。

侵害名称权赔偿责任的构成,仍须具备侵权责任的一般构成要件,即具备侵害名称权的违法行为,名称权受有损害的客观事实,该违法行为与损害结果有因果关系,主观上的过错这四个要件。

侵害名称权应当承担的责任方式,是停止侵害、赔礼道歉、消除影响、赔偿损失。这四

---

[4] 何孝元:《损害赔偿之研究》,台北,商务印书馆1982年版,第152页。
[5] 张俊浩主编:《民法学原理》,中国政法大学出版社1991年版,第148页。
[6] 龙显铭:《私法上人格权之保护》,中华书局1958年版,第89页。
[7] 何孝元:《损害赔偿之研究》,台北,商务印书馆1982年版,第152页。

种责任方式都可以采用,但法律更侧重保护名称权中的经济利益,着重适用损害赔偿的方式进行保护。在确定侵害名称权的赔偿范围时,应当特别注意侵害名称权而获得利益的情形。这种获利是名称权的人格利益所转化的财产利益,应当归属于权利人,受害人有权在获利范围内请求赔偿损失。

(1)干涉名称权的行使。干涉他人名称权的行使,是指干涉他人依法选择名称、使用名称、变更名称、转让名称的权利。例如,禁止他人变更名称、禁止他人使用某种名称、强迫他人使用某种名称,都是侵害名称权的行为,行为人应当承担侵权责任。

(2)盗用、冒用他人名称。盗用名称是未经名称权人同意,擅自使用他人的名称。冒用名称是未经名称权人同意,不仅使用他人名称,而且还冒名顶替,进行民事活动和行为。盗用和冒用他人名称,都是非法使用他人名称、侵害他人名称权的行为。其区别在于,前者仅仅是使用他人的名称,后者则是不仅使用他人名称,而且还冒充他人进行民事行为。

(3)名称混同。在名称登记范围内,同行业的营业不得以不正当竞争为目的,使用与登记与他人名称相似或易为人误认的名称。此种行为为名称的混同,是非法侵害他人名称权的侵权行为。

(4)违反约定使用他人名称。名称权可以转让,一种是名称使用权部分让与,另一种是名称权全部出让。违反约定使用他人名称的行为,分为三种形式:一是权利人部分转让名称使用权,受让人超出使用范围而使用;二是权利人部分转让名称使用权,受让人将取得的名称使用权擅自转让给他人使用;三是权利人全部出让自己的名称权之后,仍然继续使用,构成对新的权利人的名称权的侵害。

(5)应当使用而不使用他人名称。应当使用他人名称而不使用或改用他人的名称,也构成对名称权的侵害。

3. 侵害肖像权

侵权肖像权,是指未经权利人同意,擅自制作、复制、使用、销售、毁损他人肖像的侵权行为。凡是符合这样要求的行为,都构成侵害肖像权的侵权行为。

构成侵害肖像权责任,首先,须有肖像使用行为。公布、陈列、复制、利用或者商业化开发他人的肖像的,都属于肖像使用行为。其次,须未经肖像权人同意而使用。肖像的使用应在双方当事人之间协议进行,依照合同约定的范围而使用。未经同意而使用他人肖像的,破坏了肖像权的专有性,具有违法性。最后,须无阻却违法事由而使用。虽然未经本人同意而使用他人肖像,但如果有阻却违法事由,则该使用行为合法。具备这三个要件,即构成侵害肖像权。

侵害肖像权的责任方式是停止侵害、赔礼道歉、赔偿损失。赔偿损失是用精神损害赔偿的方式,即赔偿受害人精神利益的损失。在确定侵害肖像权的赔偿范围时,应当特别注意侵害肖像权而获得利益的情形。这种获利是由肖像权的人格利益所转化的财产利益,应当归属于权利人,受害人有权在侵权行为人获利范围内请求赔偿损失。

侵害肖像权的免责事由有:一是为了新闻和舆论监督的需要而确有必要使用;二是以社会公共利益为目的使用公众人物的肖像;三是国家机关为执行公务确有必要而强制使用;四是为了本人的利益而确有必要使用;五是在诉讼过程中,当事人在举证中涉及有关自然人的肖像;六是其他以社会公共利益为目的而确有必要使用。

侵害肖像权的侵权行为主要是：

(1)未经同意而使用他人肖像。凡是未经本人同意而使用他人肖像的，无论是否具有营利目的，都构成侵权行为。这种使用是广义的，包括一切形式的使用，如非法复制、非法传播、非法利用等。即使经过约定，肖像使用人有权使用权利人肖像的，如果超出约定的使用范围而使用，亦为侵权行为。

(2)对肖像的毁损。故意毁损他人肖像，构成对他人肖像权的侵害，应当承担侵权责任。过失造成肖像毁损的，不构成侵害肖像权，可能构成侵害财产权的侵权责任。

(3)非法转让取得的他人肖像使用权。使用权人经过约定取得权利人的肖像使用权，在约定的使用范围内的使用，是合法行为；但未经权利人本人同意，擅自转让取得的该肖像使用权，构成对肖像权的侵害，应当承担侵权责任。

(4)对人体模特肖像权的侵害。自然人接受作为人体模特的邀请，同意为他人的文艺创作担任模特，视为放弃以其人体形象制作的作品的肖像权。创作的艺术家以艺术的目的而使用该作品的，不认为侵害肖像权。如果另有约定，应当按照约定的范围使用该作品；超出范围而使用该作品的，构成侵权。

4. 侵害名誉权

名誉是对特定民事主体的综合才能的客观综合评价。名誉是客观名誉，不是主观名誉。主观名誉也称为名誉感，是民事主体对自己名誉的感受。名誉权只保护客观名誉，不保护主观名誉。行为人实施的违法行为致使民事主体的客观名誉受到损害的，构成侵害名誉权。[8]

名誉权受到损害的标准，是行为人基于故意或者过失，将侮辱、诽谤的言词或者行为予以公布，为第三人所知悉，即构成该种侵权行为。

认定侵害名誉权应当特别注意以下几个问题：第一，侵害名誉权的行为方式，主要是侮辱、诽谤以及其他侵害名誉权的方式。第二，侵权责任构成要件：一是存在关于他人的虚伪、不实并具诽谤性、侮辱性的陈述或者其他侵害名誉权的行为；二是将上述陈述或者行为向第三人公布，使第三人知悉；三是行为人具有故意或者过失。第三，侵权责任方式包括停止侵害、恢复名誉、消除影响、赔礼道歉、赔偿损失等。第四，受害主体的范围包括自然人、法人和非法人组织。侵害法人或者非法人组织名誉权的，也应当承担侵权责任。第五，侵害名誉权的免责事由包括自然人依法向国家机关工作人员提出批评和建议，各级人民代表、政协委员在各种会议上的发言，有关党政机关部门依据职权对自己管理的干部职工作出的与其工作有关的评价，从事正当的舆论监督，以及其他履行法律或道德义务的行为等。

侵害名誉权的侵权行为主要是：

(1)诽谤。诽谤指的是把某种事实归罪于某人的詈骂。对自然人进行诽谤一般表现为：出于妒忌或报复而捏造并散布有损他人名誉的虚假事实；在新闻报道中捏造有损他人名誉的虚假事实；在文学作品中编造损害他人名誉的虚假情节等。对法人进行诽谤一般表现为：捏造并散布有损法人名誉的虚假事实；以公函或广告虚构事实，诽谤法人声誉；在电

---

[8] 对于主观名誉即名誉感的侵害，如果损害严重，应当认定为侵害其他人格利益，可以按照一般人格权的保护方法进行保护。

视、广播、报纸等新闻媒介的报道中虚构事实,损害法人名声等。诽谤的内容包括一切有损于他人名誉的言论和事实,如诬蔑他人犯罪、品德不良、素质能力不高、企业形象不佳等。判断的标准是,如果某种言论经社会中具有正常思维能力的成员判断,认为有损于他人的名誉,该言论即为诽谤。诽谤无须有较大范围的散布,以第三人知悉为最低限度。

(2)侮辱。侮辱是以谴责某种缺陷或者一般的侮辱性语言,使对方名誉受到损害,蒙受耻辱。侮辱既可以以行为方式进行,也可以以语言方式进行。侮辱以语言方式进行时,其与诽谤之间的区别是:诽谤的言词是无中生有,"无事生非";而侮辱则是将现有的缺陷或其他有损他人的社会评价的事实扩散、传播出去,以诋毁他人的名誉,让其蒙受耻辱。因此,侮辱可以被称为"以事生非"的言词或者行为。

(3)过失侵害名誉权。没有诽谤、侮辱的故意,而是由于没有尽到应尽的注意义务而损害他人名誉的,也构成侵害名誉权。

(4)其他侵害名誉权的行为。虽然行为人没有指名道姓地实施侮辱、诽谤行为,但通过其动作、行为或语言内容等,能够使社会一般人认定其指向某特定人,从而使该特定人的名誉受到损害的,应当认定该行为为侵害名誉权的侵权行为,行为人须承担民事责任。

5. 侵害信用权

信用权是民事主体就其所具有的经济能力在社会上获得的相应信赖与评价所享有、保有和维护的人格权。

按照《民法典》的规定,我国对信用权的保护采用间接保护的方式,将侵害信用权的行为认定为侵害名誉权,用保护名誉权的方式保护信用权。《反不正当竞争法》第11条规定了"经营者不得编造、散布虚伪事实,损害竞争对手的商业信誉、商品声誉"的内容,其中包括了信用权的内容。但是,理论和实务并没有确立信用权的独立地位,还是采用保护名誉权的方法保护信用权。

要构成侵害信用权的违法行为,首先必须具备有损他人信用的内容,包括对主体的经济实力、履约能力和态度、产品质量、经营现状、销售状况等经济能力的贬损、误导以及施加其他不当影响的事实。侵害信用权的损害事实,是侵权行为作用于社会,导致公众对特定主体经济能力的信赖毁损和社会经济评价降低,以及由此造成的财产利益损失。侵害信用权的因果关系较易判断。侵害信用权的主观过错形态不限于故意,无论行为人主张或散布有损他人信用的事实是出于故意,还是出于过失,均可构成对信用权的侵害。[9]

侵害信用权的侵权行为主要是:

(1)主张不真实信息而侵害信用权。主张不真实信息而侵害信用权的行为,一般表现为作为的方式,以编造、传播、转述流言为主要形式。主张或散布的事实应当是不真实的事实,包括绝对不真实的事实和相对不真实的事实。前者包括故意虚构的事实、自认为真实但却不真实的事实、轻信他人主张的不真实事实;后者行为人所述事实为真实事实,但对其实质内容未作详细说明,或对事实未作全面报道。[10]

(2)影射、攻击他人信用。影射、攻击他人信用,构成侵害信用权的侵权行为。贬损经

---

[9] 王利明主编:《民法·侵权行为法》,中国人民大学出版社1993年版,第301页。
[10] 王利明主编:《民法·侵权行为法》,中国人民大学出版社1993年版,第301页。

营者的经济能力,造成公众对经营者信赖程度的降低,就是对信用的损害,损害了信用权人的社会经济评价,构成侵权。

(3)不作为而侵害信用权。当行为人负有特定的作为义务时,不作为亦可构成侵害信用权的侵权行为。《消费者权益保护法》第20条第1款规定:"经营者向消费者提供有关商品或者服务的质量、性能、用途、有效期限等信息,应当真实、全面,不得作虚假或者引人误解的宣传。"该条第2款规定:"经营者对消费者就其提供的商品或者服务的质量和使用方法等问题提出的询问,应当作出真实、明确的答复。"这种答复和提供信息的义务,就是法定的作为义务。违反这种义务,没有提供商品、服务的真实信息,甚至作出引人误解的虚假宣传,造成他人信用损害的,即为不作为的侵害行为。

6. 侵害荣誉权

荣誉权是权利人对于取得的荣誉保有和维护的权利。非法剥夺、诋毁、贬损他人荣誉,属于侵害荣誉权的行为。扣押、侵夺他人获得的荣誉中的财产的,同样构成侵权行为。

侵害荣誉权的违法行为,是行为人对荣誉权人的荣誉及其利益造成损害的作为和不作为。侵害荣誉权的损害事实,是违法行为侵害荣誉权,造成荣誉及其精神利益、财产利益的损害。荣誉的损害往往导致财产利益的损失,如荣誉权的物质利益获得权和支配权受到损害。侵害荣誉权的因果关系要件,要求荣誉权的损害事实必须是由侵害荣誉权的违法行为所引起的。故意、过失均可构成侵害荣誉权的过错要件。

在侵害荣誉权的侵权行为中,有一种特别的情况,是对荣誉权中的财产利益的损害,也就是加害人实施侵害荣誉权的物质利益获得权和既得权的行为,造成了受害人荣誉权中附带的财产利益的损害。对此,行为人在承担精神损害赔偿的责任之外,还应当承担财产利益损失的赔偿责任。

侵权荣誉权的侵权行为主要是:

(1)非法剥夺他人荣誉。非法剥夺他人荣誉,是指未经合法程序,取消他人的荣誉,或者非法宣告取消他人的荣誉。这种行为可能出现剥夺的后果,也可能没有出现剥夺的后果。不论是否出现荣誉被剥夺的后果,凡是实施非法剥夺他人荣誉的行为,都构成侵害荣誉权的侵权行为。

(2)非法侵占他人荣誉。行为人以非法手段窃取、强占、冒领或者非法侵占他人荣誉的行为,都是侵害他人荣誉权的行为。这些行为既可以机关、组织为主体,也可以自然人为主体,侵权人大致要和荣誉权人有一定的关联。

(3)诋毁、贬损他人荣誉。严重诋毁、贬损他人所获得的荣誉,以及严重侵害荣誉的精神利益的行为,构成侵害荣誉权的侵权行为。例如,对他人获得的荣誉心怀妒忌,趁机报复,向授予机关或组织诬告,诋毁荣誉权人,造成严重后果的,构成侵害荣誉权的侵权行为,应当承担相应的侵权责任。[11]

(4)剥夺、侵害荣誉财产。对于荣誉权人附随享有的物质利益,颁奖单位、授予荣誉的机关或组织如果将其扣发、挪作他用、少发等,是对权利人物质利益获得权的侵害,构成侵权责任。侵害权利人因获得荣誉而得到的物质利益的,同样构成侵害荣誉权行为。这种侵

---

[11] 杨立新:《精神损害赔偿疑难问题》,吉林人民出版社1991年版,第209页。

权行为应当具有侵害荣誉权的故意;过失侵害这些物品,如不知是奖品而破坏、侵占等,则为侵害财产权的行为。

7. 侵害人身自由

人身自由权是指自然人在法律规定的范围内,按照自己的意志和利益进行行动和思维,不受约束、控制或妨碍的权利。

人身自由权包括身体自由权和精神自由权。身体自由权是自然人自由支配自己外在身体运动的权利;非法限制或剥夺自然人的身体自由为侵权行为。精神自由权也称作决定意思的自由,是自然人按照自己的意志和利益,在法律规定的范围内自主思维的权利,是自然人自由支配自己内在思维活动的权利;非法限制、妨碍自然人的精神自由为侵权行为。

侵害人身自由的侵权行为主要是:

(1)侵害身体自由的侵权行为。《民法典》第 1011 条规定的"以非法拘禁等方式剥夺、限制他人的行动自由,或者非法搜查他人身体的,受害人有权依法请求行为人承担民事责任",就是侵害身体自由的行为与责任。这种侵权行为是侵害身体自由的侵权行为。非法限制他人的身体自由,侵害自然人身体自由的,受害人有权请求停止侵害、赔礼道歉和赔偿损失;受害人受到精神损害的,有权要求精神损害赔偿。

(2)侵害精神自由的侵权行为。盗用、假冒他人名义,以函、电等方式进行欺骗或者愚弄他人,侵害自然人的精神自由,造成其财产、精神损害的,应当承担赔偿责任。自然人的意志(思维)不受干涉、不受限制、不受约束;通过不正当手段使权利人的意志或者思维受到限制、干涉、约束的,构成侵害精神自由的行为。

(3)非法强制治疗。非法采取强制治疗手段侵害他人人身自由权的行为,也是侵权行为。未经本人或者其近亲属同意,采取强制性治疗,限制权利人身体自由的,应当承担侵害人身自由权的侵权责任。这种侵权行为本来就是侵害身体自由的行为,因其具有特殊性,应当单独将其作为一种侵权行为。

8. 侵害隐私权

采取披露、宣扬、窥视、窃听、偷拍等方式,破坏他人私人生活安宁,侵入他人私密空间、侵害私密活动或者侵害私密信息的行为,是侵害隐私权的行为。侵害隐私权责任的构成,必须具备侵权责任的一般构成要件,即须具备违法行为、损害事实、因果关系和过错四个要件;适用的归责原则是过错责任原则,不适用无过错责任原则。首先,应当具备侵害隐私权的违法行为要件。侵害隐私权一般以作为的方式,且须具备违法性。其次,损害事实表现为隐私被刺探、活动被监视、空间被侵入、资讯被公布、私生活被搅扰、行为被干预等。再次,侵害隐私权的因果关系,是指侵害隐私的违法行为与隐私受损的事实之间的引起与被引起的关系。这种因果关系容易判断,是因为侵害隐私权的行为与隐私受损事实的直接关联性,行为直接导致后果事实的出现。最后,侵害隐私权的行为人在主观上须具备过错,才能构成侵权责任;无过错不构成此种责任。

侵害隐私权的侵权行为主要是:

(1)以短信、电话、即时通信工具、电子邮件、传单等方式侵扰他人的生活安宁。生活安宁,是自然人享有的维持安稳宁静的私人生活状态,并排除他人不法侵扰,保持其精神需要的权利。以短信、电话、即时通信工具、电子邮件、传单等方式侵扰个人的生活安宁,通常称为骚扰电话、骚扰短信、骚扰电邮等,侵害个人的生活安宁的,构成侵害隐私权的侵权行为。《民法典》将私生活安宁概括在隐私权保护的隐私中,作为隐私权保护的主要内容。侵害生活安宁,构成对隐私权的侵害。

(2)搜查、进入、窥视拍摄他人的住宅、宾馆房间等私密空间。隐私权保护的私密空间,包括具体的私密空间和抽象的私密空间。前者如个人住宅、宾馆房间、旅客行李、学生书包、个人通信等,后者专指日记,即思想的私密空间。凡是对私密空间进行搜查、进入、窥视、拍摄等,都构成对隐私的侵害。

(3)拍摄、录制、公开、窥视、窃听他人的私密活动。私密活动是一切个人的,与公共利益无关的活动,如日常生活、社会交往、夫妻生活、婚外恋等。对此进行拍摄、录制、公开、窥视、窃听,都构成侵害私人活动的侵权行为。

(4)拍摄、窥视他人身体的私密部位。身体的私密部位属于隐私,是身体隐私,例如生殖器和性感部位。拍摄或者窥视他人身体私密部位,构成侵害隐私权的侵权行为。

(5)收集、处理他人的私密信息。私密信息是关于自然人个人的隐私信息,获取、删除、公开、买卖他人的私密信息,构成侵害隐私权的侵权行为。

(6)以其他方式侵害他人的隐私权。这是兜底条款,凡是侵害生活安宁、私密信息、私密活动、私密空间、身体私密等的行为,都构成侵害隐私权的侵权行为。例如未经隐私权人同意而利用其个人资讯、情报资料的行为,包括用于营利或非营利目的。非法利用隐私包括两种情形:一种是未经本人同意而利用,即盗用他人隐私;另一种是虽经本人同意,但利用人超出约定的范围而利用。

侵害隐私权的免责事由,一是法律另有规定,即法律作出相反的规定的;二是获得权利人同意的,无论何种隐私,都因隐私权人同意而构成对侵害隐私权的有效抗辩,不成立侵害隐私权的行为。

9. 侵害个人信息权

个人信息是指特定自然人反映其个体特征,以电子或者其他方式记录的,具有个人身份识别性,能够单独或者与其他信息结合用于识别自然人个人身份的各种信息。个人信息权是指自然人依法对其本人的个人身份信息所享有的支配并排除他人侵害的具体人格权。《民法典》第111条特别规定:"自然人的个人信息受法律保护。任何组织或者个人需要获取他人个人信息的,应当依法取得并确保信息安全,不得非法收集、使用、加工、传输他人个人信息,不得非法买卖、提供或者公开他人个人信息。"《个人信息保护法》对保护个人信息权作了全面规定。

按照上述法律规定,个人信息权是绝对权,保护的权利客体是个人身份信息。对于个人信息权的义务主体,分为一般义务主体和特殊义务主体。一般义务主体对个人信息权负有一般的不可侵义务,只要不侵害他人个人身份信息,就履行了义务。个人信息权的特殊义务主体,是有权收集他人个人身份信息的主体,即需要获取他人个人信息的人。特殊义务主体对个人信息权负有特别保护义务,即依法取得并确保信息安全的义务。凡是非法收集、使用、加工、传输他人个人信息,非法买卖、提供或者公开他人个人信息的行为,都是侵害个人信息权的侵权行为,应当依法承担侵权责任。

应当特别加以区别的是隐私权和个人信息权的保护范围。隐私权保护的个人信息是个人隐私信息,个人信息权保护的个人信息是个人身份信息。因此,侵犯个人隐私信息的行为,是侵害隐私权;侵害个人身份信息的行为,是侵害个人信息权。

侵害个人信息权的具体行为是:

(1)非法收集自然人个人信息。个人信息权的一般义务主体承担的是对个人信息的不可侵义务,其中就包括不得非法收集他人个人信息。无权收集他人个人信息的,一旦予以收集,就构成这种违法行为。

(2)非法使用自然人个人信息。对于他人个人信息不得非法使用,无论是无权取得他人个人信息,还是有权取得他人个人信息,凡是非法使用的,都构成违法行为,都侵害个人信息权。

(3)非法加工自然人个人信息。《民法典》第111条也规定禁止非法加工自然人的个人信息,未经权利人同意,对合法或者非法获取的个人信息进行加工,也构成违法行为。

(4)非法传输自然人个人信息。合法传输他人个人信息,是正当行为。但是非法传输他人个人信息,无论具有何种目的,都侵害了个人信息权。

(5)非法买卖自然人个人信息。出售个人信息是有偿行为,行为人在出售行为中,以他人的个人信息为买卖的标的物,从中获取非法利益,情节更为恶劣。例如,在徐玉玉电信诈骗案中,行为人以每条0.5元的价格非法出售个人信息,造成权利人的严重损害。非法出售自然人个人信息的行为人,是网络服务提供者、其他企业事业单位、国家机关的工作人员,以及其他任何组织和个人。这些单位的工作人员个人私自非法出售个人信息,获取私利,构成侵害个人信息权的侵权行为。

(6)非法提供自然人个人信息。非法向他人提供自然人个人信息,是指未经权利人本人同意,将其个人信息提供给他人的行为。非法提供一般是没有获取非法利益,因为获取非法利益就是买卖行为,但是非法提供也构成侵权行为。无偿提供他人个人信息,虽无对价,但是有获得其他利益者,也可以认定为非法提供行为。

(7)非法公开自然人个人信息。《民法典》第111条规定的是非法公开他人的个人信息,而《关于加强网络信息保护的决定》规定的是泄露他人个人信息。泄露和公开的意思接近,可以统一使用《民法典》规定的概念。网络服务提供者、其他企业事业单位以及国家机关及其工作人员,都对其依法收集的个人信息负有保密义务。未尽保密义务,非法予以公开,无论是故意所为还是过失所致,都构成侵权责任。

(8)非法篡改自然人个人信息。网络服务提供者、其他企业事业单位以及国家机关及其工作人员,违反法律规定,非法对自己掌握的自然人个人信息进行篡改的,构成侵权行为。非法篡改个人信息行为一般须故意而为,而不是无意中弄错。这种侵权行为应当造成相当的后果,即自然人由于个人信息被非法篡改而受到损害。对于未尽谨慎义务,无意中弄错自然人个人信息的,如果造成了严重损害后果,也构成侵权行为。

(9)非法毁损自然人个人信息。网络服务提供者、其他企业事业单位以及国家机关及其工作人员违反法律规定,未尽谨慎注意义务,非法毁损自然人个人信息的,构成侵权行为。非法毁损包括故意和过失,明知是自然人个人信息而故意毁损,或因过失而毁损,造成受害人的民事权益损害的,应当承担侵权责任。

(10)丢失自然人个人信息。网络服务提供者、其他企业事业单位或者国家机关对于依法获得的自然人个人信息,必须妥善保管,善尽保管责任,如果不慎造成个人信息丢失,也构成侵权责任。丢失是过失所为,并非故意,造成了受害人权益损害的,应当承担侵权责任。

(11)对泄露自然人个人信息未及时采取补救措施。权利人发现自己的个人信息被泄漏,有权要求依法取得其个人信息的单位和个人删除有关信息或者采取其他必要措施予以制止。如果没有及时采取必要措施,应当承担侵权责任。

在理论上争议比较大的是关于被遗忘权的保护问题。被遗忘权是指信息主体对已经发布在网络上的,有关自身的不恰当的、过时的、继续保留会导致其社会评价降低的信息,要求信息控制者予以删除的权利。[12] 实际上,被遗忘权就是网络信息的删除权,不过,这种删除权不是《民法典》第1195条规定的针对侵权信息的删除权,而是对已经发布在网络上的,有关自身的不恰当的、过时的、继续保留会导致其社会评价降低的信息的删除权。在网站上出现上述个人信息时,权利人主张删除,网络服务提供者拒绝删除的,网络服务者的行为就构成侵害被遗忘权的侵权行为。被遗忘权是个人信息权的内容,在司法实践中,对于侵害被遗忘权的侵权行为,应当依照《民法典》第111条规定确定侵权责任。[13]

10. 侵害性自主权

侵害自然人的性自主权,是违背权利人的意志,对权利人进行强制性的性行为,造成损害的行为,包括强奸妇女、奸淫幼女、鸡奸幼童、猥亵妇女等行为。《民法典》第1010条第1款规定:"违背他人意愿,以言语、文字、图像、肢体行为等方式对他人实施性骚扰的,受害人有权依法请求行为人承担民事责任。"

性自主权是自然人的重要人格权,应当予以严格保护。长期以来,对于这项人格权的保护,主要采用刑法和行政法的方式,没有或者很少使用侵权损害赔偿的方式。性自主权是一种具体人格权,应当与其他具体人格权一样,适用侵权责任法的精神损害赔偿方式进行保护。性自主权受到侵害的,对行为人追究刑事责任之后,并不能免除其民事赔偿责任,受害人提出精神损害赔偿请求的,应当得到支持。

构成侵害性自主权的民事责任,必须具备:(1)性自主权遭受损害的事实。主要表现为自然人性纯洁被破坏和遭受精神痛苦,也包括身体的伤害和财产上的损失,如因怀孕、生产而支出的费用。(2)侵害性自主权的行为具有违法性,主要表现为违背权利人的意志。(3)侵害性自主权的行为与性利益受损害的事实之间有因果关系,要求侵害性自主权的行为是引起损害事实的原因,行为人只对因其侵害性自主权的行为所引起的损害后果承担责任。(4)行为人具有故意。只要决意对权利人的性自由和性纯洁进行不法侵害,就可以认定其有侵害性自主权的故意。

对于构成侵害性自主权的侵权行为,行为人应当承担恢复名誉、赔礼道歉、赔偿损失等民事责任,造成精神损害的,受害人有权请求精神损害赔偿。

侵害性自主权的侵权行为主要是:

(1)强奸妇女。使用暴力或者以暴力相威胁,违背妇女意志与其性交,构成强奸罪。这

---

[12] 杨立新:《民法思维与司法对策》,北京大学出版社2017年版,第671页。
[13] 杨立新、杜泽夏:《被遗忘权的权利归属与保护标准——任甲玉诉百度公司被遗忘权案裁判理由评述》,载《法律适用(司法案例)》2017年第16期。

种性侵犯是严重的侵权行为,不仅应当以刑罚手段对被害人进行救济,而且应当以民事手段进行救济。

(2)奸淫幼女或鸡奸幼童。对未成年人性自主权的侵害,最典型的就是奸淫幼女和鸡奸幼童。这些受害人都是未成年人,没有性承诺能力,对他们的性权利的侵害,是最残忍的侵权行为。行为人在承担刑事责任的同时,还应当承担民事责任。

(3)强迫他人卖淫。强迫他人卖淫,也称为强迫他人提供性服务,是严重的侵害性自主权的侵权行为。强迫他人提供性服务,包括为自己提供性服务和为他人提供性服务,都构成侵害性自主权的侵权行为,行为人应当承担侵权责任。

(4)猥亵。没有经过权利人的承诺,对他人强制进行猥亵行为的,也构成侵害性自主权的侵权行为,行为人应当承担侵权责任。

(5)非正当承诺的性行为。没有经过权利人的正当承诺,即与权利人强制进行性行为,包括性交行为和其他性行为,是对性自主权的侵害,也构成侵权责任。

(6)性骚扰。在工作场所和其他场所对他人进行性骚扰,危害比较严重,已经引起了各界的广泛注意。社会各界都要求采取法律措施,制止这种侵权行为。凡是进行性骚扰行为的,应当认定为侵害性自主权的侵权行为,行为人应当承担侵权责任。

11. 侵害死者人格利益

对死者人格利益进行法律保护,是既定的法律制度。按照《民法典》第994条的规定,对于死者的姓名、肖像、名誉、荣誉、隐私和遗体等,都应当进行保护。非法侵害这些人格利益的,应当认定为侵权行为,行为人应当承担民事责任。

侵害死者姓名、肖像、名誉、荣誉、隐私、遗体等的主要方式,是毁损这些人格利益。故意或者过失毁损死者上述人格利益的,都构成侵权行为。

承担责任的方式,是加害人应当对死者的人格利益保护人即死者的近亲属承担停止侵害、赔礼道歉、赔偿损失等民事责任。近亲属的范围分为两个顺序,第一顺序是配偶、父母、子女;第二顺序是祖父母、外祖父母、孙子女、外孙子女、兄弟姐妹。第一顺序的近亲属在位时,由他们行使保护死者人格利益的权利;第一顺序的近亲属不在位时,由第二顺序的近亲属行使该权利。

侵害死者人格利益的侵权行为主要是:

(1)侵害死者的姓名。盗用、冒用死者的姓名,以及以其他方式使用死者的姓名,构成对死者姓名利益的侵害,应当承担侵权责任。例如,未经死者近亲属的同意,擅自对死者姓名进行商业化利用的,构成侵害死者姓名利益的侵权行为。

(2)侵害死者的肖像。未经死者生前同意,或者没有经过死者近亲属同意,擅自使用或者故意毁损死者肖像的,构成对死者肖像利益的侵害,行为人应当承担侵权责任。未经死者近亲属同意,擅自对死者肖像进行商业化利用的,构成侵害死者肖像利益的侵权行为。

(3)侵害死者的名誉。对死者进行诽谤、侮辱,败坏其名声,构成对死者名誉利益的侵害,行为人应当承担侵权责任。

(4)侵害死者的荣誉。对死者获得的荣誉进行诋毁、侵占、非法剥夺等,构成对死者荣誉的侵害,死者的近亲属可以主张行为人承担侵害死者荣誉利益的侵权责任。

(5)侵害死者的隐私。未经死者生前同意或者死者近亲属同意,非法刺探、披露、宣扬死者的隐私,造成死者隐私利益受损的,构成侵权行为,行为人应当承担民事责任。

(6)侵害死者的遗体。非法取得、使用、加工、传输、提供、公开死者的遗体,造成死者人格利益损害的,构成侵权行为,行为人应当承担侵权责任。

12. 侵害人格尊严和一般人格利益

侵害人格尊严和侵害一般人格利益,就是侵害一般人格权。

一般人格权是抽象的人格权利,是概括了人格尊严、人格自由和人格平等等抽象人格利益的权利。一般人格权是具体人格权的渊源权、母权,对具体人格权具有指导意义,约束对具体人格权的解释。同时,它对具体人格权没有规定的一般人格利益的保护起到补充作用,对受到侵害的、依据具体人格权无法进行保护的一般人格利益起到概括和保护的作用。

侵害一般人格权的民事责任属于普通的侵权责任,其责任构成应当遵循一般侵权责任构成要件的要求。侵害一般人格权的违法行为,应当违反保护民事主体人格尊严的法律。判断行为违法性的标准,是《宪法》《民法典》《消费者权益保护法》等法律中关于人格尊严的具体规定,比如《民法典》第990条第2款的规定。一般人格权受到损害的事实,应当是人格独立、人格自由或者人格尊严受到损害,即一般人格利益受到损害。在一般人格权损害事实中,最重要、最常见的是人格尊严的损害。超市对顾客搜身,是对顾客人格尊严的侵害。侵害尚未成为具体人格权的其他人格利益,造成损害的,也构成侵害一般人格权的侵权行为。构成侵害一般人格权的侵权行为,应当具备过错要件。

对于侵害一般人格权侵权行为的法律制裁方式主要是精神损害赔偿。对于侵害人格独立、人格自由、人格尊严的行为,应当用精神损害赔偿的方法对受害人进行法律救济,遵循精神损害赔偿的一般原则、方法,确认精神损害赔偿的责任,准确计算损害赔偿抚慰金。

侵害一般人格权的侵权行为主要是:

(1)侵害人格尊严。侵害人格尊严的,应当认定为侵害一般人格权的侵权行为。凡是侵害自然人人格尊严的,受害人有权请求侵害人承担停止侵害、赔礼道歉、赔偿损失等责任。受害人因此遭受精神损害的,有权请求精神损害抚慰金。

(2)侵害一般人格利益。侵害法律没有规定为具体人格权、人格尊严又不能完全概括的一般人格利益的,应当视为侵害自然人的一般人格权,可以请求财产上的损害赔偿和精神上的损害赔偿。

三、妨害家庭关系

(一)妨害家庭关系侵权行为的概念和基本规则

妨害家庭关系的侵权行为,是侵害配偶权、亲权和亲属权等身份权的侵权行为。《民法典》第112条规定:"自然人因婚姻家庭关系等产生的人身权利受法律保护。"这种人身权利,就是身份权,包括配偶权、亲权和亲属权。在区分这种侵权行为时,具体划分为侵害配偶权的侵权行为、侵害亲权的侵权行为、侵害亲属权的侵权行为三种类型。

《民法典》规定了离婚过错损害赔偿,涉及的是侵害配偶权的侵权行为;最高人民法院的司法解释规定了诱使无民事行为能力人和限制民事行为能力人脱离监护的民事责任,该行为是侵害亲权或者亲属权。这些都是妨害家庭关系的侵权行为,但只是其中一部分的侵权行为,相关规定应当作进一步完善。

妨害家庭关系的侵权行为的基本规则包括：

妨害家庭关系的侵权行为所侵害的客体是配偶权、亲权和亲属权。这三种权利都是身份权，调整的都是亲属之间的法律地位和相互之间的权利义务关系。凡是侵害身份权的侵权行为，都构成这类侵权行为。

身份权的特点是既有对世性，也有对人性。在亲属的外部关系中，是对世性，表明特定的两个人之间是亲属关系。在亲属的对内关系中，是对人性，是相对的亲属之间的权利义务关系。制裁妨害家庭关系的侵权行为，原则上是对其对外关系的保护；但是在特定情况下，对内部的权利义务关系的侵害，也构成侵权行为。

妨害家庭关系的侵权行为的责任方式，为停止侵害、赔礼道歉、赔偿损失。在赔偿损失中，主要是精神损害赔偿，赔偿的是身份权受损中的精神利益损害。赔偿责任的确定，参照侵害人格及其利益的精神损害赔偿的一般规则。侵害了身份权财产方面的利益的，应当承担财产损害赔偿责任。

（二）妨害家庭关系的侵权行为的具体形式

1. 侵害婚姻关系

侵害婚姻关系的违法行为，就是以通奸的方式致使配偶一方享有的配偶身份利益受到损害，违反保护配偶权的法律的行为。这种行为须违反保护配偶权的法律：配偶一方作为侵权人的，是违反配偶的忠实义务；第三人作为侵权人的，是违反配偶权的不可侵义务。违法行为方式须以作为的方式为之，应以与有配偶之男女通奸为其内容。侵害婚姻关系的损害事实，是使配偶身份利益遭受损害的事实：一是受到破坏的合法的婚姻关系；二是遭受损害的配偶身份利益；三是受害配偶的精神痛苦和精神创伤；四是为恢复权利而损失的财产利益。侵害婚姻关系的违法行为与配偶身份利益受损事实之间须具备因果关系，只要确认行为人与配偶一方通奸的事实，即可确认因果关系要件。侵害婚姻关系的主观过错，应为故意形式。

侵害婚姻关系的侵权行为，分为直接侵害婚姻关系的侵权行为和间接侵害婚姻关系的侵权行为。

（1）直接侵害婚姻关系的侵权行为。明知他人有配偶而与之通奸或者非法同居的，为侵害配偶权的侵权行为。凡是明知他人有配偶而与之通奸或者非法同居的，都是侵权行为，对方配偶请求追究侵权人的侵权责任的，法院应当予以支持。《民法典》第1091条规定了过错离婚损害赔偿，这是侵害配偶权的一种情况。这只是规定了侵害配偶权的一个方面，即有配偶的一方的不忠实行为对配偶权的侵害，但是，明知他人有配偶而与之通奸或者非法同居的行为，却没有被认定为侵权行为，这是不全面的。与配偶一方发生性行为的，包括非法同居，只要配偶对方未允许，均构成侵害配偶权的侵权行为。

（2）间接侵害婚姻关系的侵权行为。行为人实施侵权行为造成受害人的健康受损，致使其丧失性功能的，间接造成了直接受害人的配偶的性利益的丧失，构成间接侵害婚姻关系的侵权行为，其侵害的是对方配偶的性利益，应当承担侵权责任。

2. 侵害亲权关系

侵害亲权关系，是以亲权作为侵害客体的侵权行为。

侵害亲权的行为必须违反法律,即具有违法性。侵害亲权行为的行为主体,既包括侵害亲权的第三人,也包括侵害亲权关系相对人的合法权益的亲权人。第三人侵害亲权,违反了不得侵害亲权的法定不作为义务,基本为作为的方式;亲权人侵害亲权,实际是违背亲权人的教养、保护未成年子女的合法权益的义务,以作为或不作为的方式侵害未成年子女的合法权益的行为。

亲权受到损害,表现为两种形式:一是狭义的亲权受损的事实,表现为亲权人亲权受到损害,如亲权人行使亲权受到障碍,使其未能对未成年子女行使亲权;二是广义的亲权受损的事实,表现为亲权关系相对人的合法权益遭受损害。亲权受损的事实的形态有三种:一是财产利益的丧失;二是健康权、生命权的损害,如亲权人滥用惩戒权,造成未成年子女人身伤害、死亡;三是精神利益的损害及精神痛苦。

侵害亲权的民事责任的构成,以侵权人主观上有过错为必要,故意、过失均可。

侵害亲权的侵权行为主要是:

(1)诱使监护人脱离监护。《侵权责任编解释(一)》第1~3条规定,非法使被监护人脱离监护,监护人请求赔偿为恢复监护状态而支出的合理费用等财产损失的,人民法院应予支持。"为恢复监护状态而支出的合理费用"包括寻亲费用。非法使被监护人脱离监护,导致父母子女关系或者其他近亲属关系受到严重损害的,应当认定为《民法典》第1183条第1款规定的严重精神损害。非法使被监护人脱离监护,被监护人在脱离监护期间死亡的,作为近亲属的监护人既请求赔偿人身损害,又请求赔偿监护关系受侵害而产生的损失的,法院依法予以支持。

(2)离间父母与未成年子女关系。对父母与未成年子女之间的感情进行挑拨离间,损害父母和未成年子女之间的关系的,构成对亲权的侵害,行为人应当承担侵权责任。

(3)引诱未成年子女脱离亲权人。采取引诱或者其他非法手段使未成年子女脱离监护人的,是侵害亲权或者亲属权的侵权行为,行为人应当承担侵权责任。

(4)无正当理由拒绝探视。对离婚后不享有对未成年子女实际抚养权的一方而言,探视权是其法定权利,应当予以保障。没有正当理由拒绝探视权人探视未成年子女的行为,是侵害亲权的侵权行为。

(5)非法剥夺亲权。第三人非法剥夺亲权人的亲权,也构成侵害亲权的侵权行为。

(6)侵害亲权权利。侵害亲权权利的行为不是从整体上或部分上将亲权人的亲权予以剥夺,而是以作为的行为方式对亲权的权利进行非法侵害。这种非法侵害,可以是针对亲权的整体而为,也可以是针对亲权的具体内容而实施,均构成侵害亲权的行为。

(7)其他使亲权受到侵害的侵权行为。其他使亲权受到侵害的行为,也是侵害亲权的侵权行为。例如,由于医院过失导致产妇将婴儿错抱的情况,是侵害亲权的行为。

(8)向有吸毒习惯的未成年子女提供毒品。向有吸毒习惯的未成年子女提供毒品,伤害未成年人的健康,同时也对亲权构成了间接侵害,应当认定为侵权行为。

(9)违背法定义务。亲权人违背法定的抚养义务,断绝其未成年子女的生活来源的,为不作为的侵害亲权的行为。这是因为抚养义务是亲权人的法定义务,同时也是未成年子女的权利,亲权人拒不履行亲权的抚养义务,侵害了未成年子女的抚养权利,构成侵权行为。

(10)滥用亲权。滥用亲权既指滥用人身照护权的行为,也指滥用财产照护权的行为,是亲权人以行使亲权的名义为自己谋私利,或者虽为行使亲权的目的但因未尽注意义务而致未成年子女遭受损害。前者为故意滥用亲权;后者为过失滥用亲权。

3. 侵害亲属权

违背亲属权绝对义务的违法行为,为侵权行为。这是因为,亲属权是绝对权,除特定的亲属权权利人及相对人之外,其他任何人都是亲属权的绝对义务人,都负有不得侵犯亲属权的不作为义务。违背这种义务而使亲属权人遭受亲属利益损害的,构成侵权行为,行为人应当承担侵权责任。亲属权的相对人违背自己的法定义务,造成相对的亲属权人的亲属利益损害的,也构成侵害亲属权的侵权行为。

侵害亲属权行为的违法性,表现为违反国家保护亲属权利的法律规定。侵害亲属权行为的义务主体,既包括亲属权的绝对义务主体,即特定亲属关系以外的第三人,也包括亲属权关系内部的相对义务人。第三人侵害亲属权,主要的行为方式是作为;相对义务人侵害亲属权,主要的行为方式是不作为。

亲属权受到损害的表现:其一,扶养来源的丧失。扶养权利人依靠扶养来源而生活,失去扶养来源,将造成扶养权人的生活出现困难,以致发生危险。其二,精神利益的损害。侵害尊重权、帮助体谅权等精神性权利内容,必然造成亲属权人精神利益的损害,亲情受到破坏。其三,精神痛苦的损害。断绝扶养来源,侵害亲属权精神利益内容,可能使权利人遭受精神上的打击,造成其精神痛苦和感情创伤。

相对义务人侵害亲属权的,应具备故意的主观心理状态,过失不构成侵权行为;绝对义务人侵害亲属权的,在一般情况下,故意、过失均可构成侵权行为。

侵害亲属权的侵权行为主要是:

(1)侵害扶养、抚养、赡养关系。扶养、抚养、赡养关系,不仅是对亲属权的保护,也是对配偶权、亲权的保护。凡是对扶养、抚养、赡养关系构成侵害的,都是侵害亲属权的侵权行为。

(2)强迫、诱使具有监护关系的亲属脱离监护。通过强迫手段或者欺骗等手段,使具有监护关系的亲属脱离监护,构成对亲属权的侵害,行为人应当承担侵权责任。

(3)侵害亲属权中其他支分权的行为。亲属权是一种身份权,身份权的基本特征就是具有复杂的支分权。对亲属权中的支分权造成损害的,构成侵害亲属权的侵权行为。

四、侵害物权

(一)侵害物权的概念和基本规则

侵害他人的所有权和他物权,造成财产利益损害的,构成侵害物权的侵权行为。

侵害物权的主要行为方式和后果有三种:一是侵占。即将他人合法所有或者占有的财产非法占有,或者据为己有,改变了财产的占有状态,使权利人丧失了对该物的权利或者占有。二是损坏。即破坏财产的价值和使用价值,使财产所有人或者占有人所拥有的财产的价值量减少。三是造成财产利益的损失。这是以其他行为方式侵害物权所产生的损害后果,也构成侵害物权的侵权行为。

侵害他人的所有权和他物权,造成财产利益损失的,应当承担恢复原状、返还原物、赔偿损失的民事责任。侵害他人合法占有的财产,应当承担返还原物、恢复原状的责任;造成损失的,应当赔偿损失。

(二)侵害物权侵权行为的具体形式

1. 侵占财产

没有法律根据而非法占有他人所有或者占有的财产,是非法侵占财产。非法侵占财产,可以是以非法侵占为目的的,也可以是以非法取得所有权为目的。以非法取得所有权为目的而非法侵占,是严重的侵权行为。以非法侵占为目的的侵占财产,加害人期待的是对财产进行占有、使用或者收益。对于这种侵权行为,在实践中作为普通的侵害财产所有权或者占有的典型侵权行为处理。这种侵害财产权的行为,表现为财产的"位移",即受侵害的标的物由所有权人或者占有权人的占有改变为侵权人占有。侵占财产的侵权行为的侵权责任是返还原物和赔偿损失。

非法扣押他人财产,是对物权的侵害,从性质上属于侵占,应当承担返还财产的责任;造成损失的,应当承担损害赔偿责任。

2. 损坏财产

损坏财产的侵权行为,是指侵害他人所有的财产,使财产的价值或者使用价值受到破坏的行为。行为人因故意或者过失而致他人财产毁损、灭失的,构成侵害财产所有权的行为,应负侵权责任。毁损是指原物仍然存在,但在物理形态上受到损坏或物的内在价值减少,或者二者兼而有之。灭失是指原物因遭受他人非法侵害而不复存在,或者不以原有的形态存在。这种损害具体表现为财产的"质变",即受到损害的财产本身的品质有了改变。损坏财产的,应当恢复原状或者赔偿损失。

3. 非法侵入

侵入土地和建筑物的行为,是侵害所有权的侵权行为。这种侵权行为在我国司法实践中较少处置,多数人不认为其是侵权行为。随着社会的发展和进步,人们进一步要求对自己的不动产的权利进行保障,保障自己权利行使的安宁状态,禁止他人非法侵入自己的财产领域。对于未经许可进入他人不动产的行为,应当认定为侵害财产权的侵权行为,行为人应当承担停止侵害的责任;造成损失的,应当承担赔偿责任。

4. 毁谤动产、不动产

对动产或不动产进行毁谤,或者对财产的品质进行毁谤,造成权利人损失的,构成对财产权的损害,行为人应当承担侵害物权的侵权责任,赔偿损失。所谓毁谤,是指陈述了使人怀疑他人的不动产、动产或无体财产的品质,或使人怀疑他人的不动产、动产或无体财产的财产权的存在与范围的行为。行为人的主观方面应当是故意。

五、侵害债权

(一)侵害债权的概念和基本规则

侵害债权,是以他人享有的合法债权为侵害客体,故意实施侵害行为,造成该债权不能实现的损害后果的侵权行为。第三人侵害债权的侵权行为被包括在原《侵权责任法》第2

条第 2 款中。[14]《民法典》第 1164 条同样将其包含在内。[15]

债权作为一种基本的民事权利,其本身就具有第三人的不可侵性,这种不可侵性是法律赋予的,而不是臆造的。债权的不可侵性,既不是指债的对内效力,也不是指债的对外效力,而是指债权对抗债的关系当事人以外的第三人的效力。第三人侵害债权,就违背了这种法定的不作为义务,构成侵权行为。

侵害债权侵权行为的构成要件是:

第一,须有合法债权的存在。存在合法债权是构成债权侵权行为的前提条件和基础。法律保护的债权,只能是合法的债权。

第二,行为人必须是债的关系以外的第三人。侵害债权的行为人仅限于第三人。这里所说的第三人,是指债权债务关系当事人以外的其他任何第三人。

第三,行为须违反法律。侵害债权的行为须是违反法律的行为。侵害债权行为的违法性,主要表现在行为人的行为违反了关于任何组织或者个人不得侵犯他人合法民事权利的强行法规定,违反了对合法债权的不可侵义务。

第四,第三人须出于主观上的故意。侵害债权赔偿责任的主观要件,主要由故意构成。这是由债权的相对性以及债权缺少公示方法决定的。在一般情况下,只有明知债权的存在而故意侵害,才成立侵权行为;过失不能构成债权侵权责任。不过,在债权有法定的公示方法时,如经过登记的债权,或者第三人知道或者应当知道债权存在的,一般过失或者重大过失亦构成侵害债权的侵权行为。[16]

第五,第三人的行为须造成债权人的债权损害。债权损害的事实,是债权人债权不能实现的客观后果。其主要表现是:债务人不能履行债务而使债权不能实现;债务人因对他人的有效履行而使债权人的债权归于消灭;债权人应该获得的利益丧失;债权人的债权不能执行等。

侵害债权是侵害财产权的侵权行为,其责任方式为损害赔偿,赔偿的标的是因债权没有实现造成的债权预期利益损失。

(二)侵害债权侵权行为的具体形式

1. 诱使违约

诱使违约是一种具体的侵害债权的侵权行为,在侵权客体、侵权的损害后果、侵权的违法行为以及侵害债权的故意等方面,与侵害债权的基本要求是一样的。其区别在于,诱使违约的行为方式是债的关系以外的第三人作为加害人,以诱惑的方式,使债务人相信侵权人的诱惑而不履行债务,进而使债权人的债权不能实现,债权受到损害。诱使违约分成两种形式:其一,加害人的行为构成侵权,债务人的行为不构成侵权。这种侵权行为是加害人的故意侵权,而债务人只是由于错误相信加害人的诱惑,自己并没有侵害债权的故意。对

---

[14] 王胜明主编:《中华人民共和国侵权责任法解读》,中国法制出版社 2010 年版,第 11 页。

[15] 杨立新:《民法典对侵权责任保护范围的准确界定——对〈民法典〉第 1164 条含义理解的进一步厘清》,载《兰州大学学报(社会科学版)》2021 年第 1 期。

[16] 杨立新、李怡雯:《债权侵权责任认定中的知悉规则与过错要件——(2017)最高法民终 181 号民事判决书释评》,载《法律适用》2018 年第 19 期。

此,恶意诱使合同一方当事人(债务人)违约,给对方(债权人)造成损害的,受害人有权请求侵权人(第三人)承担民事责任。其二,债务人明知侵权人的侵权故意,而与加害人共同实施侵害债权行为的,构成侵害债权的共同侵权行为;债务人与第三人都是共同加害人,应当承担连带责任。

2. 阻止债务履行

阻止债务履行也是一种具体的侵害债权行为,其责任的构成和承担与侵害债权行为的基本要求相同。不同之处在于,阻止债务履行是债的关系以外的第三人以损害他人债权为目的,散布虚假信息或者采取非法手段,以此来阻止或妨害债务人履行债务,致使其不能履行债务。行为的结果是造成了债权人的债权损害,致使其债权不能实现。例如,债务人决定向债权人交付的标的物,第三人故意使之毁损或灭失,致使债权无法实现。又如,第三人将作为债务人的演出者或者其他有特殊身份的人予以监禁或者限制人身自由,致使合同的债权人遭受损失。

3. 干扰他人接受赠与

对已经成立的赠与合同,通过非法手段干扰受赠人接受赠与,造成损失的,构成侵害债权的侵权行为,应当承担损害赔偿责任。

4. 债权准占有人主张债权

债权准占有人接受清偿,如果作出清偿行为的债务人为善意无过失,则发生清偿效力,债权准占有人接受清偿的行为为债权侵权行为,债权准占有人应承担侵害债权的侵权责任,赔偿债权人的财产损失;如果债务人清偿时有过失,则不发生清偿的效力,债权准占有人接受清偿的行为不构成债权侵权行为,债权准占有人侵害债务人的财产权,对债务人的财产损失承担侵权责任。例如,某甲拾得某乙的无加密措施的储蓄存折并去银行支取存款,银行审查存单无误而予以支付,某甲侵害了某乙的债权。[17]

5. 代理人超越代理权限免除被代理人的债务人对被代理人的债务

代理人超越代理权限免除被代理人的债务人对被代理人的债务的行为,如果未经其被代理人追认,则属无效的民事行为;因此造成债权人损失的,为债权侵权行为。

6. 第三人与债务人通谋妨害债权实现

第三人与债务人恶意串通、隐匿财产或者设置财产担保,使债权不能实现,构成第三人与债务人的共同侵权行为。如某甲对某乙负担债务,遂与其妻某丙合谋,将全部财产藏于某丙的娘家,使债务无法履行,这种行为是共同的债权侵权行为。

六、侵害知识产权

(一)侵害知识产权侵权行为的基本规则

侵害知识产权的侵权行为,是侵害著作权、专利权、商标权等无形财产权的侵权行为,主要由知识产权方面的单行法规定。在侵权责任法中规定的是侵害知识产权的侵权行为及其责任的一般化的规则,即侵害他人的著作权、专利权、商标权等造成损害的,应当承担停止侵害、赔偿损失等民事责任。

---

[17] 杨立新:《对债权准占有人给付的效力》,载《法学研究》1991 年第 3 期。

(二)侵害知识产权的具体侵权行为

1. 侵害著作权

侵害著作权的侵权行为分为侵害著作人身权和著作财产权两种侵权行为。

(1)侵害著作人身权。侵害著作人身权的违法行为,必须违反《著作权法》关于著作人身权保护的法律规定。这种违法行为的主要行为方式是作为,但不作为亦可构成。侵害著作人身权的损害事实,是指著作人身权受到损害的事实:一是对著作人身权中的发表权、署名权、修改权、维护作品完整权、收回权和追续权的损害;二是对作者精神利益的损害;三是对作者财产利益的损害。前两个损害事实是必须具备的,而对财产利益的损害则不是必要条件。侵害著作人身权适用过错责任原则,侵权人必须在主观上有过错方能构成侵权行为。

(2)侵害著作财产权。凡是未经著作权人的许可而使用其作品的行为,以及使用著作权人的作品而不按照规定或者约定给付报酬的行为,都是侵害著作财产权的违法行为。侵害著作财产权的损害事实,是指著作权人所享有的著作财产权受到损害的事实。这种损害事实表现为以下两个层次:一是著作财产权中的使用权、获得报酬权的损害;二是对作者财产利益的损害。在侵害著作财产权中,这两个损害事实在一般情况下是必须具备的。侵害著作财产权适用过错责任原则,侵权人必须以主观上有过错方能构成侵权行为。

按照《著作权法》的规定,未经合作作者许可将与他人合作创作的作品当作自己的作品发表,没有参加创作为谋取个人名利在他人作品上署名,歪曲篡改他人的作品,剽窃他人作品,未经著作权人许可使用他人作品,使用他人作品应当支付报酬而没有支付,未经许可出租电影或者录音录像等作品,未经出版者许可使用其出版的图书期刊的版式设计,未经表演者许可从现场直播或者公开传送其现场表演或者录制其表演,以及其他侵犯著作权以及与著作权有关的权益的行为,都是侵害著作财产权的侵权行为。

2. 侵害专利权

专利侵权损害赔偿责任的确定,应当适用过错责任原则。

专利权受到侵害的客观事实,就是专利权人所独占享有的专利被他人以经营为目的而生产、使用、销售,或者专利发明方法被使用,或者专利产品被假冒的事实。

专利侵权人实施的行为,须是违反专利权保护法律的行为。其含义如下:一是行为的主体是一般主体,既可以是自然人,也可以是法人;二是专利侵权行为的方式是作为;三是行为违反的法律是专利管理法律,包括《专利法》和我国参加的有关专利权保护的国际条约。违反专利保护法律的行为,分为直接侵害专利权行为和间接侵害专利权行为。直接侵害专利权行为,是指侵权人自己直接公然仿制或者假冒他人专利发明创造的行为,其特点是原封不动地照搬专利文件中描绘的技术特征,或者仅是他人专利发明的简单变种,即只对材料、形式、构造、尺寸作简单变化,而在功能、效果和特征上与专利产品基本一致。间接侵害专利权的行为,是指侵权人向他人提供属于专利保护的发明创造的重要组成部分,或者为实施专利发明创造,向他人提供了必要的手段,从而使他人直接侵犯专利权的行为。

专利侵权赔偿责任中的因果关系,只限于直接因果关系,即只有当违反专利权保护法律的行为是专利权损害事实发生的唯一或者必要的原因时,才构成侵权赔偿责任的因果关系要件。在间接侵害专利权的行为中,这种间接行为是侵害专利权的直接行为的必要条件,它与直接行为相结合,构成了侵害专利权的直接原因;仅仅单一的间接行为,不构成侵害专利权的行为。

侵害专利权的主观过错,是指违反专利保护法律的行为人在实施违反专利保护法律的行为时,对行为后果所持的故意或过失的心理状态。

按照《专利法》的规定,侵害专利的侵权行为主要有以下三种:

(1)未经许可实施他人专利。没有得到专利权人的许可,擅自实施他人享有专利权的专利,构成对专利权的侵害,应当承担侵权责任。

(2)假冒他人专利。用自己的发明假冒他人注册的专利,构成对专利权人权利的侵害,应当承担侵权责任。

(3)冒充专利。用没有取得专利权的发明冒充已经获得专利权的专利,也是对专利权的侵害。这种侵权行为侵害的是专利管理权和专利产品使用人的权利,被冒充专利产品的使用人有权请求行为人承担侵权责任。专利管理机关有权对行为人进行处罚。

3. 侵害商标权

侵害注册商标专用权的侵权行为,是侵权人实施侵害他人的商标专用权,致使被侵权人合法的注册商标权益受到损害的违法行为。

商标侵权的损害事实表现为两个层次:第一层次是注册商标专用权受到损害的事实,表现为由国家商标管理机关依法授予商标权人享有并受到国家强制力保护的权利受到了侵害。第二层次是商标权人对注册商标所享有的财产权益受到损害;侵权行为侵害了商标权,就使该商标权人应当获得的合法收益受到损害,减少了财产的收益。第二层次的损害事实,主要是财产利益的间接损失,即可得利益的减少,这是由商标专用权的性质决定的。商标侵权损害事实的利益损害表现为以下三种形式:一是客观的间接损害事实,即商标权人因受侵权而造成的未来利益减少的客观事实,如被侵权人遭受损失而侵权人并未获利,被侵权人遭受的损失大于侵权人获得的利益等;二是推定的间接损害事实,即将侵权人在侵权期间所获利益推定为被侵权人所遭受的损害,包括侵权人获得利益而被侵权人在此期间并未减少损失,侵权人获得的利益大于被侵权人在此期间所实际减少的损失;三是直接的损害事实,即商标权人因其商标权被侵害而造成的现有财富的实际减少。

商标侵权人所实施的行为,必须是违反商标权保护法律的行为,这是构成商标侵权赔偿责任的必要条件。其含义如下:一是行为的主体是一般主体,法律并未对商标侵权行为的主体作任何限制;二是行为违反的法律是商标管理法律;三是商标侵权行为的表现形式是作为,不作为不构成商标侵权行为。

违反商标保护法律的行为人在主观上须有过错,即该行为人在实施违反商标法律的行为时,对行为后果所持的故意或过失的心理状态。

侵害商标专用权的侵权行为主要有:

(1)未经许可使用他人注册商标或者近似商标。未经许可擅自使用他人的注册商标或者近似商标,构成对商标专用权的侵害,应当承担侵权责任。这是使用他人商标的侵权行为。

(2)销售侵犯注册商标专用权的商品。销售侵犯注册商标专用权的商品的,也构成侵害商标权的侵权行为,应当承担侵权责任。这是销售侵权商品的侵权行为。

(3)伪造、擅自制造他人注册商标或者销售伪造、擅自制造的注册商标标识。伪造或者擅自制造他人的注册商标,销售伪造或者擅自制造注册商标标识的,构成对商标权的侵害,应当承担侵权责任。这是制造商标的侵权行为。

(4)未经商标注册人同意更换其注册商标并将该更换商标的商品又投入市场。更换他人的注册商标,必须经过商标权人的同意;未经其同意,对注册商标的商品予以更换,并将其商品投入市场,构成对商标专用权的损害的,应当承担侵权责任。

(5)其他给注册商标专用权造成损害的行为。其他给注册商标专用权造成损害的侵权行为,都应当承担侵权责任。

4.侵害域名专用权

随着网络的发展,网络侵权行为不断增多,其中侵害网络域名专用权的行为较为突出。网络域名专用权属于知识产权的性质,应当加以保护。因此,非法使用他人网络域名的,应当承担停止侵害、赔偿损失等侵权责任。

5.其他侵害知识产权的侵权行为

(1)侵害技术秘密。技术秘密就是技术窍门,具有重要的经济价值。侵害技术秘密,造成损害的,应当承担侵权责任。

(2)侵害发明权。侵害其他没有取得专利权的发明权,造成损害的,应当承担停止侵害、赔偿损失的侵权责任。

(3)侵害发现权。侵害其他没有取得专利权的发现权,造成损害的,应当承担停止侵害、赔偿损失的侵权责任。

(4)侵害其他智力成果权。侵害其他智力成果权,即侵害不在前述著作权、商标权和专利权等权利保护范围内的智力成果权的,应当承担停止侵害、赔偿损失等侵权责任。

(三)侵害知识产权的惩罚性赔偿

在《民法典》第179条第2款规定的惩罚性赔偿责任方式基础上,《民法典》第1185条和知识产权单行法规定了侵害知识产权的惩罚性赔偿规则。《知识产权赔偿解释》规定了故意侵害知识产权惩罚性赔偿的具体适用规则,对正确适用《民法典》规定的侵权惩罚性赔偿规范,保护被侵权人的权益,惩罚恶意侵害他人合法权益的侵权行为,维护市民社会秩序,具有重要借鉴价值。

适用各类侵权惩罚性赔偿的法律规范,首先是要确定不同的惩罚性赔偿责任的构成,其次是要准确确定侵权惩罚性赔偿数额,确定侵权惩罚性赔偿的计算基数和计算倍数,最后是要根据侵权行为的具体情形综合考虑,在计算倍数的范围内,酌定具体的惩罚性赔偿数额。

在适用侵权惩罚性赔偿法律规范时,确定具体的惩罚性赔偿数额是关键问题。对此,应当从计算基数与倍数两个方面着手。[18]

确定惩罚性赔偿的计算基数,应当依照该《知识产权赔偿解释》第5条规定进行,分别

---

[18] 杨立新:《〈民法典〉惩罚性赔偿规则的具体适用》,载《荆楚法学》2022年第1期。

依照相关法律,按照三个标准计算:一是原告的实际损失数额;二是被告的违法所得数额;三是因侵权所获得的利益。这三个计算基数均难以计算的,则依法参照该权利许可使用费的倍数合理确定,并以此作为惩罚性赔偿数额的计算基数。计算基数原则上不包括原告为制止侵权所支付的合理开支;法律另有规定的,依照其规定。

确定惩罚性赔偿的计算倍数,应当依照该司法解释第6条规定进行,综合考虑被告的过错程度、侵权行为的情节严重程度等因素。根据这些具体情形,在法律规定的惩罚性赔偿倍数范围内,确定具体的惩罚性赔偿数额。例如《商标法》规定的惩罚性赔偿的倍数是1~5倍,根据侵权的具体情形,在1~5倍的范围内确定具体的赔偿数额。

七、媒体侵权

(一)媒体侵权的概念和基本规则

媒体侵权不过是将几种性质相似的侵权行为放在一起所作的说明,其并不是一个严格的概念。媒体侵权所概括的,是新闻侵权、文学作品侵权和网络侵权三种以媒体实施的侵害他人权利的侵权行为。《民法典》第1194~1197条仅规定了网络侵权责任,没有规定其他媒体侵权责任规则,在司法实践中采用以下方法确定媒体侵权责任。

媒体侵权行为实际上都是以文字或者语言的形式侵害他人的民事权利和利益,主要侵害的客体是精神性人格权,尤其是名誉权、姓名权、肖像权、隐私权等权利以及其他人格利益。

媒体侵权行为都适用过错责任原则,须具备违法行为、损害事实、因果关系和过错四个要件才能构成。

媒体侵权行为的免责事由都有特殊的规定,应当注意以下说明的具体情况。

(二)媒体侵权的具体形式

1.新闻侵权

新闻侵权,是新闻单位和新闻从业人员故意或者过失实施的侵害他人人格权的侵权行为。《民法典》第1025、1026、1028条对此作了一般性规定。

新闻侵权主要涉及的是媒体行使新闻监督权与法律保护人格权之间的冲突问题。新闻监督实质上是新闻批评自由的权利。媒体对于社会的阴暗面进行暴露,进行监督,就是通常所说的舆论监督。这种监督是必要的。正当行使舆论监督权利,对于受批评的人的权利并不构成侵权。超出了正当的舆论监督范围,对他人的人格权造成了损害,就构成了对人格权的侵害。在新闻监督权与人格权发生冲突时,对发生冲突的利益应当进行协调和平衡,掌握适当的尺度。制裁新闻侵权,就是确定这个适当的尺度,即确认什么样的行为是超出了正当的舆论监督范围,构成了侵权行为。对受到侵权行为侵害的受害人如何进行救济,也是新闻侵权法所要解决的基本问题。

新闻侵权是一般侵权行为,应当以过错为构成侵权行为的必要条件,实行的是过错责任原则。侵权责任的构成,应当具备违法行为、损害事实、因果关系和过错的要件。新闻侵权行为所侵害的客体主要是名誉权,但是其他人格权如肖像权、姓名权、隐私权、荣誉权、信用权等也能够受到侵害。

新闻机构,是指依法设立的从事新闻报道工作的机构,包括报社、通讯社、杂志社、广播电台、电视台等。

新闻作品,是指已经公开发表的消息、通信、评论、电视和广播新闻节目中发布的消息等作品。新闻机构发布其他文字作品,侵害他人人格权的,适用新闻侵权的规定。

具有下列情形之一的,新闻机构不承担新闻侵权责任:一是新闻作品的内容真实、合法。这样的报道不构成对人格权的侵害(侵害隐私权除外)。二是新闻作品具有权威性的来源。这个免责事由也称为权威消息来源,是指消息是权威机构公开发布的,而不是新闻机构自己采制的。对此,新闻机构不承担侵权责任。权威性来源,是指由有关司法机关、政府主管机关所发布的信息。三是评论基本公正。既然是评论公正,就不存在侵权问题,因此而免责。四是当事人同意公布相关内容。当事人同意公布相关的内容,就不存在侵权问题。但要注意的是,当事人同意公布的范围是确定的,超出同意范围的公布仍构成侵权。五是正当行使新闻舆论监督权。既然是正当行使权利,当然不需要承担侵权责任。六是法律规定的其他情形。这是一个弹性的条款,如新闻性等,都是应当免除责任的事由。[19] 新闻侵权有以下具体形式:

(1)报道内容严重失实。即新闻作品的内容与实际的客观事实不相符合,达到相当的程度。这种情况构成对他人人格权的侵害,应当承担侵权责任。

(2)评论严重不当。这种侵权行为不是事实报道失实,而是事件评论严重不当,即对发生的事件进行了歪曲的、丑化的、侮辱性的评论,造成人格权或者人格利益的损害,构成侵权责任。

(3)未经同意披露他人隐私。这种侵权行为是对他人隐私的披露,构成对隐私权的侵害。

(4)使用侮辱性语言诽谤。在新闻作品中使用侮辱性语言对被报道人的人格进行侮辱、诽谤,是对名誉权和人格尊严的侵害,构成侵权行为。

(5)其他侵害他人人格权的行为。新闻作品中具有前述情形之外的侵害人格权的行为的,当事人可以请求新闻机构或者新闻作品的作者承担侵权责任。

(6)不作为的新闻侵权。不作为的新闻侵权,是指新闻机构在刊登了侵权作品之后,对给受害人造成的人格权损害负有实施补救措施的义务,即更正或者道歉的义务。新闻机构不履行这种作为义务,造成损害后果扩大的,构成不作为的侵权行为,应当承担侵权责任。

2. 文学作品侵权

文学作品侵权,是一种重要的侵权行为,较为常见,《民法典》第1027条作了一般性规定。文学作品的作者,以及文学作品的编辑、出版单位,写作、编辑、出版文学作品侵害他人人格权的,都构成文学作品侵权行为,应当承担侵权责任。文学作品侵权行为主要是:

(1)作者侵权。作者故意或者过失地在作品中表现了具有侵害他人人格权的内容,造成了对他人人格权的损害,构成侵权行为。这种侵权不拘于文学样式,小说、剧本、电影、电视、诗歌等都可以构成侵权。在主观方面,故意和过失都可以构成侵权。

---

[19] 关于媒体侵权责任的抗辩事由的全面说明,参见杨立新主编:《中国媒体侵权责任案件法律适用指引》,人民法院出版社2013年版,第21~33页。

(2)编辑出版者侵权。文学作品的编辑出版者侵权,有三种形式:一是故意侵权,即利用编辑出版作品的机会,侵害他人的人格权。这种侵权行为很少见。二是未尽事实真实性审查的义务,造成侵权后果。这是在对以真人真事作为描写对象的文学作品进行编辑中,未尽事实真实性审查义务而构成的侵权行为,虚构的文学作品不存在这样的侵权行为。三是侵权的文学作品发表后,没有履行更正或者道歉的义务,造成了侵权后果的扩大,构成侵权行为。

(3)作者与编辑出版者共同侵权。在文学作品侵权中,作者与编辑出版者承担连带责任的,较为少见。要构成这种共同侵权行为,作者和编辑出版者之间须具有共同故意,或者编辑出版者具有间接故意,否则不能构成此种侵权行为。

八、商业侵权

(一)商业侵权的基本规则

商业侵权是现代侵权责任法中正在发展的一种特殊侵权行为。其基本特点是,侵权行为发生在商业领域中,行为主体或者受害人是从事商业活动的人,包括法人和自然人。这种侵权行为所侵害的并不是一类简单的权利客体,即并不是物权、债权、知识产权或者人格权,甚至不是什么权利,而只是一种经营的利益。

(二)商业侵权的具体形式

1. 商业诽谤

商业诽谤是商业侵权中的一种重要的侵权行为,侵害的客体是经营者的信用权以及经营者的商品信誉。我国《反不正当竞争法》规定了这种行为侵权行为。该法第11条规定:"经营者不得编造、传播虚假信息或者误导性信息,损害竞争对手的商业信誉、商品声誉。"这一条文所说的商业信誉和商品声誉,就是商业诽谤行为所侵害的客体。商业诽谤行为侵害的是受害人的信用和商誉,同时也侵害了市场的正常交易秩序。制裁商业诽谤行为,既是对受害人的合法权益的保护,也是对正常的市场交易秩序的维护。商业诽谤行为主要有以下几种:

(1)诽谤商事主体。对从事商业活动的主体进行诽谤,构成诽谤商事主体的侵权行为。这种侵权行为是公开贬低他人的商业信誉,影响他人的交易,造成他人财产上的损害。这种侵权行为发生在交易的过程中,其损害后果是破坏了受害人进行的交易,并由于交易被破坏而给受害人造成了财产损失的后果。

(2)诽谤产品。对经营者的商品的品质进行诽谤,构成对产品的诽谤,应当承担侵权责任。这种侵权行为是诽谤他人的产品,致使受害人受到财产利益损失。这种侵权行为不局限在交易的场合,也包括在一般的场合对受害人的产品进行诽谤,给受害人造成财产利益的损失。行为人应当对受害人的财产利益损失承担侵权责任。

(3)诽谤交易。故意或者过失对商事主体进行的交易行为进行诽谤,构成对交易的诽谤。这种交易行为是广义的概念,凡是商事主体实施的商事行为均包括在内。

2. 不正当竞争

不正当竞争是商业领域中的侵权行为。《反不正当竞争法》规定的多种不正当竞争行为,都是法律禁止的行为。实施这些不正当竞争行为,侵害了其他经营者经营权的正常行使,构成侵权行为,应当受到侵权责任法的制裁。

不正当竞争行为在《反不正当竞争法》中规定得较为宽泛,其中很多是其他侵权责任法规制的行为,例如,对于假冒他人注册商标行为等都有相应的法律规定,可以不按照不正当竞争行为认定为侵权行为。对于违反禁止垄断经营、权力经营、贿赂方式经营、虚假广告等规定,实施不正当竞争行为的,应当以不正当竞争侵权行为制裁,保护受害的经营者的合法权益。实施不正当竞争行为给他人造成损害的,行为人应当承担民事责任。

3. 违反竞业禁止

竞业禁止,是指禁止本公司的某些人员在职或者离职后自营或者到其他公司从事与本公司具有竞争关系的业务,包括法定竞业禁止和约定竞业禁止两种。违反竞业禁止义务,构成违反竞业禁止的侵权行为。违反竞业禁止的行为主要有以下几种:

(1)违反法定竞业禁止。法定竞业禁止主要针对公司的董事和经理,因为这些人员都是公司的高层管理者,法律对其竞业行为直接作出了禁止性的规定。根据《公司法》的规定,董事、经理不得自营或者为他人经营与其所任职公司同类的营业或者从事损害本公司利益的活动。违反法定的竞业禁止,构成侵权行为。

(2)违反约定竞业禁止。约定竞业禁止是指公司与本公司的特定从业人员对竞业禁止行为采用合同的方式进行约定,法律对此并不进行强制性规范。违背约定的竞业禁止义务,造成损害的,构成侵权行为,行为人应当承担民事责任。

4. 盗用商业信息进行交易

经营者的姓名、账号、密码、执照等,都是经营者的商业信息,应当为经营者所支配使用,他人未经允许,不得擅自使用。未经权利人准许,盗用他人的姓名、账号、密码、执照等进行交易,就是盗用他人商业信息,是侵权行为,造成他人损害的,行为人应当承担侵权责任。此外,对他人商业信息安全负有义务的人未尽职责,造成商事主体商业信息被盗用的,也构成侵权行为。

5. 商业欺诈

商业欺诈是在商业领域中用欺诈的方法,使对方当事人受到损害的侵权行为。在一般情况下,这种行为的后果可以通过合同责任予以救济,如宣告合同撤销、对合同进行变更等方法,都可以使损害得到救济。如果受到欺诈行为的侵害造成了财产的损失,不能通过合同责任得到救济的,可以请求依《民法典》规定的方法进行救济。

6. 妨害经营

在商业领域,以不正当的方式,妨害他人正常的经营活动,造成经营者损害的,构成商业侵权。如果仅仅是妨害经营,受害人有权请求行为人停止侵害;如果既造成妨害,又造成损失,受害人有权请求行为人停止侵害、赔偿损失。

7. 证券侵权

(1)虚假陈述。虚假陈述的侵权行为及其责任的内容是:任何机构或者个人在证券发行、交易及其他相关活动中,实施不符合事实真相、严重误导、含有重大遗漏等虚假陈述,致使投资人受到损害的,全体发起人、发行人及其负责人,承销的证券公司及其负有责任的董事、监事、经理,为发行人出具文件的注册会计师及其所在事务所、专业评估人员及其所在机构、律师及其所在事务所,工程师或其他专业技术人员及其所在机构,应当承担连带赔偿责任。

(2)内幕交易。证券交易内幕人员,以获取利益或减少损失为目的,自己或建议他人进行证券交易,或泄露内幕信息使他人利用该信息进行证券发行交易,并给在相同时间内从事同一证券买卖的相对人或其他投资者造成损害的,应承担赔偿责任。

内幕人员,是指因持有发行人的证券,在发行人或者与发行人有密切联系的公司中担任董事、监事、高级管理人员,或者由于其会员地位、管理地位、监督地位和职业地位,或者属于聘用、雇佣关系履行职务,或者与发行人有承销关系、专业服务关系、业务关系、信息交流关系,能够接触或者获得内幕信息的人员。

内幕信息,是指涉及公司的经营、财务及其他方面尚未公开、一旦泄露或公开即可能对该公司证券的市场价格产生影响的重大信息。

内幕交易行为方式包括下列行为:一是内幕人员利用内幕信息买卖证券或者根据内幕信息建议他人买卖证券;二是内幕人员向他人泄露内幕信息,使他人利用该信息为自己或者第三人进行内幕交易;三是非内幕人员通过不正当的手段或者其他途径获得内幕信息,并根据该信息买卖证券或者建议他人买卖证券;四是其他内幕交易行为。

从事内幕交易行为的人能够证明下列情形之一的,不承担赔偿责任:一是所利用的信息不属于内幕信息;二是不具有利用内幕信息或从事内幕信息的故意;三是受害人所出现的损失并非内幕交易所导致;四是行为人不属于内幕人员。凡是属于这些情形之一的,行为人不承担内幕交易行为的侵权责任。

(3)操纵市场。凡是故意从事操纵市场行为,影响证券市场价格,损害投资者利益的,构成操纵市场行为,应当向受害人承担赔偿责任。具体的行为方式是十种操纵市场行为:第一,通过单独或者合谋,集中资金优势、持股优势或者利用信息优势联合或者连续买卖,操纵证券交易价格;第二,以散布谣言、传播虚假信息等手段影响证券发行、交易;第三,为制造证券的虚假价格,与他人串通,进行不转移证券所有权的虚买虚卖;第四,以自己的不同账户在相同的时间内进行价格和数量相近、方向相反的交易;第五,出售或者要约出售其并不持有的证券,扰乱证券市场秩序;第六,以抬高或者压低证券交易价格为目的,连续交易某种证券;第七,利用职务便利,人为地压低或者抬高证券价格;第八,证券投资咨询机构和股评人士利用媒介及其他传播手段制造和传播虚假信息,扰乱市场正常运行;第九,上市公司买卖或者与他人串通买卖本公司的股票;第十,其他操纵市场的行为。

(4)证券商的侵权责任。在证券侵权行为中,证券商的侵权包括擅自处分和擅自允许利用的侵权行为。前者是指证券商在托管投资者证券过程中,未经投资者授权擅自处分其证券,给投资者造成损失的,应当承担赔偿责任;后者是指证券商擅自允许第三人利用投资者的证券账户和资金进行证券交易,给投资者造成损失的,应与第三人承担连带责任。

8.虚假广告责任

修订后的《消费者权益保护法》第45条详细规定了虚假广告责任,加重了广告经营者、发布者的侵权责任。广告经营者、发布者承担虚假广告责任的主要规则是:

(1)虚假广告的经营者与广告经营者、发布者承担附条件的不真正连带责任。该法第45条第1款规定,消费者因经营者利用虚假广告或者其他虚假宣传方式提供商品或者服务,其合法权益受到损害的,可以向经营者要求赔偿。广告经营者、发布者不能提供经营者的真实名称、地址和有效联系方式的,应当承担赔偿责任。其含义是,在两个责任主体中,经营者应当承担赔偿责任;但广告经营者、发布者具备"不能提供经营者的真实名称、地址和有效联系方式"条件的,消费者也可以请求其承担赔偿责任。由于真正的加害人是商品和服务的经营者,所以尽管条文没有说明,也应当理解为,广告经营者、发布者在承担了赔偿责任之后,有权向经营者追偿。这种责任形态属于附条件的不真正连带责任。

(2)有关消费者生命健康的商品或服务的虚假广告责任。该法第45条第2款规定,广告经营者、发布者设计、制作、发布关系消费者生命健康商品或者服务的虚假广告,造成消费者损害的,与提供该商品或者服务的经营者承担连带责任。这实际上是将他们认定为共同侵权行为人,构成共同侵权责任,因此承担连带责任。该条明确规定,对这种虚假广告责任适用无过错责任原则,即无论广告经营者、发布者是否有过错,都应当承担连带责任。这是将广告经营者、发布者都作为产品责任的责任主体,其承担的是不真正连带责任,受到损害的消费者可以在生产者、销售者以及虚假广告的经营者、发布者中选择应当承担责任的责任主体,或者一并起诉,上述主体应当承担连带责任。

(3)虚假广告代言的侵权责任。广告代言也叫作推荐广告。该法第45条第3款规定了虚假广告代言人的连带责任,《食品安全法》第140条也作了规定,适用范围做了扩大,将虚假广告代言连带责任的适用范围扩展至在《消费者权益保护法》第45条第3款规定的"关系消费者生命健康商品或者服务的虚假广告"中,"推荐商品或者服务,造成消费者损害的""社会团体或者其他组织、个人"与提供该商品或者服务的经营者承担连带责任,也是作为共同侵权行为对待。

九、恶意利用诉讼程序

(一)恶意利用诉讼程序的基本规则

恶意利用诉讼程序是一类侵权行为,即刑事诉讼程序中的非法控诉,民事诉讼程序中的非法利用民事诉讼程序,以及滥用诉讼程序侵害他人合法权益的侵权行为。[20] 前两种侵权行为的基本特征是,行为人没有诉权而提起诉讼程序,即无可能原因而行为,其目的是为追求刑事、民事诉讼目的以外的其他目的,并且除仅有一方当事人的诉讼外,诉讼程序有利于被告而终结。第三种侵权行为是行为人有诉权,但是故意利用这种诉权提起刑事或民事诉讼程序控诉他人,是为了达成该诉讼程序目的以外的其他非法目的,给被诉人造成损害的行为。

(二)恶意利用诉讼程序的具体形式

1. 恶意诉讼

恶意诉讼是指恶意提起民事诉讼程序,意图使被告在诉讼中由于司法机关的判决而受其害。在这种侵权行为中,形式上的加害人是法院,即由恶意诉讼人故意提起诉讼程序,而在诉讼过程中法院作出错误判决,使被告受到损害。但其实质是行为人故意借用法院的力量,使被告受到损害。因此,以他人受到损害为目的,无事实根据和正当理由而故意提起民

---

[20] 杨立新:《恶意民事诉讼侵权行为与损害赔偿责任》,载《上海政法学院学报(法治论丛)》2024年第1期。

事诉讼,致使相对人在诉讼中遭受损失的,应当承担民事责任。

按照这一要求,构成恶意诉讼侵权责任应当具备的要件是:第一,加害人必须是故意所为,过失甚至是重大过失都不能构成这种侵权责任;第二,加害人须无事实根据和正当理由,即没有实体上的诉权和程序上的诉权;第三,受害人在这一诉讼程序中受到损害,主要是财产利益上的损害,并且加害人这一行为与损害事实有因果关系;第四,该诉讼程序的最终结果是受害人胜诉,而不是加害人胜诉。具备这些要件,构成恶意诉讼的侵权行为,恶意诉讼人应当承担损害赔偿责任。

2. 恶意告发

恶意告发,是恶意提起刑事诉讼程序,使该程序中的被告人在该诉讼程序中受到损害,恶意告发人应当承担赔偿责任的侵权行为。这种侵权行为与恶意诉讼行为基本相似,只是提起的诉讼程序有区别;另外,在追求的目的方面,后者是追求他人在民事诉讼中受到财产的损害,而前者是追求他人在刑事诉讼程序中受到名誉或者其他人格以及财产的损害。这种恶意告发,主要是行为人自行提起刑事诉讼程序,但也包括通过侦查机关或者公诉机关提起诉讼程序。在一般情况下,如果通过侦查机关或者公诉机关提起刑事诉讼程序,自应由这些机关自己承担提起诉讼程序的后果责任,而不是由侵权责任法解决。但在告发人有恶意的情况下,即使告发人只是举报,而刑事诉讼程序是由司法机关提起的,或者仅仅在侦查或者公诉的程序中就终结了程序,只要使受害人受到损害的,恶意告发人就应当承担侵权责任。

3. 滥用诉权

滥用诉权的侵权行为,是指行为人有诉权,但其提起的刑事诉讼和民事诉讼所追求的是正当诉权之外的非法诉讼目的,从而造成受害人损害的行为。

在行政诉讼中,不存在恶意诉讼的问题,因为行政诉讼的被告是政府。对于政府的诉讼即使不当,也不应当追究原告的责任。

第二节 司法解释规定的特殊侵权责任

| 典型案例 |

2021 年 11 月 17 日,郭某向某经营部购买某品牌白酒 12 瓶,并支付货款 11160 元。2021 年 11 月 23 日,郭某再次向某经营部购买某品牌白酒 12 瓶,并支付货款 10937 元。后郭某怀疑其购买的白酒为假酒,遂向当地市场监督管理部门举报。某白酒公司出具《鉴定证明书》,表明上述某品牌白酒并非该公司生产,属于假冒注册商标的产品。郭某起诉某经营部,要求退还购酒款并支付购酒款 10 倍的赔偿金。[21]

---

[21] 讨论提示:郭某购买白酒属于生活消费行为,其请求支付价款 10 倍的惩罚性赔偿金,于法有据,应予支持,故法院判决某经营部退还郭某货款 22097 元并支付郭某赔偿金 220970 元。

一、食品药品侵权损害赔偿责任

最高人民法院近年来对食品药品侵权责任这种特殊侵权行为特别重视,颁发了两部司法解释,对其进行规范。食品药品侵权责任的性质属于产品责任,由于司法解释专门规定,本书将其在这里作出说明。

(一)食品药品侵权责任的法律适用

《食品药品纠纷案件解释》主要规定的是食品药品的侵权责任,也包括食品药品的违约责任。这里对食品药品侵权责任的法律适用进行说明。

1. 消费者和起诉

该司法解释第2条规定,因食品、药品存在质量问题造成消费者损害,这是侵权责任问题,消费者可以分别起诉或者同时起诉销售者和生产者。消费者仅起诉销售者或者生产者的,必要时人民法院可以追加相关当事人参加诉讼。

对于赠品发生的损害,第4条规定,食品、药品生产者、销售者提供给消费者的食品或者药品的赠品发生质量安全问题,造成消费者损害,消费者主张权利,生产者、销售者以消费者未对赠品支付对价为由进行免责抗辩的,不予支持。

消费者与化妆品、保健食品等产品的生产者、销售者、广告经营者、广告发布者、推荐者、检验机构等主体之间的纠纷,以及法律规定的机关和有关组织依法提起公益诉讼的,参照适用本规定。"药品的生产者"包括药品上市许可持有人和药品生产企业,"药品的销售者"包括药品经营企业和医疗机构。

2. 证明责任

食品药品侵权责任案件,原告承担初步证明责任。该司法解释第5条第2款规定,消费者举证证明因食用食品或者使用药品受到损害,初步证明损害与食用食品或者使用药品存在因果关系,并请求食品、药品的生产者、销售者承担侵权责任的,法院应予支持。食品药品的生产者、销售者须证明消费者受到的损害不是因产品不符合质量标准造成的,如果食品、药品的生产者、销售者能证明损害不是因产品不符合质量标准造成的,法院不能支持消费者的请求。

该司法解释第6条规定,食品的生产者与销售者应当对于食品符合质量标准承担举证责任。认定食品是否安全,应当以国家标准为依据;对地方特色食品,没有国家标准的,应当以地方标准为依据。没有前述标准的,应当以食品安全法的相关规定为依据。第7条规定,食品、药品虽在销售前取得检验合格证明,且食用或者使用时尚在保质期内,但经检验确认产品不合格,生产者或者销售者以该食品、药品具有检验合格证明为由进行抗辩的,法院不予支持。

3. 责任分担规则

该司法解释第9~13条规定了食品药品侵权责任的责任分担规则,主要的规则如下:

(1)市场开办者、柜台出租者和展销会举办者的连带责任。集中交易市场的开办者、柜台出租者、展销会举办者未履行食品安全法规定的审查、检查、报告等义务,使消费者的合法权益受到损害的,消费者可以请求集中交易市场的开办者、柜台出租者、展销会举办者与食品生产者、销售者共同承担连带责任。

(2)网络交易平台的责任。这种责任规则与《消费者权益保护法》《电子商务法》规定的同类规则相同。首先,消费者通过网络交易第三方平台购买食品、药品遭受损害,网络交易第三方平台提供者不能提供食品、药品的生产者或者销售者的真实名称、地址与有效联系方式,消费者请求网络交易第三方平台提供者承担责任的,法院应予支持。其次,网络交易第三方平台提供者承担赔偿责任后,可以向生产者或者销售者行使追偿权,进行追偿。最后,网络交易第三方平台提供者知道或者应当知道食品、药品的生产者、销售者利用其平台侵害消费者合法权益,未采取必要措施,给消费者造成损害,消费者可以要求网络交易平台提供者与生产者、销售者承担连带责任。

(3)挂靠的生产者、销售者的责任分担。未取得食品生产资质与销售资质的民事主体,挂靠具有相应资质的生产者与销售者,生产、销售食品,造成消费者损害,消费者可以请求挂靠者与被挂靠者承担连带责任。消费者仅起诉挂靠者或者被挂靠者的,必要时法院可以追加相关当事人参加诉讼。

(4)因虚假广告推荐食品、药品的连带责任。消费者因虚假广告推荐的食品、药品存在质量问题遭受损害,依据《消费者权益保护法》等法律相关规定,可以请求广告经营者、广告发布者承担连带责任。其他民事主体在虚假广告中向消费者推荐食品、药品,使消费者遭受损害,消费者依据《消费者权益保护法》等法律相关规定,可以请求其与食品、药品的生产者、销售者承担连带责任。

(5)食品检验机构的连带责任。食品检验机构故意出具虚假检验报告,造成消费者损害,消费者可以请求其承担连带责任。食品检验机构因过失出具不实检验报告,造成消费者损害,消费者可以请求其承担相应责任。

(6)食品认证机构的连带责任。食品认证机构故意出具虚假认证,造成消费者损害,消费者可以请求其承担连带责任。食品认证机构因过失出具不实认证,造成消费者损害,消费者可以请求其承担相应责任。

4.责任承担规则

该司法解释规定了食品药品侵权责任的两个责任承担规则。

(1)民事责任优先。生产、销售的食品、药品存在质量问题,生产者与销售者需同时承担民事责任、行政责任和刑事责任,其财产不足以支付,当事人有权依照《民法典》第187条以及其他有关法律规定,请求食品、药品的生产者、销售者首先承担民事责任。

(2)赔偿范围的规则。生产不符合安全标准的食品或者销售明知是不符合安全标准的食品,消费者除要求赔偿损失外,还可以依据《食品安全法》等法律规定向生产者、销售者主张赔偿金。生产假药、劣药或者明知是假药、劣药仍然销售、使用的,受害人或者其近亲属除请求赔偿损失外,还可以依据《药品管理法》等法律规定向生产者、销售者主张赔偿金。这两个"赔偿金"的规定,主要是指惩罚性赔偿金。

(二)食品药品侵权责任的惩罚性赔偿

《食品药品赔偿解释》对食品药品适用惩罚性赔偿金作出了明确的规定。

1. 惩罚性赔偿规则的适用范围

该司法解释第1、2条规定了食品药品侵权惩罚性赔偿规则的适用范围。

(1)食品药品侵权的惩罚性赔偿包括侵权惩罚性赔偿和违约惩罚性赔偿。购买者因个人或者家庭生活消费需要购买的食品不符合食品安全标准，购买后依照《食品安全法》第148条第2款规定可以请求生产者或者经营者支付惩罚性赔偿金。没有证据证明购买者明知所购买食品不符合食品安全标准仍然购买的，法院应当根据购买者请求以其实际支付价款为基数计算价款10倍的惩罚性赔偿金。这里的惩罚性赔偿金，包括侵权惩罚性赔偿和违约惩罚性赔偿。

(2)购买者明知所购买食品不符合食品安全标准或者所购买药品是假药、劣药，购买后，可以请求经营者返还价款。经营者请求购买者返还食品、药品，如果食品标签、标志或者说明书不符合食品安全标准，食品生产者在采取补救措施且能保证食品安全的情况下可以继续销售的，符合法律规定，法院应予支持；应当对食品、药品采取无害化处理、销毁等措施的，应当依照《食品安全法》《药品管理法》的相关规定处理。

2. 食品药品侵权的特殊责任主体

该司法解释第3、4条规定了代购食品药品和加工小作坊、食品摊贩承担侵权责任的规则。

(1)代购食品药品的侵权责任。代购分为非以代购为业和以代购为业两种。受托人明知购买者委托购买的是不符合食品安全标准的食品或者假药、劣药仍然代购，购买者依照《食品安全法》第148条第2款或者《药品管理法》第144条第3款规定，可以请求受托人承担惩罚性赔偿责任，但受托人不以代购为业的，不承担惩罚性赔偿责任。关于以代购为业的受托人的追偿权，分为两种情形：以代购为业的受托人明知是不符合食品安全标准的食品或者假药、劣药仍然代购，向购买者承担惩罚性赔偿责任后向生产者追偿的，法院不予支持。受托人不知道是不符合食品安全标准的食品或者假药、劣药而代购，向购买者承担赔偿责任后向生产者追偿的，法院依法予以支持。

(2)食品生产加工小作坊和食品摊贩的侵权责任。食品生产加工小作坊和食品摊贩等生产经营的食品不符合食品安全标准，购买者有权请求生产者或者经营者依照《食品安全法》第148条第2款规定承担惩罚性赔偿责任。食品生产加工小作坊和食品摊贩等生产经营的食品不符合省、自治区、直辖市制定的具体管理办法等规定，但符合食品安全标准，购买者不得请求生产者或者经营者依照《食品安全法》第148条第2款规定承担惩罚性赔偿责任。

3. 有关食品标签、标志、说明书不符合食品安全标准的认定

该司法解释第5~8条对认定食品标签、标志、说明书不符合食品安全的标准，及其惩罚性赔偿责任作出明确规定。

(1)认定标准。食品不符合食品中危害人体健康物质的限量规定，食品添加剂的品种、使用范围、用量要求，特定人群的主辅食品的营养成分要求，与卫生、营养等食品安全要求有关的标签、标志、说明书要求以及与食品安全有关的质量要求等方面的食品安全标准，购买者有权依照《食品安全法》第148条第2款规定，请求生产者或者经营者承担惩罚性赔偿责任。

(2)生产者、经营者的不合理抗辩。购买者以食品的标签、说明书不符合食品安全标准为由请求生产者或者经营者支付惩罚性赔偿金,生产者或者经营者以食品的标签、说明书瑕疵不影响食品安全且不会对消费者造成误导为由进行抗辩,存在下列情形之一的,法院对生产者或者经营者的抗辩不予支持:一是未标明食品安全标准要求必须标明的事项,但属于该司法解释第8条规定情形的除外;二是故意错标食品安全标准要求必须标明的事项;三是未正确标明食品安全标准要求必须标明的事项,足以导致消费者对食品安全产生误解。

(3)生产者或者经营者的合理抗辩。购买者以食品的标签、说明书不符合食品安全标准为由请求生产者或者经营者支付惩罚性赔偿金,生产者或者经营者以食品的标签、说明书虽不符合食品安全标准但不影响食品安全为由进行抗辩的,法院对其抗辩不予支持,但食品的标签、说明书瑕疵同时符合下列情形的,是合理抗辩:第一,根据《食品安全法》第150条关于食品安全的规定,足以认定标签、说明书瑕疵不影响食品安全;第二,根据购买者在购买食品时是否明知瑕疵存在、瑕疵是否会导致普通消费者对食品安全产生误解等事实,足以认定标签、说明书瑕疵不会对消费者造成误导。

(4)食品标签、说明书存在瑕疵但不应承担惩罚性赔偿的事由。购买者以食品的标签、说明书不符合食品安全标准为由请求生产者或者经营者支付惩罚性赔偿金,食品的标签、说明书虽存在瑕疵但属于下列情形之一的,法院不予支持:第一,文字、符号、数字的字号、字体、字高不规范,或者外文字号、字高大于中文;第二,出现错别字、多字、漏字、繁体字或者外文翻译不准确,但不会导致消费者对食品安全产生误解;第三,净含量、规格的标示方式和格式不规范,食品、食品添加剂以及配料使用的俗称或者简称等不规范,营养成分表、配料表顺序、数值、单位标示不规范,或者营养成分表数值修约间隔、"0"界限值、标示单位不规范,但不会导致消费者对食品安全产生误解;第四,对没有特殊储存条件要求的食品,未按照规定标示储存条件;第五,食品的标签、说明书存在其他瑕疵,但不影响食品安全且不会对消费者造成误导。

4.构成欺诈的食品药品侵权惩罚性赔偿

该司法解释第9条规定了食品药品欺诈行为的法律适用。

对于经营明知是不符合食品安全标准的食品或者明知是假药、劣药仍然销售、使用的行为构成欺诈的,购买者可以选择依照《食品安全法》第148条第2款、《药品管理法》第144条第3款或者《消费者权益保护法》第55条第1款的规定,起诉请求经营者承担惩罚性赔偿责任。

购买者依照《食品安全法》第148条第2款或者《药品管理法》第144条第3款的规定,起诉请求经营者承担惩罚性赔偿责任,法院经审理认为购买者请求不成立但经营者行为构成欺诈的,购买者可以变更为依照《消费者权益保护法》第55条第1款规定请求经营者承担惩罚性赔偿责任。

5.确定食品药品侵权惩罚性赔偿责任的方法

(1)药品侵权的惩罚性赔偿方法。购买者因个人或者家庭生活消费需要购买的药品是假药、劣药,有权依照《药品管理法》第144条第3款规定请求生产者或者经营者支付惩罚性赔偿金。这里的要点是"家庭生活消费需要"。

购买者依照《药品管理法》第144条第3款规定请求生产者或者经营者支付惩罚性赔偿金,生产者或者经营者抗辩不应适用《药品管理法》第144条第3款规定的抗辩事由是:第一,不以营利为目的实施带有自救、互助性质的生产、销售少量药品行为,且未造成他人伤害后果;第二,根据民间传统配方制售药品,数量不大,且未造成他人伤害后果;第三,不以营利为目的实施带有自救、互助性质的进口少量境外合法上市药品行为。对于是否属于民间传统配方难以确定的,可以根据地市级以上药品监督管理部门或者有关部门出具的意见,结合其他证据作出认定。行政机关作出的处罚决定或者行政机关、药品检验机构提供的检验结论、认定意见等证据足以证明生产、销售或者使用的药品属于假药、劣药的,不适用上述抗辩事由的规定。

(2)确定食品侵权的惩罚性赔偿责任的方法。购买者明知所购买食品不符合食品安全标准,依照《食品安全法》第148条第2款规定请求生产者或者经营者支付价款10倍的惩罚性赔偿金的,法院应当在合理生活消费需要范围内依法支持购买者诉讼请求。这是针对购买者购买的数量超过合理生活消费需要范围,即以惩罚性赔偿索赔为业采取的限制性规定。法院可以综合保质期、普通消费者通常消费习惯等因素认定购买者合理生活消费需要的食品数量。生产者或者经营者主张购买者明知所购买食品不符合食品安全标准仍然购买索赔的,应当提供证据证明其主张。

(3)对合理生活消费需要范围的认定标准。首先,多次购买一次起诉,即购买者明知食品不符合食品安全标准,在短时间内多次购买,并依照《食品安全法》第148条第2款规定起诉请求同一生产者或者经营者按每次购买金额分别计算惩罚性赔偿金的,应当根据购买者多次购买相同食品的总数,在合理生活消费需要范围内依法支持其诉讼请求。其次,多次购买多次起诉,即购买者明知所购买食品不符合食品安全标准,在短时间内多次购买,并多次依照《食品安全法》第148条第2款规定就同一不符合食品安全标准的食品起诉,请求同一生产者或者经营者支付惩罚性赔偿金的,应当在合理生活消费需要范围内依法支持其诉讼请求。最后,合理生活消费需要的认定标准,即根据综合保质期、普通消费者通常消费习惯、购买者的购买频次等因素认定购买者每次起诉的食品数量,认定是否超出合理生活消费需要。

6.购买者恶意制造假象的责任

该司法解释第15、16条规定了购买者恶意制造假象索取惩罚性赔偿的责任。对此,笔者在以往的著述中称之为"消费欺诈"。[22]

(1)购买者恶意制造生产者或经营者违法生产食品、药品的假象的刑事责任。法院在审理食品药品纠纷案件过程中,发现购买者恶意制造生产者或者经营者违法生产经营食品、药品的假象,以投诉、起诉等方式相要挟,向生产者或者经营者索取赔偿金,涉嫌敲诈勒索的,应当及时将有关违法犯罪线索、材料移送公安机关。这是涉及敲诈勒索犯罪的处理办法。

(2)购买者制造生产者或经营者违法生产经营食品药品假象请求承担赔偿责任的民事责任。购买者恶意制造生产者或者经营者违法生产经营食品、药品的假象,起诉请求生产

---

[22] 杨立新:《消费欺诈行为及侵权责任承担》,载《清华法学》2016年第4期。

者或者经营者承担赔偿责任的,应当驳回购买者诉讼请求;构成虚假诉讼的,法院应当依照《民事诉讼法》相关规定,根据情节轻重对其予以罚款、拘留。购买者行为侵害生产者或者经营者的名誉权等权利,生产者或者经营者请求购买者承担损害赔偿等民事责任的,应予支持。

二、工伤事故责任

(一)工伤事故责任的概念

工伤事故是一种常见的人身伤害事故,是指企业职工和个人雇工在工作时间、工作场所内,因工作原因遭受人身损害,以及罹患职业病的意外事故。这种事故是发生在企业、事业等单位中的事故,是劳动者遭受人身伤亡的事故,是劳动者在执行工作职责中发生的事故,也是在企业、事业等单位与劳动者之间发生损害赔偿权利义务关系的法律事实。

工伤事故责任既是工伤保险关系,也是侵权损害赔偿关系,是具有双重属性的法律关系,既可以适用工伤保险法律,也可以适用侵权法。

(二)工伤事故的法律特征

工伤事故的法律特征包括:

第一,工伤事故是发生在用人单位中的事故。工伤事故存在于各类用人单位的经营活动之中。《工伤保险条例》使用"用人单位"这个概念,在第2条中规定了各类企业和有雇工的个体工商户属于用人单位。用人单位是指在我国境内的全民所有制企业和集体所有制企业单位、私营企业、三资企业,以及雇用他人从事劳动的个体工商户或者合伙组织。换言之,只要雇用职工为自己提供劳务,与自己有劳动关系的企业或者个体工商户、个人合伙,都属于"用人单位",都应当按照该条例的规定,保障职工的权利。

国家机关和依照或者参照国家公务员制度进行人事管理的事业单位、社会团体工作人员遭受事故伤害或者患职业病的,由所在单位支付费用。其他事业单位、社会团体以及各类民办非企业单位的工伤保险等办法,依照《工伤保险条例》规定进行。个人劳务不适用工伤责任的规则,专门适用《民法典》第1192条第1款后段和第2款规定。

第二,工伤事故是用人单位的劳动者遭受人身伤亡的事故。工伤事故指的是职工即劳动者的人身伤亡事故,而不是财产遭受损害的事故。这里的劳动者,指的是各类企业和个体工商户以及合伙所雇用的职工,包括工人和职员。

劳动关系与加工承揽关系是有严格区别的。加工承揽关系是承揽合同关系,是以交付劳动成果为标的的合同关系,而不是以劳动力的交换为标的劳动合同关系。例如,个人按照约定的时间提供劳动服务的小时工,并不是劳动合同关系,而是与雇用小时工的保洁公司签订的定作合同,是以交付劳动成果为标的的承揽合同关系,因此,雇用小时工的个人并不承担小时工的工伤保险责任,该责任应当由小时工所属的公司承担。

第三,工伤事故是劳动者在执行工作职责中发生的事故。各类用人单位的职工都是民事主体,都享有身体权、健康权和生命权。这些权利在任何场合都有遭受伤害的可能性。工伤事故在发生的时间和场合上有明确的限制,只限于劳动者在工作中因工致伤致死的范围,在其他时间和场合发生的事故,即使是侵害了劳动者的上述权利,也不在工伤事故范围之中。

判断工伤事故应当掌握最基本的三个因素,即工作时间、工作场合和工作原因。凡是职工在工作时间、工作场合因工作原因遭受的人身损害,就是工伤事故。工伤事故还包括患职业病,无论患何种职业病均与工作有关,都是在工作时间、工作场合因工作原因所遭受的损害,都属于工伤事故的范围。

第四,工伤事故是在用人单位与受害职工之间产生权利义务关系的法律事实。工伤事故一经发生,就在工伤职工与用人单位之间产生相应的法律后果,构成损害赔偿的权利义务关系,工伤职工或者工伤职工近亲属有要求赔偿损失的权利,企业有赔偿受害人及其亲属损失的义务。按照《工伤保险条例》规定,工伤事故的救济办法是按照保险的形式进行,这其实是转嫁工伤风险,将用人单位的责任转嫁给工伤保险机构。用人单位向工伤保险经办机构交纳保险费,职工遭受工伤事故造成人身损害,由保险机构向工伤职工提供工伤保险待遇。这种工伤保险的权利义务关系就是在工伤事故发生后产生的基本的法律关系。

(三)工伤事故责任的归责原则与构成要件

1. 归责原则

确定工伤事故赔偿责任适用无过错责任原则。虽然《工伤保险条例》没有规定工伤保险责任的归责原则,但是按照保险的一般规则,当然是无过错责任,不适用过错推定原则。作为普通的侵权责任纠纷处理的工伤事故责任,也适用无过错责任原则。

2. 构成要件

构成工伤事故赔偿责任必须具备以下要件:

(1)用人单位与劳动者之间须存在劳动关系。在我国,集体企业、私营企业、合伙企业、三资企业以及私人雇工,凡使用劳动力,均须用人单位与劳动者订立劳动合同,使劳动者成为用人单位的职工。即使国有企业,也都全面实行全员劳动合同制。因而凡是用工,一律以劳动合同的形式固定其劳动法律关系。在用人单位和职工之间存在劳动合同,是构成工伤事故责任的必要要件,有劳动关系的劳动者才能构成工伤事故。至于建立劳动法律关系的形式,原则上应以书面形式,必要时还应当予以公证;但对于一般的私人雇工等,口头约定劳动合同也并非无效。即使企业作为用人单位与职工之间没有签订书面劳动合同但建立了事实劳动关系,也应当确认这种劳动关系,使职工的权利受到保护。

(2)职工须受有人身损害事实。工伤事故的损害事实,是职工人身遭受损害的客观事实,不包括财产损害和其他利益的损害。职工的身体权、健康权、生命权都在劳动保险的范围之内,都是工伤事故侵害的客体。工伤事故的主要侵害对象是职工的健康权和生命权,事故致伤或者致残侵害的是健康权;致死则侵害的是生命权。职工患职业病也是一种人身损害事实,被侵害的客体是健康权。对身体权的侵害也可以构成工伤事故,但是,如果只是身体遭受一般的不甚痛苦的撞碰、打击,没有具体的伤害后果的,不应认为构成工伤事故的损害事实;如果职工从事的是特种行业,如模特、演员、特别需要的操作者等,对身体的外在完整性有特殊要求,而事故造成了身体组成部分如头发、指甲、皮肤颜色等的损害,破坏了身体组织的完整性,以至于使劳动者从事特种工作能力遭受影响的,构成工伤事故的损害事实。在确定工伤事故责任时,应当进行工伤认定和劳动能力鉴定。工伤认定的意义在于确定是否构成工伤事故责任,而劳动能力鉴定则是为了确定工伤职工享受何种工伤待遇。只要将职工所受的人身伤害认定为工伤,即具备工伤事故损害事实的要件。

(3)职工的损害必须在其履行工作职责的过程中发生。在这一点上,工伤事故责任与工作人员在执行职务中致他人损害的用人单位责任的构成要件相似,但有两点原则区别:第一,工伤事故指职工在履行工作职责中致自己而非他人伤亡,这是区别两种侵权损害赔偿法律关系的原则界限。第二,在执行职务的要求上,工伤事故的构成要求明显比用人单位对外替代赔偿责任的要求低:用人单位对外的替代赔偿责任要求工作人员必须是因执行职务的行为致他人以损害,非因执行职务的行为致害他人的,不构成这种侵权责任;工伤事故也要求劳动者的损害是在履行工作职责中发生,这也是执行职务,但并不要求必须是因其执行职务行为所致,也包括在执行职务过程中因其他原因所致,如机器故障、他人疏忽等。无论何种原因,只要职工在履行工作职责的范围内造成自身损伤,就构成本要件。

在实践中,据以判断是否构成工伤事故的履行工作职责要件的,是工伤事故构成的三要素,即工作时间、工作场所和工作原因。工作时间,是指在履行工作职责的时间界限之内,即用人单位规定的上班时间。为了保护职工的合法权益,对工作时间的认定应适当放宽:一是将从事与工作有关的预备性或者收尾性工作,即正式工作时间的前后认定为工作时间;二是将因工外出时间认为是工作时间;三是将上下班途中的时间认为是工作时间。工作场所,是指在履行工作职责的环境范围之内。执行工作任务的场所,就是工作场所;因工外出的领域,以及上下班的途中,也被认为是工作场所,在这些地方发生的职工人身伤害事故,也认为是工伤事故。工作原因,是指履行工作职责的事由。例如,与工作有关的预备性工作和收尾性工作,在工作中遭受暴力等意外伤害,以及在因工外出期间发生事故下落不明的,都被认为是工作原因。是否属于履行工作职责要根据工作时间、工作场所和工作原因这三个要素衡量确定。《工伤保险条例》第 14 条规定的认定为工伤的 7 种情形,都是根据这三个要素确定的。

(4)事故须是劳动者受到损害的原因。事故必须是造成劳动者人身损害的原因,这是对构成工伤事故责任的因果关系要件的要求。换言之,事故须与职工受到人身损害的事实之间具有引起与被引起的因果关系。事故原指意外的损失或灾祸。在工伤事故责任中,事故一般是指用人单位事故,并非都是意外而生的损失或灾祸,而是包括因管理、指挥、设计、操作上的疏忽、不慎等过错所致的损失或灾祸。在现代科技发展的状况下,很多企业事故因无法预见的原因而生,因而非疏忽亦可发生。企业事故主要是指工业事故,还应包括在其他企业工作中发生的事故。除此之外,认定工伤事故责任还包括在履行工作职责中受到暴力等意外伤害,在因工外出期间由于工作原因受到伤害或者下落不明,在上下班途中受到交通事故或者城市轨道交通、客运轮渡、火车事故伤害等,这些也被认为是广义的事故。事故是职工人身损伤的原因,一般应当要求其因果关系为直接因果关系,即劳动者的损害事实须是因企业事故直接造成的;但是在事故与损害之间具有相当因果关系的,也应当认定为有因果关系。例如,事故致职工身体损伤,没有直接造成死亡的后果,但是职工受到伤害之后受到破伤风病毒感染而致死,事故与伤害之间具有直接因果关系,与死亡之间具有相当因果关系,因而应当认定事故与死亡之间具有法律上的因果关系,构成工伤事故责任。

(四)工伤事故认定标准

1. 应当认定为工伤事故的情形

按照《工伤保险条例》第14条规定，职工有下列情形之一的，应当认定为工伤：

(1)在工作时间和工作场所内，因工作原因受到事故伤害的。这是典型的工伤，包含了认定工伤的全部要素，而且都是典型的表现形式。

(2)工作时间前后在工作场所内，从事与工作有关的预备性或者收尾性工作受到事故伤害的。这种工伤认定的关键点在于工作时间的延伸，即将工作时间的前后认定为工作时间；履行工作职责的要素也有一定的变化，包括从事的是与工作有关的预备性或者收尾性工作的情形；只有工作场所的要素没有变化。

(3)在工作时间和工作场所内，因履行工作职责受到暴力等意外伤害的。这种情形是工作原因要素的变化，即使令职工遭受暴力等意外伤害的并非工作原因，而仅仅是与履行工作职责有关，亦构成工伤事故。例如，职工在银行工作遭受劫匪攻击造成损害，无论是不是为了保护银行财产，都应当认定为工伤。

(4)患职业病。凡是患职业病均与工作有关，因此一律认定为工伤。

(5)在因工外出期间，由于工作原因受到伤害或者发生事故下落不明的。因工外出，其全部外出时间都认为是工作时间，其外出的地点以及沿途也都认为是工作场所。由于工作原因受到伤害的，自然属于工伤。即使是在因工外出期间发生事故下落不明的，也应当认定为工伤。

(6)在上下班途中受到交通事故或者城市轨道交通、客运轮渡、火车事故伤害。上下班途中的时间，是为了执行职责，并不是为了自己的目的，是工作时间的延伸。因上述事故遭受损害的，也是工伤事故。如果劳动者在上下班途中遭受的其他损害是由第三人造成，用人单位没有责任的，则应由第三人承担赔偿责任。

(7)法律、行政法规规定应当认定为工伤的其他情形。其他法律和法规规定应当认定为工伤，而《工伤保险条例》没有规定的，也应当认定为工伤。

按照《工伤保险条例》第15条第1款规定，职工有下列情形之一的，视同工伤：(1)在工作时间和工作岗位，突发疾病死亡或者在48小时之内经抢救无效死亡的；(2)在抢险救灾等维护国家利益、公共利益活动中受到伤害的；(3)职工原在军队服役，因战、因公负伤致残，已取得革命伤残军人证，到用人单位后旧伤复发的，都视同工伤。视同工伤实际上并不是工伤，但由于与履行工作职责有关，为了更好地保护职工权利，故将其作为准工伤对待，也就是视同工伤。《工伤保险条例》第15条第2款规定，职工有以上第1、2项情形的，按照该条例的有关规定享受工伤保险待遇；职工有以上第3项情形的，按照该条例的有关规定享受除一次性伤残补助金以外的工伤保险待遇。

2. 不得认定为工伤事故的情形

按照《工伤保险条例》第16条规定，职工有下列情形之一的，不得认定为工伤或者视同工伤：

(1)故意犯罪的。职工因故意犯罪致自身伤亡，即使是在工作地点、工作时间发生，但因与履行工作职责无关，不得认定为工伤。过失犯罪不在此限。

(2)因醉酒或者吸毒导致伤亡的。职工因醉酒或者吸毒而伤亡,也与履行工作职责无关,即使是在工作时间、工作场所,也不得认定为工伤。

(3)自残或者自杀的。这种人身伤害是行为人自己的责任,不能认定为工伤。

(五)确定工伤事故责任的规则

1.确定工伤事故责任的法律依据

确定工伤事故责任的法律依据,除《工伤保险条例》之外,《人身损害赔偿解释》第3条对工伤事故处理确定了规则,内容是:"依法应当参加工伤保险统筹的用人单位的劳动者,因工伤事故遭受人身损害,劳动者或者其近亲属向人民法院起诉请求用人单位承担民事赔偿责任的,告知其按《工伤保险条例》的规定处理。因用人单位以外的第三人侵权造成劳动者人身损害,赔偿权利人请求第三人承担民事赔偿责任的,人民法院应予支持。"

2.关于工伤事故责任认定的一般规则

工伤事故责任的一般规则,就是劳动者在工作中遭受人身伤害,经劳动行政管理部门确定的,或者经过人民法院确认的,有权要求用人单位依照法律规定赔偿其损害。其中,第一,"劳动者在工作中遭受人身伤害",是工伤事故的概念;第二,"经劳动行政部门确定的,或者经过人民法院确认的",是认定工伤事故的两种途径,劳动行政部门确定为工伤事故的,可以认定为工伤事故,法院也可以在审判中,根据法庭的调查结果认定工伤事故责任;第三,工伤事故的赔偿责任主体是用人单位,造成工伤事故后,其有义务依照法律规定对受到工伤事故损害的受害人进行损害赔偿;第四,工伤事故责任本来是企业、事业单位的劳动者的制度,但是为了保护国家机关工作人员不受伤害事故的侵害,规定国家机关工作人员在执行职责中遭受损害的,适用工伤事故的规定。

确定工伤事故责任应当注意下面两个概念:

(1)劳动者。劳动者是指全民所有制和集体所有制企业、事业单位的职工、私营企业和三资企业的工作人员、学徒。个人劳务中接受雇用的提供劳务一方,视为劳动者,但受《民法典》第1192条调整。换言之,凡是根据招工合同或者雇用合同发生劳动关系的,为全民所有制和集体所有制企业、事业单位、私营企业和三资企业,以及个人雇用的职工、工作人员、雇工、学徒的,都是劳动者。

(2)用人单位。用人单位是指全民所有制和集体所有制企业、事业单位、私营企业、三资企业,以及雇用他人从事劳动的个人。但是,依照承揽合同雇用的工人以及具有承揽合同性质的按照钟点雇用的工人不在此列。

3.确定工伤事故责任的具体规则

(1)工伤保险优先。工伤保险优先的原则,是指发生了工伤事故,订有工伤保险合同的,应当先向保险人要求赔偿,保险理赔之后的不足部分,受害人有权要求用人单位赔偿。《工伤保险条例》对于工伤事故范围规定得很宽:第一,有法定的劳动关系的,按照工伤保险来处理;第二,没有法定的劳动关系,但是有事实的劳动关系的,也按照工伤保险来处理。也就是说,无论是对法定的劳动关系,还是对事实上的劳动关系,对劳动者的保护都适用《工伤保险条例》,劳动者享受的都是工伤保险待遇。这样,用工单位无论是单位、企业还是个人,只要雇用他人作为劳动者,就都要向社会保险机构提供保险费用;发生了损害以后,社会保险机构对劳动者给予工伤保险待遇。

(2)第三人造成劳动者损害的责任。不是因为工伤事故,而是因为第三人造成雇员人身损害的,《人身损害赔偿解释》规定,受害人可以请求第三人承担赔偿责任。

(六)工伤事故的第三人责任

职工在工作时间、工作地点,因工作原因遭受第三人损害,应当如何请求损害赔偿?《民法典》第 1192 条第 2 款规定个人劳务中的第三人造成损害的责任承担规则是,提供劳务期间,因第三人的行为造成提供劳务一方损害的,提供劳务一方有权请求第三人承担侵权责任,也有权请求接受劳务一方给予补偿。接受劳务一方补偿后,可以向第三人追偿作了相同的规定。这个规定可以在工伤事故责任中适用。即受害人可以在向第三人请求赔偿的同时,享受工伤保险待遇。工伤保险待遇是用人单位和劳动者之间的关系;而第三人造成了劳动者的损害,劳动者向第三人要求赔偿的,应当准许。这种情况的实质是劳动者是不是可以得到"双份赔偿"的问题。工伤保险待遇不是完全的赔偿损害,在这种情况下,劳动者向第三人要求损害赔偿,原则应当是:首先,实行工伤保险优先原则,即无论怎样,劳动者都应当享受到工伤保险待遇;其次,对于第三人造成的工伤事故,劳动者还可以请求第三人承担侵权损害赔偿责任。

三、帮工责任

(一)帮工人致人损害责任

《人身损害赔偿解释》第 4 条规定:"无偿提供劳务的帮工人,在从事帮工活动中致人损害的,被帮工人应当承担赔偿责任。被帮工人承担赔偿责任后向有故意或者重大过失的帮工人追偿的,人民法院应予支持。被帮工人明确拒绝帮工的,不承担赔偿责任。"这一条文规定帮工造成他人损害的责任规则,有三个要点:

第一,帮工人在帮工当中造成他人损害责任类似于雇主责任,应当由被帮工人承担责任。尽管是无偿的,但是帮工人在帮工期间毕竟是为被帮工人提供劳务,所以帮工人造成他人损害的,被帮工人应当承担责任。

第二,帮工人造成他人损害具有故意或者重大过失的,被帮工人承担赔偿责任后,有权向帮工人追偿。这个规定和雇主责任采用的是同样的规则,其前提是权利人要求承担连带责任的。

第三,被帮工人拒绝帮工,帮工人坚持进行帮工,并且构成了帮工事实,在此期间帮工人造成他人损害的,帮工人自己承担责任,被帮工人不承担责任。

(二)帮工人受到损害的责任

《人身损害赔偿解释》第 5 条规定:"无偿提供劳务的帮工人因帮工活动遭受人身损害的,根据帮工人和被帮工人各自的过错承担相应的责任;被帮工人明确拒绝帮工的,被帮工人不承担赔偿责任,但可以在受益范围内予以适当补偿。帮工人在帮工活动中因第三人的行为遭受人身损害的,有权请求第三人承担赔偿责任,也有权请求被帮工人予以适当补偿。被帮工人补偿后,可以向第三人追偿。"确定帮工人受到损害的责任时,应当遵守三个规则:

第一,帮工人为被帮工人义务帮工造成自己损害的,类似于工伤事故,应该由被帮工人来承担责任。帮工人为被帮工人提供劳动造成自己损害,被帮工人应该给予赔偿。

第二,被帮工人拒绝帮工的,不承担赔偿责任,但是被帮工人要在受益范围内给予适当补偿。这是补偿责任,而不是赔偿责任。

第三,帮工人在帮工活动中因第三人侵权遭受人身损害的,可以请求第三人承担赔偿责任,也可以请求被帮工人予以适当补偿,被帮工人承担补偿责任后,有权向第三人进行追偿。

―――― 本章思考题 ――――

1. 认定侵害身体权的行为为侵权行为的必要性是什么?
2. 认定侵害一般人格权的侵权行为的重要意义有哪些?
3. 为什么要确认侵害身份权的行为为侵权行为?
4. 侵害物权的侵权行为的基本表现形式有哪些?
5. 侵害债权侵权责任的构成要件应当如何掌握?
6. 举例说明恶意诉讼侵权责任的构成要件。
7. 食品药品侵权的惩罚性赔偿应当怎样认定?
8. 对工伤事故责任适用法律应当遵守哪些规则?